자바 코딩 인터뷰
완벽 가이드

자바 프로그래머의 취업을 위한 258가지 코딩 인터뷰 & 테스트

자바 코딩 인터뷰 완벽 가이드

1판 1쇄 인쇄 | 2022년 7월 26일
1판 1쇄 발행 | 2022년 8월 5일

지은이 | 안젤 레오나르드
옮긴이 | 시진
발행인 | 김태웅
기획편집 | 이중민
교정교열 | 박지영
디자인 | nuːn
편집주간 | 박지호
마케팅 총괄 | 나재승
마케팅 | 서재욱, 김귀찬, 오승수, 조경현, 김성준
온라인 마케팅 | 김철영, 장혜선, 최윤선, 변혜경
인터넷 관리 | 김상규
제 작 | 현대순
총 무 | 윤선미, 안서현, 지이슬
관 리 | 김훈희, 이국희, 김승훈, 최국호

발행처 | (주)동양북스
등 록 | 제2014-000055호
주 소 | 서울시 마포구 동교로 22길 14 (04030)
구입 문의 | 전화 (02)337-1737 팩스 (02)334-6624
내용 문의 | 전화 (02)337-1734 이메일 dybooks2@gmail.com
ISBN 979-11-5768-819-7 93000

* 잘못된 책은 구입처에서 교환해드립니다.
* (주)동양북스에서는 소중한 원고, 새로운 기획을 기다리고 있습니다.
* http://www.dongyangbooks.com

자바 프로그래머의
취업을 위한 258가지 코딩 인터뷰 & 테스트

자바 코딩
인터뷰
완벽 가이드

안겔 레오나르드 지음 **시진** 옮김

동양북스

[지은이 옮긴이 소개]

지은이 안겔 레오나르드(Anghel Leonard)

자바 분야에서 20년 이상의 경력을 가진 최고기술전략가chief technology strategist, CTS입니다. 강력한 아키텍처, 클린 코드clean code 및 고성능을 지원하는 자바 분산 애플리케이션을 설계하고 개발하는 일에 주력하고 있습니다. 코칭, 멘토링 및 기술 리더십에도 열정이 있습니다.

이 책을 출간할 수 있게 도와준 팩트Packt 팀에게 감사한 마음을 전합니다.

옮긴이 시진

국내 대기업에서 인공지능 관련 연구를 진행하고 챗봇 서비스를 개발하는 7년 차 개발자입니다. 주로 자연어 처리 중심의 연구와 자바, 파이썬 위주의 개발 경력을 쌓아가고 있습니다. 개발과 관련된 공부는 분야를 가리지 않고 좋아하며 자기계발과 지식 공유를 목표로 번역에 참여하고 있습니다.

감수 테자스위니 만다르 조그(Tejaswini Mandar Jog)

열정이 넘치는 자바 교육자입니다. 자바, J2EE, 스프링Spring, 스프링 클라우드Spring Cloud, 마이크로서비스Microservices 및 관련 기술 교육 분야에서 12년 이상의 경력이 있습니다. 많은 유명 기업과 협업해 교육 및 기술 향상 프로그램을 진행하기도 했습니다.

또한 자바, 스프링 및 하이버네이트Hibernate를 사용하는 프로젝트 개발에 참여하고 있으며 스프링, 반응형 프로그래밍, 모듈 프로그래밍에 관한 책을 세 권 저술했습니다.

사회생활을 처음 시작했던 신입사원 시절에 자바 개발자로 입사하여 몇 년간 자바 프로젝트에 참여했습니다. 준수한 성적으로 대학을 졸업하면서 나름 자바를 잘 안다고 자부했는데 막상 회사 면접과 실무를 경험하다 보니 이론을 아는 것과 업무에 필요한 문제 해결 능력에는 차이가 있다는 점을 느끼게 되었습니다. 이러한 차이를 극복하기 위해 다양한 문제 상황을 경험하고 해결하는 방법을 익히는 데에 많은 노력을 기울였습니다. 저와 비슷한 고민을 하고 있다면 이 책이 도움이 될 것으로 생각합니다.

이 책은 자바의 핵심 개념을 상세히 설명하고 개념별로 다양한 기술 인터뷰를 살펴봅니다. 또한 여러 가지 자료구조를 자바에서 구현하는 방법과 코딩 테스트를 풀이하는 알고리즘을 안내하기 때문에 자바의 이론을 공부하고 싶은 독자나 구현 능력을 키우고 싶은 독자에게 추천해드리고 싶습니다.

이론이나 문제 풀이 외에도 해외 주요 대기업에서 자바 개발자를 채용할 때, 실제로 어떤 단계를 거치며 중요하게 살펴보는 측면이 무엇인지 구체적으로 소개합니다. 취업이나 이직을 준비하는 독자라면 기술 기출 문제와 더불어 포트폴리오부터 기술 외 질문까지 전반적인 인터뷰 준비에 실질적인 도움을 받을 수 있을 것으로 생각합니다. 개인적으로는 이 책을 읽으면서 인터뷰를 준비하는 마음가짐을 다루는 부분이 가장 좋았습니다. 이 책을 읽는 모든 독자 여러분에게도 제가 느낀 따뜻한 마음이 전해지면 좋겠습니다. 여러분의 꿈을 응원합니다.

끝으로 도움을 주신 분께 감사한 마음을 전하고 싶습니다. 먼저 번역 경험이 없는 개발자에게 소중한 번역의 기회를 주신 이중민 편집자님께 감사드립니다. 서투른 솜씨로 작성한 원고를 멋지게 탈바꿈해주셔서 감사합니다. 독자의 시선으로 책을 바라보고 좋은 책을 만들기 위해 노력하는 과정을 함께하면서 정말 많은 점을 배울 수 있었습니다. 감사합니다! 초보의 실수가 가득한 초고를 보듬어주신 박지영 실장님께도 감사드립니다. 실장님의 따뜻한 피드백 덕분에 즐겁게 작업할 수 있었습니다. 마지막으로 늘 힘이 되어주는 남편과 소중한 가족에게 감사와 사랑을 전합니다.

옮긴이
시진

앞으로 개발자로 살아가려는 사람이라면 그 첫 시작은 구직을 위한 면접이나 코딩 테스트일 것입니다. 이는 이직의 경우도 마찬가지입니다. 그런데 아직 면접과 코딩 테스트 전체를 아우르는 책, 특히 자바 프로그래밍과 관련된 책은 적기에 무엇을 해야 할지 모르는 분도 많다고 생각합니다. 저 역시 처음 이직을 결심했을 때는 그랬으니까요. 실제 1년 전 자바 백엔드 엔지니어로 이직하려고 여러 회사의 면접과 코딩 테스트를 진행했던 적이 있습니다. 처음에는 탈락할 때가 많았는데 면접이나 코딩 테스트를 여러 번 진행할수록 이에 적응하면서 결국에는 원하는 회사에 취업했습니다. 하지만 '면접 때 이렇게 대답했으면 될 걸', '코딩 테스트를 너무 긴장하면서 치렀다'와 같은 시행착오를 거쳤던 건 아쉬움이 남습니다.

이 관점에서 자바 코딩 인터뷰 완벽 가이드는 과거의 내가 이 책을 접했으면 도움이 되겠다고 생각할만한 책이었습니다. 면접이나 이직 준비는 해외 사례라고는 하나 국내도 최근 비슷한 프로세스가 정착되는 중이니 도움이 될 것으로 생각합니다. 자바와 관련된 다양한 이슈를 많은 분량에 자세히 다루는 것도 인상적이었습니다. 면접의 정석 같은 책입니다. 단, 코딩 테스트 문제는 실제 코딩 테스트 형식과 완벽하게 같지는 않다는 점이 아쉬웠는데, 그래도 충분히 도움이 될만한 여러 가지 테스트 사례를 다루고 있습니다.

취직을 준비하는 학생, 주니어 개발자, 시니어 개발자를 가리지 않고 취업이나 이직 계획이 있는 자바 개발자라면 이 책을 추천합니다. 개발자를 뽑을 계획이 있는 면접관이라도 이 책을 추천합니다. 이직 준비 중인 개발자라면, 면접이나 테스트라는 부분에 무뎌졌던 감각을 다시 날카롭게 해줄 수 있습니다. 면접관이든 피 면접관이든 면접을 어떤 관점에서 임해야 하는지 알 수 있습니다. 지금은 자바 개발자가 아니더라도 자바 프로그래밍 언어에 관심이 있다면 이 책을 추천합니다. 알고리즘 문제의 경우는 프로그래밍 언어를 가리지 않으니까요. 책장에 꽂아두고 업무가 힘들 때 펼쳐보면 자신감을 얻게 해줄 것입니다.

자바 백엔드 프로그래머

윤웅식
(만들면서 배우는 Git+GitHub 입문 저자)

자바는 다양한 분야와 산업에 IT 일자리를 창출하는 매우 인기 있는 언어입니다. 전 세계 수십억 대의 장치에 사용되기 때문에 많은 사람이 배우고 싶어 하는 매력적인 언어이기도 합니다. 그러나 자바를 배우는 것과 자바 분야에서 경력을 쌓는 것에는 큰 차이가 있습니다. 이 책은 자바 관련 경력을 쌓고 자바 중심 기술 인터뷰를 멋지게 해내고 싶은 독자에게 필요한 가이드입니다.

이 책에서 다루는 내용은 다음과 같습니다.

- 구글Google, 아마존Amazon, 마이크로소프트Microsoft, 어도비Adobe, 플립카트Flipkart와 같은 최고 기업을 포함하여 다양한 회사에 입사 지원했을 때 마주할 수 있는 220개 이상의 가장 유명한 자바 코딩 관련 문제를 독창적인 방식으로 해결합니다.
- 광범위한 자바 코딩 관련 문제를 해결하는 최고의 기술을 모았습니다.
- 강력하고 빠른 논리력을 키우기 위한 브레인 티저brain-teaser[1] 알고리즘을 다룹니다.
- 성공과 실패를 결정짓는 일반적인 기술 외 인터뷰 질문을 반복합니다.
- 고용주들이 자바 개발자에게 원하는 전체적인 그림을 살펴봅니다.

이 책을 다 읽고 나면 여러분은 자바 코딩 관련 문제를 해결하기 위한 탄탄한 정보 기반을 갖추게 될 것입니다. 이 책에서 배운 지식은 여러분이 꿈꾸는 자바 개발자가 될 수 있다는 자신감을 심어줄 것입니다.

대상 독자

이 책은 자바 개발자 또는 관련 직업을 찾고 있고 코딩 관련 문제를 독창적인 방법으로 해결하려는 독자를 위한 종합적인 자료를 담고 있습니다. 특히 초급 및 중급 개발자에게 적합합니다.

---

1 옮긴이: 브레인 티저(brain-teaser)는 고정관념을 깬 창의적 사고를 요구하는 문제입니다.

이 책의 내용

이 책은 총 4개 부와 19개 장으로 구성했습니다.

Part 1 인터뷰에서 묻는 기술 외적인 영역

1부에서는 인터뷰에서 묻는 기술 외적인 영역을 다룹니다. 여기에는 인터뷰에서 자주 쓰이는 표현과 아마존, 마이크로소프트, 구글과 같은 유명 IT 기업의 인터뷰 패턴이 포함됩니다. 여러분은 기술과 관련 없는 인터뷰의 주요 질문과 그 의미(면접관이 어떻게 답을 해석하는지)에 익숙해질 것입니다.

1장 인터뷰를 준비하는 방법

자바 개발자의 인터뷰 준비 과정을 시작 단계부터 채용까지 다루는 포괄적인 가이드입니다. 더 정확히 말하면, 순조롭고 성공적인 진로를 보장하는 주요 체크포인트를 강조합니다.

2장 유명 IT 기업 인터뷰 살펴보기

구글, 아마존, 마이크로소프트, 페이스북Facebook, 크로스오버Crossover와 같은 주요 유명 IT 기업에서 인터뷰가 어떻게 이루어지는지 소개합니다.

3장 일반적인 기술 외 질문 및 답변 방법

기술 외 질문의 주요 내용을 다룹니다. 기술과 관련 없는 인터뷰는 일반적으로 채용 관리자 혹은 HR 담당자가 진행합니다.

4장 불합격에 대처하는 방법

인터뷰의 민감한 부분인 불합격에 대처하는 방법을 이야기합니다. 특히 불합격의 원인을 알아내는 방법과 향후 이를 보완하고 줄이는 방법을 중점적으로 설명합니다.

5장 기술 인터뷰 접근 방법

일반적으로 기술 인터뷰라고 불리는 기술 시험과 코딩 테스트의 주제를 살펴봅니다.

Part 2 자바 핵심 개념 이해하기

2부에서는 자바 핵심 개념concepts과 관련된 질문을 다룹니다. 이 영역에 뛰어난 지식이 있다는 것은 여러분이 기업에서 요구하는 핵심적인 기술을 가지고 있다는 좋은 지표로, 인터뷰의 질문에 답할 수 있는 견고하고 튼튼한 기술적 기반을 가졌다는 의미입니다. 기업은 이러한 지원자를 매우 독특하고 복잡한 과제를 해결하기 위해 단련시킬 인재로 여깁니다.

6장 객체지향 프로그래밍

기술 인터뷰에서 접할 수 있는 유명한 객체지향 프로그래밍 질문을 다룹니다. 또한 주크박스jukebox, 주차장parking lot, 해시 테이블hash table 같은 코딩 테스트와 SOLID[2] 원리도 포함합니다.

7장 알고리즘의 빅 오 분석법

기술 인터뷰에서 알고리즘의 효율성과 확장성을 분석하는 데 가장 많이 사용되는 지표인 빅 오 표기법Big O notation을 소개합니다.

8장 재귀 및 동적 프로그래밍

면접관들이 좋아하는 주제 중 하나인 재귀 및 동적 프로그래밍을 다룹니다. 이 두 주제는 함께 쓰이는 경우가 많기 때문에 두 가지 주제를 모두 다룰 수 있어야 합니다.

---

2   옮긴이: 객체지향 프로그래밍 및 설계의 다섯 가지 기본 원칙을 의미합니다. 단일 책임(single responsibility) 원칙, 개방-폐쇄(open-closed) 원칙, 리스코프 치환(Liskov substitution) 원칙, 인터페이스 분리(interface segregation) 원칙 그리고 의존관계 역전(dependency inversion) 원칙을 의미합니다.

9장 비트 조작

기술 인터뷰에서 반드시 알아야 하는 비트 조작의 가장 중요한 내용을 설명합니다. 이러한 문제는 인터뷰에서 종종 경험할 수 있지만 쉽지 않습니다. 9장에서는 25가지 비트 조작 관련 코딩 테스트가 주어집니다.

Part 3 알고리즘과 자료구조

3부에서는 알고리즘과 자료구조 분야에 관한 여러분의 실력을 확인하는 질문을 다룹니다. 기술 인터뷰의 가장 중요한 요소입니다. 면접관들은 일반적으로 이 분야를 얼마나 잘 아는지에 관해 특별한 주의를 기울입니다. 자바 개발자의 다양한 일상 업무에서 알고리즘과 자료구조를 활용하는 만큼 이 정도의 관심은 당연하다고 할 수 있습니다.

10장 배열과 문자열

문자열string 및 배열array과 관련된 29가지 유명한 코딩 테스트를 다룹니다.

11장 연결 리스트와 맵

기술 인터뷰에서 마주할 수 있는 맵map 및 연결 리스트linked list와 관련된 17가지 가장 유명한 코딩 테스트를 설명합니다.

12장 스택과 큐

스택stack 및 큐queue와 관련된 11가지 가장 유명한 코딩 테스트를 설명합니다. 스택과 큐를 처음부터 직접 구현하는 방법과 자바에 내장된 기능으로 코딩 테스트를 해결하는 방법을 주로 배웁니다.

13장 트리와 그래프

기술 인터뷰에서 까다로운 주제 중 하나인 트리tree와 그래프graph를 다룹니다. 이 두 가지 주제와 관련된 수많은 문제가 있지만 실제로 인터뷰에서 마주치는 문제는 극소수에 불과합니다. 따라서 인터뷰에서 가장 많이 사용되는 트리와 그래프 문제에 높은 우선순위를 두는 것이 매우 중요합니다.

14장 정렬과 검색

기술 인터뷰에서 가장 많이 사용되는 정렬과 검색 알고리즘을 다룹니다. 합병merge 정렬, 퀵quick 정렬, 기수redix 정렬, 힙heap 정렬, 버킷bucket 정렬과 같은 정렬 알고리즘과 이진 검색binary search과 같은 검색 알고리즘을 다룹니다. 14장을 다 읽고 나면 정렬과 검색 알고리즘에 관한 다양한 문제를 해결할 수 있을 것입니다.

15장 수학과 퍼즐

인터뷰에서 논란이 되는 주제인 수학 및 퍼즐 문제를 설명합니다. 상당수의 기업은 이러한 종류의 문제가 기술 인터뷰에 포함되어서는 안 된다고 생각하지만 일부 다른 기업들은 여전히 이 주제가 기술적인 능력과 연관성이 있다고 여겨 인터뷰에서 묻습니다.

Part 4 동시성과 함수형 프로그래밍

기업은 동시성concurrency과 함수형 프로그래밍과 같은 주제에 매우 민감합니다. 4부에서는 동시성과 함수형 프로그래밍 주제에서 가장 인기 있는 기술 인터뷰 주제를 다룹니다. 4부에 포함된 4개 장은 지금까지 여러분이 읽어온 다른 장과 접근법이 다릅니다. 코드 작성보다는 주제별 특성을 간략하게 설명하고 기술 인터뷰에 나올만한 질문과 그 답변을 자세히 살펴볼 것입니다.

16장 동시성

자바와 관련된 일반적인 인터뷰에서 마주할 수 있는 자바 동시성(멀티스레딩^{mutilthreading})에 대한 가장 유명한 질문을 다룹니다.

17장 함수형 프로그래밍

자바 함수형 프로그래밍에서 가장 유명한 질문을 살펴봅니다. 주요 개념과 람다^{lambda}, 스트림^{stream}을 다룹니다.

18장 단위 테스트

개발자 또는 소프트웨어 엔지니어와 같은 직군에 지원할 때 마주할 수 있는 단위 테스트^{unit test} 인터뷰 문제를 설명합니다. 물론 (수동 혹은 자동) 테스트 직군에 지원하고자 한다면 이 장의 내용은 테스트에 대한 어느 한 관점에 불과합니다. 따라서 18장에서는 수동이나 자동화 테스트 직군에 특화된 질문은 다루지 않습니다.

19장 시스템 확장성

웹 애플리케이션 소프트웨어 설계자, 자바 아키텍트^{architect}, 소프트웨어 엔지니어 중 초중급 경력자가 인터뷰에서 받을 수 있는 다양한 확장성^{scalability} 관련 질문을 다룹니다.

실습 환경과 예제 파일

이 책을 잘 활용하려면 (가급적 버전 8 이상) 자바와 더불어 독자 여러분이 가장 선호하는 IDE(넷빈즈^{NetBeans}, 인텔리제이 아이디어^{IntelliJ IDEA}, 이클립스^{Eclipse} 등)만 있으면 됩니다. 또한 여러분의 기술 향상을 위한 참고 도서로 『모던 자바 인 액션』(한빛미디어, 2019)나 『Java Coding Problems』(Packt, 2019)을 강력하게 추천합니다.

이 책에서 제공하는 예제 코드는 동양북스 IT 깃허브(https://github.com/dybooksIT/java-coding-interview)와 팩트에서 제공하는 깃허브^{GitHub}[3]에 공개되어 있습니다. 코드 변경사항이 있다면 해당 깃허브 저장소에 계속 업데이트될 것입니다. 다음 그림을 참고하면 예제 코드를 소개하는 캡션을 참고해 각 예제에 바로 접속할 수 있습니다.

| 코드 13-20 | 13/ChessKnight/src/main/java/coding/challenge/ChessKnight.java |

```
private int countknightMoves(Node startCell, Node targetCell, int n) {
```

아래 주소에 캡션에 있는 주소를 이어서 입력하면 바로 예제 코드를 확인할 수 있습니다.

https://github.com/dybooksIT/java-coding-interview/blob/main/

이 책의 스크린샷과 도표의 컬러 이미지 PDF도 제공합니다. 다음 사이트(https://static.packt-cdn.com/downloads/9781839212062_ColorImages.pdf)에서 내려받을 수 있습니다.

---

3 https://github.com/PacktPublishing/The-Complete-Coding-Interview-Guide-in-Java

Part 3   알고리즘과 자료구조

10장 배열과 문자열

15장 수학과 퍼즐

Part

1

인터뷰에서 묻는
기술 외적인 영역

1부에서는 인터뷰에서 묻는 기술 외적인 영역을 다룹니다. 여기에는 인터뷰에서 자주 쓰이는 표현과 아마존, 마이크로소프트, 구글과 같은 대기업의 인터뷰 패턴이 포함됩니다. 여러분은 기술과 관련 없는 인터뷰의 주요 질문과 그 의미(면접관이 어떻게 답을 해석하는지)에 익숙해질 것입니다.

Part 1 인터뷰에서 묻는 기술 외적인 영역

Chapter

1

인터뷰를 준비하는 방법

1장은 자바 인터뷰 준비 과정을 시작 단계부터 채용까지 다루는 포괄적인 가이드입니다. 더 정확히 말하면, 순조롭고 성공적인 진로를 보장하는 주요 체크포인트를 강조합니다. 여러분이 이 책을 읽는 시점에 각자 해당하는 체크포인트가 아마 다음 중 하나는 있을 겁니다.

- 인터뷰 준비를 가능한 빨리 시작하세요.

- 올바른 경험을 쌓으세요.

- 여러분의 작업 결과를 세상에 공개하세요.

- 이력서를 준비하세요.

- 인터뷰에 도전하세요.

1장을 다 읽고 나면 여러분의 현재 상태에 따라 체크포인트를 어떻게 달성할 것인지 명확한 청사진을 그릴 수 있을 것입니다. 먼저 첫 번째 체크포인트부터 시작하여 초보자 인터뷰 로드맵을 살펴보겠습니다.

1.1 초보자 인터뷰 로드맵

성공한 개발자 대부분은 자기 일에 시간과 열정을 쏟았을 때 진정한 실력을 얻는다는 근본적인 진리를 믿습니다. 또한 장기적으로 볼 때 열정에 값을 부여하긴 어렵지만, 열정 없이 가진 기술만 많은 사람 속에서 자신을 빛나게 해준다고 생각합니다.

이 책은 시간을 투자해 자바 소프트웨어 개발을 시작하려는 분들을 위해 썼습니다. 더 나아가서 자바 업계의 멋진 구성원이 되고 싶은 바람을 이루도록 도와줄 것입니다! 아마 여러분은 자바 프로그래밍에 집중했을 때 얻는 힘과 에너지를 이미 느꼈을 것입니다. 그럼 의도하지 않았어도 이미 자바 인터뷰를 준비하기 시작한 것과 다름없습니다.

이 책을 읽는 독자 여러분은 아마 현재 학생이거나, IT 및 컴퓨터 공학 학사로 막 졸업했거나, 자바 언어에 흥미를 느끼고 있는, 즉 자바라는 프로그램 언어에 관심이 많은 사람일 것입니다. 그리고 자바 개발자라는 꿈을 이루려면 어떻게 해야 하는지 많은 질문과 고민이 있을 것입니다. 저자는 독자 여러분의 이러한 자바에 대한 관심과 열정을 높이 삽니다. 이 책을 선택한 것을 후회하지 않도록 지금부터 그 꿈을 이루는 계획을 함께 세워보겠습니다.

다음 [그림 1-1]은 자바 개발자가 되고 싶은 학생 혹은 자바 초보자를 위한 인터뷰 로드맵입니다.

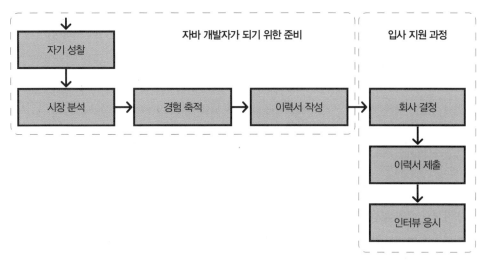

그림 1-1 초보자 인터뷰 로드맵

1장에서는 [그림 1-1]의 각 항목을 살펴보겠습니다. 첫 번째 항목인 '자기 성찰'부터 시작해 볼까요?

1.2 자기 성찰

직군을 찾기 전에 먼저 자신을 아는 것이 중요합니다. 자신을 잘 아는 것은 올바른 경험에 따라 기술을 발전시키거나 좋은 고용주를 찾는 데에 매우 중요한 요소입니다. 또한 여러분이 어떤 유형의 개발자이고 어떤 유형의 직군을 원하는지 파악하는 데도 중요한 역할을 합니다.

여러분이 다루는 자바 프로그래밍은 범위가 매우 넓은 만큼 자바의 모든 부분에 매력을 느끼진 않을 것입니다. 보통 하기 싫은 일을 잠깐 하는 것은 괜찮아도 장기적으로 하기란 쉽지 않습니다. 그래서 자신의 미래까지 고려한다면 가장 하고 싶은 일에 집중하는 것이 최고의 자바 개발자가 되는 이상적인 길입니다!

하지만 자바의 어떤 기술은 다양한 분야에서 활용할 수 있는 반면, 어떤 기술은 활용할 분야를 찾기가 매우 어렵거나 충분한 직업적 대우를 받지 못할 수 있습니다. 따라서 단기 혹은 특히 장기적으로 IT 시장이 요구하는 자바 기술을 고려해서 하고 싶은 일을 선택하는 것이 중요합니다.

보통 선택할 수 있는 회사가 다양하면 할수록 여러분에게 맞는 회사를 찾을 가능성이 커집니다. 다양한 회사를 찾을 때는 오라클 블로그(https://blogs.oracle.com), snyk(https://snyk.io), jaxenter(https://jaxenter.com), 코드버스트(https://codeburst.io), 젯브레인즈(https://www.jetbrains.com), D존(https://dzone.com)과 같은 웹사이트에서 실시하는 자바와 가장 관련 있는 설문조사를 자주 열람하고 참여하기 바랍니다(자바의 어떤 기술을 많이 사용하는지 파악할 수 있다는 장점도 있습니다). 이 과정을 거쳐 여러분이 원하는 회사를 찾았다면 이제 남은 일은 그 회사가 여러분을 기꺼이 채용하도록 인터뷰를 잘 준비하는 것입니다.

그럼 여러분이 어떤 자바 개발자가 되고 싶은지 파악해볼 수 있는 10가지 질문을 살펴볼까요? 자신의 내면을 들여다보면서 다음과 같은 질문과 설명을 고려했을 때 자신의 성격과 기술 기반이 어디에 해당하는지 생각해보세요.

1. **사용자 인터페이스나 백그라운드에서 실행되는 무거운 비즈니스 로직 개발에 관심이 있나요?**

   훌륭한 사용자 인터페이스를 개발하는 것은 그래픽 인터페이스 개발에서 매우 중요한 영역입니다. 그래픽 인터페이스는 제품을 사용하는 고객과 상호작용하는 대상이기 때문입니다. 그래픽 인터페이스 개발은 창의성, 혁신, 상상력과 심리학이 필요합니다. 예를 들어 다중 장치 인터페이스 개발은 상당히 어려운 일이므로 여러 복합적인 능력이 필요합니다. 구체적으로 자바 AWT[1], 스윙Swing[2], 자바FX[3] 바딘Vaadin[4]에 관한 지식이 필요합니다. 한편 백그라운드에서 실행되는 비즈니스 로직은 인터페이스 뒤에서 고객의 행동에 응답하는 엔진입니다. 하지만 대부분의 경우 고객에게 비즈니스 로직은 블랙박스black box입니다. 비즈니스 로직은 강력한 코딩 기술과 알고리즘, 데이터 구조, 프레임워크(스프링부트Spring Boot, 자카르타 EEJakarta EE 그리고 하이버네이트Hibernate), 데이터베이스에 대한 탄탄한 지식이 필요합니다. 대부분의 자바 개발자는 데스크톱과 웹 애플리케이션의 경우 백그라운드에서 작동하는 비즈니스 로직 개발을 선택합니다.

---

1 옮긴이: 자바 AWT(Abstract Window Toolkit)은 자바에서 GUI(graphical user interface)나 윈도우 기반 애플리케이션을 개발하는 API입니다.
2 옮긴이: 스윙(Swing)은 자바에서 GUI 구현을 위해 JDK에서 기본적으로 제공하는 개발 툴킷입니다.
3 옮긴이: 자바FX는 데스크톱 애플리케이션을 개발 및 배포하는 소프트웨어 플랫폼으로 다양한 장치에서 실행할 수 있습니다.
4 옮긴이: 바딘(Vaadin)은 웹 애플리케이션을 개발하는 오픈소스 플랫폼입니다.

2. 어떤 종류의 애플리케이션(데스크톱, 모바일, 웹)이 가장 매력적이라고 생각하나요?

각 유형의 애플리케이션에는 특화된 기능과 전용 도구 모음이 있습니다. 오늘날 회사들의 목표는 가능한 한 많은 소비자를 확보하는 것이므로 요즘 개발하는 애플리케이션이라면 다중 플랫폼 장치에서 사용할 수 있어야 합니다. 따라서 여러분도 애플리케이션이 여러 가지 장치에서 사용되고 다른 시스템과 상호작용할 것이라는 점을 염두에 두고 코딩할 수 있어야 합니다.

3. 테스트, 디버깅 또는 코드 리뷰에 특별히 관심이 있나요?

의미 있는 테스트 코드 작성, 버그 검출 및 코드 리뷰에서 높은 수준의 실력을 갖추는 것은 고품질의 제품 개발을 보장하는 데 가장 중요한 기술입니다. 이 세 가지 영역 중에 특히 주목해야 하는 것은 테스트입니다. 거의 모든 자바 개발자의 직무 설명에는 지원자에게 단위 테스트^{unit test}와 통합 테스트^{integration test}를 원활하게 작성할 실력을 요구하기 때문입니다(가장 일반적으로 선호하는 도구는 제이유닛^{JUnit}, 테스트NG^{TestNG}, 모키토^{Mockito} 그리고 큐컴버^{Cucumber-JVM}입니다). 실제로 자바 테스트나 코드 리뷰만 전문적으로 하는 직무는 매우 찾기 어렵습니다. 대기업, 특히 업스택^{Upstack}이나 크로스오버^{Crossover}와 같이 원격 업무를 제공하는 회사에서 겨우 찾아볼 수 있습니다. 이는 기본적으로 자바 개발자가 테스트나 코드 리뷰를 직접 할 때가 많다는 뜻입니다.

대부분의 회사는 페어 코드 리뷰^{pair code review}를 선호하며 각 자바 개발자는 자신이 작성한 코드에 높은 커버리지^{coverage}를 보장하는 의미 있는 테스트를 작성하길 요구합니다. 여러분역시 아주 멋진 코드를 작성하면서 동시에 그 코드의 테스트도 작성할 줄 알아야 합니다.

4. 데이터베이스와 상호작용하는 애플리케이션 개발에 관심이 있나요? 아니면 반대로 이런 애플리케이션 개발을 피하고 싶은가요?

데이터베이스에는 관계형에 해당하는 MySQL, PostgreSQL, 오라클^{Oracle} 혹은 SQL 서버, NoSQL에 해당하는 몽고DB^{MongoDB}, 레디스^{Redis}, 카산드라^{Cassandra}와 같은 것이 있습니다. 대부분의 자바 애플리케이션은 방금 설명한 관계형 혹은 NoSQL 데이터베이스와 상호작용합니다.

그래서 상당수의 자바 개발자 직무에는 하이버네이트와 같은 객체 관계 매핑^{object relational mapping, ORM} 프레임워크, 하이버네이트 JPA 또는 이클립스 링크^{EclipseLink}와 같은 JPA 구현체, 주크^{jOOQ}와 같은 SQL 중심 라이브러리에 대한 수준 높은 지식이 요구됩니다. 만약 데이터베이스와 상호작용하는 애플리케이션 개발을 피하려고 한다면 지원할 수 있는 직무의 범위가 굉장히 제한될 수 있습니다. 여러분이 이런 경우에 해당한다면 꼭 다시 기존 생각을 되돌리길 권합니다.

5. 코드 최적화나 성능 향상에 흥미가 있나요?

코드의 성능 관리는 매우 높이 평가되는 기술입니다. 코드의 성능을 관리하는 성향이 있다면 여러분은 굉장히 세심한 면을 가진 완벽주의자로 인정받을 수 있습니다. 코드를 최적화하고 성능을 높이는 방법을 알면 기술적 요구사항의 명세를 구상하고 설계하는 직무에 매우 빠르게 투입될 수 있습니다. 하지만 기술 인터뷰 단계에서는 코드 최적화와 성능에 초점을 맞추지 마세요! 인터뷰에서 제시한 문제에 맞게 작동하는 코드를 가능한 한 깔끔하게 제시하는 데에만 집중하세요.

6. 코딩 중심 직무와 소프트웨어 설계 직무 중 어느 쪽이 더 매력적인가요?

자바 개발 업무를 시작하는 단계에서는 코딩과 코드 레벨에서 구현할 내용을 설계하는 데 중심을 둘 것입니다. 그런데 일정 시간이 지나면 대규모 애플리케이션 설계에서 자신의 능력과 흥미를 발견할 수도 있습니다. 이는 자바 개발자에서 자바 아키텍트 혹은 자바 수석 아키텍트로 진화할 때가 됐다는 이야기입니다. 물론 코딩도 계속해야 하지만 개발자가 아닌 아키텍터라는 새로운 역할을 맡는 것입니다. 참고로 아키텍트가 되면 회의, 설계, 코딩 각각을 할 수 있도록 시간을 쪼개는 능력을 키워야 합니다.

프로젝트의 여러 부분을 구상하고 설계하는 일이 여러분의 적성에 맞는다고 느끼다면 소프트웨어 설계 관련 교육을 받는 것을 고려해보세요. 또한 코딩 중심 업무를 하면서도 프로젝트에 어떤 명세를 적용하면 좋을지 고민해보거나 현재 애플리케이션 아키텍트가 구현한 명세와 비교해보면서 설계에 도전해보세요.

7. 소기업과 대기업 중 어떤 회사를 목표로 하나요?

소기업과 대기업은 서로 다른 장단점이 있습니다. 대기업은 안정성, 경력 그리고 괜찮은 연봉을 제공합니다. 하지만 관료주의, 부서간 소통과 경쟁의식의 부재, 냉정하고 경직된 환경에 숨이 막힐지도 모릅니다. 소기업은 여러분이 회사의 성장과 실적에 중요한 역할을 한다는 것을 느낄 수 있고 가족 같은 작은 공동체의 일원이라는 따뜻하고 기분 좋은 느낌도 받을 수 있습니다. 하지만 빠르게 망할 수 있고 아무런 보상도 받지 못한 채 1~2년 안에 해고될 수 있습니다.

8. 광범위한 프로젝트에 참여하는 소프트웨어 회사 혹은 석유 산업, 의약품, 자동차와 같은 특정 산업과 관련된 회사 취업을 목표로 하나요?

소프트웨어 개발 전문 회사는 다양한 분야의 프로젝트를 관리합니다. 예를 들면 할리우드 배우의 웹사이트, 금융 애플리케이션 또는 항공사 교통관제 애플리케이션을 동시에 개발할 수 있습니다. 개발자 관점에서 이를 해내려면 다재다능한 사고 능력이 필요하며, 해당 분야를 경험하지 않고도 다양한 비즈니스 분야의 요구 사항을 이해해 빠르게 적응할 수 있어야 합니다.

반면 석유 산업과 같은 규모가 큰 분야는 그 회사에 특화된 애플리케이션을 개발하고 유지보수하는 자체 IT 부서 만들기를 선호합니다. 이럴 때 개발자는 해당 분야와 관련된 교육을 받을 가능성이 높습니다. 또한 특정 분야에 특화된 애플리케이션을 개발하는 전문가가 되는 이점이 있습니다.

9. 원격 근무를 선호하나요?

유연한 업무 환경을 구축해 세계 어느 곳에서나 일할 수 있다는 장점은 꽤 매력적입니다. 그래서 지난 몇 년 동안 상당수의 회사가 원격 근무(작업)를 수행하는 개발자를 고용했습니다. 특히 업워크Upwork, 리모트|OKRemote|OK, 엑스-팀X-Team, 크로스오버와 같은 새로운 회사는 원격 근무를 수행하는 직무만 모집하는 100% 원격 회사입니다. 이러한 회사들은 주니어, 미드레벨, 시니어 개발자에게 일자리를 제공할 뿐만 아니라 원격 관리직도 채용(크로스오버와 같은 일부 회사)합니다.

그러나 원격 근무의 단점도 분명히 있습니다. 여러분은 10분마다 사진이 찍히는 등 웹캠을 통해 모니터링될 수도 있고 다른 시간대의 사람들과 섞여 완전히 원격으로만 관리되는 팀에서 일해야 할 수도 있습니다. 그럼 한밤중에 회의에 참석하는 괴로운 일도 있을 겁니다. 또한 지라JIRA, 깃허브GitHub, 줌Zoom, 슬랙Slack, 밋업Meetup 및 사내 업무 지원 플랫폼을 비롯한 여러 도구에 익숙해져야 하며, 수많은 이메일을 주고받는 과정에서 의견 충돌이 일어나는 등 소통에 어려움을 겪을 수 있습니다. 세금을 직접 납부해야 하거나, 해고 당하지 않으려고 서비스 품질을 낮추는 비현실적인 지표를 달성해야 할 수도 있습니다.

10. 관리 업무에 관심이 있나요?

일반적으로 관리직에 도달하려면 리더십이 필요합니다. 관리자는 기술뿐만 아니라 인간적 차원에서 중요한 결정을 내릴 수 있어야 하기 때문입니다. 이러한 관점에서 보면 탄탄한 기술 경력을 보장하지만 관리자로 승진할 기회를 제공하지 않는 회사는 피해야 합니다.

자기 자신을 아는 것은 인생에서 최선의 결정을 내리기 위해 꼭 필요하면서도 가장 제대로 하기 어려운 일입니다. 스스로에 대한 주관적인 시각을 없애려면 때로는 다른 사람의 의견을 들어보는 것이 가장 좋습니다. 선생님, 부모님, 친구들에게 나를 어떻게 생각하는지 물어보세요. 그 대답에서 내가 가진 기술이 무엇인지와 거기에 가장 잘 맞는 직업이나 환경이 무엇인지 더 잘 파악할 수 있을 것입니다. 중요한 결정을 혼자 내리는 것은 위험합니다.

스스로에 대해 충분히 알아보았다면 이제 시장을 분석할 시간입니다.

1.3 취업 시장 분석

자신이 어떤 직군을 원하는지 아는 게 중요하지만 여기서 그치지 않고 더 나아가야 합니다. 다음 단계로 취업 시장에서 여러분에게 어떤 직군에 일하기를 요구하는지 조사해야 합니다. 여러분이 원하는 직군과 취업 시장이 요구하는 직군이 완벽하게 어우러진 타협점을 찾는 것이 목표입니다.

tip 원하는 곳에 빠르게 취업하려면 시장성 있는 기술로 개발할 능력을 갖추는 것이 중요합니다.

먼저 지난 몇 년간 어떤 자바 기술이 가장 인기 있었는지 살펴보고 향후에는 어떤 동향을 보일지 분석해야 합니다. 시간과 상관없이 꾸준히 인기가 있는 기술이 회사에서 가장 많이 사용되는 기술입니다.

역시 앞에서 소개한 오라클 블로그, snyk, jaxenter, 코드버스트, 젯브레인즈, D존 등의 웹사이트에서 지난 2~3년 사이에 진행된 여러 가지 설문조사를 읽는 것부터 시작합니다. 구글에서 '2021년 자바 기술 설문조사' 혹은 이와 유사한 키워드를 조합하여 검색하는 것부터 시작해도 좋습니다. 또한 연봉 측면도 놓치지 말고 '2021년 자바 개발자 연봉 설문조사'를 검색해보세요.

다음 두 그림에서 볼 수 있듯이 가장 인기 있는 기술을 잘 요약한 다양한 설문조사를 찾을 수 있을 것입니다. [그림 1-2]는 애플리케이션 서버의 인기도를 나타냅니다.

What application servers do you regularly use?

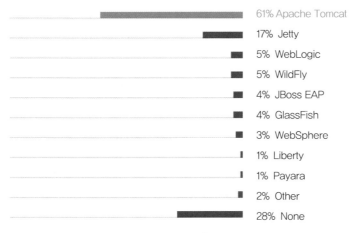

그림 1-2 사용하는 애플리케이션 서버 설문 결과[5]

다음 그림은 개발자가 선호하는 프레임워크를 나타냅니다.

Which frameworks do you use as an alternative to an application server, if any?

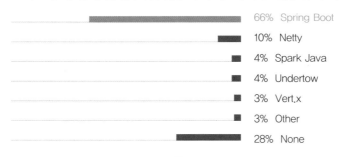

그림 1-3 선호하는 프레임워크 설문 결과[6]

설문조사를 살펴보면서 다음 그림과 같이 가장 인기 있는 자바 기술이 무엇인지 혹은 현재 여러분이 관심을 가질 필요가 없는 기술은 무엇인지 목록을 만들어 적어보세요.

5 출처: https://www.jetbrains.com/lp/devecosystem-2021/java
6 출처: https://www.jetbrains.com/lp/devecosystem-2021/java

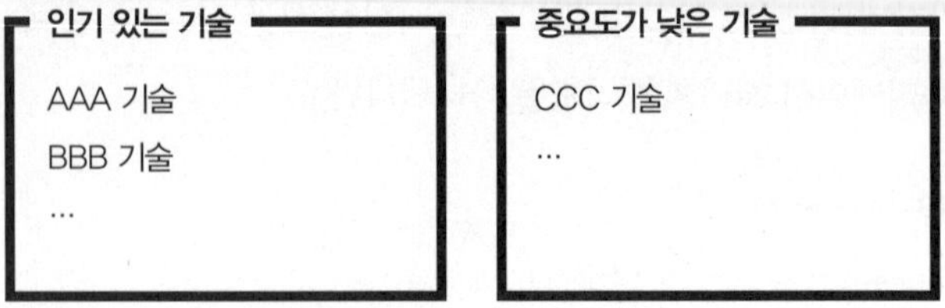

그림 1-4 인기에 따라 기술 분류하기

이렇게 목록을 만들면 취업 시장에서 가장 필요로 하는 기술을 빠르게 정리할 수 있습니다. 또한 목록에 근거해 인기 있는 기술을 익히면 취업을 앞당길 가능성이 극대화됩니다.

이제 다음과 같은 방법으로 인기 있는 기술에 대한 취업 시장의 흐름을 분석하세요.

- **소셜 네트워크 검색**

    상당수의 소셜 네트워크에는 기술과 IT 업계의 동향을 다루는 게시물이 있습니다. 이를 찾아서 읽어보기 바랍니다. 대표적인 소셜 네트워크로는 링크드인LinkedIn, 스택 오버플로Stack Overflow, 트위터Twitter, 레딧Reddit, 페이스북Facebook이 있습니다.

- **서점 방문**

    IT 전문 출판사는 가장 인기 있는 기술을 다루는 책을 출간해 프로그래밍 커뮤니티의 관심을 충족시키고자 노력합니다. 출판사는 책에서 다룰 만한 주제를 걸러내고자 진지하게 조사하고 연구합니다. 따라서 (온라인 서점을 포함한) 시점에 방문하여 특정 주제나 기술에 관한 신간 혹은 관련 도서의 종수를 살펴보기 바랍니다. 종수는 그 주제가 프로그래밍 커뮤니티에서 얼마나 관심을 받는지를 나타내는 아주 좋은 지표입니다.

    하지만 갑자기 유행하는 기술은 이러한 지표가 적용되지 않을 수 있으니 주의해야 합니다. 보통 출판사에서는 갑자기 유행하는 기술을 출간 예정 도서의 주제로 바로 채택하지 않기 때문입니다. 이러한 기술은 책의 주제로 선정되기까지 몇 년이 걸릴 수도 있고 영원히 선택받지 못한 채 관심 밖으로 사라질 수도 있습니다.

- **강의 및 교육 커리큘럼 확인**

    대학 외에도 수많은 웹사이트에서 인기 있고 유행하는 주제를 다루는 강의와 교육 과정을 제공하고자 노력하고 있습니다. 같은 주제로 얼마나 많은 강의나 교육 과정이 열렸는지 파악해보기 바랍니다.

1.4 올바른 경험 쌓기

이제 여러분은 자신이 원하는 직군과 취업 시장에서 요구하는 직군이 무엇인지 알았을 겁니다. 정말 멋진 일이에요! 지금부터는 그에 맞는 올바른 경험을 쌓을 시간입니다! 경험이 없으면 작성할 이력서도, 지원할 인터뷰도 없습니다. 따라서 경험을 쌓는 단계는 아주 중요하면서도 고된 단계입니다. 여러분이 달성해야 할 두 가지 주요 목표는 다음과 같습니다.

- 많은 이론적 지식과 기술을 축적합니다.

- 자바 개발자로서 자바 에코시스템을 잘 이해한다는 인지도와 신뢰도를 확보합니다.

다만 이 두 가지 목표는 하룻밤에 이루어지지 않는다는 것을 기억하세요! 시간이 오래 걸리고 끈기가 필요한 일이지만 이 목표를 이뤄낸다면 분명히 여러분은 최고의 자바 개발자가 될 것입니다. 그럼 본격적으로 시작해볼까요?

1.4.1 일단 시작하세요

현재 학생이거나 최근에 졸업한 경우 경험을 쌓고 이력서를 쓰려면 어디서부터 무엇을 시작해야 할지 결정하기가 꽤 어려울 것입니다. 무언가 시작해야 한다는 것은 알지만 대체 무엇을 시작해야 하는지 알 수 없겠죠. 이때 여러분이 시작해야 하는 것은 바로 **코딩**입니다. 정식으로 취업하기 전에 학교 프로젝트, 회사 인턴십, 개인적인 프로그래밍 공부, 오픈소스 기여 활동 등 코딩과 관련되었다면 종류를 가리지 말고 어떤 활동이라도 참여해 경험을 쌓으세요.

1.4.2 온라인 공간에 존재감을 보여주세요

가능한 한 이른 시일 내에 온라인에서 활동하면서 학교 혹은 어딘가에서 여러분이 무엇을 할 수 있는 사람인지 보여주어야 합니다. 회사와 프로그래밍 커뮤니티는 여러분이 온라인에서 어떤 활동을 하며 성장하는지도 고려하기 때문입니다.

온라인 활동을 시작하기 전에는 다음 두 가지 황금률을 따라야 합니다.

- **온라인에 작업물을 노출할 때 사용하는 신원은 매우 신중하게 결정합니다.**
  가명, 아바타, 닉네임, 이메일, 비밀번호를 사용하지 마세요. 아마 지금 여러분이 생성할 깃허브, 스택 오버플로, 링크드인, 유튜브 YouTube, 트위터와 같은 계정은 인터넷 곳곳에서 공유되며 유명해질 것입니다. 마크 저널Mark Janel, 소아나 니마르Joana Nimar처럼 항상 실명을 사용하기 바랍니다. 프로필에는 [그림 1-5]처럼 여러분의 실제 모습을 나타내는 사진을 사용하세요. 또한 '@markjanel', 'joananimar', 'mark.janel@gmail.com' 처럼 실제 이름을 계정명이나 이메일 주소로 사용하세요. 가짜 이름, 이메일, 닉네임 등 을 사용하면 작업물에 관심이 있을 때 여러분의 존재를 떠올리기 어려울 것입니다.

그림 1-5 프로필에 사용한 사진의 예

- **항상 비판을 받아들이고 예의 바르게 행동합니다.**

  작업물을 온라인에 노출하면 비평하는 사람들이 생길 것입니다. 예를 들어 댓글 일부분 중 논리가 하나도 없는 악의적인 댓글을 남기는 식의 상황이 벌어지겠지요. 이러한 댓글 은 그냥 무시하는 게 가장 좋습니다.

  하지만 대부분의 사람은 긍정적이고 건설적인 댓글을 남길 것입니다. 이런 댓글에는 언 제나 예의 바른 자세로 함께 논의하세요. 상식에 기반을 둔 대화는 가장 중요한 논의 기술입니 다! 여러분과 다른 의견에 열린 자세를 가지고 대하세요!

온라인 공간은 원래 다양한 의견을 나누는 곳입니다. 비판을 받는다고 실망하거나 좌절하지 마세요. 그리고 절대 활동을 포기하지 마세요!

오픈소스 프로젝트에 기여하세요

자신의 기술 능력이 어느 정도 수준인지 파악하거나, 빠르게 경험을 쌓거나, 인재를 찾는 회 사의 눈에 띌 수 있는 최고의 지름길은 오픈소스 프로젝트에 기여하는 것입니다. 자신을 과소 평가하지 마세요! 작은 기여라도 좋습니다. 오픈소스 프로젝트의 코드를 읽고 이해하는 것만 으로도 코딩 경험과 기술을 쌓는 굉장히 좋은 기회가 됩니다.

많은 오픈소스 프로젝트는 다양한 개발자가 기여하도록 장려하고 지원합니다. [그림 1-6]은 하이버네이트 ORM 오픈소스 프로젝트가 개발자의 기여를 독려하는 안내 문구입니다.

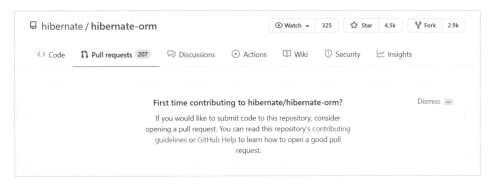

그림 1-6 오픈소스 프로젝트 기여 독려 문구

오픈소스 프로젝트에 기여한다면 여러분뿐만 아니라 수백만 명의 개발자가 언젠가 매일같이 사용하게 될 코드에 자신의 발자취를 남길 수 있을 것입니다. 정말 멋지지 않나요?

개인 깃허브 계정을 관리하세요

오픈소스 프로젝트에 기여하는 일 외에도 자신만의 깃허브 계정을 만드는 것이 좋습니다. 채용 관계자들은 실제로 만나기 전에 여러분의 깃허브 프로필 내용을 먼저 평가할 것입니다. 그어떤 내용도 소홀히 작성하지 마세요! 자신이 만든 최고의 코드가 두드러질 수 있도록 시간을 내서 깃허브 프로필을 정리하세요. 최악의 깃허브 계정은 아무 활동이 없거나 장기간 활동이 없는 계정이라는 것을 명심하세요.

[그림 1-7]에서 깃허브 계정의 좋은 예와 좋지 않은 예를 살펴볼 수 있습니다.

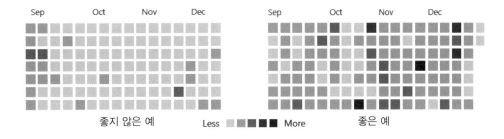

그림 1-7 4개월간 깃허브 활동의 예

[그림 1-7]과 같이 활발한 깃허브 활동을 통해 클린 코드와 의미 있는 README.md[7] 파일 유지에 적극적인 관심이 있다는 것을 보여주고 활동에 공백이 생기지 않도록 관리하세요.

개인 스택 오버플로 계정을 관리하세요

회사들이 깃허브 다음으로 선호하는 개발자 평가지표는 스택 오버플로입니다. 여러분이 스택 오버플로에 질문하거나 답변한 내용은 구글 검색을 통해 찾을 수 있으므로 질문이나 답변을 게시할 때는 많은 주의를 기울여야 합니다.

또한 질문은 질문한 사람의 지식수준을 드러내기 마련입니다. 따라서 단순한 질문이나 문서에서 쉽게 답을 찾을 수 있는 질문, 사소한 프로그래밍 문제에 따른 질문은 게시하지 말아야 합니다. 답변할 때는 가치 있는 답변을 제공하고 다른 사람의 답변을 반복하지 않아야 합니다. 반대표가 아니라 추천표를 받을 수 있는 콘텐츠를 제공하세요. 답변에 여러분의 깃허브 프로필 주소를 남기고 완벽한 해결 방법을 제공하세요.

개인 유튜브 채널을 관리하세요

유튜브는 재미를 위한 콘텐츠 외에도 엄청나게 많은 기술 지식을 제공합니다. 여러분도 기본적인 프로그래밍 방법과 더 나은 프로그래머가 되도록 하는 코딩 방법 전체를 개인 유튜브 채널에 게시할 수 있습니다. 다음처럼 한다면 유튜브 구독자를 빠르게 늘릴 수 있을 것입니다.

- 너무 긴 동영상은 게시하지 마세요. 10~20분짜리 강의가 가장 좋습니다.

- 좋은 성능의 웹캠과 마이크를 사용하세요. 웹캠은 최소 1080p 해상도를 가지는 것이 좋고, 마이크는 스노우볼 아이스Snowball ICE를 추천합니다. 녹화는 무료 혹은 비용이 저렴한 Free2X Webcam Recorder[8]나 Loom[9], Camtasia Studio[10]와 같은 도구를 사용하면 됩니다.

- 영어 실력이 뛰어나다면 이를 보여주세요. 유튜브에서 가장 널리 사용되는 언어는 영어입니다.

---

7 옮긴이: README.md는 깃허브 저장소의 목적, 활용법, 기여 방법, 라이선스 등의 정보를 안내해주는 파일입니다.

8 https://free2x.com/webcam-recorder

9 https://www.loom.com

10 https://www.techsmith.com/video-editor.html

- 짧은 자기소개를 포함하세요.

- 열정을 보여주세요. 사람들에게 여러분이 개발을 사랑한다는 것을 보여주세요. 하지만 너무 과장되지는 않아야 합니다.

- 직접 시연하세요. 사람들은 실시간 코딩을 보는 걸 굉장히 좋아합니다.

- 조리 있게 말하는 모습을 보여주세요. 기술 컨퍼런스의 기회가 열릴 것입니다.

- 작업물을 홍보하세요. 동영상, 소스 코드의 링크나 정보를 추가하세요.

- 사람들의 피드백과 질문에 응답하세요. 동영상에 대한 사람들의 의견을 무시하지 마세요.

- 비판을 받아들이고 예의를 갖추세요.

깃허브와 스택 오버플로 계정을 유튜브에 연결해 열심히 홍보하고 팔로어를 확보하세요.

기술 블로그를 관리하세요

기술 블로그를 만들고 프로그래밍 주제, 특히 여러분이 해결한 프로그래밍 문제에 관해 글을 쓰고 튜토리얼이나 팁, 요령을 작성하세요. 꾸준히 게시글을 등록하고 양질의 콘텐츠를 제공하면 블로그 방문자가 늘어나고 여러분의 블로그가 검색 엔진에 노출될 수 있을 것입니다.

또한 기술 블로그는 여러분의 깃허브, 스택 오버플로, 유튜브 작업물을 손쉽게 홍보할 수 있는 방법이기도 합니다. 언젠가 이 귀중한 콘텐츠로 유데미Udemy[11](https://www.udemy.com) 또는 플루럴사이트Pluralsight[12](https://www.pluralsight.com)에서 훌륭한 책을 쓰거나 멋진 동영상을 만들 수 있을 것입니다.

블로거Blogger(https://www.blogger.com), 워드프레스WordPress(https://wordpress.org), 미디엄Medium(https://medium.com)과 같이 많은 블로그 플랫폼[13]이 있습니다. 여러분이 선호하는 플랫폼을 하나 고르고 기술 블로그 관리를 시작하세요.

---

11 옮긴이: 유데미(Udemy)는 미국의 온라인 교육 플랫폼입니다.
12 옮긴이: 플루럴사이트(Pluralsight)는 소프트웨어 개발자나 IT 관리자를 위한 다양한 동영상 강의를 제공하는 온라인 교육 회사입니다.
13 옮긴이: 한국에는 벨로그(velog, https://velog.io)라는 블로그 플랫폼이 성장 중입니다.

기사를 작성하여 트래픽을 유도하고 수익을 올리세요

기술 기사를 게시하여 돈을 벌거나 여러분의 작업물에 엄청난 수의 방문을 유도하고 싶다면 개인 블로그는 그다지 유용하지 않습니다. 개인 블로그는 성장하기까지 적어도 1~2년 정도의 꽤 긴 시간이 필요하기 때문입니다. 하지만 매일 엄청난 양의 트래픽이 발생하는 웹사이트에서 기술 기사를 작성하면 여러분이 원하는 목표를 이룰 수 있습니다.

예를 들어 D존은 무료로 글을 작성하거나 작업물에 대해 보상을 주는 여러 가지 프로그램을 제공하는 훌륭한 기술 플랫폼입니다. 무료 D존 계정을 만들기만 하면 D존에서 제공하는 온라인 편집기로 기술 기사를 작성하고 게시할 수 있습니다. 1~5일 내로 여러분이 작성한 기사에 대한 검토가 이루어진 후 온라인에 게시됩니다. 게시되자마자 수천 명의 사람이 여러분의 기사를 읽을 것입니다. D존 외에도 기사를 작성해주면 비용을 지불하는 훌륭한 기술 플랫폼이 많습니다. 일반적으로 길이, 주제, 내부 정책 등에 따라 기사당 10달러에서 150달러 사이의 비용을 지불합니다. 그 밖에도 다음과 같은 기술 플랫폼들이 있습니다.

- InformIT(https://www.informit.com)
- InfoQ(https://www.infoq.com)
- Mkyong(https://mkyong.com)
- Developer.com(https://www.developer.com)
- Java Code Geeks(https://www.javacodegeeks.com)
- GeeksForGeeks(https://www.geeksforgeeks.org)
- SitePoint(https://www.sitepoint.com)

포트폴리오로 자신과 작업물을 홍보하세요

일하는 것도 중요하지만 사람들에게 작업한 결과물을 보여주고 피드백을 받는 것도 중요합니다.

[**Column**] **온라인 프로필 관리의 중요성**

온라인 프로필을 관리하는 것은 매우 중요합니다. 채용 담당자는 온라인 프로필로 원하는 인재를 찾고 그 사람을 더 잘 이해하며 심층적 혹은 맞춤형 인터뷰 질문을 준비합니다. 채용 담당자는 깃허브, 스택 오버플로를 비롯하여 구글에서 여러분의 이름을 검색하고 개인 웹사이트 및 소셜 네트워크 프로필을 확인할 것입니다.

개인 웹사이트

개인 웹사이트(혹은 포트폴리오)는 개인이 만든 작업물을 보여주는 공간입니다. 직접 만들었거나 혹은 참여한 애플리케이션의 스크린샷을 추가하고 작업한 내용에 대한 간단한 설명을 덧붙이세요. 각 프로젝트에서 담당한 역할을 설명하고 해당 프로젝트의 링크를 소개하세요. 단, 회사의 대외비 정보를 노출하지 않도록 주의해야 합니다. 인터넷에서 여러 사람의 개인 웹사이트를 살펴보면 영감을 받을 수 있을 것입니다. '10 Awesome Web Developer Portfolios[14]'라는 기사에서 멋진 웹 개발자 포트폴리오 10선을 참고해보세요.

구글 사이트Google Sites(https://sites.google.com), 윅스Wix(https://ko.wix.com)와 같은 무료 도구 또는 저렴한 비용의 웹사이트 제작 서비스로 개인 웹사이트를 구축할 수 있습니다.

소셜 네트워크 프로필

트위터는 아주 중요한 소셜 네트워크 중 하나입니다. 다양한 자바 개발자에게 트위터로 여러분의 작업 성과를 홍보할 수 있습니다. 트위터를 시작한 첫날에 바로 최고의 자바 개발자들을 찾아 팔로우해보세요. 작은 팁을 주자면, 세계 최고의 자바 개발자로 구성된 자바 챔피언스Java Champions 커뮤니티에 속한 자바 챔피언을 최대한 많이 찾아서 팔로우하세요. 트위터에는 규모가 크고 가치 있는 자바 개발자 커뮤니티가 있습니다. 어서 찾아가보세요!

페이스북과 인스타그램Instagram과 같은 다른 소셜 네트워크도 채용 담당자가 눈여겨보는 대상입니다. 여러분이 올리는 게시물의 내용에 주의하세요. 급진주의, 인종차별주의, 광신주의, 성적인 내용, 정치적 내용, 폭력을 조장하는 문구, 명예를 훼손하는 모욕적인 내용을 담은 게시글이 있다면 채용 담당자는 등을 돌릴 것입니다.

코더스랭크 프로필

코더스랭크CodersRank(https://codersrank.io)는 깃허브, 스택 오버플로, 비트버킷Bitbucket[15], 해커랭크HackerRank[16] 등으로부터 여러분의 작업에 관한 정보를 수집하는 플랫폼입니다. 이 플랫폼에서는 수집한 정보를 기반으로 전 세계 수백만 명의 개발자들을 비교하여 순위를 매깁니다. 채용 담당자들이 중요하게 생각하는 지표입니다.

---

14 https://codeburst.io/10-awesome-web-developer-portfolios-d266b32e6154
15 옮긴이: 비트버킷(Bitbucket)은 웹 기반의 버전 관리 저장소 호스팅 서비스입니다.
16 옮긴이: 해커랭크(HackerRank)는 온라인 코딩 문제풀이 사이트입니다.

[그림 1-8]은 코더스랭크의 개발자 프로필 예입니다.

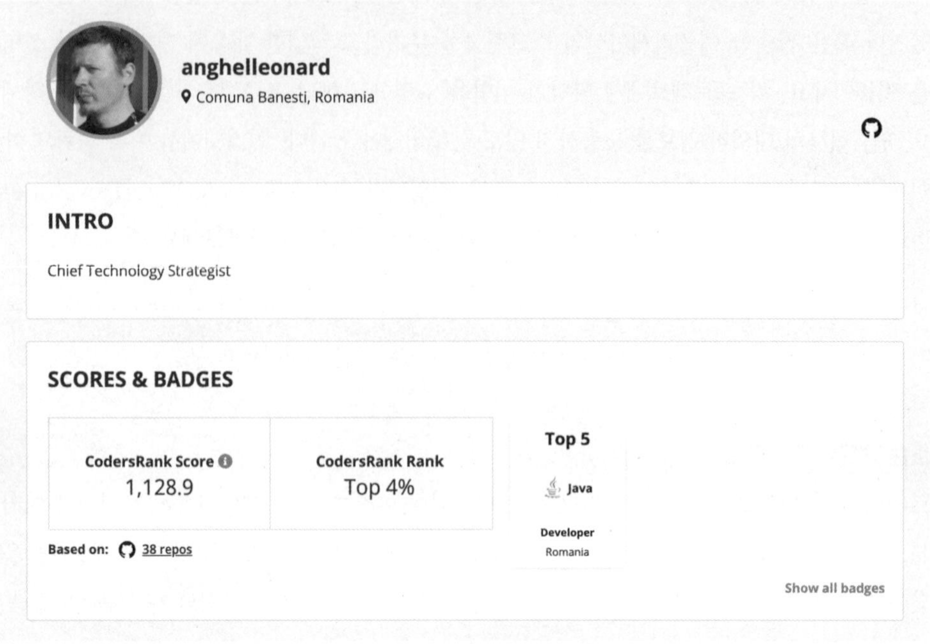

그림 1-8 코더스랭크 프로필 요약

학습과 코딩의 반복

개발자로서 정상에 오르고 그 자리를 유지하려면 학습과 코딩을 반복해야 합니다. 학습과 코딩을 멈추지 마세요! 경험에 비추어볼 때 학습과 코딩을 실천하는 습관은 예제를 통해 배우고 익힐 수 있습니다.

필자는 다른 사람들을 가르치는 과정에서 이러한 습관을 몸에 익힙니다. 여러분도 자신에게 가장 잘 맞는 방법을 찾아 학습과 코딩을 반복하는 습관을 길러보세요.

자격증

Oracle Certification(https://education.oracle.com/certification)에 접속하면 오라클이 제공하는 자바 자격증의 종류를 살펴볼 수 있습니다. 단, 오라클이나 다른 어떤 조직으로부터 자격증을 취득하더라도 보통 채용 공고에서 자격증을 요구하지는 않습니다. 자격증을 취득하려면 상당한 비용과 시간이 필요하며 대부분은 노력한 만큼 보상받지 못합니다.

시간을 좀 더 현명하게 사용하는 방법은 사이드 프로젝트, 학교 프로젝트, 오픈소스 프로젝트와 같은 활동에 참여하는 것입니다. 자격증을 취득하는 것보다 다양한 활동에 참여하는 편이 채용 담당자에게 더 감동을 줄 것입니다. 즉, 자격증은 한정된 가치를 지니며 취득하기까지 굉장히 많은 자원이 필요합니다. 게다가 자격증은 시간이 지나면 쓸모없어지기도 합니다. 예를 들어 자바 6 자격증을 2020년에, 혹은 자바 12 자격증을 2030년에 지닌다고 생각해보면 얼마나 쓸모없는지 느낄 수 있을 것입니다.

그래도 꼭 자격증을 취득하고 싶다면 다음의 자격증 목록을 참고하세요. 현재 제공되는 최고의 자격증 목록입니다. 단, 이 목록의 가치는 시간이 지나면서 달라질 수 있으므로 자세한 내용은 구글 검색으로 확인해주세요.

- OCAJP(오라클 자격 인증Oracle Certified Associate, 자바 프로그래머 1)
- OCPJP(오라클 고급 자격 인증Oracle Certified Professional, 자바 프로그래머 2)
- 스프링 고급 자격증Spring Professional Certification
- OCEWCD(오라클 전문가 자격 인증Oracle Certified Expert, 자바 EE 6 웹 컴포넌트 개발자)
- 아파치 스파크Apache Spark 자격 HDPCD(HDP 인증 개발자)
- 프로젝트 관리자 자격증Professional Scrum Master
- AWS 솔루션 아키텍트
- 오라클 마스터Oracle Certified Master

인터넷을 통해 경험과 인지도(팬)를 갖추는 것은 개인의 경력에 굉장한 이점이 됩니다. 하지만 자바 직군에 지원하려면 유용한 이력서도 필요합니다. 이제 이력서를 쓸 시간입니다.

1.5 이력서 작성

인상적인 이력서를 쓰기란 참 어렵습니다. 엄청난 이력서를 작성해주겠다며 광고하는 이력서 대필 플랫폼도 매우 많습니다. 또한 수많은 이력서 양식이 있지만 대부분 상당히 복잡하고 번거롭습니다. 이력서는 개인적인 문서인 만큼 직접 작성하는 게 가장 좋습니다. 채용 담당자에게 매력적인 인식을 줄 수 있는 이력서를 작성하기 위해 몇 가지 고려할 사항을 알려드리겠습니다. 각 요소를 살펴보면서 어떻게 접근하면 좋을지 살펴보겠습니다.

1.5.1 이력서 심사관이 찾는 이력서란?

첫째, 이력서 심사관은 여러분이 좋은 개발자이고 똑똑한 사람인지 알고자 합니다. 둘째, 이력서 심사관은 여러분이 특정 직군에 적합한 사람인지 알고자 합니다. 그들은 채용하려는 직군에 필요한 특정 기술과 도구에 여러분의 경험이 얼마나 관련 있는지 비교합니다.

스스로가 좋은 개발자이며 똑똑한 사람이라는 것을 열심히 강조하세요. 가능한 한 해당 직군에서 일할 수 있다는 점을 집중해서 어필하는 형태로 이력서를 기술해야 합니다. 너무 많은 단어를 사용하면 이력서의 본질이 희석되고 논점을 흐릴 수 있으므로 주의합니다. 이력서는 기술적인 내용 중심으로 명확하고 간결하게 작성해야 합니다.

1.5.2 적당한 이력서의 길이

적당한 이력서의 길이를 결정하려면 먼저 채용 담당자가 이력서를 읽는 데 시간을 얼마나 소비할지 생각해보아야 합니다. 아마 보통 10~20초 정도일 것입니다. 다르게 말하면, 채용 담당자는 흥미로운 점이 있는지만 빠르게 파악하려고 이력서를 훑어볼 것입니다.

일반적으로 이력서는 1페이지를 넘겨서는 안 됩니다. 10년 이상의 경력이 있다면 2페이지 분량도 괜찮습니다. 방대한 경험을 1~2페이지로 압축하는 게 불가능하다고 생각할 수도 있겠지만, 그렇지 않습니다. 먼저 경력의 우선순위를 정한 다음 1~2페이지를 다 채울 때까지 순서대로 작성하세요. 다 채운 후에 남은 경력은 과감히 생략하세요.

채용 담당자가 여러분의 모든 경력을 다 알지 못한다고 해서 너무 걱정하지 마세요. 채용 담당자는 핵심 경력이 담긴 이력서에 감명받고 인터뷰에서 여러분의 나머지 경력에 관해 이야기를 나누며 만족할 것입니다.

[**Column**] **이력서는 한 페이지 안에 쓰세요**

10년 이상의 경력이 있다면 이력서를 2페이지로 작성해도 좋습니다. 단, 일부 채용 담당자는 이력서가 길면 한 줄도 읽지 않고 넘겨버릴 수 있다는 점을 명심하세요. 그들은 여러분의 이력 중 가장 인상적인 항목을 바로 찾고 싶어 합니다. 덜 중요한 항목이나 너무 많은 단어를 작성하면 채용 담당자가 집중하지 못하고 시간을 낭비하게 될 것입니다.

1.5.3 경력 작성 방법

직무 경험 경력이 2~4가지에 불과하다면 모든 내용을 이력서에 추가하세요. 4가지 이상의 직무 경험 경력이 있다면 모든 내용을 이력서에 적지 마세요. 주목할만한 회사에서 일한 경력이나 주도적인 역할을 한 경력, 큰 성과를 달성했거나 상당한 기여를 한 경력 등 가장 인상적인 주요 경력을 4가지만 선택하여 작성하세요.

각 경력에 대해 성과 → 업무 → 효과 순서로 내용을 작성하세요. 항상 성과를 먼저 언급하세요! 성과가 채용 담당자의 관심을 끄는 역할을 합니다. 일단 채용 담당자가 성과를 읽으면 나머지 내용도 관심있게 계속 읽게 될 것입니다.

예를 들어 A 회사에 근무하면서 매개변수 조정으로 커넥션 풀connection pool 성능을 30% 향상시킨 경험이 있다고 가정하겠습니다. 그 덕분에 애플리케이션이 15%의 트랜잭션transaction 처리량을 추가로 수용하게 되었다고 할 때, 이 성과는 다음처럼 이력서에 추가할 수 있습니다.

> '매개변수 조정으로 커넥션 풀 성능이 30% 향상했으며 이에 따라 트랜잭션 처리량이 15% 증가하였습니다.'

그리고 성과 → 업무 → 효과 순서에 따라 가장 관련성이 높은 업무 내용을 나열합니다. 항상 여러분이 창출한 성과를 수치화하세요. '압축을 통해 메모리 설치 공간을 감소시켰고…'라고 하기보다는 '압축을 통해 메모리 설치 공간을 5% 감소시켰고…'와 같이 구체적인 숫자로 표현하세요.

1.5.4 프로젝트 소개 작성 방법

일부 채용 담당자는 이력서에서 다른 부분은 건너뛰고 프로젝트 소개 작성란을 바로 보는 걸 선호합니다. 이런 사람들은 군더더기 없이 핵심만 보고 싶어 하는 경향(No Fluff, Just Stuff[17])이 있습니다. 여러분이 경험한 모든 프로젝트를 나열할 필요는 없습니다! 성과가 있다고 판단하는 상위 5개 프로젝트만 선택하여 이력서에 추가하세요.

프로젝트의 카테고리는 다양하게 선정하는 편이 좋습니다. 1~2개의 독립적인 프로젝트와 오픈소스 기여 경험 등을 선택하세요. 깃허브의 별(즐겨찾기) 개수가 높은 독립적 프로젝트는 채용 담당자에게 정말 깊은 인상을 줄 것입니다.

---

17 옮긴이: 'No Fluff, Just Stuff'는 소프트웨어 개발자 및 아키텍트를 위한 교육 컨퍼런스의 이름이기도 합니다.

프로젝트와 관련한 세부 정보를 포함하여 주요 프로젝트를 나열하세요. 이때 겸손함은 잠시 접어두고 채용 담당자의 눈에 띌 수 있도록 마음껏 여러분의 프로젝트를 자랑하세요.

1.5.5 사용 가능한 기술 작성 방법

여러분이 사용할 수 있는 기술은 꼭 작성해야 합니다. 기술 작성란에는 자신이 아는 프로그래밍 언어, 소프트웨어와 도구를 나열해야 합니다. 기술 작성란은 기술 정의서처럼 거창할 필요는 없지만 너무 짧고 간단해서도 안 됩니다.

사용 가능한 기술을 작성할 때는 해당 기술이 앞서 작성한 프로젝트와 관련이 있고 적절하게 조화를 이루어야 합니다. 사용 가능한 기술을 작성할 때 따라야 하는 주요 기준은 다음과 같습니다.

- **모든 자바 관련 기술을 나열하지 마세요**

  예를 들어 '스프링 MVC, 스프링 데이터, 스프링 데이터 REST, 스프링 시큐리티'와 같이 전부 나열하지 말고 그냥 '스프링'이라고만 작성하면 됩니다. 또 다른 예로 자바 EE의 경우에도 'JPA, EJB, JSF, JAX-RX, JSON-B, JSON-P, JASPIC'과 같은 목록 대신 간결하게 '자바 EE' 혹은 '자카르타 EE'라고만 작성하세요. 만약 직무 모집 설명란에 세부 기술을 나누어 작성하도록 안내한다면 대표 기술을 작성하고 괄호 안에 세부 기술을 작성해도 좋습니다. 예를 들면 '스프링(MVC, 데이터 REST를 포함한 스프링 데이터, 시큐리티 등)' 또는 '자바 EE(JPA, EJB, JSF, JAX-RX, JSON-B, JSON-B, JASPIC 등)'처럼 작성할 수 있습니다.

- **소프트웨어 버전을 덧붙이지 마세요**

  자바 8, 스프링 부트 2, 하이버네이트 5와 같이 소프트웨어 버전을 포함하여 작성하지 마세요. 직무에 소프트웨어 특정 버전이 꼭 필요하다면 인터뷰에서 면접관이 질문할 것입니다.

- **유틸리티 기술은 나열하지 마세요**

  프로젝트에서 일반적으로 사용되는 유틸리티 라이브러리는 나열하지 마세요. 예를 들어 아파치 커먼즈_{Apache Commons}, 구글 구아바_{Google Guava}, 이클립스 컬렉션_{Eclipse Collections}과 같은 기술은 나열하지 않아야 합니다. 채용 담당자가 모르는 내용일 가능성이 높으며 만약 아는 내용이라면 어이없게 웃을 것입니다.

- **가볍게 다뤄보기만 했던 기술은 나열하지 마세요**

  극히 드물게 또는 겉핥기식으로만 사용했던 기술을 나열하는 것은 매우 위험합니다. 인터뷰에서 해당 기술과 관련된 질문을 받았다가 난처해질 수도 있기 때문입니다.

- **각 기술의 숙련도를 덧붙이세요**

  예를 들어 '자바(전문가), 스프링 부트(고급), 자카르타 EE(능숙), 하이버네이트(전문가)'와 같이 기술별 숙련도를 포함하여 작성하세요.

- **기술별 숙련도를 기술 사용 기간으로 표기하지 마세요**

  사용한 기간이 오래되었다고 해당 기술의 숙련도가 꼭 높다고 할 수는 없습니다. 사용 기간이라는 지표는 채용 담당자에게 별로 중요하지 않습니다. 여러분의 숙련도는 프로젝트 목록에서 알 수 있습니다.

- **너무 일반적인 기술은 작성하지 마세요**

  운영체제, 마이크로소프트 오피스Microsoft Office, 지메일Gmail, 슬랙을 나열하지 마세요. 이런 기술들은 채용 담당자에게는 잡음에 불과합니다.

- **작성한 내용을 다시 한번 확인하세요**

  채용 담당자는 오타가 있는 이력서는 가차 없이 버릴 수도 있습니다. 만약 영어 이력서를 작성했는데 모국어가 영어가 아닌 분은 원어민에게 이력서 교정을 부탁하세요.

- **프로그래밍 언어를 하나만 나열하지 마세요**

  프로그래밍 언어를 하나만 작성하면 새로운 기술 학습에 개방적이지 않다는 의미로 해석될 수도 있습니다. '자바(전문가), C++(중급), 파이썬(직무 경험)'과 같이 2~3개의 프로그래밍 언어를 나열하는 것이 가장 좋습니다. 하지만 모든 언어를 다 전문가 수준으로 잘한다고 작성하지 마세요. 아무도 믿지 않을 것입니다!

- **카테고리에 따라 기술을 분류하세요**

  기술을 쉼표로 길게 엮어서 한 줄로 나열하지 마세요. 예를 들어 '자바, 루비Ruby, C++, 자바 EE, 스프링 부트, 하이버네이트, 제이미터JMeter, 제이유닛, MySQL, PostgreSQL, AWS, Vue.js, 오션Ocean'처럼 작성하지 말고 다음과 같이 카테고리에 따라 나눈 뒤 숙련도를 기반으로 정렬하세요.

  a. 프로그래밍 언어: 자바(전문가), 루비(중급), C++(초급)

  b. 프레임워크: 자바 EE(전문가), 스프링 부트(고급)

c. **객체 관계 매핑**(ORM): 하이버네이트(전문가)

d. **테스트**: 제이미터(전문가), 제이유닛(고급)

e. **데이터베이스**: MySQL(전문가), PostgreSQL(중급)

f. **클라우드**: AWS(전문가), 오션(초급)

g. **자바스크립트**^{JavaScript} **프레임워크**: Vue.js(중급)

1.5.6 링크드인 이력서

채용 담당자들은 채용에 앞서 여러분의 링크드인 프로필을 가장 먼저 찾아볼 수 있습니다. 또한 상당수의 온라인 구직 플랫폼은 구직 신청을 할 때마다 링크드인 계정을 요구합니다. 심지어 어떤 구직 플랫폼에서는 링크드인 계정이 필수 항목이기도 합니다.

링크드인은 전문 인력을 찾아내는 소셜 네트워크로 본질적으로는 온라인 이력서입니다. 링크드인에서는 채용 공고 알림을 설정할 수 있고 동료, 고객, 친구가 여러분과 여러분의 작업물 (업무)을 보증할 수 있는 매우 가치 있는 활동을 할 수 있습니다.

> **[Column] 이력서 동기화하기**
>
> 링크드인 이력서와 종이 이력서의 내용을 동기화해야 한다는 점에 유의하세요. 또한 링크드인을 통해 구직 활동을 할 때는 여러분이 맺은 모든 인맥에게 링크드인 업데이트에 대한 알림이 표시되므로 주의해야 합니다. 이러한 알림이 공유되는 인맥 중에는 현재 몸담고 있는 회사 동료들처럼 새로운 직장을 찾는다는 사실을 알리고 싶지 않은 사람들이 포함될 수 있기 때문입니다. 원치 않는 알림을 방지하려면 링크드인 내용을 업데이트하기 전에 알림을 사용하지 않도록 설정해야 합니다.

이제 입사 지원 과정을 살펴보겠습니다.

1.6 입사 지원 과정

기술 회사는 대체로 여러 단계에 걸친 인터뷰를 선호합니다. 하지만 인터뷰에 응하려면 먼저 채용을 진행 중인 회사를 찾아서 원하는 직군에 지원해야 합니다.

1.6.1 채용 중인 회사 탐색

2017년 이후 최근 몇 년에 걸친 설문조사[18]에 따르면 전체 일자리의 70~85%가 네트워킹을 통해 이루어지는 것으로 추산됩니다. 특히 IT 분야의 기술직은 네트워킹을 가장 잘 활용하는 분야임을 확인할 수 있습니다.

국가별로 여러 가지 온라인 구직 플랫폼이 있습니다. 이러한 플랫폼을 지역 온라인 구직 플랫폼이라고 부르겠습니다. 일반적으로 지역 온라인 구직 플랫폼은 해당 국가에서 활동 중인 회사 또는 전 세계적으로 채용 중인 회사의 채용 공고를 보여줍니다.

물론 전 세계 대상의 글로벌 온라인 구직 플랫폼도 있습니다. 주요 글로벌 온라인 구직 플랫폼에 포함되는 몇 가지 서비스는 다음과 같습니다. 여러분은 이 모든 웹사이트에 이력서를 업로드하거나 직접 작성할 수 있습니다.

- **링크드인(https://www.linkedin.com)**
  전 세계 200개 이상의 국가에서 6억 1천만 명 이상의 사용자를 보유한 세계 최대 규모의 전문 네트워크 및 소셜 채용 플랫폼입니다.

- **인디드**Indeed**(https://kr.indeed.com)**
  수천 개의 웹사이트에서 수백만 개의 일자리를 모아 보여주는 구직 사이트입니다.

- **커리어빌더**CareerBuilder**(https://www.careerbuilder.com)**
  전 세계의 수많은 일자리를 게시하는 거대한 플랫폼입니다.

- **플렉스잡스**FlexJobs**(https://www.flexjobs.com)와 업워크(https://www.upwork.com)**
  고급스럽고 유연한 원격 직무를 제공하는 프리랜서 전용 플랫폼입니다.

구직 활동에 유용한 정보를 제공하는 또 다른 플랫폼도 있습니다.

- **다이스**Dice**(https://www.dice.com)**
  기술 전문가들이 경력의 모든 단계마다 한 번씩 찾는 구직 사이트입니다.

- **글래스도어**Glassdoor**(https://www.glassdoor.com)**
  회사별 등급과 리뷰를 포함한 복합적인 플랫폼입니다.

이러한 플랫폼 외에도 직접 찾아볼 수 있는 다른 플랫폼이 많습니다.

---

18 https://www.linkedin.com/pulse/new-survey-reveals-85-all-jobs-filled-via-networking-lou-adler

1.6.2 이력서 제출

지원하고 싶은 회사를 찾았다면 이제 이력서를 제출할 시간입니다. 첫 번째로는 회사 웹사이트를 방문하고 다음과 같은 점을 살펴보세요.

- 회사 웹사이트에서 직접 지원할 수 있는지 살펴보세요. 구직 대행사를 거치지 않고 직접 지원한다면 입사 지원 절차를 줄일 수 있으며 회사는 대행사에 수수료를 지불하지 않고 여러분을 직접 고용할 수 있습니다.
- 회사의 데이터베이스에 계정을 등록하여 여러분에게 적합한 직군이 개설될 때마다 알림을 받을 수 있습니다.
- 회사의 역사, 비전, 프로젝트, 문화 등을 자세히 알아볼 수 있습니다.
- 세부 정보 및 도움을 받을 수 있는 회사 관계자의 연락처를 알 수 있습니다.

두 번째로는 여러분의 이력서와 온라인 프로필을 다시 확인해보세요. 채용 담당자가 여러분의 이력서를 보고 감명을 받는다면 구글에서 여러분의 이름을 검색하고 네트워킹 활동을 살펴볼 것입니다. 기술 콘텐츠부터 소셜 미디어에 이르기까지 여러분에게 인터뷰를 제안하기 전에 모든 것을 검토할 것입니다.

셋 번째로는 모든 회사에 똑같은 이력서를 보내지 마세요! 회사별로 채용 공고와 관련이 있는 내용을 담아 이력서를 수정하세요.

1.7 인터뷰 응시

지금까지 로드맵을 잘 따랐다면 며칠 내로 인터뷰를 제안하는 이메일이나 전화를 받을 수 있을 것입니다. 벌써 인터뷰 제안을 받았다고요? 정말 대단하네요! 이제 마음의 준비를 할 시간입니다!

1.7.1 화상 인터뷰

대부분의 IT 회사는 여러 단계의 인터뷰를 진행하기에 앞서 첫 번째 단계로 화상 인터뷰를 진행합니다. 화상 인터뷰는 보통 스카이프^{Skype}, 줌 또는 밋업과 같은 플랫폼을 통해 이루어지며 웹캠 화면을 공유해야 합니다. 마이크와 헤드폰 세트도 필요합니다.

과거에는 원격 근무에 관련된 채용 과정에서 화상 인터뷰를 많이 사용했지만 요즘에는 모든
종류의 직군 채용 시 화상 인터뷰를 진행합니다.

회사에서는 보통 다음 2가지 화상 인터뷰 방식을 사용합니다.

- **인사 담당자 또는 헤드헌터와 함께 진행하는 인터뷰**

  10~30여 분간 진행되며 채용 조건을 자세히 설명하고 여러분의 성격, 우려 사항, 서로
  기대하는 조건 등 기술 외적인 내용을 중심으로 진행되는 인터뷰입니다. 일부 회사는 기
  술 외적인 인터뷰를 진행하지 않기도 합니다.

- **기술 인터뷰**

  어떤 회사는 기술 인터뷰를 먼저 진행합니다. 이런 인터뷰는 보통 몇 가지 기술적인 질문
  과 퀴즈, 하나 이상의 코딩 테스트 제안 및 해결로 이루어집니다(코딩 테스트를 해결하
  는 방법은 앞으로 책의 전반에 걸쳐 다룰 주요 내용입니다). 기술 인터뷰를 통과하고 나
  면 대부분 기술 외적인 인터뷰가 진행됩니다.

1.7.2 대면 인터뷰

원격 근무와 관련한 직무에 지원한 것이 아니라면 다음 단계는 대면 인터뷰입니다. 화상 인터
뷰가 없다면 대면 인터뷰가 여러분의 첫 번째 인터뷰 단계가 될 것입니다. 이런 경우 인사 담
당자와 먼저 인터뷰를 진행한 후에 기술 인터뷰를 진행합니다. 하지만 화상 인터뷰가 첫 번째
인터뷰일 때는 화상 인터뷰의 결과에 따라 대면 인터뷰의 진행 여부가 결정됩니다. 회사에서
대면 인터뷰를 진행하지 않기로 했다면 여러분은 화상 인터뷰에서 어떤 점을 잘했고 어떤 점
을 놓쳤는지 피드백을 받을 수 있습니다. 받은 피드백을 무시하지 말고 객관적인 시선으로 신
중하게 읽으세요. 여러분이 같은 실수를 반복하지 않도록 도와줄 것입니다.

1.7.3 흔히 하기 쉬운 실수

인터뷰에서 탈락하는 요인이 되는 다음과 같은 일반적인 실수를 저지르지 않도록 주의하세요.

- **정보의 힘을 가볍게 생각하는 것**

  인터뷰에 탈락한 후 친구를 만나서 어떻게 됐는지 털어놓는 경우가 있습니다. 그 순간 친
  구가 이렇게 말할지도 모릅니다. "친구야, 내 지인이 두 달 전에 그 회사에서 인터뷰 합

격했는데! 왜 진작 이야기하지 않았어?' 미리 이야기했으면 분명히 그 지인이 여러 가지 꿀팁을 알려줄 수 있었을 텐데!". 이런 이야기를 듣는 순간에는 이미 늦었습니다! 이런 일이 없도록 인터뷰하기 전에 가능한 한 많은 정보를 얻도록 노력하세요. 여러분이나 여러분의 친구를 통해 지원하려는 회사에 지인이 있는지 확인해보거나 소셜 미디어로 알아보세요. 이렇게 하면 매우 유용한 정보를 얻을 수 있습니다.

- **답변의 명확성과 일관성 부족**

  인터뷰에서 하는 대답은 기술적이어야 하고, 명확해야 하며, 의미가 있고 표현이 풍부하면서도 항상 주제와 관련된 내용이어야 합니다. 질문에 신중하게 대답하세요. 말을 더듬거나 불완전한 대답, 의미 없는 감탄사 등은 면접관에게 좋은 인상을 남기지 못합니다.

- **외모에 신경 쓰지 않는 것**

  외모의 중요성을 무시하지 마세요! 옷을 잘 차려입고, 미용실에서 머리를 단정하게 다듬고 좋은 향기를 풍기세요! 이 모든 것이 첫인상의 일부입니다. 외모에서 좋은 인상을 주지 못하면 여러분의 코드도 똑같이 좋은 인상을 주지 못할 수 있습니다. 여러분이 적절한 옷을 잘 차려입는다면 면접관들은 여러분을 다른 사람보다 한 수 위인 것처럼 대할 것입니다. 다만 '옷을 잘 차려입는다 = 명품을 갖춰야 한다'라는 의미는 아닙니다.

- **능력을 충분히 알리지 못하는 것**

  면접관에게 반드시 자신의 가치를 증명해야 합니다. 이는 그 누구도 대신할 수 없으며 여러분만이 자신의 가치를 가장 잘 드러낼 수 있습니다. 이전 회사 업무나 특정 프로젝트에서 겪었던 문제를 이야기하고 팀원과 함께 또는 혼자서 어떻게 그 문제를 해결했는지 설명하세요. 고용주들은 팀원들과 잘 협력하면서도 독립적으로 일할 수 있는 사람을 원합니다. 상황-작업-행동-결과 situation, task, action, result, STAR 접근법[19]을 따르세요. 먼저 상황을 설명한 뒤 여러분이 취한 작업과 행동을 설명하고 마지막으로 그 결과를 설명하세요.

- **코딩 테스트 연습 부족**

  인터뷰에서 어느 시점이든 최소 한 번의 코딩 테스트 풀이가 요구됩니다. 대부분의 경우 일반적인 코딩 기술로는 코딩 테스트를 해결하기 어렵습니다! 이 과제는 인터뷰에만 국한되며 인터뷰 전에 연습해야 합니다. 경험상 코딩 테스트를 해결하는 과정은 접근 → 분해 → 해결이라는 규칙을 따릅니다. 당연히 답을 외워갈 수 없으므로 가능한 한 많이 연

---

19 옮긴이: https://en.wikipedia.org/wiki/Situation,_task,_action,_result

습해야 합니다. 이 책의 뒷부분에서 코딩 테스트를 해결하는 최고의 접근 방식을 설명할 것입니다.

인터뷰가 끝나면 이제 결과를 기다릴 차례입니다. 대부분의 회사는 언제 결과를 알려줄 것인지 공지합니다. 일반적으로 합격, 불합격, 다음 인터뷰 단계 또는 지원 상태를 결과로 알려줍니다. 행운을 빌어요!

1.8 마치며

1장에서는 자바 업계에 취업할 때 따라야 하는 최선의 방법을 정리했습니다. 적절한 직군에서 일할 자격을 갖추고 경험을 쌓는 방법, 이력서를 작성하는 방법 등 다양한 이야기를 나누었습니다. 대부분의 내용은 아직 학생이거나 이제 막 졸업한 사람을 대상으로 작성했습니다. 물론 이러한 내용은 채용을 위한 완벽한 해결법이나 모든 경우에 적용해야 하는 규칙이라고 생각하지 않아야 합니다. 여기서 제안한 방법들은 여러분이 원하는 열매를 맺을 수 있도록 도와줄 뿐이며 그 과정에 여러분만의 방식을 얼마든지 더할 수 있습니다.

2장에서는 유명 IT 기업이 인터뷰를 어떻게 진행하는지 살펴보겠습니다.

Chapter

2

유명 IT 기업 인터뷰 살펴보기

유명 IT 기업 인터뷰는 기술적인 질문이나 코딩 테스트의 복잡성이 인터뷰 단계에 따라 점차 증가하는 비교적 긴 과정입니다. 이러한 인터뷰 과정은 한 달 혹은 그 이상의 시간이 걸릴 수 있습니다. 대부분의 기업은 채용하기 전에 한 번 이상의 화상 기술 인터뷰, 현장 기술 과제 및 대면 인터뷰를 진행합니다. 이러한 인터뷰 중에는 흔히 점심 식사 인터뷰로도 알려진 기술 외적인 인터뷰가 포함됩니다.

지금부터 다음과 같은 IT 기업에서 인터뷰를 어떻게 진행하는지 간략하게 살펴보겠습니다.

- 구글
- 아마존
- 마이크로소프트
- 페이스북
- 크로스오버

일반론이겠지만 이들 IT 기업이 똑똑하고 열정적이며 훌륭한 개발자를 찾는 과정을 엿볼 수 있습니다.

2.1 구글 인터뷰

구글 인터뷰는 코딩 테스트 풀이와 기술적인 질문을 포함한 화상 기술 인터뷰부터 시작합니다. 이 화상 인터뷰에는 총 4~5명의 면접관이 참여합니다. 기술 외적인 내용의 화상 인터뷰도 진행되는데 이 인터뷰에서는 여러분이 하고 싶은 질문을 마음껏 할 수 있습니다.

이러한 인터뷰 단계에서는 분석 능력, 코딩 실력, 개발 경험 그리고 의사소통 능력에 대한 점수를 매깁니다. 면접관들은 인터뷰 피드백을 고용 위원회Hiring Committee, HC에 제출합니다. 고용 위원회는 채용 여부를 결정하는 역할을 하며, 여러분이 적임자라고 판단하면 제안서를 작성하여 다른 위원회에 전달합니다. 최종 결정은 집행 위원회가 담당합니다.

구글 기술 인터뷰에서 평가하는 주요 기술적 요소는 분석 알고리즘, 브레인 티저[1] 알고리즘, 시스템 설계와 확장성입니다. 아마 결과가 나오기까지 몇 주가 소요될 것입니다.

유튜브에서 '구글 인터뷰'를 검색하고 가장 관련이 높은 정보 영상이나 로드맵 영상을 보는 것을 추천합니다. 또한 '구글 인터뷰에서 가장 많이 한 질문'도 검색해보세요.

---

1   옮긴이: 신선한 아이디어를 내는지 확인하려고 내는 수수께끼 같은 문제를 말합니다.

2.2 아마존 인터뷰

아마존 인터뷰는 지원자를 채용하려는 해당 아마존 팀이 진행하는 화상 기술 인터뷰로 시작합니다. 기술 인터뷰의 주요 기술 요소는 **객체지향 프로그래밍**object-oriented programming, OOP과 확장성입니다. 일부 면접관이 화상 인터뷰 후에 확실하게 합격 여부를 결정하기 어렵다고 판단하면 추가 인터뷰를 요청할 수도 있습니다.

화상 기술 인터뷰에 합격하면 몇 차례에 걸쳐 대면 인터뷰가 진행됩니다. 서로 다른 사업 분야의 면접관들이 개별적으로 인터뷰하여 코딩 실력을 포함한 기술력을 평가해 지원자들을 비교한 후 채용 여부를 결정합니다.

참고로 면접관 중에는 '바 레이저Bar Raiser[2]'로 알려진 특별한 사람이 있습니다. 보통 가장 경험이 많은 면접관이 바 레이저가 되며, 다른 면접관에 비해 제시하는 질문이나 코딩 테스트의 수준이 더 높습니다.

일주일 안에 아무런 피드백도 받지 못하면 아마존에 정중하게 후속 이메일을 보내야 합니다. 그러면 아마존은 이메일에 빠르게 회신하고 인터뷰의 현재 상태를 알려줄 것입니다. 유튜브에서 '아마존 인터뷰'를 검색하고 가장 관련이 높은 정보 영상이나 로드맵 영상을 볼 것을 권합니다. 또한 '아마존 인터뷰에서 가장 많이 한 질문'도 검색해보세요.

2.3 마이크로소프트 인터뷰

마이크로소프트 인터뷰는 여러 번의 화상 기술 인터뷰로 시작하며, 기술 인터뷰의 주요 기술 요소는 알고리즘과 자료구조입니다. 때로는 마이크로소프트 지점 중 한 곳을 지원자가 방문하도록 요구하기도 합니다. 서로 다른 팀에서 4~5번의 기술 인터뷰를 진행합니다.

최종 결정은 채용 관리자의 몫입니다. 일반적으로 채용 관리자는 모든 기술 인터뷰 단계를 통과했을 때만 합격 통지를 합니다. 따라서 최종 결정을 내릴 때까지 만 하루가 소요되기도 하지만 때로는 일주일, 한 달 또는 그 이상이 걸릴 수도 있습니다. 보통 일주일 안에 아무런 피드백도 받지 못하면 마이크로소프트에 후속 이메일을 보내세요.

---

2   옮긴이: 바 레이저(Bar Raiser)는 아마존의 특별한 채용 제도로 채용의 기준을 높인다는 의미가 있습니다.

유튜브에서 '마이크로소프트 인터뷰'를 검색하고 가장 관련이 높은 정보 영상이나 로드맵 영상을 볼 것을 권합니다. 또한 '마이크로소프트 인터뷰에서 가장 많이 한 질문'도 검색해보세요.

2.4 페이스북 인터뷰

페이스북 인터뷰는 여러 차례에 걸친 화상 인터뷰로 진행됩니다. 인터뷰에는 기술적 및 기술 외적인 질문과 코딩 테스트가 포함됩니다. 일반적으로 면접관은 소프트웨어 엔지니어와 채용 관리자로 구성됩니다.

페이스북에는 다음과 같은 세 가지 유형의 인터뷰가 있습니다.

- **행동 또는 제다이 인터뷰**
  페이스북 문화에 적응할 수 있는 능력과 몇 가지 기술력을 평가하는 인터뷰

- **닌자 인터뷰**
  코딩 및 알고리즘 기술을 평가하는 인터뷰(여기서 테스트하는 일반적인 코딩과 알고리즘 문제는 6장을 비롯한 뒤에서 다루겠습니다).

- **해적 인터뷰**
  설계 및 아키텍처 기술을 평가하는 인터뷰

페이스북은 이러한 유형의 인터뷰를 조합하여 기술 인터뷰를 진행합니다. 보통 한 번의 제다이 인터뷰와 두 번의 닌자 인터뷰로 이루어집니다. 더 높은 경력이 필요한 직무라면 해적 면접도 포함됩니다.

이러한 화상 기술 인터뷰를 통과하면 기술적인 질문과 코딩 테스트가 포함된 몇 가지 과제를 받을 것입니다. 이 과제에서는 우아하고 깔끔한 코드 솔루션을 제공해야 합니다.

페이스북 기술 인터뷰는 프로그래밍 언어와 상관없이 무언가를 빠르게 개발할 수 있는 능력 검증에 중점을 둡니다. 이때 여러분은 PHP, 자바, C++, 파이썬, 얼랭Erlang 등의 프로그래밍 언어를 사용할 수 있습니다. 모든 과정이 끝나면 면접관들은 지원자의 채용 여부를 결정합니다.

유튜브에서 '페이스북 인터뷰'를 검색하고 가장 관련이 높은 정보 영상이나 로드맵 영상을 볼 것을 권합니다. 또한 '페이스북 인터뷰에서 가장 많이 한 질문'도 검색해보세요.

2.5 크로스오버 인터뷰

원격 근무 기반의 우수한 개발자를 기업과 연결하는 기업인 크로스오버는 자체 플랫폼에서 원격 근무 지원자를 모집하고 독자적인 현장 인터뷰 절차를 진행합니다.

인터뷰 로드맵은 다음과 같습니다.

그림 2-1 크로스오버 인터뷰 로드맵

모든 단계가 중요하며 각 단계에서 지원자의 답변이 크로스오버의 내부 기준을 통과해야 합니다. 내부 기준을 만족시키지 못하면 인터뷰가 갑자기 종료될 수 있습니다.

그중에서도 가장 중요한 단계는 2, 4, 5, 6단계입니다. 2단계는 합격점이 정해져 있는 기준 인지 적성검사Criteria Cognitive Aptitude Test, CCAT입니다. 예를 들어 지원자는 50개 문제를 15분 안에 풀어야 하며 25개 이상의 문제를 맞혀야 다음 단계로 넘어갈 수 있습니다. CCAT에 익숙하지 않다면 반드시 연습해야 합니다. CCAT 대비 도서와 웹사이트를 활용하세요. CCAT는 열심히 연습하지 않으면 통과하기 어려운 시험입니다. 영어가 모국어가 아니라면 고급 영어 실력이 요구되는 문제를 특별히 더 주의 깊게 연습해야 합니다.

4단계에서는 기술과 관련된 객관식 문제를 30개 이상 출제합니다. 보통 5개 보기 중 옳은 답변을 모두 선택하는 복수답안 유형으로 출제됩니다. 이 단계에서 아직 코딩은 하지 않습니다.

5단계에 도달하면 기술 과제가 나오는데 3시간 내로 완료하여 플랫폼에 제출해야 합니다. 이 과제는 하나 이상의 자바 애플리케이션으로 구성될 수 있으며 기본 스터브stub[3] 애플리케이션을 내려받아 이를 바탕으로 구현해야 합니다.

6단계에서 비로소 화상 인터뷰를 진행합니다. 화상 인터뷰는 보통 기술적인 질문과 기술 외적인 질문을 혼합하여 이루어집니다. 이때 기술적인 질문은 컬렉션, 동시성, I/O, 예외 등 광범위한 자바 주제를 다룰 것입니다.

---

3   옮긴이: 프로그램 테스트 중 다른 구성 요소의 자리를 차지하거나 프로그래밍 기능을 대신하는 작은 코드입니다.

보통 일주일 내에 이메일로 최종 결과를 받습니다. 직급에 따라 한 달간 유급으로 입사자 교육 boot camp이 진행되기도 합니다. 입사자 교육 이후에도 입사가 취소되거나 재지원해야 할 수 있다는 점에 유의하세요.

입사자 교육 기간 혹은 그 이후에도 매주 실적을 평가하는 지표를 통해 실력을 입증해야 합니다. 10분마다 웹캠 스크린샷으로 모니터링되며 주당 40시간씩 일해야 합니다. 개인 세금은 직접 납부해야 합니다. 연봉은 고정이며 웹사이트에 공개되어 있습니다.

크로스오버 웹사이트에 있는 직무 설명서와 소개문을 주의 깊게 읽는 것이 좋습니다. 기업 문화, 인재상, 인터뷰 흐름 등을 자세히 알아볼 수 있는 브랜드 홍보대사 연락처도 있으니 참고하세요.

참고로 크로스오버 이외의 다른 원격 근무 기업들도 3단계의 채용 인터뷰 절차를 거칩니다. 예를 들어 업스택은 다음과 같은 패턴을 따릅니다.

1. 초기 인터뷰: 기술 외적인 화상 인터뷰

2. 기술 인터뷰: 코딩 테스트를 포함한 화상 기술 인터뷰

3. 채용: 제안서 전달 및 계약서 서명

2.6 마치며

2장에서는 여러 주요 IT 기업에서 인터뷰가 어떻게 이루어지는지 간략하게 살펴보았습니다. 대부분의 IT 기업이 2장에서 정리한 인터뷰 경향을 따르면서 각기 다른 인터뷰 조합과 취향을 가지고 있습니다.

물론 이 장에서 언급하지 않은 다른 유명 IT 기업도 많습니다. 그러나 필자의 개인적 경험에 비추어 볼 때, 여기서 정리한 기업 및 채용 절차를 통해 여러분은 IT 업계 대기업들의 인재상을 이해하고 어떻게 준비해야 할지에 관한 몇 가지 통찰을 얻을 것입니다.

3장에서는 가장 일반적으로 인터뷰에 등장하는 기술 외적인 질문이 무엇이며 어떻게 답변하면 좋을지 알아보겠습니다.

Chapter

3

일반적인 기술 외 질문 및 답변 방법

3장에서는 기술 외 인터뷰 질문의 주요 측면을 다룹니다. 기술과 관련 없는 인터뷰는 일반적으로 채용 관리자 혹은 HR 담당자가 진행합니다. 여러분이 기술 외적인 인터뷰를 준비한다면 다음과 같은 질문에 익숙해져야 합니다.

- 기술 외 질문의 목적이 무엇인가요?
- 어떤 경험을 했나요?
- 가장 좋아하는 프로그래밍 언어는 무엇인가요?
- 어떤 일을 하고 싶은가요?
- 경력의 목표가 무엇인가요?

- 어떤 근무 방식을 선호하나요?
- 왜 이직하려고 하나요?
- 연봉 이력이 어떻게 되나요?
- 우리가 왜 당신을 고용해야 하나요?
- 얼마나 많은 돈을 벌고 싶은가요?
- 질문이 있나요?

지금부터 각 질문을 자세히 살펴보겠습니다. 시작해볼까요?

3.1 기술 외 질문의 목적이 무엇인가요?

기술 외 인터뷰 질문은 여러분의 경험, 성격, 인격, 다른 직원과 어울리는 능력과 더불어 팀에 얼마나 잘 어울리는지를 측정하는 데 의미가 있습니다. **기업으로서는 기존 팀과 잘 맞는 지원자를 찾는 것이 매우 중요합니다.**

또한 이러한 질문은 여러분과 기업 사이에 인간적인 관계를 형성하고, 기업이 바라는 인재상과 여러분의 교육, 신념, 아이디어, 꿈, 문화 등이 서로 호환되며 궁합이 좋은지 확인하는 역할도 합니다.

게다가 기술 외적인 질문은 연봉, 근무지 이동, 의료보험, 근무 일정, 초과 근무 의지와 같은 업무의 현실적이고 실용적인 면도 다룹니다. 일부 기업의 경우 초반까지만 해도 특정 지원자를 채용할 의사가 분명히 있었던 데도 불구하고 이 기술 외적인 인터뷰 내용을 근거로 마음을 돌리고 채용을 취소하기도 합니다.

기술 인터뷰를 진행하기 전 기술 외 인터뷰를 먼저 진행하는 기업도 많습니다. 이러한 기업은 채용 초기 단계부터 여러분의 경험과 목표가 해당 직무를 담당하기에 적합한지를 판단하려고 노력합니다. 이는 기술적인 부분보다 인간적인 부분을 더 중요하게 생각한다는 의미입니다.

기술 인터뷰 이후에 기술 외 인터뷰를 진행하는 기업의 경우, 여러분의 직무 능력에 가장 잘 맞는 자리가 무엇인지 결정하려고 노력합니다. 이는 기술적인 부분을 인간적인 부분보다 중요하게 생각한다는 의미입니다.

기술 외 질문은 정답이 없습니다! 이러한 질문에는 진실한 답변이 가장 좋습니다. 여러분이 생각한 대로 대답하세요. 면접관이 듣고 싶어 하는 말을 하지 마세요. 마치 협상하듯이 답변 내용의 절충안을 찾아야 합니다. 예의 바르고 공손한 태도를 잃지 마세요.

이제 가장 일반적인 기술 외 질문과 몇 가지 예시 답변을 살펴보겠습니다. 여기서 제시하는 답변을 외우려고 하지 마세요! 여러분만의 답변을 생각해보고 강조하고 싶은 부분에 집중하세요. 답변을 만들어보고 집에서 반복 연습해서 면접관 앞에 섰을 때 완벽하게 준비된 모습을 보여주세요. 임기응변 대신 성실함에 의존하고 균형을 유지하세요.

3.2 어떤 경험을 했나요?

대부분의 경우 공식적인 소개가 끝난 후에는 여러분이 지금까지 겪은 경험에 대한 질문을 받게 됩니다. 이러한 질문에 준비된 답변이 없으면 아주 난처할 것입니다. 적절한 답변을 준비하는 데 도움이 될 만한 몇 가지 중요한 내용을 집중적으로 살펴보겠습니다.

- **지루한 연대기처럼 경험을 자세히 나열하지 마세요.**

  가장 대표적인 프로젝트와 성과를 선정해서 열정적으로 이야기하세요. 열의를 담아 여러분의 작업을 소개하고 팀과 프로젝트에서 여러분이 이뤄낸 성과를 설명하세요. 이때 의기소침해하거나 너무 과장하지는 마세요. 예를 들어 "저는 혼자서 이런저런 일을 해냈습니다!"라고 하기보다는 "이런저런 일을 통해 팀을 도우며 일했습니다"라고 말하는 것이 더 좋습니다. 또한 "저라서 이렇게 할 수 있었습니다"라고 하기보다는 "팀에서 저를 이 섬세한 작업을 완수할 적임자로 뽑았습니다"와 같이 이야기하세요. 첫 취업을 위한 인터뷰라면 학교 동기를 팀원이라고 가정하고 학교 프로젝트나 개인 프로젝트를 설명하세요. 프로그래밍 대회에 참가한 적이 있다면 결과와 경험을 이야기하세요.

- **긍정적인 경험만 강조하지 마세요.**

  긍정적인 경험이 있다면 부정적인 경험도 분명 있을 것입니다. 무엇이 잘 되었고 무엇이 잘못됐는지 이야기하세요. 진정으로 값진 교훈은 대부분 부정적인 경험에서 얻을 수 있습니다. 이런 종류의 경험은 해결책을 찾기 위해 여러분의 한계를 넘어서게 합니다. 게다가 스트레스를 이겨내는 힘, 끈기, 집중력이 있다는 증거입니다. 물론 긍정적인 경험과 부정적인 경험의 균형을 잡으면서 이 두 종류의 경험에서 배운 점을 강조해야 합니다.

- **너무 짧거나 긴 답변은 피하세요.**
  1~2분 정도의 길이로 답변하는 것이 좋습니다.

3.3 가장 좋아하는 프로그래밍 언어는 무엇인가요?

이 책에서는 자바 직무를 다루는 만큼 지금 이 책을 읽는 여러분도 분명 자바를 가장 좋아할 것입니다. 하지만 가장 좋아하는 프로그래밍 언어에 관한 질문을 받는다면, 여러분이 자바만 좋아하는 사람이 아니라 여러 프로그래밍 언어에 열린 마음을 가진 사람이라는 것을 보여줘야 합니다. 면접관은 하나의 프로그래밍 언어에 빠져 모든 상황에서 특정 프로그래밍 언어만 사용하려는 사람은 함께 일하기 어렵다고 생각하기 때문입니다.

자바 개발자가 된다고 해서 모든 작업에 자바만 사용하고 다른 모든 프로그래밍 언어를 무시해서는 안 됩니다. 따라서 가장 좋아하는 프로그래밍 언어를 묻는 말에 가장 좋은 답변은 "저는 자바를 굉장히 좋아하지만, 일의 내용에 따라 가장 적합한 도구를 선택하는 것도 중요하다고 생각합니다"라고 말하는 것입니다. 자바가 모든 문제의 답이라고 생각하는 것은 어리석은 일입니다.

3.4 어떤 일을 하고 싶은가요?

매우 어려운 질문이며 여러분에게 수많은 정답이 있을 것입니다. 진실한 마음으로 면접관에게 여러분이 진짜 하고 싶은 일을 이야기하세요. 직무 설명을 읽고 지원했다는 것은 여러분이 그 직업을 원한다는 의미일 것입니다. 면접관에게 여러분이 해당 직무에 지원하는 이유를 설명하세요.

예를 들어 "저는 훌륭한 자바 백엔드 개발자가 되고 싶습니다. 자바 백엔드 분야에서 귀사의 프로젝트는 상당히 도전적입니다. 저는 이 프로젝트를 수행하는 팀의 일원이 되고 싶습니다" 혹은 "저는 중요한 기업의 신규 프로젝트에 참여하고 싶습니다. 저에게 매우 좋은 기회라고 생각합니다. 새로운 팀이 구성된다고 들었는데 함께하게 된다면 정말 영광일 것입니다"와 같이 이야기할 수 있습니다.

훌륭한 팀에서 일하고 싶다는 말을 잊지 마세요! 아마 여러분이 혼자 일하는 일은 거의 없을 것입니다. 대부분의 회사에서 팀에 속하여 일할 것이므로 잘 어우러지는 팀원이 되는 것이 중요합니다.

3.5 경력의 목표가 무엇인가요?

면접관은 보통 이 질문으로 해당 직무가 여러분의 경력 목표와 맞는지 알아보고자 합니다(유사한 질문으로는 "5년 후의 자신은 어떤 모습일 것 같나요?"가 있습니다). 여러분이 해당 직무를 진로의 일환으로 여기는지 아니면 (연봉과는 별개로) 다른 이유가 있는지 알고 싶어 하는 것입니다.

구체적인 진로 계획을 설명하기는 어렵지만, 직업에 진지하게 임하려는 본인의 의지와 동기를 보여주는 대답은 할 수 있습니다. 예를 들면 "현재 목표는 자바 백엔드 개발자로서 더 많은 경험을 쌓을 수 있는 도전적인 프로젝트에서 일하는 것입니다. 몇 년 후에는 제가 복잡한 자바 애플리케이션 설계에 참여하고 있을 것 같습니다. 그 이상은 당장 생각하기에는 조금 먼 미래라고 생각합니다"와 같이 대답할 수 있을 것입니다.

3.6 어떤 근무 방식을 선호하나요?

이런 종류의 질문을 하는 회사는 경계해야 합니다. 대부분 일반적이지 않은 근무 방식을 요구할 확률이 높기 때문입니다. 예를 들어 종종 초과 근무를 하거나 주말에 일해야 할 수 있습니다. 긴 교대 근무를 하거나 달성하기 어려운 실적 기준이나 기한이 있을 수도 있고, 혹은 해당 직책에 많은 압박과 책임이 필요할 수도 있습니다.

면접관에게 여러분의 근무 방식을 설명하고 여러분이 동의하지 않는 근무 방식에 대해서는 간접적인 방법으로 의견을 전달하세요. 예를 들면 "저는 가장 어려운 작업을 오전에 시작하는 것을 선호하며 남은 시간에는 퇴근 전까지 다음 날 계획을 세웁니다"라는 답변으로 여러분이

야간 근무를 지양한다는 걸 표현할 수 있습니다. 또는 "저는 월요일부터 금요일까지 40시간 동안 열심히 일하는 것을 좋아합니다. 주중에 열심히 일하고 주말에는 친구들을 만나 즐거운 시간을 보내는 것을 좋아합니다"라는 말로 여러분이 주말 근무를 지양한다는 것을 전달할 수 있습니다.

특정 근무 방식에 대해 직접적인 질문을 받을 때는 명확하게 답변하세요. 예를 들어 면접관이 "주말에 근무하면 2배의 보수를 지급합니다. 이것에 대해 어떻게 생각하나요?"라고 질문할 수도 있을 것입니다. 이럴 때는 질문을 곱씹어본 뒤 해석의 여지를 남기지 말고 여러분이 생각한 그대로 명확하게 대답하세요.

3.7 왜 이직하려고 하나요?

물론 첫 취업을 위한 인터뷰라면 이런 질문은 받지 않을 것입니다(혹은 유사한 질문으로 "어떤 계기로 이전 직장을 그만두게 되었나요?"가 있습니다). 하지만 이전에 직장을 다녔거나 현재 직장을 그만두려고 한다면 면접관은 그러한 결정을 내린 이유를 궁금해할 것입니다.

이 질문에 답할 때 핵심은 이전 회사, 상사, 직장 동료를 나쁘게 말하거나 모욕하지 않으면서 명확하고 확실한 이유를 자세하게 이야기하는 것입니다. 만약에 누군가에 대해 안 좋은 이야기밖에 할 말이 없다면 차라리 아무 이야기도 하지 않는 게 좋습니다.

이러한 질문에 대답하는 몇 가지 팁을 알려드리겠습니다. 이때 해당 질문이 앞에서 살펴본 질문 중 '어떤 근무 방식을 선호하나요?'와 어떤 연관성이 있는지 주목하세요. 입사 지원한 회사의 근무 방식이 현재 또는 이전 회사의 근무 방식과 유사하다면, 대부분의 경우 이전 직장을 떠나기로 마음먹은 이유를 이 회사에서도 똑같이 느낄 가능성이 큽니다.

- **연봉을 이직한 첫 번째 이유로 이야기하지 마세요.**

  연봉 때문에 이직하는 일은 흔하지만, 이직의 첫 번째 이유로 돈을 언급하는 것은 그다지 좋은 생각이 아닙니다. 면접관이 여러분을 돈에만 신경 쓰는 사람이라고 생각하기 쉽기 때문입니다. 혹은 여러분에게 충분한 가치가 없었기에 이전 회사가 월급을 올려주지 않았다고 생각할 수도 있습니다. 머지않아 여러분이 연봉 인상을 요구하고 회사가 그 제안을 들어주지 않으면 이직할 또 다른 회사를 알아보리라 생각할 것입니다.

- **여러분이 통제할 수 없는 이유를 근거로 제시하세요.**

  여러분이 제어할 수 없는 영역에 따른 이유를 이야기하는 것이 안전합니다. 예를 들어 "제가 속한 팀이 근무지 이동이 필요한 프로젝트에 배정되었습니다" 혹은 "야간 근무를 하는 부서로 이동했는데 변경된 근무 시간을 개인 일정과 조율할 수 없었습니다"라고 이야기할 수 있을 것입니다.

- **환경의 큰 변화를 근거로 제시하세요.**

  예를 들어 "현재 회사는 구조조정 중이라 위험을 감수하고 싶지 않았습니다" 혹은 "5년간 작은 회사에서 일했고 이제는 큰 회사에서 그동안 쌓은 경험을 발휘하고 싶습니다"와 같이 이야기할 수 있습니다.

- **면접관이 공감할 수 있는 불만을 근거로 제시하세요.**

  예를 들어 "저는 자바 백엔드 개발자로 고용되었지만 프런트엔드 개발자들을 돕는 데 정말 많은 시간을 할애해야 했습니다. 이력서에서 보실 수 있듯이 저의 경력은 백엔드 기술에 뿌리를 두고 있습니다"와 같이 이야기할 수 있습니다.

3.8 연봉 이력이 어떻게 되나요?

이 질문은 회사가 여러분에게 새롭게 제안할 연봉을 결정하려 한다는 확실한 신호입니다. 현재 연봉에 만족한다면 얼마인지 답변하세요. 반면에 현재 연봉에 만족하지 않는다면 정중하게 "현재 연봉을 말씀드리는 것이 어렵진 않지만 저는 새로운 직책과 그 요건에 합당한 보상을 기대하고 있습니다"라고 말해보세요.

3.9 우리가 왜 당신을 고용해야 하나요?

이 질문은 적절하면서도 약간은 불쾌한 질문입니다. 이런 질문은 대부분 비판에 대한 여러분의 반응을 살펴보려는 함정 질문입니다. 인터뷰 초반에 이 질문이 나온다면 "어떤 경험을 했나요?"를 돌려서 표현한 질문으로 이해하면 됩니다.

인터뷰가 끝나갈 때 이런 질문을 받는다면 면접관이 이미 여러분을 채용해야 하는 이유를 찾았다는 뜻입니다. 따라서 여러분의 이력서나 경력을 열심히 피력하지 않아도 됩니다. 이 경우에는 침착하고 긍정적으로 생각하고 여러분이 왜 이 회사를 좋아하는지, 왜 이 회사에서 일하고 싶은지, 그리고 회사에 대해 얼마나 아는지 언급하세요. 회사에 대해 조사한 내용과 홈페이지를 방문했다는 사실 등 회사에 대한 여러분의 관심을 보여주며 면접관의 마음을 사로잡으세요. 그러면 다음 질문으로 빠르게 넘어갈 수 있을 것입니다.

3.10 얼마나 많은 연봉을 받고 싶은가요?

이 질문은 화상으로 진행되는 기술 외 인터뷰 등의 시작 단계 또는 마지막 단계에서 회사가 여러분에게 채용을 제안할 준비가 되었을 때 물어봅니다.

인터뷰의 시작 단계에서 물어볼 때는 이 질문에 대한 여러분의 답변에 따라 이후 인터뷰의 진행 여부를 결정하겠다는 의미입니다. 만약 여러분이 회사에 기대하는 연봉이 잠재적인 제안 조건보다 높으면 면접은 거기서 끝날 것입니다. 따라서 예를 들면 "구체적인 연봉 액수는 아직 생각해보지 않았습니다. 물론 돈도 중요하지만 다른 것도 중요합니다. 저의 가치가 회사의 기대에 부합하는지 먼저 보고, 그 이후에 연봉을 협상하면 좋을 것 같습니다"와 같은 말로 연봉에 대한 명확한 답변을 최대한 미루는 것이 현명합니다.

혹은 이 질문에 꼭 답변해야 한다면 생각한 연봉의 범위를 제시하는 것이 좋습니다. 이때 해당 직책에 대한 일반적인 연봉 범위를 미리 알고 있어야 합니다. 인터뷰를 준비하면서 인터넷에서 관련 정보를 찾아봤다면 알 수 있을 것입니다. 여러분의 기대에 부응하고 찾아본 정보에 합당한 연봉 범위를 제안하세요.

이 질문을 인터뷰 마지막에 받는 것이 가장 이상적인 상황입니다. 회사에서 여러분을 원하고 채용을 제안할 준비가 되었다는 분명한 신호이기 때문입니다. 이제 협상의 기술을 사용할 때입니다!

연봉 액수를 바로 이야기하지 마세요! 이 시점에서 여러분은 스스로가 인터뷰를 어떻게 했는지, 그리고 이 직책을 얼마나 간절히 원하는지 돌아보아야 합니다. 우선 면접관에게 회사가 제안하는 연봉 범위와 상여금이 있는지, 총연봉에 무엇이 포함되는지 질문하세요. 이때 여러분은 다음과 같은 여러 가지 가능성을 고려해볼 수 있습니다.

- **기대 이상의 최고 연봉을 제안받는 경우**

  망설이지 말고 바로 제안을 받아들이세요!

- **기대치와 비슷한 연봉을 제안받는 경우**

  조금 더 끌어내 보세요. 예를 들어, 6만 달러에서 6만 5천 달러를 제안받았다면 "저도 비슷한 금액을 생각하고 있었습니다. 더 정확히 말하면 6만 5천 달러에서 7만 달러로 계약할 수 있다면 좋겠습니다"라고 말해보세요. 이렇게 하면 여러분은 6만 3천 달러에서 6만 8천 달러 정도의 연봉으로 거래할 수 있을 것입니다.

- **회피성 제안을 받는 경우**

  면접관은 여러분에게 연봉 범위를 제안하는 대신 "우리 회사는 지원자에 따라 연봉을 다르게 책정하기 때문에 당신이 생각하는 연봉을 먼저 알아야 합니다"라는 식의 회피성 답변을 할 수도 있습니다. 이러한 상황에서는 여러분이 염두에 둔 가장 높은 연봉을 제안하세요. 여러분이 그렇게 제안한다고 해서 실제로 그 금액으로 계약하긴 어렵겠지만, 그래도 이러한 제안은 여러분에게 협상할 수 있는 여지를 줍니다.

  짧고 직접적으로 이야기하세요. 예를 들면 "연봉으로 6만 5천 달러를 생각하고 있습니다"라고 이야기하세요. 그러면 6만 달러를 제안받거나 "죄송하지만 저희가 생각한 연봉은 더 적은 금액입니다"와 같은 실망스러운 대답을 듣게 될 것입니다. 이럴 때는 다음과 같은 상황으로 이어집니다.

- **실망스러운 제안을 받는 경우**

  즉각적으로 반응하세요. "굉장히 실망스러운 제안이라고 생각합니다"와 같은 말로 여러분의 실망감을 표현하세요. 여러분의 높은 기술력과 경력을 다시 강조하세요. 여러분이 제안한 연봉이 합당한 금액이라는 것을 명확하게 증명하는 근거를 제시하고 불합리한 조건은 받아들이고 싶지 않다고 선을 그으세요.

  만약 여러분이 제안받은 연봉으로는 해당 직책을 맡고 싶지 않다면 "이 제안이 끝이라면 저는 채용 제의를 거절하겠습니다"와 같은 최후통첩으로 답변을 끝내세요. 회사가 정말 여러분을 원한다면 시간을 더 들여서 다른 조건으로 여러분에게 다시 제안할 것입니다.

  회사의 제안을 수락할 생각이라면 일단 6개월 후에 재협상을 하기 위한 서면 합의서를 요청하세요. 그리고 근무 시간 조정, 상여금과 같은 다른 혜택을 협상에서 더 끌어내도록 노력하세요.

다음과 같은 측면을 고려하면 좋습니다.

· 연봉을 논의할 때 (특히 초보자라면) 부끄럼을 타거나 당황하지 마세요.

· 낮은 금액으로 협상을 시작하지 마세요. 협상의 여지를 줄이는 지름길입니다.

· 자신을 과소평가하거나 낮추지 마세요.

· 협상 불가능한 것을 협상하려다 시간을 허비하지 마세요.

3.11 질문이 있나요?

거의 모든 인터뷰는 이 질문으로 끝납니다. 면접관은 여러분이 가진 의문점들을 명확히 하고 싶어 합니다. 무엇이든 물어볼 수는 있지만, 바보 같거나 긴 대답이 필요한 질문은 하지 않도록 주의하세요. 면접관이 말한 내용 중 명확하지 않은 부분을 자세히 질문하거나 여러분에 대한 면접관의 개인 의견을 물어볼 수 있습니다. 또한 "어떻게 이 회사에 다니게 되셨나요? 그동안 가장 어려웠던 일은 무엇이었나요?"와 같은 질문도 할 수 있습니다. 물어볼 것이 없으면 더 질문하지 않아도 괜찮습니다. 그냥 간단하게 이렇게 말씀하세요. "제가 중요하게 생각한 질문에 모두 답변해주신 것 같습니다. 시간을 내주셔서 감사합니다!"

3.12 마치며

3장에서는 여러분이 인터뷰에서 받을 수 있는 가장 일반적인 기술 외적인 질문을 다루었습니다. 인터뷰에 성공하려면 이러한 질문들이 매우 중요한 만큼 인터뷰 전에 진지하게 답변을 연습해야 합니다. 물론 이러한 질문에 훌륭하게 잘 대답한다고 해서 바로 채용이 되지는 않습니다. 채용되려면 회사가 요구하는 기술적인 지식을 확실하게 입증하는 과정도 필요합니다. 하지만 이러한 질문은 여러분의 제안 연봉, 업무, 근무 방식 그리고 경력 목표에 분명히 영향을 미칠 것입니다. 따라서 사전 준비 없이 인터뷰에 응하지 마세요.

4장에서는 여러분이 원하던 직군의 인터뷰에서 떨어졌을 때 이 민감한 상황에 어떻게 대처하면 좋을지 알아보겠습니다.

Chapter

4

불합격에 대처하는
방법

4상에서는 인터뷰의 민감한 부분인 불합격에 대처하는 방법에 관해 이야기하겠습니다. 특히 불합격의 원인을 알아내는 방법과 향후 이를 보완하고 줄이는 방법을 중점적으로 설명하겠습니다.

불합격에 대처하는 방법을 논의하기 전에 채용 제안을 수락하거나 거절할 수 있는 적절한 방법부터 빠르게 짚고 넘어가겠습니다. 인터뷰가 끝날 때 혹은 인터뷰 중간의 어느 시점에 여러분은 채용 제안을 수락하거나 거절해야 하는 입장에 처할 수 있습니다. 이때 단순히 예 또는 아니요로 대답하는 것보다 효과적인을 방법을 이야기하려는 것입니다.

4장에서 다루는 내용은 다음과 같습니다.

- 채용 제안을 수락하거나 거절하기
- 불합격할 수도 있다는 사실을 인정하기
- 회사가 다양한 이유로 지원자를 거절할 수 있다는 사실을 이해하기
- 불합격 요인을 객관적으로 파악하고 제거하기
- 회사에 집착하지 않기
- 자신감 잃지 않기

그럼 첫 번째 주제부터 살펴보겠습니다.

4.1 채용 제안을 수락하거나 거절하기

채용 제안을 수락하는 과정은 아주 간단합니다. 여러분이 제안을 수락한다는 사실을 새 회사에 알리고 첫 출근 날짜(특히 현재 직장에서 퇴사 통보 기간 중 근무해야 할 때를 고려해야 함), 서류 작업, 필요하다면 직군이나 팀 재배치 등의 세부 사항을 협의해야 합니다.

채용 제안을 거절하는 것은 좀 더 민감한 상황입니다. 채용 거절은 모든 사람과 좋은 관계를 유지할 수 있는 방식으로 이루어져야 합니다. 회사는 인터뷰에 시간과 자원을 투자했으므로 여러분은 회사의 채용 제안을 정중한 방법으로 거절해야 합니다.

또한 여러분은 나중에 그 회사에 다시 지원하기를 원할 수도 있습니다. 이런 경우라면 다음과 같이 이야기할 수 있습니다.

"채용을 제안해주셔서 대단히 감사합니다. 저는 이 회사에 깊은 인상을 받았고 인터뷰 과정도 즐거웠지만, 지금은 저에게 적절한 선택이 아니라고 판단했습니다. 다시 한번 감사드리며, 언젠가 다시 만나 뵙길 기대합니다."

여러 회사로부터의 채용 제안을 관리해야 할 때도 있습니다. 특정 회사의 채용 제안을 수락하는 동안 다른 회사의 채용 제안을 거절해야 하는 경우입니다. IT 업계에서는 관계를 쌓고 유지하는 것이 매우 중요합니다. IT 업계 종사자들은 직업과 자리를 자주 바꾸는 편인데 이런 역동적인 환경에서는 어떠한 관계도 소홀히 여기지 않아야 합니다. 따라서 여러분에게 채용을 제안한 채용 담당자 또는 연락 담당자에게 전화해서 여러분의 결정을 반드시 알리세요. 앞 문단에서 예시로 든 발언을 참고해도 좋습니다.

만약 전화할 수 없다면 이메일을 보내거나 사무실로 찾아가 직접 만나서 이야기하세요.

4.2 불합격할 수도 있다는 사실을 인정하기

우리는 영화에서 "실패란 없어"와 같은 표현을 종종 듣습니다. 하지만 그것은 그저 영화의 한 장면일 뿐입니다! 채용 인터뷰는 언제나 합격 아니면 불합격으로 끝나는 만큼 불합격도 분명히 있을 수 있습니다. 이때 불합격의 충격에서 오는 불쾌함을 적절히 완화하는 것이 중요합니다.

불합격했을 때 마음을 다스리기란 쉽지 않습니다. 특히 연이어 불합격할 때는 대처하기 더 어렵습니다. 우리는 불합격했을 때 각자 다른 인간적인 방식으로 반응합니다. 실망하고 체념하는 것부터 신경질적인 반응을 보이거나 나중에 후회할 말을 내뱉는 것까지 모두 인간의 정상적인 반응입니다. 이러한 반응을 조절하고 성숙하게 대처하는 것이 중요합니다. 즉, 불합격했던 원인을 생각해보고 이후에 불합격 요인을 보완하고 줄일 수 있는 일련의 단계를 적용해야 합니다. 그러려면 먼저 여러분이 불합격한 이유를 이해해야 합니다.

4.3 회사가 다양한 이유로 지원자를 불합격시킴을 이해하기

모든 문제는 '거절'이라는 강력한 단어에서 비롯됩니다. 하지만 여러분이 지원한 회사가 여러분을 '거절했다'고 말하는 게 과연 옳은 표현일까요? 필자는 이러한 표현이 독이며, 마치 회사가 여러분에게 개인적인 감정을 가진 것처럼 느끼게 한다고 생각합니다. 이런 생각은 일찌감치 버려야 합니다. 대신 무엇이 잘못되었는지를 알아내야 합니다.

여러분과 회사 간에 필요한 기술이나 기대하는 바가 달랐다고 생각하는 것은 어떨까요? 대부분 실제로 그럴 가능성이 훨씬 큽니다. 인터뷰에는 여러분과 면접관이 참여하며, 이 두 당사자는 주관적인 방법으로 협업을 할 수 있는 접점이나 호환성을 파악하고자 합니다. 일단 이렇게 생각한다면 여러분은 자신을 탓하기보다는 무엇이 잘못됐는지 알아내고자 할 것입니다.

4.3.1 인터뷰 이후 피드백 받기

회사로부터 여러분이 합격 기준을 통과하지 못했다는 통보를 받았다면 다시 해당 회사에 연락하여 피드백을 요청해야 합니다. 그리고 다음과 같이 이야기하세요.

> "인터뷰해 주셔서 감사합니다. 인터뷰 실력을 향상하고 싶은데 저에게 필요하다고 생각되는 어떤 피드백이라도 주신다면 큰 도움이 되겠습니다."

적절한 피드백을 받는 일은 매우 중요합니다. 피드백은 불합격의 요인을 수정하고 제거하는 시작점이므로, 이를 통해 여러분은 불합격의 요인을 줄여나갈 수 있습니다. 불합격의 요인은 보통 다음과 같습니다.

- **성과**
  지원자가 인터뷰 과정에서 기대한 성과를 달성하거나 유지하지 못한 경우

- **기대에 미흡함**
  지원자가 면접관의 기대에 부응하지 못한 경우(예를 들어 지원자의 희망 연봉이 회사의 예상 수준을 벗어난 경우)

- **기술이나 경험 부족**
  지원자가 직무에 필요한 기술 수준을 충족하지 못한 경우(예를 들어 경험이 부족한 경우)

- **의사소통**
  지원자가 충분한 기술력을 가지고 있지만 제대로 표현하지 못한 경우

- **면접관의 성향**
  지원자의 행동이 담당 직무 혹은 회사에 적합하지 않은 경우

이제 불합격의 요인을 어떻게 파악하고 제거할 수 있는지 살펴보겠습니다.

4.4 불합격 요인을 객관적으로 파악하고 제거하기

피드백이 불합격의 요인을 수정하고 제거하는 출발점이라고 설명했지만, 꽤 주관적인 평가일수 있다는 점도 알아야 합니다. 피드백을 주의 깊게 읽어봐야 하며, 인터뷰 과정을 돌이켜보고 객관적인 시선으로 봤을 때 피드백과 본인의 기억에서 어떤 점이 교차하는지 생각해보아야합니다.

일단 불합격의 요인을 객관적으로 파악했다면 이제 제거할 방법을 고민할 차례입니다.

4.5 회사에 집착하지 않기

어떤 사람들은 특정 회사에 취업하고자 고군분투합니다. 두세 번 시도해도 그들은 멈추지 않습니다. 이렇게 반복해 시도하는 것은 끈기일까요? 아니면 집착일까요? 그들의 꿈의 직업에 대한 강박관념일까요? 아니면 계속 노력해야 맞는 것일까요?

전부 지극히 개인적인 질문이지만, 필자 경험상 집착은 언제나 독이고 결코 좋은 결과로 이어지지 않습니다. 여러분 혹은 지인이 이런 상황이라면 태도를 바꿔서 다른 회사도 있다는 더 넓은 사고방식과 자신감을 갖도록 해야 합니다.

4.6 자신감 잃지 않기

자신감을 잃지 마세요! 때로는 여러분과 같은 인재를 놓친 회사가 언젠가 후회할 것이라 장담합니다. 여러분을 기분 좋게 하려는 빈말처럼 들릴 수 있지만 그렇지 않습니다! 이런 일은 매 순간 그리고 많은 상황에서 벌어집니다.

한 가수의 일화를 들려드리겠습니다. 그녀가 가수 활동을 시작한 지 얼마 지나지 않았을 때 유명한 오디션 프로그램에 출연했는데 상을 하나도 받지 못했습니다. 심지어 괜찮다는 평을 받는 부류에도 속하지 못했습니다. 이후 그녀는 오디션 프로그램에 다시는 도전하지 않았지만, 이 절의 제목처럼 굴하지 않았고 몇 년 뒤 그녀의 첫 그래미상을 받았습니다.

이러한 사례는 실생활에 정말 수없이 많습니다. 조금 전 설명한 가수는 자신의 실력에 대한 자신감을 잃지 않았고 결국 그녀가 옳았던 것이죠! 그녀를 떨어뜨린 유명한 오디션 프로그램은 그녀를 품을 그릇이 아니었던 겁니다. 몇 년 뒤 해당 프로그램의 주최 측은 그녀를 게스트로 초청하여 노래를 불러 달라고 부탁했고 지나간 일을 사과했습니다.

여러분도 자신감을 잃지 마세요. 가끔은 회사가 여러분의 가치를 알아보지 못하고 인재를 확보할 기회를 놓치기도 합니다.

4.7 마치며

4장에서는 구직 활동 중 현명하게 대처해야 하는 중요한 측면인 '불합격'을 간략하게 살펴보았습니다. 불합격은 인생의 일부이므로 이 상황을 건강하고 성숙한 방식으로 다루는 방법을 알아야 합니다. 지나치게 감정적으로 생각하지 말고, 전문적이고 냉정하며 현실적이고 객관적으로 접근하도록 노력하세요.

이어서 5장에서는 기술 인터뷰의 꽃인 기술 시험과 코딩 테스트를 다루겠습니다.

Chapter

5

기술 인터뷰 접근 방법

5장에서는 일반적으로 기술 인터뷰라고 불리는 '기술 시험technical quiz'과 '코딩 테스트coding challenge'를 살펴봅니다.

일부 회사는 기술 인터뷰를 두 세션으로 나누는 것을 선호합니다. 첫 번째 세션은 기술 시험으로 구성되며 두 번째 세션은 하나 이상의 코딩 테스트로 구성됩니다. 특히 코딩 테스트는 인터뷰에서 가장 중요한 부분으로 단일 세션 혹은 다중 세션으로 구성될 수 있습니다.

5장을 다 읽고 나면 인터뷰의 중요한 순간에 어떻게 대처해야 하는지, 면접관이 여러분에게 보고 듣고 싶어 하는 것이 무엇인지, 그리고 정답이나 풀이 방법에 관한 실마리가 없는 막막한 순간에는 어떻게 대처해야 할지를 배울 것입니다. 이를 바탕으로 기술 인터뷰에 대처하는 자신만의 계획을 세워볼 수 있을 것입니다.

5.1 기술 시험

기술 시험은 기술 면접관과의 질의응답 형태로 진행되기도 하고 현장 시험이 될 수도 있습니다. 보통 20~40여 개 문제가 출제되며 1시간 미만 남짓 걸립니다. 기술 면접관이 시험을 진행할 때 여러분은 자유 답변을 제시해야 하며 주어지는 시간은 30~45분 정도로 회사마다 다릅니다. 답변은 반드시 명확하고 간결해야 하며 주제를 벗어나지 않아야 합니다.

기술 면접관이 인터뷰를 진행할 때 던지는 질문은 보통 여러분의 결정이나 선택을 요구하는 시나리오로 구성됩니다. 예를 들어 면접관은 다음과 같은 질문을 할 수 있습니다.

> "우리는 수백만 개의 레코드를 매우 빠르게 검색할 수 있으면서도 적절한 개수의 거짓 양성false positive[1]만을 갖는 공간 효율적인 알고리즘이 필요합니다. 이때 어떤 알고리즘을 추천하겠습니까?"

대부분의 경우 면접관이 기대하는 답변은 다음과 같을 것입니다.

> "저는 블룸 필터Bloom filters[2] 계열의 알고리즘을 고려할 것입니다."

---

1 옮긴이: 거짓 양성(false positive)은 실제로는 음성인데 검사 결과는 양성이라고 나오는 것을 의미합니다. 예를 들어 어떤 메일이 실제로는 스팸이 아닌데 검사 결과 스팸이라고 판정될 경우 이를 거짓 양성이라고 합니다.

2 옮긴이: 블룸 필터(Bloom filter)는 특정 원소가 집합에 포함되는지 여부를 검사하는 확률적 자료구조입니다. 블룸 필터를 활용한 알고리즘에는 거짓 양성의 가능성이 있습니다.

만약 여러분이 과거 프로젝트에서 비슷한 사례를 접했다면 이렇게 말할 수도 있습니다.

> "데이터 스트리밍에 관한 프로젝트에도 동일한 시나리오가 있었고 블룸 필터 알고리즘
> 으로 해결했습니다."

여러분의 기술 지식을 확인하는 종류의 질문도 있습니다. 이러한 질문은 시나리오나 프로젝트
와는 관련이 없습니다. 예를 들어 면접관이 "자바에서 스레드의 생명 주기 상태를 설명할 수
있나요?"라고 질문한다면 그들이 기대하는 답변은 다음과 같습니다.

> "자바 스레드는 항상 NEW(생성), RUNNABLE(실행 대기), RUNNING(실행),
> SLEEP(휴면), WAITING/TIMED_WAITING/BLOCKED(일시 정지) 또는 TER-
> MINATED(종료) 상태 중 하나를 가집니다."

기술 질문에 대한 답변은 보통 다음 그림과 같이 3단계로 접근할 수 있습니다.

1. 질문을 이해해야 합니다. 의문점이 있으면 면접관에게 질문하여 명확하게 파악하세요.

2. 면접관은 답변에 필요한 몇몇 주요 용어나 요점을 여러분이 파악하기를 기대한다는 점을
   꼭 알아야 합니다. 이것은 체크리스트와 같습니다. 즉, 여러분은 답안에서 강조해야 할
   핵심 사항을 반드시 알아야 합니다.

3. 여러분은 주요 용어와 요점을 논리적이고 의미 있는 답변으로 풀어내야 합니다.

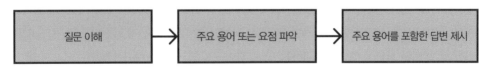

그림 5-1 기술 질문을 해결하는 과정

이후 6장에서 이러한 해결 과정에 관한 더 많은 예를 살펴보겠습니다.

여러분은 기술 질문에 관해 기술적이고 간결하면서도 포괄적인 방식으로 대답해야 하며 여러
분 자신에 대한 확신을 가지고 전달해야 합니다. 수줍음이 많은 지원자들이 하는 대표적인 실
수가 답변을 질문처럼 들리게 표현하는 것입니다. 그들은 자신의 한 마디 한 마디를 확인받고
싶어 하는 말투를 사용합니다. 여러분의 대답이 질문처럼 들린다면 면접관은 아마 자신에게
질문하지 말고 그냥 대답하라고 말할 것입니다.

질문에 대해 부분적으로만 대답할 수 있을 때는 성급하게 대답하거나 모른다고 말하지 마세요. 면접관에게 질문에 관한 더 자세한 내용을 요청하거나 20초 정도 고민할 수 있는 시간을 달라고 요청하세요. 이렇게 하면 때로는 완벽하진 않지만 꽤 괜찮은 답변을 할 수 있을 것입니다.

예를 들어 면접관이 "자바에서 확인된 예외checked exception와 확인되지 않은 예외unchecked exception의 주요 차이점은 무엇인가요?"라고 질문했다고 가정하겠습니다. 이때 여러분이 차이점을 알지는 못하지만, 각각의 정의를 알고 있다면 다음과 같이 답변할 수 있을 것입니다.

"확인된 예외는 Exception 클래스의 자식 클래스에 적용되는 개념이고 확인되지 않은 예외는 Runtime Exception 클래스의 자식 클래스에 적용되는 개념입니다."

이렇게 말한다면 질문에 대한 정답은 아니지만 "모르겠습니다"라고 답변하는 것보다는 훨씬 낫습니다. 또는 다음과 같이 면접관에게 반대로 질문할 수도 있을 것입니다. "반드시 처리해야 하는 예외를 말씀하시는 것인지요?" 그러면 여러분은 면접관으로부터 더 자세한 정보를 얻을 수 있습니다. 하지만 "반드시 처리해야 하는 예외와 처리하지 않아도 되는 예외를 말씀하시는 것인지요?"와 같이 너무 구체적으로 질문하지 않도록 주의하세요. 아마 여러분은 "네"와 같은 짧은 대답을 받을 것입니다. 이건 전혀 도움이 되지 않습니다!

한편 여러분이 정답이나 풀이법을 전혀 모르겠다면 "모르겠습니다"라고 솔직하게 이야기하는 편이 좋습니다. 이러한 대답이 여러분에게 반드시 불리하게만 작용하지는 않습니다. 오히려 이해할 수 없는 말들로 면접관을 당혹스럽게 만드는 것이 인터뷰에서는 훨씬 불리하게 작용할 수 있습니다.

객관식 현장 시험을 선호하는 회사들도 있습니다. 이때는 다른 사람의 도움 없이 정해진 시간(예를 들어 30분) 안에 시험을 끝내야 합니다. 가능한 한 많은 질문에 답변하는 것이 중요합니다. 잘 모르는 질문이 있다면 다음 질문으로 넘어가세요. 시간은 여러분을 기다려주지 않습니다! 마지막에 2~3분 정도 남았을 때 여러분이 풀지 않은 채 넘겼던 질문으로 돌아가서 답변할 수 있는 문제가 있는지 다시 살펴보세요.

가끔 질문 사이를 왔다 갔다 하는 것을 허용하지 않는 플랫폼도 있습니다. 이때 질문의 답을 모르면 위험을 무릅쓰고 답을 추측할 수밖에 없을 것입니다. 다만 한 문제에 지나치게 많은 시간을 할애하면 점수가 떨어집니다. 이상적으로 봤을 때는 모든 문제에 동일한 시간을 투자하는 것이 좋습니다. 예를 들어 20개의 문제를 30분 안에 답해야 한다면 질문 하나당 30/20 = 1.5분을 할당할 수 있습니다.

기술 시험에 접근하는 좋은 방법 중 하나는 시험의 종류와 상관없이 여러 번의 모의 인터뷰를 수행해보는 것입니다. 친구를 붙잡고 면접관 역할을 해달라고 부탁하세요. 문제를 적은 종이를 그릇에 담고 친구에게 무작위로 하나씩 고르라고 한 다음, 여러분이 질문에 대답하면서 실제 면접관 앞에 있는 것처럼 행동해보세요.

5.2 코딩 테스트

코딩 테스트는 기술 인터뷰의 꽃입니다. 여러분의 코딩 실력을 모두 보여줄 수 있는 순간이며 여러분이 지원한 직무를 해낼 수 있다는 것을 증명할 수 있는 시간입니다. 클린 코드[3]를 사용하며 작업하는 모습을 보여주면 매우 좋은 인상을 남길 수 있습니다. 이러한 좋은 인상은 인터뷰의 다른 단계에서 보였던 틈을 메꿔줄 것입니다.

코딩 테스트는 인터뷰의 최종 결과를 순식간에 뒤집을 수 있는 양날의 검입니다. 한쪽 날은 여러분을 채용으로부터 멀어지게 할 수 있고 다른 한쪽 날은 단점이 있어도 여러분을 채용하게 만들 수 있습니다. 그러나 이러한 코딩 테스트에 특화된 문제들은 다음과 같은 다양한 이유로 정말 풀기 어렵습니다.

5.2.1 코딩 테스트에 특화한 문제는 어렵기 마련이다

코딩 테스트에 특화한 문제를 본 적이 있나요? 그러한 문제가 이상하거나, 어리석거나 또는 현실적 문제와 아무 관련이 없어 무의미하다고 느낀 적이 있나요? 그렇다면 여러분은 코딩 테스트에 특화한 아주 훌륭한 문제를 발견한 것입니다. 코딩 테스트에 대비하는 방법을 더 잘 이해하려면 그 특징과 요구사항을 알아야 합니다. 한 번 살펴볼까요?

- **현실적 문제가 아닙니다.**
  현실적 문제는 보통 코딩하는 데 매우 많은 시간이 걸리므로 코딩 테스트 문제의 후보로 적합하지 않습니다. 면접관은 여러분에게 합리적인 시간 내에 설명할 수 있고 코딩할 수 있는 문제를 낼 것입니다. 이러한 문제는 보통 현실적 문제와는 거리가 있습니다.

---

3 옮긴이: 읽기 쉽고, 군더더기 없고, 최소한의 줄을 사용해 기능을 구현하는 코드 작성법을 뜻합니다.

- **약간 어리석은 문제처럼 보일 수 있습니다.**

  여러분의 삶을 복잡하게 만들려고 만들어진 듯 보이는 어리석은 문제들을 코딩 테스트에서 흔하게 볼 수 있습니다. 이러한 문제들은 무언가에 필요하거나 어떤 목표를 이루는 데에 유용해 보이지는 않습니다. 앞에서 설명한 것처럼 인터뷰에 출제되는 대부분의 코딩 테스트 문제는 현실적 문제가 아니므로 이렇게 느끼는 것이 당연합니다.

- **상당히 복잡합니다.**

  빨리 해결할 수 있는 코딩 테스트 문제도 있지만 그렇다고 쉽다는 의미는 아닙니다! 여러분이 받게 될 메서드나 클래스를 코딩하라는 문제 역시 생각처럼 쉽지는 않을 것입니다. 보통 이러한 문제는 요령이 필요하고 머리를 많이 써야 하는 브레인 티저 문제로, 프로그래밍 언어에서 자주 사용하지 않는 비트 연산과 같은 기능을 활용해야 합니다.

- **해결 방법이 명확하지 않습니다.**

  코딩 테스트 문제는 상당히 복잡한 만큼 해결 방법이 명확하지 않습니다. 풀이 방법을 한 번에 찾아낼 거라고 기대하지 마세요! 아무도 그렇게 하지 않습니다. 코딩 테스트 문제는 해결 방법을 바로 알아낼 수 없는 상황을 여러분이 어떻게 다루는지 확인하고자 특별히 고안된 것입니다. 문제를 푸는 데 보통 몇 시간(보통 1~3시간 사이)이 주어집니다.

- **일반적인 풀이 방법을 허용하지 않습니다.**

  대부분의 경우 코딩 테스트에는 일반적인 해결 방법의 사용을 금지한다는 명확한 조항이 있습니다. 예를 들어 "String의 substring과 같은 내장 메서드를 사용하지 않고 주어진 위치에 해당하는 문자열의 하위 문자열을 추출하는 메서드를 작성하라"라는 조건을 받을 수 있습니다. 이런 예는 수없이 많습니다.

  비교적 짧은 시간 안에 구현할 수 있는 (유틸리티 메서드 등의) 자바 내장 메서드를 하나 이상 선택하고 문제를 구성하면 됩니다. 예를 들어 "Y와 같은 내장 솔루션을 사용하지 않고 X를 수행하는 메서드를 작성하라"와 같은 형태입니다. API 소스 코드를 탐색하고 오픈소스 프로젝트에 참여하거나 이런 유형의 문제 풀이를 연습한다면 실제 인터뷰에서 이러한 문제를 해결하는 데 많은 도움이 될 것입니다.

- **여러분이 특별 대우를 받아야 할 지원자에 속할 수도 있습니다.**

  회사에서 특별 대우로 채용을 제안할 지원자를 선별하려는 비율에 따라 코딩 테스트의 난도가 정해집니다. 일부 회사는 이러한 지원자의 비율을 5% 미만으로 설정합니다. 대부분의 지원자가 쉽게 해결할 문제를 더 어려운 문제로 대체할 것입니다.

코딩 테스트는 원래 어렵고 비현실적입니다!

코딩 테스트에 특화한 문제들은 애초에 난도가 높게 만들어졌으며 점점 더 어려운 순서대로 출제됩니다. 대부분의 경우 여러분의 경험과 코딩 실력만으로 코딩 테스트를 통과하기란 어렵습니다. 따라서 여러분의 지식으로 풀이법을 바로 찾지 못한다 해도 좌절하지 마세요.

코딩 테스트 문제들은 흔하지 않은 시나리오의 해결책을 찾는 능력과 코딩 실력을 시험하려고 출제됩니다. 즉, 터무니없는 요구사항이나 프로그래밍 언어의 잘 알려지지 않은 특성을 활용해야 하는 모호한 해결책을 요구합니다. 어리석은 요건이나 인위적인 사례 역시 포함됩니다. 따라서 여러분은 코딩 테스트 문제를 해결하는 방법에만 집중하고 규칙대로 풀어내세요.

면접관은 대부분 한 번의 코딩 테스트 세션만으로도 여러분을 충분히 평가할 수 있지만 때로는 두세 가지의 코딩 테스트 문제를 낼 때도 있습니다. 따라서 최대한 많이 연습하는 것이 가장 중요합니다. 다음 절에서는 코딩 테스트 문제를 해결하는 일반적인 방법을 설명하겠습니다.

5.2.2 코딩 테스트 문제를 해결하는 방법

코딩 테스트 문제에 대처하는 과정을 이야기하기 전에 코딩 테스트 문제를 푸는 환경부터 빠르게 설정해보겠습니다. 이러한 환경을 정의하는 두 가지 핵심 요소가 있습니다. 하나는 '코딩 테스트 문제 풀이 중 면접관의 참석 여부'이며, 또 하나는 '종이와 펜 또는 컴퓨터 활용 여부'입니다.

코딩 테스트 문제 풀이 중 면접관의 참석 여부

면접관은 대부분 코딩 테스트 문제를 푸는 과정에 화상 혹은 대면으로 참석합니다. 평가는 최종 결과물인 코드로 하겠지만, 단지 코드 평가만을 위해 면접관이 존재하는 것은 아닙니다. 코딩 능력만을 측정한다면 마치 프로그래밍 경연 대회에서 그렇듯이 면접관이 굳이 참석할 필요가 없을 것입니다. 하지만 기술 인터뷰에서의 코딩 테스트 문제 풀이는 프로그래밍 경연 대회가 아닙니다.

면접관은 여러분의 행동과 의사소통 능력을 분석하고자 전체 과정에 걸쳐 여러분을 지켜볼 것입니다. 면접관은 여러분에게 문제를 해결할 계획이 있는지, 조직적으로 행동하는지 아니면 혼란스러워하는지, 코드를 더럽게 작성하는지, 여러분의 행동을 전달하고 싶어 하는지, 혹은 여러분이 내성적인 사람인지를 살펴보려 합니다. 물론 상황에 따라서 면접관은 여러분을 돕고 지도하려고 들어오기도 합니다.

물론 여러분은 면접관의 도움을 최대한 받지 않도록 노력해야겠지만, 면접관의 지도에 적절히 반응하는 것도 높이 평가됩니다. 즉, 도움을 받지 않도록 노력하라는 말이 면접관과 그 어떤 상호작용도 하지 말라는 의미는 아닙니다.

계속 이야기하세요!

면접관과 상호작용하는 것은 코딩 테스트 문제 풀이에서 매우 중요한 요소입니다. 이때 상호작용에 필요한 몇 가지 측면은 다음과 같습니다.

- **코딩하기 전에 여러분의 풀이법을 먼저 설명하세요.**

  코딩을 시작하기 전에 면접관으로부터 몇몇 중요한 정보를 얻는 것이 중요합니다. 여러분이 어떻게 문제를 해결하고 어떤 단계를 따르며 어떤 방법을 사용할 것인지 면접관에게 먼저 설명하세요.

  예를 들어 "삽입 순서는 상관없고 중복된 값이 필요 없으므로 여기서는 HashSet 클래스가 가장 적절한 선택이라고 생각합니다"라고 말하는 것입니다. 이렇게 하면 칭찬을 받거나 여러분이 기대한 결과를 얻는 데 도움이 될 약간의 지침이나 조언을 받을 수 있을 것입니다.

- **코딩하는 동안 여러분이 무엇을 하는지 설명하세요.**

  코딩하는 동안에는 면접관에게 본인이 구현하는 내용을 설명하세요. 예를 들어 "먼저 ArrayList 인스턴스를 만들겠습니다" 또는 "로컬 폴더에서 메모리로 파일을 로드하였습니다"와 같이 말해보세요.

- **적절한 질문을 하세요.**

  정도를 지키고 존중하기만 한다면 시간을 절약할 질문을 할 수 있습니다. 예를 들어 "기억이 잘 안 나는데, 혹시 MySQL 기본 포트가 3308인가요 3306인가요?"라고 물어봐도 괜찮습니다. 다만 이러한 질문들을 자주 하지는 마세요!

- **중요한 측면을 언급하세요.**

  문제와 관련된 추가 정보를 알고 있다면 면접관과 공유하세요. 여러분의 프로그래밍 지식과 생각, 그리고 문제를 둘러싼 아이디어를 드러낼 좋은 기회입니다.

만약 아는 문제(아마 연습 과정에서 풀어본 문제)를 만난다면, 여러분이 이미 그 문제를 알고 있다는 사실을 불쑥 내뱉지 마세요. 면접관에게 좋은 인상을 주지 못할뿐더러 새로운 코딩 테스트 문제를 받게 될 것입니다. 모르는 문제를 풀듯이 대처하는 것이 좋습니다. 이 과정을 다루기 전에 인터뷰 환경의 또 다른 요소를 먼저 살펴보겠습니다.

종이와 펜 또는 컴퓨터 활용 여부

화상 인터뷰에서 코딩 테스트 문제가 출제된다면, 면접관은 여러분이 가장 좋아하는 통합 개발 환경, 즉 IDE^{integrated development environment}을 실행해 화면과 코드를 공유하도록 요청할 것입니다. 이렇게 하면 면접관은 여러분이 IDE의 이점을 어떻게 활용하는지를 알 수 있습니다. 예를 들어 IDE를 활용하여 getter와 setter를 생성하는지 아니면 손으로 직접 짜는지 파악할 수 있습니다.

> **tip** 코드 각 줄을 작성할 때마다 애플리케이션을 실행하지 마세요. 대신 각 논리 코드 블록을 완성한 뒤에 애플리케이션을 실행하세요. IDE의 디버깅 도구를 활용해 수정사항이 있으면 먼저 수정하고 다시 실행하세요.

면접관을 직접 만난다면 코딩할 때 종이나 화이트보드를 활용하라는 요청을 받을 수 있습니다. 이때 여러분은 자바로 코딩할 수도 있고 의사코드^{pseudocode}로 코딩할 수도 있습니다. 다만 코드를 실제로 컴파일하거나 실행할 수 없으므로 직접 중간 실행 결과를 적어보는 등의 방법으로 검증해야 합니다. 또한 코드에 예제를 적용하여 본인이 작성한 코드가 잘 작동한다는 것을 증명해야 합니다.

> **tip** 혼란스러운 방법으로 과하게 작성하거나 삭제를 반복하지 마세요. 두세 번 고민하고 작성은 한 번만 하세요! 그렇지 않으면 면접관이 두통을 호소할 것입니다.

이제 방법론적이고 논리적인 접근 방식으로 문제를 해결하는 일반적인 단계를 살펴보겠습니다.

코딩 테스트 문제 해결 과정

코딩 테스트 문제를 해결하는 과정은 순차적으로 진행해야 하는 일련의 단계로 이루어집니다. 다음 그림은 코딩 테스트 문제를 해결하는 단계를 나타냅니다.

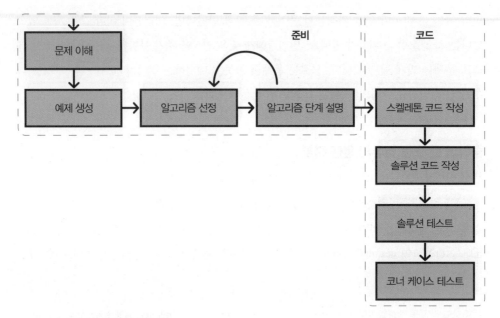

그림 5-2 코딩 테스트 문제 해결 과정

이제 각 단계를 자세히 살펴보겠습니다. 이 문제 해결 과정을 적용하는 동안 면접관과 상호작용해야 한다는 점을 잊지 마세요.

문제 이해

문제를 이해하는 것은 매우 중요합니다. 문제에 관한 부분적인 이해나 가정을 바탕으로 문제를 해결하려 하지 마세요. 문제를 적어도 두 번 이상 읽어보세요! 코딩 테스트 문제는 대부분 놓치기 쉽게 숨겨진 애매한 요구사항이나 세부사항을 포함하므로 한 번만 읽으면 된다고 생각해서는 안 됩니다.

면접관에게 문제에 관해 질문하는 것을 주저하지 마세요. 근본적인 문제를 발견하는 능력을 테스트하고자 세부 사항을 의도적으로 누락시키는 경우가 있습니다.

tip 문제를 이해해야 해결할 수 있습니다.

다음은 예제를 만들 시간입니다. 여러분이 문제에 관한 예제를 만들 수 있다면 문제를 제대로 이해했다는 분명한 신호입니다.

예제 생성

백문이 불여일견이라는 말처럼 코드가 작동하는지 확인하는 가장 확실한 방법은 예제를 활용하는 것입니다. 문제에 관한 밑그림을 그려보고 예제를 만들면 나머지 오해들을 확실히 해소할 수 있을 것입니다. 이러한 방법론적 접근 방식은 문제를 단계별로 자세히 살펴볼 기회를 제공합니다. 일단 작동하는 예제를 하나 찾으면 전체적인 풀이 방법을 떠올릴 수 있을 것입니다. 또한 해당 예제는 최종 코드를 테스트할 때도 유용합니다.

> **tip** 문제에 대한 밑그림을 그리고 예제를 만드는 것은 문제를 확고하게 이해하는 데 도움이 됩니다.

이제 전체적인 풀이 방법을 생각해보고 사용할 알고리즘을 결정해야 할 때입니다.

알고리즘 선정 및 설명

지금까지 여러분은 문제를 이해하고 예제도 생성했습니다. 이제는 전체적인 풀이 방법을 구상하고 단계와 알고리즘으로 나눠야 합니다.

이러한 과정은 시간이 오래 걸립니다. 이 시점에서 면접관에게 여러분의 생각을 공유하는 것이 중요합니다. 고민하는 시간 동안 아무 말도 하지 않는다면 면접관은 여러분이 단서가 없어서 헤매는 것인지 아니면 고민하는 중인지 알 수 없습니다. 예를 들어 여러분은 다음과 같이 이야기할 수 있습니다.

> "저는 이메일을 저장할 때 리스트를 사용할 수 있을 것 같습니다. 음… 아뇨, 다시 생각해보니 리스트는 중복을 허용하므로 적합하지 않을 것 같네요."

때로는 혼잣말을 하는 것처럼 보일 수도 있지만, 여러분이 말하는 동안 면접관은 여러분의 추리 정확성을 판단하고 여러분의 지식수준을 파악할 수 있으며 몇 가지 조언을 줄 수도 있습니다. 예를 들면 면접관은 다음과 같은 조언을 건넬 수 있습니다.

> "네, 좋은 의견입니다만 삽입 순서를 유지해야 한다는 점도 생각해보세요."

코딩 테스트 문제는 대부분 정렬, 순서 지정, 필터링, 순서 반전, 플래트닝^{flattening}, 검색, 컴퓨팅과 같은 어떤 형태의 데이터(문자열, 숫자, 비트, 객체 등) 조작을 요구합니다. 데이터가 있는 곳에는 배열, 리스트, 집합, 맵, 트리와 같은 자료구조^{data structure}가 있습니다. 코딩 테스트 문제를 풀 때의 요령은 필요한 데이터 조작과 자료구조 사이의 적절한 접점을 찾는 것입니다.

여기서 적절한 접점이란 보통 다음과 같은 의미입니다.

- 자료구조에 특정 조작을 쉽게 적용할 수 있습니다.

- 우수한 성능을 얻을 수 있습니다(여기서 성능 측정의 지표는 빅 오 표기법^{Big O notation}입니다. 빅 오 표기법에 관한 자세한 내용은 7장에서 살펴보겠습니다).

- 사용한 자료구조 간의 조화를 유지할 수 있습니다. 즉, 무겁거나 복잡한 알고리즘이 필요 없고 자료구조 간에 데이터를 이동 및 탐색하고자 데이터를 변환할 필요가 없다는 의미입니다.

적절한 데이터 조작법과 자료구조를 찾는 일은 코딩 테스트 문제를 푸는 과정에서 중요한 비중을 차지합니다. 사실상 전체 작업의 절반을 차지한다고 할 수 있습니다. 나머지 절반은 이렇게 찾아낸 데이터 조작법과 자료구조를 잘 버무려서 해결책을 완성하는 일입니다. 즉, 수학에서 논리를 찾아내고 방정식에 적용해 답을 찾는 것과 같은 개념입니다.

문제를 읽자마자 혹은 문제를 이해한 뒤 머릿속에서 해결책에 관한 큰 그림을 그리고 나면 바로 코딩하고 싶어질 수 있습니다. 하지만 그렇게 하지 마세요! 이것은 종종 여러분의 화를 불러일으키는 일련의 실패로 이어질 것입니다. 자칫하면 여러분의 모든 생각이 짙은 불신의 안개에 둘러싸인 상황에서 어처구니없는 실수를 하면서 성급하게 코딩을 시작할 수도 있습니다.

tip 코딩을 시작하기 전에 천천히 시간을 들여 풀이 방법을 깊게 생각해보세요.

이제 여러분의 코딩 실력으로 해결책을 코딩하고 면접관을 감동하게 만들 시간입니다.

스켈레톤 코드 작성

스켈레톤 코드를 작성하기 시작하세요. 스켈레톤 코드란 구현 없이 클래스, 메서드와 인터페이스를 정의하는 것을 의미합니다. 다음 단계에서 여기에 코드를 채워 넣을 것입니다.

이렇게 하면 면접관에게 여러분의 코딩 과정이 분명한 단계를 따른다는 것을 보여줄 수 있습니다. 너무 성급하게 코딩에 뛰어들지 마세요. 또한 **단일 책임 원칙**^{single responsibility principle}, **개방-폐쇄 원칙**^{open-closed principle}, **리스코프 치환 원칙**^{Liskov substitution principle}, **인터페이스 분리 원칙**^{interface segregation principle}, **의존관계 역전 원칙**^{dependency inversion principle}(이상 SOLID 원칙) 그리고 같은 일을 두 번 하지 않는다는 **중복배제 원칙**^{Don't Repeat Yourself}(DRY 원칙)과 같은 프로그래밍의 기본 원칙을 준수하세요. 아마도 면접관은 이러한 원칙에 주의를 기울일 것입니다.

여러분이 생각한 해결책을 스켈레톤 코드로 표현하면 면접관이 여러분의 생각을 쉽게 따라가고 추론 과정을 더 잘 이해할 수 있을 것입니다.

이 시점부터 여러분은 면접관의 주목을 받습니다. 이제 스켈레톤 코드를 실제 코드로 진화시킬 시간입니다.

솔루션 코드 작성

이제 솔루션 코드를 작성해야 합니다. 솔루션 코드를 작성하는 동안 면접관에게 본인이 작성하는 주요 코드 줄을 설명하세요. 잘 알려진 자바 코딩 스타일을 준수하도록 신경 써야 합니다. 예를 들어 구글 자바 스타일 가이드[4]를 참고하세요.

잘 알려진 자바 코딩 스타일을 따르고 면접관에게 여러분의 의도를 전달한다면 최종 결과에서 매우 큰 점수를 얻을 수 있을 것입니다.

솔루션의 핵심 구현을 완료한 뒤에는 코드의 견고성robustness을 높여야 합니다. 예외 처리와 유효성 검사(예를 들어 메서드 인수의 유효성 검사)를 빼놓지 말고 완벽하게 마무리하세요. 또한 여러분이 문제의 모든 요구사항을 충족했고 올바른 데이터 타입을 사용했는지 확인하세요. 마지막으로 여러분의 코드가 테스트 단계를 통과하도록 행운을 빌어줄 차례입니다.

해결 과정의 마지막 단계는 솔루션 테스트입니다.

솔루션 테스트

해결 과정의 두 번째 단계에서 여러분은 예제를 생성했습니다. 이제 여러분이 작성한 코드가 예제에서 잘 작동한다는 사실을 면접관에게 보여줘야 합니다. 적어도 해당 예제에서 여러분의 코드가 제대로 작동한다는 것을 증명하는 일은 매우 중요합니다. 한 번에 성공할 수도 있고 몇몇 사소한 버그를 수정한 다음 성공적으로 작동할 수도 있습니다. 어쨌든 가장 중요한 것은 잘 작동해야 한다는 사실입니다.

긴장을 늦추지 마세요! 이번 전투에서는 이겼지만 아직 전쟁에서 승리한 것은 아닙니다. 면접관은 종종 여러분의 코드가 코너 케이스corner case[5]나 특별한 예제에서도 작동하는지 보고 싶어합니다. 그러한 특별한 예제에는 보통 가변값, 경곗값, 부적절한 입력, 예외를 강제로 일으키

---

4 https://google.github.io/styleguide/javaguide.html
5 옮긴이: 프로그램 안 변수들과 개발 및 서비스 환경의 상호작용에서 발생하는 문제를 의미합니다.

는 작동 등이 포함됩니다. 만약 여러분의 코드가 견고하지 않아 이러한 시도에서 실패한다면 면접관은 여러분이 실제 서비스할 애플리케이션에서도 이렇게 코딩하리라 생각할 것입니다. 반면에 여러분의 코드가 이러한 예외에서 잘 작동한다면 면접관은 매우 감명받을 것입니다.

> **tip** 잘 작동하는 코드는 면접관을 미소짓게 합니다. 적어도 여러분은 면접관이 여러분에게 조금 더 친근하고 관대해졌음을 느낄 수 있을 것입니다.

면접관에게 좋은 인상을 주었다면, 면접관은 여러분에게 몇 가지 추가 질문을 하려 할 것입니다. 이런 경우에는 코드의 성능과 대체 해결 방법에 관한 질문을 받을 수 있습니다. 물론 이러한 정보는 군이 질문을 받지 않더라도 면접관에게 이야기할 수 있습니다. 면접관은 여러분이 여러 가지 방법으로 문제를 해결할 수 있고 각 해결책을 선택했을 때의 장단점을 이해한다는 것을 알면 매우 기뻐할 것입니다.

문제 해결 중 막혔을 때 얼어붙지 않는 방법

문제를 해결하다가 막히는 상황이 나오는 것은 지극히 정상입니다. 이때 당황하거나, 좌절하거나, 그만두지 마세요!

만약 여러분이 어느 시점에서 막힌다면 인터뷰에 응시한 다른 사람들도 마찬가지 상황일 것입니다. 이러한 상황 자체를 어떻게 다룰 것인지가 가장 중요한 문제입니다. 침착하게 다음과 같이 행동하세요.

- **예제로 돌아가세요.**
  때로는 예제를 자세히 설명하거나 다른 예제를 하나 더 살펴보는 것이 도움이 됩니다. 두 가지 예제를 살펴보면 머릿속에 일반적인 예제의 형태를 그려보고 문제의 핵심을 이해하는 데 도움이 될 수 있습니다.

- **예제에서 문제점을 따로 분리하세요.**
  예제를 구현할 때 일련의 단계를 만들었을 것입니다. 여러분이 막힌 단계가 어디인지를 파악하고 그 부분을 별도의 문제로 보고 집중하세요. 가끔은 전체 과정에서 문제를 분리해냈을 때 문제를 더 잘 이해하고 해결할 수 있습니다.

- **다른 접근법을 시도하세요.**
  때로는 다양한 각도에서 문제를 바라보고 해결해야 합니다. 다른 관점에서 문제를 보면 새로운 돌파구를 찾을 수 있습니다. 어쩌면 다른 자료구조, 자바의 숨겨진 기능, 브루트 포스^{Brute-Force}⁶ 접근법 등이 도움이 될 수 있습니다. 최선의 해결책은 아니더라도 해결책이 아예 없는 것보다는 훨씬 낫습니다!

- **문제점을 무시하거나 미루세요.**

  하나의 단계를 해결하려고 오랜 시간 고군분투하다가 자칫 문제를 정해진 시간 내에 해결하지 못하는 불쾌한 상황으로 이어질 수 있습니다. 때로는 문제를 일으키는 단계를 무시하거나 미루고 다른 단계를 계속 진행하는 것이 좋습니다. 마지막에 이 단계로 돌아오면 훨씬 더 선명한 그림을 그릴 수 있고 문제가 된 단계를 코딩하는 방법을 알아낼 가능성이 있습니다.

- **조언을 구하세요.**

  조언을 구하는 것은 최후의 수단이어야 하지만 절박한 위기 상황에서는 조언을 바탕으로 해결책을 적용해야 합니다. "저는 이 부분이 혼란스럽습니다"와 같이 이야기하고 혼란스러운 부분을 정당화하려고 노력해보세요. 또는 "여기에서 제가 놓친 부분에 관해 조언을 주실 수 있나요?"라고 말해보세요.

면접관은 단계의 난도를 알고 있으므로 여러분이 막혔다는 사실에 놀라지 않을 것입니다. 면접관은 여러분이 해결책을 찾지 못하더라도 끈기, 분석 능력, 그리고 해결책을 찾으려고 하는 침착함을 높이 평가할 것입니다. 면접관은 여러분이 일상 업무에서 비슷한 상황에 직면할 것이고 그럴 때 가장 중요한 점은 침착하게 해결책을 찾으려는 태도라는 사실을 알고 있습니다.

5.3 마치며

5장에서는 코딩 테스트에 대처하는 과정을 살펴보았습니다. 앞에서 열거한 일련의 단계(문제 이해, 예제 생성, 알고리즘 선정 및 설명, 스켈레톤 코드 작성, 솔루션 코드 작성 및 테스트) 외에도 한 단계가 더 있습니다. 바로 이 책의 주요 목표 중 하나인 '많은 문제를 연습하는 것'입니다!

6장에서는 프로그래밍의 기본 개념부터 살펴보겠습니다.

6　옮긴이: 브루트 포스(Brute Force)는 가능한 모든 경우의 수를 확인하는 방법으로 '완전 탐색 접근법'이라고도 합니다.

Part
2

자바 핵심 개념
이해하기

2부에서는 자바 핵심 개념 concepts 에 관한 질문을 다룹니다. 이 영역의 지식이 뛰어나다는 것은 여러분이 회사에서 요구하는 핵심 기술을 가졌다는 좋은 지표이며, 인터뷰 단계에서 질문에 답할 수 있는 견고하고 튼튼한 기술적 기반을 갖추었다는 의미입니다. 회사는 이러한 지원자를 매우 독특하고 복잡한 과제를 해결하기 위해 단련시킬 인재로 여깁니다.

Part 2 자바 핵심 개념 이해하기

객체지향 프로그래밍

6장에서는 자바 인터뷰에서 마주칠 수 있는 객체지향 프로그래밍^{object-oriented programming, OOP}에 관한 유명한 질문과 코딩 테스트를 다룹니다. 6장의 목표는 객체지향 프로그래밍을 배우는 것이 아닙니다. 더 일반화해서 말하자면 이 책의 목표는 자바를 처음 배우는 것이 아니라는 점을 명심하세요. 주요 목표는 인터뷰에 응시했을 때 받게 될 질문에 대답하는 방법과 문제를 푸는 방법을 익히는 것입니다.

인터뷰를 진행하는 면접관은 명확하고 간결한 답변을 원합니다. 논문이나 튜토리얼을 쓸 시간은 없습니다. 여러분은 자기 생각을 명쾌하고 설득력 있게 표현할 수 있어야 합니다. 의미 있는 답변을 해야 하며, 면접관에게 스스로 무슨 말을 이해해서 하고 있는지, 단순히 아무 소용 없는 말만 늘어놓는 게 아니라는 점을 확실히 보여주어야 합니다. 몇 페이지 분량의 글이나 책의 한 장^{chapter}을 한 개 또는 여러 개의 핵심 단락으로 표현할 수 있어야 합니다.

6장을 다 읽고 나면 객체지향 프로그래밍의 핵심적인 측면을 다루는 40개 이상의 질문과 문제에 답변하는 방법을 알게 될 것입니다. 핵심적인 측면인 만큼 자세히 알아야 합니다. 이러한 영역의 지식이 부족하거나 문제에 관한 정확하고 간결한 답을 모른다면 면접에서 불합격해도 변명의 여지가 없습니다.

6장에서 다룰 핵심 내용은 다음과 같이 요약할 수 있습니다.

- 객체지향 프로그래밍의 개념
- SOLID 원칙
- GOF^{Gang of Four}[1]의 디자인 패턴
- 코딩 테스트

이 책의 예제 코드를 소개하는 깃허브^{GitHub}(https://github.com/dybooksIT/java-coding-interview/06)에서 이 장에 수록된 모든 코드를 찾을 수 있습니다. 이를 함께 참고하면서 읽기 바랍니다.

먼저 객체지향 프로그래밍과 관련된 질문부터 살펴보겠습니다.

---

[1] 옮긴이: 디자인 패턴 분야의 4인방(Gang of Four, GOF)으로 불리는 에릭 감마(Erich Gamma), 리처드 헬름(Richard Helm), 랄프 존슨(Ralph Johnson), 존 블리시데스(John Vlissides)를 가리킵니다.

6.1 객체지향 프로그래밍의 개념 이해

객체 기반의 애플리케이션을 설계하고 개발하려는 개발자라면 객체지향 프로그래밍 모델에서 제시하는 몇 가지 개념에 익숙해져야 합니다. 여기에 어떤 개념이 포함되는지 먼저 살펴볼까요?

- 객체object
- 클래스class
- 추상화abstraction
- 캡슐화encapsulation
- 상속inheritance

- 다형성polymorphism
- 연관association
- 집약aggregation
- 구성composition

일반적으로 이러한 개념에 대한 질문은 '객체란 무엇인가?' 또는 '다형성이란 무엇인가?'와 같이 '~란 무엇인가?'와 같은 형식을 취합니다.

> **[Column] 객체지향 프로그래밍 개념 관련 질문에 답하는 방법**
>
> 객체지향 프로그래밍 개념 관련 질문에 대한 올바른 답변은 기술적 지식과 실세계의 유사점이나 예시를 조합하는 답변입니다. 아무 예시 없이 지나치게 기술적인 내용만 자세히 이야기하지 마세요. 예를 들어 객체의 내부 표현에 관해서는 이야기하지 마세요. 면접관이 여러분의 답변으로부터 질문을 뽑아낼 수 있는 만큼, 여러분이 말하는 내용에 주의를 기울이세요. 여러분이 답변하면서 어떤 개념을 지나가듯이 언급했다면 아마 다음 질문은 그 개념과 관련한 질문이 될 것입니다. 즉, 익숙하지 않은 측면은 답변에 추가하지 마세요.

이제 5장에서 배운 내용을 기반으로 인터뷰에서 객체지향 프로그래밍 개념에 관한 질문에 답변하는 방법을 살펴보겠습니다. 더 정확히 말하면 질문을 이해하고 주요 용어 및 요점을 파악하여 답변에 잘 녹여내는 기술을 적용하겠습니다. 우선 이 기술에 익숙해지기 위해서 요점을 목록으로 추출하고, 예시 답변에서 요점을 언급한 부분을 별색으로 표시하겠습니다.

6.1.1 객체란 무엇인가?

답변에 포함해야 하는 요점은 다음과 같습니다.

- 객체는 객체지향 프로그래밍의 핵심 개념 중 하나입니다.
- 객체는 실세계의 개체입니다.

- 객체는 상태(필드)와 동작(메서드)을 가집니다.

- 객체는 클래스의 인스턴스를 나타냅니다.

- 객체는 메모리에서 공간을 차지합니다.

- 객체는 다른 객체와 소통할 수 있습니다.

답변은 다음과 같이 제시할 수 있습니다.

"객체는 객체지향 프로그래밍의 핵심 개념 중 하나입니다. 객체는 차, 탁자, 고양이와 같은 실세계의 개체와 같습니다. 수명주기[life cycle] 동안 객체는 **상태와 동작을 가집니다.** 예를 들어 고양이의 '상태'는 색, 이름, 품종이 될 수 있고 고양이의 '동작'은 놀고, 먹고, 자고, 야옹 소리를 내는 것일 수 있습니다. 자바에서 객체는 new 키워드를 통해 만들어진 **클래스의 인스턴스로 필드에 상태를 저장하고 메서드로 동작을 표현합니다.** 각 인스턴스는 메모리 공간을 차지하며 다른 객체와 소통할 수 있습니다. 예를 들어 다른 객체에 해당하는 '소년'은 역시 객체에 해당하는 고양이를 어루만지거나 잠을 재울 수 있습니다."

세부적인 내용이 추가로 요구된다면 객체가 각기 다른 접근 제어자[access modifier] 및 가시성 범위를 가질 수 있고, 가변 또는 불변 속성을 가지며, 가비지 컬렉터[garbage collector][2]를 통해 수집된다는 사실 등을 이야기할 수 있을 것입니다.

6.1.2 클래스란 무엇인가?

답변에 포함해야 하는 요점은 다음과 같습니다.

- 클래스는 객체지향 프로그래밍의 핵심 개념 중 하나입니다.

- 클래스는 객체를 생성하기 위한 템플릿 또는 청사진[blueprint]입니다.

- 클래스는 인스턴스화하기 전까지는 메모리의 힙 영역을 소모하지 않습니다.

- 클래스는 여러 번 인스턴스화할 수 있습니다.

- 하나의 클래스는 하나의 작업만 합니다.

---

2   옮긴이: 가비지 컬렉터(Garbage collector)는 프로그램이 할당했던 메모리 영역 중에서 필요 없는 영역을 해제하는 메모리 관리 기법입니다.

답변은 다음과 같이 제시할 수 있습니다.

"**클래스는 객체지향 프로그래밍의 핵심 개념 중 하나**입니다. 클래스는 특정 타입의 객체를 만드는 데 필요한 지침의 집합입니다. **클래스는 템플릿, 청사진** 또는 객체를 만드는 방법을 알려주는 레시피라고 할 수 있습니다. **객체를 만드는 과정을 '인스턴스화한다'**고 하며 new 키워드로 수행할 수 있습니다. 클래스는 **여러 번 인스턴스화하여 원하는 만큼 많은 객체를 만들 수 있습니다.** 클래스의 정의는 파일 형태로 하드 드라이브에 저장될 뿐 **메모리의 힙 영역을 소모하지 않습니다.** 클래스를 인스턴스화하면 생성된 객체는 메모리 힙 영역에 할당됩니다. 클래스가 따라야 하는 중요한 원칙 중 하나는 **단일 책임 원칙**(single responsibility principle, SRP)입니다. **클래스는 이 원칙을 따르면서 단 하나의 일을 할 수 있도록 설계 및 작성**되어야 합니다."

세부적인 내용이 추가로 요구된다면 클래스가 각기 다른 접근 제어자 및 가시성 범위를 가질 수 있고 로컬, 클래스, 그리고 인스턴스 변수 등 다양한 타입의 변수를 지원하며 abstract, final 또는 private으로 선언할 수 있고, 다른 클래스(내부 클래스)에 중첩될 수 있다는 사실 등을 이야기할 수 있을 것입니다.

6.1.3 추상화란 무엇인가?

답변에 포함해야 하는 요점은 다음과 같습니다.

- 추상화는 객체지향 프로그래밍의 핵심 개념 중 하나입니다.
- 추상화는 사용자와 관련 있는 내용만 노출하고 나머지 세부 내용은 숨기는 개념입니다.
- 추상화를 통해 사용자는 애플리케이션이 일을 수행하는 방법이 아니라 애플리케이션이 수행하는 일 자체에 집중할 수 있습니다.

답변은 다음과 같이 제시할 수 있습니다.

"아인슈타인은 '모든 것은 더 단순하게 만드는 것이 아니라 가능한 한 단순하게 만들어야 한다'고 말했습니다. 추상화는 사용자를 위해 무언가를 최대한 간단하게 만들고자 하는 **객체지향 프로그래밍의 핵심 개념 중 하나**입니다. 객체지향 프로그래밍의 객체는 **사용자에게 높은 수준의 작업 집합만 노출하고 작업의 내부 구현 내용은 숨겨야 한다**는 말이 있습니다. 이 개념을 구현하는 **추상화를 통해 사용자는 애플리케이션이 일을 수행하는 방법이 아니라 수행하는 일 자체에 집중**할 수 있습니다. 즉, 내용을 노출하는 복잡성을 줄이고 코드의 재사용성을 높이며 코드 중복을 방지하고 낮은 결합도와 높은 응집도를 유지합니다. 또한 중요한 내용만 공개하여 애플리케이션의 보안과 재량권을 유지합니다.

실생활의 예를 들어보겠습니다. 차를 운전하는 남자가 있다고 가정하겠습니다. 이때 남자는 각각의 페달이 무슨 일을 하는지, 핸들이 무슨 일을 하는지 알고 있지만, 페달과 핸들에 힘을 실어주는 차 내부의 메커니즘은 전혀 알지 못하는 경우가 많습니다. 이것이 추상화입니다."

세부적인 내용이 추가로 요구된다면 화면을 공유하거나 종이와 펜을 사용하여 코드 예제를 보여주세요.

추상화를 좀 더 이해하도록 차를 운전하는 남자에 관해서 계속 이야기해보겠습니다. 이 남자는 적절한 페달을 이용해서 차의 속도를 높이거나 늦출 수 있습니다. 또한 바퀴 조종장치의 도움으로 좌회전과 우회전을 할 수도 있습니다. 이 모든 작업은 Car라는 이름의 인터페이스로 통합할 수 있습니다.

코드 6-1 06/Abstraction/AbstractionViaInterface/src/main/java/coding/challenge/Car.java

```java
public interface Car {
    public void speedUp();
    public void slowDown();
    public void turnRight();
    public void turnLeft();
    public String getCarType();
}
```

다음으로 각 차량 타입은 Car 인터페이스 구현에 정의된 동작의 내용을 제공하기 위해 메서드를 오버라이드^{override}해야 합니다. 이 구현 내용은 차를 운전하는 남자인 사용자에게는 노출되지 않습니다.

예를 들어 ElectricCar 클래스는 다음과 같이 나타냅니다(물론 실제 세계에서는 System.out.println 대신 훨씬 복잡한 비즈니스 논리가 있을 것입니다).

코드 6-2 06/Abstraction/AbstractionViaInterface/src/main/java/coding/challenge/ElectricCar.java

```java
public class ElectricCar implements Car {
    private final String carType;
```

```java
    public ElectricCar(String carType) {
        this.carType = carType;
    }

    @Override
    public void speedUp() {
        System.out.println("Speed up the electric car");
    }

    @Override
    public void slowDown() {
        System.out.println("Slow down the electric car");
    }

    @Override
    public void turnRight() {
        System.out.println("Turn right the electric car");
    }

    @Override
    public void turnLeft() {
        System.out.println("Turn left the electric car");
    }

    @Override
    public String getCarType() {
        return this.carType;
    }
}
```

이 클래스의 사용자는 구현 내용을 전혀 몰라도 public 메서드에 접근할 수 있습니다.

코드 6-3 06/Abstraction/AbstractionViaInterface/src/main/java/coding/challenge/Main.java

```java
public class Main {
    public static void main(String[] args) {
        Car electricCar = new ElectricCar("BMW");
        Car petrolCar = new PetrolCar("Audi");

        System.out.println("Driving the electric car: "
```

```
          + electricCar.getCarType() + "\n");
        electricCar.speedUp();
        electricCar.turnLeft();
        electricCar.slowDown();

        System.out.println("\n\nDriving the petrol car: "
          + petrolCar.getCarType() + "\n");
        petrolCar.slowDown();
        petrolCar.turnRight();
        petrolCar.turnLeft();
    }
}
```

출력 결과는 다음과 같습니다.

```
Driving the electric car: BMW


Speed up the electric car
Turn left the electric car
Slow down the electric car



Driving the petrol car: Audi


Slow down the petrol car
Turn right the petrol car
Turn left the petrol car
Turn left the petrol car
```

지금까지 살펴본 것이 인터페이스를 이용한 추상화의 한 가지 예입니다. 참고로 방금 살펴본
동일한 시나리오를 추상 클래스로 구현한 예제도 있습니다. 예제 파일의 '06/Abstraction/
AbstractionViaAbstractClass'를 살펴보기 바랍니다.

6.1.4 캡슐화란 무엇인가?

캡슐화에 관해 이야기할 때 답변에 포함해야 하는 요점은 다음과 같습니다.

- 캡슐화는 객체지향 프로그래밍의 핵심 개념 중 하나입니다.

- 캡슐화는 객체 상태가 외부로부터 숨겨진 상황에서 이 상태에 접근하는 일련의 공개[public] 메서드만 노출하는 기법입니다.
- 캡슐화는 각 객체가 클래스 내에서 객체의 상태를 비공개[private]로 유지할 때 성립합니다.
- 캡슐화는 정보 은닉[information-hiding] 메커니즘이라고도 합니다.
- 캡슐화는 느슨한 결합[loosely coupled], 재사용성, 보안 및 테스트하기 쉬운 코드와 같은 여러 가지 중요한 이점을 제공합니다.
- 자바에서 캡슐화는 접근 제어자(public, private, protected)로 구현할 수 있습니다.

답변은 다음과 같이 제시할 수 있습니다.

"**캡슐화는 객체지향 프로그래밍의 핵심 개념 중 하나**입니다. 캡슐화는 주로 코드와 데이터를 하나의 작업 단위인 클래스로 결합하고 외부 코드가 이 데이터에 직접 접근하지 못하게 하는 방어막 역할을 합니다. 또한 **객체 상태를 외부로부터 숨기고 이 상태에 접근하기 위한 일련의 public 메서드를 노출하는 기법**입니다. **각 객체가 클래스 안에서 상태를 private으로 유지할 때 캡슐화가 성립**되었다고 말할 수 있습니다. 따라서 **캡슐화는 정보 은닉 메커니즘**이라고 불리기도 합니다. 캡슐화를 **이용하는 코드는 몇 가지 장점이 있습니다. 먼저 코드의 느슨한 결합이 가능합니다.** 예를 들어 클라이언트 코드와 어긋나지 않는 상태에서 클래스 변수의 이름을 변경할 수 있습니다. **또한 재사용할 수 있으며** 클래스 내에서 데이터가 어떻게 조작되는지 클라이언트가 인식하지 못하므로 안전합니다. 마지막으로 필드를 테스트하는 것보다 메서드를 테스트하는 편이 더 쉽기 때문에 캡슐화를 이용한 코드는 **테스트하기 쉽다는 장점**이 있습니다. **자바에서 캡슐화는 public, private, protected와 같은 접근 제어자로 구현**할 수 있습니다. 일반적으로 객체가 자체 상태를 관리할 때 상태는 private 변수로 선언되고 public 메서드로 접근 및 수정됩니다. 예를 살펴볼까요? Cat 클래스는 mood(기분), hungry(배고픔), energy(에너지)와 같은 필드로 구성할 수 있습니다. Cat 클래스의 외부 코드는 이러한 필드를 직접 수정할 수는 없지만 play, feed, sleep과 같이 클래스 상태를 내부적으로 수정하는 public 메서드를 호출할 수 있습니다. Cat 클래스는 meow와 같이 클래스 외부에서 접근할 수 없는 private 메서드도 가질 수 있습니다. 이것이 캡슐화입니다."

세부적인 내용이 추가로 요구된다면 화면을 공유하거나 종이와 펜을 사용하여 코드 예제를 보여주세요.

예로 들었던 Cat 클래스는 다음 코드 블록처럼 코딩할 수 있습니다. 이 클래스의 상태는 private 필드로 캡슐화되므로 클래스 외부에서 직접 접근할 수 없다는 점을 기억하세요.

코드 6-4 06/Encapsulation/src/main/java/coding/challenge/Cat.java

```java
public class Cat {
    private int mood = 50;
    private int hungry = 50;
    private int energy = 50;

    public void sleep() {
        System.out.println("Sleep ...");
        energy++;
        hungry++;
    }

    public void play() {
        System.out.println("Play ...");
        mood++;
        energy--;
        meow();
    }

    public void feed() {
        System.out.println("Feed ...");
        hungry--;
        mood++;
        meow();
    }

    private void meow() {
        System.out.println("Meow!");
    }

    public int getMood() {
        return mood;
    }

    public int getHungry() {
        return hungry;
```

```
        }

    public int getEnergy() {
        return energy;
    }
}
```

상태는 public 메서드인 play, feed, sleep으로만 수정할 수 있습니다. 다음 코드에서 예를 살펴보세요.

코드 6-5 06/Encapsulation/src/main/java/coding/challenge/Main.java

```
public static void main(String[] args) {
    Cat cat = new Cat();

    cat.feed();
    cat.play();
    cat.feed();
    cat.sleep();

    System.out.println("Energy: " + cat.getEnergy());
    System.out.println("Mood: " + cat.getMood());
    System.out.println("Hungry: " + cat.getHungry());
}
```

출력 결과는 다음과 같습니다.

```
Feed ...
Meow!
Play ...
Meow!
Feed ...
Meow!
Sleep ...
Energy: 50
Mood: 53
Hungry: 49
```

6.1.5 상속이란 무엇인가?

이제 상속에 관한 개요를 살펴보겠습니다. 답변에 포함해야 하는 요점은 다음과 같습니다.

- 상속은 객체지향 프로그래밍의 핵심 개념 중 하나입니다.
- 상속을 통해 다른 객체를 기반으로 하는 새로운 객체를 만들 수 있습니다.
- 상속은 객체가 다른 객체의 코드를 재사용할 수 있도록 허용하여 코드의 재사용성을 유지합니다. 또한 각 객체만의 로직도 추가할 수 있습니다.
- 상속은 IS-A 관계라고 하며 부모-자녀 관계라고도 합니다.
- 자바에서 상속은 extends 키워드로 구현할 수 있습니다.
- 상속된 객체는 슈퍼클래스라고 하고, 슈퍼클래스를 상속받은 객체는 서브클래스라고 합니다.
- 자바에서는 여러 개의 클래스를 상속할 수 없습니다.

답변은 다음과 같이 제시할 수 있습니다.

"상속은 객체지향 프로그래밍의 핵심 개념 중 하나입니다. 상속을 통해 다른 객체를 기반으로 객체를 만들 수 있습니다. 상속은 서로 다른 객체가 상당히 유사하고 몇 가지 공통된 로직을 공유하지만 완전히 동일하지는 않을 때 유용합니다. **상속은 객체가 다른 객체의 코드를 재사용할 수 있도록 허용하여 코드의 재사용성을 유지하고 각 객체만의 로직도 추가할 수 있습니다.** 따라서 상속을 구현하려면 공통된 로직을 재사용하고 다른 클래스의 고유 로직을 추출해야 합니다. **이를 IS-A 관계라고 하며 부모-자녀 관계라고도 합니다.** 상속 관계는 Foo가 Buzz를 상속할 때 'Foo IS-A Buzz'와 같이 표현할 수 있습니다. 예를 들어 '고양이 IS-A 고양이과의 동물' 또는 '기차 IS-A 교통 수단'과 같이 상속 관계를 표현할 수 있습니다. IS-A 관계는 클래스의 계층 정의에 사용하는 작업 단위입니다. **자바에서 상속은 extends 키워드로 부모 클래스로부터 자식 클래스를 파생시켜 구현합니다.** 자식 클래스는 부모의 필드와 메서드를 재사용할 수 있으며 자신만의 필드와 메서드를 추가할 수 있습니다. **상속된 객체는 슈퍼클래스 또는 부모 클래스라고 하고 슈퍼클래스를 상속받은 객체는 서브클래스 또는 자식 클래스라고 합니다. 자바에서는 여러 개의 클래스를 상속할 수 없습니다.** 따라서 서브클래스 또는 자식 클래스는 2개 이상의 슈퍼클래스 또는 부모 클래스로부터 필드와 메서드를 상속받을 수 없습니다. 예를 들어 Employee(직원) 클래스는 부모 클래스로서 소프트웨어 회사의 모든 직원의 공통 로직을 정의할 수 있고, Programmer(개발자) 클래스는 자식 클래스로서 Employee 클래스를 상속받아 정의된 공통 로직을 사용하고 개발자에게 특화된 로직을 추가할 수 있습니다. 다른 클래스도 Programmer나 Employee 클래스를 상속할 수 있습니다."

세부적인 내용이 추가로 요구된다면 화면을 공유하거나 종이와 펜을 사용하여 코드 예제를 보여주세요.

Employee 클래스는 꽤 간단합니다. 이 클래스는 직원의 이름을 포함합니다.

코드 6-6 06/Inheritance/src/main/java/coding/challenge/Employee.java

```java
public class Employee {
    private String name;

    public Employee(String name) {
        this.name = name;
    }

    // getter와 setter는 생략
}
```

Programmer 클래스는 Employee를 상속받습니다. 직원 중 개발자의 이름을 포함합니다. 단, 개발자의 경우 속한 팀 이름도 있습니다.

코드 6-7 06/Inheritance/src/main/java/coding/challenge/Programmer.java

```java
public class Programmer extends Employee {
    private String team;

    public Programmer(String name, String team) {
        super(name);
        this.team = team;
    }

    // getter와 setter는 생략
}
```

그럼 이제 Programmer 인스턴스를 생성하고 Employee 클래스에서 상속받은 getName 메서드와 Programmer 클래스에서 상속받은 getTeam 메서드를 호출하여 상속을 테스트해보겠습니다.

```java
public static void main(String[] args) {
    Programmer p = new Programmer("Joana Nimar", "Toronto");

    String name = p.getName();
    String team = p.getTeam();

    System.out.println(name + " is assigned to the " + team + " team");
}
```

출력 결과는 다음과 같습니다.

```
Joana Nimar is assigned to the Toronto team
```

6.1.6 다형성이란 무엇인가?

다음으로 다형성에 관해 이야기해보겠습니다. 답변에 포함할 요점은 다음과 같습니다.

- 다형성은 객체지향 프로그래밍의 핵심 개념 중 하나입니다.

- 다형성을 뜻하는 'polymorphism'이라는 단어는 그리스어로 '많은 형태'를 의미합니다.

- 다형성은 때에 따라 객체가 다르게 동작할 수 있도록 합니다.

- 다형성은 (컴파일 타임compile-time 다형성이라고 하는) 메서드 오버로딩overloading이나, IS-A 관계의 경우 (런타임runtime 다형성이라고 하는) 메서드 오버라이딩을 통해 형성될 수 있습니다.

답변은 다음과 같이 제시할 수 있습니다.

"**다형성은 객체지향 프로그래밍의 핵심 개념 중 하나입니다.** 다형성을 뜻하는 'polymorphism'은 '많다'를 의미하는 'poly'와 '형태'를 의미하는 'morph'라는 2개의 그리스어로 구성된 단어입니다. 즉, **다형성은 많은 형태를 의미합니다.**

좀 더 정확하게 말해, **객체지향 프로그래밍에서 다형성은 객체가 때에 따라 다르게 동작**할 수 있게 해주거나 어떤 동작이 다른 방법으로 동작할 수 있도록 하는 역할을 합니다. **다형성을 구현하는 방법 중 하나는 메서드 오버로딩입니다.** 여러 개의 메서드가 동일한 이름을 가지고 있지만 매개변수가 다른 경우 컴파일러가 오버로드된 메서드 가운데 어떤 형식을 호출할 것인지 컴파일 시간에 식별할 수 있으므로 **컴파일 타임 다형성이라고도 합니다.** 이때 오버로드된 메서드의 형태에 따라 객체는 다르게 동작합니다. 예를 들어 Triangle(삼각형)이라는 클래스에는 서로 다른 매개변수를 가진 여러 개의 draw 메서드를 정의할 수 있습니다.

다형성을 구현하는 또 다른 방법은 메서드 오버라이딩입니다. 메서드 오버라이딩은 IS-A 관계가 있을 때 일반적으로 사용하는 방법이며, 런타임 다형성 또는 동적 메서드 디스패치dynamic method dispatch**라고 합니다.** 보통 여러 가지 메서드를 포함하는 인터페이스 구현으로 시작하며, 각 클래스는 특화된 동작을 수행하기 위해 인터페이스에 있는 메서드를 오버라이드합니다. 이때 다형성이 타입에 대한 혼란 없이 이 클래스들을 부모 인터페이스와 똑같이 사용할 수 있게 합니다. 런타임에 자바가 이러한 클래스를 구별할 수 있고 어느 클래스가 사용되는지 알고 있기 때문에 가능한 일입니다. 예를 들어 draw 메서드를 가지는 Shape(모양)이라는 인터페이스가 있다고 할 때, Triangle, Rectangle(직사각형), Circle(원) 클래스가 Shape 인터페이스 구현에 있는 draw 메서드를 오버라이드해서 각 도형에 해당하는 모양을 그릴 수 있습니다."

세부적인 내용이 추가로 요구된다면 화면을 공유하거나 종이와 펜을 사용하여 코드 예제를 보여주세요.

메서드 오버로딩을 활용한 컴파일 타임 다형성

Triangle 클래스는 다음과 같이 세 가지의 draw 메서드를 포함합니다.

코드 6-9 06/Polymorphism/CompileTime/src/main/java/coding/challenge/Triangle.java

```java
public class Triangle {
    public void draw() {
        System.out.println("Draw default triangle ...");
    }

    public void draw(String color) {
        System.out.println("Draw a triangle of color " + color);
    }
```

```
    public void draw(int size, String color) {
        System.out.println("Draw a triangle of color "
            + color + " and scale it up with the new size of " + size);
    }
}
```

다음으로 각 draw 메서드를 어떻게 호출할 수 있는지 살펴보세요.

코드 6–10 06/Polymorphism/CompileTime/src/main/java/coding/challenge/Main.java

```
public static void main(String[] args) {
    Triangle triangle = new Triangle();

    triangle.draw();
    triangle.draw("red");
    triangle.draw(10, "blue");
}
```

출력 결과는 다음과 같습니다.

```
Draw default triangle ...
Draw a triangle of color red
Draw a triangle of color blue and scale it up with the new size of 10
```

메서드 오버라이딩을 활용한 런타임 다형성

이번에는 런타임 다형성을 구현하는 예제를 살펴보겠습니다. draw 메서드를 다음과 같이 인터페이스에 선언합니다.

코드 6–11 06/Polymorphism/Runtime/src/main/java/coding/challenge/Shape.java

```
public interface Shape {
    public void draw();
}
```

Triangle, Rectangle, Circle 클래스는 Shape 인터페이스를 구현하고 해당하는 모양을 그리도록 draw 메서드를 오버라이드합니다.

```java
public class Triangle implements Shape {
    @Override
    public void draw() {
        System.out.println("Draw a triangle ...");
    }
}
```

```java
public class Rectangle implements Shape {
    @Override
    public void draw() {
        System.out.println("Draw a rectangle ...");
    }
}
```

```java
public class Circle implements Shape {
    @Override
    public void draw() {
        System.out.println("Draw a circle ...");
    }
}
```

이제 삼각형, 직사각형, 원의 각 클래스에 대한 인스턴스를 생성하고 draw 메서드를 호출하겠습니다.

```java
public static void main(String[] args) {
    Shape triangle = new Triangle();
    Shape rectangle = new Rectangle();
    Shape circle = new Circle();

    triangle.draw();
    rectangle.draw();
    circle.draw();
}
```

출력 결과를 보면 런타임에 자바가 적합한 draw 메서드를 호출했다는 것을 알 수 있습니다.

```
Draw a triangle ...
Draw a rectangle ...
Draw a circle ...
```

6.1.7 연관이란 무엇인가?

답변에 포함해야 하는 요점은 다음과 같습니다.

- 연관은 객체지향 프로그래밍의 핵심 개념 중 하나입니다.

- 연관은 서로 독립적인 두 클래스 간의 관계를 의미합니다.

- 연관은 소유자가 없습니다.

- 연관은 일대일, 일대다, 다대일, 다대다 관계가 될 수 있습니다.

답변은 다음과 같이 제시할 수 있습니다.

"**연관은 객체지향 프로그래밍의 핵심 개념 중 하나입니다. 연관은 서로 독립적인 두 클래스 간의 관계를 의미하며** 객체 간의 다중 관계라고도 합니다. **연관에서는 소유자가 없습니다.** 연관 관계에 있는 객체들은 서로 사용 가능한 양방향 연관 관계를 가지거나 한 객체만 다른 객체를 사용할 수 있는 단방향 연관 관계를 가지며 자체 수명을 가집니다. **연관에는 단방향이나 역방향, 일대일, 일대다, 다대일, 다대다 관계가 있습니다.** 예를 들어 Person(사람)과 Address(주소) 객체에는 양방향 다대다 관계가 있을 수 있습니다. 즉, 한 명의 사람은 여러 개의 주소와 연관될 수 있으며 하나의 주소는 여러 사람에게 속할 수 있습니다. 그러나 사람은 주소 없이 존재할 수 있고 주소도 사람 없이 존재할 수 있습니다."

세부적인 내용이 추가로 요구된다면 화면을 공유하거나 종이와 펜을 사용하여 코드 예제를 보여주세요.

Person과 Address 클래스는 매우 간단합니다.

코드 6-16 06/Association/src/main/java/coding/challenge/Person.java

```java
public class Person {
    private String name;

    public Person(String name) {
        this.name = name;
    }

    // getter와 setter는 생략
}
```

코드 6-17 06/Association/src/main/java/coding/challenge/Address.java

```java
public class Address {
    private String city;
    private String zip;

    public Address(String city, String zip) {
        this.city = city;
        this.zip = zip;
    }

    // getter와 setter는 생략
}
```

Person과 Address 클래스 간의 연관 관계는 다음과 같이 main 메서드에서 성립됩니다.

코드 6-18 06/Association/src/main/java/coding/challenge/Main.java

```java
public static void main(String[] args) {
    Person p1 = new Person("Andrei");
    Person p2 = new Person("Marin");
    Address a1 = new Address("Banesti", "107050");
    Address a2 = new Address("Bucuresti", "229344");
```

```
        // 메인 메서드에서의 두 클래스 간 연관 관계
    System.out.println(p1.getName() + " lives at address "
        + a2.getCity() + ", " + a2.getZip()
        + " but it also has an address at "
        + a1.getCity() + ", " + a1.getZip());
    System.out.println(p2.getName() + " lives at address "
        + a1.getCity() + ", " + a1.getZip()
        + " but it also has an address at "
        + a2.getCity() + ", " + a2.getZip());
}
```

출력 결과는 다음과 같습니다.

```
Andrei lives at address Bucuresti, 229344 but it also has an address at Banesti, 107050
Marin lives at address Banesti, 107050 but it also has an address at Bucuresti, 229344
```

6.1.8 집약이란 무엇인가?

다음으로 집약에 관해 이야기하겠습니다. 답변에 포함해야 하는 요점은 다음과 같습니다.

- 집약은 객체지향 프로그래밍의 핵심 개념 중 하나입니다.
- 집약은 단방향 연관 관계의 특별한 경우입니다.
- 집약은 HAS-A 관계를 나타냅니다.
- 집약 관계에 있는 두 객체는 자체 수명 주기를 가지며 객체 중 하나는 HAS-A 관계의 소유자입니다.

답변은 다음과 같이 제시할 수 있습니다.

"집약은 객체지향 프로그래밍의 핵심 개념 중 하나입니다. 집약은 단방향 연관 관계의 특별한 경우입니다. 연관이 서로 독립적인 두 클래스 간의 관계를 의미한다면 **집약은 두 객체 간의 HAS-A 관계를 의미합니다.** 여기서 **집약 관계의 두 객체는 자체 수명 주기를 가지며 객체 중 하나는 HAS-A 관계의 소유자입니다.** 자체 수명 주기를 갖는다는 것은 한 객체가 종료되어도 다른 객체에 영향을 미치지 않는다는 의미입니다. 예를 들어 TennisPlayer(테니스 선수)는 Racket(라켓)을 가집니다. Racket은 TennisPlayer를 사용할 수 없으므로 이것은 단방향 연관 관계입니다. TennisPlayer가 죽더라도 Racket은 영향을 받지 않습니다."

서로 연관된 개념을 설명하는 방법

집약의 개념을 정의할 때 연관이 무엇인지에 관한 이야기도 나왔다는 점에 주목하세요. 어떤 두 개념이 밀접하게 연관되어 있고 둘 중 한 개념이 다른 개념의 특별한 경우일 때마다 두 개념을 비교해 설명하는 방법을 사용하세요. 다음에서 설명할 '구성' 역시 집약의 특별한 경우로서 동일한 화법을 사용합니다. 이러한 화법을 사용한다면 면접관은 여러분이 전체적인 개요를 알고 있으며 문맥을 놓치지 않고 의미있는 답변을 한다는 것을 알아채고 좋은 점수를 줄 것입니다.

세부적인 내용이 추가로 요구된다면 화면을 공유하거나 종이와 펜을 사용하여 코드 예제를 보여주세요.

Rocket 클래스부터 살펴보겠습니다. 다음은 테니스 라켓을 간단하게 나타낸 것입니다.

코드 6-19 06/Aggregation/src/main/java/coding/challenge/Racket.java

```java
public class Racket {
    private String type;
    private int size;
    private int weight;

    public Racket(String type, int size, int weight) {
        this.type = type;
        this.size = size;
        this.weight = weight;
    }

    // getter와 setter는 생략
}
```

TennisPlayer와 Racket는 HAS-A 관계입니다. 따라서 TennisPlayer 클래스는 다음과 같이 Racket 클래스를 포함할 수 있어야 합니다.

코드 6-20 06/Aggregation/src/main/java/coding/challenge/TennisPlayer.java

```java
public class TennisPlayer {
    private String name;
    private Racket racket;

    public TennisPlayer(String name, Racket racket) {
```

```
        this.name = name;
        this.racket = racket;
    }

    // getter와 setter는 생략
}
```

다음으로 Racket 인스턴스를 생성하고 Racket을 사용해 TennisPlayer 인스턴스를 생성합니다.

코드 6-21 06/Aggregation/src/main/java/coding/challenge/Main.java

```
public static void main(String[] args) {
    Racket racket = new Racket("Babolat Pure Aero", 100, 300);
    TennisPlayer player = new TennisPlayer("Rafael Nadal", racket);

    System.out.println("Player " + player.getName()
        + " plays with " + player.getRacket().getType());
}
```

출력 결과는 다음과 같습니다.

```
Player Rafael Nadal plays with Babolat Pure Aero
```

6.1.9 구성이란 무엇인가?

구성에 관해 답변에 포함해야 하는 요점은 다음과 같습니다.

- 구성은 객체지향 프로그래밍의 핵심 개념 중 하나입니다.

- 구성은 좀 더 제한적인 집약 관계입니다.

- 구성은 단독으로 존재할 수 없는 객체를 포함하는 HAS-A 관계를 나타냅니다.

- 구성은 코드 재사용성과 객체의 가시성 제어를 유지합니다.

답변은 다음과 같이 제시할 수 있습니다.

"구성은 객체지향 프로그래밍의 핵심 개념 중 하나입니다. 기본적으로 구성은 좀 더 제한적인 집약 관계입니다. 집약이 자체 수명 주기를 가지는 두 객체 간의 HAS-A 관계를 의미한다면,

구성은 단독으로 존재할 수 없는 객체를 포함하는 HAS-A 관계를 의미합니다. 이러한 연결고리를 강조하기 위해서 HAS-A 관계는 PART-OF 관계라고도 합니다. 예를 들어 Car(자동차)는 Engine(엔진)을 가집니다. 즉, Engine은 Car와 PART-OF 관계입니다. 차가 파괴되면 엔진도 파괴됩니다. **구성은 객체의 가시성을 제어하고 코드를 재사용**하므로 상속보다 더 낫다고 말합니다."

세부적인 내용이 추가로 요구된다면 화면을 공유하거나 종이와 펜을 사용하여 코드 예제를 보여주세요.

Engine 클래스는 꽤 간단합니다.

코드 6-22 06/Composition/src/main/java/coding/challenge/Engine.java

```java
public class Engine {
    private String type;
    private int horsepower;

    public Engine(String type, int horsepower) {
        this.type = type;
        this.horsepower = horsepower;
    }

    // getter와 setter는 생략
}
```

다음으로 Car 클래스를 살펴보겠습니다. 이 클래스의 생성자를 확인해보세요. Engine은 Car의 일부이므로 Engine으로 Car를 생성합니다.

코드 6-23 06/Composition/src/main/java/coding/challenge/Car.java

```java
public class Car {
    private final String name;
    private final Engine engine;

    public Car(String name) {
        this.name = name;

        Engine engine = new Engine("petrol", 300);
        this.engine=engine;
```

```
    }

    public int getHorsepower() {
        return engine.getHorsepower();
    }

    public String getName() {
        return name;
    }
}
```

이제 main 메서드에서 다음과 같이 구성 관계를 테스트해보겠습니다.

코드 6-24 06/Composition/src/main/java/coding/challenge/Main.java

```
public static void main(String[] args) {
    Car car = new Car("MyCar");

    System.out.println("Horsepower: " + car.getHorsepower());
}
```

출력 결과는 다음과 같습니다.

```
Horsepower: 300
```

지금까지 객체지향 프로그래밍에 관한 중요한 질문들을 살펴보았습니다. 이러한 자바 기술 인터뷰 질문은 코딩 또는 애플리케이션 설계를 포함하는 거의 모든 직무에서 마주할 수 있습니다. 특히 약 2~4년의 경력이 있다면 인터뷰에서 앞서 살펴본 질문들을 받을 가능성이 높으므로 정답을 반드시 알아야 합니다. 그렇지 않으면 면접관의 눈 밖에 나기 쉽습니다.

이제 SOLID 원칙을 살펴볼 차례입니다. 이것은 또 다른 기본적인 영역이며 객체지향 프로그래밍 개념과 함께 반드시 알아야 하는 주제입니다. SOLID에 관해 잘 모른다면 인터뷰 최종 결과에 치명적인 영향을 줄 것입니다.

6.2 SOLID 원칙 이해

이 절에서는 클래스를 작성하기 위한 다섯 가지의 유명한 디자인 패턴인 SOLID 원칙에 관한 질문과 예시 답변을 살펴보겠습니다. 참고로 SOLID는 다음과 같은 원칙의 약자입니다.

- **S:** 단일 책임 원칙single responsibility principle, SRP

- **O:** 개방-폐쇄 원칙open-closed principle, OCP

- **L:** 리스코프 치환 원칙Liskov substitution principle, LSP

- **I:** 인터페이스 분리 원칙interface segregation principle, ISP

- **D:** 의존관계 역전 원칙dependency inversion principle, DIP

인터뷰에서 SOLID와 관련한 가장 일반적인 질문은 '~란 무엇인가'라는 형식을 가집니다. 예를 들어 'S란 무엇인가?' 또는 'D란 무엇인가?'와 같은 질문입니다. 객체지향 프로그래밍과 관련한 질문은 보통 의도적으로 모호하게 물어보는 경향이 있습니다. 면접관은 모호한 질문으로 여러분의 지식 수준을 시험하고 여러분이 면접관에게 추가 설명을 요청하는지 확인하려고 합니다. 이제 이 질문들을 차례대로 풀어보면서 면접관에게 깊은 인상을 남겨줄 멋진 답변을 살펴보겠습니다.

6.2.1 S란 무엇인가?

답변에 포함해야 하는 요점은 다음과 같습니다.

- S는 단일 책임 원칙을 의미합니다.

- S는 '하나의 객체가 하나의 책임만 져야 한다'는 의미입니다.

- S는 클래스를 단 한 가지 목표만 가지고 작성해야 한다는 것을 의미합니다.

- S는 애플리케이션 모듈 전반에서 높은 유지보수성과 가시성 제어 기능을 유지하는 원칙입니다.

답변은 다음과 같이 제시할 수 있습니다.

"먼저 SOLID는 '밥Bob 삼촌'이라고 불리는 로버트 C. 마틴Robert C. Martin이 처음 발표한 5가지 **객체지향 설계**object-oriented design, OOD 원칙의 약자입니다. S는 SOLID의 첫 번째 원칙이며 **단일 책임 원칙**으로 알려져 있습니다. **이 원칙은 하나의 클래스는 단.하나의 책임만 가져야**

한다는 사실을 의미합니다. 이것은 모든 유형의 프로젝트에서 모델, 서비스, 컨트롤러, 관리자 클래스 등 모든 유형의 클래스가 준수해야 하는 매우 중요한 원칙입니다. **하나의 목표만을 위한 클래스를 작성한다면 애플리케이션 모듈 전반에서 높은 유지보수성과 가시성 제어를 유지할 수 있습니다.** 다시 말해서 **이 원칙은 높은 유지보수성을 유지**하므로 비즈니스에 중대한 영향을 미치며 **애클리케이션 모듈 전반에서 가시성 제어를 제공**함으로써 캡슐화를 유지할 수 있습니다."

세부적인 내용이 추가로 요구된다면 화면을 공유하거나 종이와 펜을 사용하여 코드 예제를 보여주세요.

예를 들어 직사각형의 면적을 계산한다고 가정하겠습니다. 처음에 직사각형의 면적을 계산하는 단위가 미터로 주어지고 면적도 미터로 계산했는데, 계산한 값을 인치와 같은 다른 단위로 변환하고 싶다면 어떻게 해야 할까요? 먼저 단일 책임 원칙을 따르지 않는 방식부터 살펴보겠습니다.

단일 책임 원칙을 따르지 않는 경우

직사각형 면적을 구하고 단위를 변환하는 문제를 다음과 같이 RectangleAreaCalculator라는 하나의 클래스에서 구현할 수 있습니다. 하지만 이 클래스는 한 가지가 아닌 여러 가지 일을 하므로 단일 책임 원칙을 따르지 않습니다. 일반적으로 클래스가 수행하는 일을 표현하기 위해 '또한'이라는 단어를 사용해야 한다면 단일 책임 원칙이 깨진 것이라고 할 수 있습니다. 예를 들어 다음 클래스는 면적을 계산하면서 또한 면적을 인치로 변환합니다.

코드 6-25 06/SingleResponsibilityPrinciple/src/main/java/coding/challenge/bad/
　　　　　　RectangleAreaCalculator.java

```java
public class RectangleAreaCalculator {
    private static final double INCH_TERM = 0.0254d;

    private final int width;
    private final int height;

    public RectangleAreaCalculator(int width, int height) {
        this.width = width;
        this.height = height;
    }
```

```java
    public int area() {
        return width * height;
    }

    // 이 메서드는 단일 책임 원칙에 맞지 않습니다.
    public double metersToInches(int area) {
        return area / INCH_TERM;
    }
}
```

이 코드는 단일 책임 원칙을 위반하므로 이 원칙을 준수하려면 코드를 수정해야 합니다.

단일 책임 원칙을 따르는 경우

다음과 같이 RectangleAreaCalculator 클래스에서 metersToInches 메서드를 제거하면 단일 책임 원칙을 준수할 수 있습니다.

코드 6-26 06/SingleResponsibilityPrinciple/src/main/java/coding/challenge/good/
RectangleAreaCalculator.java

```java
public class RectangleAreaCalculator {
    private final int width;
    private final int height;

    public RectangleAreaCalculator(int width, int height) {
        this.width = width;
        this.height = height;
    }

    public int area() {
        return width * height;
    }
}
```

이제 RectangleAreaCalculator 클래스는 직사각형의 면적을 계산하는 한 가지 일만 하므로 단일 책임 원칙을 따릅니다.

다음으로 metersToInches 메서드는 별도의 클래스로 옮기겠습니다. 이 클래스에는 미터를 피트feet로 변환하는 새로운 메서드도 추가할 수 있습니다.

코드 6-27 06/SingleResponsibilityPrinciple/src/main/java/coding/challenge/good/AreaConverter.java

```java
public class AreaConverter {
    private static final double INCH_TERM = 0.0254d;
    private static final double FEET_TERM = 0.3048d;

    public double metersToInches(int area) {
        return area / INCH_TERM;
    }

    public double metersToFeet(int area) {
        return area / FEET_TERM;
    }
}
```

이 클래스 역시 단일 책임 원칙을 따르기 때문에 이것으로 작업은 끝입니다.

6.2.2 O란 무엇인가?

다음으로 SOLID의 두 번째 원칙인 개방-폐쇄 원칙에 관해 살펴보겠습니다. 답변에 포함해야 하는 요점은 다음과 같습니다.

- O는 **개방-폐쇄 원칙**을 의미합니다.
- O는 '소프트웨어 컴포넌트는 확장에 관해 열려 있어야 하고 수정에 관해서는 닫혀 있어야 한다'는 의미입니다.
- O는 다른 개발자가 작업을 수행하기 위해 반드시 수정해야 하는 제약 사항을 클래스에 포함해서는 안 된다는 사실을 의미합니다. 다른 개발자가 클래스를 확장하기만 하면 원하는 작업을 할 수 있도록 해야 합니다.
- O는 다양하고 직관적이며 유해하지 않은 방식으로 소프트웨어 확장성을 유지하는 원칙입니다.

답변은 다음과 같이 제시할 수 있습니다.

"먼저 SOLID는 '밥 삼촌'이라고 불리는 로버트 C. 마틴이 처음 발표한 5가지 **객체지향 설계** 원칙의 약자입니다. O는 SOLID의 두 번째 원칙이며 **개방-폐쇄 원칙**으로 알려져 있습니다. 이 원칙은 **소프트웨어 컴포넌트는 확장에 관해 열려 있어야 하고 수정에 관해서는 닫혀 있어야 한다는 사실을 의미합니다.** 이것은 다른 개발자가 단순히 클래스를 확장하기만 해도 클래스의 동작을 수정할 수 있도록 클래스를 설계하고 작성해야 한다는 의미입니다. **따라서 클래스는 다른 개발자가 작업을 수행하기 위해 반드시 수정해야 하는 제약 사항을 클래스에 포함해서는 안 되며 다른 개발자가 클래스를 확장하기만 하면 원하는 작업을 할 수 있도록 해야 합니다.** 소프트웨어 확장성을 다양하고 직관적이며 유해하지 않은 방식으로 반드시 유지해야 하지만, 다른 개발자가 클래스의 전체 또는 핵심 로직을 수정하고 싶어하지 않을까 염려할 필요는 없습니다. 기본적으로 이 원칙을 따르면 코드는 핵심 로직을 수정할 수 있는 접근 권한은 주지 않지만 일부 클래스를 확장하고, 초기화 매개변수를 전달하며, 메서드를 오버라이딩하고 다른 옵션을 전달하는 등의 방법으로 흐름이나 동작을 수정할 수 있는 좋은 프레임워크처럼 동작할 것입니다."

세부적인 내용이 추가로 요구된다면 화면을 공유하거나 종이와 펜을 사용하여 코드 예제를 보여주세요.

예를 들어 직사각형, 원 등 여러 가지 도형이 있고 그 도형들 면적의 합을 구하고자 하는 상황을 가정하겠습니다. 먼저 개방-폐쇄 원칙을 따르지 않는 구현 방법부터 살펴보겠습니다.

개방-폐쇄 원칙을 따르지 않는 경우

각 모양은 Shape 인터페이스를 구현할 것입니다. 코드는 매우 간단합니다.

코드 6-28 06/OpenClosedPrinciple/src/main/java/coding/challenge/bad/Shape.java

```java
public interface Shape { }
```

코드 6-29 06/OpenClosedPrinciple/src/main/java/coding/challenge/bad/Rectangle.java

```java
public class Rectangle implements Shape {
    private final int width;
    private final int height;

    // 생성자와 getter는 생략
}
```

```java
public class Circle implements Shape {
    private final int radius;

    // 생성자와 getter는 생략
}
```

이 코드에서 클래스의 생성자를 활용하여 서로 다른 크기의 직사각형과 원을 쉽게 만들 수 있습니다. 여러 가지 도형을 만들었다면 모든 면적을 합할 차례입니다. 면적의 합을 구하기 위해 AreaCalculator 클래스를 다음과 같이 정의하겠습니다.

```java
public class AreaCalculator {
    private final List<Shape> shapes;

    public AreaCalculator(List<Shape> shapes) {
        this.shapes = shapes;
    }

    // 도형을 추가하려면 이 클래스를 수정해야 합니다.
    // 이 코드는 개방-폐쇄 원칙에 맞지 않습니다.
    public double sum() {
        int sum = 0;
        for (Shape shape : shapes) {
            if (shape.getClass().equals(Circle.class)) {
                sum += Math.PI * Math.pow(((Circle) shape).getRadius(), 2);
            } else if (shape.getClass().equals(Rectangle.class)) {
                sum += ((Rectangle) shape).getHeight()
                    * ((Rectangle) shape).getWidth();
            }
        }

        return sum;
    }
}
```

각 도형은 면적을 구하기 위한 고유의 공식이 있으므로 도형의 유형을 구분하려면 if-else 또는 switch 구조가 필요합니다. 또한 삼각형과 같은 새로운 도형을 추가하고 싶으면 새로운 if

문을 추가하기 위해서 AreaCalculator 클래스를 수정해야 합니다. 이것은 이 코드가 개방-폐쇄 원칙을 위반한다는 것을 의미합니다. 개방-폐쇄 원칙을 준수하도록 코드를 수정하려면 모든 클래스에서 몇 가지를 수정해야 합니다. 이렇듯 개방-폐쇄 원칙을 따르지 않는 코드를 고치는 것은 간단한 예제에서조차 상당히 까다롭다는 점을 알 수 있습니다.

개방-폐쇄 원칙을 따르는 경우

주요 아이디어는 AreaCalculator에서 도형의 면적 계산 공식을 빼서 공식이 필요한 각 Shape 클래스로 옮기는 것입니다. 즉 직사각형, 원 등의 각 도형에 해당하는 클래스에서 자신의 면적을 계산하도록 하는 것입니다. 각 도형 클래스에서 면적을 계산하도록 Shape 인터페이스 정의에 area 메서드를 추가하겠습니다.

코드 6-32 06/OpenClosedPrinciple/src/main/java/coding/challenge/good/Shape.java

```java
public interface Shape {
    public double area();
}
```

다음으로 Rectangle과 Circle 클래스는 Shape 인터페이스의 area 메서드를 다음과 같이 구현합니다.

코드 6-33 06/OpenClosedPrinciple/src/main/java/coding/challenge/good/Rectangle.java

```java
public class Rectangle implements Shape {
    private final int width;
    private final int height;

    public Rectangle(int width, int height) {
        this.width = width;
        this.height = height;
    }

    @Override
    public double area() {
        return width * height;
    }
}
```

```java
public class Circle implements Shape {
    private final int radius;

    public Circle(int radius) {
        this.radius = radius;
    }

    @Override
    public double area() {
        return Math.PI * Math.pow(radius, 2);
    }
}
```

이제 AreaCalculator 클래스는 shapes라는 List 객체를 가지고 각 도형마다 해당하는 area 메서드를 호출해서 면적을 합산할 수 있습니다.

코드 6-35 06/OpenClosedPrinciple/src/main/java/coding/challenge/good/AreaCalculator.java

```java
public class AreaCalculator {
    private final List<Shape> shapes;

    public AreaCalculator(List<Shape> shapes) {
        this.shapes = shapes;
    }

    public double sum() {
        int sum = 0;

        for (Shape shape : shapes) {
            sum += shape.area();
        }

        return sum;
    }
}
```

이 코드는 개방-폐쇄 원칙을 따릅니다. AreaCalculator 클래스는 수정하지 않고도 새로운 도형을 추가할 수 있으므로 수정에 관해 닫혀 있으면서 당연히 확장에 관해서는 열려 있습니다.

6.2.3 L이란 무엇인가?

SOLID의 세 번째 원칙인 리스코프 치환 원칙에 관해 살펴보겠습니다. 답변에 포함해야 하는 요점은 다음과 같습니다.

- L은 리스코프 치환 원칙을 의미합니다.
- L은 '파생 타입은 반드시 기본 타입을 완벽하게 대체할 수 있어야 한다'는 의미입니다.
- L은 '서브클래스의 객체는 슈퍼클래스의 객체와 반드시 같은 방식으로 동작해야 한다'는 사실을 의미합니다.
- L은 타입 변환 후에 뒤따라오는 런타임 타입 식별에 유용한 원칙입니다.

답변은 다음과 같이 제시할 수 있습니다.

"먼저 SOLID는 '밥 삼촌'이라고 불리는 로버트 C. 마틴이 처음 발표한 5가지 **객체지향 설계** 원칙의 약자입니다. L은 SOLID의 세 번째 원칙이며 **리스코프 치환 원칙**으로 알려져 있습니다. **이 원칙은 파생 타입은 반드시 기본 타입을 완벽하게 대체할 수 있어야 한다는 사실을 의미합니다.** 이것은 어떤 클래스를 상속받은 클래스는 오류 없이 애플리케이션 전반에서 사용 가능해야 한다는 것을 의미합니다.

더 자세히 말하자면 **리스코프 치환 원칙은 서브클래스의 객체가 슈퍼클래스의 객체와 반드시 같은 방식으로 동작해야 한다는 의미입니다.** 따라서 모든 서브클래스 또는 파생된 클래스는 아무런 문제없이 그들의 슈퍼클래스를 대체할 수 있어야 합니다. 대부분의 경우 이렇게 하면 타입 변환 후에 뒤따라오는 런타임 타입 식별에 유용합니다. 예를 들어 어떤 메서드 foo(p)가 있고 p는 타입 T라고 하겠습니다. 이때 T의 하위 타입인 S에 대하여 q가 S 타입이라면 foo(q)가 성립해야 합니다."

세부적인 내용이 추가로 요구된다면 화면을 공유하거나 종이와 펜을 사용하여 코드 예제를 보여주세요.

'프리미엄', 'VIP', '무료'라는 세 가지 유형의 회원이 있는 체스 동호회가 있다고 가정하겠습니다. 여기에는 기본 클래스 역할을 하는 Member(회원) 추상 클래스와 PremiumMember(프리미엄 회원), VipMember(VIP 회원) 그리고 FreeMember(무료 회원)의 세 가지 서브클래스가 있습니다. 이 세 가지 서브클래스(회원)의 유형이 기본 클래스를 대체할 수 있는지 살펴보겠습니다.

리스코프 치환 원칙을 따르지 않는 경우

Member 클래스는 추상 클래스이며 체스 동호회의 모든 구성원을 나타내는 기본 클래스입니다.

코드 6-36 06/LiskovSubstitutionPrinciple/src/main/java/coding/challenge/bad/Member.java

```java
public abstract class Member {
    private final String name;

    public Member(String name) {
        this.name = name;
    }

    public abstract void joinTournament();
    public abstract void organizeTournament();
}
```

PremiumMember 클래스는 체스 토너먼트에 참가하거나 그러한 토너먼트를 주최할 수 있습니다. 이에 따라 다음과 같이 꽤 간단하게 구현할 수 있습니다.

코드 6-37 06/LiskovSubstitutionPrinciple/src/main/java/coding/challenge/bad/PremiumMember.java

```java
public class PremiumMember extends Member {
    public PremiumMember(String name) {
        super(name);
    }

    @Override
    public void joinTournament() {
        System.out.println("Premium member joins tournament ...");
    }

    @Override
    public void organizeTournament() {
        System.out.println("Premium member organize tournament ...");
    }
}
```

VipMember 클래스는 PremiumMember 클래스와 거의 동일하므로 넘어가고 바로 FreeMember 클래스를 살펴보도록 하겠습니다. FreeMember 클래스는 토너먼트에 참가할 수 있지만 토너먼트를 주최할 수는 없습니다. 이것은 organizeTournament 메서드에서 다뤄야 하는 문제입니다. organizeTourment 메서드에서 의미 있는 문구를 가진 예외를 발생시키거나 혹은 다음과 같이 문구를 그냥 표시할 수도 있습니다.

코드 6-38 06/LiskovSubstitutionPrinciple/src/main/java/coding/challenge/bad/FreeMember.java

```java
public class FreeMember extends Member {
    public FreeMember(String name) {
        super(name);
    }

    @Override
    public void joinTournament() {
        System.out.println("Classic member joins tournament ...");
    }

    // 이 메서드는 리스코프 치환 원칙에 맞지 않습니다.
    @Override
    public void organizeTournament() {
        System.out.println("A free member cannot organize tournaments");
    }
}
```

그러나 예외를 발생시키거나 문구를 표시한다고 리스코프 치환 원칙을 지키는 것은 아닙니다. 무료 회원은 토너먼트를 주최할 수 없으므로 기본 클래스를 대체할 수 없으며 이는 리스코프 치환 원칙에 맞지 않습니다. 다음과 같이 회원 리스트에 해당하는 members1을 생성해보세요.

코드 6-39 06/LiskovSubstitutionPrinciple/src/main/java/coding/challenge/Main.java

```java
List<Member> members1 = List.of(
  new PremiumMember("Jack Hores"),
  new VipMember("Tom Johns"),
  new FreeMember("Martin Vilop")
);
```

그리고 다음 for 문을 실행해보면 작성했던 코드가 리스코프 치환 원칙에 어긋난다는 것을 알 수 있을 것입니다. FreeMember 클래스가 Member 클래스를 대체할 차례가 왔을 때 FreeMember 클래스는 체스 토너먼트를 주최할 수 없어서 필요한 작업을 할 수 없기 때문입니다.

```
for (Member member : members1) {
    member.organizeTournament();
}
```

이러한 상황은 치명적인 결함을 일으킵니다. 이 상태로는 애플리케이션 구현을 계속할 수 없습니다. 리스코프 치환 원칙을 준수하는 코드를 얻으려면 솔루션을 다시 설계해야 합니다. 그럼 한 번 수정해볼까요?

리스코프 치환 원칙을 따르는 경우

체스 토너먼트에 참가하고 주최하는 두 가지 일을 분리하기 위해 두 가지 인터페이스를 정의하는 것으로 리팩터링을 시작하겠습니다.

```java
public interface TournamentJoiner {
    public void joinTournament();
}
```

```java
public interface TournamentOrganizer {
    public void organizeTournament();
}
```

다음으로 기본 추상 클래스인 Member에서 앞 두 가지 인터페이스를 다음과 같이 구현합니다.

```java
public abstract class Member implements TournamentJoiner, TournamentOrganizer {
    private final String name;

    public Member(String name) {
        this.name = name;
    }
}
```

PremiumMember와 VipMember는 수정하지 않고 Member 기본 클래스를 그대로 상속받도록 하겠습니다. 그러나 FreeMember 클래스는 토너먼트를 주최할 수 없기 때문에 Member 기본 클래스를 상속받지 않을 것입니다. 대신 TournamentJoiner 인터페이스만 구현하겠습니다.

코드 6-44 06/LiskovSubstitutionPrinciple/src/main/java/coding/challenge/good/FreeMember.java

```java
public class FreeMember implements TournamentJoiner {
    private final String name;

    public FreeMember(String name) {
        this.name = name;
    }

    @Override
    public void joinTournament() {
        System.out.println("Free member joins tournament ...");
    }
}
```

이제 체스 토너먼트에 참가할 수 있는 회원 리스트 members2를 다음처럼 정의할 수 있습니다.

코드 6-45 06/LiskovSubstitutionPrinciple/src/main/java/coding/challenge/Main.java

```java
List<TournamentJoiner> members2 = List.of(
  new PremiumMember("Jack Hores"),
  new VipMember("Tom Johns"),
  new FreeMember("Martin Vilop")
);
```

List 객체 members2에 반복문을 실행하면서 각 회원 유형을 TournamentJoiner 인터페이스로 대체해보면 기대한 방식으로 잘 동작하고 리스코프 치환 원칙도 준수한다는 것을 확인할 수 있습니다.

코드 6-46 06/LiskovSubstitutionPrinciple/src/main/java/coding/challenge/Main.java

```java
// 이 코드는 리스코프 치환 원칙을 준수합니다.
for (TournamentJoiner member : members2) {
    member.joinTournament();
}
```

같은 방법으로 체스 토너먼트를 주최할 수 있는 회원 리스트 member3를 다음과 같이 정의할 수 있습니다.

코드 6-47 06/LiskovSubstitutionPrinciple/src/main/java/coding/challenge/Main.java

```java
List<TournamentOrganizer> members3 = List.of(
  new PremiumMember("Jack Hores"),
  new VipMember("Tom Johns")
);
```

FreeMember는 TournamentOrganizer 인터페이스를 구현하지 않기 때문에 리스트에 포함될 수 없습니다. List 객체 members3에 반복문을 실행하면서 TournamentOrganizer 인터페이스로 대체해보면 기대한 방식으로 잘 동작하고 리스코프 치환 원칙도 준수한다는 것을 확인할 수 있습니다.

코드 6-48 06/LiskovSubstitutionPrinciple/src/main/java/coding/challenge/Main.java

```java
// 이 코드는 리스코프 치환 원칙을 준수합니다.
for (TournamentOrganizer member : members3) {
    member.organizeTournament();
}
```

끝입니다! 이제 모든 코드는 리스코프 치환 원칙을 따릅니다.

6.2.4 I란 무엇인가?

다음으로 SOLID의 네 번째 원칙인 인터페이스 분리 원칙에 관해 살펴보겠습니다. 답변에 포함해야 하는 요점은 다음과 같습니다.

- I는 인터페이스 분리 원칙을 의미합니다.
- I는 '클라이언트가 사용하지 않을 불필요한 메서드를 강제로 구현하게 해서는 안 된다'는 의미입니다.
- I는 클라이언트가 사용하지 않을 메서드를 강제로 구현하는 일이 없을 때까지 하나의 인터페이스를 2개 이상의 인터페이스로 분할하는 원칙입니다.

답변은 다음과 같이 제시할 수 있습니다.

"먼저 SOLID는 '밥 삼촌'이라고 불리는 로버트 C. 마틴이 처음 발표한 5가지 **객체지향 설계** 원칙의 약자입니다. I는 SOLID의 네 번째 원칙이며 **인터페이스 분리 원칙**으로 알려져 있습니다. **이 원칙은 클라이언트가 사용하지 않을 불필요한 메서드를 강제로 구현하게 해서는 안 된다는 사실을 의미합니다.** 다시 말해 클라이언트가 사용하지 않을 메서드를 강제로 구현해야 하는 일이 없을 때까지 하나의 인터페이스를 2개 이상의 인터페이스로 분할해야 한다는 것을 의미합니다. 예를 들어 connect, socket, http 총 세 가지 메서드를 가지는 Connection 인터페이스가 있다고 가정하겠습니다. 이때 어떤 클라이언트는 HTTP를 통한 연결만을 위해 이 인터페이스를 구현하고 싶을 수도 있습니다. 이런 경우 socket 메서드는 불필요하므로 클라이언트가 이 메서드를 비워둘 것입니다. 이렇게 되면 잘못된 설계입니다. 이러한 상황을 방지하려면 Connection 인터페이스를 2개의 인터페이스로 나누어야 합니다. 즉, socket 메서드를 가지는 SocketConnection 인터페이스와 http 메서드를 가지는 Http-Connection 인터페이스로 나누어야 합니다. 두 인터페이스는 공통된 메서드인 connect를 가지는 Connection 인터페이스를 상속받을 것입니다."

세부적인 내용이 추가로 요구된다면 화면을 공유하거나 종이와 펜을 사용하여 코드 예제를 보여주세요.

방금 설명했던 Connection 인터페이스를 가지고 인터페이스 분리 원칙을 따르지 않는 경우부터 살펴보겠습니다.

인터페이스 분리 원칙을 따르지 않는 경우

Connection 인터페이스는 다음과 같이 세 가지 메서드를 정의합니다.

코드 6-49 06/InterfaceSegregationPrinciple/src/main/java/coding/challenge/bad/Connection.java

```java
public interface Connection {
    public void socket();
    public void http();
    public void connect();
}
```

WwwPingConnection 클래스는 서로 다른 웹사이트를 HTTP로 핑_{ping}합니다. 따라서 http 메서드는 필요하지만 socket 메서드는 필요 없습니다. 이때 의미 없는 방법으로 socket 메서드를 구현한 것에 주목하세요. WwwPingConnection 클래스는 Connection 인터페이스를 구현하므로 socket 메서드도 강제로 구현해야 합니다.

코드 6-50 06/InterfaceSegregationPrinciple/src/main/java/coding/challenge/bad/
　　　　　WwwPingConnection.java

```java
public class WwwPingConnection implements Connection {
    private final String www;

    public WwwPingConnection(String www) {
        this.www = www;
    }

    @Override
    public void http() {
        System.out.println("Setup an HTTP connection to " + www);
    }

    @Override
    public void connect() {
        System.out.println("Connect to " + www);
    }

    // 이 메서드는 인터페이스 분리 원칙에 맞지 않습니다.
    // 이 클래스는 socket 메서드가 필요하지 않지만 강제로 재정의해야 합니다.
    @Override
    public void socket() { }
}
```

socket과 같이 필요 없는 메서드를 빈 칸으로 구현하거나 의미있는 예외를 발생시키는 것은 굉장히 못난 솔루션입니다. 다음 코드를 확인해보세요.

코드 6-51 06/InterfaceSegregationPrinciple/src/main/java/coding/challenge/Main.java

```java
WwwPingConnection www1 = new WwwPingConnection("www.yahoo.com");

www1.socket();  // 이 메서드는 아무 것도 하지 않지만 클라이언트는 그것을 알지 못합니다.
www1.connect();
```

이 코드로 무엇을 얻을 수 있을까요? 작동하기는 하지만 아무 의미가 없는 코드나, HTTP 엔드포인트가 없기 때문에 connect 메서드에 의해 발생하는 예외 또는 '소켓은 지원하지 않습니다!'와 같은 예외를 발생시킬 수도 있을 것입니다.

그렇다면 도대체 이런 메서드는 왜 존재하는 걸까요? 이런 의미없는 메서드를 없애기 위해 인터페이스 분리 원칙에 따라 리팩터링을 해보겠습니다.

인터페이스 분리 원칙을 따르는 경우

인터페이스 분리 원칙을 준수하려면 Connection 인터페이스를 분리해야 합니다. connect 메서드는 모든 클라이언트에 필요하므로 이 메서드는 Connection 인터페이스에 남깁니다.

코드 6-52 06/InterfaceSegregationPrinciple/src/main/java/coding/challenge/good/Connection.java

```java
public interface Connection {
    public void connect();
}
```

http와 socket 메서드는 다음과 같이 Connection 인터페이스를 확장하는 별도의 인터페이스에 포함됩니다.

코드 6-53 06/InterfaceSegregationPrinciple/src/main/java/coding/challenge/good/HttpConnection.java

```java
public interface HttpConnection extends Connection {
    public void http();
}
```

코드 6-54 06/InterfaceSegregationPrinciple/src/main/java/coding/challenge/good/SocketConnection.java

```java
public interface SocketConnection extends Connection {
    public void socket();
}
```

이렇게 하면 WwwPingConnection 클래스는 HttpConnection 인터페이스만 구현하며 http 메서드를 사용할 수 있습니다.

```java
public class WwwPingConnection implements HttpConnection {
    private final String www;

    public WwwPingConnection(String www) {
        this.www = www;
    }

    @Override
    public void http() {
        System.out.println("Setup an HTTP connection to " + www);
    }

    @Override
    public void connect() {
        System.out.println("Connect to " + www);
    }
}
```

끝입니다! 이제 모든 코드는 인터페이스 분리 원칙을 따릅니다. 다음으로 SOLID의 마지막 원칙인 의존관계 역전 원칙에 관해 살펴보겠습니다.

6.2.5 D란 무엇인가?

SOLID의 마지막 원칙인 의존관계 역전 원칙에 관해 살펴보겠습니다. 답변에 포함해야 하는 요점은 다음과 같습니다.

- D는 의존관계 역전 원칙을 의미합니다.
- D는 '구체화가 아닌 추상화에 의존해야 한다'는 의미입니다.
- D는 다른 구상 모듈concrete modules에 의존하는 구상 모듈 대신, 구상 모듈을 결합하기 위한 추상 계층을 사용한다는 것을 의미합니다.
- D는 구상 모듈을 분리합니다.

답변은 다음과 같이 제시할 수 있습니다.

"먼저 SOLID는 '밥 삼촌'이라고 불리는 로버트 C. 마틴이 처음 발표한 5가지 **객체지향 설계** 원칙의 약자입니다. D는 SOLID의 마지막 원칙이며 **의존관계 역전 원칙**으로 알려져 있습니다. **이 원칙은 구체화가 아닌 추상화에 의존해야 한다는 사실을 의미합니다. 다른 구상 모듈에 의존하는 구상 모듈 대신, 구상 모듈을 결합하기 위해 추상 계층에 의존해야 한다는 것을 의미합니다.** 이를 위해 모든 구상 모듈은 추상적인 내용만 노출해야 합니다.

이렇게 하면 구상 모듈은 분리된 상태를 유지하면서 다른 구상 모듈의 기능 또는 플러그인을 확장할 수 있습니다. 일반적으로 상위 구상 모듈과 하위 구상 모듈 사이에는 높은 결합이 발생합니다."

세부적인 내용이 추가로 요구된다면 화면을 공유하거나 종이와 펜을 사용하여 코드 예제를 보여주세요.

데이터베이스 JDBC URL을 나타내는 PostgreSQLJdbcUrl 클래스를 하위 모듈이라고 하고 데이터베이스와 연결하는 클래스인 ConnectToDatabase를 상위 모듈이라고 가정해서 다음 상황을 살펴보겠습니다.

의존관계 역전 원칙을 따르지 않는 경우

connect 메서드에 PostgreSQLJdbcUrl 타입의 인수를 넘긴다면 의존관계 역전 원칙을 어기는 것입니다. PostgreSQLJdbcUrl과 ConnectToDatabase 클래스의 코드를 살펴보겠습니다.

코드 6-56 06/DependencyInversionPrinciple/src/main/java/coding/challenge/bad/PostgreSQLJdbcUrl.java

```java
public class PostgreSQLJdbcUrl {
    private final String dbName;

    public PostgreSQLJdbcUrl(String dbName) {
        this.dbName = dbName;
    }

    public String get() {
        return "jdbc:postgresql:// ... " + this.dbName;
    }
}
```

코드 6-57 06/DependencyInversionPrinciple/src/main/java/coding/challenge/bad/
ConnectToDatabase.java

```java
public class ConnectToDatabase {
    public void connect(PostgreSQLJdbcUrl postgresql) {
        System.out.println("Connecting to " + postgresql.get());
    }
}
```

MySQLJdbcUrl과 같이 다른 JDBC URL 타입을 생성하는 경우라면 connect(PostgreSQLJdbcUrl postgresql) 메서드를 사용할 수 없습니다. 따라서 구체화에 대한 의존관계를 버리고 추상화에 대한 의존관계를 만들어야 합니다.

의존관계 역전 원칙을 따르는 경우

각 JDBC URL에서 구현해야 하는 인터페이스로 추상화를 나타낼 수 있습니다.

코드 6-58 06/DependencyInversionPrinciple/src/main/java/coding/challenge/good/JdbcUrl.java

```java
public interface JdbcUrl {
    public String get();
}
```

다음으로 PostgreSQLJdbcUrl 클래스는 JdbcUrl 인터페이스를 구현하며 PostgreSQL 데이터베이스에 특화된 JDBC URL을 반환합니다.

코드 6-59 06/DependencyInversionPrinciple/src/main/java/coding/challenge/good/
PostgreSQLJdbcUrl.java

```java
public class PostgreSQLJdbcUrl implements JdbcUrl {
    private final String dbName;
    public PostgreSQLJdbcUrl(String dbName) {
        this.dbName = dbName;
    }

    @Override
    public String get() {
        return "jdbc:postgresql:// ... " + this.dbName;
    }
}
```

정확히 같은 방법으로 MySQLJdbcURL 클래스(예제 코드 참고), OracleJdbcUrl 클래스 등을 작성할 수 있습니다.

마지막으로 ConnectToDatabase의 connect 메서드는 JdbcUrl 인터페이스에 의존하기 때문에 이 추상화를 구현하는 모든 JDBC URL에 연결할 수 있습니다.

코드 6-60 06/DependencyInversionPrinciple/src/main/java/coding/challenge/good/
          ConnectToDatabase.java

```java
public class ConnectToDatabase {
    public void connect(JdbcUrl jdbcUrl) {
        System.out.println("Connecting to " + jdbcUrl.get());
    }
}
```

지금까지 객체지향 프로그래밍의 기본 개념과 널리 사용되는 SOLID 원칙을 살펴보았습니다. 애플리케이션 설계 및 아키텍처를 포함하는 자바 직무에 지원하려고 한다면 **일반적인 책임 할당을 위한 소프트웨어 원칙**general Responsibility Assignment Software Principles, GRASP[3]도 살펴보는 것이 좋습니다. 인터뷰에서 자주 등장하는 주제는 아니지만 혹시 모르는 일이니까요!

다음으로 지금까지 살펴본 개념을 결합한 유명한 질문을 많이 살펴볼 것입니다. 이제 여러분은 **질문을 이해하고 요점을 파악하며 답변하는 기술**에 익숙해졌으니, 이후부터는 요점을 따로 목록으로 추출하지 않고 답변에서 요점만 강조하여 표시하겠습니다.

6.3 객체지향 프로그래밍, SOLID, GOF 디자인 패턴과 관련한 유명 질문

이 절에서는 객체지향 프로그래밍 개념, SOLID 설계 원칙과 GOF 디자인 패턴에 대한 진정한 이해가 필요한 몇 가지 더 어려운 질문을 다룰 것입니다. 이 책은 GOF 디자인 패턴을 다루지 않지만, 이 주제를 다루는 훌륭한 책과 동영상들이 있습니다. 아심 제인Aseem Jain의 「자바로 디자인 패턴 배우기(Learn Design Patterns with Java)」[4] 동영상을 추천합니다.

---

3 https://en.wikipedia.org/wiki/GRASP_(object-oriented_design)

4 https://www.packtpub.com/application-development/learn-design-patterns-java-video

6.3.1 객체지향 프로그래밍에서 메서드 오버라이딩이란 무엇인가?

"메서드 오버라이딩은 객체지향 프로그래밍 기법으로, 개발자가 같은 이름과 시그니처^{signature}[5]를 가지면서 다르게 동작하게 2개의 메서드를 작성하는 것을 의미합니다. 이때 메서드는 static, private, final 메서드가 아니어야 합니다. 메서드 오버라이딩은 **상속** 혹은 **런타임 다형성**에 사용할 수 있습니다.

상속에서는 슈퍼클래스에 어떤 메서드(또는 오버라이드된 메서드)가 있을 때 서브클래스에서 이 메서드를 오버라이딩할 수 있습니다. 이러한 메서드를 오버라이딩 메서드라고 합니다. 런타임 다형성에서는 인터페이스에 어떤 메서드가 있을 때 이 인터페이스를 구현하는 클래스가 해당 메서드를 오버라이딩합니다.

자바는 객체 타입에 따라 호출할 실제 메서드를 런타임에 결정합니다. 메서드 오버라이딩은 유연하고 확장 가능한 코드를 유지합니다. 즉, **최소한의 코드 변경으로 새로운 기능을 추가할 수 있게 합니다.**"

세부적인 내용이 추가로 요구된다면 메서드 오버라이딩과 관련된 주요 규칙을 나열하세요.

- 메서드 이름과 시그니처(동일한 반환 타입 혹은 하위 타입 포함)는 슈퍼클래스와 서브클래스 또는 인터페이스와 구현 클래스에서 동일합니다.
- 같은 클래스에 있는 메서드를 오버라이드할 수 없습니다(하지만 같은 클래스에 있는 메서드를 오버로드할 수는 있습니다).
- private, static, final 메서드는 오버라이드할 수 없습니다.
- 오버라이딩 메서드는 오버라이드된 메서드의 접근성을 감소시킬 수 없지만 그 반대는 가능합니다.
- 오버라이딩 메서드는 오버라이드된 메서드에 의해 발생한 확인된 예외보다 Exception 클래스 계층 구조에서 더 상위에 있는 예외를 발생시킬 수 없습니다.
- 오버라이딩 메서드에는 항상 @Override 어노테이션을 사용해야 합니다.

오버라이딩 메서드 예제는 이 책에 포함된 예제 코드에서 '06/MethodOverriding'을 확인합니다.

---

5   옮긴이: 메서드의 시그니처는 메서드의 이름, 매개변수의 개수, 타입과 순서를 의미합니다.

6.3.2 객체지향 프로그래밍에서 메서드 오버로딩이란 무엇인가?

"메서드 오버로딩은 객체지향 프로그래밍 기법으로, 개발자가 같은 이름이지만 다른 시그니처와 다른 기능을 하도록 2개의 메서드를 작성하는 것을 의미합니다. 이때 두 메서드는 모두 static이거나 static이 아니어야 합니다. 다른 시그니처를 가진다는 것은 인수^{argument}의 개수, 인수의 타입, 인수의 순서가 다르다는 것을 의미합니다. **반환 타입은 메서드 시그니처에 포함되지 않습니다.** 따라서 2개의 메서드가 동일한 시그니처를 가지지만 반환 타입이 다른 경우에는 유효한 메서드 오버로딩이 아닙니다. 메서드 오버로딩 기법은 static 혹은 static이 아닌 메서드를 같은 이름이지만 다른 입력값을 가지도록 구현할 수 있도록 하는 강력한 기술입니다. **컴파일러가 오버로딩된 메서드 호출을 실제 해당하는 메서드로 연결해줍니다. 따라서 런타임 동안 이러한 연결이 이루어지는 것이 아닙니다.** 메서드 오버로딩의 유명한 예가 System.out.println입니다. println 메서드에는 여러 가지 오버로딩 메서드가 있습니다."

메서드 오버로딩과 관련한 네 가지 주요 규칙은 다음과 같습니다.

- 오버로딩은 메서드의 시그니처를 변경하여 구현할 수 있습니다.

- 반환 다입은 메서드 시그니처에 포함되지 않습니다.

- private, static, final 메서드를 오버로드할 수 있습니다.

- 같은 클래스에 있는 메서드를 오버로드할 수 있습니다(하지만 같은 클래스에 있는 메서드를 오버라이드할 수는 없습니다).

세부적인 내용이 추가로 요구된다면 예제 코드를 작성해보기 바랍니다. 오버로딩 메서드 예제는 이 책에 포함된 예제 코드에서 '06/MethodOverloading'이라는 이름으로 확인할 수 있습니다.

[Column] **오버로딩과 오버라이딩 관련 추가 질문들**

앞에서 언급한 두 가지 질문 외에 해당 질문들과 관련한 다른 몇 가지 질문을 받을 수도 있습니다.

· 오버로딩과 오버라이딩과 관련한 규칙은 무엇인가?

· 메서드 오버라이딩과 오버로딩의 주요 차이점은 무엇인가?

· static이나 private 메서드를 오버라이드할 수 있는가?

· final 메서드를 오버라이드할 수 있는가?

· static 메서드를 오버로드할 수 있는가?

· 오버라이딩 메서드의 인수 목록을 변경해도 되는가?

이러한 질문에 대한 답을 뽑아서 준비하는 것이 바람직합니다. 답변에 필요한 모든 정보는 앞 절에서 확인할 수 있습니다. 해당 내용을 참고하여 질문에 답변해보세요.

또한 '메서드를 오버라이딩하는 것을 방지하는 방법은 final 제어자 뿐인가요?'와 같은 질문에 주의하세요. 답변에는 관련 개념의 개요가 필요한 만큼 이러한 유형의 질문은 지원자를 혼란스럽게 하려는 의도가 담겨 있습니다. 답변은 다음과 같이 할 수 있습니다.

"아니요. 메서드를 private이나 static으로 만들어도 오버라이딩을 방지할 수 있습니다. private, static, final 메서드는 오버라이드될 수 없기 때문입니다."

다음으로 오버라이딩 및 오버로딩 메서드와 관련한 몇 가지 다른 질문을 살펴보겠습니다.

6.3.3 자바에서 공변 메서드 오버라이딩이란 무엇인가?

"공변covariant 메서드 오버라이딩을 사용하여 **오버라이딩 메서드는 실제 반환 타입의 하위 타입을 반환할 수 있습니다.** 공변은 함께 변한다는 의미로 여기에서는 오버라이딩 메서드의 클라이언트가 반환된 타입의 명시적인 타입 변환을 하지 않아도 된다는 의미입니다. 예를 들어 자바의 clone 메서드는 Object를 반환합니다. 즉, 이 메서드를 활용하여 복제된 객체를 반환받고자 할 때 Object를 받아서 Object의 서브클래스로 명시적으로 타입 변환하여 원하는 실제 결과를 만들어야 합니다. 그러나 자바 5부터는 공변 메서드 오버라이딩이 지원되기 때문에 clone 메서드를 오버라이드하여 Object 대신에 필요한 서브클래스를 직접 반환할 수 있습니다."

'자바에서 공변 메서드 오버라이딩이란 무엇인가?'와 같은 질문에는 거의 항상 예제를 답에 포함해야 하므로 Cloneable(복제 가능한) 인터페이스를 구현하는 Rectangle 클래스를 살펴보겠습니다. clone 메서드는 다음과 같이 Object 대신 Rectangle을 반환할 수 있습니다.

코드 6-61 06/CovariantMethodOverriding/src/main/java/coding/challenge/Rectangle.java

```java
public class Rectangle implements Cloneable {
    // 이전 생략

    @Override
    protected Rectangle clone() throws CloneNotSupportedException {
        Rectangle clone = (Rectangle) super.clone();
```

```
        return clone;
    }
}
```

clone 메서드를 호출할 때 명시적인 캐스팅이 필요 없습니다.

코드 6-62 06/CovariantMethodOverriding/src/main/java/coding/challenge/Main.java

```
Rectangle r = new Rectangle(4, 3);
Rectangle clone = r.clone();
```

공변 메서드 오버라이딩과 관련한 간접적인 질문에 주의해야 합니다. 예를 들어 '오버라이드
할 때 메서드의 반환 타입을 서브클래스로 변경할 수 있는가?'와 같은 질문을 받을 수 있습니
다. 이 질문에 대한 답은 이 섹션에서 다룬 '자바에서 공변 메서드 오버라이딩이란 무엇인가?'
라는 질문에 대한 답과 동일합니다.

> **tip** 자바에서 덜 알려진 기능에 관한 질문의 답을 알면 면접에서 매우 큰 점수를 얻을 수 있습니다. 이것은 면접관
> 에게 여러분이 깊은 수준의 지식을 가졌으며 자바 최신 업데이트 내용을 안다는 것을 보여줍니다. 수많은 예
> 제와 최소 이론을 통해 모든 기능을 JDK 8에서 JDK 13으로 초고속 업데이트하고 싶다면 필자의 다른 저서인
> 『Java Coding Problems』(Packt, 2019)나 『모던 자바 인 액션』(한빛미디어, 2019)이 마음에 쏙 들 것입니다.

6.3.4 오버라이딩 및 오버로딩 메서드에서 예외를 다룰 때 주요 제한 사항은 무엇인가?

"먼저, 오버라이딩 메서드에 관해 말씀드리겠습니다. **확인되지 않은 예외의 경우 오버라이
딩 메서드에서 사용하는 데 아무런 제한 사항이 없습니다.** 오버라이딩 메서드는 모든 Runtime-
Exception, 즉 확인되지 않은 예외를 발생시킬 수 있습니다. 반면에 **확인된 예외의 경우 오
버라이딩 메서드는 오버라이드된 메서드의 확인된 예외 혹은 그 서브클래스 예외만 발생시킬 수 있
습니다.** 다시 말해 오버라이딩 메서드는 오버라이드된 메서드에서 발생된 확인된 예외보
다 넓은 범위를 가진 확인된 예외는 발생시킬 수 없습니다. 예를 들어 오버라이드된 메
서드가 SQLException을 발생시킨다면 오버라이딩 메서드는 BatchUpdateException과 같
은 서브클래스의 예외는 발생시킬 수 있지만 Exception과 같은 슈퍼클래스의 예외는 발
생시킬 수 없습니다.

두 번째로 오버로딩 메서드에 관해 말씀드리겠습니다. **오버로딩 메서드는 예외를 다룰 때 어떤 제한 사항도 없습니다.** 이것은 필요에 따라 throw 문을 얼마든지 수정할 수 있다는 의미입니다."

세부적인 내용이 추가로 요구된다면 이 책에서 제공하는 코드와 같은 예제 코드를 작성해보세요. '06/OverridingException'과 '06/OverloadingException'을 참고해보세요. 이제 이어서 몇 가지 질문을 더 살펴보겠습니다.

6.3.5 슈퍼클래스의 오버라이드된 메서드를 서브클래스의 오버라이딩 메서드에서 어떻게 호출할 수 있는가?

"**자바의 super 키워드를 이용해서 슈퍼클래스의 오버라이드된 메서드를 서브클래스의 오버라이딩 메서드에서 호출할 수 있습니다.** 예를 들어 foo 메서드를 가지는 슈퍼클래스 A가 있고, A의 서브클래스 B가 있다고 하겠습니다. 서브클래스 B에서 foo 메서드를 오버라이드했을 때 오버라이딩 메서드에서 super.foo를 호출하면 오버라이드된 메서드인 A의 foo를 호출할 수 있습니다."

6.3.6 main 메서드를 오버라이드 또는 오버로드할 수 있는가?

"main 메서드가 static 메서드라는 사실을 명심해야 합니다. main 메서드는 오버로드할 수 있지만 오버라이드할 수는 없습니다. 오버라이드할 수 있는 메서드는 객체 타입에 따라 런타임에 결정되는 반면에 static 메서드는 컴파일 시간에 결정되기 때문에 main 메서드를 오버라이드할 수 없는 것입니다."

6.3.7 자바에서 static이 아닌 메서드를 static 메서드로 오버라이드할 수 있는가?

"아니요. static이 아닌 메서드는 static 메서드로 오버라이드할 수 없습니다. 또한 그 반대의 경우도 마찬가지로 불가능합니다. 두 가지 경우 모두 컴파일 에러가 발생합니다."

[Column] 분석과 결정 능력을 판단하는 질문에 답하기

앞에서 언급한 두 가지 질문과 같이 핵심에 해당하는 질문은 짧고 간결한 답변이 필요합니다. 면접관은 여러분이 상황을 분석하고 결정을 내리는 능력을 측정하기 위해 이러한 간단한 질문을 합니다. 대답은 주로 간단하지만 '예' 또는 '아니요'라고 대답하려면 시간이 필요합니다. 이러한 질문에 대답한다고 해서 높은 점수를 받는 것은 아니지만, 답을 모른다면 점수에 매우 부정적인 영향을 미칠 수 있습니다. 만약 여러분이 답을 안다면 면접관은 마음속으로 이렇게 생각할 것입니다. "음, 좋아. 그래도 이거는 쉬운 질문이었지!" 하지만 여러분이 답을 모른다면, 면접관은 "쉬운 문제를 놓치다니! 지원자는 기본 지식에 심각한 결점이 있구나."라고 생각할지도 모릅니다.

다음으로 객체지향 프로그래밍 개념에 관한 질문을 몇 가지 더 살펴보겠습니다.

6.3.8 자바 인터페이스 안에 abstract가 아닌 메서드를 포함할 수 있는가?

"**자바 8 전까지는 자바 인터페이스 안에 abstract가 아닌 메서드를 사용할 수 없었습니다.** 인터페이스의 모든 메서드는 암묵적으로 public 및 abstract 메서드였습니다. 그러나 자바 8부터는 인터페이스에 추가할 수 있는 새로운 유형의 메서드가 있습니다.

실제로 자바 8부터는 구현된 메서드를 인터페이스에 직접 추가할 수 있습니다. default 및 static 키워드를 사용해서 이 작업을 수행할 수 있습니다. default 키워드는 기본default**, 방어**delender**, 확장** extension **메서드라고 불리는 메서드를 인터페이스에 포함하는 키워드로서 자바 8에 도입되었습니다. 이 기능의 주요 목표는 이전 버전과의 호환성을 보장하면서 기존의 인터페이스를 발전시키는 것입니다.** JDK 자체는 default 메서드를 사용해 기존 코드를 망가뜨리지 않으면서 새로운 기능을 추가하여 자바를 발전시킵니다. **반면 인터페이스의 static 메서드는 default 메서드와 매우 유사하지만, 이러한 인터페이스를 구현하는 클래스에서 static 메서드는 오버라이드할 수 없다는 차이점이 있습니다.** static 메서드는 객체에 묶인 것이 아니기 때문에 인터페이스 이름과 메서드 이름 사이에 점을 찍어서 호출할 수 있습니다. 또한 static 메서드는 다른 default 또는 static 메서드 내에서 호출할 수 있습니다."

세부적인 내용이 추가로 요구된다면 예제 코드를 작성해보세요.

증기 자동차와 같은 이동 수단을 표현하기 위한 인터페이스가 있다고 가정하겠습니다. 여기서 증기 자동차는 오래된 자동차인 만큼 오래된 코드를 대표하는 예제입니다.

코드 6-63 06/Java8DefaultStaticMethods/src/main/java/coding/challenge/Vehicle.java

```java
public interface Vehicle {
    public void speedUp();
    public void slowDown();
}
```

다음과 같은 SteamCar 클래스를 통해 다양한 종류의 증기 자동차가 제작되었다고 하겠습니다.

코드 6-64 06/Java8DefaultStaticMethods/src/main/java/coding/challenge/SteamCar.java

```java
public class SteamCar implements Vehicle {
    private String name;

    // 생성자와 getter는 생략

    @Override
    public void speedUp() {
        System.out.println("Speed up the steam car ...");
    }

    @Override
    public void slowDown() {
        System.out.println("Slow down the steam car ...");
    }
}
```

SteamCar 클래스가 Vehicle 인터페이스를 구현하므로 이 클래스는 speedUp 메서드와 slowDown 메서드를 오버라이드합니다. 얼마 후 휘발유 자동차가 발명되고 사람들은 마력과 연료 소비에 관심을 가지기 시작합니다. 따라서 이 예제 코드는 휘발유 자동차도 지원할 수 있도록 진화해야 합니다. 연비를 계산하기 위해 다음과 같은 default 메서드인 computeConsumption을 추가하여 Vehicle 인터페이스를 발전시킬 수 있습니다.

코드 6-65 06/Java8DefaultStaticMethods/src/main/java/coding/challenge/Vehicle.java

```java
public interface Vehicle {
    public void speedUp();
    public void slowDown();

    default double computeConsumption(int fuel, int distance, int horsePower) {
        // 연비 계산을 가장한 임의의 계산식입니다.
        return Math.random() * 10d;
    }
}
```

이렇게 Vehicle 인터페이스를 발전시켜도 SteamCar 클래스와의 호환성은 깨지지 않습니다.

시간이 더 지나고 전기 자동차가 발명되었습니다. 전기 자동차의 연료 소비량은 휘발유 자동차와는 다르게 계산됩니다. 하지만 계산 공식은 연료, 거리, 그리고 마력 등 같은 조건을 사용합니다. 이에 따라 ElectricCar 클래스는 computeConsumption 메서드를 다음과 같이 오버라이드합니다.

코드 6-66 06/Java8DefaultStaticMethods/src/main/java/coding/challenge/ElectricCar.java

```java
public class ElectricCar implements Vehicle {
    private String name;
    private int horsePower;

    // 생성자와 getter는 생략

    @Override
    public void speedUp() {
        System.out.println("Speed up the electric car ...");
    }
```

```java
    @Override
    public void slowDown() {
        System.out.println("Slow down the electric car ...");
    }

    @Override
    public double computeConsumption(int fuel, int distance, int horsePower) {
        // 연비 계산을 가장한 임의의 계산식입니다.
        return Math.random() * 60d / Math.pow(Math.random(), 3);
    }
}
```

예제에서 보듯이 default 메서드를 오버라이드하거나 암묵적 구현을 사용할 수 있습니다.

마지막으로 인터페이스가 증기, 휘발유, 그리고 전기 자동차를 지원하므로 인터페이스가 어떤 종류의 자동차를 지원하는지 설명하는 기능을 추가하겠습니다. Vehicle 인터페이스에 static 메서드인 description을 다음과 같이 추가하겠습니다.

코드 6-67 06/Java8DefaultStaticMethods/src/main/java/coding/challenge/Vehicle.java

```java
public interface Vehicle {
    public void speedUp();
    public void slowDown();

    default double computeConsumption(int fuel, int distance, int horsePower) {
        return Math.random() * 10d;
    }

    static void description() {
        System.out.println("This interface control steam, petrol and electric cars");
    }
}
```

이 static 메서드는 특정 자동차 유형에 종속된 것이 아니기 때문에 Vehicle.description을 통해 직접 호출할 수 있습니다.

이제 다른 질문을 더 살펴보겠습니다. 여기까지 잘 따라왔다면 여러분은 질문을 이해하고 주요 용어 및 요점을 파악하며 이를 답변에 잘 녹여내는 기술에 꽤 익숙해졌을 테니 더 이상 요점을 강조하여 표시하지 않겠습니다. 이제부터 요점을 찾아내는 것은 여러분의 몫입니다.

6.3.9 default 메서드를 가지는 인터페이스와 추상 클래스의 주요 차이점은 무엇인가?

"자바 8 인터페이스와 추상 클래스의 주요 차이점으로는 인터페이스가 생성자를 지원하지 않는 반면 추상 클래스는 생성자를 가질 수 있다는 점을 꼽을 수 있습니다. 즉, 추상 클래스는 상태를 가질 수 있지만, 인터페이스는 상태를 가질 수 없습니다. 또한 인터페이스의 주요 목적은 완전히 추상화된 상태를 구현하는 것이지만, 추상 클래스는 부분적인 추상화를 위한 것입니다.

인터페이스는 스스로 어떤 것도 하지 않는 완전한 추상화를 목표로 하지만, 구현할 때 어떻게 동작할 것인지를 명시하도록 설계되어 있습니다. default 메서드는 클라이언트 코드에 영향을 미치지 않고 상태를 변경하지 않으면서 인터페이스에 추가 기능을 더하는 방법을 나타냅니다. default 메서드를 다른 목적으로 사용해서는 안 됩니다.

또 다른 차이점은 추상 클래스는 추상 메서드가 없어도 아무런 문제가 없지만, 인터페이스가 default 메서드만 가지는 것은 안티패턴[anti-pattern][6]이라는 사실입니다. 이것은 유틸리티 클래스를 대체하려고 인터페이스를 만든 것이나 다름없으며 이렇게 하면 구현이라는 인터페이스의 주요 목적을 무력화시킵니다."

> **tip** 두 개념 사이의 다양한 차이점이나 유사점을 나열해야 할 때 질문에 의해 결정된 목표에 맞게 답을 제한해야 합니다. 예를 들어 이전 질문의 경우 인터페이스가 다중 상속을 유지하는 반면에 추상 클래스는 그렇지 않다는 사실을 차이점으로 제시하지 마세요. 이것은 인터페이스와 클래스 간의 일반적인 차이점이며 자바 8 인터페이스와 추상 클래스 간의 특별한 차이점이 아닙니다.

6.3.10 추상 클래스와 인터페이스의 주요 차이점은 무엇인가?

"자바 8 이전까지 추상 클래스와 인터페이스의 주요 차이점은 추상 클래스는 abstract가 아닌 메서드를 포함할 수 있는 반면에 인터페이스는 그러한 메서드를 포함할 수 없다는 사실입니다. 자바 8부터는 추상 클래스는 생성자와 상태를 가질 수 있는 반면에 인터페이스는 이들 중 하나를 가질 수 없다는 주요 차이점이 있습니다."

---

6   옮긴이: 안티패턴(anti-pattern)은 비효율적이거나 비생산적인 패턴을 의미합니다.

6.3.11 abstract 메서드가 없는 추상 클래스를 만들 수 있는가?

"네, 만들 수 있습니다. abstract 키워드를 클래스에 추가하면 추상 클래스가 됩니다. 추상 클래스는 인스턴스화할 수는 없지만 생성자와 abstract가 아닌 메서드만 있어도 괜찮습니다."

6.3.12 추상이면서 동시에 final인 클래스를 만들 수 있는가?

"final 클래스는 서브클래스화 되거나 상속할 수 없습니다. 추상 클래스는 확장을 통해서만 사용할 수 있습니다. 그러므로 final과 추상은 반대되는 개념입니다. 이것은 두 가지를 동시에 같은 클래스에 적용할 수 없다는 사실을 의미합니다. 컴파일러에서 오류가 발생합니다."

6.3.13 다형성, 오버라이딩, 오버로딩의 차이점은 무엇인가?

"이 질문의 맥락에서 오버로딩 기법은 **컴파일 타임 다형성**으로 알려져 있는 반면에 오버라이딩 기법은 **런타임 다형성**으로 알려져 있습니다. 오버로딩은 정적 혹은 이른 바인딩을 사용하는 반면에 오버라이딩은 동적 혹은 늦은 바인딩을 사용합니다."

6.3.14와 6.3.15는 앞 질문에 대한 추가 정보로 구성되지만 독립적인 질문으로도 제시될 수 있습니다.

6.3.14 바인딩 작업이란 무엇인가?

"바인딩 작업은 코드 라인에서 참조한 결과로 호출할 메서드 또는 변수를 결정합니다. 즉, 메서드 호출을 메서드 본문에 연결하는 과정을 바인딩 작업이라고 합니다. 일부 참조는 컴파일 시간에 바인딩되는 반면에 다른 참조는 런타임에 바인딩됩니다.

런타임에 바인딩되는 참조는 객체의 타입에 따라 다릅니다. 컴파일 시간에 바인딩되는 참조는 정적 바인딩 작업이라고 하며 런타임에 바인딩되는 참조는 동적 바인딩 작업이라고 합니다."

6.3.15 정적 바인딩과 동적 바인딩의 주요 차이점은 무엇인가?

"우선, 정적 바인딩은 컴파일 시간에 발생하며 동적 바인딩은 런타임에 발생합니다. 두 번째 차이점은 private, static, final 메서드 혹은 변수는 정적 바인딩을 사용하는 반면에 가상 메서드는 객체의 타입에 따라 런타임에 바인딩된다는 사실입니다.

즉, 정적 바인딩은 Type(자바의 클래스) 정보를 통해 결정되며 동적 바인딩은 Object에 의해 결정됩니다. 다시 말해 정적 바인딩에 의존하는 메서드는 객체와 연관이 없으며 Type에 의해 호출되고 동적 바인딩에 의존하는 메서드는 Object와 관련이 있습니다. 정적 바인딩에 의존하는 메서드의 실행은 동적 바인딩에 의존하는 메서드보다 아주 조금 더 빠릅니다.

정적과 동적 바인딩은 다형성에서도 사용됩니다. 정적 바인딩은 컴파일 타임 다형성(오버로딩 메서드)에서 쓰이고 동적 바인딩은 런타임 다형성(오버라이딩 메서드)에서 쓰입니다. 정적 바인딩은 컴파일 시간 성능에 오버헤드overhead[7]를 더하고 동적 바인딩은 런타임 성능에 오버헤드를 더하기 때문에 정적 바인딩이 더 선호됩니다."

6.3.16 자바에서 메서드 하이딩이란 무엇인가?

"메서드 하이딩method hiding은 정적 메서드에 한정됩니다. 더 정확하게 말해서 슈퍼클래스와 서브클래스에서 같은 시그니처와 이름을 가진 2개의 static 메서드를 선언한다면 두 메서드는 서로를 숨길 것(실제 참조하는 클래스를 찾는 것이 아니라 컴파일에 결정된 클래스의 해당 메서드를 호출)입니다.

슈퍼클래스에서 메서드를 호출하면 슈퍼클래스의 static 메서드가 호출되고, 같은 메서드를 서브클래스에서 호출하면 서브클래스의 static 메서드가 호출됩니다. static 메서드가 다형이 될 수 없기 때문에 하이딩은 오버라이딩과 다릅니다."

세부적인 내용이 추가로 요구된다면 예제 코드를 작성해보세요.

static 메서드 move를 갖는 Vehicle 슈퍼클래스가 있다고 가정하겠습니다.

---

7 옮긴이: 특정 처리를 위해 추가되는 처리 시간 및 메모리 등을 의미합니다.

```java
public class Vehicle {
    public static void move() {
        System.out.println("Moving a vehicle");
    }
}
```

이제 동일한 static 메서드를 가지는 서브클래스 Car를 살펴보겠습니다.

```java
public class Car extends Vehicle {
    // 이 메서드는 Vehicle의 move 메서드를 숨깁니다.
    public static void move() {
        System.out.println("Moving a car");
    }
}
```

다음으로 main 메서드에서 두 가지의 static 메서드를 호출해보겠습니다.

```java
public static void main(String[] args) {
    Vehicle.move();   // Vehicle의 move 메서드 호출
    Car.move();       // Car의 move 메서드 호출
}
```

출력 결과는 이 두 가지 static 메서드가 서로를 하이딩한다는 것을 나타냅니다.

```
Moving a vehicle
Moving a car
```

static 메서드를 호출할 때 클래스 이름을 통해 호출한다는 점에 주목하세요. static 메서드를 인스턴스에서 호출하는 것은 매우 나쁜 관행이므로 인터뷰 중에는 이러한 방식을 사용하지 마세요!

6.3.17 자바에서 가상 메서드를 작성할 수 있는가?

"네, 작성할 수 있습니다! 사실 자바에서 static이 아닌 메서드는 모두 기본적으로 가상 메서드입니다. private 또는 final 키워드로 표시하여 가상이 아닌 메서드를 작성할 수 있습니다. 즉, 다형 동작을 위해 상속될 수 있는 메서드는 가상 메서드입니다.

또는 이 명제를 뒤집어서 말하면 상속할 수 없는 private 메서드와 오버라이드할 수 없는 final 메서드는 가상 메서드가 아닙니다."

6.3.18 추상화와 다형성의 차이점은 무엇인가?

"추상화와 다형성은 상호의존적인 두 가지 기본적인 객체지향 프로그래밍 개념을 나타냅니다. 추상화는 개발자가 재사용 및 맞춤형 정의가 가능한 일반적인 솔루션을 설계할 수 있게 하는 반면에 다형성은 개발자가 런타임에 실행해야 하는 코드 선택을 미룰 수 있게 합니다.

추상화가 인터페이스와 추상 클래스를 통해 구현되는 반면에 다형성은 오버라이딩과 오버로딩 기법으로 구현됩니다."

6.3.19 다형성을 구현하는 방법으로 오버로딩을 고려할 수 있는가?

"이것은 논쟁의 여지가 있는 주제입니다. 어떤 사람들은 오버로딩을 다형성이라고 여기지 않기 때문에 컴파일 타임 다형성의 개념을 받아들이지 않으며, 오버라이딩 메서드만이 진정한 다형성이라고 주장합니다.

이러한 목소리 뒤에는 오버라이딩만이 런타임 조건에 따라 코드가 다르게 동작할 수 있게 한다는 주장이 있습니다. 즉, 다형성 동작을 나타내는 것은 메서드 오버라이딩의 특권이라는 의미입니다.

저자는 오버로딩과 오버라이딩의 전제를 이해하는 한 두 가지 기법이 다형성 동작을 유지하는 방법도 이해할 수 있다고 생각합니다."

자, 그럼 이제 SOLID 원칙과 유명하고 필수적인 GOF 디자인 패턴에 관한 몇 가지 질문을 계속 살펴보겠습니다. 이 책은 GOF 디자인 패턴을 다루지 않지만 이 주제를 다루는 훌륭한 책과 동영상들이 있습니다. 앞에서도 소개한 아심 제인^{Aseem Jain}의 「자바로 디자인 패턴 배우기 (Learn Design Patterns with Java)」라는 동영상을 추천합니다.

6.3.20 데커레이터 패턴에 적합한 객체지향 프로그래밍 개념은 무엇인가?

"데커레이터^{decorator} 디자인 패턴에 적합한 객체지향 프로그래밍 개념은 구성입니다. 이 객체지향 프로그래밍 개념을 통해 데커레이터 디자인 패턴은 기존 클래스를 수정하지 않고도 새로운 기능을 제공합니다."

6.3.21 싱글턴 패턴은 언제 사용해야 하는가?

"싱글턴^{singleton} 디자인 패턴은 클래스의 애플리케이션 레벨(전역) 인스턴스가 하나만 필요할 때 사용하면 매우 적합합니다. 다만 싱글턴은 클래스 간 결합을 증가시키고 개발, 테스트 및 디버깅 중에 병목 현상을 발생시킬 수 있으므로 주의해서 사용해야 합니다. 유명한 도서인 『이펙티브 자바(3판)』(인사이트, 2018)에서 언급했듯이 자바 열거형^{Java enum}을 사용하는 것이 이 패턴을 구현하는 가장 좋은 방법입니다. 로거^{logger}, `java.lang. Runtime` 등과 같은 전역 환경 설정, 하드웨어 접근, 데이터베이스 연결 등을 위해 싱글턴 패턴을 사용하는 것이 일반적인 시나리오입니다."

tip 여러분이 유명한 참고 문헌을 인용하거나 언급할 수 있을 때마다 적극적으로 언급하세요.

6.3.22 전략 패턴과 상태 패턴의 차이점은 무엇인가?

"상태state 디자인 패턴은 상태에 따라 특정 작업을 수행하도록 설계되었습니다. 이 패턴은 클래스를 변경하지 않는 환경에서 서로 다른 상태의 특정 동작을 나타냅니다. 반면에 전략strategy 디자인 패턴은 코드를 수정하지 않고 여러 알고리즘을 전환하여 사용하기 위한 패턴입니다. 클라이언트는 구성과 런타임 위임delegation을 통해 알고리즘을 전환합니다. 또한 상태 패턴에서는 각 상태를 다른 상태로 연결하며 흐름이 생성되기 때문에 상태 전이 순서가 명확하지만, 전략 패턴에서는 클라이언트가 원하는 알고리즘을 순서와 상관없이 선택할 수 있습니다. 예를 들어 상태 패턴은 클라이언트에 패키지를 보내는 상태를 정의할 수 있습니다. 패키지는 순서가 정해진 상태에서 시작하여 클라이언트가 패키지를 받는 마지막 상태에 도달할 때까지 계속해서 연결된 상태를 통과합니다. 반면에 전략 패턴은 각 상태를 달성하기 위한 서로 다른 전략을 정의합니다. 예를 들어 패키지를 배달하는 여러 가지 전략이 있을 수 있습니다."

6.3.23 프록시 패턴과 데커레이터 패턴의 차이점은 무엇인가?

"프록시proxy 디자인 패턴은 무언가에 대한 접근 제어 게이트웨이를 제공하는 데 유용합니다. 일반적으로 이 패턴은 실제 객체를 대신할 대리 객체를 생성합니다. 실제 객체에 대한 각 요청은 대리 객체를 통과해야 하며, 대리 객체는 이를 실제 객체로 전달할 방법과 시점을 결정합니다. 데커레이터 디자인 패턴은 객체를 생성하지 않으며 런타임에 기존 객체를 새로운 기능으로 장식할 뿐입니다. 대리 객체를 연쇄적으로 사용하는 것은 권장되지 않지만, 특정 순서로 데커레이터를 연쇄적으로 사용하는 것은 데커레이터 패턴을 올바르게 사용하는 방법입니다. 예를 들어 프록시 패턴은 인터넷의 프록시 서버를 나타낼 수 있으며 데커레이터 패턴은 프록시 서버를 서로 다른 사용자 지정 설정으로 장식할 수 있습니다."

6.3.24 퍼사드 패턴과 데커레이터 패턴의 차이점은 무엇인가?

"데커레이터 디자인 패턴은 객체에 새로운 기능을 추가하거나 객체를 장식한다는 의미이지만, 퍼사드facade 디자인 패턴은 객체에 새로운 기능을 전혀 추가하지 않습니다. 퍼사드 패턴은 시스템의 복잡성을 숨기고 기존 기능만 표면에 내세워 클라이언트에게 노출되는 친근한 얼굴 뒤에서 기능을 호출합니다. 퍼사드 패턴은 복잡한 작업을 수행하기 위해 개별 구성요소를 호출하는 간단한 인터페이스를 노출할 수 있습니다. 예를 들어 데커레이터 패턴은 엔진, 기어박스 등으로 뼈대를 장식하여 자동차를 만드는 데 사용할 수 있고, 퍼사드 패턴은 자동차 생성 과정의 세부 사항을 아는 산업용 로봇에 명령을 내릴 수 있는 간단한 인터페이스를 노출하여 자동차를 만드는 복잡성을 숨길 수 있습니다."

6.3.25 템플릿 메서드 패턴과 전략 패턴의 주요 차이점은 무엇인가?

"템플릿 메서드template method 패턴과 전략 패턴은 도메인별 알고리즘 집합을 객체로 캡슐화하지만 동일한 방법을 사용하지는 않습니다. 주요 차이점은 전략 패턴은 요구사항을 기반으로 서로 다른 전략 또는 알고리즘 중에 사용할 알고리즘을 런타임에 결정하지만, 템플릿 메서드 패턴은 고정된 뼈대, 즉 사전에 정의된 일련의 단계에 따라 구현된 알고리즘대로 동작한다는 사실입니다. 일부 단계는 고정되어 있는 반면에 나머지 단계는 다른 용도로 수정할 수 있습니다. 예를 들어 전략 패턴은 신용카드 또는 페이팔PayPal과 같은 서로 다른 지불 전략 사이에서 어떤 전략을 사용할 것인지 결정할 수 있으며, 템플릿 메서드 패턴은 특정 전략으로 지불하기 위해 사전에 정의된 단계의 순서를 설명할 수 있습니다. 예를 들어 페이팔로 지불하려면 고정된 일련의 단계가 필요합니다."

6.3.26 빌더 패턴과 팩토리 패턴의 주요 차이점은 무엇인가?

"팩토리factory 패턴은 단일 메서드 호출로 객체를 생성합니다. 이때 필요한 모든 매개변수를 전달해야 하며 팩토리는 일반적으로 생성자를 호출하여 객체를 반환할 것입니다. 반면에 빌더builder 패턴은 매개변수의 조합을 형성할 수 있는 setter 메서드의 연쇄작용을 통해 복잡한 객체를 구성할 수 있도록 설계되었습니다. 연쇄작용의 끝에서 빌더 메서드는 매개변수 목록이 설정되었음을 알리는 build 메서드를 노출하며 이 시점에 객체를 구축할 수 있습니다. 즉, 팩토리 패턴은 생성자의 래퍼wrapper 역할을 하는 반면, 빌더 패턴은 훨씬 세분화되어 생성자에게 전달할 수 있는 모든 매개변수의 래퍼 역할을 합니다.

빌더를 통해 가능한 모든 매개변수 조합을 다 노출하는 점층적telescopic 생성자 패턴을 피할 수 있습니다. 예를 들어 Book(책) 객체가 있다고 하겠습니다. 책은 저자, 제목, ISBN, 형식과 같은 고정 매개변수의 조합으로 특징이 만들어집니다. 책을 만들 때는 대부분의 경우 매개변수의 개수가 바뀌지 않으므로 팩토리 패턴이 적합할 것입니다. 하지만 Server 객체는 어떨까요? 서버는 매개변수가 엄청나게 많은 복잡한 객체이므로 빌더 패턴이 훨씬 더 적절하거나, 두 가지 패턴을 조합하여 내부적으로 빌더에 의존하는 팩토리 패턴이 적합할 것입니다."

6.3.27 어댑터 패턴과 브리지 패턴의 주요 차이점은 무엇인가?

"어댑터adapter 패턴은 타사 코드와 같이 수정할 수 없는 기존 코드와 새로운 시스템 또는 인터페이스 사이의 호환성을 제공하려고 노력합니다. 반면에 브리지bridge 패턴은 사전에 구현되며 엄청난 수의 클래스 작성을 피하고자 구현에서 추상화를 분리하는 것을 의미합니다. 따라서 어댑터 패턴은 설계 후에 각 항목 사이의 호환성을 제공하고자 노력하고, 브리지 패턴은 추상화와 구현이 독립적으로 변경될 수 있도록 사전 구축됩니다(어댑터의 첫 글자 'A'가 이후를 뜻하는 'after'에서, 브리지의 첫 글자 'B'가 이전을 뜻하는 'Before'에서 따온 것으로 생각하면 기억하기 쉬울 것입니다).

어댑터 패턴은 독립적으로 작동하지만 호환이 되는 입력 및 출력값이 없어 서로 소통할 수 없는 두 시스템 사이에서 **중간자** 역할을 합니다. 반면에 브리지 패턴은 직교하는 클래스 계층을 통해 문제를 해결할 수 있지만, 확장성 문제와 제한된 확장으로 인해 어려움을 겪습니다. 예를 들어 ReadJsonRequest(JSON 요청 읽기)와 ReadXmlRequest(XML 요청 읽기)라는 두 가지 클래스가 있다고 가정하겠습니다. 각 클래스는 D1, D2와 D3와 같은 서로 다른 장치로부터 요청을 읽어 들일 수 있으며 D2는 JSON 요청만, D3는 XML 요청만 제공합니다. 어댑터 패턴을 통해 JSON과 XML을 서로 변환할 수 있으며 두 클래스는 세 가지 장치 모두와 통신할 수 있습니다. 반면에 브리지 패턴을 사용하면 ReadXmlRequestD1, ReadXmlRequestD2, ReadXmlRequestD3, ReadJsonRequestD1, Read-JsonRequestD2, ReadJsonRequestD3 등과 같은 많은 클래스를 생성하는 것을 방지할 수 있습니다."

가능한 모든 조합을 완성할 때까지 디자인 패턴을 계속 비교할 수 있습니다. 마지막 몇 가지 질문은 '**디자인 패턴 1과 디자인 패턴 2 비교**' 유형의 질문에서 가장 유명한 질문을 다뤘습니다. 이러한 유형의 질문을 스스로 던져보면서 2개 이상의 디자인 패턴 간 유사점과 차이점을 구분하도록 노력해보세요. 대부분의 경우 이러한 질문은 2개의 구조 패턴 또는 2개의 생성 패턴과 같이 같은 범주 안에 있는 2개의 디자인 패턴을 활용합니다. 물론 서로 다른 범주에 해당하는 패턴에 관한 질문도 있을 수 있습니다. 이런 질문에서 면접관이 가장 먼저 듣고 싶어 하는 답변은 범주에 대한 내용입니다. 따라서 이러한 경우에는 질문과 관련된 각 디자인 패턴이 어느 범주에 속하는지부터 설명하세요.

"인터페이스가 무엇인가?", "추상 클래스가 무엇인가?"와 같은 유형의 간단한 질문은 모두 건너뛰었습니다. 일반적으로 이러한 질문은 일부 정의를 암기하는 것을 넘어선 여러분의 이해 수준에 관해 많은 것을 파악할 수 없기 때문에 인터뷰에서 제외됩니다. 면접관은 "추상 클래스와 인터페이스의 주요 차이점은 무엇인가?"와 같은 질문을 하고 여러분의 답변을 통해 여러분이 인터페이스와 추상 클래스가 무엇인지에 관해 알고 있는지를 추론할 수 있습니다. 항상 예제를 제시할 수 있도록 준비하세요. 예제를 제시하지 못하는 것은 어떤 개념의 본질에 관해 이해가 심각하게 부족하다는 점을 드러냅니다.

객체지향 프로그래밍에 관한 지식을 아는 것은 문제 해결에 필요한 절반에 불과합니다. 나머지 절반을 채우기 위해서는 이러한 지식을 애플리케이션 설계에 적용할 수 있는 비전과 민첩함을 갖춰야 합니다. 다음 10가지 코딩 테스트를 통해 이러한 점을 실습해보세요. 여기서는 구현이 아니라 설계에 초점을 맞춘다는 것을 명심하세요.

6.4 코딩 테스트

다음으로 객체지향 프로그래밍에 관한 몇 가지 코딩 테스트를 다루겠습니다. 각 테스트에서는 5장에서 살펴본 [그림 5-2]의 코딩 테스트 해결 과정을 따르겠습니다. 코딩 테스트를 풀 때는 먼저 면접관에게 "설계상의 제약 조건은 무엇인가요?"와 같은 질문을 해야 합니다. 객체지향 설계의 영향을 받는 코딩 테스트는 보통 면접관이 일반적인 방법으로 표현합니다. 이것은 의도적으로 설계 제약 조건에 관해 여러분이 세부 사항을 물어보도록 하려는 전략입니다.

일단 여러분이 제약 조건에 대한 명확한 그림을 갖게 되면 예제를 생각해볼 수 있습니다. 여기서 예제는 전체적인 밑그림, 단계별 런타임 시각화, 글머리 기호 목록 등이 될 수 있습니다. 그런 다음 알고리즘이나 풀이법을 파악하고 마침내 설계 뼈대를 제공해야 합니다.

6.4.1 코딩 테스트 1: 주크박스

회사: 아마존, 구글

문제: 주크박스^{jukebox} 음악 기계의 주요 클래스를 설계하세요.

질문할 내용: "주크박스가 재생하는 것은 무엇인가요? CD인가요 MP3인가요?", "어떤 것을 설계해야 하나요? 주크박스 생성 과정, 동작 방식, 혹은 다른 것인가요?", "주크박스는 무료인가요 유료인가요?"

면접관: "CD만 재생하는 무료 주크박스로 할까요? 주요 기능과 동작 방식을 설계하세요."

풀이법: 설계에 어떤 클래스가 포함되어야 하는지 이해하기 위해 주크박스를 시각화하고 주크박스의 주요 부품과 기능을 식별하려고 노력해보세요.

[그림 6-1]처럼 밑그림을 그려보면 여러분이 어떻게 생각하는지를 면접관에게 보여줄 수 있습니다. 항상 문제를 서면 형식으로 시각화하는 방법을 사용하기를 추천합니다. 밑그림은 완벽한 시작입니다.

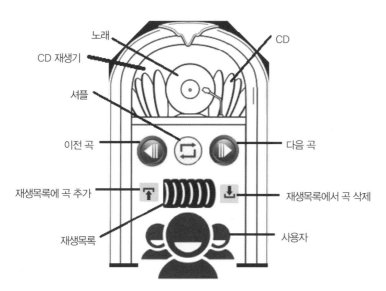

그림 6-1 주크박스

이제 주크박스의 두 가지 주요 부분인 CD 재생기(또는 특정 주크박스 재생 메커니즘)와, 사용자를 위한 명령을 포함한 인터페이스를 식별할 수 있습니다. CD 재생기는 재생목록을 관리하고 재생목록의 노래를 재생할 수 있습니다. 명령 인터페이스는 다음 코드처럼 Jukebox 클래스에 의해 구현된 자바 인터페이스라고 생각할 수 있습니다. 코드와 함께 제공되는 UML 다이어그램[8]도 활용해보세요.

코드 6-71 06/Jukebox/src/main/java/coding/challenge/jukebox/Selector.java

```java
public interface Selector {
    public void nextSongBtn();
    public void prevSongBtn();
    public void addSongToPlaylistBtn(Song song);
    public void removeSongFromPlaylistBtn(Song song);
    public void shuffleBtn();
}
```

코드 6-72 06/Jukebox/src/main/java/coding/challenge/jukebox/Jukebox.java

```java
public class Jukebox implements Selector {
    private final CDPlayer cdPlayer;

    public Jukebox(CDPlayer cdPlayer) {
        this.cdPlayer = cdPlayer;
    }

    @Override
    public void nextSongBtn() {
        System.out.println("Playing next song ...");
    }

    // 나머지 Selector 메서드는 생략
}
```

CDPlayer 클래스는 주크박스의 심장과도 같습니다. Selector 인터페이스를 통해 CDPlayer의 동작을 조작할 수 있습니다. CDPlayer 클래스는 유효한 CD 모음과 재생목록에 접근할 수 있어야 합니다.

---

8 https://github.com/dybooksIT/java-coding-interview/blob/main/06/Jukebox/JukeboxUML.png

```java
public class CDPlayer {
    private CD cd;

    private final Set<CD> cds;
    private final Playlist playlist;

    public CDPlayer(Playlist playlist, Set<CD> cds) {
        this.playlist = playlist;
        this.cds = cds;
    }

    protected void playNextSong() { }
    protected void playPrevSong() { }
    protected void addCD(CD cd) { }
    protected void removeCD(CD cd) { }


    // getter는 생략
}
```

다음으로 Playlist 클래스는 Song 클래스의 목록을 관리합니다.

```java
public class Playlist {
    private Song song;

    private final List<Song> songs;  // 또는 큐(Queue)로 구현할 수 있습니다.

    public Playlist(List<Song> songs) {
        this.songs = songs;
    }

    public Playlist(Song song, List<Song> songs) {
        this.song = song;
        this.songs = songs;
    }

    protected void addSong(Song song) { }
    protected void removeSong(Song song) { }
```

```
    protected void shuffle() { }
    protected Song getNextSong() { return null; };
    protected Song getPrevSong() { return null; };

    // setter와 getter는 생략
}
```

User, CD, Song 클래스는 여기서 소개하지 않지만 '06/Jukebox'라는 이름의 예제 애플리케이션에서 모두 확인할 수 있습니다.

이러한 문제는 굉장히 다양한 방법으로 구현될 수 있으므로 여러분만의 설계도 얼마든지 시도해보세요.

6.4.2 코딩 테스트 2: 자판기

회사: 아마존, 구글, 어도비^Adobe

문제: 전형적인 자판기 기능을 구현하는 주요 클래스를 설계하세요.

질문할 내용: "이것은 동전과 물건의 종류가 다양한 자판기인가요?", "제품 가격 확인, 제품 구매, 환불, 재설정 등의 기능이 제공되나요?"

면접관: "네, 맞아요! 동전의 경우 미국의 동전 단위인 페니^penny, 니켈^nickel, 다임^dime 그리고 쿼터^quarter를 고려해보세요."

풀이법: 설계에 어떤 클래스가 포함되어야 하는지 이해하기 위해 자판기의 밑그림을 그려보세요. 자판기의 종류는 엄청 다양합니다. 다음 그림과 같이 여러분이 아는 자판기 종류 중 하나를 가볍게 그려보세요.

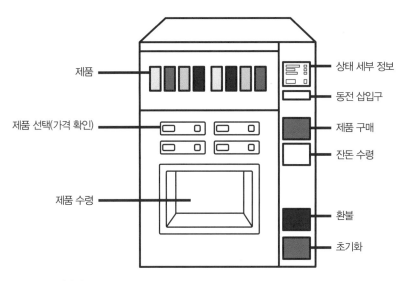

제품 ─── 상태 세부 정보

동전 삽입구

제품 선택(가격 확인) ─── 제품 구매

잔돈 수령

제품 수령 ─── 환불

초기화

그림 6-2 자판기

우선 제품과 동전이 자바 열거형에 적합한 유형임을 즉시 알 수 있습니다. 네 가지 유형의 동전과 여러 유형의 제품이 있으므로 다음과 같이 2개의 자바 열거형을 작성할 수 있습니다. 코드와 함께 제공되는 UML 다이어그램[9]도 활용해보세요.

코드 6-75 06/VendingMachine/src/main/java/coding/challenge/vending/machine/Coin.java

```java
public enum Coin {
    PENNY(1), NICKEL(5), DIME(10), QUARTER(25);

    // 이후 코드 생략
}
```

코드 6-76 06/VendingMachine/src/main/java/coding/challenge/vending/machine/Item.java

```java
public enum Item {
    SKITTLES("Skittles", 15), TWIX("Twix", 35), SNICKERS("Snickers", 25);

    // 이후 코드 생략
}
```

---

9 옮긴이: https://github.com/dybooksIT/java-coding-interview/blob/main/06/VendingMachine/VendingMachineUML.png

자판기가 제품과 동전의 상태를 추적하려면 내부 재고가 필요합니다. 일반적으로 다음과 같이 구성할 수 있습니다.

코드 6-77 06/VendingMachine/src/main/java/coding/challenge/vending/machine/Inventory.java

```java
public final class Inventory<T> {
    private Map<T, Integer> inventory = new HashMap<>();

    protected int getQuantity(T item) {
        Integer quantity = inventory.get(item);
        return quantity == null ? 0 : quantity;
    }

    protected boolean hasItem(T item) {
        return getQuantity(item) > 0;
    }

    protected void clear() { }
    protected void add(T item) { }
    protected void put(T item, int quantity) { }
    protected void deduct(T item) { }
}
```

다음으로 고객과 자판기의 상호작용에 필요한 버튼에 초점을 맞춰보겠습니다. 이전 예제에서도 봤듯이 다음과 같이 버튼을 인터페이스로 구현하는 것이 일반적입니다.

코드 6-78 06/VendingMachine/src/main/java/coding/challenge/vending/machine/Selector.java

```java
public interface Selector {
    public int checkPriceBtn(Item item);
    public void insertCoinBtn(Coin coin);
    public Map<Item, List<Coin>> buyBtn();

    public List<Coin> refundBtn();
    public void resetBtn();
}
```

마지막으로 자판기는 Selector 인터페이스를 구현하고 내부 작업을 수행할 때 쓰이는 다양한 private 메서드를 제공하도록 구성할 수 있습니다.

```java
public class VendingMachine implements Selector {
    private final Inventory<Coin> coinInventory = new Inventory<>();
    private final Inventory<Item> itemInventory = new Inventory<>();

    private int totalSales;
    private int currentBalance;

    private Item currentItem;

    public VendingMachine() {
        initMachine();
    }

    private void initMachine() {
        System.out.println(
          "Initializing the vending machine with coins and items ...");
    }

    // Selector 메서드 오버라이드는 생략
}
```

6.4.1에서 언급했던 Jukebox 예제와 이번 예제를 참고하면 ATM, 세탁기 등 비슷한 기계를 설계할 수 있습니다.

6.4.3 코딩 테스트 3: 카드 한 벌

회사: 아마존, 구글, 어도비, 마이크로소프트

문제: 일반적인 카드 한 벌의 주요 클래스를 설계하세요.

질문할 내용: "카드는 종류가 많은데, 일반적인 카드의 정의가 무엇인가요?"

면접관: "카드는 문양(수트[suite10])과 값이 특징입니다. 예를 들어 표준 52장 트럼프 카드 세트를 생각해보세요."

---

10 옮긴이: 다이아몬드, 스페이드, 하트, 클럽 문양을 가리킵니다.

풀이법: 설계에 어떤 클래스가 포함되어야 하는지 이해하기 위해 [그림 6-3]과 같이 카드 한 장과 표준 52장 트럼프 카드 세트로 구성된 카드 한 벌을 빠르게 그려보세요.

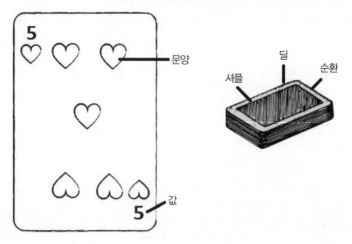

그림 6-3 카드 한 벌

모든 카드는 문양과 값이 있으므로 이러한 필드를 캡슐화하는 클래스가 필요합니다. 이 클래스를 StandardCard라고 부르겠습니다. StandardCard 클래스를 위한 문양에는 스페이드, 하트, 다이아몬드 또는 클럽이 있으며 자바 열거형에 적합한 유형입니다. StandardCard 클래스의 값은 1에서 13 사이의 숫자를 가질 수 있습니다.

카드는 단독으로 존재하거나 카드 팩의 일부가 될 수도 있습니다. 여러 장의 카드는 카드 팩을 형성합니다. 예를 들어 표준 52장 트럼프 카드 세트는 카드 팩입니다. 카드 팩에 포함된 카드 개수는 일반적으로 유효한 문양과 값의 데카르트 곱으로 구합니다(예를 들어 문양 4개 × 값 13개 = 카드 52개). 따라서 52개의 StandardCard 객체가 StandardPack 클래스를 형성합니다.

마지막으로 카드 한 벌은 이 StandardPack 클래스를 가지고 몇 가지 동작을 수행할 수 있는 클래스가 되어야 합니다. 예를 들어 카드 한 벌을 가지고 카드를 섞거나, 패 또는 카드를 나누는 등의 동작을 할 수 있습니다. 이것은 Deck 클래스가 필요하다는 것을 의미합니다.

지금까지 자바 열거형과 StandardCard, StandardPack, Deck 클래스를 구상했습니다. 이 구상 계층 사이의 높은 결합을 피하려면 필요한 추상화 계층을 추가하여 다음과 같이 구현할 수 있습니다. 코드와 함께 제공되는 UML 다이어그램[11]도 활용해보세요.

---

11   https://github.com/dybooksIT/java-coding-interview/blob/main/06/DeckOfCards/DeckOfCardsUML.png

다음은 표준 트럼프 카드를 구현하는 코드입니다.

코드 6-80 06/DeckOfCards/src/main/java/coding/challenge/card/StandardSuit.java

```java
public enum StandardSuit {
    SPADES, HEARTS, DIAMONDS, CLUBS;
}
```

코드 6-81 06/DeckOfCards/src/main/java/coding/challenge/card/Card.java

```java
public abstract class Card {
    private final Enum suit;
    private final int value;

    private boolean available = Boolean.TRUE;

    public Card(Enum suit, int value) {
        this.suit = suit;
        this.value = value;
    }

    // 이후 코드 생략
}
```

코드 6-82 06/DeckOfCards/src/main/java/coding/challenge/card/StandardCard.java

```java
public class StandardCard extends Card {
    private static final int MIN_VALUE = 1;
    private static final int MAX_VALUE = 13;

    public StandardCard(StandardSuit suit, int value) {
        super(suit, value);
    }

    // 이후 코드 생략
}
```

다음은 표준 트럼프 카드 팩을 구현하는 코드입니다.

```java
public abstract class Pack<T extends Card> {
    private List<T> cards;
    protected abstract List<T> build();

    public int packSize() {
        return cards.size();
    }

    public List<T> getCards() {
        return new ArrayList<>(cards);
    }

    protected void setCards(List<T> cards) {
        this.cards = cards;
    }
}
```

```java
public final class StandardPack extends Pack {
    public StandardPack() {
        super.setCards(build());
    }

    @Override
    protected List<StandardCard> build() {
        List<StandardCard> cards = new ArrayList<>();

        // 코드 생략

        return cards;
    }
}
```

다음은 카드 한 벌을 구현하는 코드입니다.

```java
public class Deck<T extends Card> implements Iterable<T> {
    private final List<T> cards;   // 모든 카드 저장

    public Deck(Pack pack) {
        this.cards = pack.getCards();
    }

    public void shuffle() {
        Collections.shuffle(cards);
    }

    public List<T> dealHand(int numberOfCards) {
        // 손을 다루는 코드 구현
        return null;
    }

    public T dealCard() {
        // 카드 1장을 다루는 코드 구현
        return null;
    }

    public int remainingCards() {
        return cards.size();
    }

    public void removeCards(List<T> cards) {
        // 카드를 제거하는 코드 구현
    }

    @Override
    public Iterator<T> iterator() {
        // Card 반복자 구현
        return null;
    }
}
```

코드 데모를 다음과 같이 간단하게 작성할 수 있습니다.

```java
public static void main(String[] args) {
    // 표준 트럼프 카드 한 장을 생성합니다.
    Card sevenHeart = new StandardCard(StandardSuit.HEARTS, 7);

    // 표준 카드 한 벌을 생성합니다.
    Pack cp = new StandardPack();
    Deck deck = new Deck(cp);

    System.out.println("Remaining cards: " + deck.remainingCards());
}
```

더 나아가서 Card와 Pack 클래스를 확장하여 더 많은 유형의 카드를 쉽게 추가할 수 있습니다. 이 책에서 제공하는 예제 코드의 '06/DeckOfCards'에 Card와 Pack 클래스 등도 구현했으니 참고하기 바랍니다.

6.4.4 코딩 테스트 4: 주차장

회사: 아마존, 구글, 어도비, 마이크로소프트

문제: 주차장의 주요 클래스를 설계하세요.

질문할 내용: "단층 주차장인가요, 복층 주차장인가요?", "모든 주차 자리의 크기가 동일한가요?", "주차 가능한 차량 유형은 무엇인가요?", "무료 주차인가요?", "주차권을 사용하나요?"

면접관: "동기식 자동 복층 무료 주차장입니다. 모든 주차 자리의 크기는 같지만 승용차는 1자리, 밴은 2자리, 트럭은 5자리를 차지해야 합니다. 다른 유형의 차량을 추가할 때 코드를 수정할 필요가 없어야 합니다. 이 시스템은 나중에 출차할 때 사용할 수 있는 주차권을 발행합니다. 그러나 운전자가 주차권을 분실하고 차량 정보만 제공해도 시스템은 여전히 잘 작동하며 주차장에서 차량을 찾아 출차해야 합니다."

풀이법: 설계에 어떤 클래스가 포함되어야 하는지 이해하기 위해 [그림 6-4]와 같이 주차장을 빠르게 그려서 주요 실행 주체와 동작을 식별할 수 있습니다.

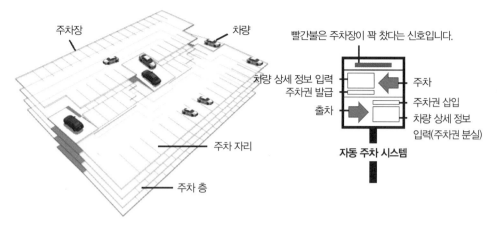

주차장

차량

빨간불은 주차장이 꽉 찼다는 신호입니다.

차량 상세 정보 입력
주차권 발급

주차

출차

주차권 삽입
차량 상세 정보
입력(주차권 분실)

자동 주차 시스템

주차 자리

주차 층

그림 6-4 주차장

이처럼 [그림 6-4]는 두 가지 주요 실행 주체인 주차장과 자동 주차 시스템을 나타냅니다.

먼저 주차장에 초점을 맞추겠습니다. 주차장의 주요 목적은 차량을 주차하는 것입니다. 따라서 승인된 차량vehicle 유형인 승용차car, 밴van 그리고 트럭truck을 형상화해야 합니다. 이러한 경우는 추상 클래스(Vehicle)와 3개의 서브클래스(Car, Van, Truck)로 이루어진 일반적인 사례처럼 보입니다.

하지만 그렇지 않습니다! 여기서는 운전자가 차량에 대한 정보를 제공하는데, 운전자들은 차량(객체)을 주차 시스템에 효과적으로 입력하지 못하므로 이 시스템에는 승용차, 밴, 트럭 등에 관한 전용 객체가 필요 없습니다. 주차장 관점에서 생각해보면 주차에 필요한 것은 차량 번호판과 빈자리 정보입니다. 주차장은 밴이나 트럭의 특징은 신경 쓰지 않습니다.

따라서 다음과 같이 Vehicle 클래스를 만들 수 있습니다. 코드와 함께 제공되는 UML 다이어그램[12]도 활용해보세요.

코드 6-87 06/ParkingLot/src/main/java/coding/challenge/parking/VehicleType.java

```java
public enum VehicleType {
    CAR(1), VAN(2), TRUCK(5);
}
```

---

12 옮긴이: https://github.com/dybooksIT/java-coding-interview/blob/main/06/ParkingLot/ParkingLotUML.png

```java
public class Vehicle {
    private final String licensePlate;
    private final int spotsNeeded;
    private final VehicleType type;

    public Vehicle(String licensePlate, int spotsNeeded, VehicleType type) {
        this.licensePlate = licensePlate;
        this.spotsNeeded = spotsNeeded;
        this.type = type;
    }

    // getter는 생략
    // equals와 hashCode 메서드는 생략
}
```

다음으로 주차장을 설계해야 합니다. 주차장은 주로 여러 층으로 구성되며 각 층에는 주차 자리가 있습니다. 무엇보다 주차장은 차량의 주차와 출차를 위한 메서드를 제공해야 합니다. 이러한 메서드는 주차 또는 출차가 성공하거나 더 살펴볼 층이 없을 때까지 각 층에서 주차나 출차를 시도합니다.

코드 6-89 06/ParkingLot/src/main/java/coding/challenge/parking/ParkingLot.java

```java
public class ParkingLot {
    private String name;
    private Map<String, ParkingFloor> floors;

    public ParkingLot(String name) {
        this.name = name;
    }

    public ParkingLot(String name, Map<String, ParkingFloor> floors) {
        this.name = name;
        this.floors = floors;
    }

    // 적절한 주차 층(ParkingFloor)으로 안내합니다.
    public ParkingTicket parkVehicle(Vehicle vehicle) {
        for (ParkingFloor pf : floors.values()) {
```

```
            if (!pf.isFull(vehicle.getType())) {
                ParkingTicket parkingTicket = pf.parkVehicle(vehicle);
                if(parkingTicket != null) {
                    return parkingTicket;
                }
            }
        }
    }

    return null;  // null을 반환하는 것은 좋은 습관이 아닙니다.
}


// 층을 돌며 출차할 차량을 탐색해야 합니다.
public boolean unparkVehicle(Vehicle vehicle) {
    for (ParkingFloor pf : floors.values()) {
        boolean success = pf.unparkVehicle(vehicle);
        if(success) {
            return true;
        }
    }

    return false;
}


// 주차권이 있으면 출차를 위해 필요한 정보를 모두 갖춘 상태입니다.
public boolean unparkVehicle(ParkingTicket parkingTicket) {
    return floors.get(parkingTicket.getFloorName()).unparkVehicle(parkingTicket);
}

public boolean isFull() {
    return false;
}

protected boolean isFull(VehicleType type) {
    return false;
}

// getter와 setter는 생략
}
```

주차 층은 특정 층의 주차 및 출차 과정을 제어합니다. 주차 층은 자체 주차권 등록 시스템이 있으며 주차 자리를 관리할 수 있습니다. 각 주차 층은 주로 독립적인 주차장의 역할을 합니다. 이렇게 하면 주차장이 꽉 찼거나 문제가 생겼을 때 다른 층에 영향을 주지 않는 상태로 한 층을 폐쇄할 수 있습니다.

코드 6-90 06/ParkingLot/src/main/java/coding/challenge/parking/ParkingFloor.java

```java
public class ParkingFloor {
    private final String name;
    private final int totalSpots;
    private final Map<String, ParkingSpot> parkingSpots = new LinkedHashMap<>();

    // 여기서는 Set를 활용했지만 검색을 최적화하기 위해
    // 주차권을 특정 순서대로 관리해도 좋습니다.
    private final Set<ParkingTicket> parkingTickets = new HashSet<>();

    private int totalFreeSpots;

    public ParkingFloor(String name, int totalSpots) {
        this.name = name;
        this.totalSpots = totalSpots;

        initialize();  // 주차 자리를 생성합니다.
    }

    protected ParkingTicket parkVehicle(Vehicle vehicle) {
        List<ParkingSpot> spots = findSpotsToFitVehicle(vehicle);

        if(spots.isEmpty()) {
            return null;
        }  // null을 반환하는 것은 좋은 습관이 아닙니다.

        assignVehicleToParkingSpots(spots, vehicle);

        ParkingTicket parkingTicket = releaseParkingTicket(vehicle, spots);
        registerParkingTicket(parkingTicket);

        return parkingTicket;
    }
```

```
// 주차 자리를 돌며 출차할 차량을 탐색해야 합니다.
protected boolean unparkVehicle(Vehicle vehicle) {
    ParkingTicket parkingTicket = findParkingTicket(vehicle);
    if(!parkingTickets.contains(parkingTicket)) {
        return false;
    }

    int countSpots = 0;

    for(ParkingSpot pl: parkingSpots.values()) {
        if(pl.getVehicle()!= null && pl.getVehicle().equals(vehicle)) {
            boolean success = pl.removeVehicle();
            if(!success) {
                return false;
            }

            if(++countSpots == vehicle.getSpotsNeeded()) {
                break;
            }
        }
    }

    unregisterParkingTicket(parkingTicket);
    return true;
}

// 주차권이 있으면 출차에 필요한 정보를 모두 갖춘 상태입니다.
protected boolean unparkVehicle(ParkingTicket parkingTicket) {
    if(!parkingTickets.contains(parkingTicket)) {
        throw new RuntimeException("This ticket is not in our system!");
    }

    List<String> spots = parkingTicket.getParkingSpotsLabels();

    for(String spot: spots) {
        boolean success = parkingSpots.get(spot).removeVehicle();
        if(!success) {
            return false;
        }
    }
```

```java
        unregisterParkingTicket(parkingTicket);
        return true;
    }


    protected boolean isFull(VehicleType type) { return false; }


    protected int countFreeSpots(VehicleType vehicleType) { return 0; }


    // getter는 생략


    private List<ParkingSpot> findSpotsToFitVehicle(Vehicle vehicle) {
        int count = 0;
        List<ParkingSpot> freeSpots = new ArrayList<>();
        int neededSpots = vehicle.getSpotsNeeded();


        for(int i = 1; i <= totalSpots; i++){
            if(parkingSpots.get("#" + i).isFree()) {
                count ++;
                freeSpots.add(parkingSpots.get("#" + i));
            } else {
                count = 0;
                freeSpots.clear();
            }


            if(count == neededSpots) {
                return freeSpots;
            }
        }


        freeSpots.clear();
        return freeSpots;
    }


    private void assignVehicleToParkingSpots(
            List<ParkingSpot> spots, Vehicle vehicle) {
        for(ParkingSpot spot: spots) {
            spot.assignVehicle(vehicle);
        }
    }
```

```
    private ParkingTicket releaseParkingTicket(
            Vehicle vehicle, List<ParkingSpot> spots) {
        List<String> spotsLabels = spots.stream()
          .map(ParkingSpot::getLabel)
          .collect(toList());

        return new ParkingTicket(vehicle, spotsLabels, name);
    }

    private ParkingTicket findParkingTicket(Vehicle vehicle) {
        for(ParkingTicket pt: parkingTickets) {
            if(pt.getVehicle().equals(vehicle)) {
                return pt;
            }
        }

        return null;
    }

    private void registerParkingTicket(ParkingTicket parkingTicket) {
        this.parkingTickets.add(parkingTicket);
    }

    private boolean unregisterParkingTicket(ParkingTicket parkingTicket) {
        return this.parkingTickets.remove(parkingTicket);
    }

    private void initialize() {
        for(int i = 1; i <= totalSpots; i++) {
            parkingSpots.put("#" + i, new ParkingSpot(this, "#" + i));
        }
    }
}
```

마지막으로 주차 자리는 이름(라벨 또는 번호), 가용성(자리가 비어 있는지), 그리고 차량(차량이 해당 자리에 주차되어 있는지) 관련 정보를 포함하는 객체입니다. 또한 차량을 자리에 할당 및 제거하는 메서드도 있습니다.

```java
public class ParkingSpot {
    private boolean free = true;
    private Vehicle vehicle;
    private final String label;
    private final ParkingFloor parkingFloor;

    protected ParkingSpot(ParkingFloor parkingFloor, String label) {
        this.parkingFloor = parkingFloor;
        this.label = label;
    }

    protected boolean assignVehicle(Vehicle vehicle) {
        System.out.println("Assign " + label + " at floor "
          + parkingFloor.getName() +  " to " + vehicle);

        this.free = false;
        this.vehicle = vehicle;

        return true;
    }

    protected boolean removeVehicle() {
        System.out.println("Free " + label
          + " at floor " + parkingFloor.getName() +" of " + vehicle);

        this.free = true;
        this.vehicle = null;

        return true;
    }

    // getter는 생략
}
```

여기까지 주차장의 모든 주요 클래스를 완성했습니다. 이제 자동 주차 시스템에 집중해보겠습니다. 자동 주차 시스템은 주차장의 차량 배치 담당자 역할을 하는 단일 클래스로 표현할 수 있습니다.

```java
public class ParkingSystem implements Parking {
    private final String id;
    private final ParkingLot parkingLot;

    public ParkingSystem(String id, ParkingLot parkingLot) {
        this.id = id;
        this.parkingLot = parkingLot;
    }

    @Override
    public ParkingTicket parkVehicleBtn(String licensePlate, VehicleType type) {
        if (isFull()) {
            throw new RuntimeException(
                "The parking is full! This is why the red light is on!");
        }

        Vehicle vehicle = new Vehicle(licensePlate, type.getSpotsNeeded(), type);

        return parkingLot.parkVehicle(vehicle);
    }

    @Override
    public boolean unparkVehicleBtn(String licensePlate, VehicleType type) {
        Vehicle vehicle = new Vehicle(licensePlate, type.getSpotsNeeded(), type);

        return parkingLot.unparkVehicle(vehicle);
    }

    @Override
    public boolean unparkVehicleBtn(ParkingTicket parkingTicket) {
        return parkingLot.unparkVehicle(parkingTicket);
    }

    // getter는 생략
}
```

참고로 이 책에서는 소개하지 않겠지만 예제에 있는 Parking 인터페이스(Parking.java)나 ParkingTicket 클래스(ParkingTicket.java)도 잘 살펴보기 바랍니다.

6.4.5 코딩 테스트 5: 온라인 도서관 시스템

문제: 온라인 도서관 시스템의 주요 클래스를 설계하세요.

질문할 내용: "필요한 기능은 무엇인가요?", "동시에 몇 권의 책을 읽을 수 있나요?"

면접관: "시스템은 독자와 책을 관리할 수 있어야 합니다. 또한 독자와 책을 추가/삭제할 수 있고 표시할 수 있어야 합니다. 시스템은 한 번에 독자 1명에게 책 1권을 제공할 수 있습니다."

풀이법: 설계에 어떤 클래스가 포함되어야 하는지 이해하기 위해 다음 [그림 6-5]와 같은 밑그림을 그려볼 수 있습니다.

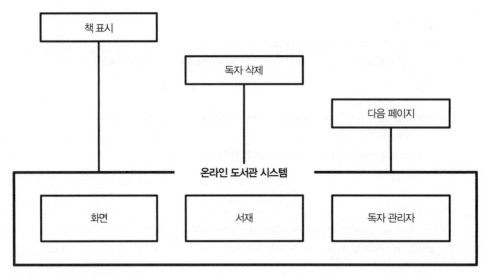

그림 6-5 온라인 도서관 시스템

독자와 책을 관리하려면 [그림 6-5]와 같은 객체가 필요합니다. 이렇게 필요한 객체를 생각해보는 과정은 작고 쉬운 부분이지만, 인터뷰에서 이런 작은 부분부터 문제 풀이를 시작한다면 어색한 분위기를 풀고 당면한 문제를 해결하는 데 매우 큰 도움이 될 것입니다. 인터뷰에서 객체를 설계할 때 완벽한 형태로 설계할 필요는 없습니다. 예를 들어 이름과 이메일을 가진 독자와 저자, 제목, ISBN을 가진 책으로 설계하면 충분합니다. 다음 코드에서 살펴보겠습니다. 코드와 함께 제공되는 UML 다이어그램[13]도 활용해보세요.

---

13 옮긴이: https://github.com/dybooksIT/java-coding-interview/blob/main/06/OnlineReaderSystem/
    OnlineReaderSystemUML.png

```java
public class Reader {
    private String name;
    private String email;

    // 생성자는 생략
    // getter, equals, hashCode 메서드는 생략
}
```

```java
public class Book {
    private final String author;
    private final String title;
    private final String isbn;

    // 생성자는 생략

    public String fetchPage(int pageNr) {
        return "Some page content ...";
    }

    // getter, equals, hashCode 메서드는 생략
}
```

다음으로 보통 책을 도서관에서 관리한다고 가정했을 때 책을 추가, 검색, 삭제하는 것과 같은 몇 가지 기능을 다음 코드와 같이 클래스에 포함할 수 있습니다.

```java
public class Library {
    private final Map<String, Book> books = new HashMap<>();

    protected void addBook(Book book) {
        books.putIfAbsent(book.getIsbn(), book);
    }

    protected boolean remove(Book book) {
        return books.remove(book.getIsbn(), book);
    }
```

```
    protected Book find(String isbn) {
        return books.get(isbn);
    }
}
```

독자도 비슷하게 ReaderManager라는 이름의 클래스에서 관리합니다. 이 클래스는 전체 예제
애플리케이션에서 확인할 수 있습니다. 책을 읽으려면 화면이 필요합니다. Displayer 클래스
는 독자와 책 세부사항을 표시하고 책 페이지를 탐색할 수 있어야 합니다.

코드 6-96 06/OnlineReaderSystem/src/main/java/coding/challenge/reader/Displayer.java

```java
public class Displayer {
    private Book book;
    private Reader reader;
    private String page;
    private int pageNumber;

    protected void displayReader(Reader reader) {
        this.reader = reader;
        refreshReader();
    }

    protected void displayBook(Book book) {
        this.book = book;
        refreshBook();
    }

    protected void nextPage() {
        page = book.fetchPage(++pageNumber);
        refreshPage();
    }

    protected void previousPage() {
        page = book.fetchPage(--pageNumber);
        refreshPage();
    }

    private void refreshReader() { }
```

```java
    private void refreshBook() { }

    private void refreshPage() { }
}
```

마지막으로 Library, ReaderManager, Displayer 클래스를 다음 코드처럼 OnlineReaderSystem 클래스에 담기만 하면 끝입니다.

코드 6-97 06/OnlineReaderSystem/src/main/java/coding/challenge/reader/OnlineReaderSystem.java

```java
public class OnlineReaderSystem {
    private final Displayer displayer;
    private final Library library;
    private final ReaderManager readerManager;

    private Reader reader;
    private Book book;

    public OnlineReaderSystem() {
        displayer = new Displayer();
        library = new Library();
        readerManager = new ReaderManager();
    }

    public void displayReader(Reader reader) {
        this.reader = reader;
        displayer.displayReader(reader);
    }

    public void displayReader(String email) {
        this.reader = readerManager.find(email);
        if (this.reader != null) {
            displayer.displayReader(reader);
        }
    }

    public void displayBook(Book book) {
        this.book = book;
        displayer.displayBook(book);
    }
```

```java
public void displayBook(String isbn) {
    this.book = library.find(isbn);
    if (this.book != null) {
        displayer.displayBook(book);
    }
}

public void nextPage() {
    displayer.nextPage();
}

public void previousPage() {
    displayer.previousPage();
}

public void addBook(Book book) {
    library.addBook(book);
}

public boolean deleteBook(Book book) {
    if (!book.equals(this.book)) {
        return library.remove(book);
    }

    return false;
}

public void addReader(Reader reader) {
    readerManager.addReader(reader);
}

public boolean deleteReader(Reader reader) {
    if (!reader.equals(this.reader)) {
        return readerManager.remove(reader);
    }

    return false;
}
```

```
    public Reader getReader() {
        return reader;
    }


    public Book getBook() {
        return book;
    }
}
```

6.4.6 코딩 테스트 6: 해시 테이블

회사: 아마존, 구글, 어도비, 마이크로소프트

문제: 해시 테이블을 설계하세요(해시 테이블은 인터뷰에서 매우 자주 등장하는 문제입니다).

질문할 내용: "필요한 기능은 무엇인가요?", "인덱스 충돌(해시 충돌)을 해결하기 위해 어떤 기술을 적용해야 하나요?", "키-값 쌍의 데이터 타입은 무엇인가요?"

면접관: "기능에 관해 말하자면 특별한 것은 원하지 않습니다. 다만 일반적인 add와 get 기능만 있으면 됩니다. 인덱스 충돌을 해결하려면 체이닝chaining 기술을 사용하는 것을 추천합니다. 키-값 쌍은 제네릭generic 타입이어야 합니다."

해시 테이블의 간략한 개요: 해시 테이블은 키-값 쌍을 저장하는 자료구조의 한 유형입니다. 일반적으로 배열은 테이블의 모든 키-값 항목을 저장하며, 이 배열의 크기는 예상되는 데이터 양을 수용할 수 있도록 설정됩니다. 각 키-값 쌍의 키는 해시값 또는 해시를 반환하는 해시 함수(또는 여러 개의 해시 함수)를 통해 전달됩니다. 해시값은 주로 해시 테이블에 있는 키-값 쌍의 인덱스를 나타냅니다.

예를 들어 배열을 사용하여 모든 키-값 쌍을 저장하는 경우 해시 함수는 현재 키-값 쌍을 저장해야 하는 이 배열의 인덱스를 반환합니다. 해시 함수에 동일한 키를 전달하면 매번 동일한 인덱스가 생성되며 이 특징은 키를 통해 값을 찾을 때 유용하게 사용됩니다.

해시 함수가 서로 다른 키에 관해 동일한 인덱스 2개를 생성하면 인덱스 충돌(해시 충돌)이 발생합니다. 인덱스 충돌 문제를 해결하기 위해 가장 자주 사용되는 기술은 선형 조사linear probing와 체이닝입니다. 선형 조사는 테이블에서 충돌한 인덱스 다음으로 사용 가능한 슬롯(인

덱스)을 선형적으로 조사하는 기술입니다. 즉, 배열에서 키-값 쌍을 가지지 않는 슬롯을 찾고
자 합니다. 체이닝은 연결 리스트의 배열로 구현된 해시 테이블을 나타내는 기술입니다. 이때
충돌한 인덱스는 같은 배열 인덱스에 연결 리스트 노드로 저장됩니다.

다음 [그림 6-6]은 이름-전화 쌍을 저장하는 해시 테이블입니다. 이 해시 테이블은 체이닝
기능이 있습니다. 예를 들어 마리우스-0838234 항목을 보면 카리나-0727928와 연결되는
데, 이는 '마리우스'와 '카리나'라는 키가 같은 배열 인덱스인 126으로 연결되기 때문입니다.

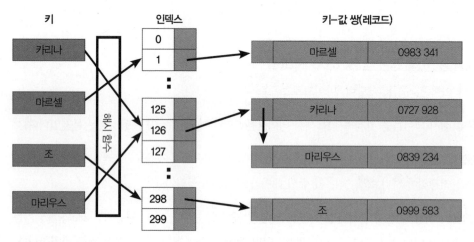

그림 6-6 해시 테이블

풀이법: 먼저 해시 테이블 항목(HashEntry)을 설계해야 합니다. [그림 6-6]에서 볼 수 있듯이
키-값 쌍은 키, 값, 그리고 다음 키-값 쌍과의 연결고리라는 3가지 주요 부분으로 이루어집
니다. 이때 다음 키-값 쌍과의 연결고리를 통해 체이닝 기술을 구현했습니다. 해시 테이블 항
목은 get 및 put과 같은 전용 메서드를 통해서만 접근해야 하므로 다음과 같이 캡슐화합니다.

코드 6-98 06/HashTable/src/main/java/coding/challenge/HashTable.java

```java
public class HashTable<K, V> {
    private static final int SIZE = 10;

    private static class HashEntry<K, V> {
        K key;
        V value;

        HashEntry<K, V> next;
```

```
        HashEntry(K k, V v) {
            this.key = k;
            this.value = v;
            this.next = null;
        }
    }
```

// 이후 코드 생략

다음으로 HashEntry를 저장하는 배열을 선언합니다. 테스트를 하려면 요소 10개 크기면 충분하며 배열의 작은 크기 때문에 인덱스 충돌이 발생하기 쉬우므로 체이닝을 쉽게 테스트할 수 있습니다. 실제로는 이러한 배열은 훨씬 더 큽니다.

코드 6-99 06/HashTable/src/main/java/coding/challenge/HashTable.java

```
    private final HashEntry[] entries = new HashEntry[SIZE];
```

이제 get과 put 메서드를 추가합니다. 이 메서드 코드는 매우 직관적입니다.

코드 6-100 06/HashTable/src/main/java/coding/challenge/HashTable.java

```
    public void put(K key, V value) {
        int hash = getHash(key);

        final HashEntry hashEntry = new HashEntry(key, value);

        if (entries[hash] == null) {
            entries[hash] = hashEntry;
        } else {    // 인덱스 충돌이 발생한 경우, 체이닝으로 이어집니다.
            HashEntry currentEntry = entries[hash];
            while (currentEntry.next != null) {
                currentEntry = currentEntry.next;
            }

            currentEntry.next = hashEntry;
        }
    }

    public V get(K key) {
        int hash = getHash(key);
```

```java
        if (entries[hash] != null) {
            HashEntry currentEntry = entries[hash];

            // 항목 연결 리스트에서 주어진 키와 일치하는 항목을 검색합니다.
            while (currentEntry != null) {
                if (currentEntry.key.equals(key)) {
                    return (V) currentEntry.value;
                }

                currentEntry = currentEntry.next;
            }
        }

        return null;
    }
```

마지막으로 임의의 해시 함수를 추가합니다. 실제로는 Murmur 3[14]와 같은 해시 함수를 사용합니다.

코드 6-101 06/HashTable/src/main/java/coding/challenge/HashTable.java

```java
    private int getHash(K key) {
        return Math.abs(key.hashCode() % SIZE);
    }
```

6.4.7 코딩 테스트 7: 파일 시스템

이어서 설명할 코딩 테스트 7부터 10까지는 예제 코드를 살펴보기 전 천천히 각 예제를 분석해보세요. 완성된 설계를 이해하는 것은 여러분만의 설계 기술을 만들어가기 위한 하나의 도구일 뿐입니다. 예제 코드를 살펴보기 전에 자신만의 접근법을 시도해보고, 마지막에 결과를 비교해보기 바랍니다.

문제: 파일 시스템의 주요 클래스를 설계하세요.

질문할 내용: "필요한 기능은 무엇인가요?", "파일 시스템의 구성 요소는 무엇인가요?"

---

14 https://en.wikipedia.org/wiki/MurmurHash

면접관: "설계하는 파일 시스템은 디렉터리와 파일의 추가, 삭제 및 수정을 지원해야 합니다. 대부분의 운영체제에서 볼 수 있는 디렉터리와 파일의 계층 구조에 관한 이야기입니다."

풀이법: 디렉터리의 구현인 `Directory` 클래스, 파일의 구현인 `File` 클래스, 디렉터리와 파일을 추가, 삭제, 수정하는 `Item` 클래스를 구현해야 합니다. `Directory`와 `File` 클래스는 `Item` 클래스를 상속해야 합니다. 구체적인 코드는 이 책에서 제공하는 예제 코드 중 '06/FileSystem' 을 참고하기 바랍니다. 코드와 함께 제공되는 UML 다이어그램[15]도 확인해보기 바랍니다.

6.4.8 코딩 테스트 8: 튜플

회사: 아마존, 구글

문제: 튜플 자료구조를 설계하세요.

질문할 내용: "튜플은 1개부터 n개까지 다양한 개수의 요소를 가질 수 있습니다. 어떤 종류의 튜플을 기대하시나요?", "튜플에 어떤 타입의 데이터를 저장해야 하나요?"

면접관: "2개의 제네릭 요소를 가진 튜플을 기대합니다. 이러한 튜플은 페어[pair]로도 불립니다."

풀이법: 다음 코드를 참고해 구현 방법을 확인하기 바랍니다.

코드 6-102 06/Tuple/src/main/java/coding/challenge/Pair.java

```java
public final class Pair<L, R> {
    final L left;
    final R right;

    public Pair(L left, R right) {
        this.left = left;
        this.right = right;
    }

    static <L, R> Pair<L, R> of(L left, R right) {
        return new Pair<>(left, right);
    }
```

---

15 옮긴이: https://github.com/dybooksIT/java-coding-interview/blob/main/06/FileSystem/
FileSystemUML.png

```java
    @Override
    public int hashCode() {
        return left.hashCode() ^ right.hashCode();
    }

    @Override
    public boolean equals(Object o) {
        if (!(o instanceof Pair)) { return false; }

        Pair obj = (Pair) o;
        return this.left.equals(obj.left) && this.right.equals(obj.right);
    }
}
```

6.4.9 코딩 테스트 9: 영화표 예약 시스템이 있는 영화관

회사: 아마존, 구글, 어도비, 마이크로소프트

문제: 영화표 예약 시스템이 있는 영화관을 설계하세요.

질문할 내용: "영화관의 주요 구조는 무엇인가요?", "상영관이 여러 개 있나요?", "어떤 종류의 표가 있나요?", "영화를 어떻게 상영하나요? 상영관에서만 하루 한 번 상영하나요?"

면접관: "같은 형태의 상영관이 여러 개 있는 영화관을 설계하세요. 영화는 여러 개의 상영관에서 같은 시간에 상영할 수 있고, 같은 상영관에서 하루에 여러 번 상영할 수 있습니다. 영화표는 좌석 유형에 따라 기본, 실버, 골드의 총 세 가지 유형이 있습니다. 영화는 매우 다양한 방법으로 추가 혹은 제거할 수 있어야 합니다. 예를 들어 특정 시작 시각에 특정 상영관에서 영화를 제거하거나 모든 상영관에 영화를 추가할 수 있어야 합니다."

풀이법: 다양한 클래스를 구현해야 하므로 해당 클래스를 하나하나 소개하지는 않겠습니다. 이 책에서 제공하는 예제 코드 중 '06/MovieTicketBooking'을 참고하기 바랍니다. 코드와 함께 제공되는 UML 다이어그램[16]도 확인해보세요.

---

16 옮긴이: https://github.com/dybooksIT/java-coding-interview/blob/main/06/MovieTicketBooking/MovieTicketBookingUML.png

6.4.10 코딩 테스트 10: 원형 바이트 버퍼

회사: 아마존, 구글, 어도비

문제: 원형 바이트 버퍼circular byte buffer를 설계하세요.

질문할 내용: "크기를 조절할 수 있어야 하나요?"

면접관: "네, 크기 조절이 가능해야 합니다. 여러분이 필요하다고 생각하는 모든 메서드의 시그니처를 설계하세요."

풀이법: 약 150행의 구현 코드를 다루므로 지면 관계상 구현 코드는 생략하겠습니다. 이 책에서 제공하는 예제 코드 중 '06/CircularByteBuffer'의 `CircularByteBuffer` 클래스 구현을 참고하기 바랍니다.

여기까지 살펴보느라 고생 많았습니다! 앞에서 소개한 10가지 코딩 테스트에 관해서도 여러분만의 설계를 시도해보는 것이 좋습니다. 제시된 풀이법이 유일한 정답이라고 생각하지 마세요. 문제의 내용을 바꿔가면서 가능한 한 많이 연습하고 다른 문제에도 도전하세요.

6.5 마치며

6장에서는 객체지향 프로그래밍 기초와 10가지 설계 중심의 코딩 테스트에 관한 인터뷰에서 가장 유명한 질문을 다뤘습니다. 앞부분에서는 객체지향 프로그래밍 개념(객체, 클래스, 추상화, 캡슐화, 상속, 다형성, 연관, 집약 및 구성)으로 시작하여 SOLID 원칙을 살펴보고 객체지향 프로그래밍 개념, SOLID 원칙과 디자인 패턴 지식을 결합한 질문을 살펴보며 마무리했습니다. 뒷부분에서는 주크박스, 자판기, 그리고 유명한 해시 테이블을 설계하는 등 섬세하게 제작된 10가지 코딩 테스트를 다뤘습니다.

이러한 질문과 문제를 연습하면 인터뷰에서 어떤 객체지향 프로그래밍 문제를 만나도 해결할 수 있을 것입니다.

다음 7장에서는 빅 오 표기법과 시간 복잡도를 살펴보겠습니다.

알고리즘의
빅 오 분석법

7장에서는 기술 인터뷰에서 알고리즘의 효율성과 확장성을 분석할 때 가장 많이 사용하는 지표인 빅 오 표기법$^{Big\ O\ notation}$을 다룹니다. 이 주제와 관련한 글이 매우 많습니다. 일부 글은 순수하게 수학적인 반면에 좀 더 친근한 방법으로 빅 오 표기법을 설명하는 글도 있습니다. 순수하게 수학적인 접근은 소화하기 어렵고 인터뷰에서 활용하기에는 별로 유용하지 않기 때문에 이 장에서는 면접관과 개발자들에게 훨씬 더 친숙한 방법으로 친절하게 설명할 것입니다.

그렇지만 빅 오 표기법을 친근한 방법으로 설명하기란 쉬운 일이 아닙니다. 왜냐하면, 빅 오 표기법은 알고리즘의 효율성과 확장성을 측정하는 가장 유명한 지표일 뿐만 아니라 여러분이 매번 인터뷰에서 출제될 것을 알면서도 공부하고 싶을 만큼 충분한 동기부여를 받지 못하는 경우가 많기 때문입니다. 주니어부터 시니어 지원자에 이르기까지 빅 오 표기법은 아마 모두에게 가장 큰 아킬레스건일 것입니다. 하지만 이 아킬레스건을 인터뷰를 위한 강점으로 바꿀 수 있도록 노력해봅시다.

먼저 빅 오 표기법을 빠르게 살펴보고 가장 중요한 내용을 강조하겠습니다. 이후 다양한 인터뷰에 대처할 수 있도록 세심하게 작성된 예제로 넘어가겠습니다. 7장이 끝날 때쯤이면 여러분은 주어진 코드에 관해 빅 오를 결정하고 표현할 수 있을 것입니다.

이 장에서 다룰 핵심 주제는 다음과 같습니다.

- 유추^{analogy}
- 빅 오 시간 복잡도$^{time\ complexity}$
- 최고의 경우, 최악의 경우와 기대하는 경우
- 빅 오 관련 예제

빅 오를 향한 여정을 시작하겠습니다!

7.1 유추

인터넷에서 여러분이 좋아하는 영화 중 하나를 찾았다고 상상해보세요. 여러분은 영화를 오프라인으로 주문하거나 다운로드할 수 있습니다. 가능한 한 빨리 보고 싶다면 어떤 방법이 가장 좋을까요? 주문하면 도착하기까지 하루 정도 걸리지만 다운로드하면 반나절이 걸린다고 가정해보죠. 그럼 다운로드하는 것이 더 빠르기 때문에 당연히 다운로드를 선택할 것입니다.

하지만 잠깐! 여러분이 영화를 다운로드할 준비가 되었을 때 굉장히 좋은 가격으로 반지의 제왕 3편이 모두 담긴 마스터 컬렉션을 발견합니다. 그래서 여러분은 반지의 제왕도 다운로드해야겠다고 생각합니다. 이렇게 되면 총 4개 영화를 다운로드하므로 총 이틀 걸립니다. 하지만 주문을 한다면 똑같이 하루밖에 걸리지 않습니다. 그렇다면 주문하는 것이 더 빠르겠네요!

이 사실에서 여러분이 얼마나 많은 품목을 주문하든 상관없이 배송 시간은 일정하게 유지된다는 결론을 내릴 수 있습니다. 이것을 O(1)이라고 부르며, 상수 시간^{constant runtime}이라고도 합니다. 또한 다운로드 시간이 파일 수에 정비례한다는 결론을 내렸습니다. 이것을 O(n)이라고 부르며, 점근적 실행 시간^{asymptotic runtime}이라고 합니다.

일반적으로 주문량이 많을 때 온라인 다운로드보다 온라인 주문이 더 시간이 적게 걸린다는 결론을 내릴 수 있습니다. 이것이 바로 빅 오 시간 복잡도가 의미하는 점근적 실행 시간 측정 또는 점근 함수입니다. 이 장에서는 점근적 측정의 지표로 빅 오 시간 복잡도 또는 공간 복잡도^{space complexity}를 이야기할 것입니다.

7.2 빅 오 시간 복잡도

[그림 7-1]은 점근적 실행 시간의 어느 시점에 O(n)이 O(1)을 넘어서는지를 보여줍니다. 따라서 O(n)이 O(1)을 넘어서기 전까지는 O(n)이 O(1)보다 성능이 좋다고 말할 수 있습니다.

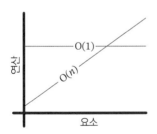

그림 7-1 점근적 실행 시간(빅 오 시간)

O(1)과 같은 상수 시간과 O(n)과 같은 선형 시간 외에도 O($\log n$), O($n \log n$)과 같은 로그 시간, O(n^2)과 같은 제곱 시간, O(2^n)과 같은 지수 시간, 그리고 O($n!$)과 같은 팩토리얼 시간 등 다양한 종류의 시간 복잡도가 있습니다. 지금은 가장 일반적인 시간 복잡도만 소개했지만 훨씬 더 다양한 종류의 시간 복잡도가 있습니다.

[그림 7-2]는 빅 오 시간 복잡도의 성능을 표현한 도표입니다.

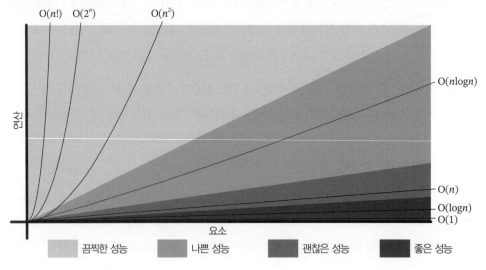

그림 7-2 빅 오 시간 복잡도 도표

그림에서 볼 수 있듯이 모든 빅 오 시간이 같은 성능을 내지는 않습니다. $O(n!)$, $O(n^2)$은 **성능이 끔찍하다**고 여겨지므로 이 영역의 바깥쪽에 해당하는 알고리즘을 작성하려고 노력해야 합니다. $O(n\log n)$이 $O(n!)$보다는 낫지만 여전히 **성능은 나쁩니다.** $O(n)$은 **괜찮은 성능**을 보이지만 $O(\log n)$과 $O(1)$은 **좋은 성능**을 보입니다.

때때로 실행 성능을 표현하려면 변수가 여러 개 필요합니다. 예를 들어 축구장의 폭을 w, 길이를 l이라고 할 때 축구장에서 잔디를 깎는 시간은 $O(wl)$로 표현할 수 있습니다. 또는 p개의 축구장을 깎아야 한다면 시간은 $O(wlp)$로 표현할 수 있습니다.

하지만 시간이 다가 아닙니다. 공간도 생각해야 합니다. 예를 들어 n개의 요소를 가지는 배열을 작성하려면 $O(n)$의 공간이 필요합니다. $n \times n$개의 요소를 가지는 행렬을 작성하려면 $O(n^2)$의 공간이 필요합니다.

7.3 최고의 경우, 최악의 경우, 기대하는 경우

알고리즘의 효율성을 단순하게 구분하면 '최고의 경우', '최악의 경우', '기대하는 경우'의 세 가지 측면에서 생각할 수 있습니다. 최고의 경우는 알고리즘이 최고의 성능을 낼 수 있도록 하는 몇 가지 특별한 조건을 충족하는 경우입니다. 최악의 경우는 입력 데이터가 알고리즘과 맞지 않는 형태로 이루어져 최악의 성능을 나타내는 경우입니다. 하지만 보통 이렇게까지 놀랍거나 끔찍한 상황은 일어나지 않을 것입니다. 따라서 여기서는 '기대하는 성능'을 소개합니다.

대부분의 알고리즘에서 일반적으로 최악의 경우와 기대하는 경우는 동일하며 대부분 이 두 가지 경우를 신경 씁니다. 최고의 경우는 이상적인 성능인 만큼 이상주의적일 뿐입니다. 주로 거의 모든 알고리즘에서 $O(1)$이라는 가장 좋은 성능으로 이어질 특별한 입력을 찾을 수 있습니다. 이러한 빅 오의 특징에 관해서 더 자세히 알고 싶다면 '빅 오 치트 시트[1]'를 읽어볼 것을 강력하게 추천합니다. 이제 몇 가지 예를 들어보겠습니다.

7.4 빅 오 예제

여러분이 면접에서 마주할 수 있는 여러 가지 코드에 관한 빅 오를 계산해보고 그와 관련한 몇 가지 알아야 할 점을 살펴볼 것입니다. 여기서는 예제를 활용한 학습 방식을 적용해보겠습니다. 처음 6개의 예제는 다음과 같은 빅 오의 기본 규칙을 강조할 것입니다.

- 상수는 제외합니다.
- 비우세항non-dominant terms은 제외합니다.
- 입력이 다르면 변수도 다릅니다.
- 서로 다른 단계를 종합하거나 곱합니다.

이제 예제를 살펴보겠습니다.

7.4.1 예제 1: O(1)
다음 세 가지 코드를 각각 살펴보며 빅 오를 계산해보세요.

```
// 코드 1
return 23;
```

---

1 https://www.bigocheatsheet.com

앞 코드는 상수를 반환하므로 빅 오는 O(1)입니다. 코드의 나머지 부분과 관계없이 이 코드 라인은 일정한 속도로 실행됩니다.

```java
// 코드 2: 'cars'는 배열입니다.
int thirdCar = cars[3];
```

인덱스를 활용하여 배열에 접근하는 시간은 O(1)입니다. 배열의 요소 개수와 관계없이 특정 인덱스에서 요소를 가져오는 작업은 상수 연산입니다.

```java
// 코드 3: 'cars'는 'java.util.Queue(큐)'입니다.
Car car = cars.peek();
```

큐의 peek 메서드는 큐의 헤드(첫 번째 요소)를 검색하지만 제거하지는 않습니다. 얼마나 많은 요소가 헤드와 연결되어 있는지는 중요하지 않으므로 peek 메서드를 통해 헤드를 검색하는 시간은 O(1)입니다.

앞 세 가지 코드의 시간 복잡도는 모두 O(1)입니다. 마찬가지로 큐에서 요소 삽입과 제거, 스택에서 푸시push와 팝pop, 연결 리스트에서 노드 삽입, 그리고 배열에 저장된 트리의 노드 왼쪽/오른쪽 자식 노드 검색도 모두 시간 복잡도가 O(1)입니다.

7.4.2 예제 2: O(n) – 선형 시간 알고리즘

다음 코드를 살펴보며 빅 오를 계산해보세요.

```java
// 코드 1 - 'a'는 배열입니다.
for (int i = 0; i < a.length; i++) {
    System.out.println(a[i]);
}
```

앞 코드에 관한 빅 오를 결정하려면 'for 문이 몇 번 반복되는가?'라는 질문을 생각해보아야 합니다. 정답은 a.length번입니다. 이것이 정확하게 얼마나 많은 횟수를 의미하는지 말할 수는 없지만, 시간은 주어진 배열(입력)의 크기에 따라 선형적으로 증가할 것이라고 말할 수 있습니다. 따라서 이 코드는 시간 복잡도가 O(a.length)이며 선형 시간이라고도 합니다. 이것은 O(n)으로도 표기합니다.

7.4.3 예제 3: $O(n)$ – 상수 제외

다음 코드를 살펴보며 빅 오를 계산해보세요.

```
// 코드 1 - 'a'는 배열입니다.
for (int i = 0; i < a.length; i++) {
    System.out.println("Current element:");
    System.out.println(a[i]);
    System.out.println("Current element + 1:");
    System.out.println(a[i] + 1);
}
```

for 문에 코드를 더 추가하더라도 예제 2와 동일한 실행 시간이 유지됩니다. 실행 시간은 입력 크기인 a.length에 관해 여전히 선형입니다. 예제 2에서는 for 문 안에 코드 한 줄이 있었고, 이 예제에는 for 문 안에 코드 네 줄이 있기 때문에 빅 오가 $O(n + 4)$ 또는 비슷한 값을 가질 것으로 생각할 수도 있습니다. 하지만 이런 종류의 추론은 정확하지 않으며 틀린 생각입니다! 빅 오는 여전히 $O(n)$입니다.

> **tip** 빅 오는 코드 라인 수에 의존하지 않는다는 것을 명심하세요. 빅 오는 실행 시간 증가율에 따라 달라지며, 이 증가율은 상수 시간 연산에 의해 바뀌지 않습니다.

이 사실을 확실히 하기 위해 주어진 배열 a의 최솟값과 최댓값을 계산하는 다음의 두 코드를 살펴보겠습니다.

```
// 코드 2
int min = Integer.MAX_VALUE;
int max = Integer.MIN_VALUE;
for (int i = 0; i < a.length; i++) {
    if (a[i] < min) {
        min = a[i];
    }

    if (a[i] > max) {
        max = a[i];
    }
}
```

```
// 코드 3
int min = Integer.MAX_VALUE;
int max = Integer.MIN_VALUE;
for (int i = 0; i < a.length; i++) {
    if (a[i] < min) {
        min = a[i];
    }
}
for (int i = 0; i < a.length; i++) {
    if (a[i] > max) {
        max = a[i];
    }
}
```

그림 7-3 배열의 최솟값과 최댓값을 계산하는 코드 비교

자, 이 두 코드 중 어떤 쪽이 더 빠르게 실행될까요? 코드 2는 단일 for 문을 사용하지만 if 문을 두 번 사용하며, 코드 3은 for 문 2개를 사용하지만 for 문마다 if 문 하나를 사용합니다.

이런 방식으로 생각하다 보면 머리만 아플 것입니다! 조건문이나 반복문의 개수를 세기 시작하면 끝이 없습니다. 예를 들어 컴파일러 수준에서 구문^{statement}(연산)을 세거나 컴파일러 최적화를 고려하려 할 수도 있을 것입니다. 하지만 빅 오는 그런 것이 아닙니다! 빅 오의 목표는 입력 크기에 관한 실행 시간 증가율을 표현하고 실행 시간이 어떻게 확장되는지 표현하는 것입니다. 코드 구문의 개수를 세는 것이 아닙니다.

또한 코드 2는 하나의 for 문이 있기 때문에 빅 오가 $O(n)$이고, 코드 3은 2개의 for 문이 있기 때문에 빅 오가 $O(2n)$일 것이라는 생각의 함정에 빠지지 마세요. 2는 상수이므로 $2n$에서 간단하게 2를 제거하세요!

tip 빅 오를 표현할 때 실행 시간에서 상수는 삭제합니다.

따라서 앞 코드 2와 3의 빅 오는 모두 $O(n)$입니다.

7.4.4 예제 4: 비우세항 제외

다음 코드를 살펴보며 빅 오를 계산해보세요. 코드에서 a는 배열입니다.

```
for (int i = 0; i < a.length; i++) {
    System.out.println(a[i]);              } O(n)
}
```

```
for (int i = 0; i < a.length; i++) {
    for (int j = 0; j < a.length; j++) {
        System.out.println(a[i] + a[j]);   } O(n²)
    }
}
```

그림 7-4 $O(n)$ 시간에 실행되는 코드

첫 번째 for 문은 $O(n)$ 시간에 실행되고 두 번째 for 문은 $O(n^2)$ 시간에 실행됩니다. 따라서 이 문제의 답이 $O(n) + O(n^2) = O(n + n^2)$이라고 생각할 수 있습니다. 하지만 아닙니다! 증가율은 n^2에 의해 결정되며 이때 n은 비우세항입니다. 배열의 크기가 커지면 n^2이 n보다 증가율에 훨씬 더 많은 영향을 미치기 때문에 n은 관련이 없습니다. 몇 가지 예를 더 살펴볼까요?

- $O(2^n + 2n)$ → 상수와 비우세항 제외 → $O(2^n)$

- $O(n + \log n)$ → 비우세항 제외 → $O(n)$

- $O(3 \times n^2 + n + 2 \times n)$ → 상수와 비우세항 제외 → $O(n^2)$

tip 빅 오를 표기할 때 비우세항은 삭제합니다.

7.4.5 예제 5: 입력 데이터가 다르면 변수도 다르게 설정

다음 코드를 살펴보며 빅 오를 계산해보세요. 코드 1~2에서 a와 b는 배열입니다. 빅 오를 표기하려면 몇 개의 변수를 사용해야 할까요?

```
// 코드 1
for (int i = 0; i < a.length; i++) {
}


for (int i = 0; i < a.length; i++) {
}
```

```
// 코드 2
for (int i = 0; i < a.length; i++) {
}


for (int i = 0; i < b.length; i++) {
}
```

그림 7-5 코드 1과 2 비교

코드 1을 보면 동일한 배열 a를 순회하는 2개의 for 문이 있습니다. 따라서 a를 n이라고 할 때 빅 오는 $O(n)$으로 표현할 수 있습니다. 코드 2를 보면 코드 1과 마찬가지로 2개의 for 문이 있습니다. 하지만 여기서는 두 for 문이 서로 다른 배열 a와 b를 순회합니다. 이 경우 빅 오는 $O(n)$이 아닙니다!

만약 $O(n)$으로 표기한다면 n은 a를 의미할까요 b를 의미할까요? n이 a를 의미한다고 가정하겠습니다. 이때 배열 b의 크기를 늘리면 $O(n)$은 실행 시간 증가율을 반영하지 않습니다. 따라서 빅 오는 a의 실행 시간과 b의 실행 시간의 합계가 되어야 합니다. 즉, 빅 오는 두 for 문의 실행 시간을 반드시 모두 반영해야 합니다. 이를 위해 a와 b를 나타내는 2개의 변수를 사용할 수 있습니다. 따라서 빅 오는 $O(a + b)$로 표기할 수 있습니다. 이 경우 배열 a나 b의 크기를 늘리면 $O(a + b)$는 실행 시간 증가율을 반영할 수 있습니다.

tip 입력 데이터가 다르면 서로 다른 변수를 사용해야 합니다.

다음으로 알고리즘 단계를 추가하고 곱할 때 어떤 일이 일어나는지 살펴보겠습니다.

7.4.6 예제 6: 서로 다른 단계의 합 또는 곱

다음 코드를 살펴보며 빅 오를 계산해보세요. 코드에서 a와 b는 배열입니다. 코드 1과 2에 관한 빅 오는 어떻게 표기해야 할까요?

```
// 코드 1
for (int i = 0; i < a.length; i++) {
    System.out.println(a[i]);
}

for (int j = 0; j < b.length; j++) {
    System.out.println(b[j]);
}
```

```
// 코드 2
for (int i = 0; i < a.length; i++) {
    for (int j = 0; j < b.length; j++) {
        System.out.println(a[i] + b[j]);
    }
}
```

그림 7-6 배열 a와 b에 관한 코드 비교

예제 5에서 살펴봤듯이 코드 1의 빅 오는 $O(a + b)$입니다. 여기서는 2개의 for 문이 코드 2의 경우처럼 서로 엮이지 않기 때문에 실행 시간을 더했습니다. 코드 2에서는 배열 a의 각 요소 a[i]에 관해 배열 b를 순회하기 때문에 실행 시간을 더할 수 없습니다. 이 경우에는 두 실행 시간을 곱해야 하며 빅 오는 $O(a \times b)$로 표기할 수 있습니다.

실행 시간을 더할 것인지 아니면 곱할 것인지 결정하기 전에 한 번 더 생각해보세요. 이것은 인터뷰에서 흔히 저지르는 실수입니다. 또한 예제에서와 같이 입력 데이터가 2개 이상 있다는 것을 알아채지 못하고 단일 변수를 사용하여 빅 오를 잘못 표기하는 실수는 흔합니다. 이런 실수를 하면 안 됩니다! 입력이 몇 개인지 항상 주의 깊게 살펴보세요. 실행 시간 증가율에 영향을 미치는 각 입력에 관해 별도의 변수를 사용해야 합니다. 예제 5를 다시 한번 살펴보세요.

[Column] 실행 시간의 빅 오 분석에서 알고리즘을 합하거나 곱하는 기준

서로 다른 알고리즘 단계는 합하거나 곱할 수 있습니다. 실행 시간은 다음 두 가지 규칙에 따라 합하거나 곱해야 합니다.

· 작성한 알고리즘을 '먼저 이 작업을 하고, 이 작업이 완료되면 저 작업을 합니다'라고 설명할 수 있다면 실행 시간을 더해야 합니다.

· 작성한 알고리즘을 '이 작업을 할 때마다 저 작업을 합니다'라고 설명할 수 있다면 실행 시간을 곱해야 합니다.

7.4.7 예제 7: log*n* 실행 시간

이번에는 log*n* 실행 시간을 살펴보겠습니다. 빅 오가 O(log*n*)인 의사코드를 작성해 보세요.

O(log*n*) 실행 시간을 이해하기 위해서 이진 검색^{binary search} 알고리즘부터 살펴보겠습니다. 이진 검색 알고리즘의 상세 정보 및 구현 방법은 14장에서 소개하겠습니다. 이 알고리즘은 배열 a에서 요소 x를 찾는 단계를 설명합니다.

다음 그림과 같이 16개의 요소를 가진 정렬된 배열 a가 있다고 가정하겠습니다.

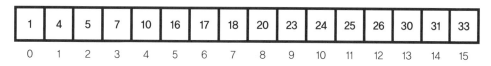

그림 7–7 16개의 요소가 있는 정렬된 배열

먼저 요소 x를 배열의 중간에 위치한 요소인 p와 비교합니다. 값이 동일하다면 해당 인덱스를 최종 결과로 반환합니다. 만약 x > p가 성립한다면 배열의 오른쪽 영역에서 검색합니다. 만약 x < p가 성립한다면 배열의 왼쪽 영역에서 검색합니다.

[그림 7–8]은 숫자 17을 찾기 위한 이진 검색 알고리즘을 시각화했습니다.

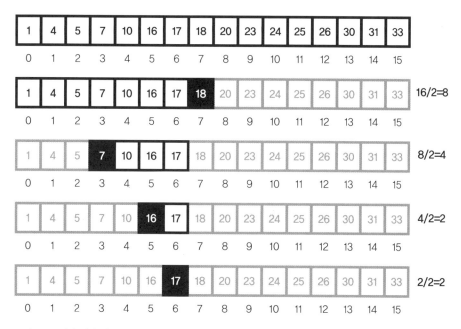

그림 7–8 이진 검색 알고리즘

16개의 요소로 시작해서 1개의 요소로 끝난다는 점에 주목하세요. 첫 번째 단계 이후 요소는 16/2 = 8개로 줄어듭니다. 두 번째 단계에서는 8/2 = 4개의 요소로 줄어듭니다. 세 번째 단계에서는 4/2 = 2개의 요소로 줄어들고 마지막 단계에서는 검색하고자 했던 숫자 17을 찾아냅니다.

이 알고리즘을 다음과 같이 의사코드로 변경할 수 있습니다.

```
{1, 4, 5, 7, 10, 16, 17, 18, 20, 23, 24, 25, 26, 30, 31, 33}에서 17을 찾습니다.
    17과 18을 비교합니다. -> 17 < 18
    {1, 4, 5, 7, 10, 16, 17, 18}에서 17을 찾습니다.
        17과 7을 비교합니다. -> 17 > 7
        {7, 10, 16, 17}에서 17을 찾습니다.
            17과 16을 비교합니다. -> 17 > 16
            {16, 17}에서 17을 찾습니다.
            17과 17을 비교합니다.
            return
```

이제 이 의사코드의 빅 오를 표현해보겠습니다. 의사코드를 통해 알고리즘이 하나의 요소만 남을 때까지 배열이 연속해서 반감된다는 점을 알 수 있습니다. 따라서 총 실행 시간은 배열에서 특정 숫자를 찾을 때 필요한 단계 수에 따라 달라집니다.

이 예제에서는 네 번의 단계가 있었고, 이렇게 배열을 네 번 이등분한 과정은 다음과 같이 표현할 수 있습니다.

$$16 \times \frac{1}{2} = 8, \ 8 \times \frac{1}{2} = 4, \ 4 \times \frac{1}{2} = 2, \ 2 \times \frac{1}{2} = 1$$

이 수식은 다음과 같이 줄여서 쓸 수 있습니다.

$$16 \times \left(\frac{1}{2}\right)^4 = 1$$

한 단계 더 나아가서 배열의 크기를 n, 결과를 도출하는 데 필요한 단계의 수를 k라고 할 때 수식은 다음과 같이 일반화할 수 있습니다.

$$n \times \left(\frac{1}{2}\right)^k = 1 \equiv n \times \frac{1}{2^k} = 1 \equiv 2^k \times \frac{n}{2^k} = 2^k \equiv 2^k = n$$

이때 $2^k = n$은 주어진 숫자를 생성하기 위해 고정 숫자(기준)를 거듭 제곱해야 하는 양을 나타내며 이는 곧 로그를 의미합니다. 따라서 수식은 다음과 같이 나타낼 수 있습니다.

$$2^k = n \rightarrow \log_2 n = k$$

이진 검색 알고리즘 예제에서 $2^k = n$은 $2^4 = 16$에 해당하며 이것은 $\log_2 16 = 4$로 표현할 수 있습니다. 따라서 이진 검색 알고리즘의 빅 오는 $O(\log n)$입니다.

이때 로그의 밑^{base}은 어디에 있을까요? 짧게 답변하자면 빅 오를 표현할 때 로그의 밑은 필요하지 않습니다. 서로 다른 밑을 가진 로그는 상수 인수에 의한 차이만 있기 때문입니다.

tip 여러 단계에 걸쳐 입력을 절반으로 줄이는 알고리즘은 대부분 빅 오를 $O(\log n)$으로 표현할 수 있습니다.

7.4.8 예제 B: 재귀 실행 시간

재귀 실행 시간에 관한 빅 오를 결정하는 방법에 관해 알아보겠습니다. 다음 코드의 빅 오는 무엇일까요?

```
int fibonacci(int k) {
    if (k <= 1) {
        return k;
    }

    return fibonacci(k - 2) + fibonacci(k - 1);
}
```

첫인상으로 판단하자면 주어진 코드의 빅 오는 $O(n^2)$처럼 느껴질 것입니다. return에서 fibonacci 메서드를 두 번 호출하는 것에 현혹되어 이런 결론을 내리기 쉽습니다. 하지만 k에 특정 값을 넣어서 실행 과정을 빠르게 살펴보면 생각이 달라질 것입니다.

예를 들어 fibonacci(7)을 호출한다고 가정하고 재귀 호출을 트리로 표현하면 다음과 같은 그림을 얻을 수 있습니다.

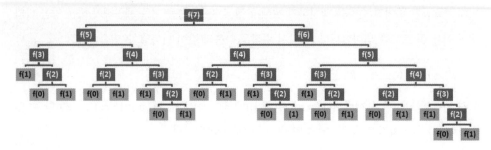

그림 7–9 메서드 호출 트리

아마 여러분은 [그림 7–9]를 보자마자 거의 즉각적으로 이 트리의 깊이가 7이고, 이에 따라 일반적인 경우도 메서드 호출 트리의 깊이가 k라는 것을 알아챌 수 있을 것입니다. 또한 단말 노드를 제외한 모든 노드가 2개의 자식 노드를 가지기 때문에 거의 모든 깊이가 바로 이전 수준의 깊이보다 메서드 호출이 두 배 많습니다.

따라서 빅 오는 O(차수[2])^{2}로 표현할 수 있습니다. 주어진 예제 코드의 경우에는 빅 오가 O(2^k), 즉 O(2^n)입니다.

인터뷰에서는 단순히 O(2^n)이라고 대답해도 충분합니다. 더 정확한 답변을 하고 싶다면 단말 수준, 특히 단일 호출만 갖기도 하는 메서드 호출 트리 맨 아래의 마지막 수준을 고려해야 합니다. 이것은 모든 트리 노드가 2개의 가지를 가지는 것은 아니라는 사실을 의미합니다.

더 정확한 답은 O(1.6^n)입니다. 실젯값이 2보다 작다는 것을 언급하면 어떤 면접관이라도 충분한 대답이라고 생각할 것입니다.

공간 복잡도 측면에서의 빅 오는 O(n)입니다. 실행 시간 복잡도가 O(2^n)이라는 사실에 속지 마세요. 어떠한 순간에도 k개 이상의 숫자는 필요 없습니다. [그림 7–9]를 보면 1부터 7까지의 숫자만 존재한다는 것을 알 수 있을 것입니다.

7.4.9 예제 9: 이진 트리의 중위 순회

포화 이진 검색 트리perfect binary search tree를 살펴보겠습니다. 이진 트리가 무엇인지 빠르게 훑어보고 싶다면 13장의 개요 부분을 읽어보세요. 다음 코드의 빅 오는 무엇일까요?

---

2   옮긴이: 트리에서 차수는 각 노드가 지닌 가지의 개수 또는 한 노드가 지닌 자식 노드의 개수를 의미합니다.

```
void printInOrder(Node node) {
    if (node != null) {
        printInOrder(node.left);
        System.out.print(" " + node.element);
        printInOrder(node.right);
    }
}
```

포화 이진 트리는 모든 노드가 정확히 2개의 자식 노드를 가지며, 모든 단말 노드가 같은 수준이나 깊이에 있는 이진 검색 트리입니다. [그림 7-10]은 전형적인 포화 이진 트리를 나타낸 것입니다(다시 한번 말하지만, 실행과 입력을 시각화하는 것은 매우 유용합니다).

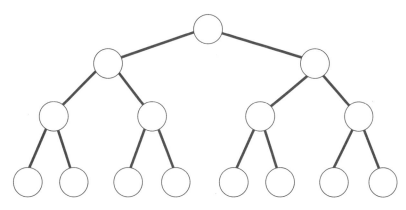

그림 7-10 높이 균형 이진 검색 트리

앞선 예제에서 배운 내용에 따르면 차수가 있는 재귀 문제의 빅 오는 $O(차수^{깊이})$입니다. 이 예제에서는 모든 노드가 2개의 자식 노드를 가지기 때문에 차수는 2이며 따라서 빅 오는 $O(2^{깊이})$입니다.

지수 시간을 갖는 것이 이상하게 보이겠지만 노드 수와 깊이 사이에 어떤 관계가 있는지 살펴보겠습니다. [그림 7-10]에서 제시한 높이 균형 이진 검색 트리Height-balanced binary search tree는 15개의 노드를 가지며 깊이는 4입니다. 만약 노드가 7개라면 깊이는 3이고 노드가 31개라면 깊이는 5일 것입니다.

포화 이진 트리의 깊이가 로그라는 것을 알지 못하는 상태라면 다음과 같은 사실을 관찰해볼 수 있을 것입니다.

- 노드가 15개라면 깊이는 4입니다. 따라서 $2^4 = 16$이고 이것은 $\log_2 16 = 4$와 같습니다.

- 노드가 7개라면 깊이는 3입니다. 따라서 $2^3 = 8$이고 이것은 $\log_2 8 = 3$과 같습니다.

- 노드가 31개라면 깊이는 5입니다. 따라서 $2^5 = 32$이고 이것은 $\log_2 32 = 5$와 같습니다.

이렇게 관찰한 내용에 따르면 빅 오를 $O(2^{\log n})$으로 표기할 수 있다는 결론을 내릴 수 있습니다. 따라서 빅 오는 다음과 같이 나타낼 수 있습니다.

$$2^{\log n} = X \equiv \log_2 X = \log n \equiv X = n \equiv O(X) = O(n)$$

즉, 빅 오는 $O(n)$입니다. 이 코드가 사실 이진 트리의 중위 순회$^{\text{in-order traversal}}$ 코드이며 전위 순회$^{\text{pre-order traversal}}$나 후위 순회$^{\text{post-order traversal}}$에서와 같이 각 노드에 한 번씩 방문한다는 점을 눈치챘다면 동일한 빅 오를 생각할 수 있었을 것입니다. 또한 각 노드를 방문할 때 일정한 상수량의 작업을 하므로 빅 오는 $O(n)$입니다.

7.4.10 예제 10: n의 변동

다음 코드의 빅 오는 무엇일까요?

```java
void printFibonacci(int k) {
    for (int i = 0; i < k; i++) {
        System.out.println(i + ": " + fibonacci(i));
    }
}


int fibonacci(int k) {
    if (k <= 1) {
        return k;
    }

    return fibonacci(k - 2) + fibonacci(k - 1);
}
```

예제 8에서 이미 살펴봤듯이 fibonacci 메서드의 빅 오는 $O(2^n)$입니다. printFibonacci 메서드가 fibonacci 메서드를 n번(코드에서는 k번) 호출하므로 전체 빅 오를 $O(n) \times O(2^n) = O(n2^n)$이라고 생각하는 것이 매우 자연스럽습니다. 하지만 이것이 진짜 답일까요? 아니면 겉모습만 보고 섣불리 판단한 것일까요?

여기서 함정은 n이 변한다는 점입니다. 예를 들어 실행 과정을 시각화하면 다음과 같습니다.

$$
\left.
\begin{array}{l}
i = 0 \rightarrow \text{fibonacci}(0) \rightarrow 2^0 \text{ steps} \\
i = 1 \rightarrow \text{fibonacci}(1) \rightarrow 2^1 \text{ steps} \\
i = 2 \rightarrow \text{fibonacci}(2) \rightarrow 2^2 \text{ steps} \\
\dots \\
i = k - 1 \rightarrow \text{fibonacci}(k) \rightarrow 2^{k-1} \text{ steps}
\end{array}
\right\} = 2^0 + 2^1 + 2^2 + \dots + 2^{k-1} \text{ steps}
$$

이처럼 동일한 코드를 n번 실행한다고 말할 수 없기 때제 빅 오는 $O(2^n)$입니다.

7.4.11 예제 11: 메모이제이션

다음 코드의 빅 오는 무엇일까요?

```java
void printFibonacci(int k) {
    int[] cache = new int[k];
    for (int i = 0; i < k; i++) {
        System.out.println(i + ": " + fibonacci(i, cache));
    }
}


int fibonacci(int k, int[] cache) {
    if (k <= 1) {
        return k;
    } else if (cache[k] > 0) {
        return cache[k];
    }

    cache[k] = fibonacci(k - 2, cache) + fibonacci(k - 1, cache);
    return cache[k];
}
```

앞 코드는 재귀로 피보나치 수를 계산하며, 메모이제이션memoization이라는 기법을 사용합니다. 주된 아이디어는 반환값을 저장하고 다시 사용하여 재귀 호출 횟수를 줄이는 것입니다. 예제 8에서 이미 살펴봤듯이 fibonacci 메서드의 빅 오는 $O(2^n)$입니다. 메모이제이션은 재귀 호출 횟수를 줄이고 최적화했기 때문에 이 코드의 빅 오는 $O(2^n)$보다 나으리라 생각합니다. 하지만 이는 아직까지 추측일 뿐이므로 k = 7에 관한 실행 과정을 시각화해보겠습니다.

```
fibonacci(0) 호출
fibonacci(0)의 계산 결과는 0

fibonacci(1) 호출
fibonacci(1)의 계산 결과는 1

fibonacci(2) 호출
    fibonacci(0)
    fibonacci(1)
    fibonacci(2)가 계산되며 cache[2]에서 캐시합니다.
fibonacci(2)의 계산 결과는 1

fibonacci(3) 호출
    fibonacci(1)
    fibonacci(2)는 cache[2]에서 가져오며 값은 1입니다.
    fibonacci(3)가 계산되며 cache[3]에서 캐시합니다.
fibonacci(3)의 계산 결과는 2

fibonacci(4) 호출
    fibonacci(2)는 cache[2]에서 가져오며 값은 1입니다.
    fibonacci(3)는 cache[3]에서 가져오며 값은 2입니다.
    fibonacci(4)가 계산되며 cache[4]에서 캐시합니다.
fibonacci(4)의 계산 결과는 3

fibonacci(5) 호출
    fibonacci(3)는 cache[3]에서 가져오며 값은 2입니다.
    fibonacci(4)는 cache[4]에서 가져오며 값은 3입니다.
    fibonacci(5)가 계산되며 cache[5]에서 캐시합니다.
fibonacci(5)의 계산 결과는 5

fibonacci(6) 호출
    fibonacci(4)는 cache[4]에서 가져오며 값은 3입니다.
    fibonacci(5)는 cache[5]에서 가져오며 값은 5입니다.
    fibonacci(6)가 계산되며 cache[6]에서 캐시합니다.
fibonacci(6)의 계산 결과는 8
```

각 fibonacci(k) 메서드는 저장된 fibonacci(k−1)과 fibonacci(k−2) 메서드로 계산됩니다. 저장한 값을 가져와서 더하는 것은 상수 시간 작업입니다. 이 작업을 k번 반복하므로 빅 오는 $O(n)$으로 표현할 수 있습니다.

메모이제이션 외에 태뷸레이션[tabulation]이라는 다른 기법도 사용할 수 있습니다. 자세한 내용은 8장에서 확인할 수 있습니다.

7.4.12 예제 12: 행렬의 1/2 반복 실행

다음 두 코드의 빅 오는 무엇일까요? 코드에서 a는 배열입니다.

```
// 코드 1
for (int i = 0; i < a.length; i++) {
    for (int j = 0; j < a.length; j++) {
        System.out.println(a[i] + a[j]);
    }
}
```

```
// 코드 2
for (int i = 0; i < a.length; i++) {
    for (int j = i+1; j < a.length; j++) {
        System.out.println(a[i] + a[j]);
    }
}
```

그림 7-11 예제 코드 1, 2

코드 1은 j가 0에서부터 시작하고 코드 2는 j가 i + 1부터 시작한다는 점을 제외하면 2개의 코드는 거의 동일합니다.

임의의 배열 크기를 정해서 두 코드의 실행 과정을 쉽게 시각화할 수 있습니다. 예를 들어 배열의 크기가 5라고 가정하겠습니다. [그림 7-12]의 왼쪽 행렬은 코드 1의 실행 과정을 나타낸 것이고 오른쪽 행렬은 코드 2의 실행 과정을 나타낸 것입니다.

a.length=5

(0, 0)	(0, 1)	(0, 2)	(0, 3)	(0, 4)
(1, 0)	(1, 1)	(1, 2)	(1, 3)	(1, 4)
(2, 0)	(2, 1)	(2, 2)	(2, 3)	(2, 4)
(3, 0)	(3, 1)	(3, 2)	(3, 3)	(3, 4)
(4, 0)	(4, 1)	(4, 2)	(4, 3)	(4, 4)

(0, 1)	(0, 2)	(0, 3)	(0, 4)
	(1, 1)	(1, 2)	(1, 3)
		(2, 3)	(2, 4)
			(3, 4)

그림 7-12 실행 과정 시각화

코드 1에 해당하는 행렬은 크기가 $n \times n$인 반면에 코드 2에 해당하는 행렬의 크기는 대략 $(n \times n)/2$입니다. 따라서 다음과 같은 결론을 얻을 수 있습니다.

- 코드 1의 실행 시간: $n \times n = n^2 \equiv O(n^2)$

- 코드 2의 실행 시간(상수 제외): $\dfrac{n \times n}{2} = \dfrac{n^2}{2} = n^2 \times \dfrac{1}{2} \equiv O(n^2)$

따라서 두 코드 모두 빅 오가 $O(n^2)$입니다.

또는 다음과 같이 생각할 수도 있습니다.

- 코드 1의 경우 내부 for 문이 n만큼 실행되며 외부 for 문에 의해 n번 실행되기 때문에 $n \times n = n^2$, 따라서 빅 오는 $O(n^2)$입니다.

- 코드 2의 경우 내부 for 문이 대략 $n/2$만큼 실행하며 외부 for 문에 의해 n번 실행되기 때문에 $n \times n/2 = n^2/2 = n^2 \times 1/2$, 따라서 상수를 제외하면 빅 오는 $O(n^2)$입니다.

7.4.13 예제 13: 중첩 반복문에서 O(1) 식별

다음 코드의 빅 오는 무엇일까요? 코드에서 a는 배열입니다.

```
for (int i = 0; i < a.length; i++) {
    for (int j = 0; j < a.length; j++) {
        for (int q = 0; q < 1000000; q++) {
            System.out.println(a[i] + a[j]);
        }
    }
}
```

세 번째 for 문(q 사용)를 무시한다면, 이 코드의 빅 오는 $O(n^2)$입니다. 그렇다면 세 번째 for 문은 전체 빅 오 값에 어떤 영향을 미칠까요? 세 번째 for 문은 배열 크기에 상관없이 0에서 100만까지 반복되기 때문에 이 for 문의 빅 오는 상수인 O(1)입니다. 세 번째 for 문은 입력 크기가 어떻게 변하느냐에 따라 달라지지 않으므로 다음과 같이 쓸 수 있습니다.

```
for (int i = 0; i < a.length; i++) {
    for (int j = 0; j < a.length; j++) {
        // O(1)
    }
}
```

이제 이 예제의 빅 오가 $O(n^2)$이라는 것이 명확하게 보일 것입니다.

7.4.14 예제 14: 배열의 1/2 반복 실행

다음 코드의 빅 오는 무엇일까요? 코드에서 a는 배열입니다.

```java
for (int i = 0; i < a.length/2; i++) {
    System.out.println(a[i]);
}
```

이 코드가 배열의 절반만 순회하기 때문에 혼란이 와서 빅 오를 O($n/2$)로 표기하는 흔한 실수는 하지 마세요. 상수를 제거해야 한다는 사실을 잊지 마세요. 상수를 제거하면 빅 오는 O(n)입니다. 배열의 절반만 순회한다고 해도 빅 오 시간에 영향을 주지 않습니다.

7.4.15 예제 15: 빅 오 표현식 줄이기

다음 중 O(n)으로 표현할 수 있는 것은 무엇일까요?

- O($n + p$)

- O($n + \log n$)

정답은 O($n + \log n$)입니다. $\log n$은 비우세항으로 제외할 수 있기 때문에 O($n + \log n$)은 O(n)으로 줄여서 표현할 수 있습니다. 반면에 O($n + p$)는 p에 관한 정보가 없기 때문에 O(n)으로 줄여서 표현할 수 없습니다. p가 무엇이고 n과 p의 관계가 무엇인지 알아내기 전까지 두 변수 모두 사용해야 합니다.

7.4.16 예제 16: O($\log n$)의 시간 복잡도를 가지는 반복 실행

다음 코드의 빅 오는 무엇일까요? 코드에서 a는 배열입니다.

```java
for (int i = 0; i < a.length; i++) {
    for (int j = a.length; j > 0; j /= 2) {
        System.out.println(a[i] + ", " + j);
    }
}
```

외부 for 문을 먼저 살펴보겠습니다. 지금까지 예제로 배운 내용을 바탕으로 보면 외부 for 문의 빅 오가 O(n)이라는 것을 금방 알아챌 수 있습니다.

그렇다면 내부 for 문은 어떨까요? 코드를 보면 j가 배열의 길이부터 시작해서 각 반복에서 반감된다는 것을 알 수 있습니다. 예제 7 마지막에서 TIP으로 설명했던 내용을 떠올려보세요. 여러 단계에 걸쳐 입력을 절반으로 줄이는 알고리즘은 대부분 빅 오를 O(logn)으로 표현할 수 있습니다.

[**Column**] **O(logn)인지 판단하는 방법**

어떤 코드의 빅 오가 O(logn)일 가능성이 크다고 생각할 때마다 반드시 나눗수의 거듭 제곱인 숫자로 테스트해볼 것을 추천합니다. 입력값을 2로 나눈 경우(반으로 나눈 경우) 2의 거듭 제곱인 숫자를 사용하세요. 예를 들어 2^3 = 8, 2^4 = 16, 2^5 = 32 등을 사용하세요. 입력값을 3으로 나눈 경우 3의 거듭 제곱인 숫자를 사용하세요. 예를 들어 3^2 = 9, 3^3 = 27 등을 사용하세요. 이렇게 하면 나누는 횟수를 쉽게 계산할 수 있습니다.

이제 a.length에 값을 넣어서 실행 과정을 시각화하겠습니다. a.length가 16일 때 j는 16, 8, 4, 2, 1 순서로 값을 가집니다. j를 2로 정확히 4번 나눴으므로 다음과 같이 표현할 수 있습니다.

$$2^4 = 16 \equiv \log_2 16 = 4$$

따라서 내부 for 문의 시간 복잡도를 나타내는 빅 오는 O(logn)입니다. 전체 빅 오를 계산하려면 외부 for 문이 n번 실행되며 해당 for 문 내에서 다른 for 문이 logn번 실행된다는 점을 고려해야 합니다. 즉, 전체 빅 오는 $O(n) \times O(\log n) = O(n\log n)$입니다.

참고로 합병 정렬$^{merge\ sort}$이나 힙 정렬$^{heap\ sort}$과 같은 많은 정렬 알고리즘의 실행 시간은 O($n$log$n$)입니다. 또한, 많은 O($n$log$n$) 알고리즘은 재귀적입니다. 일반적으로 분할 정복^{divide} $^{and\ conquer,\ D\&C}$ 카테고리로 분류되는 알고리즘의 실행 시간도 O($n$log$n$)입니다. 이러한 내용을 기억하고 있으면 인터뷰에서 매우 유용할 것입니다.

7.4.17 예제 17: 문자열 비교

다음 코드의 빅 오는 무엇일까요? 코드에서 a는 배열이며 주석을 꼭 주의 깊게 읽어보세요.

```
String[] sortArrayOfString(String[] a) {
    for (int i = 0; i < a.length; i++) {
        // O(nlogn) 알고리즘으로 각 문자열을 정렬합니다.
    }
```

```
    // O(nlogn) 알고리즘으로 배열 자체를 정렬합니다.

    return a;
}
```

sortArrayOfString 메서드는 String 배열을 받아서 두 가지 주요 작업을 수행합니다. 배열의 각 문자열을 정렬하고 배열 자체도 정렬합니다. 두 가지 정렬은 실행 시간이 $O(nlogn)$인 알고리즘을 통해 수행됩니다.

이제 for 문에 초점을 맞추고 인터뷰 지원자들이 흔하게 말하는 오답을 알아보겠습니다. 각 문자열을 정렬하는 데는 $O(n) \times O(nlogn) = O(n \times nlogn) = O(n^2logn)$이 걸립니다. 다음으로 배열 자체를 정렬하는 데는 $O(nlogn)$이 걸립니다. 모든 결과를 종합하면 총 빅 오는 $O(n^2logn) + O(nlogn) = O(n^2logn + nlogn)$이며 'nlogn'이 비우세항이기 때문에 $O(n^2logn)$으로 정리할 수 있습니다. 하지만 이것이 과연 정답일까요? 아닙니다! 두 가지 큰 실수가 있었습니다. 먼저 n이 '배열 크기'와 '문자열 길이'라는 두 가지 의미로 사용되었습니다. 또한 String을 비교할 때 고정된 폭을 가진 정수의 경우처럼 상수 시간이 걸린다고 가정했습니다.

그럼 첫 번째 문제점부터 자세히 살펴보겠습니다. 하나의 문자열을 정렬할 때는 $O(nlogn)$만큼의 시간이 필요합니다. 여기서 n은 문자열의 길이를 나타냅니다. a.length개의 문자열을 정렬하기 때문에 n은 이제 배열의 크기를 나타냅니다. 바로 여기서 혼란이 생깁니다. for 문이 $O(n^2logn)$이라고 했을 때 n은 무엇을 나타내는 것일까요? 두 가지 변수를 다루고 있기 때문에 두 가지를 다르게 나타내야 합니다. 예를 들어 다음과 같이 변수를 설정할 수 있습니다.

- s: 가장 긴 String의 길이

- p: String 배열의 크기

s와 p를 사용하면 하나의 문자열 정렬의 시간 복잡도는 $O(slogs)$이며 이 작업을 p번 반복하면 시간 복잡도는 $O(p) \times O(slogs) = O(p \times slogs)$입니다.

두 번째 문제점을 살펴보겠습니다. 새롭게 설정한 변수에 따르면 배열 정렬은 $O(plogp)$입니다. 여기서는 n을 p로 수정하기만 했습니다. 그러나 String 비교에 고정된 폭을 가진 정수의 경우처럼 상수 시간이 필요할까요? 아닙니다!

String 비교는 가변 비용이 필요하므로 문자열 정렬은 $O(plogp)$에 영향을 줍니다. String의 길이는 다양하므로 비교 시간도 다양합니다. 따라서 예제에서 각 String 비교는 $O(s)$가 걸리

고 배열 정렬에 O(plogp)가 걸리기 때문에 문자열 배열을 정렬하는 총 시간 복잡도는 O(s)
×O(plogp)=O(s×plogp)입니다. 마지막으로 O(p×slogs)와 O(s×plogp)를 더하면 O(s×
p(logs+logp))가 됩니다. 끝났습니다!

7.4.18 예제 18: 팩토리얼의 빅 오

다음 코드의 빅 오는 무엇일까요?

```
long factorial(int num) {
    if (num >= 1) {
        return num * factorial(num - 1);
    } else {
        return 1;
    }
}
```

앞 코드는 팩토리얼 계산을 재귀로 구현한 코드입니다. 이 코드의 빅 오가 O(*n*!)라고 생각하
기 쉽지만 아닙니다! 미리 가정해서 생각하지 말고 항상 코드를 신중하게 분석하세요. 재귀 과
정에서 *n*, *n* − 1, *n* − 2, ... 1의 팩토리얼을 한 번씩 구하기 때문에 빅 오는 O(*n*)입니다.

7.4.19 예제 19: *n* 표기법을 사용할 때 주의 사항

다음 두 코드의 빅 오는 무엇일까요?

```
// 코드 1
int multiply(int x, int y) {
    int result = 1;
    for (int i = 1; i <= y; i++) {
        result *= x;
    }

    return result;
}
```

```
// 코드 2
int powerxy(int x, int y) {
    if (y < 0) {
        return 0;
    } else if (y == 0) {
        return 1;
    } else {
        return x * powerxy(x, y - 1);
    }
}
```

그림 7-13 코드 1, 2 비교

코드 1은 상수 시간이 걸리는 작업을 y번 수행합니다. 입력값 x는 실행 시간 증가율에 영향을 주지 않으므로 빅 오는 O(y)로 표현할 수 있습니다. 이때 O(n)으로 표현하지 않았다는 점에 주목하세요. n이 x를 표현하는 것으로 오해할 수 있는 만큼 O(y)로 표현하는 것이 좋습니다.

코드 2는 y - 1, y - 2, ..., 0을 재귀로 순회합니다. 각 y 입력을 한 번씩 순회하기 때문에 빅 오는 O(y)로 표현할 수 있습니다. 여기서도 마찬가지로 입력값 x는 실행 시간 증가율에 영향을 주지 않습니다. 또한 x와 y라는 두 가지 입력이 있는데 O(n)으로 표기하면 혼란을 줄 수 있으므로 O(n)으로 표기하지 않습니다.

7.4.20 예제 20: 합과 반복 횟수

다음 코드의 빅 오는 무엇인가요? 코드에서 x와 y는 양수입니다.

```
int div(int x, int y) {
    int count = 0;
    int sum = y;

    while (sum <= x) {
        sum += y;
        count++;
    }

    return count;
}
```

x와 y에 임의의 값을 넣어 반복 횟수를 계산하는 count 변수가 어떻게 변하는지 살펴보겠습니다. 먼저 x = 10, y = 4라고 가정하겠습니다. 이때 count는 10/2 = 5로 5가 됩니다. 동일한 방식으로 x = 14, y = 4일 때 count는 14/4 = 3.5로 3이 되고 x = 22, y = 3일 때 count는 22/3 = 7.3으로 7이 됩니다.

최악의 경우 count는 x/y이기 때문에 빅 오는 O(x/y)로 표현할 수 있습니다.

7.4.21 예제 21: 빅 오의 반복 횟수

다음은 주어진 숫자의 제곱근을 찾는 코드입니다. 빅 오는 무엇일까요?

```
int sqrt(int n) {
    for (int guess = 1; guess * guess <= n; guess++) {
        if (guess * guess == n) {
            return guess;
        }
    }

    return -1;
}
```

숫자 n이 144와 같은 제곱수라고 가정하겠습니다. 여러분도 아시다시피 144의 제곱근은 12입니다. guess 변수는 1부터 시작해 1씩 증가하여 guess * guess <= n에서 멈추기 때문에 guess가 1, 2, 3, ..., 12 순서로 값을 가진다는 것을 간단하게 알아챌 수 있습니다. guess가 12일 때 $12 \times 12 = 144$이며 for 문은 멈춥니다. 이때 for 문은 총 12번 실행됐으며 실행된 횟수는 sqrt(144)와 동일합니다.

제곱수가 아닌 수에도 같은 과정을 적용합니다. n이 15라고 가정하겠습니다. 이번에는 guess가 1, 2, 3이라는 값을 가질 것입니다. guess = 4일 때 $4 \times 4 > 15$이며 for 문은 멈춥니다. 반환값은 -1이고 for 문은 총 세 번 실행됐습니다. 결론적으로 for 문은 sqrt(n)번 만큼 수행되기 때문에 빅 오는 O(sqrt(n))으로 표현할 수 있습니다.

7.4.22 예제 22: 자릿수

다음은 정수의 각 자리의 숫자를 합하는 코드입니다. 빅 오는 무엇일까요?

```
int sumDigits(int n) {
    int result = 0;
    while (n > 0) {
        result += n % 10;
        n /= 10;
    }
    return result;
}
```

while 문에서는 매 반복마다 n을 10으로 나눕니다. 이렇게 하면 코드는 숫자의 가장 오른쪽에 있는 자릿수를 분리한 숫자를 구할 수 있습니다. 예를 들어 56643을 10으로 나누면 5664.3으로 일의 자리 숫자인 3을 소수점으로 분리할 수 있습니다. 모든 자릿수를 순회하기 위해 while 문은 자릿수와 동일한 횟수만큼 반복해야 합니다. 예를 들어 56643에서는 3, 4, 6, 6, 5를 순회하기 위해 while 문을 총 5번 반복 실행해야 합니다.

다섯 자리 수는 $10^5 = 100,000$까지의 값을 가집니다. 일반화하면 d자리 숫자 n은 10^d의 값을 가집니다. 따라서 자릿수는 다음과 같은 빅 오로 시간 복잡도를 표현할 수 있습니다.

$$10^d = n \equiv \log_2 n = d \equiv O(\log n)$$

7.4.23 예제 23: 정렬

다음 코드의 빅 오는 무엇일까요?

```
boolean matching(int[] x, int[] y) {
    mergesort(y);
    for (int i : x) {
        if (binarySearch(y, i) >= 0) {
            return true;
        }
    }
    return false;
}
```

예제 16에서 합병 정렬과 같은 많은 정렬 알고리즘의 실행 시간이 O($n\log n$)이라고 이야기했습니다. 이것은 mergesort(y)의 실행 시간이 O(ylogy)라는 의미입니다. 예제 7에서는 이진 검색 알고리즘의 실행 시간이 O(log$n$)이라고 이야기했습니다. 이것은 binarySearch(y, i)의 실행 시간이 O(logy)라는 의미입니다.

최악의 경우 for 문은 배열 x의 전체를 순회할 것이며 이진 검색 알고리즘은 x.length번 수행됩니다. 따라서 for 문의 실행 시간은 O(xlogy)입니다. 결론적으로 전체 빅 오는 O(ylogy) + O(xlogy) = O(ylogy + xlogy)로 표현할 수 있습니다.

끝입니다! 이것이 이 장에서 소개할 마지막 예제입니다. 다음으로 인터뷰에서 여러분이 빅 오를 결정하고 표현하는 데 도움이 될 수 있는 몇 가지 꿀팁을 알려드리겠습니다.

7.5 기술 인터뷰를 위한 꿀팁

기술 인터뷰에서 시간과 스트레스는 집중력에 영향을 미칠 수 있는 중요한 요소입니다. 이때 유형을 파악하고 몇 가지 예제를 생각한 뒤 정답을 맞히는 등의 역량을 갖추면 인터뷰에서 큰 점수를 얻을 수 있을 것입니다. 5장의 [그림 5-2]에서 설명했듯이 코딩 테스트를 해결하는 두 번째 단계가 바로 예제를 작성하는 것입니다. 마찬가지로 면접관이 코드를 줄 때도 빅 오를 결정할 때 예제를 작성하는 것이 상당히 유용합니다.

아마 여러분은 이미 눈치채셨겠지만, 이 장의 거의 모든 예제에서 하나 이상의 구체적인 예시 입력에 관한 실행 과정을 시각화했습니다. 이렇게 하면 코드의 세부 사항을 확실히 이해하고 입력을 파악하며 코드의 정적(상수) 및 동적(가변) 부분을 결정하고 코드 동작 방식에 관한 전반적인 그림을 그려볼 수 있습니다. 다음은 인터뷰에서 도움이 될 만한 몇 가지 꿀팁입니다.

- **알고리즘이 상수 시간이 필요한 작업을 한다면 빅 오는 O(1)입니다.**

  이러한 종류의 예제는 입력을 사용하여 상수 시간 작업을 수행합니다. 예를 들어 3개의 정수 x, y, w를 사용하여 $x - y$와 $y \times w$와 같은 계산을 합니다. 어떤 경우에는 혼란을 주고자 반복문도 추가합니다. 예를 들면 for (int i = 0; i < 10; i++)와 같은 계산식입니다. 따라서 알고리즘의 입력이 실행 시간에 영향을 미치는지 여부를 초반에 바로 파악하는 것이 매우 중요합니다.

- **알고리즘이 전체 배열 또는 리스트를 순회한다면 O(n)이 전체 빅 오 값에 포함될 수 있습니다.**

  코드는 보통 전체 입력을 순회하는 하나 이상의 반복문을 포함합니다. 이때 입력 데이터는 일반적으로 배열 또는 리스트입니다.

  예를 들어 a가 배열일 때 for(int i = 0; i < a.length; i++)와 같은 반복문을 사용합니다. 보통 이러한 구조는 실행 시간이 O(n)입니다. 경우에 따라 혼란을 주기 위해 반복문에 break 문을 검증하는 조건을 추가합니다.

  빅 오는 최악의 시나리오에 관해 결정해야 한다는 점을 잊지 마세요. 최악의 경우에서는 break 문을 검증하는 조건이 절대 발생하지 않을 수 있기 때문에 빅 오는 여전히 O(n)임을 염두에 두고 실행 시간을 평가해야 합니다.

- **알고리즘이 매 반복마다 입력 데이터를 반으로 줄인다면 O($\log n$)이 전체 빅 오 값에 포함될 수 있습니다.**

  예제 7에서 보았듯이 이진 검색 알고리즘은 O($\log n$)의 대표적인 경우입니다. 일반적으로 알고리즘의 실행 과정을 시각화하면 유사한 사례를 식별할 수 있습니다.

- **분기점을 가지는 재귀 문제는 O(차수^{깊이})가 전체 빅 오 값에 포함될 가능성이 높습니다.**

  이진 트리를 다루는 코드가 O($2^{깊이}$)라는 시간 복잡도를 갖는 가장 일반적인 경우입니다. 이때 '깊이'를 결정하는 방법에 유의해야 합니다. 예제 9에서 보았듯이 깊이는 최종 결과에 영향을 줄 수 있습니다. 예제 9에서는 O($2^{\log n}$)을 O(n)으로 줄여서 표현할 수 있었습니다.

- **메모이제이션 또는 태뷸레이션을 사용하는 재귀 알고리즘은 전체 빅 오 값이 O(n)일 가능성이 높습니다.**

  일반적으로 재귀 알고리즘은 O(2^n)과 같은 지수 실행 시간이 걸리지만, 메모이제이션이나 태뷸레이션과 같은 최적화를 통해 실행 시간을 O(n)으로 줄일 수 있습니다.

- **정렬 알고리즘은 일반적으로 전체 빅 오 값에 O($n \log n$)을 포함합니다.**

  힙 정렬이나 합병 정렬과 같은 많은 알고리즘은 실행 시간이 O($n \log n$)입니다.

일반적으로 많이 연습하고 테스트하는 예제를 다양하게 다룬 만큼, 이 꿀팁이 여러분에게 도움이 되기를 기대합니다.

7.6 마치며

7장에서는 인터뷰에서 매우 중요한 주제 중 하나인 빅 오를 다루었습니다. 주어진 코드에 관해 빅 오를 결정해야 할 때도 있지만, 여러분이 작성한 코드에 관한 빅 오를 결정해야 할 때도 있습니다. 인터뷰에서 빅 오를 건너뛰는 경우는 거의 없다는 의미입니다. 아무리 열심히 연습해도 빅 오는 항상 최고의 개발자들까지도 곤경에 빠뜨릴 수 있는 어려운 주제입니다. 다행히도 이 장에서 다룬 예제는 인터뷰에서 가장 유명하고 다양하게 파생된 문제의 완벽한 유형을 대표합니다.

8장에서는 인터뷰에서 선호하는 또 다른 주제인 재귀와 동적 프로그래밍을 다루겠습니다.

Chapter

8

재귀 및 동적
프로그래밍

8장에서는 면접관이 좋아하는 주제 중 하나인 재귀 및 동적 프로그래밍을 다룹니다. 이 두 주제는 함께 쓰이는 경우가 많으므로 모두 다룰 수 있어야 합니다. 일반적으로 면접관은 평범한 재귀 풀이법을 기대합니다. 하지만 여러분의 코드를 최적화할 방법을 물어보거나 실제로 코드를 최적화하도록 요구할 수도 있습니다. 즉, 면접관은 여러분이 동적 프로그래밍을 하는 모습을 보고 싶어 할 것입니다. 8장에서는 다음과 같은 주제를 다룹니다.

- 재귀의 개요

- 동적 프로그래밍의 개요

- 코딩 테스트

이 장을 마칠 때면 여러분은 다양한 재귀 알고리즘을 구현할 수 있을 것입니다. 여러분이 가진 능력을 활용해서 재귀 알고리즘을 빠르게 인식하고 구현할 수 있는 재귀 유형과 접근 방법을 상당히 많이 배울 것입니다. 첫 번째 주제인 재귀부터 살펴보겠습니다.

8.1 재귀의 개요

직접 또는 간접적으로 스스로를 호출하는 메서드를 재귀 메서드라고 부릅니다. 유명한 피보나치 수Fibonacci numbers 문제는 다음과 같이 재귀로 구현할 수 있습니다.

```java
int fibonacci(int k) {
    // 종료 조건
    if (k <= 1) {
        return k;
    }

    // 재귀 호출
    return fibonacci(k - 2) + fibonacci(k - 1);
}
```

앞 코드에는 두 가지 중요한 부분이 있습니다.

- **종료 조건**base case

  후속 재귀 호출 없이 값을 반환합니다. 특수한 입력 데이터의 경우 재귀 없이 함수를 실행할 수 있습니다.

- **재귀 호출** recursive call

`fibonacci` 메서드가 자신을 스스로 호출하므로 재귀 메서드라고 할 수 있습니다.

8.1.1 재귀 문제 인식하기

재귀 알고리즘으로 문제를 해결하기에 앞서 해당 알고리즘에 재귀가 정말 적합한 방법인지 파악해야 합니다. 인터뷰에서 사용되는 재귀 문제는 대부분 유명하기 때문에 이름으로 재귀 문제임을 알 수 있습니다. 예를 들어 피보나치 수, 숫자 목록 합계, 최대공약수, 팩토리얼, 재귀 이진 검색, 문자열 반전 등과 같은 문제는 유명한 재귀 문제입니다.

그럼 이 재귀 문제의 공통점은 무엇일까요? 사실 이 질문의 답을 알고 나면 다른 문제의 재귀 알고리즘도 알아볼 수 있습니다. 정답은 매우 간단합니다. 바로 "재귀 문제는 하위 문제로 구성될 수 있다"입니다. 즉, 메서드가 반환한 값을 해당 메서드가 반환한 다른 값으로 표현할 수 있습니다.

> **[Column] 재귀 문제인지 알아보는 방법**
>
> 하위 문제로 구성할 수 있는 문제는 재귀 알고리즘으로 해결하기 좋습니다. 이러한 문제는 보통 '~의 상위/하위 n을 나열하라', 'n번째 또는 모든 ~을 계산하라', '~하는 모든 솔루션을 찾아라', '~하는 모든 경우를 생성하라' 등과 같은 표현을 포함합니다.
>
> '~의 n번째'를 계산하려면 $n - 1$번째, $n - 2$번째 등을 계산해야 합니다. 예를 들어 $f(n)$을 계산하는 것은 $f(n - 1)$, $f(n - 2)$ 등을 계산하는 것과 같습니다. 이는 문제를 하위 문제로 나누는 것입니다. 재귀 문제를 인식하고 해결하는 데 가장 필요한 요소는 '연습'입니다. 많은 재귀 문제를 푼다면 재귀 문제를 알아보기란 식은 죽 먹기일 것입니다.

8.2 동적 프로그래밍의 개요

이번에는 동적 프로그래밍의 주요 측면을 집중적으로 살펴보고 동적 프로그래밍을 통해 평범한 재귀를 어떻게 최적화할 수 있는지 살펴보겠습니다. 재귀 최적화를 이야기하는 것은 동적 프로그래밍에 관해 이야기하는 것과 같습니다. 즉, 재귀 문제는 평범한 재귀 알고리즘을 사용하거나 동적 프로그래밍을 사용하여 해결할 수 있습니다.

이제 평범한 재귀 알고리즘에서 시작하여 동적 프로그래밍을 피보나치 수에 적용해보겠습니다. 다음 코드는 평범한 재귀 알고리즘의 원형이니 비교를 위해 기억해 둡시다.

```
int fibonacci(int k) {
    if (k <= 1) {
        return k;
    }

    return fibonacci(k - 2) + fibonacci(k - 1);
}
```

피보나치 수에 관한 평범한 재귀 알고리즘의 실행 시간은 $O(2^n)$이며 공간 복잡도는 $O(n)$입니다. 이유가 궁금하다면 7장을 다시 읽어보세요.

앞 코드에서 k = 7이라고 가정할 때 메서드 호출 관계를 다음과 같이 트리로 나타낼 수 있습니다.

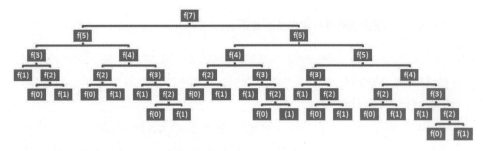

그림 8-1 평범한 재귀의 메서드 호출 트리

7장에서 소개했던 '빅 오 시간 복잡도 도표'를 보면 $O(2^n)$이 효과적인 성능과는 거리가 매우 멀다는 사실을 알 수 있습니다. 지수 실행 시간은 해당 도표에서 **끔찍한 성능**의 영역에 있습니다. 과연 이 알고리즘의 성능을 높일 수 있을까요? 물론입니다. 메모이제이션 접근법을 사용하면 성능을 개선할 수 있습니다.

8.2.1 메모이제이션

재귀 알고리즘이 동일한 입력에 관해 호출을 반복한다면 그것은 알고리즘이 중복된 작업을 한다는 의미입니다. 다시 말해 재귀 문제에는 중복하는 하위 문제가 존재하며, 문제 해결 과정에서 동일한 하위 문제를 여러 번 풉니다. 예를 들어 겹치는 문제를 강조해서 피보나치 수에 관한 메서드 호출 트리를 다음과 같이 다시 그릴 수 있습니다.

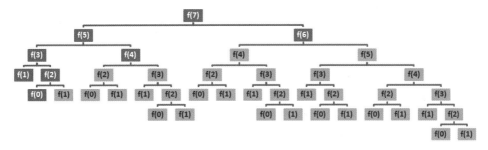

그림 8-2 중복된 작업을 나타낸 메서드 호출 트리

절반이 넘는 호출이 중복된 호출이라는 점이 확실하게 드러납니다.

메모이제이션(하향식 동적 프로그래밍)은 메서드에서 중복 작업을 제거할 때 사용하는 기법입니다. 이 기법은 동일한 입력에 관해 메서드를 한 번만 호출하도록 보장합니다. 이를 위해 메모이제이션은 주어진 입력에 관한 결과를 저장합니다. 즉, 이미 계산된 입력을 계산하고자 메서드를 호출해야 할 때 메모이제이션이 저장된 결과를 반환하여 메서드 호출을 하지 않는다는 의미입니다.

다음 코드는 피보나치 수를 계산하는 평범한 재귀 알고리즘을 메모이제이션으로 최적화합니다. 여기서 저장을 위한 배열은 cache로 표현했습니다.

```
int fibonacci(int k) {
    return fibonacci(k, new int[k + 1]);
}


int fibonacci(int k, int[] cache) {
    if (k <= 1) {
        return k;
    } else if (cache[k] > 0) {
        return cache[k];
    }

    cache[k] = fibonacci(k - 2, cache) + fibonacci(k - 1, cache);

    return cache[k];
}
```

이 코드를 바탕으로 메서드 호출 트리를 그려보면 다음과 같습니다.

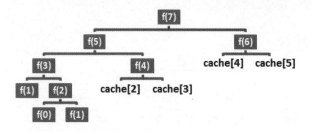

그림 8-3 메모이제이션의 메서드 호출 트리

메모이제이션의 메서드 호출 트리를 보면 메모이제이션이 재귀 호출의 수를 크게 줄였다는 점을 명백하게 확인할 수 있습니다. 메모이제이션에서는 `fibonacci` 메서드가 저장된 결과를 활용합니다. 실행 시간은 지수 시간인 $O(2^n)$에서 다항 시간인 $O(n)$으로 줄어들었습니다.

[**Column**] **하향식 접근법**

메모이제이션은 하향식 접근법이라고도 합니다. 하향식 접근법은 작은 풀이법으로 개발하는 방법을 설명하고 바로 최종 풀이법을 개발하므로 직관적이지 않습니다. 이것은 다음과 같이 말하는 것이나 다름없습니다.

"나는 책을 썼다. 어떻게? 책의 장을 썼다. 어떻게? 각 장의 절을 썼다. 어떻게? 각 절의 문단을 썼다."

공간 복잡도는 여전히 $O(n)$입니다. 과연 이 알고리즘의 공간 복잡도를 줄일 수 있을까요? 네, 물론입니다. 태뷸레이션 접근법을 사용하면 공간 복잡도를 개선할 수 있습니다.

8.2.2 태뷸레이션

태뷸레이션 또는 **상향식 접근법(상향식 동적 프로그래밍)**은 하향식 접근법보다 직관적입니다. 재귀 알고리즘은 기본적으로 종종 끝에서 시작해 역방향으로 작동하지만, 상향식 알고리즘은 앞에서 시작합니다. 상향식 접근법은 재귀 알고리즘의 단점을 방지하고 공간 복잡도를 줄입니다.

예를 들어 재귀 방식으로 `fibonacci(k)`를 계산할 때 k부터 시작해서 k - 1, k - 2와 같이 감소하며 0이 될 때까지 반복합니다. 상향식 접근법에서는 0부터 시작해서 1, 2, …와 같이 증가하며 k가 될 때까지 반복합니다. 다음 코드에서 볼 수 있듯이 상향식 접근법은 반복 실행을 활용한 접근법입니다.

```
int fibonacci(int k) {
    if (k <= 1) {
        return k;
    }

    int first = 1;
    int second = 0;
    int result = 0;

    for (int i = 1; i < k; i++) {
        result = first + second;
        second = first;
        first = result;
    }

    return result;
}
```

[Column] **상향식 접근법**

태뷸레이션은 상향식 접근법이라고도 합니다. 상향식 접근법은 재귀 알고리즘의 단점을 방지하므로 꽤 자연스럽게 동작합니다. 이것은 이렇게 말하는 것과 같습니다.

"나는 각 절의 문단을 썼다. 그리고? 각 장의 절을 썼다. 그리고? 모든 장을 썼다. 그리고? 책을 썼다."

상향식 접근법은 호출 스택을 쌓을 때 재귀에 의해 부과되는 메모리 비용을 줄여주므로 재귀 알고리즘의 단점인 스택 오버플로 에러가 발생할 수 있는 취약점을 제거합니다. 스택 오버플로 에러는 호출 스택이 지나치게 커져서 공간이 부족할 때 발생할 수 있습니다.

앞 피보나치 수 알고리즘의 실행 시간은 여전히 $O(n)$이지만 공간 복잡도는 $O(n)$에서 $O(1)$로 감소했습니다. 즉, 세 가지 기법별 피보나치 수 알고리즘의 복잡도는 다음과 같이 요약할 수 있습니다.

- **평범한 재귀**

    알고리즘은 실행 시간이 $O(2^n)$이며 공간 복잡도는 $O(n)$입니다.

- **메모이제이션 재귀**

    알고리즘은 실행 시간이 $O(n)$이며 공간 복잡도는 $O(n)$입니다.

- 태뷸레이션

　알고리즘은 실행 시간이 O(n)이며 공간 복잡도는 O(1)입니다.

이제 여러 가지 코딩 테스트를 살펴볼 차례입니다.

8.3 코딩 테스트

이 절에서는 15개의 코딩 테스트에서 재귀 및 동적 프로그래밍을 활용합니다. 이는 재귀 및 동적 프로그래밍 유형의 다양한 문제를 여러분이 이해하고 해결할 수 있도록 신중하게 설계한 것입니다.

이 장의 코딩 테스트 풀이가 끝나면 여러분은 인터뷰에서 재귀 문제가 무엇인지 알아보고 해결할 수 있을 것입니다.

8.3.1 코딩 테스트 1: 로봇 격자 지도

회사: 어도비, 마이크로소프트

문제: m × n 크기의 격자 지도에 로봇 하나가 이 격자 지도의 왼쪽 위 칸에 놓여 있습니다. 이 로봇은 한 번에 오른쪽이나 아래로만 한 칸씩 움직일 수 있으며 특정 칸으로는 이동할 수 없습니다. 로봇의 목표는 격자 지도의 왼쪽 맨 위 칸에서 오른쪽 맨 아래 칸까지 가는 경로를 찾는 것입니다.

풀이법: 먼저 m × n 크기의 격자 지도에 관한 몇 가지 규칙을 설정해야 합니다. 오른쪽 맨 아래 칸이 좌표 (0, 0)을 나타내고 왼쪽 맨 위 칸이 (m, n) 좌표를 나타낸다고 가정하겠습니다. 이때 m은 격자 지도의 행이고 n은 열입니다.

즉, 로봇은 (m, n)에서 시작하여 (0, 0)으로 가는 경로를 찾아야 합니다. 예를 들어 6 × 6 크기의 격자 지도를 그림으로 나타내면 다음과 같습니다.

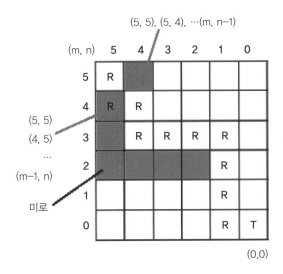

그림 8-4 움직이는 패턴 결정

[그림 8-4]를 살펴보면 (m, n) 칸에서 (m - 1, n) 또는 (m, n - 1)과 같은 인접한 칸으로 이동할 수 있다는 점을 알 수 있습니다. 예를 들어 로봇이 (5, 5)에 배치되면 로봇은 (4, 5) 또는 (5, 4)로 이동할 수 있습니다. 또한 (4, 5)에서는 (3, 5) 또는 (4, 4)로 이동할 수 있고, (5, 4)에서는 (5, 3) 또는 (4, 4)로 이동할 수 있습니다.

따라서 이 문제는 하위 문제로 나눌 수 있습니다. 목표한 칸으로 가는 경로를 찾아야 하는 문제는 인접한 칸으로 가는 경로를 찾는 하위 문제로 해결할 수 있습니다. 이것은 마치 재귀 알고리즘처럼 보입니다. 재귀에서는 문제를 위에서 아래로 접근하므로 [그림 8-4]에서 본 것과 같이 (m, n)에서 시작하여 원점 (0, 0)으로 이동합니다. 이것은 (m, n) 칸에서 (m, n - 1) 또는 (m - 1, n) 칸으로 이동하려고 한다는 것을 의미합니다.

이 과정을 코드로 표현하면 다음과 같습니다. 여기서 maze[][] 행렬은 이동이 불가능한 칸이 true로 표시된 boolean 행렬입니다. 예를 들어 maze[3][1] = true는 (3, 1) 칸으로 이동할 수 없다는 의미입니다.

코드 8-1 08/RobotGridMaze/src/main/java/coding/challenge/RobotGrid.java

```
public static boolean computePath(int m, int n, boolean[][] maze, Set<Point> path) {
    // 중간 생략

    // 격자 지도에서 벗어났기 때문에 반환합니다.
    if (m < 0 || n < 0) {
```

```
            return false;
        }

        // 이 칸으로는 이동할 수 없습니다.
        if (maze[m][n]) {
            return false;
        }

        // 목표에 도착했습니다(목표는 오른쪽 아래 칸입니다).
        if (((m == 0) && (n == 0))
          || computePath(m, n - 1, maze, path)    // 또는 오른쪽으로 이동할 수 있습니다.
          || computePath(m - 1, n, maze, path)) {  // 또는 아래쪽으로 이동할 수 있습니다.
            // 현재 칸을 경로에 추가합니다.
            path.add(new Point(m, n));

            return true;
        }

        return false;
    }
```

반환된 경로는 LinkedHashSet<Point>에 저장됩니다. 각 경로는 m + n단계를 포함하며 각 단계에서 선택할 수 있는 유효한 선택지는 두 가지뿐입니다. 따라서 실행 시간은 $O(2^{m+n})$입니다.

하지만 이동할 수 없는 칸(false를 반환한 칸)을 저장cache한다면 실행 시간을 $O(mn)$으로 단축할 수 있습니다. 이러한 방법으로 메모이제이션 접근법은 로봇이 이동할 수 없는 칸에 여러 번 접근하지 않도록 합니다. 이는 RobotGrid 클래스의 메모이제이션 코드인 computePath 메서드 중 if (visitFailed.contains(cell)) 부분을 참고하기 바랍니다.

또 다른 로봇 격자 지도 문제

로봇을 활용하는 또 다른 유명한 문제가 있습니다. m × n 크기의 격자 지도가 있다고 가정하겠습니다. 로봇 하나가 이 격자 지도의 왼쪽 맨 위 칸에 놓여 있습니다. 로봇은 한 번에 오른쪽이나 아래쪽으로 한 칸씩만 움직일 수 있습니다. 로봇의 목표는 격자 지도의 왼쪽 맨 위 칸에서 오른쪽 맨 아래 칸으로 가는 '모든 고유 경로'를 찾는 것입니다.

일반 재귀 알고리즘과 상향식 접근법으로 문제를 해결해보세요. 이 책에서 제공하는 예제 코드 중 '08/RobotGridAllPaths'의 RobotGrid.java와 Main.java의 코드를 확인하기 바랍니다.

8.3.2 코딩 테스트 2: 하노이의 탑

문제: 인터뷰에서 언제든지 마주칠 수 있는 고전적인 문제입니다.

하노이의 탑은 막대 A, B, C와 n개의 원반이 있습니다. 처음에는 모든 원반이 하나의 막대에 오름차순으로 배치됩니다. 가장 큰 원반 n은 가장 아래에 있고, 더 작은 원반 n – 1은 그 위에 놓여 있습니다. 이후 n – 2, n – 3 등의 원반이 같은 규칙으로 놓여 있으며, 가장 작은 원반 1이 가장 위에 있습니다.

하노이 탑 문제의 목표는 다음의 규칙에 맞게 시작 막대에서 다른 막대로 모든 원반을 옮기는 것입니다.

- 한 번에 하나의 원반만 옮길 수 있습니다.
- 한 막대의 가장 위에 있는 원반을 다른 막대로 옮길 수 있습니다.
- 옮기는 원반은 더 작은 원반 위에 놓을 수 없습니다.

풀이법: 하노이의 탑 문제를 푸는 가장 좋은 방법은 몇 가지 예제를 시각화하는 것입니다. 원반을 막대 A에서 막대 C로 옮긴다고 가정하겠습니다. 이제 n개의 원반을 막대 A에 넣겠습니다.

n = 1, 즉 옮길 원반이 하나만 있을 때는 해당 원반을 막대 A에서 막대 C로 옮겨야 합니다.

n = 2, 즉 원반 2개를 옮기려면 다음과 같은 단계를 거쳐야 합니다. 원반이 하나일 때 옮기는 방법은 이미 알고 있으므로 이 방법을 활용하여 각 단계를 수행(막대 하나에서 다른 막대로 옮기기)합니다.

1. 원반 1을 막대 A에서 B로 옮깁니다. 여기서 막대 B는 원반 1을 위한 중간 막대로 사용합니다.
2. 원반 2를 막대 A에서 C로 옮깁니다. 원반 2는 바로 최종 목표 지점으로 옮겨집니다.
3. 원반 1을 막대 B에서 C로 옮깁니다. 원반 1은 막대 3에 있는 원반 2의 위에 놓일 수 있습니다.

다음은 n = 3일 때, 즉 원반 3개를 옮길 경우입니다. 먼저 그림으로 살펴보겠습니다.

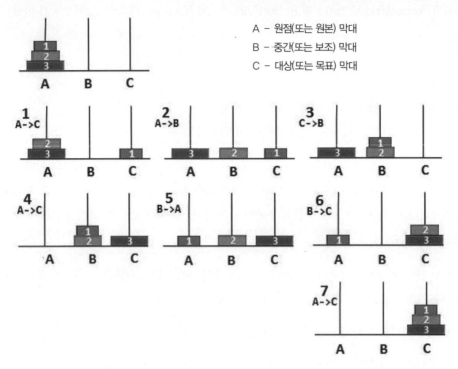

A - 원점(또는 원본) 막대
B - 중간(또는 보조) 막대
C - 대상(또는 목표) 막대

그림 8-5 하노이의 탑(원반 3개)

n = 2에서 본 내용을 통해 막대 A(원점)에서 C(대상)로 가장 위에 있는 원반 2개를 '옮기는 방법'을 알 수 있습니다. 다음과 같이 원반 2개를 막대 A에서 B로 옮겨봅시다.

1. 원반 1을 막대 A에서 C로 옮깁니다. 여기서는 막대 C가 중간 막대로 사용됩니다.

2. 원반 2를 막대 A에서 B로 옮깁니다.

3. 원반 1을 막대 C에서 B로 옮깁니다.

좋습니다. n = 2일 때 해봤던 작업이라 이해하기 쉬울 것입니다. 이제 원반 2와 3을 다음과 같은 단계에 걸쳐 C로 옮길 수 있습니다.

1. 원반 3을 막대 A에서 C로 옮깁니다.

2. 원반 1을 막대 B에서 A로 옮깁니다. 여기서는 막대 A가 중간 막대로 사용됩니다.

3. 원반 2를 막대 B에서 C로 옮깁니다.

4. 마지막으로 원반 3을 막대 A에서 C로 옮깁니다.

이러한 과정을 반복하다 보면 원반 3개를 옮길 줄 안다면 원반 4개도 옮길 수 있다는 것을 직감할 수 있습니다. 또한 원반 4개를 옮길 줄 안다면 원반 5개를 옮길 수 있을 것이고, 원반 몇 개가 있더라도 이러한 과정을 반복하면 옮길 수 있을 것입니다. 막대 A를 원점 막대로, B를 보조 막대로, C를 대상 막대로 설정하면 다음과 같이 n개의 원반을 옮길 수 있다는 결론을 내릴 수 있습니다.

- 상위 n − 1개의 원반을 원점 막대에서 중간 막대로 옮깁니다. 이때 대상 막대를 중간 막대 역할로 활용합니다.

- 상위 n − 1개의 원반을 중간 막대에서 대상 막대로 옮깁니다. 이때 원점 막대를 중간 막대 역할로 활용합니다.

이렇게 정리하면 하노이의 탑 문제가 하위 문제로 나눌 수 있는 문제라는 것을 명확하게 알 수 있습니다. 앞의 두 가지 단계에 따라 다음과 같이 코드를 작성할 수 있습니다.

코드 8-2 08/HanoiTowers/src/main/java/coding/challenge/Hanoi.java

```java
public static void moveDisks(int n, char origin, char target, char intermediate) {
    if (n <= 0) {
        return;
    }

    if (n == 1) {
        System.out.println("Move disk 1 from rod " + origin + " to rod " + target);
        return;
    }

    // 원점 막대의 상위 n − 1개 원반을 중간 막대로 옮기고,
    // 대상 막대를 중간 막대 역할로 활용합니다.
    moveDisks(n - 1, origin, intermediate, target);

    System.out.println("Move disk " + n + " from rod "
        + origin + " to rod " + target);

    // 중간 막대의 상위 n − 1개 원반을 대상 막대로 옮기고,
    // 원점 막대를 중간 막대 역할로 활용합니다.
    moveDisks(n - 1, intermediate, target, origin);
}
```

8.3.3 코딩 테스트 3: 요세푸스

회사: 아마존, 구글, 어도비, 마이크로소프트, 플립카트

문제: 1번부터 n번까지 총 n명의 사람이 원형으로 모여있습니다. 1명의 생존자만 남을 때까지, 원의 임의의 위치로부터 매 k번째 자리에 위치한 사람은 죽어야 합니다. 이때 생존자의 위치를 찾는 알고리즘을 작성하세요. 이것을 요세푸스 문제_Josephus problem_라고 합니다.

풀이법: 문제에서 'n번째를 계산하라'와 같은 표현을 포함할 때는 재귀로 해결하기 좋은 문제라고 이전에 언급한 적이 있습니다. 이 문제에도 'k의 위치를 찾아라'라는 표현이 있는 만큼 하위 문제로 나눌 수 있고 재귀로 해결할 수 있는 문제라고 할 수 있습니다.

여기에서는 n = 15이고 k = 3이라고 가정하겠습니다. 즉, 15명의 사람이 있고 1명만 남을 때까지 매 세 번째 사람은 원에서 제외됩니다. 문제를 시각화하면 제외할 규칙을 찾아내는 데 큰 도움이 되기 때문에 다음과 같이 시각화하겠습니다.

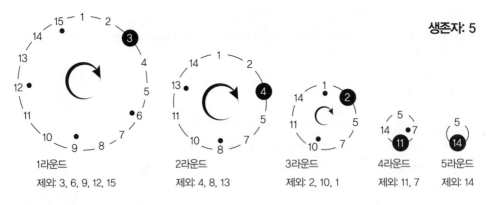

그림 8-6 n = 15와 k = 3에 관한 요세푸스

생존자를 찾을 때까지 다음과 같이 총 다섯 라운드가 진행됩니다.

- **1라운드:** 3번이 먼저 제외됩니다. 다음으로 6, 9, 12번과 15번이 제외됩니다.

- **2라운드:** 4번이 먼저 제외됩니다. 1라운드에서 15번이 마지막으로 제외되었기 때문에 1번과 2번은 건너뜁니다. 다음으로 8번과 13번이 제외됩니다.

- **3라운드:** 2번이 먼저 제외됩니다. 2라운드에서 13번이 마지막으로 제외되었기 때문에 14번과 1번은 건너뜁니다. 다음으로 10번과 1번이 제외됩니다.

- **4라운드:** 11번이 먼저 제외됩니다. 다음으로 7번이 제외됩니다.

- **5라운드:** 14번이 제외되고 5번이 생존자입니다.

앞 라운드에서 다음과 같이 관찰하면 패턴이나 재귀 호출을 인식할 수 있습니다. 첫 번째 사람 (k번째)이 제외된 후에는 n - 1명의 사람이 남습니다. 이것은 n - 1번째 사람의 위치를 계산하기 위해서 josephus(n - 1, k)를 호출한다는 것을 의미합니다. 그러나 josephus(n - 1, k)가 반환하는 위치는 k % n + 1에서 시작하여 계산한 위치입니다. 따라서 josephus(n - 1, k)가 반환하는 위치는 (josephus(n - 1, k) + k - 1) % n + 1로 조정해야 합니다. 재귀 메서드는 다음과 같습니다.

코드 8-3 08/Josephus/src/main/java/coding/challenge/Josephus.java

```java
public static int josephus(int n, int k) {
    // 중간 생략

    if (n == 1) {
        return 1;
    } else {
        return (josephus(n - 1, k) + k - 1) % n + 1;
    }
}
```

이 접근 방법이 생각보다 까다롭게 느껴진다면 큐를 사용한 반복 접근법을 사용할 수 있습니다. 먼저 큐를 n명의 사람으로 채웁니다. 다음으로 큐를 순회하면서 사람마다 poll 메서드를 호출하여 이 큐의 헤드를 검색하고 제거합니다. 만약 검색된 사람이 k번째가 아니라면 add 메서드를 호출하여 다시 큐에 삽입합니다. 만약 k번째가 맞다면 while 문을 빠져나와서 큐의 크기가 1이 될 때까지 이 과정을 반복합니다. 이것을 코드로 나타내면 다음과 같습니다.

코드 8-4 08/Josephus/src/main/java/coding/challenge/Josephus.java

```java
public static void printJosephus(int n, int k) {
    // 중간 생략

    Queue<Integer> circle = new ArrayDeque<>();

    for (int i = 1; i <= n; i++) {
        circle.add(i);
    }
```

```
    while (circle.size() != 1) {
        for (int i = 1; i <= k; i++) {
            int eliminated = circle.poll();
            if (i == k) {
                System.out.println("Eliminated: " + eliminated);
                break;
            }
            circle.add(eliminated);
        }
    }
    System.out.println("Using queue! Survivor: " + circle.peek());
}
```

8.3.4 코딩 테스트 4: 영역 구하기

회사: 아마존, 구글, 어도비, 마이크로소프트, 플립카트

문제: rows × cols 크기의 격자 지도가 있습니다. 여기서 rows은 행, cols는 열을 상징합니다. 각 칸은 색이 칠해져 있으며 color개의 숫자로 표현됩니다. 예를 들어 세 가지 색이 칠해진 경우에는 color = 3입니다. 행 또는 열이 연결된 상태로 각 칸이 이동할 수 있는 칸의 집합을 총 범위라고 정의하며, 각 범위는 동일한 색이 칠해져 있습니다. 이 문제의 목표는 최대로 연결된 칸 집합의 색과 포함된 칸의 개수를 구하는 것입니다. 즉, 가장 큰 색 영역을 구해야 합니다.

풀이법: 5 × 5 크기의 격자 지도가 세 가지 색상으로 칠해져 있다고 가정하겠습니다. 이때 rows = cols = 5이고 color = 3입니다. 이 격자 지도를 그림으로 나타내면 다음과 같습니다.

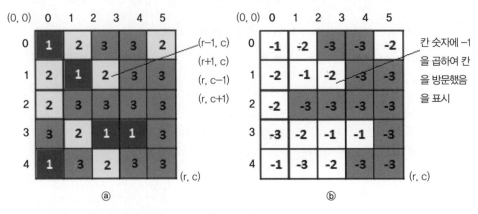

그림 8-7 가장 큰 영역(ⓐ =초기 격자 지도, ⓑ = 풀이가 완료된 격자 지도)

[그림 8-7]의 ⓐ부터 살펴보겠습니다(그림의 r은 rows, c는 cols입니다. 하나의 칸에서 다른 칸으로 이동할 때 위, 아래, 오른쪽, 왼쪽의 최대 네 방향으로 움직일 수 있다는 것을 알 수 있습니다. 즉 (rows, cols) 칸에서 (rows - 1, cols), (rows + 1, cols), (rows, cols - 1)과 (rows, cols + 1)로 이동할 수 있습니다. 만약 이동하려는 칸이 격자 지도의 범위를 벗어나거나 현재 칸의 색과 다른 색이 칠해져 있다면 이동할 수 없습니다. 따라서 (0, 0)부터 (rows, cols)까지 각 칸을 순회하면서 이동 가능한 칸을 방문하여 연결된 칸(색 영역)의 크기를 계산할 수 있습니다. 그림 ⓐ에서 1번 색으로 칠해진 영역은 4개이며 각 크기는 1, 1, 1, 2입니다. 2번 색으로 칠해진 영역은 6개이며 각 크기는 1, 1, 2, 1, 1, 1입니다. 마지막으로 3번 색으로 칠해진 영역은 3개이며 각 크기는 11, 1, 1입니다.

결론적으로 가장 큰 색 영역의 크기는 11이고 칠해진 색은 3번입니다. 가장 큰 색 영역의 크기를 찾기 위해서는 먼저 첫 칸과 연결된 영역이 가장 큰 영역이라고 가정하고, 해당 영역보다 더 큰 영역을 찾을 때마다 그 영역을 가장 큰 영역으로 설정해야 합니다.

이제 그림 ⓑ를 살펴보겠습니다. 이 그림에서 보이는 음수의 정체는 무엇일까요? 칸을 방문했을 때 값을 -값으로 변경한 것입니다. 이것은 동일한 영역을 여러 번 계산하는 것을 피할 때 사용하기 편리한 규칙입니다. 값을 음수로 변경하여 칸을 방문했다고 표시한 것입니다. 관례적으로 음숫값을 가진 칸으로는 이동할 수 없기 때문에 같은 색 영역을 두 번 계산하지 않을 것입니다.

그림에서 살펴본 내용을 종합하여 재귀 메서드를 구현하면 다음과 같습니다.

코드 8-5 08/BiggestColorSpots/src/main/java/coding/challenge/BiggestColorSpots.java

```java
public class BiggestColorSpots {
    private int currentColorSpot;

    void determineBiggestColorSpot(int cols, int rows, int a[][]) {
        // 구현 코드 생략
    }

    private void computeColorSpot(int i, int j, int cols, int rows, int a[][], int color) {
        a[i][j] = -a[i][j];
        currentColorSpot++;

        if (i > 1 && a[i - 1][j] == color) {
            computeColorSpot(i - 1, j, cols, rows, a, color);
```

```
        }

        if ((i + 1) < rows && a[i + 1][j] == color) {
            computeColorSpot(i + 1, j, cols, rows, a, color);
        }

        if (j > 1 && a[i][j - 1] == color) {
            computeColorSpot(i, j - 1, cols, rows, a, color);
        }

        if ((j + 1) < cols && a[i][j + 1] == color) {
            computeColorSpot(i, j + 1, cols, rows, a, color);
        }
    }
}
```

computeColorSplot 메서드는 주어진 칸부터 시작하여 색 영역의 크기를 계산할 수 있습니다. 한편 다음 코드는 가장 큰 색 영역을 결정하는 determineBiggestColorSpot 메서드입니다.

코드 8-6 08/BiggestColorSpots/src/main/java/coding/challenge/BiggestColorSpots.java

```
void determineBiggestColorSpot(int cols, int rows, int a[][]) {
    // 중간 생략

    int biggestColorSpot = 0;
    int color = 0;

    for (int i = 0; i < rows; i++) {
        for (int j = 0; j < cols; j++) {
            if (a[i][j] > 0) {
                currentColorSpot = 0;
                computeColorSpot(i, j, cols, rows, a, a[i][j]);

                if (currentColorSpot > biggestColorSpot) {
                    biggestColorSpot = currentColorSpot;
                    color = a[i][j] * (-1);
                }
            }
        }
    }
}
```

```
        System.out.println("\nColor: " + color + " Bigest spot: " + biggestColorSpot);
}
```

8.3.5 코딩 테스트 5: 동전 거스름돈

회사: 구글, 어도비, 마이크로소프트

문제: n센트의 금액이 있습니다. 쿼터(25센트), 다임(10센트), 니켈(5센트) 그리고 페니(1센트) 동전을 사용하여 금액을 맞출 수 있는 모든 조합을 계산하세요.

풀이법: 50센트의 잔돈을 거슬러줘야 하는 상황이라고 가정하겠습니다. 아마 여러분은 50센트를 거슬러주는 문제를 하위 문제로 해결할 수 있다는 점을 바로 알아챌 것입니다.

예를 들어 50센트는 0, 1 또는 2개의 쿼터를 사용하여 구성할 수 있습니다. 또한 0, 1, 2, 3, 4 또는 5개의 다임으로 구성할 수도 있습니다. 마찬가지로 0, 1, 2, 3, 4, 5, 6, 7, 8, 9, 또는 10개의 니켈로 구성하거나 0, 1, 2, 3, …, 50개의 페니로 구성할 수 있습니다.

쿼터 1개, 다임 1개, 니켈 2개와 페니 5개가 있다면 50센트를 구성하는 과정은 다음과 같이 나타낼 수 있습니다.

거스름돈 계산(50센트) = 쿼터 1개 + …

이것을 다르게 표현하면 다음과 같습니다.

거스름돈 계산(25센트) = 쿼터 0개 + …

쿼터는 1개뿐이므로 이제 남은 쿼터는 없습니다. 따라서 다임을 더합니다.

거스름돈 계산(25센트) = 쿼터 0개 + 다임 1개 + …

이것을 다르게 표현하면 다음과 같습니다.

거스름돈 계산(15센트) = 쿼터 0개 + 다임 0개 + …

다임도 1개뿐이므로 이제 남은 다임은 없습니다. 따라서 니켈을 더합니다.

거스름돈 계산(15센트) = 쿼터 0개 + 다임 0개 + 니켈 2개 + …

이것을 다르게 표현하면 다음과 같습니다.

거스름돈 계산(5센트) = 쿼터 0개 + 다임 0개 + 니켈 0개 + ...

니켈 2개를 모두 사용하여 이제 남은 니켈이 없기 때문에 페니를 더합니다.

거스름돈 계산(5센트) = 쿼터 0개 + 다임 0개 + 니켈 0개 + 페니 5개

이것을 다르게 표현하면 다음과 같습니다.

거스름돈 계산(0센트) = 쿼터 0개 + 다임 0개 + 니켈 0개 + 페니 0개

이처럼 네 가지 동전을 사용하여 50센트를 구성할 수 있는 모든 경우의 수를 표현하면 다음 그림과 같습니다.

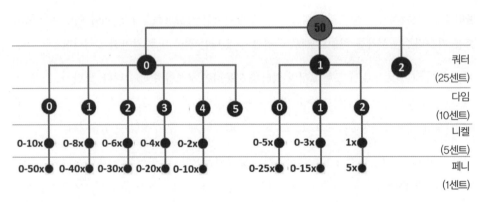

그림 8-8 50센트를 쿼터, 다임, 니켈과 페니로 거슬러 주는 경우의 수

이렇게 변형이 가능한 알고리즘은 다음 코드와 같이 재귀로 구현할 수 있습니다. 동일한 금액을 여러 번 계산하는 것을 방지하기 위해 **메모이제이션**을 사용한 점에 주목하세요.

코드 8-7 08/Coins/src/main/java/coding/challenge/Coins.java

```java
public static int calculateChangeMemoization(int n) {
    int[] coins = {25, 10, 5, 1};
    int[][] cache = new int[n + 1][coins.length];
    return calculateChangeMemoization(n, coins, 0, cache);
}


private static int calculateChangeMemoization(int amount,
                    int[] coins, int position, int[][] cache) {
    if (cache[amount][position] > 0) {
        return cache[amount][position];
    }
```

```
    if (position >= coins.length - 1) {
        return 1;
    }

    int coin = coins[position];
    int count = 0;
    for (int i = 0; i * coin <= amount; i++) {
        int remaining = amount - i * coin;
        count += calculateChangeMemoization(remaining, coins, position + 1, cache);
    }

    cache[amount][position] = count;
    return count;
}
```

참고로 예제 파일의 Coins.java에는 메모이제이션을 사용하지 않는 일반적인 재귀 알고리즘 코드인 calculateChange 메서드도 포함하고 있습니다.

8.3.6 코딩 테스트 6: 5개의 탑

문제: 5 × 5 크기의 격자 지도가 있고 방어 탑 5개가 세워져 있습니다. 최적의 방어를 하려면 격자 지도의 각 행에 방어 탑을 하나씩 배치해야 합니다. 탑 5개가 서로 다른 열과 대각선으로 위치할 수 있는 모든 방법을 찾으세요.

풀이법: 문제를 풀려면 각 행에 탑을 배치해야 하며 배치 순서는 중요하지 않습니다. 배치 조건을 만족하는 경우와 조건에 어긋나는 경우를 그려보면 다음과 같습니다.

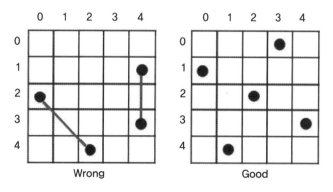

그림 8-9 조건에 어긋나는 경우(좌)와 조건을 만족하는 경우(우)

조건을 만족하는 배치를 찾기 위해 먼저 첫 번째 행인 0번 행부터 살펴보겠습니다. 첫 번째 행에서는 모든 열에 탑을 세울 수 있습니다. 이것을 좌표로 표현하면 다음과 같습니다.

- 첫 번째 탑을 $(0,0)$, $(0,1)$, $(0,2)$, $(0,3)$, $(0,4)$에 세울 수 있는지 확인합니다.

- 첫 번째 탑은 $(0,0)$, $(0,1)$, $(0,2)$, $(0,3)$, $(0,4)$에 세울 수 있습니다.

  - 첫 번째 탑을 $(0,2)$에 세웁니다.

그림 8-10 첫 번째 탑을 배치하는 방법

같은 방법으로 나머지 탑을 배치하는 과정을 다음과 같이 표현할 수 있습니다.

첫 번째 행:

- 첫 번째 탑을 $(0,0)$, $(0,1)$, $(0,2)$, $(0,3)$, $(0,4)$에 세울 수 있는지 확인합니다.

- 첫 번째 탑은 $(0,0)$, $(0,1)$, $(0,2)$, $(0,3)$, $(0,4)$에 세울 수 있습니다.

  - 첫 번째 탑을 $(0,2)$에 세웁니다.

    두 번째 행:

    - 두 번째 탑을 $(1,0)$, $(1,1)$, $(1,2)$, $(1,3)$, $(1,4)$에 세울 수 있는지 확인합니다.

    - 두 번째 탑은 $(1,3)$ 또는 $(1,4)$에 세울 수 있습니다.

      - 두 번째 탑을 $(1,4)$에 세웁니다.

      세 번째 행:

      - 세 번째 탑을 $(2,0)$, $(2,1)$, $(2,2)$, $(2,3)$, $(2,4)$에 세울 수 있는지 확인합니다.

      - 세 번째 탑을 $(2,0)$ 또는 $(2,2)$에 세울 수 있습니다.

        - 세 번째 탑을 $(2,2)$에 세웁니다.

      …

그림 8-11 탑 5개를 배치하는 과정

첫 번째 행부터 시작하여 첫 번째 탑을 $(0,0)$에 세웠습니다. 두 번째 행에서는 첫 번째 탑과 열이나 대각선이 겹치지 않도록 두 번째 탑을 세워야 합니다. 세 번째 행에서는 앞의 행과 열 2

개나 대각선이 겹치지 않도록 세 번째 탑을 세워야 합니다. 네 번째, 다섯 번째 탑도 같은 방법으로 세웁니다. 이렇게 하면 문제를 해결할 수 있습니다.

이제 이 과정을 반복합니다. 첫 번째 탑을 (0, 1)에 세우고, 5개의 탑을 같은 방법으로 세우면 두 번째 배치 방법을 찾을 수 있습니다. 다음으로 첫 번째 탑을 (0, 2), (0, 3)과 마지막으로 (0, 4)에 세우면서 이 과정을 반복하면 됩니다.

이 재귀 알고리즘은 다음과 같이 코드로 작성할 수 있습니다.

코드 8-8 08/FiveTowers/src/main/java/coding/challenge/FiveTower.java

```java
protected static final int GRID_SIZE = 5;  // (5 × 5)

private FiveTower() { throw new AssertionError("Cannot be instantiated"); }

public static void buildTowers(int row, Integer[] columns, Set<Integer[]> solutions) {
    // 중간 생략

    if (row == GRID_SIZE) {
        solutions.add(columns.clone());
    } else {
        for (int col = 0; col < GRID_SIZE; col++) {
            if (canBuild(columns, row, col)) {
                columns[row] = col;  // 탑을 세웁니다.
                buildTowers(row + 1, columns, solutions);  // 다음 행으로 넘어갑니다.
            }
        }
    }
}

private static boolean canBuild(Integer[] columns, int nextRow, int nextColumn) {
    for (int currentRow = 0; currentRow < nextRow; currentRow++) {
        int currentColumn = columns[currentRow];
        // 다른 탑과 같은 열에 탑을 세울 수 없습니다.
        if (currentColumn == nextColumn) {
            return false;
        }

        int columnsDistance = Math.abs(currentColumn - nextColumn);
        int rowsDistance = nextRow - currentRow;
```

```
        // 다른 탑과 같은 대각선에 탑을 세울 수 없습니다.
        if (columnsDistance == rowsDistance) {
            return false;
        }
    }

    return true;
}
```

8.3.7 코딩 테스트 7: 마법의 인덱스

회사: 어도비, 마이크로소프트

문제: n개의 요소를 가진 정렬된 배열이 있습니다. 이 배열의 요소는 중복된 값을 가질 수 있습니다. 배열의 k번째 요솟값이 k일 때, k는 마법의 인덱스입니다. 첫 번째 마법의 인덱스를 검색하는 재귀 알고리즘을 작성하세요.

풀이법: 먼저 18개의 요소를 가지는 정렬된 배열 2개를 그려보면 다음 그림과 같습니다.

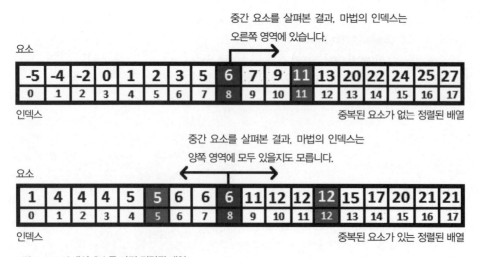

그림 8-12 18개의 요소를 가진 정렬된 배열

위에 있는 배열은 중복된 요소가 없으며 아래에 있는 배열은 중복된 요소를 포함합니다. 두 가지 배열을 비교해 보면 중복된 요소가 어떤 영향을 주는지 살펴볼 수 있습니다.

중복된 요소가 없는 배열은 중간 요소를 살펴봤을 때 arr[8] < 8로 인덱스보다 값이 작기 때문에 마법의 인덱스가 배열의 오른쪽 영역에 있다는 결론을 내릴 수 있습니다. 실제로 마법의 인덱스는 11로 배열의 오른쪽 영역에 있으며 arr[11] = 11입니다.

중복된 요소가 있는 배열은 중복된 요소가 없는 배열과 다르게 마법의 인덱스가 어느 쪽 영역에 위치할지 정확하게 결론을 내릴 수 없습니다. 마법의 인덱스는 양쪽 영역에 모두 존재할 수 있습니다. [그림 8-12]를 살펴보면 arr[5] = 5이며 arr[12] = 12입니다. 주어진 문제는 첫 번째 마법의 인덱스를 찾는 것이므로 왼쪽 영역을 먼저 검색해야 합니다.

어떻게 검색해야 할까요? 가장 확실한 방법은 배열을 순회하면서 각 요소에 관해 arr[k] = k 인지 확인하는 것입니다. 이 방법은 모든 정렬된 배열에 다 적용할 수 있겠지만, 재귀를 활용한 방법이 아니므로 면접관에게 깊은 인상을 남기지는 못할 것입니다. 따라서 다른 방법을 생각해야 합니다.

7장에서는 정렬된 배열에서 이진 검색 알고리즘으로 요소를 검색하는 예제를 살펴보았습니다. 이 알고리즘은 재귀로 구현할 수 있습니다. 각 단계에서 이전 단계의 배열을 절반으로 줄이고 하위 문제를 생성하기 때문입니다. 배열의 인덱스가 정렬되어 있기 때문에 이 문제에도 이진 검색 알고리즘을 적용할 수 있습니다.

이 문제를 해결할 때 가장 큰 어려움은 중복된 요소가 검색을 복잡하게 만든다는 점입니다. 배열을 반으로 줄인다고 해도 마법의 인덱스가 왼쪽이나 오른쪽 영역에 있다고 단언할 수 없습니다. 따라서 양쪽 영역을 모두 검색해야 합니다. 이러한 과정을 코드로 나타내면 다음과 같으며 여기서는 왼쪽 영역부터 검색합니다.

코드 8-9 08/MagicIndex/src/main/java/coding/challenge/MagicIndex.java

```java
public static int find(int[] arr) {
    if (arr == null) { return -1; }

    return find(arr, 0, arr.length - 1);
}

private static int find(int[] arr, int startIndex, int endIndex) {
    if (startIndex > endIndex) {
        return -1;  // 유효하지 않은 인덱스를 반환합니다.
    }
```

```
    // 인덱스 개수를 반으로 줄입니다.
    int middleIndex = (startIndex + endIndex) / 2;

    // 중간 인덱스의 값을 확인합니다.
    int value = arr[middleIndex];

    // 값과 인덱스가 같다면 마법의 인덱스입니다.
    if (value == middleIndex) {
        return middleIndex;
    }

    // 배열의 왼쪽 영역을 검색합니다.
    int leftIndex = find(arr, startIndex, Math.min(middleIndex - 1, value));
    if (leftIndex >= 0) {
        return leftIndex;
    }

    // 배열의 오른쪽 영역을 검색합니다.
    return find(arr, Math.max(middleIndex + 1, value), endIndex);
}
```

8.3.8 코딩 테스트 8: 떨어지는 공

문제: rows × cols 크기의 격자 지도가 있습니다. 각 (rows, cols) 칸에는 1에서 5 사이의 숫자로 고도가 표시되며, 숫자 5가 가장 높은 고도를 의미합니다. 공 하나가 격자 지도의 특정 칸에 놓입니다. 이 공은 위치한 칸보다 고도가 낮은 다른 칸으로 떨어질 수 있습니다. 공은 동서 남북의 네 방향으로 떨어질 수 있습니다. 초기 상태의 격자 지도와, 공이 가능한 모든 경로를 다 지나간 후의 격자 지도를 출력하세요. 공이 지나간 경로는 0으로 표시하세요.

풀이법: 항상 문제의 요구사항을 주의 깊게 살펴보세요. 이번 문제에서는 경로의 목록이나 수가 아닌, 경로가 표시된 격자 지도를 출력해야 합니다.

격자 지도를 출력하는 가장 쉬운 방법은 다음 코드와 같이 for 문 2개를 사용하는 것입니다.

```
for (int i = 0; i < rows; i++) {
    for (int j = 0; j < cols; j++) {
        System.out.format("%2s", elevations[i][j]);
```

```
    }

    System.out.println();
}
```

이제 5 × 5 크기의 격자 지도와 함께 입력과 출력값을 그려보겠습니다. 다음은 초기 상태의 격
자 지도를 3D로 표현하고 공이 떨어질 수 있는 하나의 경로를 표시한 그림입니다. 결과 격자
지도도 함께 확인할 수 있습니다.

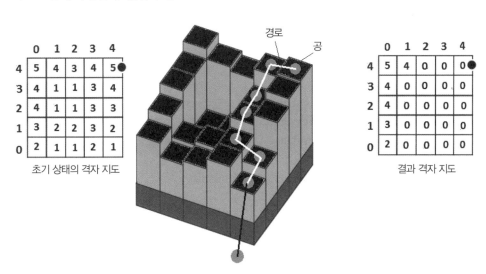

그림 8-13 떨어지는 공

여러분은 이제 다양한 예제를 경험한 만큼 이 문제를 재귀로 해결할 수 있다는 사실을 바로 직
감했을 것입니다. 공이 이동할 수 있는 모든 방향으로 이동한 후 방문한 칸을 0으로 표시합니
다. 예를 들어 (i, j) 칸에 공이 있을 때 (i - 1, j), (i + 1, j), (i, j - 1), (i, j + 1) 칸
이 현재 칸의 고도보다 낮다면 공을 이동할 수 있습니다. 이 과정을 코드로 나타내면 다음과
같습니다.

코드 8-10 08/TheFallingBall/src/main/java/coding/challenge/FallingBall.java

```java
public static void computePath(int prevElevation, int i, int j,
                          int rows, int cols, int[][] elevations) {
    if (elevations == null) {
        throw new IllegalArgumentException("Elevations cannot be null");
    }
```

```
    // 공이 격자 지도의 영역 안에 있는지 확인합니다.
    if (i >= 0 && i <= (rows - 1) && j >= 0 && j <= (cols - 1)) {
        int currentElevation = elevations[i][j];

        // 공이 이전 칸에서 현재 칸으로 떨어질 수 있는지 확인합니다.
        if (prevElevation >= currentElevation && currentElevation > 0) {
            // 다음 이동을 계산할 때 사용하기 위해 현재 고도를 저장합니다.
            prevElevation = currentElevation;

            // 이 칸을 방문했다고 표시합니다.
            elevations[i][j] = 0;

            // 공을 이동할 수 있는지 확인합니다.
            computePath(prevElevation, i, j - 1, rows, cols, elevations);
            computePath(prevElevation, i - 1, j, rows, cols, elevations);
            computePath(prevElevation, i, j + 1, rows, cols, elevations);
            computePath(prevElevation, i + 1, j, rows, cols, elevations);
        }
    }
}
```

8.3.9 코딩 테스트 9: 상자 쌓기

회사: 어도비, 마이크로소프트, 플립카트

문제: 폭($w_{1...n}$), 높이($h_{1...n}$), 색($c_{1...n}$)이 서로 다른 n개의 상자가 있습니다. 다음 조건을 충족하는 가장 높은 상자 탑을 쌓으세요.

- 상자를 회전할 수 없습니다.

- 같은 색의 상자를 연속으로 2개 배치할 수 없습니다.

- 각 상자 위에는 자신보다 폭과 높이가 모두 작은 상자만 쌓을 수 있습니다.

풀이법: 문제를 다음 그림과 같이 시각화할 수 있습니다.

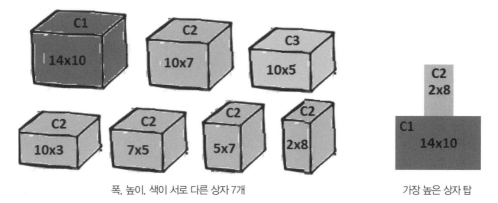

폭, 높이, 색이 서로 다른 상자 7개

가장 높은 상자 탑

그림 8-14 상자 쌓기

크기와 색이 서로 다른 7개의 상자(b, 예제 코드에서는 Box 클래스의 인스턴스)가 있을 때 아마 가장 높은 상자 탑은 b_1, ..., b_7의 모든 상자를 다 쌓은 탑일 것입니다. 하지만 단순히 상자를 쌓을 수는 없으며, 몇 가지 조건을 만족하도록 상자를 쌓아야 합니다. 상자 하나를 기본 상자로 선택한 후 다음과 같이 조건에 맞는 상자를 위에 쌓습니다.

> • 14×10 크기의 상자를 기본 상자로 선택합니다.
>
> > • 14×10 크기의 상자 위에는 10×7 크기의 상자를 쌓을 수 있습니다.
> >
> > > • 10×7 크기의 상자 위에는 다른 상자를 쌓을 수 없습니다. 총 높이는 17입니다.
> >
> > • 14×10 크기의 상자 위에는 10×5 크기의 상자를 쌓을 수 있습니다.
> >
> > > • 10×5 크기의 상자 위에는 다른 상자를 쌓을 수 없습니다. 총 높이는 15입니다.
> > > 이때, 총 높이가 17보다 작기 때문에 이 탑은 가장 높은 상자 탑이 될 수
> > > 없습니다.
> >
> > …
> >
> > • 14×10 크기의 상자 위에는 2×8 크기의 상자를 쌓을 수 있습니다.
> >
> > > • 2×8 크기의 상자 위에는 다른 상자를 쌓을 수 없습니다. 총 높이는 18입니다.
> > > 가장 높은 높이를 18로 업데이트합니다. 이것이 최종 결과입니다.

그림 8-15 가장 높은 상자 탑을 쌓을 상자를 선택하는 과정

앞 과정을 살펴보면 일련의 규칙을 발견할 수 있습니다. 하나의 상자를 기본 상자로 선택하고 남은 상자 중에 2층에 쌓을 수 있는 상자가 무엇인지 찾습니다. 3층과 그 이후 층도 같은 과정을 거칩니다. 다음으로 다른 기본 상자로 동일한 과정을 반복합니다.

모든 상자 위에는 자신보다 폭과 높이가 모두 작은 상자만 쌓을 수 있기 때문에 모든 상자를 폭 또는 높이의 내림차순으로 정렬할 수 있습니다. 폭과 높이 중 어느 것으로 정렬할지는 자유롭게 결정해도 좋습니다. 이렇게 하면 1과 n 사이에 있는 k가 $k < n$일 때 b_1, ..., b_k 순서로 쌓은 상자 탑에 관해 b_{k+1}, ..., n 사이를 검색하여 다음 층에 쌓을 수 있는 상자를 찾을 수 있습니다.

또한 메모이제이션을 통해 최고의 상자 탑 구성을 저장하여 같은 기본 상자에 대해 최고의 상자 탑 구성을 여러 번 계산하는 것을 방지할 수 있습니다.

코드 8-11 08/HighestColoredTower/src/main/java/coding/challenge/Tower.java

```java
// 메모이제이션
public static int buildViaMemoization(List<Box> boxes) {
    if (boxes == null) {
        return -1;
    }

    // 폭을 기준으로 상자를 정렬합니다(높이로 정렬해도 좋습니다).
    Collections.sort(boxes, new Comparator<Box>() {
        @Override
        public int compare(Box b1, Box b2) {
            return Integer.compare(b2.getWidth(), b1.getWidth());
        }
    });

    // 폭 기준으로 상자를 내림차순으로 정렬합니다.
    boxes.forEach(System.out::println);
    // 각 상자를 기본 상자(가장 아래에 위치한 상자)로 놓고 나머지 상자를 배치합니다.
    int highest = 0;
    int[] cache = new int[boxes.size()];

    for (int i = 0; i < boxes.size(); i++) {
        int height = buildMemoization(boxes, i, cache);
        highest = Math.max(highest, height);
    }
```

```
        return highest;
}

// 메모이제이션
private static int buildMemoization(List<Box> boxes, int base, int[] cache) {
    if (base < boxes.size() && cache[base] > 0) {
        return cache[base];
    }

    Box current = boxes.get(base);
    int highest = 0;

    // 상자가 정렬되어 있기 때문에 [0, base]의 범위는 고려하지 않습니다.
    for (int i = base + 1; i < boxes.size(); i++) {
        if (boxes.get(i).canBeNext(current)) {
            int height = buildMemoization(boxes, i, cache);
            highest = Math.max(height, highest);
        }
    }

    highest = highest + current.getHeight();
    cache[base] = highest;

    return highest;
}
```

참고로 Tower.java에는 이 문제에 관해 메모이제이션을 사용하지 않는 일반 재귀 알고리즘으로 풀이한 build 메서드도 포함합니다.

8.3.10 코딩 테스트 10: 문자열 순열

회사: 아마존, 구글, 어도비, 마이크로소프트, 플립카트

문제: 문자열의 모든 순열을 계산하고 다음 두 조건을 만족하는 알고리즘을 작성하세요.

- 주어진 문자열에는 중복 요소가 포함될 수 있습니다.

- 반환하는 순열 목록에는 중복 요소가 없어야 합니다.

풀이법: 다른 재귀 문제와 마찬가지로, 핵심은 서로 다른 하위 문제 사이의 관계와 규칙을 알아내는 것입니다. 아마도 여러분은 중복된 문자열에 관한 순열을 계산하는 것이 고유 문자를 가진 문자열에 관한 순열을 계산하는 것보다 더 복잡하다는 점을 직감할 것입니다. 따라서 고유 문자를 가진 문자열의 순열부터 이해해야 합니다.

문자열의 문자를 순열로 배치하는 가장 자연스러운 방법은 간단한 규칙을 따르는 것입니다. 문자열의 각 문자는 문자열의 첫 번째 문자와 위치를 바꿔서 문자열의 첫 번째 문자가 됩니다. 그리고 나머지 문자를 재귀 호출을 통해 순열로 배치합니다. 일반적인 경우를 살펴보겠습니다. 단일 문자를 포함하는 문자열의 경우 순열은 한 가지만 있습니다.

$$P(c_1) = c_1$$

문자를 하나 더 추가하면 순열을 다음과 같이 표현할 수 있습니다.

$$P(c_1 c_2) = c_1 c_2 와 c_2 c_1$$

문자를 하나 더 추가하면 c_1, c_2, c_3를 사용하여 순열을 표현해야 합니다. $c_1 c_2 c_3$의 각 순열은 다음과 같이 $c_1 c_2$의 순서를 나타냅니다.

$$c_1 c_2 \to c_1 c_2 c_3,\ c_1 c_3 c_2,\ c_3 c_1 c_2$$

$$c_2 c_1 \to c_2 c_1 c_3,\ c_2 c_3 c_1,\ c_3 c_2 c_1$$

$c_1 c_2 c_3$를 ABC라고 하겠습니다. P(ABC)를 나타내면 다음 그림과 같습니다.

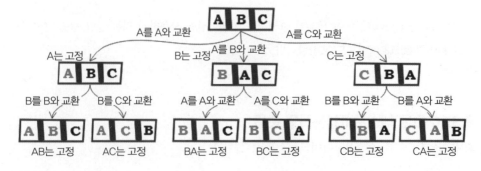

그림 8-16 ABC 순열 계산

문자를 하나 더 추가하면 순열을 c_1, c_2, c_3, c_4를 사용하여 표현해야 합니다. $c_1 c_2 c_3 c_4$의 각 순열은 다음과 같이 $c_1 c_2 c_3$의 순서를 나타냅니다.

$$c_1 c_2 c_3 \rightarrow c_1 c_2 c_3 c_4,\, c_1 c_2 c_4 c_3,\, c_1 c_4 c_2 c_3,\, c_4 c_1 c_2 c_3$$

$$c_1 c_3 c_2 \rightarrow c_1 c_3 c_2 c_4,\, c_1 c_3 c_4 c_2,\, c_1 c_4 c_3 c_2,\, c_4 c_1 c_3 c_2$$

$$c_3 c_1 c_2 \rightarrow c_3 c_1 c_2 c_4,\, c_3 c_1 c_4 c_2,\, c_3 c_4 c_1 c_2,\, c_4 c_3 c_1 c_2$$

$$c_2 c_1 c_3 \rightarrow c_2 c_1 c_3 c_4,\, c_2 c_1 c_4 c_3,\, c_2 c_4 c_1 c_3,\, c_4 c_2 c_1 c_3$$

$$c_2 c_3 c_1 \rightarrow c_2 c_3 c_1 c_4,\, c_2 c_3 c_4 c_1,\, c_2 c_4 c_3 c_1,\, c_4 c_2 c_3 c_1$$

$$c_3 c_2 c_1 \rightarrow c_3 c_2 c_1 c_4,\, c_3 c_2 c_4 c_1,\, c_3 c_4 c_2 c_1,\, c_4 c_3 c_2 c_1$$

이렇게 모든 경우의 수를 계속 나열할 수도 있지만 $P(c_1, c_2, ..., c_n)$을 생성하는 규칙이 꽤 확실하기 때문에 좀 더 효과적인 방법으로 순열을 나타낼 수 있습니다.

이제 이 문제를 해결할 방법을 한 단계 더 발전시킬 시간입니다. 다음과 같은 질문을 생각해보겠습니다. 만약 $k-1$개의 문자($c_1 c_2 ... c_{k-1}$)로 이루어진 문자열의 모든 순열을 계산할 수 있다면, k개의 문자($c_1 c_2 ... c_{k-1} c_k$)로 이루어진 문자열의 모든 순열을 계산할 때 이 정보를 어떻게 활용하면 좋을까요? 예를 들어 $c_1 c_2 c_3$ 문자열의 모든 순열을 계산하는 방법을 알고 있다면 $c_1 c_2 c_3 c_4$ 문자열의 모든 순열을 나타내기 위해 $c_1 c_2 c_3$ 순열을 어떻게 활용할 수 있을까요? 정답은 $c_1 c_2 ... c_k$ 문자열의 각 문자에 $c_1 c_2 ... c_{k-1}$ 순열을 덧붙이면 됩니다. 다음을 살펴볼까요?

$$P(c_1 c_2 c_3 c_4) = [c_1 + P(c_2 c_3 c_4)] + [c_2 + P(c_1 c_3 c_4)] + [c_3 + P(c_1 c_2 c_4)] + [c_4 + P(c_1 c_2 c_3)]$$

$$[c_1 + P(c_2 c_3 c_4)] \rightarrow c_1 c_2 c_3 c_4,\, c_1 c_2 c_4 c_3,\, c_1 c_3 c_2 c_4,\, c_1 c_3 c_4 c_2,\, c_1 c_4 c_2 c_3,\, c_1 c_4 c_3 c_2$$

$$[c_2 + P(c_1 c_3 c_4)] \rightarrow c_2 c_1 c_3 c_4,\, c_2 c_1 c_4 c_3,\, c_2 c_3 c_1 c_4,\, c_2 c_3 c_4 c_1,\, c_2 c_4 c_1 c_3,\, c_2 c_4 c_3 c_1$$

$$[c_3 + P(c_1 c_2 c_4)] \rightarrow c_3 c_1 c_2 c_4,\, c_3 c_1 c_4 c_2,\, c_3 c_2 c_1 c_4,\, c_3 c_2 c_4 c_1,\, c_3 c_4 c_1 c_2,\, c_3 c_4 c_2 c_1$$

$$[c_4 + P(c_1 c_2 c_3)] \rightarrow c_4 c_1 c_2 c_3,\, c_4 c_1 c_3 c_2,\, c_4 c_2 c_1 c_3,\, c_4 c_2 c_3 c_1,\, c_4 c_3 c_1 c_2,\, c_4 c_3 c_2 c_1$$

같은 방법으로 문자를 추가하며 반복할 수 있습니다. 이것은 재귀로 해결할 수 있으며 코드로 나타내면 다음과 같습니다.

코드 8-12 08/Permutations/src/main/java/coding/challenge/DuplicatePermutation.java

```java
public static Set<String> permute(String str) {
    if (str == null || str.isBlank()) {
        // 혹은 IllegalArgumentException 발생
        return Collections.emptySet();
```

```
    }

    return permute("", str);
}

private static Set<String> permute(String prefix, String str) {
    Set<String> permutations = new HashSet<>();
    int n = str.length();

    if (n == 0) {
        permutations.add(prefix);
    } else {
        for (int i = 0; i < n; i++) {
            permutations.addAll(permute(prefix + str.charAt(i),
                str.substring(i + 1, n) + str.substring(0, i)));
        }
    }

    return permutations;
}
```

앞 코드는 잘 동작합니다. List가 아닌 Set을 사용했기 때문에 '반환하는 순열 목록에는 중복 요소가 없어야 합니다'라는 요구사항을 준수합니다. 하지만 순열을 계산할 때는 중복 요소를 모두 고려해야 합니다. 예를 들어 'aaa'라는 문자열이 주어진다면, 실제로는 순열 1개만 있지만 동일한 순열을 6번 생성합니다. 단지 중복된 순열을 추가해도 결과를 Set으로 반환하므로 중복이 반영되지 않을 뿐입니다. 이 방법은 효율과는 거리가 멉니다.

중복된 순열을 계산하는 것은 다양한 방법으로 방지할 수 있습니다. 그중 한 가지 방법은 문자열의 각 문자의 개수를 세어 맵(Map)에 저장하는 것입니다. 예를 들어 'abcabcaa'라는 문자열의 경우 키-값 매핑은 a=4, b=2, c=2가 될 수 있습니다. 다음과 같이 간단한 메서드를 통해 이 작업을 수행할 수 있습니다.

코드 8-13 08/Permutations/src/main/java/coding/challenge/NoDuplicatePermutation.java

```
private static Map<Character, Integer> charactersMap(String str) {
    Map<Character, Integer> characters = new HashMap<>();
    BiFunction<Character, Integer, Integer> count = (k, v) -> (
        (v == null) ? 1 : ++v);
```

```
    for (char c : str.toCharArray()) {
        characters.compute(c, count);
    }

    return characters;
}
```

다음으로 이러한 문자들 중 하나를 첫 번째 문자로 선택하고 나머지 문자들의 순열을 찾습니다. 이 과정을 다음과 같이 표현할 수 있습니다.

$$P(a=4, b=2, c=2) = [a + P(a=3, b=2, c=2)] + [b + P(a=4, b=1, c=1)] + [c + P(a=4, b=2, c=1)]$$

$$P(a=3, b=2, c=2) = [a + P(a=2, b=2, c=2)] + [b + P(a=3, b=1, c=1)] + [c + P(a=3, b=2, c=1)]$$

$$P(a=4, b=1, c=1) = [a + P(a=3, b=1, c=1)] + [b + P(a=4, b=0, c=1)] + [c + P(a=4, b=1, c=0)]$$

$$P(a=4, b=2, c=1) = [a + P(a=3, b=2, c=1)] + [b + P(a=4, b=1, c=1)] + [c + P(a=4, b=2, c=0)]$$

$$P(a=2, b=2, c=2) = [a + P(a=1, b=2, c=2)] + [b + P(a=2, b=1, c=2)] + [c + P(a=2, b=2, c=1)]$$

$$P(a=3, b=1, c=1) = \dots$$

남은 문자가 없을 때까지 이 방법을 계속 적용합니다. 이것을 다음과 같이 간단한 코드로 나타낼 수 있습니다.

코드 8-14 08/Permutations/src/main/java/coding/challenge/NoDuplicatePermutation.java

```
public static List<String> permute(String str) {
    if (str == null || str.isBlank()) {
        // 혹은 IllegalArgumentException 발생
        return Collections.emptyList();
    }

    return permute("", str.length(), charactersMap(str));
}
```

```java
private static List<String> permute(
        String prefix, int strlength, Map<Character, Integer> characters) {
    List<String> permutations = new ArrayList<>();

    if (strlength == 0) {
        permutations.add(prefix);
    } else {
        // 다음 문자를 가져오고 나머지 순열을 생성합니다.
        for (Character c : characters.keySet()) {
            int count = characters.get(c);

            if (count > 0) {
                characters.put(c, count - 1);
                permutations.addAll(permute(prefix + c, strlength - 1, characters));
                characters.put(c, count);
            }
        }
    }

    return permutations;
}
```

8.3.11 코딩 테스트 11: 기사의 여행

회사: 아마존, 구글

문제: 8×8 크기의 격자무늬 체스판이 있습니다. 체스판에 기사(나이트)를 올려놓고 모든 고유한 이동 경로를 출력하세요.

풀이법: 이미 여러 문제에서 보았듯이 문제를 해결하는 가장 좋은 방법은 종이와 펜을 가지고 하나의 사례를 그려보는 것입니다. 백문이 불여일견입니다.

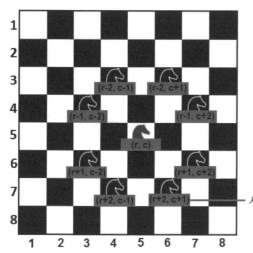

그림 8-17 기사의 여행

[그림 8-17]에서 보듯이 기사는 (r, c) 칸에서 최대 8개의 다른 유효한 칸로 이동할 수 있으며, 유효한 칸은 (r + 2, c + 1), (r + 1, c + 2), (r - 1, c + 2), (r - 2, c + 1), (r - 2, c - 1), (r - 1, c - 2), (r + 1, c - 2), (r + 2, c - 1)입니다. [그림 8-17]의 오른쪽 그림에서 보듯이 1에서 64번까지 경로를 찾으려면 주어진 위치에서 시작하여 각 유효한 칸을 재귀적으로 방문해야 합니다. 현재 경로가 문제의 조건에 적합하지 않거나 8개 방향의 칸에 관해 방문을 모두 시도했다면 역방향으로 돌아옵니다.

최대한 효율적으로 계산하려면 다음과 같은 점을 고려합니다.

- 체스판의 한구석에서 시작합니다. 이렇게 하면 기사는 처음에 8개 대신 2개 방향으로만 갈 수 있습니다.

- 정해진 순서에 따라서 유효한 칸을 확인합니다. 경로 방문의 순서를 정한다면 랜덤으로 칸을 선정하는 것보다 더 빠르게 새로운 경로를 찾을 수 있습니다. 예를 들어 (r, c)로부터 시계 반대 방향으로 이동하면 (r + 2, c + 1), (r + 1, c + 2), (r - 1, c + 2), (r - 2, c + 1), (r - 2, c - 1), (r - 1, c - 2), (r + 1, c - 2), (r + 2, c - 1)의 순서입니다.

- 배열 2개를 사용하여 순환 경로를 계산합니다. i가 [0, 7] 사이의 값일 때 (r, c)로부터 (r + ROW[i], c + COL[i])로 이동할 수 있습니다. 참고로 배열 COL[]과 ROW[]의 예는 다음과 같습니다.

```
    COL[] = { 1, 2, 2, 1, -1, -2, -2, -1, 1 };

    ROW[] = { 2, 1, -1, -2, -2, -1, 1, 2, 2 };
```

- 방문한 칸을 r × c 크기의 행렬에 저장하여 동일한 경로를 여러 번 반복하거나 중복된 작업을 수행하는 것을 방지할 수 있습니다.

이제 이 모든 조건을 통합해서 코드로 나타내면 다음 재귀 접근법으로 나타낼 수 있습니다.

코드 8-15 08/KnightTour/src/main/java/coding/challenge/KnightTour.java

```java
public class KnightTour {
    private final int n;

    // 생성자 관련 코드는 생략

    // 기사가 이동할 수 있는 8가지 이동 경로
    public static final int COL[] = {1, 2, 2, 1, -1, -2, -2, -1, 1};
    public static final int ROW[] = {2, 1, -1, -2, -2, -1, 1, 2, 2};

    public void knightTour(int r, int c, int cell, int visited[][]) {
        if (r < 0 || c < 0 || cell < 0) {
            throw new IllegalArgumentException(
                "The r, c and cell cannot be negative");
        }

        if (visited == null) {
            throw new IllegalArgumentException("The visited[][] cannot be null");
        }

        // 현재 칸을 방문했다고 표시합니다.
        visited[r][c] = cell;

        // 이미 경로를 찾았습니다.
        if (cell >= n * n) {
            print(visited);

            // 이전 경로로 돌아가며 방문 표시를 취소합니다.
            visited[r][c] = 0;
            return;
        }
```

```
        // 가능한 모든 이동 방향을 확인하고 각각의 유효한 이동에 관해 반복합니다.
        for (int i = 0; i < (ROW.length - 1); i++) {
            int newR = r + ROW[i];
            int newC = c + COL[i];

            // 새 위치가 유효하며 방문한 적이 없는 칸인지 확인합니다.
            if (isValid(newR, newC) && visited[newR][newC] == 0) {
                knightTour(newR, newC, cell + 1, visited);
            }
        }

        // 이전 경로로 돌아가며 방문 표시를 취소합니다.
        visited[r][c] = 0;
    }

    // (r, c)가 유효한 체스판 좌표인지 확인합니다.
    private boolean isValid(int r, int c) {
        return !(r < 0 || c < 0 || r >= n || c >= n);
    }

    // 결과 경로를 체스판 형식으로 출력합니다.
    private void print(int[][] visited) {
        // 내부 코드 생략
    }
}
```

8.3.12 코딩 테스트 12: 중괄호 여닫기

회사: 아마존, 구글, 어도비, 마이크로소프트, 플립카트

문제: 중괄호 쌍 n개의 유효한 조합을 모두 출력하세요. 유효한 조합은 중괄호가 제대로 열리고 닫히는 조합을 의미합니다. n = 3일 때 유효한 조합은 다음과 같습니다.

{{{}}}, {{}{}}, {{}}{}, {}{{}}, {}{}{}

풀이법: n = 1일 때 유효한 조합은 {}입니다.

n = 2일 때 가장 먼저 생각나는 조합은 {}{}일 것입니다. 하지만 n = 1일 때의 조합에 하나의 중괄호 쌍을 더하여 또 다른 조합 {{}}도 만들 수 있습니다.

한 단계 더 나아가서 n = 3일 때 가장 단순한 조합인 **()()()**을 생각할 수 있습니다. 또한 동일한 방식으로 n = 2일 때의 조합에 하나의 중괄호 쌍을 더하여 **{{()}}, {()()}, (){()}, {()()}** 조합을 만들 수 있습니다.

사실 이것은 중복을 제거하거나 무시한 결과입니다. n = 2를 기반으로 n = 3의 조합을 생성한 경우를 다음 그림과 같이 살펴보겠습니다.

n = 2일 때 조합은 다음과 같습니다.

n = 3일 때 조합은 다음과 같습니다.

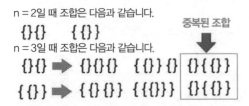

그림 8-18 중괄호의 중복된 조합

기존의 각 중괄호 쌍 안에 하나의 중괄호 쌍을 추가하고 가장 단순한 조합인 **()()...()**도 추가하면 재귀로 구현할 수 있는 규칙을 발견할 수 있습니다. 하지만 상당한 수의 중복된 조합을 처리해야 하므로, 최종 결과에 중복이 포함되지 않도록 추가 검사가 필요합니다.

간단한 관찰을 시작으로 다른 접근 방법을 생각해보겠습니다. 주어진 n에 대한 조합은 n개의 중괄호 쌍으로 총 2 * n개의 개별 중괄호를 갖습니다. 예를 들어 n = 3일 때 왼쪽 중괄호 3개 (**{{{**)와 오른쪽 중괄호 3개(**}}}**)로 총 6개의 중괄호가 서로 다른 유효한 조합으로 배열됩니다. 즉, 조합이 유효한 선에서 0개의 중괄호부터 왼쪽과 오른쪽 중괄호를 추가하여 유효한 조합을 생성할 수 있습니다.

물론 추가된 중괄호의 개수를 추적하여 최대 개수인 2 * n개를 초과하지 않도록 해야 합니다. 이때 따라야 하는 규칙은 다음과 같습니다.

- 모든 왼쪽 중괄호를 재귀 방식으로 추가합니다.
- 오른쪽 중괄호의 개수가 왼쪽 중괄호의 수를 초과하지 않는 선에서 오른쪽 중괄호를 재귀 방식으로 추가합니다.

즉, 앞 규칙의 핵심은 허용되는 왼쪽 및 오른쪽 중괄호 개수를 추적하는 것입니다. 왼쪽 중괄호가 남아 있는 한 왼쪽 중괄호를 추가하고 메서드를 재귀로 다시 호출합니다. 왼쪽 중괄호보다 오른쪽 중괄호가 더 많이 남았으면 오른쪽 중괄호를 삽입하고 메서드를 재귀 호출합니다.

이것을 코드로 표현하면 다음과 같습니다.

코드 8-16 08/Braces/src/main/java/coding/challenge/Braces.java

```java
public static List<String> embrace(int n) {
    List<String> results = new ArrayList<>();
    embrace(n, n, new char[n * 2], 0, results);

    return results;
}

private static void embrace(int leftHand, int rightHand,
            char[] str, int index, List<String> results) {
    if (rightHand < leftHand || leftHand < 0) {
        return;
    }

    if (leftHand == 0 && rightHand == 0) {
        // 유효한 조합을 찾았기 때문에 저장합니다.
        results.add(String.valueOf(str));
    } else {
        // 왼쪽 중괄호를 추가합니다.
        str[index] = '{';
        embrace(leftHand - 1, rightHand, str, index + 1, results);

        // 오른쪽 중괄호를 추가합니다.
        str[index] = '}';
        embrace(leftHand, rightHand - 1, str, index + 1, results);
    }
}
```

8.3.13 코딩 테스트 13: 계단

회사: 아마존, 어도비, 마이크로소프트

문제: 한 사람이 계단을 오르고 있습니다. 이 사람은 계단을 한 칸, 두 칸 또는 세 칸씩 한 번에 뛰어오를 수 있습니다. 이 사람이 계단 꼭대기에 도달할 수 있는 모든 방법의 수를 계산하세요.

풀이법: 먼저 한 칸, 두 칸 또는 세 칸씩 뛰어오르는 것이 어떤 의미를 가지는지 살펴보겠습니다. 한 칸을 뛰어오르는 것은 계산을 한 칸씩 차근차근 올라가며 모든 계단을 밟고 올라가는 것을 의미합니다. 두 칸을 뛰어오르는 것은 한 칸을 뛰어넘어서 다음 계단을 밟고 올라가는 것을 의미합니다. 마지막으로 세 칸을 뛰어오르는 것은 2개의 칸을 뛰어넘어서 세 번째 계단을 밟고 올라가는 것을 의미합니다.

예를 들어 세 칸짜리 계단이 있을 때 0번부터 3번 계단까지 네 가지 방법으로 올라갈 수 있습니다. 다음 그림과 같이 한 칸씩 오르면서 모든 계단을 밟고 올라가거나, 1번 계단을 뛰어넘어서 2번 계단을 밟고 3번 계단으로 올라갈 수도 있습니다. 또는 1번 계단을 밟고 2번 계단을 뛰어넘어서 3번 계단으로 올라갈 수도 있으며, 3번 계단으로 바로 뛰어오를 수도 있습니다.

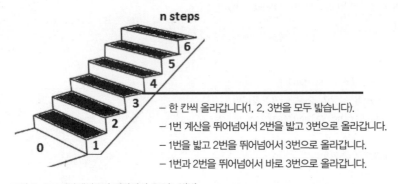

그림 8-19 계단에서 3번 계단까지 오르는 방법

이러한 원리를 기반으로 한 단계 더 나아가 n번째 계단까지 올라가는 방법을 생각해볼 수 있습니다. n번째 계단은 다음 과정을 통해 올라갈 수 있습니다.

- n − 1번째 계단에서 한 칸을 오릅니다.
- n − 2번째 계단에서 두 칸을 한 번에 뛰어오릅니다.
- n − 3번째 계단에서 세 칸을 한 번에 뛰어오릅니다.

또한 n − 1, n − 2, n − 3번째 계단도 이 과정을 거쳐서 올라갈 수 있습니다. 예를 들어 n − 2번째 계단에서 한 칸을 오르거나, n − 3번째 계단에서 두 칸을 한 번에 뛰어오르거나, 또는 n − 4번째 계단에서 세 칸을 한 번에 뛰어오르면 n − 1번째 계단에 도달할 수 있습니다.

이에 따라 n번째 계단에 도달할 수 있는 경로는 총 세 가지입니다. n − 1번째 계단에 도달할 수 있는 경로도 세 가지가 있습니다. 따라서 두 계단에 모두 도달하려면 3 + 3 = 6개의 경로가 있어야 합니다. 3 × 3 = 9개의 경로라고 생각할 수 있지만 그렇지 않습니다.

이제 모든 경로를 재귀적으로 추가하면 기대한 답을 얻을 수 있습니다. 또한 앞에서 여러 번 경험했듯이 메모이제이션을 활용할 수도 있습니다. 이렇게 하면 피보나치의 수에서와 같이 동일한 입력에 대해 메서드를 여러 번 호출하는 것을 방지할 수 있습니다.

코드 8-17 08/Staircase/src/main/java/coding/challenge/Staircase.java

```java
// 메모이제이션을 통한 재귀 알고리즘 최적화
public static int countViaMemoization(int n) {
    int[] cache = new int[n + 1];
    return count(n, cache);
}

private static int count(int n, int[] cache) {
    if (n == 0) {
        return 1;
    } else if (n < 0) {
        return 0;
    } else if (cache[n] > 0) {
        return cache[n];
    }

    cache[n] = count(n - 1, cache) + count(n - 2, cache) + count(n - 3, cache);
    return cache[n];
}
```

참고로 Staircase.java에는 메모이제이션을 사용하지 않는 일반 재귀 알고리즘으로 접근하는 count 메서드도 포함합니다.

8.3.14 코딩 테스트 14: 부분 집합 합계

회사: 아마존, 어도비, 마이크로소프트, 플립카트

문제: 양의 정수 집합 *arr*와 *s*라는 값이 있습니다. 이 배열에서 주어진 *s* 값과 합이 같은 부분 집합이 있는지 알아내는 코드를 작성하세요.

풀이법: 주어진 집합이 배열이 arr = { 3, 2, 7, 4, 5, 1, 6, 9 }이고 주어진 *s* 값을 givenSum 이라고 가정하겠습니다. givenSum = 7일 때 다음 그림과 같이 배열 arr에서 givenSum 값과 합이 같은 부분 집합은 2, 4, 1을 요소로 포함할 수 있습니다.

합계: 7 부분집합: 2 4 1

그림 8-20 합계가 7인 부분집합

요소 2, 4, 1을 포함하는 부분 집합은 정답의 일부에 불과합니다. 가능한 모든 부분 집합을 나열하면 { 3, 4 }, { 2, 4, 1 }, { 2, 5 }, { 7 }, { 1, 6 }, { 7 }입니다.

재귀 알고리즘 접근법

재귀 알고리즘으로 문제를 해결해보겠습니다. 부분 집합에 arr[0] = 3을 추가하면 givenSum = givenSum - arr[0] = 7 - 3 = 4에 대한 부분 집합을 찾아야 합니다. givenSum = 4에 대한 부분 집합을 찾는 것은 같은 방법을 사용하여 해결할 수 있는 하위 문제입니다. 즉, arr[1] = 2를 부분 집합에 추가할 수 있으며 다음 하위 문제는 givenSum = givenSum - arr[1] = 4 - 2 = 2에 대한 부분 집합을 찾는 것으로 구성됩니다.

또는 다음과 같이 생각할 수 있습니다. 먼저 currentSum = 0에서 시작합니다. arr[0] = 3을 이 합계에 추가하면 currentSum = currentSum + arr[0] = 3이 됩니다. 다음으로 currentSum과 givenSum이 일치하는지 확인합니다. 예를 들어 givenSum = 7일 때 currentSum = 3이므로 일치하지 않습니다. 만약 currentSum과 givenSum이 일치한다면 문제의 조건에 맞는 부분 집합을 찾은 것입니다. currentSum과 givenSum이 일치하지 않는다면 arr[1] = 2를 currentSum에 더하며 currentSum = currentSum + arr[1] = 3 + 2 = 5가 됩니다. 추가할 요소가 더 없을 때까지 이 과정을 반복합니다. currentSum에 모든 요소를 추가한 뒤에는 다시 currentSum에서 요소를 하나씩 제거하며 currentSum과 givenSum이 일치하는지 확인합니다. 즉, 가능한 모든 부분 집합을 만들고 그 합계가 givenSum과 같은지 확인합니다. 두 값이 같으면 현재 부분 집합을 출력합니다.

지금까지 살펴본 바에 따르면 모든 하위 문제를 반복해서 해결하면 분명히 결과를 얻을 수 있을 것입니다. arr의 각 요소에 대해서 해당 요소를 부분 집합에 포함할 것인지 혹은 포함하지 않을 것인지 선택해야 합니다. 이 조건에서 시작해 다음과 같은 알고리즘을 만들 수 있습니다.

- 주어진 arr와 길이가 같은 배열로 부분 집합을 정의합니다. 이 배열의 각 요솟값은 1 혹은 0입니다.

- 부분 집합 배열에서 arr의 각 요소에 해당하는 인덱스 값을 1로 설정하여 요소를 부분 집합에 재귀적으로 추가합니다. 주어진 givenSum과 현재 합계가 동일한지 확인합니다.

- 부분 집합 배열에서 arr의 각 요소에 해당하는 인덱스 값을 0으로 설정하여 요소를 부분 집합에 재귀적으로 제거합니다. 주어진 givenSum과 현재 합계가 동일한지 확인합니다.

다음 코드를 살펴보세요.

코드 8-18 08/SubsetSum/src/main/java/coding/challenge/Subsets.java

```java
// 재귀 알고리즘 접근법
public static void findSumRecursive(
        int[] arr, int index, int currentSum, int givenSum, int[] subset) {
    if (arr == null || arr.length == 0
            || index < 0 || currentSum < 0 || givenSum < 0
            || subset == null || subset.length != arr.length) {
        throw new IllegalArgumentException("The given argument(s) are wrong");
    }

    if (currentSum == givenSum) {
        System.out.print("\nSubset found: ");
        for (int i = 0; i < subset.length; i++) {
            if (subset[i] == 1) {
                System.out.print(arr[i] + " ");
            }
        }
    } else if (index != arr.length) {
        subset[index] = 1;
        currentSum += arr[index];

        findSumRecursive(arr, index + 1, currentSum, givenSum, subset);

        currentSum -= arr[index];
        subset[index] = 0;

        findSumRecursive(arr, index + 1, currentSum, givenSum, subset);
    }
}
```

이 코드의 시간 복잡도는 $O(n2^n)$이므로 효율적이지 않습니다.

이제 동적 프로그래밍을 통해 반복문으로 해결해보겠습니다. 이 방법을 사용하면 같은 문제를 여러 번 계산하는 것을 방지할 수 있습니다.

동적 프로그래밍 접근법

동적 프로그래밍을 통해 이 문제를 $O(s \times n)$의 시간 복잡도(s는 givenSum, n은 주어진 집합에 해당하는 배열 arr의 크기 arr.length)로 해결할 수 있습니다. 더 정확하게 말하면 상향식 접근법과 $(n+1) \times (s+1)$ 차원의 boolean 2차원 행렬을 사용하여 최적화할 수 있습니다.

이 구현 방식을 이해하려면 이 행렬에 값을 채우는 방법과 값을 읽는 방법을 이해해야 합니다. 주어진 배열 arr = { 5, 1, 6, 10, 7, 11, 2 }이고 givenSum = 9일 때 이 boolean 행렬은 다음 그림과 같이 초기 상태에서 시작합니다.

		0	1	2	3	4	5	6	7	8	9
		0	**1**	**2**	**3**	**4**	**5**	**6**	**7**	**8**	**9**
0	**0**	T	F	F	F	F	F	F	F	F	F
1	**5**	T									
2	**1**	T									
3	**6**	T									
4	**10**	T									
5	**7**	T									
6	**11**	T									
7	**2**	T									

그림 8-21 초기 행렬

[그림 8-21]에서 볼 수 있듯이 초기 행렬은 givenSum + 1 = 9 + 1 = 10개의 열과 arr.length + 1 = 7 + 1 = 8개의 행으로 이루어지며 0번 행과 열은 값이 채워져 있습니다. 이것이 배열의 기본 상태이며 다음과 같이 해석할 수 있습니다.

- 행렬의 첫 번째 행(0번 행, matrix[0][])을 0 또는 false(F)로 초기화합니다. 단, matrix[0][0]은 1 또는 true(T)로 초기화합니다. 즉, givenSum이 0이 아니면 집합의 크기 arr.length가 0일 때 이 합계를 만족하는 부분 집합은 만들 수 없습니다. 하지만 givenSum이 0이라면 0만 포함하는 부분 집합을 만들 수 있습니다. 따라서 0을 포함하는 부분 집합은 단일 합계로 0과 동일한 값을 가질 수 있습니다.

- 행렬의 첫 번째 열(0번 열, matrix[][0])을 1 또는 true(T)로 초기화합니다. 모든 부분 집합에 대해 합계가 0인 부분 집합을 만들 수 있기 때문입니다.

다음으로 각 행(5, 1, 6, …)을 F 또는 T로 채우려고 합니다. 배열 arr의 요솟값 5를 포함하는 두 번째 행을 살펴보겠습니다. 각 열에 대해 "배열 arr의 요솟값 5로 열 번호와 같은 합계를 만들 수 있나요?"와 같은 질문을 생각해보세요. 결과는 다음과 같습니다.

		0	1	2	3	4	5	6	7	8	9
		0	1	2	3	4	5	6	7	8	9
0	0	T	F	F	F	F	F	F	F	F	F
1	5	T									
2	1	T									
3	6	T									
4	10	T									
5	7	T									
6	11	T									
7	2	T									

그림 8-22 두 번째 행에 값을 채운 행렬

- 숫자 5로 합계 1을 만들 수 있나요? 아니요. 따라서 결과는 false(F)입니다.
- 숫자 5로 합계 2를 만들 수 있나요? 아니요. 따라서 결과는 false(F)입니다.

  …

- 숫자 5로 합계 5를 만들 수 있나요? 네. 따라서 결과는 true(T)입니다.
- 숫자 5로 합계 6을 만들 수 있나요? 아니요. 따라서 결과는 false(F)입니다.

  …

- 숫자 5로 합계 9를 만들 수 있나요? 아니요. 따라서 결과는 false(F)입니다.

이렇게 일일이 질문하는 과정을 나머지 행에 다 적용할 수도 있지만 점점 힘들어질 것입니다. 또한 알고리즘 없이 이러한 일련의 질문을 코드로 구현하기란 불가능합니다. 다행히도 각 (행, 열) 칸에 적용할 수 있는 알고리즘이 있습니다. 이 알고리즘은 다음과 같은 단계로 구성됩니다.

1. 현재 행 i에 할당된 배열 arr의 요솟값이 현재 열 j의 값보다 크다면 이전 칸 (i - 1, j)의 값을 현재 칸 (i, j)에 복사합니다.

2. 현재 행 i에 할당된 배열 arr의 요솟값이 현재 열 j의 값보다 작거나 같으면 (i - 1, j) 칸을 보고 다음을 수행합니다.

    a. (i - 1, j) 칸이 T이면 (i, j) 칸도 T로 채웁니다.

    b. (i - 1, j) 칸이 F면 (i, j) 칸은 (i - 1, j - 현재 행의 요솟값) 칸의 값으로 채웁니다.

이 알고리즘을 두 번째 행(배열 arr의 요솟값 5)에 적용하면 다음 그림과 같은 결과를 얻을 수 있습니다.

		0	1	2	3	4	5	6	7	8	9
		0	1	2	3	4	5	6	7	8	9
0	0	T	F	F	F	F	F	F	F	F	F
1	5	T	F	F	F	F	T	F	F	F	F
2	1	T									
3	6	T									
4	10	T									
5	7	T									
6	11	T									
7	2	T									

그림 8-23 두 번째 행에 알고리즘 적용

첫 번째 단계에 따라 (1, 1)부터 (1, 4)까지는 행의 배열 arr 요소값 5와 열의 인덱스를 비교하여 5 < 1, 5 < 2, 5 < 3, 5 < 4이기 때문에 이전 칸의 값을 복사합니다. (1, 5) 칸은 행의 요소와 열의 인덱스가 같기 때문에 두 번째 단계를 적용해야 합니다. 더 정확하게 말하자면 2-b 단계를 적용해야 합니다.

i가 1이고 j가 5이므로 2-b 단계에 따라 (1 - 1, 5 - 5), 즉 (0, 0) 칸을 확인하면 값이 T입니다. 따라서 (1, 5) 칸을 T로 채웁니다. 동일한 논리를 나머지 칸에도 적용됩니다. 예를 들어 (1, 6) 칸은 (0, 5) 칸의 값인 F로 채우고, (1, 7) 칸은 (0, 6) 칸의 값인 F로 채웁니다.

이 알고리즘을 모든 행에 적용하면 다음과 같이 채워진 행렬을 얻을 수 있습니다.

		0	1	2	3	4	5	6	7	8	9
		0	**1**	**2**	**3**	**4**	**5**	**6**	**7**	**8**	**9**
0	**0**	T	F	F	F	F	F	F	F	F	F
1	**5**	T	F	F	F	F	T	F	F	F	F
2	**1**	T	T	F	F	F	T	T	F	F	F
3	**6**	T	T	F	F	F	T	T	T	F	F
4	**10**	T	T	F	F	F	T	T	T	F	F
5	**7**	T	T	F	F	F	T	T	T	T	F
6	**11**	T	T	F	F	F	T	T	T	T	F
7	**2**	T	T	T	T	F	T	T	T	T	T

그림 8-24 완성된 행렬

행렬의 마지막 칸인 (7, 9)는 강조하여 표시했습니다. 오른쪽 맨 아래 칸의 값이 T이면 주어진 합을 만족하는 부분 집합이 최소 한 가지는 있다고 말할 수 있습니다. 만약 값이 F이면 부분 집합은 없습니다.

그림의 예제의 경우에는 합이 9인 부분 집합이 있습니다. 정말 부분 집합이 존재하는지 확인할 수 있을까요? 네, 다음 알고리즘을 통해 확인할 수 있습니다.

- 값이 T인 오른쪽 맨 아래 칸에서 시작합니다. 이 칸이 (i, j)에 있다고 하겠습니다.

    a. 이 칸의 위에 있는 (i - 1, j) 칸의 값이 F이면 현재 행의 요소를 저장하고 (i - 1, j - **현재 행의 요솟값**) 칸으로 이동합니다. 현재 행의 요소는 부분 집합에 포함됩니다.

    b. 이 칸의 위에 있는 (i - 1, j) 칸의 값이 T이면, (i - 1, j) 칸으로 이동합니다.

    c. 부분 집합의 모든 요소를 저장할 때까지 1-a 단계부터 다시 반복합니다.

[그림 8-24]의 예제에서 부분 집합의 경로를 나타내면 다음과 같습니다.

		0	1	2	3	4	5	6	7	8	9
		0	1	2	3	4	5	6	7	8	9
0	0	T	F	F	F	F	F	F	F	F	F
1	5	T	F	F	F	F	F	T	F	F	F
2	1	T	T	F	F	F	T	T	F	F	F
3	6	T	T	F	F	F	T	T	T	F	F
4	10	T	T	F	F	F	T	T	T	F	F
5	7	T	T	F	F	F	T	T	T	T	F
6	11	T	T	F	F	F	T	T	T	T	F
7	2	T	T	T	T	F	T	T	T	T	T

9 = 2 + 6 + 1이므로 부분 집합은 {2, 6, 1}입니다.

그림 8-25 부분 집합 결과 경로

오른쪽 맨 아래에 있는 (7, 9) 칸부터 시작하겠습니다. 이 칸의 값이 T이므로 합계가 9인 부분 집합을 찾을 수 있습니다. 다음으로 1-a 단계를 적용하여 7번 행의 요소인 2를 저장하고 (7 - 1, 9 - 2) = (6, 7) 칸으로 이동합니다. 현재까지 저장된 부분 집합은 { 2 }입니다.

다음으로 1-b 단계를 적용하여 (3, 7) 칸으로 이동합니다. (3, 7)의 위에 위치한 칸의 값이 F이므로 1-a 단계를 적용합니다. 먼저 3번 행의 요소인 6을 저장하고 (3 - 1, 7 - 6) = (2, 1) 칸으로 이동합니다. 현재까지 저장된 부분 집합은 { 2, 6 }입니다.

(2, 1)의 위에 위치한 칸의 값이 F이므로 1-a 단계를 적용합니다. 2번 행의 요소인 1을 저장합니다. 그런 다음 (2 - 1, 1 - 1) = (1, 0) 칸으로 이동합니다. (1, 0)의 위에 위치한 칸의 값은 T이므로 여기서 멈춥니다. 현재 부분 집합은 { 2, 6, 1 }이며 이것이 최종 부분 집합입니다. 확인해보면 확실히 2 + 6 + 1 = 9입니다.

다음 코드는 다른 세부 사항을 더 포함합니다. 이 코드는 주어진 합계에 해당하는 부분 집합이 있는지를 확인할 수 있습니다.

코드 8-19 08/SubsetSum/src/main/java/coding/challenge/Subsets.java

```java
// 동적 프로그래밍 접근법(상향식)
public static boolean findSumDP(int[] arr, int givenSum) {
    if (arr == null || arr.length == 0 || givenSum < 0) {
        throw new IllegalArgumentException("The given argument(s) are wrong");
    }
```

```java
    boolean[][] matrix = new boolean[arr.length + 1][givenSum + 1];

    // 첫 번째 행을 초기화합니다.
    for (int i = 1; i <= givenSum; i++) {
        matrix[0][i] = false;
    }

    // 첫 번째 열을 초기화합니다.
    for (int i = 0; i <= arr.length; i++) {
        matrix[i][0] = true;
    }

    for (int i = 1; i <= arr.length; i++) {
        for (int j = 1; j <= givenSum; j++) {
            // 먼저, 이전 행에서 값을 복사합니다.
            matrix[i][j] = matrix[i - 1][j];
            // matrix[i][j]가 false면 현재 행의 값이 F인지 T인지 계산합니다.
            if (matrix[i][j] == false && j >= arr[i - 1]) {
                matrix[i][j] = matrix[i][j] || matrix[i - 1][j - arr[i - 1]];
            }
        }
    }

    printSubsetMatrix(arr, givenSum, matrix);
    printOneSubset(matrix, arr, arr.length, givenSum);

    return matrix[arr.length][givenSum];
}
```

참고로 printSubsetMatrix와 printOneSubset 메서드의 구현은 Subsets.java에서 확인할 수 있습니다.

8.3.15 코딩 테스트 15: 줄바꿈

회사: 아마존, 구글, 어도비, 마이크로소프트, 플립카트

문제: 단어 사전과 문자열 str이 있습니다. 주어진 문자열 str을 공백으로 구분된 사전 단어의 시퀀스로 쪼갤 수 있는 경우 true를 반환하는 코드를 작성하세요.

풀이법: 구글과 아마존에서 흔히 볼 수 있는 문제로, 현재 필자가 글을 쓰는 시점에도 많은 중견기업이 문제로 채택하는 유형입니다. 구글 검색창에 띄어쓰기가 없는 이상한 문자열을 입력하면 구글은 문자열을 단어로 쪼개고 사용자에게 이것이 의도했던 문장이 맞는지 확인합니다. 예를 들어 '이것은유명한문제'라고 입력하면 구글은 '이것은 유명한 문제'라는 문장을 의도했는지 확인할 것입니다.

평범한 재귀 기반 풀이법

만약 주어진 문자열이 str = "thisisafamousproblem"이고 주어진 사전이 {"this", "is", "a", "famous", "problem"}라고 가정하면 'this is a famous problem'라는 결과를 도출할 수 있습니다. 이러한 결과를 어떻게 도출할 수 있을까요? 주어진 문자열을 공백으로 구분된 사전 단어 시퀀스로 쪼갤 수 있는지 어떻게 확인할 수 있을까요?

사례를 한 번 살펴보겠습니다. 주어진 문자열의 첫 번째 문자부터 시작하면 't'는 주어진 사전에 있는 단어가 아니라는 것을 알 수 있습니다. 't'에 다음 문자인 'h'를 추가하여 다시 살펴보겠습니다. 'th'는 주어진 사전에 있는 단어가 아니므로 세 번째 문자인 'i'를 추가해보겠습니다. 'thi' 역시 주어진 사전에 있는 단어가 아니므로 네 번째 문자인 's'를 추가합니다. 이제 'this'가 사전에 있는 단어이기 때문에 드디어 단어를 찾은 것입니다. 이 단어는 결과에 포함됩니다.

이 과정을 더 구체적으로 살펴보면 'this'라는 단어를 발견하고 난 후 초기 문제가 나머지 단어를 찾는 더 작은 문제로 축소됩니다. 문자를 추가할 때마다 문제는 더 작은 문제로 축소되지만 본질적으로는 같은 과정을 거치는 문제입니다. 이는 재귀로 구현하기 딱 좋다고 보입니다.

재귀 알고리즘에 관해 자세히 설명하자면 다음과 같은 단계를 수행해야 합니다.

1. 첫 번째 문자(index가 0)부터 주어진 문자열 str을 순회합니다.

2. 주어진 문자열에서 각 부분 문자열을 가져옵니다. 여기서 부분 문자열은 index부터 1, index부터 2, ..., index부터 str.length까지의 부분 문자열을 의미합니다. 즉, 현재 부분 문자열이 사전에 없는 단어라면 주어진 문자열에서 문자를 계속 추가합니다.

3. 현재 부분 문자열이 주어진 사전에 있는 단어일 때는 이 부분 문자열의 길이로 인덱스를 업데이트하고 index에서 str.length까지 나머지 문자열을 확인하며 재귀를 수행합니다.

4. index가 문자열의 길이에 도달하면 true를 반환하고 그렇지 않으면 false를 반환합니다.

이것을 코드로 나타내면 다음과 같습니다.

코드 8-20 08/WordBreak/src/main/java/coding/challenge/Words.java

```java
private static boolean breakItPlainRecursive(
        Set<String> dictionary, String str, int index) {
    if (index == str.length()) {
        return true;
    }

    boolean canBreak = false;

    for (int i = index; i < str.length(); i++) {
        canBreak = canBreak
            || dictionary.contains(str.substring(index, i + 1))
            && breakItPlainRecursive(dictionary, str, i + 1);
    }

    return canBreak;
}
```

코드의 실행 시간은 지수 시간으로 매우 비효율적입니다. 이제 동적 프로그래밍을 적용할 시간입니다.

상향식 접근법

재귀 대신 동적 프로그래밍을 적용할 수 있습니다. 더 자세히 말하자면 다음과 같이 상향식 접근법을 사용할 수 있습니다.

코드 8-21 08/WordBreak/src/main/java/coding/challenge/Words.java

```java
public static boolean breakItBottomUp(Set<String> dictionary, String str) {
    if (dictionary == null || str == null
            || dictionary.isEmpty() || str.isBlank()) {
        return false;
    }

    boolean[] table = new boolean[str.length() + 1];
    table[0] = true;
```

```
        for (int i = 0; i < str.length(); i++) {
            for (int j = i + 1; table[i] && j <= str.length(); j++) {
                if (dictionary.contains(str.substring(i, j))) {
                    table[j] = true;
                }
            }
        }

        return table[str.length()];
    }
```

이 코드도 여전히 실행 시간이 $O(n^2)$으로 지수 시간이 걸립니다. 일반적인 재귀 알고리즘보다는 낮더라도 여전히 개선할 점이 있습니다.

트라이 자료구조 기반 접근법

가장 효율적인 풀이법은 동적 프로그래밍과 트라이 자료구조 trie data structure 를 함께 사용하는 것입니다. 이 접근법이 가장 좋은 시간 복잡도를 보장합니다. 트라이 자료구조의 자세한 구현 방법은 『Java Coding Problems』(Packt, 2019)의 깃허브[1]에서 확인할 수 있습니다.

주어진 문자열을 단어 집합으로 쪼개는 방법을 생각해보죠. p가 str의 접두사이고 q가 str에서 남은 문자로 이루어진 접미사면 p와 q를 연결한 pq는 str입니다. 재귀를 통해 p와 q를 각각 단어 집합으로 분리할 수 있다면 두 단어 집합을 병합해 pq = str을 분리할 수 있습니다.

이제 주어진 단어 사전을 나타내는 트라이를 활용하여 풀이법을 찾아보겠습니다. p가 사전에 있는 단어라고 가정했을 때 p를 구성하는 방법을 찾아야 합니다. 바로 여기서 트라이가 필요합니다. p가 사전에 있는 단어이고 str의 접두사이므로 str의 처음 몇 글자로 구성된 경로를 통해 트라이에서 p를 발견할 수 있어야 합니다. 동적 프로그래밍으로 이를 수행하기 위해 table이라는 배열을 사용하겠습니다. 적절한 p를 찾을 때마다 table 배열의 |p| + 1번째 요소를 true로 표시합니다. 이때 |p|는 접두사 p의 길이입니다. 즉, 마지막 요소만 반복해서 확인하면 전체 문자열이 단어로 쪼개질 수 있는지 결정할 수 있다는 의미입니다. 이것을 코드로 나타내면 다음과 같습니다.

---

[1] 옮긴이: https://bit.ly/3O2yNcO

```java
public class Trie {
    private static final int CHAR_SIZE = 26;  // 알파벳 'a'부터 'z'까지

    private final Node head;

    public Trie() {
        this.head = new Node();
    }

    // 트라이 노드
    private static class Node {
        private boolean leaf;
        private final Node[] next;

        private Node() {
            this.leaf = false;
            this.next = new Node[CHAR_SIZE];
        }
    };

    // 트라이에 문자열을 삽입합니다.
    public void insertTrie(String str) {
        if (str == null) {
            throw new IllegalArgumentException("The given string cannot be null");
        }

        Node node = head;

        for (int i = 0; i < str.length(); i++) {
            if (node.next[str.charAt(i) - 'a'] == null) {
                node.next[str.charAt(i) - 'a'] = new Node();
            }

            node = node.next[str.charAt(i) - 'a'];
        }

        node.leaf = true;
    }
```

```java
// 주어진 문자열이 띄어쓰기로 구분되는 하나 이상의 사전 단어로
// 분리될 수 있는지 확인하는 메서드
public boolean breakIt(String str) {
    // 문자열의 첫 i개 문자가 사전 단어로 분리될 수 있으면 table[i]는 true입니다.
    boolean[] table = new boolean[str.length() + 1];
    table[0] = true;

    for (int i = 0; i < str.length(); i++) {
        if (table[i]) {
            Node node = head;
            for (int j = i; j < str.length(); j++) {
                if (node == null) {
                    break;
                }

                node = node.next[str.charAt(j) - 'a'];

                // [0, i]: 이미 알고 있는 정보입니다.
                // [i + 1, j]: 트라이에 있는 문자열을 사용합니다.
                if (node != null && node.leaf) {
                    table[j + 1] = true;
                }
            }
        }
    }

    // str에 있는 모든 문자가 사전 단어로 분리될 수 있으면 table[n]은 true입니다.
    return table[str.length()];
}
```

breakIt 메서드에 중첩된 for 문이 있으므로 이 풀이법의 실행 시간은 $O(n^2)$입니다. 실제로는 노드가 null이면 내부 for 문 실행이 중단됩니다. 그리고 최악의 시나리오에서는 k가 트라이에서 가장 깊은 경로일 때 k번 반복 실행해야 내부 for 문이 중단됩니다. 따라서 z라는 크기의 가장 긴 단어를 포함하는 사전의 경우 $k = z + 1$입니다. 이에 따라 내부 for 문의 시간 복잡도는 $O(z)$이고 총 시간 복잡도가 $O(nz)$입니다. 공간 복잡도는 O(트라이를 위한 메모리 공간 + 문자열의 길이)입니다.

참고로 Words.java에는 주어진 문자열에서 생성될 수 있는 모든 문자열을 출력할 수 있는 printAllSequences 메서드도 있습니다. 예를 들어 주어진 문자열이 "thisisafamousproblem" 이고 사전이 {"this", "th", "is", "a", "famous", "f ", "a", "m", "o", "u", "s", "problem"}라고 한다면 다음과 같이 네 가지 결과를 출력합니다.

- th is is a f a m o u s problem

- th is is a famous problem

- this is a f a m o u s problem

- this is a famous problem

끝났습니다! 이제 8장을 요약해볼까요?

8.4 마치며

8장에서는 인터뷰에서 매우 유명한 주제 중 하나인 재귀 알고리즘 및 동적 프로그래밍을 다뤘습니다. 이 주제를 정복하려면 많은 연습이 필요합니다. 다행히도 이 장에서는 가장 일반적인 재귀 알고리즘 유형을 다루는 포괄적인 문제를 모아서 볼 수 있었습니다. 격자 지도 기반의 순열 문제부터 하노이의 탑과 같은 고전적인 문제와 중괄호 생성과 같은 까다로운 문제에 이르기까지 광범위한 재귀 알고리즘 유형을 다뤘습니다.

재귀 알고리즘 문제를 해결하는 핵심 방법은 의미 있는 그림을 그려보고 여러 가지 사례를 연습하는 것임을 잊지 마세요. 그림 문제의 규칙과 재귀 호출할 내용을 알아낼 수 있습니다.

다음 9장에서는 비트 조작이 필요한 문제에 관해 설명합니다.

Chapter

9

비트 조작

9상에서는 기술 인터뷰에 등장했을 때 반드시 알아야 하는 비트 조작의 가장 중요한 측면을 다룹니다. 이러한 문제는 인터뷰에서 종종 경험할 수 있지만 쉽지 않은 문제입니다. 컴퓨터는 비트를 다루도록 설계되었지만 인간의 머리는 그렇게 설계되어 있지 않으므로 비트 조작은 매우 어렵고 실수하기 쉽습니다. 따라서 비트 연산을 할 때는 항상 여러 번 다시 확인하는 것이 좋습니다.

비트 조작 유형의 문제를 해결하려면 다음 두 가지가 매우 중요합니다.

- 비트 연산과 같은 비트 이론을 매우 잘 이해해야 합니다.
- 비트 조작을 가능한 한 많이 연습해야 합니다.

이 두 가지를 염두에 두면서 다음 주제를 살펴보아야 합니다.

- 비트 조작 이해
- 코딩 테스트

이론적인 부분부터 시작하겠습니다. 이론을 살펴보면서 그림을 많이 그려보는 것이 좋습니다. 코딩 테스트를 풀 때 그림을 활용할 일이 많을 것입니다.

9.1 비트 연산 개요

자바에서는 byte(8비트), short(16비트), int(32비트), long(64비트)과 char(16비트) 자료형의 비트를 조작할 수 있습니다.

예를 들어 양수 51에 대해 다음과 같이 이야기할 수 있습니다.

- 51을 이진법으로 표기하면 110011입니다.
- 51은 int형이기 때문에 32비트값으로 표기합니다. 0부터 31까지 1 또는 0의 값 32개로 표기합니다.
- 총 32개의 비트 중 110011의 왼쪽에 있는 모든 비트는 0으로 채워집니다.
- 즉, 51은 00000000 00000000 00000000 00110011입니다. 일반적으로 이진법으로 표기할 때 0을 덧붙여 표현하지 않기 때문에 110011로 나타냅니다.

9.1.1 자바 int형의 이진 표기법

51을 이진법으로 표기한 것이 110011이라는 것을 어떻게 알 수 있을까요? 112나 다른 자바 int형을 어떻게 이진법으로 표기할 수 있을까요? 간단한 방법 중 하나로 몫이 1보다 작아질 때까지 숫자를 2로 계속 나누고, 나머지를 0 또는 1로 표현하는 것이 있습니다. 이때 나머지가 0이면 0으로 표기하고 나머지가 0보다 크면 1로 표기합니다. 예를 들어 51에 이 방법을 적용하면 다음과 같습니다.

1. $51/2 = 25.5$는 몫이 25이고 나머지가 1입니다. → 1을 저장합니다.

2. $25/2 = 12.5$는 몫이 12이고 나머지가 1입니다. → 1을 저장합니다.

3. $12/2 = 6$은 몫이 6이고 나머지가 0입니다. → 0을 저장합니다.

4. $6/2 = 3$은 몫이 3이고 나머지가 0입니다. → 0을 저장합니다.

5. $3/2 = 1.5$는 몫이 1이고 나머지가 1입니다. → 1을 저장합니다.

6. $1/2 = 0.5$는 몫이 0이고 나머지가 1입니다. → 1을 저장합니다.

이렇게 해서 51의 이진 표기법인 110011을 얻었습니다. 나머지 26개의 비트는 0입니다 (00000000 00000000 00000000 00**110011**).

반대로 이진수를 십진수로 변환하려면 오른쪽에서 왼쪽으로 거슬러 올라가면서 비트가 1인 곳에 2의 거듭제곱 값을 더합니다. 110011에 적용해보면 $51 = 2^0 + 2^1 + 2^4 + 2^5$입니다. 이해를 돕기 위해 그림으로 나타내면 다음과 같습니다.

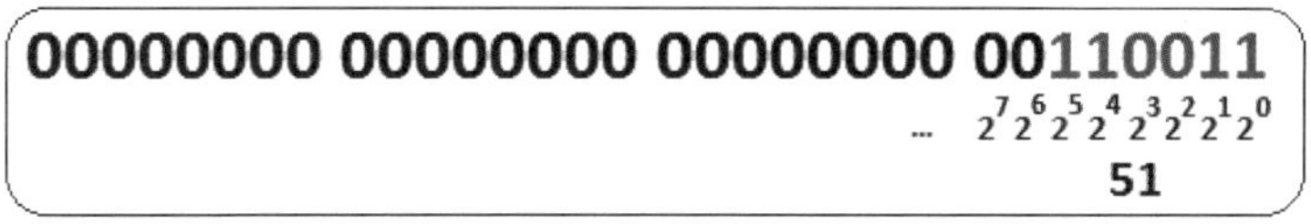

그림 9-1 이진수를 십진수로 변환하는 방법(32비트 정수)

자바에서는 Integer 클래스의 toString(int i, int radix) 또는 toBinaryString(int i) 메서드를 통해 숫자를 이진 표기법으로 빠르게 변환할 수 있습니다. 예를 들어 int radix(기수)의 2는 이진수를 의미합니다.

```
// 110011
System.out.println("Binary: " + Integer.toString(51, 2));
System.out.println("Binary: " + Integer.toBinaryString(51));
```

반내로 이신수를 십신수로 변환하려면 Integer 클래스의 parseInt(String nr, int radix) 메
서드를 사용하면 됩니다.

```
System.out.println("Decimal: " + Integer.parseInt("110011", 2));  // 51
```

9.1.2 비트 연산자

이번에는 비트 연산자를 살펴보겠습니다. 비트 연산자를 사용하면 비트를 조작할 수 있으므로
연산자를 이해하는 것이 매우 중요합니다.

여러 가지 연산자로 비트를 조작할 수 있습니다. 활용할 수 있는 연산자는 다음과 같습니다.

- **단항 비트 보수 연산자(~)**

  이 연산자는 단항이기 때문에 단일 피연산자가 필요하며 숫자 앞에 배치됩니다. 기본적
  으로 숫자의 모든 비트값을 뒤집습니다. 즉, 1은 0이 되고 0은 1이 됩니다. 예를 들어 5
  = 101일 때 ~5 = 010입니다.

- **비트 AND 연산자(&)**

  이 연산자는 피연산자 2개가 필요하고, 숫자 2개 사이에 배치되며, 두 숫자의 비트를 하
  나씩 비교합니다. 논리 AND 연산(&&)과 동일한 역할, 즉 비교하는 두 비트가 모두 1인
  경우에만 1을 반환합니다. 예를 들어 5 = 101이고 7 = 111일 때 5 & 7 = 101 & 111 =
  101 = 5입니다.

- **비트 OR 연산자(|)**

  이 연산자는 피연산자 2개가 필요하고, 숫자 2개 사이에 배치되며, 두 숫자의 비트를 하
  나씩 비교합니다. 논리 OR 연산(||)과 동일한 역할, 즉 비교하는 두 비트 중 적어도 하
  나가 1이거나 두 비트 모두 1이면 1을 반환하고 그렇지 않으면 0을 반환합니다. 예를 들
  어 5 = 101이고 7 = 111일 때 5 | 7 = 101 | 111 = 111 = 7입니다.

- **배타적 비트 OR(XOR) 연산자(^)**

  이 연산자는 피연산자 2개가 필요하고, 숫자 2개 사이에 배치되며, 두 숫자의 비트를 하
  나씩 비교합니다. 비교하는 두 비트가 서로 다른 값일 때만 1을 반환하고, 두 비트가 서
  로 같은 값이면 0을 반환합니다. 예를 들어 5 = 101이고 7 = 111일 때 5 ^ 7 = 101 ^ 111
  = 010 = 2입니다.

다음은 비트를 처리할 때 도움이 되는 비트 연산 표입니다. 기본적으로 비트 연산자의 동작 방식을 요약합니다. 9.3절을 읽을 때 다음 표를 펼쳐놓고 참고하기를 추천합니다.

표 9-1 편리한 비트 연산자 표

X	Y	X&Y	X¦Y	X^Y	~(X)
0	0	0	0	0	1
0	1	0	1	1	1
1	0	0	1	1	0
1	1	1	1	0	0

또한 다음 표는 비트 조작에 매우 유용한 몇 가지 팁을 나타냅니다. 0s 표기법은 일련의 0을 나타내고 1s 표기법은 일련의 1을 나타냅니다.

표 9-2 비트와 관련된 팁

$X ¦ 0_s = X$	$X ^\wedge 0_s = X$	$X \& 0_s = X$
$X ¦ 1_s = X$	$X ^\wedge 1_s = X$	$X \& 1_s = X$
$X ¦ X = X$	$X ^\wedge X = X$	$X \& X = X$

종이와 펜을 가지고 천천히 각 팁을 살펴보세요. 다른 팁도 찾아보기를 추천합니다.

9.1.3 비트 시프트 연산자

시프팅shifting은 비트 작업을 할 때 일반적으로 사용되는 연산입니다. 비트 시프트 연산자에는 부호 있는 왼쪽 시프트(<<), 부호 있는 오른쪽 시프트(>>)와 부호 없는 오른쪽 시프트(>>>)가 있습니다. 시프팅은 byte(8비트), short(16비트), int(32비트), long(64비트)과 char(16비트)에서 동작합니다. 비트 시프트 연산자는 예외를 발생시키지 않습니다.

부호 있는 왼쪽 시프트

부호 있는 왼쪽 시프트 또는 왼쪽 시프트(<<)는 피연산자 2개를 사용합니다. 왼쪽 시프트는 첫 번째 피연산자(왼쪽 피연산자)의 비트를 가지고 두 번째 피연산자(오른쪽 피연산자)에서 지정한 자릿수만큼 왼쪽으로 시프트합니다.

예를 들어 다음은 23을 세 자리만큼 왼쪽으로 시프트한 23 << 3의 결과입니다.

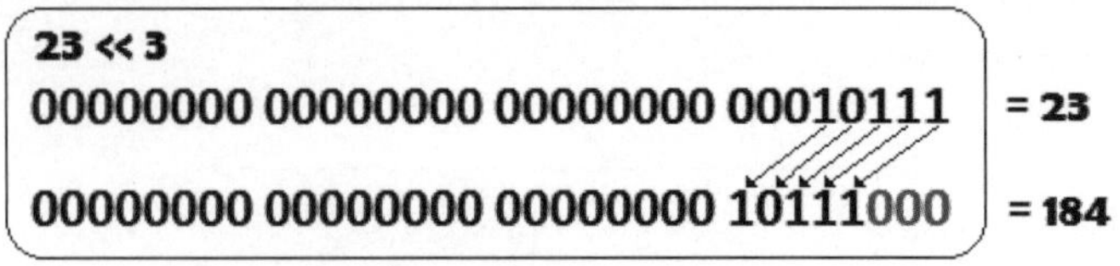

그림 9-2 부호 있는 왼쪽 시프트

그림에서 볼 수 있듯이 정수 23(10111)의 모든 비트는 왼쪽으로 3자리 이동하고 오른쪽의 모든 자리는 자동으로 0이 채워집니다.

[Column] **부호 있는 왼쪽 시프트의 두 가지 팁**

부호 있는 왼쪽 시프트의 특정 경우에 매우 유용하게 사용할 수 있는 두 가지 팁이 있습니다.

1. 숫자를 n자리만큼 왼쪽으로 시프트하는 것은 2^n을 곱하는 것과 같습니다. 예를 들어 23 << 3은 184와 같으며 $184 = 23 \times 2^3$과 같습니다.
2. 시프트할 자릿수는 자동으로 32에 대해 나머지 연산을 수행한 값으로 감소합니다. 즉, 23 << 35는 23 << (35 % 32)으로 23 << 3과 같습니다.

자바의 음수

먼저, 이진수 표현 자체는 숫자가 음수인지 아닌지를 알려주지 않는다는 점을 명심해야 합니다. 컴퓨터가 음수를 나타내려면 몇 가지 규칙이 필요합니다.

일반적으로 컴퓨터는 **2의 보수**two's complement라고 알려진 방법으로 정수를 저장합니다. 자바도 이 표현을 사용합니다. 짧게 설명하자면 2의 보수는 음수의 이진 표현이며 모든 비트의 값을 반전시킵니다. 그 후 1을 더하고 비트 부호의 왼쪽에 1을 덧붙입니다. 맨 왼쪽 비트가 1이면 그 숫자는 음수입니다. 그렇지 않으면 양수입니다.

예를 들어 4비트 정수 −5를 살펴보겠습니다. 부호를 나타내는 비트 1개와 값을 나타내는 비트 3개가 있습니다. 양수 5는 101로, 음수 −5는 **1**011로 표현됩니다. 101을 반전시키면 010이 되고 여기에 1을 더하면 011이 됩니다. 마지막으로 부호 비트 1을 왼쪽에 추가하면 **1**011이 됩니다. 이때 굵게 표시한 **1**은 비트 부호를 나타냅니다. 이렇게 해서 하나의 부호 비트와 3개의 값을 나타내는 비트를 확인했습니다.

2의 보수를 만드는 또 다른 방법이 있습니다. 음수 $-Q$를 n비트 이진수로 표현할 때 $2^{n-1} - Q$ 의 앞에 1을 붙여서 표현할 수 있습니다.

부호 있는 오른쪽 시프트

부호 있는 오른쪽 시프트 또는 산술 오른쪽 시프트(>>)는 2개의 피연산자를 사용합니다. 부호 있는 오른쪽 시프트는 첫 번째 피연산자(왼쪽 피연산자)의 비트를 가지고 부호를 유지하면서 두 번째 피연산자(오른쪽 피연산자)에서 지정한 자릿수만큼 오른쪽으로 시프트합니다.

예를 들어 다음은 -75를 한 자리만큼 오른쪽으로 시프트한 -75 >> 1의 결과입니다. -75는 부 호 비트가 **최상위 비트**most significant bit, MSB인 8비트 정수입니다.

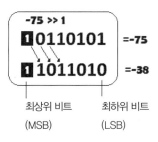

그림 9-3 부호 있는 오른쪽 시프트

그림에서 볼 수 있듯이 -75(10110101)의 모든 비트는 오른쪽으로 1자리 이동하고 부호 비트 는 유지됩니다. 이때 **최하위 비트**least significant bit, LSB가 바뀐 것을 확인할 수 있습니다.

[Column] **부호 있는 오른쪽 시프트의 두 가지 팁**

부호 있는 오른쪽 시프트의 특정 경우에 매우 유용하게 사용할 수 있는 두 가지 팁이 있습니다.

1. 숫자를 n자리만큼 오른쪽으로 시프트하는 것은 2^n으로 나누는 것과 같습니다. 예를 들어 24 >> 3은 3과 같고 $3 = 24/2^3$입니다.

2. 시프트할 자릿수는 32에 대해 나머지 연산을 수행한 값으로 자동으로 감소합니다. 즉, 23 >> 35는 23 >> (35 % 32)으로 23 >> 3과 같습니다.

모든 비트가 1인 이진수는 10진수로 -1을 나타냅니다.

부호 없는 오른쪽 시프트

부호 없는 오른쪽 시프트 또는 논리 오른쪽 시프트(>>>)는 2개의 피연산자를 사용합니다. 부호 없는 오른쪽 시프트는 첫 번째 피연산자(왼쪽 피연산자)의 비트를 가지고 두 번째 피연산자(오른쪽 피연산자)에서 지정한 자릿수만큼 오른쪽으로 시프트합니다. 최상위 비트는 0으로 지정됩니다. 양수에서는 부호 없는 오른쪽 시프트와 부호 있는 오른쪽 시프트의 결과가 같지만, 음수는 항상 양수로 변한다는 차이점이 있습니다.

예를 들어 다음은 −75를 1자리만큼 오른쪽으로 시프트한 -75 >>> 1의 결과입니다. −75는 부호 비트가 최상위 비트인 8비트 정수입니다.

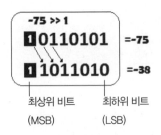

그림 9-4 부호 없는 오른쪽 시프트

> tip 시프트할 자릿수는 32에 대해 나머지 연산을 수행한 값으로 자동으로 감소합니다. 즉, 23 >>> 35는 23 >>> (35 % 32)이며 이것은 23 >>> 3과 같습니다.

비트 시프트 연산자가 무엇인지 이해했다면 이제 비트를 다루는 더 많은 요령을 살펴볼까요?

9.1.4 비트를 다루는 요령

비트 연산자를 통해 비트를 조작할 때는 뛰어난 기술과 함께 몇 가지 팁과 요령이 필요합니다. 이 장의 앞부분에서 이미 몇 가지 팁을 살펴보았습니다. 몇 가지를 더 추가하여 살펴보겠습니다.

- 같은 숫자를 짝수 번 XOR(^)하면 결과는 0입니다.

  x ^ x = 0

  x ^ x ^ x ^ x = (x ^ x) ^ (x ^ x) = 0 ^ 0 = 0

- 같은 숫자를 홀수 번 XOR(^)하면 결과는 해당 숫자입니다.

```
x ^ x ^ x = x ^ (x ^ x) = x ^ 0 = x

x ^ x ^ x ^ x ^ x = x ^ (x ^ x) ^ (x ^ x) = x ^ 0 ^ 0 = x
```

- p > 0, q > 0이고 q가 2의 거듭제곱수일 때 p % q는 p & (q - 1)로 계산할 수 있습니다. 이 책과 함께 제공되는 예제 코드 '09/ComputeModuloDivision'에서 확인해보세요.

- 양수 p에 대해 (p & 1) != 0이면 p는 홀수이고 (p & 1) == 0이면 p는 짝수라고 할 수 있습니다. 이 책과 함께 제공되는 예제 코드 '09/OddEven'에서 확인해보세요.

- 어떤 숫자 p와 q에 대해 (p ^ q) == 0이면 p는 q와 같다고 할 수 있습니다. 이 책과 함께 제공되는 예제 코드 '09/CheckEquality'에서 확인해보세요.

- 어떤 정수 p와 q에 대해 p = p ^ q ^ (q = p)를 수행하면 두 정수를 서로 바꿀 수 있습니다. 이 책과 함께 제공되는 예제 코드 '09/SwapTwoIntegers'에서 확인해보세요.

9.2 코딩 테스트

총 25개의 코딩 테스트를 살펴보면서 비트 조작의 다양한 측면을 활용할 것입니다. 이런 종류의 문제는 굉장히 머리를 많이 써야 하는 문제이기 때문에 인터뷰에서 자주 출제합니다. 비트를 다루는 코드를 이해하기는 쉽지 않으므로, 천천히 시간을 갖고 각 문제와 코드를 분석하는 것이 좋습니다. 이것이 비트 조작에 관한 문제를 해결하기 위해 사용할 몇 가지 패턴과 템플릿을 얻을 수 있는 유일한 방법입니다.

다음 표는 여러분들이 반드시 알아야 하는 4가지 비트마스크^{bit-mask}입니다.

표 9-3 비트마스크

표현식	비트마스크	예시
1 << k	0000...10000000...	k = 5, 000...100000
~(1 << k)	111111...01111111...	k = 5, 111...011111
(1 << k) - 1	000000...111111...	k = 5, 000...11111
-1 << (k + 1)	11111...000000...	k = 5, 111...000000

비트마스크를 알아두면 비트를 조작하는 다양한 문제를 해결하는 데 유용할 것입니다.

9.2.1 코딩 테스트 1: 비트값 가져오기

문제: 32비트 정수 n이 있습니다. 주어진 위치 k에 있는 n의 비트값을 반환하는 코드를 작성하세요.

풀이법: n = 423이라고 가정하겠습니다. 423을 이진수로 표현하면 110100111입니다. k = 7일 때 7번 위치의 비트를 굵게 표시하며 값은 1입니다. 이것을 어떻게 구할 수 있을까요? n >> k 를 통해 주어진 숫자를 k자리만큼 오른쪽으로 시프트하면 됩니다. 이렇게 하면 k번째 비트는 0번째 위치로 이동합니다. 즉, 110100111 >> 7 = 000000011과 같이 수행할 수 있습니다. 다음으로 AND(&) 연산자를 적용하여 1 & (n >> k)를 수행합니다.

$$0\quad 0\quad 0\quad 0\quad 0\quad 0\quad 0\quad 1\quad 1$$
$$\underline{\qquad\qquad\qquad\qquad\qquad\qquad 1}\&$$
$$1$$

그림 9-5 이진 표현

0번 위치의 비트값이 1이면 AND(&) 연산자는 1을 반환하고 그렇지 않으면 0을 반환합니다. 이것을 코드로 나타내면 다음과 같습니다.

코드 9-1 09/GetBitValue/src/main/java/coding/challenge/Bits.java

```java
public static char getValue(int n, int k) {
    if (k < 0 || k > 31) {
        throw new IllegalArgumentException("The position must be between 0 and 31");
    }

    int result = 1 & (n >> k);
    // 혹은 int result = n & (1 << k);

    if (result == 0) {
        return '0';
    }

    return '1';
}
```

또는 1 & (n >> k)를 n & (1 << k)로 변경하여 풀 수도 있습니다. 천천히 분석해보세요.

9.2.2 코딩 테스트 2: 비트값 설정하기

회사: 아마존, 구글, 어도비, 마이크로소프트, 플립카트

문제: 32비트 정수 n이 있습니다. 주어진 위치 k에 있는 n의 비트값을 0이나 1로 설정하는 코드를 작성하세요.

풀이법: n = 423이라고 가정하겠습니다. 423을 이진수로 표현하면 110100111입니다. k = 7일 때 7번 위치의 비트를 현재 값인 1에서 0으로 어떻게 변경할 수 있을까요? [표 9−1]의 비트 연산자 표를 살펴보면 AND(&)가 피연산자 2개를 가지고 1 & 0 = 0 또는 (7번 비트) & 0 = 0 을 수행할 수 있는 유일한 연산자라는 것을 알 수 있습니다. 또한 1 & 1 = 1, 0 & 1 = 0이며 0 & 0 = 0입니다.

따라서 1...101111111과 같은 비트마스크를 이용하여 다음과 같이 계산할 수 있습니다.

```
1 1 0 1 0 0 1 1 1
1 0 1 1 1 1 1 1 1
1 0 0 1 0 0 1 1 1   &
```

그림 9−6 이진 표현

이렇게 하면 문제의 요구사항을 정확하게 구현할 수 있습니다. 7번 비트를 1에서 0으로 변경하고 나머지 비트를 그대로 유지했습니다. 하지만 1...101111...이라는 비트마스크는 어떻게 얻을 수 있을까요?

이것을 이해하려면 두 가지 비트마스크를 알아야 합니다. 먼저 하나의 1이 있고 나머지가 모두 0인 비트마스크(10000...)입니다. 이 비트마스크는 1을 k자리만큼 왼쪽으로 시프트하여 얻을 수 있습니다. 예를 들어 비스마스크 1000은 1 << 3으로 얻을 수 있으며 이것을 32비트로 표현하면 00000000 00000000 00000000 000**1000**입니다.

두 번째는 하나의 0이 있고 나머지가 모두 1인 비트마스크(01111...)입니다. 이 비트마스크는 단항 비트 보수 연산자(~)를 비트마스크 10000...에 적용하여 얻을 수 있습니다. 예를 들어 ~(1000) = 0111이며 이것을 32비트로 표현하면 11111111 11111111 11111111 1110**111**입니다. 즉, 1...101111... 비스마스크는 ~(1 << k)로 구할 수 있습니다.

마지막으로 AND(&) 연산자를 적용합니다. 코드로 표현하면 다음과 같습니다.

```java
public static int setValueTo0(int n, int k) {
    if (k < 0 || k > 31) {
        throw new IllegalArgumentException("The position must be between 0 and 31");
    }

    return n & ~(1 << k);  // k = 3, 4, 6일 때 0 & 0 = 0
}
```

이번에는 n = 295라고 가정하겠습니다. 295를 이진수로 표현하면 **100100111**입니다. k = 7
일 때 7번 위치의 비트를 현재 값인 0에서 1로 어떻게 변경할까요? [표 9-1]의 비트 연산자
표를 살펴보면 OR(|)와 XOR(^) 연산자가 각각 2개의 피연산자를 갖고 0 | 1 = 1 또는 0 ^
1 = 1을 수행하는 연산자라는 것을 알 수 있습니다. 혹은 (7번 비트) | 1 = 1과 (7번 비트) ^
1 = 1로 표현할 수 있습니다.

한 단계 더 나아가서 OR(|) 연산자는 1 | 1 = 1처럼 작성할 수 있습니다. 반면에 XOR(^) 연
산자는 1 ^ 1 = 0입니다. 7번 비트값을 0에서 1로 변경하는 데 이 두 가지 연산자를 사용할
수 있습니다. 그러나 k번 비트값이 1이라면 1 ^ 1 = 0은 사용할 수 없고, 1 | 1 = 1을 사용해
야 합니다. 즉, 다음처럼 10000... 비트마스크를 사용해야 합니다.

```
1  0  0  1  0  0  1  1  1
   1  0  0  0  0  0  0  0
1  1  0  1  0  0  1  1  1      |
```

그림 9-7 이진 표현

이것을 코드로 표현하면 다음과 같습니다.

코드 9-3 09/SetBitValue/src/main/java/coding/challenge/Bits.java

```java
public static int setValueTo1(int n, int k) {
    if (k < 0 || k > 31) {
        throw new IllegalArgumentException("The position must be between 0 and 31");
    }

    return n | (1 << k);  // k = 0, 1, 2, 5일 때 1 | 1 = 1
}
```

9.2.3 코딩 테스트 3: 비트값 초기화하기

회사: 아마존, 구글, 어도비

문제: 32비트 정수 n이 있습니다. 최상위 비트와 주어진 위치 k 사이에 있는 n의 모든 비트를 초기화(값을 0으로 만듦)하는 코드를 작성하세요.

풀이법: n = 423이라고 가정하겠습니다. 423을 이진수로 표현하면 **110**100111입니다. k = 6 일 때 최상위 비트와 6번 위치의 비트 사이에 있는 비트 110을 어떻게 모두 0으로 초기화할 수 있을까요?

[표 9-1]의 비트 연산자 표를 살펴보면 00011111 유형의 비트마스크가 필요하다는 것을 알 수 있습니다. n과 비트마스크에 AND(&) 연산을 적용하여 계산해보겠습니다.

```
1  1  0  1  0  0  1  1  1
0  0  0  1  1  1  1  1  1
―――――――――――――――――――――――――  &
0  0  0  1  0  0  1  1  1
```

그림 9-8 이진 표현

이렇게 하여 최상위 비트와 k = 6번 위치 사이의 모든 비트를 0으로 초기화했습니다. 일반화 하여 말하자면 최상위 비트에서 k번 비트까지 값이 0이고, k번 이후 비트에서 최하위 비트까지 값이 1인 비트마스크를 사용해야 합니다. 이 비트마스크는 1을 k만큼 왼쪽으로 시프트하고 1을 빼서 구할 수 있습니다.

예를 들어 k = 6일 때 왼쪽 시프트로 1000000을 구합니다. 다음에 여기서 1을 빼면 비트마스크 0111111을 얻을 수 있습니다. 이를 코드로 나타내면 다음과 같습니다.

코드 9-4 09/ClearBits/src/main/java/coding/challenge/Bits.java

```java
public static int clearFromMsb(int n, int k) {
    if (k < 0 || k > 31) {
        throw new IllegalArgumentException("The position must be between 0 and 31");
    }
    return n & ((1 << k) - 1);
}
```

그렇다면 주어진 k부터 최하위 비트까지 초기화하려면 어떻게 해야 할까요? 코드로 나타내면 다음과 같습니다.

```java
public static int clearFromPosition(int n, int k) {
    if (k < 0 || k > 31) {
        throw new IllegalArgumentException("The position must be between 0 and 31");
    }

    return n & ~((1 << k) - 1);
}
```

이 풀이법을 천천히 분석해보세요. 또한 n & (-1 << (k + 1))로 변경하여 풀 수도 있습니다. 여기서도 종이와 펜을 꺼내 단계별로 차근차근 살펴보세요.

9.2.4 코딩 테스트 4: 손으로 이진수 더하기

문제: 32비트 양수가 몇 개 있습니다. 종이와 펜을 가지고 이진수의 합계를 구하는 과정을 보이세요.

참고: 이것은 코딩 테스트는 아니지만 알고 있어야 하는 내용입니다.

풀이법: 이진수를 더하는 방법은 많습니다. 다음과 같은 간단한 방법을 사용할 수도 있습니다.

1. 현재 열의 모든 비트를 더합니다. 첫 번째 열은 최하위 비트 열을 의미합니다.

2. 결과를 이진수로 변환합니다. 예를 들어 숫자를 2로 반복해 나누면서 변환합니다.

3. 가장 오른쪽 비트를 결과로 읽습니다.

4. 나머지 비트를 나머지 열로 열당 1비트씩 전달합니다.

5. 다음 열로 이동하여 1단계부터 반복합니다.

예를 들어 설명하겠습니다. $1(1) + 9(1001) + 29(011101) + 124(1111100) = 163(10100011)$ 을 더해봅시다. 다음 그림은 이러한 숫자를 합한 결과입니다.

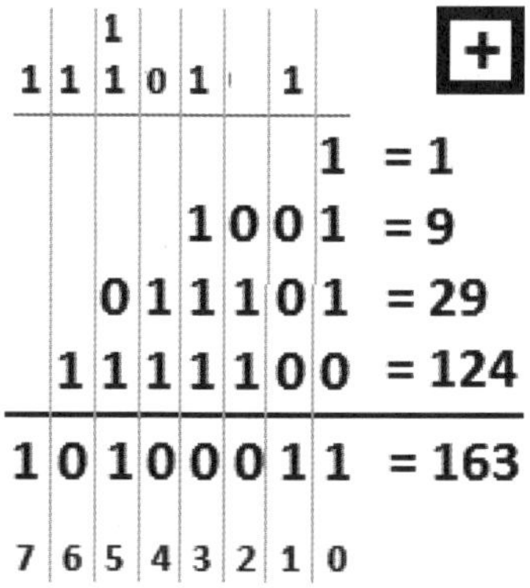

그림 9–9 이진수 더하기

단계별로 살펴볼까요? 다음 열로 넘어가는 비트는 굵게 표시했습니다.

- 0번 열의 비트 합: $1+1+1+0=3$ $=11$ 1

- 1번 열의 비트 합: $\mathbf{1}+0+0+0=1$ $=1$ 1

- 2번 열의 비트 합: $0+1+1=2$ $=10$ 0

- 3번 열의 비트 합: $\mathbf{1}+1+1+1=4$ $=\mathbf{1}00$ 0

- 4번 열의 비트 합: $\mathbf{0}+1+1=2$ $=10$ 0

- 5번 열의 비트 합: $\mathbf{1}+1+0+1=3$ $=11$ 1

- 6번 열의 비트 합: $\mathbf{1}+1=2$ $=10$ 0

- 7번 열의 비트 합: $\mathbf{1}=1$ $=1$ 1

따라서 결과는 10100011입니다.

9.2.5 코딩 테스트 5: 코드로 이진수 더하기

문제: 32비트 정수 q와 p가 있습니다. q와 p의 이진 표현을 활용하여 q + p를 계산하는 코드를 작성하세요.

풀이법: 코딩 테스트 4에서 제시한 알고리즘을 구현하거나 다른 방법으로 풀 수도 있습니다. 여기서는 알아두면 유용한 방정식을 활용하겠습니다.

$$p + q = 2 * (p \& q) + (p \wedge q)$$

AND(&)와 XOR(^) 비트 연산자에 주목하세요. p & q를 and로, p ^ q를 xor로 표현하면 다음과 같습니다.

$$p + q = 2 * and + xor$$

p와 q에 공통된 비트가 없으면 방정식을 다음과 같이 줄일 수 있습니다.

$$p + q = xor$$

예를 들어 p = 1010이고 q = 0101이면 p & q = 0000입니다. 2 * 0000 = 0이기 때문에 p + q = xor 또는 p + q = 1111만 남겨놓습니다.

하지만 만약 p와 q에 공통된 비트가 있으면 and와 xor의 합을 계산해야 합니다. and 식이 0을 반환하도록 유도하면 and + xor를 해결할 수 있습니다. 이 작업은 재귀 알고리즘으로 수행할 수 있습니다.

다음과 같이 재귀의 첫 번째 단계를 작성할 수 있습니다.

$$p + q = 2 * (2 * and \& xor) + (2 * and \wedge xor)$$

또는 and{1} = 2 * and & xor 혹은 xor{1} = 2 * and ^ xor이라고 나타낼 수도 있습니다. 여기서 {1}은 한 단계의 재귀를 의미하며 이것을 이용해 다음과 같이 표현할 수 있습니다.

재귀 1단계: p + q = 2 * and{1} + xor{1}

재귀 2단계: p + q = 2 * and{2} + xor{2}

…

재귀 n단계: p + q = 2 * and{n} + xor{n}

이 재귀 알고리즘은 언제 멈출까요? 이진수 p와 q 사이의 교집합을 계산하는 and{n} 식이 0을 반환할 때 재귀를 멈춰야 합니다. 따라서 이 풀이 방법에서는 and 식이 0을 반환하도록 유도합니다. 코드로 나타내면 다음과 같습니다.

```java
public static int sum(int q, int p) {
    int xor;
    int and;
    int t;

    and = q & p;
    xor = q ^ p;

    // 'and'가 0을 반환하도록 유도합니다.
    while (and != 0) {
        and = and << 1;   // 2를 곱합니다.

        // 재귀 알고리즘의 다음 단계를 준비합니다.
        t = xor ^ and;
        and = and & xor;
        xor = t;
    }

    return xor;
}
```

9.2.6 코딩 테스트 6: 손으로 이진수 곱하기

문제: 32비트 양수 q와 p가 있습니다. 종이와 펜을 가지고 이진수의 곱(q * p)을 구하는 과정을 보이세요.

참고: 이것은 코딩 테스트는 아니지만 알고 있어야 하는 내용입니다.

풀이법: 이진수를 곱할 때 두 가지 특징을 알아야 합니다. 먼저 이진수에 1을 곱하면 정확히 같은 이진수가 됩니다. 반면에 이진수에 0을 곱하면 0이 됩니다. 2개의 이진수를 곱하는 단계는 다음과 같습니다.

1. 맨 오른쪽 열(0번 열)부터 시작하여 두 번째 이진수의 모든 비트에 첫 번째 이진수의 모든 비트를 곱합니다.

2. 결과를 더합니다.

그럼 124(1111100) × 29(011101) = 3596(111000001100)을 계산해봅시다. 다음 그림은 계산 결과를 나타냅니다.

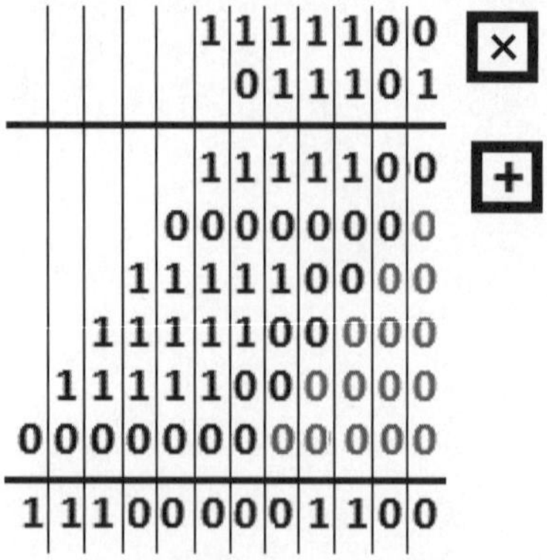

그림 9-10 이진수 곱하기

29와 124의 모든 비트를 곱합니다. 다음으로, 코딩 테스트 4에서 본 것과 같이 이진수를 더합니다.

9.2.7 코딩 테스트 7: 코드로 이진수 곱하기

회사: 아마존, 구글, 어도비

문제: 32비트 양수 q와 p가 있습니다. q와 p의 이진 표현을 활용하여 q * p를 계산하는 코드를 작성하세요.

풀이법: 코딩 테스트 6에서 제시한 알고리즘을 구현하거나 다른 방법으로 풀 수도 있습니다. 여기서는 p = 1이라고 가정하여 q * 1 = q를 기반으로 풀어보겠습니다. q에 1을 곱하면 q의 값과 상관없이 q가 된다는 것을 알고 있으므로 q * 1은 다음과 같은 합을 나타낸다고 할 수 있습니다. 단, 0에서 30번째 비트만 합에 사용하며 31번째에 위치한 부호 비트는 무시합니다.

$$q \times 1 = \sum_{i=0}^{30} q_{30} \times 2^{30} + q_{29} \times 2^{29} + \cdots + q_0 \times 2^0$$

그림 9-11 코드로 이진수 곱하기

예를 들어 q = 5(101)이면 $5 \times 1 = 0 \times 2^{30} + 0 \times 2^{29} + \cdots + 1 \times 2^2 + 0 \times 2^1 + 1 \times 2^0 = 5$입니다. 따라서 $5 \times 1 = 5$입니다.

지금까지는 순조롭게 계산할 수 있었습니다. 이제 5×2, 즉 101 * 10을 살펴보겠습니다. 5×2=5×0+10×1로 생각하면 101 * 10 = 101 * 0 + 1010 * 1이라고 표현할 수도 있습니다. 여기서 5를 한 자리만큼 왼쪽으로 시프트하고 2를 한 자리만큼 오른쪽으로 시프트했습니다.

이제 5×3, 즉 101 * 011을 살펴보겠습니다. 5×3 = 5×1+10×1과 같으며 이것은 101 * 1 + 1010 * 1입니다. 다음으로 5×4, 즉 101 * 100을 살펴보면 5×4=5×0+10×0+20×1과 같으며 이것은 101 * 0 + 1010 * 0 + 10100 * 1입니다.

지금까지 살펴본 내용을 바탕으로 다음과 같은 단계를 가지는 규칙을 알아낼 수 있습니다. 초기에는 result = 0입니다.

1. p의 최하위 비트가 1이면 다음과 같이 표현할 수 있습니다.

$$\text{result} = \text{result} + \sum_{i=0}^{30} q_{30} \times 2^{30} + q_{29} \times 2^{29} + \cdots + q_0 \times 2^0$$

그림 9-12 p의 최하위 비트가 1일 때

2. 한 자리만큼 q를 왼쪽으로 시프트하고 한 자리만큼 p에 논리 오른쪽 시프트를 수행합니다.

3. p가 0이 될 때까지 1단계부터 반복합니다.

이 단계를 코드로 나타내면 다음과 같습니다.

코드 9-7 09/MultiplyingBinaries/src/main/java/coding/challenge/Bits.java

```java
public static int multiply(int q, int p) {
    int result = 0;

    while (p != 0) {
        // p의 최하위 비트가 1일 때만 q의 값을 계산합니다.
        if ((p & 1) != 0) {
            result = result + q;
        }

        q = q << 1;   // q는 한 자리만큼 왼쪽으로 시프트합니다.
        p = p >>> 1;  // p는 한 자리만큼 오른쪽으로 논리 시프트합니다.
    }

    return result;
}
```

9.2.8 코딩 테스트 8: 손으로 이진수 빼기

문제: 32비트 양수 q와 p가 있습니다. 종이와 펜을 가지고 이진수의 차이(q - p)를 구하는 과정을 나타내세요.

참고: 이것은 코딩 테스트는 아니지만 알고 있어야 하는 내용입니다.

풀이법: 이진수의 뺄셈은 0 - 1을 계산하는 문제로 축소할 수 있습니다. 1 - 1 = 0, 0 - 0 = 0, 1 - 0 = 1이라는 것을 모두 알고 있기 때문입니다. 0 - 1을 계산하는 단계는 다음과 같습니다.

1. 현재 열부터 값이 1인 비트를 찾을 때까지 왼쪽 열을 검색합니다.

2. 이 비트를 빌려와서 이전 열에 2개의 1로 추가합니다.

3. 이전 열로 빌려온 2개의 1 중에 하나를 다시 2개의 1로 빌려옵니다.

4. 현재 열에 도달할 때까지 각 열에 대해 앞의 세 단계를 반복합니다.

5. 이제 계산을 수행할 수 있습니다.

6. 0 - 1을 또 수행해야 한다면 1단계부터 이 과정을 반복합니다.

그럼 124(1111100) - 29(011101) = 95(1011111)을 계산해봅시다. 다음 그림은 계산 결과를 나타냅니다.

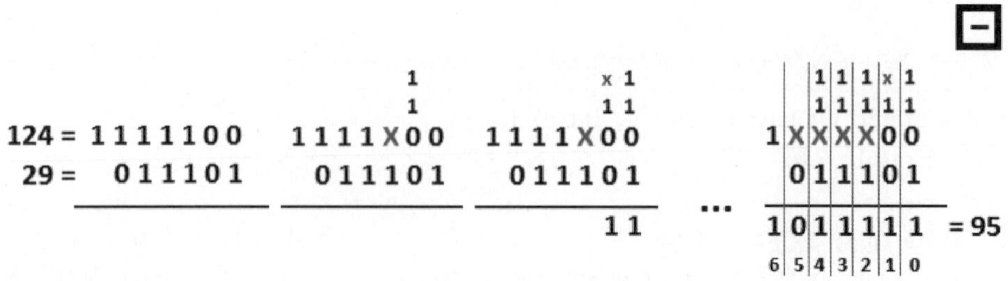

그림 9-13 이진수 빼기

단계별로 자세히 살펴보겠습니다.

1. 0번 열부터 시작하며 0에서 1을 뺍니다. 값이 1인 비트를 찾을 때까지 왼쪽 열을 검색합니다. 2번 열에서 값이 1인 비트를 발견합니다. 이 비트는 $2^2 = 4$에 해당합니다. 이 비트를 1번 열로 빌려와서 2개의 1로 사용합니다. 여기서 2개의 1은 $2^1 + 2^1$을 의미합니다. 이 2개의 1 중에 하나($2^1 = 2$)를 0번 열로 빌려와서 2개의 1로 사용합니다. 여기서 2개

의 1은 $2^0 + 2^0$을 의미합니다. 이제 2 – 1을 수행할 수 있으며 결과는 1입니다. 1을 받아적고 1번 열로 넘어갑니다.

2. 1번 열은 1에서 0을 빼며 결과는 1입니다. 1을 받아적고 2번 열로 넘어갑니다.

3. 2번 열은 0에서 1을 뺍니다. 값이 1인 비트를 찾을 때까지 왼쪽 열을 검색합니다. 3번 열에서 값이 1인 비트를 발견합니다. 이 비트는 $2^3 = 8$에 해당합니다. 이 비트를 2번 열로 빌려와서 2개의 1로 사용합니다. 여기서 2개의 1은 $2^2 + 2^2$를 의미합니다. 이제 2 – 1을 수행할 수 있으며 결과는 1입니다. 1을 받아적고 3번 열로 넘어갑니다.

4. 3번 열은 0에서 1을 뺍니다. 값이 1인 비트를 찾을 때까지 왼쪽 열을 검색합니다. 4번 열에서 값이 1인 비트를 발견합니다. 이 비트는 $2^4 = 16$에 해당합니다. 이 비트를 3번 열로 빌려와서 2개의 1로 사용합니다. 여기서 2개의 1은 $2^3 + 2^3$을 의미합니다. 이제 2 – 1을 수행할 수 있으며 결과는 1입니다. 1을 받아적고 4번 열로 넘어갑니다.

5. 4번 열은 0에서 1을 뺍니다. 값이 1인 비트를 찾을 때까지 왼쪽 열을 검색합니다. 5번 열에서 값이 1인 비트를 발견합니다. 이 비트는 $2^5 = 32$에 해당합니다. 이 비트를 4번 열로 빌려와서 2개의 1로 사용합니다. 여기서 2개의 1은 $2^4 + 2^4$를 의미합니다. 이제 2 – 1을 수행할 수 있으며 결과는 1입니다. 1을 받아적고 3번 열로 넘어갑니다.

6. 5번 열은 0에서 0을 뺍니다. 0을 받아적고 6번 열로 넘어갑니다.

7. 6번 열은 1에서 0을 뺍니다. 1을 받아적고 계산을 종료합니다.

따라서 결과는 1011111입니다.

9.2.9 코딩 테스트 9: 코드로 이진수 빼기

문제: 32비트 정수 q와 p가 있습니다. q와 p의 이진 표현을 활용하여 q – p를 계산하는 코드를 작성하세요.

풀이법: 코딩 테스트 8에서 이미 살펴봤듯이 이진수의 뺄셈은 0 – 1을 계산하는 문제로 축소할 수 있습니다. 또한, 이전 열에서 값을 빌려오는 기법을 사용하여 0에서 1을 빼는 방법도 이미 배웠습니다. 빌려오기 기법 외에도 |q - p| = q ^ p라는 점을 활용할 수 있습니다. 예를 들면 다음과 같습니다.

|1 - 1| = 1 ^ 1 = 0, |1 - 0| = 1 ^ 0 = 1, |0 - 1| = 0 ^ 1 = 1, |0 - 0| = 0 ^ 0 = 0

이 두 가지 기법으로 다음과 같이 이진수 2개의 뺄셈을 구현할 수 있습니다.

코드 9-8 09/SubtractingBinaries/src/main/java/coding/challenge/Bits.java

```java
public static int subtract(int q, int p) {
    while (p != 0) {
        // q에서 값이 0인 비트와 p에서 값이 1인 비트의
        // AND 연산을 통해 borrow를 구합니다.
        int borrow = (~q) & p;

        // 비트 중 하나 이상이 0인 경우 q에서 p를 뺍니다.
        q = q ^ p;

        // borrow를 한 자리만큼 왼쪽으로 시프트합니다.
        p = borrow << 1;
    }

    return q;
}
```

9.2.10 코딩 테스트 10: 손으로 이진수 나누기

문제: 32비트 양수 q와 p가 있습니다. 종이와 펜을 가지고 이진수의 나눗셈 q / p를 구하는 과정을 나타내세요.

참고: 이것은 코딩 테스트는 아니지만 알고 있어야 하는 내용입니다.

풀이법: 이진수의 나눗셈에서는 0 또는 1의 두 가지 가능성만 있습니다. 나눗셈은 피제수(q), 제수(p), 몫, 나머지를 포함합니다. 예를 들어 십진수면 11(피제수)/2(제수) = 5(몫), 1(나머지)와 같이 계산할 수 있습니다. 이진수에서는 1011(피제수)/10(제수) = 101(몫), 1(나머지)와 같이 계산할 수 있습니다.

먼저 제수를 피제수의 최상위 비트와 비교하는 것(하위 피제수sub-dividend라고 부릅니다)에서 시작하여 다음과 같은 단계를 수행합니다.

1. 제수가 하위 피제수에 맞지 않으면(제수 > 하위 피제수) 몫에 0을 추가합니다.

   a. 피제수의 다음 비트를 하위 피제수에 추가하여 1단계부터 수행합니다.

2. 제수가 하위 피제수에 맞으면(제수 ≦ 하위 피제수) 몫에 1을 추가합니다.

   a. 현재 하위 피제수에서 제수를 뺍니다.

   b. 피제수의 다음 비트를 뺄셈의 결과에 추가하고 이것을 새로운 하위 피제수로 설정하여 1단계부터 수행합니다.

3. 피제수의 모든 비트를 처리하고 나면 나눗셈의 결과인 몫과 나머지를 얻을 수 있습니다.

   a. 여기서 계산을 멈추고 몫과 나머지로 결과를 나타낼 수 있습니다.

   b. 몫에 점('.')을 추가하고 현재 나머지에 0을 추가하여 이것을 새로운 하위 피제수로 설정하고, 나머지가 0이 되거나 결과에 만족할 때까지 1단계부터 수행할 수 있습니다.

다음은 나눗셈 11/2를 이진수 기반으로 구하는 과정을 나타낸 그림입니다.

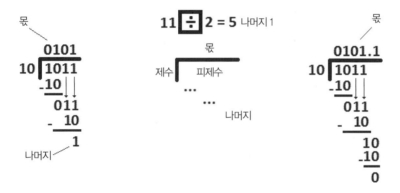

그림 9-14 이진수 나누기

단계별로 살펴보겠습니다. [그림 9-14]의 왼쪽 영역에 주목하세요.

- 하위 피제수가 1이고, 10 > 1(십진수 2 > 1)이므로 몫에 0을 추가합니다.

- 하위 피제수가 10이고, 10 = 10(십진수 2 = 2)이므로 몫에 1을 추가합니다.

- 뺄셈(10 − 10 = 0)을 수행합니다.

- 하위 피제수가 01이고, 10 > 01(십진수 2 > 1)이므로 몫에 0을 추가합니다.

- 하위 피제수가 011이고, 10 < 011(십진수 2 < 3)이므로 몫에 1을 추가합니다.

- 뺄셈(011 − 10 = 1)을 수행합니다.

- 피제수에서 처리할 비트가 더 없기 때문에 십진수 11/2는 몫이 이진수 101(십진수 5)이며 나머지가 1이라고 할 수 있습니다.

[그림 9-14]의 오른쪽 영역을 살펴보면 3-b단계를 적용하여 나머지가 0이 될 때까지 계산을 계속 수행할 수 있다는 것을 볼 수 있습니다.

9.2.11 코딩 테스트 11: 코드로 이진수 나누기

회사: 아마존, 구글, 어도비

문제: 32비트 정수 q와 p가 있습니다. q와 p의 이진 표현을 활용하여 q / p를 계산하는 코드를 작성하세요.

풀이법: 이진수를 나누는 방법은 많습니다. 나머지는 생략하고 몫만 계산하는 풀이법을 살펴보겠습니다.

이 풀이법은 매우 간단합니다. 32비트 정수는 31과 0 사이의 비트를 가집니다. 제수(p)를 i자리(i = 31, 30, 29, …, 2, 1, 0)만큼 왼쪽으로 시프트하여 결과가 피제수(q)보다 작은지 확인하기만 하면 됩니다. 이 조건을 만족하는 비트를 찾을 때마다 i번째 비트의 위치를 업데이트한 후 결과를 축적하여 다음 위치로 전달합니다. 이것을 코드로 나타내면 다음과 같습니다.

코드 9-9 09/DividingBinaries/src/main/java/coding/challenge/Bits.java

```java
private static final int MAX_BIT = 31;

// 중간 코드 생략

public static long divideWithoutRemainder(long q, long p) {
    if (p == 0) {
        throw new ArithmeticException("Division by 0");
    }

    // 나눗셈의 부호를 계산합니다.
    long sign = ((q < 0) ^ (p < 0)) ? -1 : 1;

    // q와 p를 양수로 변환합니다.
    q = Math.abs(q);
    p = Math.abs(p);

    long t = 0;
    long quotient = 0;
```

```
    for (int i = MAX_BIT; i >= 0; --i) {
        long halfdown = t + (p << i);
        if (halfdown <= q) {
            t = t + p << i;
            quotient = quotient | 1L << i;
        }
    }

    return sign * quotient;
}
```

참고로 Bits.java에는 나머지를 계산하는 코드도 포함합니다.

9.2.12 코딩 테스트 12: 비트 치환하기

회사: 아마존, 구글, 어도비

문제: 32비트 정수 q와 p, 그리고 위치 i와 j가 있습니다. q의 비트에서 위치 i와 j 사이의 비트를 p의 비트로 대체하는 코드를 작성하세요. i와 j 사이에 p의 모든 비트를 넣을 수 있는 충분한 공간이 있다고 가정하세요.

풀이법: q = 4914(이진수로 표현하면 1001100110010), p = 63(이진수로 표현하면 111111), i = 4, j = 9라고 가정하겠습니다. 다음은 문제의 요구사항을 나타낸 그림입니다.

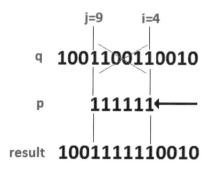

그림 9-15 i와 j 사이의 비트 치환하기

그림에서 볼 수 있듯이 풀이법은 크게 세 단계로 구성됩니다. 먼저 q에서 i와 j 사이의 비트를 제거해야 합니다. 두 번째로 p를 i자리만큼 왼쪽으로 시프트해야 합니다. 이렇게 하면 p를 치환해야 하는 위치로 옮길 수 있습니다. 마지막으로 p와 q를 병합하여 최종 결과를 도출합니다.

q에서 i와 j 사이의 비트를 제거하기 위해 AND(&) 연산자를 사용할 수 있습니다. 여기서 비트를 제거하는 과정은 비트의 현재 값과 상관없이 값을 0으로 설정하는 것을 의미합니다. AND 연산에서는 1 & 1이 1을 반환하는 유일한 연산입니다. 따라서 i와 j 사이에 0s를 포함하는 비트마스크를 활용한다면 1 & 0과 0 & 0이 모두 0이므로 q & 비트마스크를 계산하면 i와 j 사이에 0s만 포함하는 일련의 비트를 결과로 얻을 수 있습니다.

또한 비트마스크의 최상위 비트와 j(미포함) 사이, i(미포함)와 최하위 비트 사이에는 비트값이 모두 1이어야 합니다. 1 & 1 = 1이고 0 & 1 = 0이기 때문에 q & 비트마스크를 계산하면 i와 j 사이를 제외한 비트는 모두 값이 그대로 유지됩니다. 따라서 비트마스크는 1110000001111이 되어야 합니다. 정말 잘 작동하는지 확인해볼까요?

```
1 0 0 1 1 0 0 1 1 0 0 1 0
1 1 1 0 0 0 0 0 0 1 1 1 1
─────────────────────────  &
1 0 0 0 0 0 0 0 0 0 0 0 1 0
```

그림 9-16 비트마스크 (a)

이 비트마스크는 OR(|) 연산자를 통해 다음과 같이 구할 수 있습니다.

```
1 1 1 0 0 0 0 0 0 0 0 0 0
0 0 0 0 0 0 0 0 0 1 1 1 1
─────────────────────────  |
1 1 1 0 0 0 0 0 0 1 1 1 1
```

그림 9-17 비트마스크 (b)

1110000000000 비트마스크는 −1을 j + 1자리만큼 왼쪽으로 시프트하여 구할 수 있습니다. 0000000001111 비트마스크는 1을 i자리만큼 왼쪽으로 시프트하고 1을 빼서 구할 수 있습니다. 여기까지 계산하면 첫 두 단계를 완료한 것입니다.

마지막으로 p를 올바른 위치에 놓아야 합니다. 이것은 매우 간단합니다. p를 i자리만큼 왼쪽으로 시프트하기만 하면 됩니다. i와 j 사이에 비트값이 제거된 q와 시프트한 p에 OR(|) 연산자를 적용합니다.

```
1 0 0 0 0 0 0 0 0 0 0 1 0
0 0 0 1 1 1 1 1 1 0 0 0 0
─────────────────────────  |
1 0 0 1 1 1 1 1 1 0 0 1 0
```

그림 9-18 이진 표현

이제 끝났습니다! 이 과정을 코드로 나타내면 다음과 같습니다.

코드 9-10 09/ReplaceBits/src/main/java/coding/challenge/Bits.java

```java
public static int replace(int q, int p, int i, int j) {
    if (q < 0 || p < 0) {
        throw new IllegalArgumentException("The q and p numbers must be positive");
    }

    if (i < 0 || j < 0 || i > 31 || j > 31 || i >= j) {
        throw new IllegalArgumentException(
            "The i and j values don't follow the problem instructions");
    }

    int ones = ~0;   // 11111111 11111111 11111111 11111111

    int leftShiftJ = ones << (j + 1);
    int leftShiftI = ((1 << i) - 1);

    int mask = leftShiftJ | leftShiftI;

    int applyMaskToQ = q & mask;
    int bringPInPlace = p << i;

    return applyMaskToQ | bringPInPlace;
}
```

9.2.13 코딩 테스트 13: 가장 길게 연속된 1

회사: 아마존, 어도비, 마이크로소프트, 플립카트

문제: 32비트 정수 n이 있습니다. 정수 n에서 가장 길게 연속된 1의 길이를 찾는 코드를 작성하세요. 단, 101은 111로 간주합니다.

풀이법: 몇 가지 예를 살펴보겠습니다. 다음 그림에서 각 열은 정수, 이진 표현, 그리고 가장 길게 연속된 1의 길이를 나타냅니다.

67534	10000011111001110	5
67	1000011	2
339809	1010010111101100001	9

그림 9-19 세 가지 예제

이 문제는 n의 최하위 비트가 1이면 n & 1 = 1이고 최하위 비트가 0이면 n & 0 = 0이라는 사실을 이용하면 매우 쉽게 구현할 수 있습니다. 첫 번째 예제인 67534(10000101111001110)부터 살펴보겠습니다. 다음과 같은 과정으로 가장 길게 연속된 1의 길이를 구할 수 있습니다.

- 가장 길게 연속된 길이를 0으로 초기화합니다.

- AND(&) 연산 적용: 10000011111001110 & 1 = 1, 가장 긴 길이 = 0

- 오른쪽으로 시프트하여 AND(&) 연산 적용: 1000001111100111 & 1 = 1, 가장 긴 길이 = 1

- 오른쪽으로 시프트하여 AND(&) 연산 적용: 100000111110011 & 1 = 1, 가장 긴 길이 = 2

- 오른쪽으로 시프트하여 AND(&) 연산 적용: 10000011111001 & 1 = 1, 가장 긴 길이 = 3

- 오른쪽으로 시프트하여 AND(&) 연산 적용: 1000001111100 & 1 = 0, 가장 긴 길이 = 0

- 오른쪽으로 시프트하여 AND(&) 연산 적용: 100000111110 & 1 = 0, 가장 긴 길이 = 0

- 오른쪽으로 시프트하여 AND(&) 연산 적용: 10000011111 & 1 = 1, 가장 긴 길이 = 1

- 오른쪽으로 시프트하여 AND(&) 연산 적용: 1000001111 & 1 = 1, 가장 긴 길이 = 2

- 오른쪽으로 시프트하여 AND(&) 연산 적용: 100000111 & 1 = 1, 가장 긴 길이 = 3

- 오른쪽으로 시프트하여 AND(&) 연산 적용: 10000011 & 1 = 1, 가장 긴 길이 = 4

- 오른쪽으로 시프트하여 AND(&) 연산 적용: 1000001 & 1 = 1, 가장 긴 길이 = 5

- 오른쪽으로 시프트하여 AND(&) 연산 적용: 100000 & 1 = 0, 가장 긴 길이 = 0

가장 길게 연속된 1의 중간에 0이 없다면 이 접근 방식을 사용할 수 있습니다. 하지만 이러한 풀이법은 세 번째 예제인 339809(1010010111101100001)에서는 작동하지 않습니다.

이 예제에서는 몇 가지 추가 검사를 해야 합니다. 앞선 풀이법을 사용하면 가장 길게 연속된 1의 길이는 4입니다. 하지만 101은 111로 간주한다는 조건에 의해 정답은 9입니다. 따라서 n & 1 = 0일 때 다음과 같은 검사를 해야 합니다. 주로 현재 비트의 값이 0일 때 양옆이 1로 감싸여 있는지 확인합니다.

- (n & 2) == 1인지 0인지 확인하여 다음 비트의 값이 1인지 0인지 확인합니다.

- 다음 비트의 값이 1이면 이전 비트의 값이 1인지 확인합니다.

이 과정을 코드로 나타내면 다음과 같습니다.

코드 9–11 09/LongestSequence/src/main/java/coding/challenge/Bits.java

```java
public static int sequence(int n) {
    if (~n == 0) {
        return Integer.SIZE;  // 32
    }

    int currentSequence = 0;
    int longestSequence = 0;
    boolean flag = true;

    while (n != 0) {
        if ((n & 1) == 1) {
            currentSequence++;
            flag = false;
        } else if ((n & 1) == 0) {
            currentSequence = ((n & 0b10) == 0)  // 0b10 = 2
              ? 0 : flag
              ? 0 : ++currentSequence;
            flag = true;
        }

        longestSequence = Math.max(currentSequence, longestSequence);

        n >>>= 1;
    }

    return longestSequence;
}
```

9.2.14 코딩 테스트 14: 다음과 이전 숫자

회사: 어도비, 마이크로소프트

문제: 32비트 정수 n이 있습니다. 이때 n보다 큰 숫자 중 n과 동일한 개수의 1을 포함하는 첫 번째 숫자를 반환하는 코드를 작성하세요.

풀이법: n = 124344(11110010110111000)이라고 가정하겠습니다. 이 숫자와 완전히 동일한 개수의 1을 갖는 다른 숫자를 얻으려면, 값이 1인 비트를 뒤집어서 0으로 바꾸고 값이 0인 다른 비트를 뒤집어서 1로 바꿔야 합니다. 결과 숫자는 주어진 숫자와 다르며 동일한 개수의 1을 포함합니다.

주어진 숫자보다 더 큰 숫자를 얻으려면 값이 0에서 1로 뒤집히는 비트는 값이 1에서 0으로 뒤집히는 비트보다 왼쪽에 위치해야 합니다. 비트 위치를 i와 j라고 하면, i는 값이 1에서 0으로 뒤집히는 위치를 의미하고 j는 값이 0에서 1로 뒤집히는 위치라고 하겠습니다. 이때 $i > j$이면 결과 숫자는 주어진 숫자보다 작아지는 반면에 $i < j$이면 결과 숫자가 주어진 숫자보다 커집니다. 즉, 오른쪽에 값이 1인 비트가 하나라도 있으면서 값이 0인 첫 번째 비트를 찾아야 합니다. 오른쪽에 있는 모든 비트의 값이 0이면 안 됩니다.

이렇게 구한 비트를 0에서 1로 뒤집으면 이 비트의 오른쪽에 1에서 0으로 뒤집을 수 있는 비트가 적어도 하나 이상 있다는 것을 보장할 수 있습니다.

이 방법을 따르면 주어진 숫자와 동일한 개수의 1을 포함하는 더 큰 숫자를 얻을 수 있습니다. 다음은 이 과정을 나타낸 그림입니다.

그림 9-20 오른쪽에 값이 1인 비트가 존재하는 첫 번째 비트

그림의 숫자에서는 오른쪽에 값이 1인 비트가 존재하는 첫 번째 0인 비트가 6번 위치에 있습니다. 이 비트를 0에서 1로 뒤집으면 결과 숫자는 주어진 숫자보다 큽니다.

이제 이 비트의 오른쪽 영역에서 1에서 0으로 뒤집을 비트를 선택해야 합니다. 기본적으로 3, 4, 5번 위치에 있는 비트 중 하나를 선택해야 합니다. 하지만 이것이 과연 적절한 방법일까요? 주어진 숫자보다 단순히 더 큰 숫자가 아니라, 다음으로 큰 숫자를 반환해야 한다는 점을 기억하세요. 5번 위치에 있는 비트값을 뒤집는 것이 3번이나 4번 위치에 있는 비트값을 뒤집는 것보다 낫지만, 이것이 다음으로 큰 숫자는 아닙니다.

이진수 사이의 관계를 나타낸 다음 그림을 살펴보세요. 그림에서 아래 첨자는 이진수에 해당하는 십진수 값입니다.

$$11110010110111000_{124344} < 11110010111111000_{124408} \text{ (6번 비트를 0에서 1로 뒤집음)}$$

$$11110010111111000_{124408} > 11110010111011000_{124376} \text{ (5번 비트를 1에서 0으로 뒤집음)}$$

$$11110010111011000_{124376} < 11110010111101000_{124392} \text{ (4번 비트를 1에서 0으로 뒤집음)}$$

$$11110010111101000_{124392} < 11110010111110000_{124400} \text{ (3번 비트를 1에서 0으로 뒤집음)}$$

그림 9-21 이진수의 여러 가지 관계

여기까지만 보면 $11110010111011000_{124376}$이 가장 적합한 숫자라고 생각할 수 있습니다. 하지만 다음 관계도 고려해야 합니다.

$$11110010111011000_{124376} > 11110010111000011_{124355}$$

6번 비트(미포함)와 0번 비트 사이의 어떤 비트(k로 나타내고 $k = 3$이라고 하겠습니다)에서 1의 비트 수를 세고, 6번 비트(미포함)와 0번 비트 사이의 모든 비트를 0으로 초기화하고, $k - 1$번 비트와 0번 비트 사이에 있는 $k - 1$개의 비트를 1로 설정하면, 주어진 숫자 다음으로 큰 숫자를 얻을 수 있습니다.

좋습니다! 이제 이 알고리즘을 코드에 적용해봅시다. 먼저 오른쪽에 값이 1인 비트가 존재하는 값이 0인 첫 번째 비트를 찾아야 합니다. 이때 이 첫 번째 비트를 찾을 때까지 연속된 0과 1의 개수를 세야 합니다. 연속된 0의 개수를 세는 방법은 다음과 같습니다. 코드에서는 주어진 숫자 n을 직접 시프트하지 않기 위해 n의 복사본을 사용합니다.

```
int copyn = n;
int zeros = 0;
```

```
while ((copyn != 0) && ((copyn & 1) == 0)) {
    zeros++;
    copyn = copyn >> 1;
}
```

1의 개수를 세는 방법은 다음과 같습니다.

```
int ones = 0;

while ((copyn & 1) == 1) {
    ones++;
    copyn = copyn >> 1;
}
```

이제 `marker = zeros + ones`를 계산하면 조건에 맞는 첫 번째 비트를 검색한 위치를 얻을 수 있습니다. 다음으로 이 비트를 0에서 1로 뒤집고 이 비트(미포함)와 0번 비트 사이의 모든 비트값을 0으로 초기화합니다.

```
n = n | (1 << marker);
```

예제에서는 `marker = 6`입니다. 이 코드를 실행하면 다음과 같은 결과를 얻습니다.

```
1  1  1  1  0  0  1  0  1  1  0  1  1  1  0  0  0
0  0  0  0  0  0  0  0  0  0  1  0  0  0  0  0  0   |
1  1  1  1  0  0  1  0  1  1  1  1  1  1  0  0  0
```

그림 9-22 결과 ①

```
n = n & (-1 << marker);
```

```
1  1  1  1  0  0  1  0  1  1  1  1  1  1  0  0  0
1  1  1  1  1  1  1  1  1  1  1  0  0  0  0  0  0   &
1  1  1  1  0  0  1  0  1  1  1  0  0  0  0  0  0
```

그림 9-23 결과 ②

마지막으로 (ones - 1)번 비트와 0번 비트 사이의 모든 비트를 1로 설정합니다.

```
n = n | (1 << (ones - 1)) - 1;
```

예제에서는 ones = 3입니다. 이 코드를 수행하면 다음과 같은 결과를 얻습니다.

```
1  1  1  1  0  0  1  0  1  1  1  0  0  0  0  0  0  0
0  0  0  0  0  0  0  0  0  0  0  0  0  0  0  0  1  1
─────────────────────────────────────────────────── |
1  1  1  1  0  0  1  0  1  1  1  0  0  0  0  1  1
```

그림 9-24 결과 ③

따라서 최종 결과는 11110010111000011로 124355입니다. next 메서드의 전체 코드는 다음과 같습니다.

코드 9-12 09/NextNumber/src/main/java/coding/challenge/Bits.java

```java
public static int next(int n) {
    int copyn = n;

    int zeros = 0;
    int ones = 0;

    // 0의 개수를 셉니다.
    while ((copyn != 0) && ((copyn & 1) == 0)) {
        zeros++;
        copyn = copyn >> 1;
    }

    // 조건에 맞는 첫 번째 0을 찾을 때까지 모든 1의 개수를 셉니다.
    while ((copyn & 1) == 1) {
        ones++;
        copyn = copyn >> 1;
    }

    // 1111...000...가 동일한 1의 개수로 만들 수 있는 가장 큰 숫자입니다.
    if (zeros + ones == 0 || zeros + ones == 31) {
        return -1;
    }

    int marker = zeros + ones;

    n = n | (1 << marker);
    n = n & (-1 << marker);
```

```
    n = n | (1 << (ones - 1)) - 1;

    return n;
}
```

참고로 Bits.java에는 주어진 숫자와 완전히 동일한 개수의 1을 포함하는, 다음으로 작은 숫자를 반환하는 previous 메서드도 포함되어 있습니다. 문제를 풀어보면서 여러분만의 풀이법을 찾아보세요.

문제를 풀고 나면 여러분의 코드와 책에서 제안하는 코드를 비교해보세요. 힌트를 드리자면, 왼쪽에 값이 0인 비트가 하나라도 있으면 값이 1인 첫 번째 비트를 찾을 때까지 연속된 1의 개수(이것을 k라고 하겠습니다)와 0의 개수를 세야 합니다. 이 개수를 합하면 1에서 0으로 값을 뒤집어야 하는 비트의 위치를 얻을 수 있습니다. 다음으로 이 비트의 오른쪽에 있는 모든 비트를 0으로 초기화하고 이 비트의 바로 오른쪽에 있는 $k + 1$개의 비트를 1로 설정합니다.

9.2.15 코딩 테스트 15: 변환

회사: 아마존, 구글, 어도비

문제: 32비트 양수 q와 p가 있습니다. q를 p로 변환하기 위해 q에서 변경해야 하는 비트의 개수를 세는 코드를 작성하세요.

풀이법: 피연산자가 서로 다를 때 XOR(^) 연산자가 1을 반환한다는 사실을 알고 있다면 이 문제에 관한 풀이법을 쉽게 도출할 수 있습니다. q = 290932(1000111000001110100)이고 p = 352345(1010110000001011001)이라고 가정하겠습니다. 여기에 XOR(^) 연산자를 적용해보겠습니다.

```
1 0 0 0 1 1 1 0 0 0 0 0 0 1 1 1 0 1 0 0
1 0 1 0 1 1 0 0 0 0 0 0 0 1 0 1 1 0 0 1   ^
0 0 1 0 0 0 1 0 0 0 0 0 0 0 1 0 1 1 0 1
```

그림 9-25 변환

q ^ p를 xor라고 표현했을 때 XOR(^) 연산의 결과에서 1의 개수를 세기만 하면 됩니다. 예제에서는 1이 6개 있습니다. 개수를 셀 때는 1 & 1 = 1일 때 1을 반환하는 AND(&) 연산자를 사

용하면 됩니다. xor에 있는 각 비트에 대해 xor & 1을 계산하여 1의 개수를 구할 수 있습니다. 각 비트를 비교할 때마다 xor을 오른쪽으로 한 자리만큼 시프트합니다. 이것을 코드로 나타내면 다음과 같습니다.

코드 9-13 09/Conversion/src/main/java/coding/challenge/Bits.java

```java
public static int count(int q, int p) {
    if (q < 0 || p < 0) {
        throw new IllegalArgumentException("The q and p numbers must be positive");
    }

    int count = 0;

    // q와 p의 비트가 다른 부분이 1로 표시됩니다.
    int xor = q ^ p;

    while (xor != 0) {
        // 1 & 1일 때 1입니다.
        count += xor & 1;
        xor = xor >> 1;
    }

    return count;
}
```

9.2.16 코딩 테스트 16: 식 최대화하기

문제: 서로 다른 32비트 정수 q와 p가 있습니다. AND가 논리 연산자 &일 때 $(q \text{ AND } s) \times (p \text{ AND } s)$ 식을 최대화하는 q와 p의 관계는 무엇일까요?

풀이법: 이 문제는 겉보기에는 어렵지만 사실 굉장히 쉽습니다. 먼저 $a \times b$부터 살펴보겠습니다. $a \times b$의 최댓값은 무엇일까요? $b = 4$라고 가정한다면 $a \times 4$의 최댓값은 무엇일까요? 몇 가지 예제를 살펴보겠습니다.

- $a = 1$, $1 \times 4 = 4$
- $a = 2$, $2 \times 4 = 8$

- $a = 3$, $3 \times 4 = 12$

- $a = 4$, $4 \times 4 = 16$

즉, $a = b$일 때 최댓값 16을 얻을 수 있습니다. 하지만 a는 5가 될 수도 있으며 이때 $5 \times 4 = 20 > 16$입니다. 마찬가지로 b도 5가 될 수 있으며 결과적으로 $5 \times 5 = 25 > 20$이 됩니다. 수학적인 증명은 아니지만 $a = b$일 때 $a \times b$가 최댓값을 가진다는 것은 어느 정도 알아낼 수 있습니다.

수학적인 증명에 관심이 있다면 다음 내용을 살펴보세요.

$$(a-b)^2 \geq 0 \rightarrow (a+b)^2 - 4 \times a \times b \geq 0 \rightarrow a \times b \leq \frac{(a+b)^2}{4}$$

그림 9-26 식 최대화하기 ①

이것은 다음과 같습니다.

$$a \times b = \frac{(a+b)^2}{4} \rightarrow 4 \times a \times b = a + 2 \times a \times b + b^2$$

그림 9-27 식 최대화하기 ②

한 단계 더 나아가면 다음과 같이 나타낼 수 있습니다.

$$a^2 - 2 \times a \times b + b^2 = 0 \rightarrow (a-b)^2 = 0 \rightarrow a = b$$

그림 9-28 식 최대화하기 ③

이제 $a = b$일 때 $a \times b$가 최댓값을 가진다는 것을 확인했습니다. 그렇다면 $a = (q \text{ AND } s)$, $b = (p \text{ AND } s)$라면 $(q \text{ AND } s) = (p \text{ AND } s)$일 때 $(q \text{ AND } s) \times (p \text{ AND } s)$가 최댓값을 가진다고 말할 수 있습니다.

$q = 822(1100110110)$, $p = 663(1010010111)$이라고 가정하겠습니다. q의 최하위 비트는 0이고 p의 최하위 비트는 1이므로 다음과 같이 식을 표현할 수 있습니다.

$$(1 \text{ AND } s) = (0 \text{ AND } s) \rightarrow s = 0 \rightarrow (1 \,\&\, 0) = (0 \,\&\, 0) = 0$$

q와 p를 한 자리만큼 오른쪽으로 시프트하면 q의 최하위 비트는 1이 되고 p의 최하위 비트도 1이 됩니다.

$$(1 \text{ AND } s) = (1 \text{ AND } s) \rightarrow s = 0 \text{ or } 1$$
$$\rightarrow s = 0 \rightarrow (1 \& 0) = (1 \& 0) = 0$$
$$\rightarrow s = 1 \rightarrow (1 \& 1) = (1 \& 1) = 1(\text{식을 최대화하기 위해서 } s = 1\text{을 선택함})$$

그림 9–29 q와 p의 오른쪽 시프트

직관적으로 이해할 수 있는 두 가지 예제를 더 살펴보겠습니다.

$$(0 \text{ AND } s) = (1 \text{ AND } s) \rightarrow s = 0 \rightarrow (0 \& 0) = (1 \& 0) = 0$$
$$(0 \text{ AND } s) = (0 \text{ AND } s) \rightarrow s = 0 \text{ or } 1$$
$$\rightarrow s = 0 \rightarrow (0 \& 0) = (0 \& 0) = 0(\text{두 경우의 값이 같기 때문에 } s = 0\text{을 선택함})$$
$$\rightarrow s = 1 \rightarrow (0 \& 1) = (0 \& 1) = 0$$

그림 9–30 두 가지 예제

결과적으로 이 문제의 정답은 $q \& p = s$라는 점을 확인할 수 있습니다. 정답이 맞는지 확인해 볼까요?

```
1  1  0 0  1  1  0  1  1  0
1  0  1 0  0  1  0  1  1  1
1  0  0 0  0  1  0  1  1  0   &
```

그림 9–31 정답

결과는 1000010110으로 534입니다. 즉, (822 AND 534) = (663 AND 534)입니다.

9.2.17 코딩 테스트 17: 홀수와 짝수 비트 교체하기

회사: 어도비, 마이크로소프트, 플립카트

문제: 32비트 정수 n이 있습니다. n의 홀수와 짝수 비트를 교체하는 코드를 작성하세요.

풀이법: n = 663(1010010111)이라고 가정하겠습니다. 손으로 한 번 홀수와 짝수 비트를 교체 해보면 0101101011이 됩니다. 이때 다음 두 단계를 따릅니다.

1. 홀수 비트를 오른쪽으로 한 자리만큼 시프트합니다.

2. 짝수 비트를 왼쪽으로 한 자리만큼 시프트합니다.

이것을 어떻게 수행할 수 있을까요?

AND(&) 연산자를 활용하여 홀수 위치에 비트값이 1로 설정된 비트마스크(10101010...010)
와 주어진 정수 n을 계산하면 홀수 비트를 얻을 수 있습니다. 다음 그림을 살펴보세요.

```
1010101010101010101010101010101010
                      1010010111 &
                      1010000010
```

그림 9-32 홀수와 짝수 비트 교체 ①

결과는 1010000010으로, 주어진 정수 1010010111이 1, 7, 9번 위치에 값이 1인 홀수 비트
를 포함한다는 것을 알 수 있습니다. 다음으로 1010000010을 오른쪽으로 한 자리만큼 시프트
합니다. 결과는 0101000001입니다.

짝수 비트도 마찬가지로 AND(&) 연산자를 활용하여 짝수 위치에 비트값이 1로 설정된 비트
마스크(10101010101010101010101010101010101)와 정수 n을 계산하면 짝수 비트를 얻을 수 있
습니다. 다음 그림을 살펴보세요.

```
101010101010101010101010101010101
                     1010010111 &
                     0000010101
```

그림 9-33 홀수와 짝수 비트 교체 ②

결과는 0000010101로, 주어진 정수 1010010111이 0, 2, 4번 위치에 값이 1인 홀수 비트를
포함한다는 것을 알 수 있습니다. 다음으로 1010000010을 왼쪽으로 한 자리만큼 시프트합니
다. 결과는 0000101010입니다.

최종 결과를 얻으려면 OR(¦) 연산자로 [그림 9-32]와 [그림 9-33]의 결과를 연산합니다.

```
0101000001
0000101010 ¦
0101101011
```

그림 9-34 최종 결과

최종 결과는 0101101011입니다. 이 과정은 다음과 같이 코드로 구현할 수 있습니다.

코드 9-14 09/SwapOddEven/src/main/java/coding/challenge/Bits.java

```java
public static int swap(int n) {
    if (n < 0) {
        return -1;
    }

    int moveToEvenPositions = (n & 0b101010101010101010101010101010) >>> 1;
    int moveToOddPositions = (n & 0b10101010101010101010101010101) << 1;

    return moveToEvenPositions | moveToOddPositions;
}
```

9.2.18 코딩 테스트 18: 비트 회전

회사: 아마존, 구글, 어도비, 마이크로소프트, 플립카트

문제: 32비트 정수 n이 있습니다. k개의 비트를 왼쪽 또는 오른쪽으로 회전시키는 코드를 작성하세요. 회전은 이진수의 한쪽 끝에서 밀려나는 비트가 반대쪽 끝으로 보내지는 것을 의미합니다. 따라서 왼쪽 회전에서는 왼쪽 끝에서 밀려나는 비트가 오른쪽 끝으로 보내지고, 오른쪽 회전에서는 오른쪽 끝에서 밀려나는 비트가 왼쪽 끝으로 보내집니다.

풀이법: 일반적으로 오른쪽 회전은 왼쪽 회전과 동일한 방법으로 풀 수 있으므로 먼저 왼쪽 회전부터 살펴보겠습니다.

k개의 비트를 왼쪽으로 시프트하면 비트가 왼쪽으로 이동하고 빈 부분이 0으로 채워진다는 점을 이미 배웠습니다. 그러나 회전에서는 빈 부분을 0 대신 왼쪽 끝에서 밀려난 비트로 채워야 합니다.

n = 423099897(00011001001101111111110111111001), k = 10이라고 가정하겠습니다. n과 k의 값에 따라 n에서 10개의 비트를 왼쪽으로 회전해야 합니다. 다음은 밀려나는 비트와 최종 결과를 나타낸 그림입니다.

주어진 정수:

a) **0 0 0 1 1 0 0 1 0 0 1 1 0 1 1 1 1 1 1 1 1 1 0 1 1 1 1 1 1 0 0 1**

b) 열 자리만큼 왼쪽으로 시프트: 0으로 채우기

1 1 0 1 1 1 1 1 1 1 1 1 0 1 1 1 1 1 0 0 1 **0 0 0 0 0 0 0 0 0 0**

0 0 0 1 1 0 0 1 0 0 ← 밀려난 비트

c) 기대한 결과: 비트 회전

1 1 0 1 1 1 1 1 1 1 1 1 0 1 1 1 1 1 0 0 1 **0 0 0 1 1 0 0 1 0 0**

그림 9-35 비트 왼쪽 회전

[그림 9-35]에서 풀이법을 살펴볼 수 있습니다. (b)와 (c)에서 강조된 부분을 주의 깊게 살펴보면 최종 결과에 왼쪽으로 밀려난 비트가 포함된다는 것을 확인할 수 있습니다. 밀려난 비트를 32 - 10 = 22자리만큼 오른쪽으로 이동하면 이러한 결과를 얻을 수 있습니다.

따라서 n을 10자리만큼 왼쪽으로 시프트하면 [그림 9-35]의 (b)와 같이 오른쪽 영역이 0으로 채워진 이진수가 됩니다. n을 22자리만큼 오른쪽으로 시프트하면 왼쪽 영역에 0이 채워진 이진수가 됩니다. 여기서 OR(|) 연산자가 등장하며 다음과 같이 결과를 계산할 수 있습니다.

n ≪ 10 1 1 0 1 1 1 1 1 1 1 1 1 1 0 1 1 1 1 1 0 0 1 0 0 0 0 0 0 0 0 0 0
n ≫ 22 0 0 0 0 0 0 0 0 0 0 0 0 0 0 0 0 0 0 0 0 0 0 0 0 0 0 1 1 0 0 1 0 0
        1 1 0 1 1 1 1 1 1 1 1 1 1 0 1 1 1 1 1 0 0 1 0 0 0 1 1 0 0 1 0 0 |

그림 9-36 OR 연산자 적용

왼쪽 회전의 최종 결과는 11011111111101111110010001100100입니다. 이 과정을 코드로 나타내면 다음과 같습니다.

코드 9-15 09/RotateBits/src/main/java/coding/challenge/Bits.java

```java
public static int leftRotate(int n, int k) {
    if (n < 0) {
        return -1;
    }

    int fallBits = n << k;
    int fallBitsShiftToRight = n >> (MAX_INT_BITS - k);

    return fallBits | fallBitsShiftToRight;
}
```

이제 오른쪽 회전을 구현해보세요. 오른쪽 회전은 다음과 같이 구현할 수 있습니다. 아마 이 풀이법을 문제없이 이해할 수 있을 것입니다.

코드 9-16 09/RotateBits/src/main/java/coding/challenge/Bits.java

```java
public static int rightRotate(int n, int k) {
    if (n < 0) {
        return -1;
    }

    int fallBits = n >> k;
    int fallBitsShiftToLeft = n << (MAX_INT_BITS - k);

    return fallBits | fallBitsShiftToLeft;
}
```

9.2.19 코딩 테스트 19: 숫자 계산하기

문제: 위치를 나타내는 변수 left와 right가 있습니다. 이진수에서 비트 2개의 위치를 가리키며 right > left입니다. left(포함)와 right(포함) 사이에 1s(값이 설정된 일련의 비트)가 있으며, 나머지 비트가 0s(값이 설정되지 않은 일련의 비트)인 32비트 정수를 반환하는 코드를 작성하세요.

풀이법: left = 3, right = 7이라면 문제에서 요구하는 정답은 32비트 정수 248, 이진수로 나타내면 11111000입니다. 32비트를 모두 표현하면 00000000000000000000000011111000입니다.

앞서 코딩 테스트 8을 자세히 살펴봤다면, 0 − 1이 현재 비트의 왼쪽에서 비트를 빌려서 실행해야 하는 연산임을 알 것입니다. 이 빌려오기 기법은 값이 1인 비트를 찾을 때까지 왼쪽으로 전파됩니다. 또한 1 − 0 = 1이라는 것을 기억하면 다음처럼 뺄셈을 계산할 수 있습니다.

$$000100000000$$
$$\underline{000000001000}$$
$$000011111000$$

그림 9-37 뺄셈

뺄셈의 결과를 살펴보세요. 1s는 정확히 left = 3(포함)과 right = 7(포함) 사이에 위치합니다. 이것이 바로 문제에서 찾고자 하는 숫자 248입니다. 피제수와 제수는 각각 1을 right+1자리와 left자리만큼 왼쪽으로 시프트하여 구할 수 있습니다.

이러한 특징을 사용하면 코드를 쉽게 구현할 수 있습니다.

코드 9-17 09/NumberWithOneInLR/src/main/java/coding/challenge/Bits.java

```java
public static int setBetween(int left, int right) {
    return (1 << (right + 1)) - (1 << left);
}
```

9.2.20 코딩 테스트 20: 고유한 요소

회사: 아마존, 구글, 어도비, 마이크로소프트, 플립카트

문제: 정수 배열 arr가 있습니다. 이 배열에서 하나의 요소는 딱 한 번만 등장하며 나머지 요소는 정확하게 세 번씩 등장합니다. 여기서 한 번만 등장하는 하나의 요소를 고유 요소라고 합니다. 이 고유 요소를 시간 복잡도 $O(n)$과 공간 복잡도 $O(1)$로 구하는 코드를 작성하세요.

풀이법: 주어진 배열이 arr = {4, 4, 3, 1, 7, 7, 7, 1, 1, 4}라고 가정하겠습니다. 이 배열에서 고유한 요소는 3입니다.

배열의 숫자를 이진수로 나타내면 100, 100, 011, 001, 111, 111, 111, 001, 001, 100입니다. 이제 동일한 위치에 있는 비트를 각각 합하고 다음과 같이 결과가 3의 배수인지 확인해야 합니다.

- 첫 번째 비트의 합 % 3 = 0+0+1+1+1+1+1+1+1+0 = 7 % 3 = 1
- 두 번째 비트의 합 % 3 = 0+0+1+0+1+1+1+0+0+0 = 4 % 3 = 1
- 세 번째 비트의 합 % 3 = 1+1+0+0+1+1+1+0+0+1 = 6 % 3 = 0

고유한 숫자는 011 = 3입니다.

또 다른 예제를 살펴보겠습니다. 이번에는 주어진 배열이 arr = {51, 14, 14, 51, 98, 7, 14, 98, 51, 98}이라고 가정하겠습니다. 이 배열에서 고유한 요소는 7입니다.

배열을 이진수로 표현하면 110011, 1110, 1110, 110011, 1100010, 111, 1110, 1100010, 110011, 1100010이며 여기에 이전 예제와 동일한 풀이법을 적용하겠습니다. 다음 그림을 살펴보세요.

1. 주어진 배열

{51, 14, 14, 51, 98, 7, 14, 98, 51, 98}

| 2. 비트 합 | | | | | | | 3. % 3 계산 | 4. 결과 |

$$0000111 = 7$$

	1	1	0	0	1	1	(51)	3 % 3 = 0
			1	1	1	0	(14)	6 % 3 = 0
			1	1	1	0	(14)	3 % 3 = 0
	1	1	0	0	1	1	(51)	3 % 3 = 0
1	1	0	0	0	1	0	(98)	4 % 3 = 1
			1	1	1	(7)	10 % 3 = 1
		1	1	1	0	(14)	4 % 3 = 1
1	1	0	0	0	1	0	(98)	
	1	1	0	0	1	1	(51)	
1	1	0	0	0	1	0	(98)	
3	6	3	3	4	10	4		

그림 9-38 주어진 배열에서 고유한 요소 찾기

두 가지 예제를 기반으로 다음과 같이 알고리즘을 구체화할 수 있습니다.

1. 같은 위치에 있는 각 비트를 더합니다.

2. 각 비트의 합계를 sum이라고 할 때, 3에 대한 나머지 연산을 수행합니다.

3. sum % 3 = 0, 즉 sum이 3의 배수라면, 해당 비트는 주어진 배열에서 세 번 나타나는 요소들에서 설정된 비트입니다.

4. sum % 3 != 0, 즉 sum이 3의 배수가 아니라면, 해당 비트는 주어진 배열에서 한 번만 나타나는 요소에서 설정된 비트입니다. 하지만 세 번 나타나는 요소들에서도 설정된 비트인지 아닌지는 확신할 수 없습니다.

5. 모든 요소와 모든 비트 자리에 대해 1~3단계를 반복합니다. 이렇게 하면 [그림 9-38]에서 살펴본 것과 같이 배열에서 한 번만 나타나는 요소를 찾을 수 있습니다.

이 과정을 코드로 나타내면 다음과 같습니다.

```java
private static final int INT_SIZE = 32;

// 중간 생략

public static int unique1(int arr[]) {
    int n = arr.length;
    int result = 0;

    int nr;
    int sum;

    // 모든 비트를 순회합니다.
    for (int i = 0; i < INT_SIZE; i++) {
        // 배열의 모든 요소에 대해 i번째에 설정된 비트의 합을 계산합니다.
        sum = 0;
        nr = (1 << i);
        for (int j = 0; j < n; j++) {
            if ((arr[j] & nr) == 0) {
                sum++;
            }
        }

        // 합이 3의 배수가 아니라면 해당 비트는 고유한 요소의 비트입니다.
        if ((sum % 3) == 0) {
            result = result | nr;
        }
    }

    return result;
}
```

또 다른 방법으로 문제를 풀 수도 있습니다. XOR(^) 연산자를 활용해봅시다. XOR(^) 연산자는 같은 숫자에 두 번 적용하면 0을 반환하고, 결합법칙이 성립하여 연산의 순서와 상관없이 동일한 결과를 제공합니다. 예를 들어 1 ^ 1 ^ 2 ^ 2 = 1 ^ 2 ^ 1 ^ 2 = 0입니다.

또한 교환법칙이 성립하여 피연산자의 순서와 상관없이 동일한 결과를 제공합니다. 예를 들어 1 ^ 2 = 2 ^ 1입니다. XOR(^) 연산자를 같은 숫자에 세 번 적용하면 해당 숫자를 반환하기 때문에 모든 숫자에 XOR(^) 연산자를 사용하는 것은 크게 도움이 되지 않습니다. 하지만 다음과 같은 알고리즘을 사용할 수 있습니다. 변수를 사용해 각 요소의 등장 횟수를 기록합니다.

1. 각 요소에 대해 변수 oneAppearance와 XOR(^) 연산을 수행합니다.

2. 요소가 두 번째로 등장할 때는 oneAppearance에서 값이 제거됩니다. 그리고 다른 변수 twoAppearances와 XOR(^) 연산을 수행합니다.

3. 요소가 세 번째로 등장할 때는 oneAppearance와 twoAppearances에서 값이 제거됩니다. oneAppearance와 twoAppearances 변수는 0이 되고 새로운 요소를 검색합니다.

4. 세 번 등장하는 요소에 대해 oneAppearance와 twoAppearances 변수는 0이 됩니다. 반면에 한 번만 등장하는 요소에 관해서는 oneAppearance 변수가 해당 요소의 값을 갖습니다.

이 과정을 코드로 나타내면 다음과 같습니다.

코드 9–19 09/OnceTwiceThrice/src/main/java/coding/challenge/Elements.java

```java
public static int unique2(int arr[]) {
    if (arr == null || arr.length < 4) {
        throw new IllegalArgumentException("The given array is not valid");
    }

    int oneAppearance = 0;
    int twoAppearances = 0;

    for (int i = 0; i < arr.length; i++) {
        twoAppearances = twoAppearances | (oneAppearance & arr[i]);
        oneAppearance = oneAppearance ^ arr[i];
        int neutraliser = ~(oneAppearance & twoAppearances);
        oneAppearance = oneAppearance & neutraliser;
        twoAppearances = twoAppearances & neutraliser;
    }

    return oneAppearance;
}
```

이 코드의 실행 시간은 $O(n)$이며 공간 복잡도는 $O(1)$입니다.

9.2.21 코딩 테스트 21: 중복값 검색하기

회사: 아마존, 구글, 어도비, 마이크로소프트, 플립카트

문제: 1부터 n까지의 정수 배열이 있습니다. 여기서 n의 최댓값은 32,000입니다. 배열에는 중복된 값이 포함될 수 있으며 n값은 문제에서 주어지지 않습니다. 4KB의 메모리만 사용하여 주어진 배열에서 모든 중복값을 출력하는 코드를 작성하세요.

풀이법: 4KB의 메모리는 $4 \times 8 \times 2^{10}$ 비트와 같습니다. $4 \times 8 \times 2^{10}$이 32,000보다 크기 때문에 32,000비트의 벡터를 만들고 각 정수를 1비트로 나타낼 수 있습니다. 이때 사용할 비트 벡터를 직접 구현할 필요는 없습니다. 필요에 따라 비트 벡터의 크기를 키울 수 있도록 구현된 자바의 내장 클래스 BitSet을 사용할 수 있습니다.

BitSet을 사용하면 주어진 배열을 순회하면서 각 요소에 대해 해당 인덱스의 비트의 값을 0에서 1로 뒤집을 수 있습니다. 이미 값이 1인 비트를 다시 뒤집으려고 한다는 것은 해당 인덱스의 요소가 중복된 값이라는 의미이므로 출력해야 합니다.

코드는 다음과 같이 구현할 수 있습니다.

코드 9-20 09/FindDuplicates/src/main/java/coding/challenge/Bits.java

```java
private static final int MAX_N = 32000;

// 중간 생략

public static void printDuplicates(int[] arr) {
    BitSet bitArr = new BitSet(MAX_N);

    for (int i = 0; i < arr.length; i++) {
        int nr = arr[i];
        if (bitArr.get(nr)) {
            System.out.println("Duplicate: " + nr);
        } else {
            bitArr.set(nr);
        }
    }
}
```

9.2.22 코딩 테스트 22: 고유 요소 2개

회사: 아마존, 구글, 어도비

문제: $2n + 2$개의 요소를 포함하는 정수 배열이 있습니다. $2n$개의 요소는 n개의 요소가 두 번씩 나타난 것입니다. 나머지 2개의 요소는 한 번씩만 나타납니다. 이 고유 요소 2개를 찾는 코드를 작성하세요.

풀이법: 주어진 배열이 arr = {2, 7, 1, 5, 9, 4, 1, 2, 5, 4}라고 가정하겠습니다. 문제에서 찾아야 하는 고유 요소 2개는 7과 9입니다. 이 2개의 숫자는 배열에서 한 번씩만 나타나며 나머지 2, 1, 5, 4는 두 번씩 나타납니다.

브루트 포스^{brute-force} 접근법을 활용하면 배열을 순회하면서 각 요소가 등장하는 횟수를 확인하는 직관적인 방법으로 풀이할 수 있습니다. 하지만 이 풀이법은 실행 시간이 $O(n^2)$이기 때문에 면접관에게 좋은 인상을 주기는 어렵습니다.

또 다른 풀이법은 주어진 배열을 정렬하는 것입니다. 이렇게 하면 여러 번 나타나는 요소가 한 덩어리로 뭉치면서 각 덩어리의 등장 횟수를 계산할 수 있습니다. 뭉쳐진 요소 덩어리의 크기가 1이라면 고유한 요소입니다. 다만 이 풀이법을 최종 답안으로 내기보다는 더 나은 풀이법을 찾기 위한 과정의 일부로 언급하는 것이 좋습니다.

더 나은 풀이법은 해시를 이용하는 풀이법입니다. Map<Element, Count>을 생성하고 각 요소와 등장 횟수를 기록합니다. 예를 들어 주어진 예제에서 맵^{map}이 (2, 2), (7, 1), (1, 2), (5, 2), (9, 1), (4, 2)라는 쌍으로 구성되었다면, 맵을 탐색하면서 등장 횟수가 1인 요소를 찾는 것입니다. 이 풀이법 역시 최종 답안으로 내기보다는 더 나은 풀이법을 찾기 위한 과정의 일부로 언급하는 것이 좋습니다.

이 장의 주제가 비트 조작인 만큼, 이 문제에 관한 최상의 풀이법도 비트 조작과 관련되어 있습니다. 지금부터 소개할 풀이법은 XOR(^) 연산자와 코딩 테스트 4에서 언급했던 요령을 활용합니다.

- 같은 숫자를 짝수 번 XOR(^)하면 결과는 0입니다.

  - x ^ x = 0

  - x ^ x ^ x ^ x = (x ^ x) ^ (x ^ x) = 0 ^ 0 = 0

반면에 XOR(^) 연산자를 서로 다른 숫자 p와 q에 적용하면, 그 결과는 p와 q에서 값이 서로 다른 비트가 1로 설정된 숫자로 나타납니다. 즉, 배열의 모든 요소에 XOR(^)을 적용(xor = arr[0] ^ arr[1] ^ arr[2] ^ ... ^ arr[arr.length - 1])하면 두 번씩 등장하는 모든 요소는 서로를 무효화하며 0이 됩니다.

따라서 XOR(^) 결과에서 1로 설정된 비트 중 하나(예를 들어 가장 오른쪽 비트)를 기준으로 배열의 요소를 두 집합으로 나누면, 한 집합에는 해당 비트가 1로 설정된 요소가 포함되고 다른 집합에는 해당 비트가 0인 요소가 포함됩니다. 다시 말해 XOR(^)에서 값이 1인 가장 오른쪽 비트와 각 요소를 비교하여, 해당 위치의 비트값이 1인 요소와 그렇지 않은 요소로 배열을 나눌 수 있습니다. 이렇게 하면 한 쪽 집합에는 p를, 다른 쪽 집합에는 q를 넣게 됩니다.

이제 첫 번째 집합의 모든 요소에 XOR(^) 연산자를 적용하면 첫 번째 고유 요소를 얻을 수 있습니다. 같은 방법으로 두 번째 집합을 작업하면 두 번째 고유 요소를 얻을 수 있습니다.

이러한 과정을 주어진 예제 arr = {2, 7, 1, 5, 9, 4, 1, 2, 5, 4}에 적용해보면 7과 9가 고유한 요소라는 것을 구할 수 있습니다. 먼저 XOR(^) 연산자를 다음과 같이 모든 숫자에 적용합니다.

```
xor = 2 ^ 7 ^ 1 ^ 5 ^ 9 ^ 4 ^ 1 ^ 2 ^ 5 ^ 4 = 0010 (2) ^ 0111 (7) ^ 0001 (1) ^
0101 (5) ^ 1001 (9) ^ 0100 (4) ^ 0001 (1) ^ 0010 (2) ^ 0101 (5) ^ 0100 (4) =
1110 = 7 ^ 9 = 0111 & 1001 = 1110 = 14
```

7 != 9이면 7 ^ 9 != 0입니다. 따라서 적어도 하나의 비트는 값이 1입니다. 혹은 값이 1인 비트 중 하나는 7 ^ 9 결과에 해당합니다. 값이 1인 비트 중 어떤 것을 선택해도 상관없지만 xor & ~(xor - 1)로 간단하게 구할 수 있는 가장 오른쪽 비트를 선택하겠습니다. 예제에서 xor 값이 1110이므로, 가장 오른쪽 1 비트를 구하면 1110 & ~(1101) = 1110 & 0010 = 0010입니다. 값이 1인 다른 비트를 선택해도 좋습니다.

숫자 7과 9에 관한 XOR(^)의 결과에서 값이 1인 비트를 0010과 같이 찾았으므로 이 비트는 7 또는 9에 있어야 합니다. 예제에서는 해당 비트가 7에 포함됩니다. 다음으로 XOR(^)의 가장 오른쪽 1비트와 각 요소에서 해당 위치에 있는 비트를 비교하여 배열을 두 집합으로 나눕니다. 첫 번째 집합은 {2, 7, 2}이며 두 번째 집합은 {1, 5, 9, 4, 1, 5, 4}입니다. 첫 번째 집합인 {2, 7, 2}에서는 해당 비트가 1이고 두 번째 집합인 {1, 5, 9, 4, 1, 5}에서는 해당 비트가 0입니다.

이를 통해 첫 번째 고유 요소 7을 첫 번째 집합으로, 두 번째 고유 요소 9를 두 번째 집합으로 분리했습니다. 또한 각 중복 요소는 동일한 집합에 포함됩니다. 예를 들어 {2, 2}는 항상 동일한 집합에 포함됩니다.

마지막으로 각 집합에 XOR(^) 연산자를 적용합니다. 첫 번째 집합은 xor_first_set = 2 ^ 7 ^ 2 = 010 ^ 111 ^ 010 = 111 = 7이라고 고유 요소를 계산할 수 있습니다. 두 번째 집합은 고유 요소를 다음과 같이 계산합니다.

xor_second_set = 1 ^ 5 ^ 9 ^ 4 ^ 1 ^ 5 ^ 4 = 0001 ^ 0101 ^ 1001 ^ 0100 ^ 0001 ^ 0101 ^ 0100 = 1001 = 9 (두 번째 고유 요소)

끝났습니다! 이 과정을 코드로 나타내면 다음과 같습니다.

코드 9-21 09/TwoNonRepeating/src/main/java/coding/challenge/Bits.java

```java
public static void findNonRepeatable(int arr[]) {
    // 주어진 배열에 있는 모든 요소를 XOR[^]로 연산합니다.
    int xor = arr[0];
    for (int i = 1; i < arr.length; i++) {
        xor ^= arr[i];
    }

    // 값이 1인 비트 중 가장 오른쪽에 있는 비트를 선택합니다.
    // 다른 비트를 선택해도 상관없습니다.
    int setBitNo = xor & ~(xor - 1);

    // XOR[^] 결과에서 가장 오른쪽에 있는 1 비트와
    // 각 요소에서 해당 위치에 있는 비트를 비교하여 배열을 두 집합으로 나눕니다.
    int p = 0;
    int q = 0;
    for (int i = 0; i < arr.length; i++) {
        if ((arr[i] & setBitNo) != 0) {
            // 첫 번째 집합에서 xor를 계산합니다.
            p = p ^ arr[i];
        } else {
            // 두 번째 집합에서 xor를 계산합니다.
            q = q ^ arr[i];
        }
    }
}
```

```
      System.out.println("The numbers are: " + p + " and " + q);
  }
```

이 코드의 실행 시간은 O(n)이며 공간 복잡도는 O(1)입니다. 이때 n은 주어진 배열의 요소 개수입니다.

9.2.23 코딩 테스트 23: 멱집합

회사: 아마존, 구글, 어도비

문제: 집합 S가 있습니다. 집합 S의 멱집합power set을 구하는 코드를 작성하세요. 멱집합 P(S)는 공집합empty set과 집합 S를 포함하여 주어진 집합 S의 모든 부분집합으로 구성된 집합입니다.

풀이법: 주어진 집합 S가 $\{a, b, c\}$라고 가정하겠습니다. 이때 멱집합은 $\{\ \}$, $\{a\}$, $\{b\}$, $\{c\}$, $\{a, b\}$, $\{a, c\}$, $\{b, c\}$, $\{a, b, c\}$를 포함합니다. 요소 3개를 가지는 집합의 멱집합은 $2^3 = 8$개의 요소를 갖습니다. 요소 4개를 가지는 집합의 멱집합은 $2^4 = 16$개의 요소를 갖습니다. 이것을 일반화하면 n개의 요소를 가지는 집합의 멱집합은 2^n개의 요소를 갖습니다.

이제 0에서 $2^n - 1$까지의 모든 이진수를 생성하면 다음과 같은 결과를 얻을 수 있습니다.

000, 001, 010, 011, 100, 101, 110, 111

주어진 예제에서는 0에서 $2^3 - 1$까지를 다루며, 이진수로 이루어진 요소 개수는 $2^3 = 8$개에 해당합니다.

다음으로 이 이진수에서 값이 1인 첫 번째 비트(가장 오른쪽 비트)가 a를 나타내고 두 번째 비트가 b를 나타내며 세 번째 비트가 c를 나타낸다고 가정하면 다음과 같이 표현할 수 있습니다.

$000 = \{\ \}$	$100 = \{c\}$
$001 = \{a\}$	$101 = \{a, c\}$
$010 = \{b\}$	$110 = \{b, c\}$
$011 = \{a, b\}$	$111 = \{a, b, c\}$

값이 1인 비트를 a, b, c로 치환하면 주어진 집합의 멱집합을 얻을 수 있습니다. 주어진 집합 S에 대해 이러한 과정을 의사코드로 나타내면 다음과 같습니다.

2를 집합 S의 크기만큼 거듭제곱하여 멱집합의 크기(요소 개수)를 구합니다.
0부터 멱집합의 크기까지 i를 지정하여 순회합니다.
　　0부터 집합 S의 크기까지 j를 지정하여 순회합니다.
　　　　i에서 j번째 비트의 값이 1이면
　　　　　　집합에서 j번째 요소를 현재 부분집합에 추가합니다.
　　결과 부분집합을 부분집합 목록에 추가합니다.
부분집합 목록을 반환합니다.

이 과정을 코드로 나타내면 다음과 같습니다.

코드 9-22 09/PowerSetOfSet/src/main/java/coding/challenge/Sets.java

```java
public static Set<Set<Character>> powerSet(char[] set) {
    if (set == null) {
        throw new IllegalArgumentException("The given set cannot be null");
    }

    // 부분집합의 개수는 2^n개입니다.
    long subsetsNo = (long) Math.pow(2, set.length);

    // 부분집합을 저장합니다.
    Set<Set<Character>> subsets = new HashSet<>();

    // 각 부분집합을 하나씩 생성합니다.
    for (int i = 0; i < subsetsNo; i++) {
        Set<Character> subset = new HashSet<>();

        // i의 모든 비트를 확인합니다.
        for (int j = 0; j < set.length; j++) {
            // i에서 j번째 비트가 1이면 set[j]를 현재 부분집합에 추가합니다.
            if ((i & (1 << j)) != 0) {
                subset.add(set[j]);
            }
        }

        subsets.add(subset);
    }

    return subsets;
}
```

9.2.24 코딩 테스트 24: 유일하게 설정된 비트의 위치 검색하기

회사: 어도비, 마이크로소프트

문제: 양수 n이 있습니다. 이 수의 이진 표현에는 하나의 비트만 값이 1로 설정되어 있습니다. 이 비트의 위치를 반환하는 코드를 작성하세요.

풀이법: 문제를 잘 살펴보면 문제 안에 아주 중요한 단서 혹은 제약 사항이 있습니다. 바로 주어진 숫자에서 오직 하나의 비트만 값이 1로 설정되었다는 점입니다. 이것은 주어진 숫자가 반드시 2의 거듭제곱수, 즉 2^0, 2^1, 2^2, 2^3, 2^4, 2^5, ..., 2^n만 하나의 1인 비트를 가질 수 있다는 의미입니다. 다른 모든 숫자는 0 또는 여러 개의 1을 포함합니다.

n & (n - 1) 공식을 사용하면 주어진 숫자가 2의 거듭제곱수인지 확인할 수 있습니다. 다음 그림을 살펴보세요.

n	n	n-1	n&(n-1)
0	0000	0000	0000
1	0001	0000	0000
2	0010	0001	0000
3	0011	0010	0010
4	0100	0011	0000
5	0101	0100	0100
...			
8	1000	0111	0000
9	1001	1000	1000
...			
15	1111	1110	1110
16	10000	1111	0000
...			

그림 9-39 n & (n - 1) 공식을 활용하여 2의 거듭제곱수 구하기

0, 1, 2, 8, 16, ...과 같은 숫자는 n & (n - 1)의 이진 표현이 0000입니다. 따라서 이 공식을 활용하면 주어진 숫자가 2의 거듭제곱수인지 아닌지 판단할 수 있습니다. 공식의 결과가 0000이 아니라면 주어진 숫자에 값이 1인 비트가 없거나 혹은 여러 개의 1을 포함한다는 의미이므로 -1을 반환합니다.

다음으로 시프트 횟수를 세면서 n이 0이 아닐 때까지 n을 오른쪽으로 시프트합니다. n이 0이면 유일한 1비트를 시프트했다는 것을 의미하기 때문에 동작을 중단하고 시프트 횟수를 반환할 수 있습니다. 이러한 과정을 바탕으로 코드는 다음과 같이 작성할 수 있습니다.

```java
public static int findPosition(int n) {
    int count = 0;

    if(!isPowerOfTwo(n)) {
        return -1;
    }

    while (n != 0) {
        n = n >> 1;
        ++count;
    }

    return count;
}

private static boolean isPowerOfTwo(int n) {
    return (n > 0) && ((n & (n - 1)) == 0);
}
```

9.2.25 코딩 테스트 25: 부동소수점을 이진수 혹은 반대로 변환하기

문제: 자바 float 타입인 n이 있습니다. n을 타입 IEEE 754 단정밀도 single—precision 이진 부동소수점(32비트) 또는 그 반대로 변환하는 코드를 작성하세요.

풀이법: 이 문제를 해결하려면 자바가 float 숫자에 IEEE 754 단정밀도 이진 부동소수점 표현을 사용한다는 점을 알아야 합니다. IEEE 754 표준은 부호 비트(1비트), 지수부(256개의 값을 나타낼 수 있는 8비트)와 가수부(23비트)로 이루어진 32비트 형식입니다.

다음은 IEEE 754의 32비트 표준을 나타낸 그림입니다.

그림 9-40 IEEE 754 단정밀도 이진 부동소수점(32비트)

주어진 부호, 편향된 지수 e(8비트짜리 부호 없는 정수, 예제 코드에서는 exponent)와 23비트 가수에 따라 float 값은 다음과 같이 계산할 수 있습니다.

$$v = -1^{\text{sign}} \times 2^{(e-127)} \times \left(1 + \sum_{i=1}^{23} b_{23-i} 2^{-i} \right)$$

그림 9-41 부동소수점 값

8비트에 저장된 지수는 0에서 127까지의 값을 사용하여 음수 지수(예를 들어 2^{-3})를 나타내며, 양수 지수의 경우 128에서 255의 값을 사용합니다. $10-7$의 음수 지수의 값은 $-7+127 = 120$입니다. 여기서 127을 지수 편향이라고 합니다.

이러한 정보를 바탕으로 float 숫자를 IEEE 754 32비트로 표기하거나 그 반대로 변환할 수 있습니다. 이를 구현한 코드는 다음과 같습니다. 가능하면 코드를 확인하기 전에 직접 구현해 보세요.

코드 9-24 09/FloatToBinaryAndBack/src/main/java/coding/challenge/Bits.java

```java
public static int toBinary(float n) {
    int minus = 0;
    int fractionPart = 0;
    int exponent = EXPONENT_BIAS;

    if (n < 0) {
        minus = Integer.MIN_VALUE;
        n = -n;
    }

    int integerPart = (int) Math.floor(n);
    n -= integerPart;

    for (int i = MANTISSA_MINUS_1; i >= 0; i--) {
        n += n;
        fractionPart += Math.floor(n) * Math.pow(2, i);
        n -= Math.floor(n);
    }

    while ((integerPart != 1) && (exponent > 0) && (exponent < MAX_EXPONENT)) {
        if (integerPart > 1) {
```

```
            int d = (integerPart & 1) << MANTISSA_MINUS_1;
            int e = fractionPart >> 1;

            fractionPart = d + e;
            integerPart = integerPart >> 1;

            exponent++;
        } else {
            integerPart = (fractionPart & TWO_AT_22) >> MANTISSA_MINUS_1;
            fractionPart = (fractionPart & TWO_AT_22_MINUS_1) << 1;

            n += n;

            fractionPart += Math.floor(n);
            n -= Math.floor(n);

            exponent--;
        }
    }

    int exponentInPlace = exponent << (MANTISSA_MINUS_1 + 1);

    int result =  minus + exponentInPlace + fractionPart;

    return result;
}

public static float toFloat(int value) {
    int minus = -1;
    int exponent = 0;

    float fractionPart;

    if ((value & Integer.MIN_VALUE) == 0) {
        minus = 1;
    }

    // 0x7F800000 = 11111111100000000000000000000000
    // 0x7FFFFF   = 00000000011111111111111111111111
    // 0x800000   = 00000001000000000000000000000000
```

```
    exponent = ((value & 0x7F800000) >> MANTISSA) - EXPONENT_BIAS;
    fractionPart = (value & 0x7FFFFF) + 0x800000;
    fractionPart = fractionPart / 0x800000;

    float result = minus * fractionPart * (float) Math.pow(2, exponent);

    return result;
}
```

9.3 마치며

이로써 9장의 모든 코딩 테스트를 모두 살펴보았습니다. 이제 빠르게 장을 요약하겠습니다!

9장은 비트 조작에 관한 포괄적인 정보를 담았습니다. 비트 조작 문제를 해결하는 규칙과 템플릿을 학습할 수 있도록 주요 이론을 다루고 25개의 코딩 테스트를 풀어보았습니다. 여기까지 잘 따라왔다면 여러분의 비트 조작 실력이 크게 향상했을 것입니다.

10장에서는 배열과 문자열을 공부하겠습니다.

알고리즘과
자료구조

알고리즘과 자료구조 분야에 관한 여러분의 실력을 확인하는 질문은 기술 인터뷰의 가장 중요한 요소입니다. 면접관들은 일반적으로 이 분야를 얼마나 잘 아는지에 관해 특별한 주의를 기울입니다. 자바 개발자의 다양한 일상 업무에서 알고리즘과 자료구조를 활용하는 만큼 이 정도의 관심은 당연하다고 할 수 있습니다.

Part 3 알고리즘과 자료구조

배열과 문자열

10장에서는 자바 배열 및 문자열에 관한 다양한 문제를 다룹니다. 모든 개발자가 알아야 하는 주제이므로, 반드시 기억해야 할 몇 가지 표제를 통해 배열과 문자열의 핵심을 간략하게 소개하겠습니다. 더 자세한 내용이 궁금하다면 공식 자바 문서[1]를 참고하세요. 이 장을 다 읽고 나면 여러분은 자바 문자열 및 배열과 관련한 모든 문제를 해결할 수 있을 것입니다. 참고로 기술 인터뷰에는 이러한 문제가 출제될 가능성이 매우 높습니다.

이 장에서 다룰 주제는 매우 짧고 명확합니다.

- 배열과 문자열의 개요
- 코딩 테스트

그럼 간단한 개요부터 살펴보겠습니다.

10.1 배열과 문자열의 개요

자바에서 배열은 다음과 같은 특징을 갖습니다.

- 객체이며 동적으로 생성됩니다.
- Object 타입의 변수에 할당할 수 있습니다.
- m[]과 같은 단일 또는 3차원 배열 m[][][]과 같은 다중 차원으로 구성될 수 있습니다.
- 배열의 요소는 인덱스 0부터 저장되므로 변경할 수 없는 제로 길이 배열zero length array을 지원합니다.
- 배열 객체가 생성되면 길이가 변경되지 않습니다.
- String[] immutable = new String[0]과 같이 변경할 수 없는 제로 길이 배열zero length array을 지원합니다.

자바에서는 문자열도 변경할 수 없습니다. 문자열에는 아스키ASCII 문자(0-31은 인쇄할 수 없는 제어 코드, 32-127은 인쇄 가능한 문자, 128-255는 확장 아스키코드)와 유니코드 문자가 포함될 수 있습니다. 65,535(0xFFFF) 미만의 유니코드 문자는 자바에서 16비트 char

---

1 https://docs.oracle.com/javase/tutorial/java

타입으로 표현됩니다. 예를 들어 index가 0부터 **문자열 길이 − 1** 사이의 값일 때 charAt(int index)를 호출하면 정상 동작합니다. 1,114,111(0x10FFFF)까지 65,535를 초과하는 유니코드 문자(코드 포인트라고 합니다)는 자바의 16비트 char 타입에 맞지 않으며, 해당 값들은 32비트 정숫값으로 저장됩니다. 자세한 내용은 뒤에서 설명할 코딩 테스트 7을 참고하세요.

또한 **StringBuilder** 또는 스레드 안정성이 있는 **StringBuffer** 클래스는 문자열을 다룰 때 매우 유용한 클래스이므로 기억해두기 바랍니다. 이제 몇 가지 코딩 테스트를 살펴보겠습니다.

10.2 코딩 테스트

지금부터 소개할 29개의 코딩 테스트는 중대형 기업(구글, 아마존, 클립카트, 어도비와 마이크로소프트)에서 진행하는 자바 기술 인터뷰에 나온 유명한 문제를 포함합니다. 이들 코딩 테스트 외에 다음과 같은 목록에 해당하는 문자열 및 배열 코딩 테스트에 관심이 있다면 필자의 다른 저서인 『Java Coding Problems』(Packt, 2019)의 깃허브[2]를 확인해보세요.

- 중복 문자 세기

- 첫 번째 고유 문자 찾기

- 문자와 단어 반전시키기

- 문자열에 숫자만 포함되어 있는지 확인하기

- 모음과 자음 세기

- 특정 문자의 등장 횟수 세기

- 문자열에서 공백 제거하기

- 구분 기호를 사용하여 여러 문자열 결합하기

- 문자열이 회문*palindrome*인지 확인하기

- 중복 문자 제거하기

- 주어진 문자 제거하기

---

2 옮긴이: https://github.com/PacktPublishing/Java-Coding-Problems

- 가장 많이 등장하는 문자 찾기

- 길이 순서로 문자열 배열 정렬하기

- 문자열에 부분 문자열이 포함되는지 확인하기

- 문자열에서 부분 문자열의 등장 횟수 세기

- 두 문자열이 애너그램[anagram][3]인지 확인하기

- 여러 줄로 구성된 문자열(텍스트 블록) 선언하기

- 동일한 문자열을 n번 연결하기

- 선행 및 후행 공백 제거하기

- 가장 긴 공통 접두사 찾기

- 들여쓰기 적용하기

- 문자열 변형하기

- 배열 정렬하기

- 배열에서 요소 찾기

- 두 배열의 일치 여부 확인하기

- 사전 순서로 두 배열 비교하기

- 배열의 최소, 최대 및 평균 구하기

- 배열 반전시키기

- 배열에 값 채우고 설정하기

- 다음으로 큰 요소 찾기

- 배열 크기 변경하기

다만 이 장에서 다룰 29개의 코딩 테스트는 앞 목록과 서로 다른 주제를 다룹니다.

---

3 옮긴이: 단어나 문장을 구성하는 문자를 재배열하여 다른 단어나 문장을 만드는 놀이입니다. '어구전철'이라고도 합니다.

10.2.1 코딩 테스트 1: 고유 문자 ①

회사: 구글, 어도비, 마이크로소프트

문제: 0 ~ 65,535 사이의 아스키 및 유니코드 문자를 포함하는 문자열이 있습니다. 문자열이 고유 문자만 포함할 경우 true를 반환하는 코드를 작성하세요. 공백은 무시하세요.

풀이법: 다음과 같은 세 가지 유효한 문자열을 살펴보겠습니다.

a b c d

壹 更 車 賈 滑 更

a 壹 b 更 ₩

그림 10-1 문자열

이 문제를 풀기 위해서는 우선 charAt(int index) 메서드를 통해 0에서 65,535 사이의 모든 문자를 가져올 수 있다는 것을 알아야 합니다. 이때 index는 0부터 문자열 길이 - 1 사이의 값을 가집니다. 0에서 65,535 사이의 문자는 자바에서 16비트 char 타입으로 표기할 수 있으므로 charAt 메서드를 활용할 수 있습니다.

이 문제는 Map<Character, Boolean>을 사용하여 간단하게 풀 수 있습니다. charAt(int index) 메서드를 통해 주어진 문자열의 문자를 순회하면서 인덱스에 해당하는 문자를 맵에 저장하고, 해당 불리언 값을 false에서 true로 전환합니다.

Map 클래스의 put(K k, V v) 메서드는 주어진 키(문자)에 해당하는 요소가 없으면 null을 반환합니다. 주어진 키(문자)에 해당하는 요소가 있으면 put 메서드는 해당 키에 저장된 이전 값(여기서는 true)을 반환합니다. 따라서 반환된 값이 null이 아니라면 하나 이상의 문자가 중복으로 등장했다고 결론을 내릴 수 있으므로, 주어진 문자열에 고유 문자만 포함되어 있지 않다고 말할 수 있습니다.

또한 맵에 문자를 저장하기 전에 String 클래스의 codePointAt(index i) 메서드를 통해 문자의 코드 범위가 0에서 65,535 사이인지 확인합니다. 이 메서드는 지정된 index의 유니코드 문자를 코드 포인트라고 하는 int로 반환합니다.

코드를 살펴보겠습니다.

코드 10-1 10/UniqueCharacters/src/main/java/coding/challenge/Strings.java

```java
private static final int MAX_CODE = 65535;

private Strings() {
    throw new AssertionError("Cannot be instantiated");
}

public static boolean isUnique(String str) {
    if (str == null || str.isBlank()) {
        // 또는 IllegalArgumentException 발생
        return false;
    }

    Map<Character, Boolean> chars = new HashMap<>();

    // for(char ch : str.toCharArray()) { ... }를 사용해도 좋습니다.
    for (int i = 0; i < str.length(); i++) {
        if (str.codePointAt(i) <= MAX_CODE) {
            char ch = str.charAt(i);
            if (!Character.isWhitespace(ch)) {
                if (chars.put(ch, true) != null) {
                    return false;
                }
            }
        } else {
            System.out.println("The given string contains unallowed characters");
            return false;
        }
    }

    return true;
}
```

10.2.2 코딩 테스트 2: 고유 문자 ②

회사: 구글, 어도비, 마이크로소프트

문제: a~z의 문자만 포함할 수 있는 문자열이 있습니다. 이 문자열이 고유 문자로만 구성된 경우 true를 반환하는 코드를 작성하세요. 공백은 무시하세요.

풀이법: 코딩 테스트 1의 풀이 방법을 이 문제에도 적용할 수 있습니다. 하지만 이 문제에 특화한 다른 풀이 방법을 생각해봅시다. 주어진 문자열은 a~z의 문자만 포함할 수 있으므로 97(a)에서 122(z)까지의 아스키코드만 포함할 수 있습니다.

주어진 문자열이 'afghnqrsuz'라고 가정하겠습니다. 9장에서 살펴본 내용을 떠올려보면 다음 그림과 같이 a~z의 문자를 1비트로 표현하는 비트마스크를 생각할 수 있습니다. 이때 각 1비트는 'afghnqrsuz' 문자열의 각 문자를 나타냅니다.

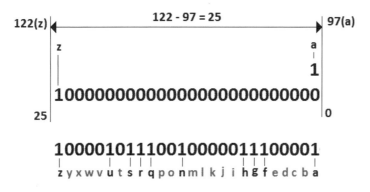

그림 10-2 고유한 문자로 이루어진 비트마스크

a~z의 각 문자를 1비트로 표현하면 [그림 10-2]와 같은 고유 문자로 이루어진 비트마스크를 얻을 수 있습니다. 이 비트마스크는 처음에 0만 포함합니다. 주어진 문자가 아직 비트로 처리되지 않았으므로 모든 비트가 0이며 값이 설정되어 있지 않습니다. 이후 과정은 다음과 같습니다.

1. 주어진 문자열의 첫 번째 문자를 가지고 해당 문자의 아스키코드 값과 97(a의 아스키코드) 사이의 차이 s를 계산합니다. 이제 s자리만큼 1을 왼쪽으로 시프트한 또 다른 비트마스크를 생성합니다. 그러면 최상위 비트가 1이고 그 뒤에 s개의 비트가 0인 1000... 형태의 비트마스크가 생성됩니다.

2. 고유 문자의 비트마스크(처음에는 0000...의 값을 가지는 비트마스크)와 2번 과정에서 생성한 비트마스크(1000...)에 AND(&) 연산자를 적용합니다. 결과는 0 & 1 = 0이므로 0000...이 됩니다. 첫 번째 문자를 처리했기에 중복되는 문자가 없으므로 고유 문자의 비트 마스크에서 값이 변경된 비트는 없습니다.

3. 고유 문자의 비트마스크에서 s번 위치에 있는 비트를 0에서 1로 변경합니다. OR(|) 연산자를 활용하여 비트를 변경할 수 있습니다. 이제 고유 문자의 비트마스크는 1000...입니다. 하나의 비트의 값을 뒤집었으므로 비트마스크에는 첫 번째 문자를 상징하는 1이 1개 있습니다.

4. 주어진 문자열의 각 문자에 대해 1~3번 단계를 반복합니다. 중복이 발생하면 고유 문자의 비트마스크와 현재 처리된 문자에 해당하는 1000... 마스크 사이의 AND(&) 연산은 1 & 1 = 1이므로 1을 반환합니다. 이런 결과가 발생하면 중복된 문자가 등장한 것이므로 과정을 종료할 수 있습니다.

이 과정을 코드로 나타내면 다음과 같습니다.

코드 10-2 10/UniqueCharactersAZ/src/main/java/coding/challenge/Strings.java

```java
private static final char A_CHAR = 'a';

private Strings() {
    throw new AssertionError("Cannot be instantiated");
}

public static boolean isUnique(String str) {
    if (str == null || str.isBlank()) {
        // 또는 IllegalArgumentException 발생
        return false;
    }

    int marker = 0;

    for (int i = 0; i < str.length(); i++) {
        int s = str.charAt(i) - A_CHAR;
        int mask = 1 << s;

        if ((marker & mask) > 0) {
            return false;
```

```
        }

        marker = marker | mask;
    }


    return true;
}
```

10.2.3 코딩 테스트 3: 문자열 인코딩

문제: char[]로 주어진 문자열 str이 있습니다. 문자열의 모든 공백을 '%20'으로 치환하는 코드를 작성하세요. 결과 문자열은 char[]로 반환해야 합니다.

풀이법: 주어진 char[]가 다음과 같은 문자열을 나타낸다고 가정하겠습니다.

코드 10-3 10/EncodedString/src/main/java/coding/challenge/Main.java

```
public class Main {
    public static void main(String[] args) {
        char[] str = "  String   with spaces  ".toCharArray();
        // 이후 생략
    }
}
```

이때 반환해야 하는 결과는 [%, 2, 0, %, 2, 0, S, t, r, i, n, g, %, 2, 0, %, 2, 0, %, 2, 0, w, i, t, h, %, 2, 0, s, p, a, c, e, s, %, 2, 0, %, 2, 0]입니다.

이 문제는 다음과 같은 세 단계에 걸쳐서 해결할 수 있습니다.

1. 주어진 char[]에 있는 공백의 개수를 셉니다.

2. 주어진 char[]의 크기에, 공백 개수의 2배를 더한 크기를 가지는 새로운 char[]를 생성합니다. 하나의 공백은 주어진 char[]에서 하나의 요소를 차지하고 '%20'은 3개의 요소를 차지합니다.

3. 마지막으로 주어진 char[]를 순회하면서 결과 char[]를 생성합니다.

이 과정을 코드로 나타내면 다음과 같습니다.

코드 10-4 10/EncodedString/src/main/java/coding/challenge/Strings.java

```java
public static char[] encodeWhitespaces(char[] str) {
    if (str == null) {
        throw new IllegalArgumentException("The given string cannot be null");
    }

    // 1단계: 공백을 셉니다.
    int countWhitespaces = 0;
    for (int i = 0; i < str.length; i++) {
        if (Character.isWhitespace(str[i])) {
            countWhitespaces++;
        }
    }

    if (countWhitespaces > 0) {
        // 2단계: 결과 char[]를 생성합니다.
        char[] encodedStr = new char[str.length + countWhitespaces * 2];

        // 3단계: 결과 char[]를 채웁니다.
        int index = 0;
        for (int i = 0; i < str.length; i++) {
            if (Character.isWhitespace(str[i])) {
                encodedStr[index] = '%';
                encodedStr[index + 1] = '2';
                encodedStr[index + 2] = '0';
                index = index + 3;
            } else {
                encodedStr[index] = str[i];
                index++;
            }
        }

        return encodedStr;
    }

    return str;
}
```

10.2.4 코딩 테스트 4: 동일한 문자열 만들기

회사: 구글, 마이크로소프트

문제: 2개의 문자열 q와 p가 있습니다. q 또는 p에서 하나의 문자만 수정하여 q와 p가 동일한 문자열이 될 수 있는지 확인하는 코드를 작성하세요. 이때 q 또는 p에서 하나의 문자를 삽입, 제거, 치환할 수 있으며 한 번의 수정만으로 q가 p와 동일해져야 합니다.

풀이법: 요구 사항을 더 명확하게 이해하기 위해서 몇 가지 예제를 살펴보겠습니다.

- tank, tanc   한 번 수정: k를 c로 치환(또는 그 반대)
- tnk, tank   한 번 수정: tnk에서 t와 n 사이에 a를 추가하거나 tank에서 a 제거
- tank, tinck   두 번 이상의 수정 필요
- tank, tankist   두 번 이상의 수정 필요

예제를 살펴보면 한 번의 수정으로 동일한 문자열을 만들 수 있는 경우는 다음과 같습니다.

- q와 p의 길이 차이가 1 이하입니다.
- q와 p의 차이점은 하나입니다.

q와 p의 길이 차이는 다음과 같이 간단하게 확인할 수 있습니다.

```
if (Math.abs(q.length() - p.length()) > 1) {
    return false;
}
```

q와 p의 차이점이 한 군데뿐인지 여부를 확인하려면 q의 각 문자와 p의 각 문자를 비교해야 합니다. 차이점이 2개 이상 존재하면 false를 반환하고, 차이점이 하나 이하면 true를 반환합니다. 이것을 코드로 나타내면 다음과 같습니다.

코드 10-5 10/OneEditAway/src/main/java/coding/challenge/Strings.java

```java
public static boolean isOneEditAway(String q, String p) {
    if (q == null || p == null || q.isBlank() || p.isBlank()) {
        return false;
    }
```

```java
        // 문자열 사이의 차이점이 2개 이상이면 두 번 이상의 수정이 필요합니다.
        if (Math.abs(q.length() - p.length()) > 1) {
            return false;
        }

        // q와 p의 길이를 비교하여 더 짧은 문자열을 정합니다.
        String shorter = q.length() < p.length() ? q : p;
        String longer = q.length() < p.length() ? p : q;

        int is = 0;
        int il = 0;
        boolean marker = false;

        while (is < shorter.length() && il < longer.length()) {
            if (shorter.charAt(is) != longer.charAt(il)) {
                // 첫 번째 차이점을 이미 발견한 상태에서 두 번째
                // 차이점을 발견했다면 false를 반환합니다.
                if (marker) {
                    return false;
                }

                marker = true;

                if (shorter.length() == longer.length()) {
                    is++;
                }
            } else {
                is++;
            }

            il++;
        }

        return true;
    }
```

10.2.5 코딩 테스트 5: 문자열 요약하기

문제: a~z와 공백만 포함하는 문자열이 있습니다. 이 문자열은 연속으로 반복되는 문자를 많이 포함합니다. 연속으로 반복되는 문자의 개수를 세고, 각 문자와 연속으로 등장하는 횟수를 포함하는 새로운 문자열을 생성하여 주어진 문자열을 요약하는 코드를 작성하세요.

공백은 결과 문자열에 그대로 복사해야 하며, 요약하지 마세요. 결과 문자열의 길이가 주어진 문자열의 길이보다 짧아지지 않는다면 주어진 문자열을 반환하세요.

풀이법: 주어진 문자열이 'abbb vvvv s rttt rr eeee f'라고 가정하겠습니다. 반환해야 하는 결과는 'a1b3 v4 s1 r1t3 r2 e4 f1'입니다. 다음과 같은 단계를 거칩니다.

- 먼저 연속된 문자의 개수를 세기 위해 문자열의 각 문자를 순회합니다.

- 현재 문자와 다음 문자가 같으면 개수를 늘립니다.

- 다음 문자가 현재 문자와 다르면 현재 문자와 개수를 최종 결과에 추가하고 개수를 0으로 초기화합니다.

- 주어진 문자열의 모든 문자를 처리한 후에 결과 문자열의 길이와 주어진 문자열의 길이를 비교하여 더 짧은 문자열을 반환합니다.

이 과정을 코드로 나타내면 다음과 같습니다.

코드 10-6 10/StringShrinker/src/main/java/coding/challenge/Strings.java

```java
public static String shrink(String str) {
    if (str == null || str.isBlank()) {
        return "";
    }

    StringBuilder result = new StringBuilder();

    int count = 0;
    for (int i = 0; i < str.length(); i++) {
        count++;

        // 공백은 개수를 세지 않고 그대로 복사합니다.
        if (!Character.isWhitespace(str.charAt(i))) {
            // 더 이상 처리할 문자가 없거나, 다음 문자가 현재 개수를 세고 있는 문자와 다를 때
            if ((i + 1) >= str.length() || str.charAt(i) != str.charAt(i + 1)) {
```

```
            // 최종 결과에 현재 문자와 연속된 문자의 개수를 추가합니다.
            result.append(str.charAt(i)).append(count);

            // 최종 결과에 현재 문자를 기록했으므로 개수는 0으로 초기화합니다.
            count = 0;
        }
    } else {
        result.append(str.charAt(i));
        count = 0;
    }
}

// 주어진 문자열보다 결과 문자열이 더 짧은 경우에만 결과 문자열을 반환합니다.
return result.length() > str.length() ? str : result.toString();
}
```

10.2.6 코딩 테스트 6: 정수 추출하기

문제: 공백, a~z, 0~9라는 문자로 이루어진 문자열이 있습니다. 이 문자열에서 정수를 추출하는 코드를 작성하세요. 연속된 숫자는 모두 유효한 정수라고 가정하세요.

풀이법: 주어진 문자열이 'cv dd 4 k 2321 2 11 k4k2 66 4d'라고 가정하겠습니다. 반환해야하는 결과는 정수 '4, 2321, 2, 11, 4, 2, 66, 4'를 포함합니다.

풀이법은 간단합니다. 주어진 문자열의 각 문자를 순회하면서 연속된 숫자를 연결합니다. 숫자는 48 이상, 97 이하의 아스키코드를 포함합니다. 따라서 아스키코드가 [48, 97] 범위에 있는 모든 문자는 숫자입니다.

Character의 isDigit(char ch) 메서드를 사용할 수도 있습니다. 연속된 숫자 사이에 숫자가 아닌 문자가 있다면, 저장하고 있던 숫자 모음을 정수로 변환하고 이것을 정수 목록에 추가합니다. 이 과정을 코드로 나타내면 다음과 같습니다.

코드 10-7 10/ExtractIntegers/src/main/java/coding/challenge/Strings.java

```
public static List<Integer> extract(String str) {
    if (str == null || str.isBlank()) { return Collections.emptyList(); }

    List<Integer> result = new ArrayList<>();
```

```
    StringBuilder temp
      = new StringBuilder(String.valueOf(Integer.MAX_VALUE).length());

    for (int i = 0; i < str.length(); i++) {
        char ch = str.charAt(i);
        if (Character.isDigit(ch)) {   // 또는 if (((int) ch) >= 48 && ((int) ch) <= 57)
            temp.append(ch);
        } else {
            if (temp.length() > 0) {
                result.add(Integer.parseInt(temp.toString()));
                temp.delete(0, temp.length());
            }
        }
    }

    return result;
}
```

10.2.7 코딩 테스트 7: 서러게이트 페어에서 코드 포인트 추출하기

문제: 자바에는 유니코드 문자를 포함한 모든 종류의 문자를 포함하는 서러게이트 페어^{surrogate} ^{pair}라는 문자열 표현법이 있습니다. 서러게이트 페어의 코드 포인트를 추출하여 목록을 반환하는 코드를 작성하세요.

풀이법: 주어진 문자열이 다음 그림에 표시된 유니코드 문자를 포함한다고 가정하겠습니다.

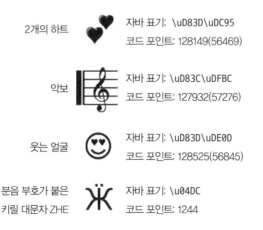

2개의 하트	♥♥	자바 표기: \uD83D\uDC95 코드 포인트: 128149(56469)
악보	🎼	자바 표기: \uD83C\uDFBC 코드 포인트: 127932(57276)
웃는 얼굴	😍	자바 표기: \uD83D\uDE0D 코드 포인트: 128525(56845)
분음 부호가 붙은 키릴 대문자 ZHE	Ӝ	자바 표기: \u04DC 코드 포인트: 1244

그림 10-3 유니코드 문자(서러게이트 페어)

자바에서 이러한 문자열은 다음과 같이 작성할 수 있습니다.

코드 10-8 10/ExtractSurrogatePairs/src/main/java/coding/challenge/Main.java

```java
public static void main(String[] args) {
    // 코드 포인트: 127932(57276)
    char[] musicalScore = new char[]{'\uD83C', '\uDFBC'};

    // 코드 포인트: 128525(56845)
    char[] smileyFace = new char[]{'\uD83D', '\uDE0D'};

    // 코드 포인트: 128149(56469)
    char[] twoHearts = new char[]{'\uD83D', '\uDC95'};

    // 코드 포인트: 1244
    char[] cyrillicZhe = new char[]{'\u04DC'};

    String str = "is" + String.valueOf(cyrillicZhe) + "zhe"
        + String.valueOf(twoHearts) + "two hearts"
        + String.valueOf(smileyFace) + "smiley face and, "
        + String.valueOf(musicalScore) + "musical score";

    // 이후 생략
}
```

이 문제를 해결하려면 다음과 같은 몇 가지 사항을 알아야 합니다. 유니코드 문자와 관련한 문제를 해결할 때 반드시 알아야 하는 내용이므로 기억해두면 좋습니다.

- 1,114,111(0x10FFFF)까지 65,535를 초과하는 유니코드 문자는 16비트에 맞지 않으므로 UTF-32 인코딩 체계를 위해 32 비트 값(코드 포인트)이 고안되었습니다.

- 불행하게도 자바는 UTF-32를 지원하지 않습니다! 따라서 유니코드는 이러한 문자를 표현하고자 다음과 같이 16비트를 사용하는 해결책을 제시했습니다.
  - 16비트 상위 서러게이트: 1,024개의 값(U+D800~U+DBFF)
  - 16비트 하위 서러게이트: 1,024개의 값(U+DC00~U+DFFF)

- 이제 상위 서러게이트 다음에 낮은 서러게이트가 올 때 이것을 서러게이트 페어라고 합니다. 이러한 서러게이트 페어는 65,536(0x10000)에서 1,114,111(0x10FFFF) 사이의 값을 나타낼 때 사용합니다.

- 자바는 codePointAt, codePoints, codePointCount, offsetByCodePoints와 같은 일련의 메서드를 통해 서러게이트 페어를 다룹니다.

- charAt 대신 codePointAt을, chars 대신 codePoints 등을 호출하면 아스키 및 유니코드 문자도 포함하는 풀이법을 작성할 수 있습니다.

예를 들어 잘 알려진 2개의 하트 기호([그림 10-3]의 첫 번째 기호)는 \uD83D 및 \uDC95라는 값을 포함하며, char[]로 표시할 수 있는 유니코드 서러게이트 페어입니다. 이 기호의 코드 포인트는 128149입니다. 이 코드 포인트에서 String 객체를 얻으려면 다음과 같은 메서드를 호출하세요.

```java
String str = String.valueOf(Character.toChars(128149));
```

str에서 코드 포인트를 세려면 str.codePointCount(0, str.length())를 호출합니다. 이 메서드는 str의 길이가 2여도 1을 반환합니다. str.codePointAt(0)을 호출하면 128149를 반환하며 str.codePointAt(1)을 호출하면 56469를 반환합니다. Character.toChars(128149). length를 호출하면 유니코드 서러게이트 페어를 표현할 때 2개의 문자가 필요하므로 2를 반환합니다. 아스키코드나 유니코드 16비트 문자일 때는 1을 반환합니다.

지금까지 설명한 내용을 바탕으로 다음처럼 서러게이트 페어를 쉽게 식별할 수 있습니다.

코드 10-9 10/ExtractSurrogatePairs/src/main/java/coding/challenge/Strings.java

```java
public static List<Integer> extract(String str) {
    if (str == null || str.isBlank()) { return Collections.emptyList(); }

    List<Integer> result = new ArrayList<>();
    for (int i = 0; i < str.length(); i++) {
        int cp = str.codePointAt(i);
        if (i < str.length() - 1 && str.codePointCount(i, i + 2) == 1) {
            result.add(cp);
            result.add(str.codePointAt(i+1));
            i++;
        }
    }

    return result;
}
```

또는 다음과 같이 구현할 수도 있습니다.

코드 10-10 10/ExtractSurrogatePairs/src/main/java/coding/challenge/Strings.java

```java
public static List<Integer> extract(String str) {
    if (str == null || str.isBlank()) { return Collections.emptyList(); }

    List<Integer> result = new ArrayList<>();
    for (int i = 0; i < str.length(); i++) {
        int cp = str.codePointAt(i);
        if (Character.charCount(cp) == 2) {   // 상수 2는 서러게이트 페어를 의미합니다.
            result.add(cp);
            result.add(str.codePointAt(i+1));
            i++;
        }
    }

    return result;
}
```

10.2.8 코딩 테스트 8: 회전하는 문자열

회사: 아마존, 구글, 어도비, 마이크로소프트

문제: 2개의 문자열 str1과 str2가 있습니다. str1을 회전하여 str2를 만들 수 있는지 확인하는 코드를 작성하세요.

풀이법: str1이 'helloworld'이고 str2가 'orldhellow'라고 가정하겠습니다. str1을 회전하여 str2를 만드는 작업은 str1을 두 부분으로 나누고 재배열하여 str2를 구하는 것과 같습니다. 이것을 그림으로 나타내면 다음과 같습니다.

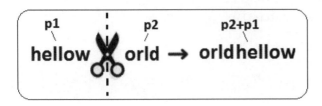

그림 10-4 str1을 두 부분으로 나누어 재배열

[그림 10-4]에서 가위의 왼쪽을 p1으로, 오른쪽을 p2로 표시했습니다. 이때 p1 = hellow, p2 = orld입니다. 그럼 str1 = p1 + p2 = hellow + orld이고 str2 = p2 + p1 = orld + hellow라고 할 수 있습니다. 또한 str1을 쪼개는 위치에 상관없이 str1 = p1 + p2이고 str2 = p2 + p1이라고 할 수 있습니다.

따라서 str1 + str2 = p1 + p2 + p2 + p1 = hellow + orld + orld + hellow = p1 + p2 + p1 + p2 = str1 + str1이며, p2 + p1은 p1 + p2 + p1 + p2의 부분 문자열입니다. 다시 말해서 str2는 str1 + str1의 부분 문자열이어야 합니다. 그렇지 않으면 str1을 회전하여 str2를 구할 수 없습니다. 이것을 코드로 나타내면 다음과 같습니다.

코드 10-11 10/RotateString/src/main/java/coding/challenge/Strings.java

```java
public static boolean isRotation(String str1, String str2) {
    // 중간 생략
    return (str1 + str1).matches("(?i).*" + Pattern.quote(str2) + ".*");
}
```

10.2.9 코딩 테스트 9: 행렬의 90도 회전

회사: 아마존, 구글, 어도비, 마이크로소프트, 플립카트

문제: $n \times n$ 크기의 정수 행렬 M이 있습니다. 추가 자원 공간을 사용하지 않고 이 행렬을 시계 반대 방향으로 90도 회전시키는 코드를 작성하세요.

풀이법: 이 문제의 풀이법은 적어도 두 가지가 있습니다. 행렬의 전치를 활용하는 풀이법과, 행렬의 고리를 활용하는 풀이법입니다.

행렬의 전치 활용

행렬 M의 전치행렬을 활용하는 첫 번째 풀이법을 살펴보겠습니다. 전치행렬은 선형대수의 개념입니다. 주 대각선을 기준으로 행렬을 뒤집어서 새로운 행렬 M^T가 생성됩니다. 예를 들어 행렬 M과 인덱스 i, j가 있을 때 다음과 같이 전치 관계를 표현할 수 있습니다.

$$[M^T]_{ij} = [M]_{ji}$$

그림 10-5 전치행렬 관계

M의 전지행렬을 얻었다면 전지행렬의 열을 반전(행렬 M을 시계 반대 방향으로 90도 회전)시켜 최종 결과를 도출할 수 있습니다. 다음은 5×5 행렬 예시를 나타낸 그림입니다.

1	2	3	4	5
6	7	8	9	10
11	12	13	14	15
16	17	18	19	20
21	22	23	24	25

M

$[M]_{ji} = [M^T]_{ij}$

1	6	11	16	21
2	7	12	17	22
3	8	13	18	23
4	9	14	19	24
5	10	15	20	25

M^T

5	10	15	20	25
4	9	14	19	24
3	8	13	18	23
2	7	12	17	22
1	6	11	16	21

전치행렬의 열 반전

그림 10-6 전치행렬과 결과행렬

다음 메서드를 사용하여 m[j][i]와 m[i][j]를 교체하면 전치행렬 M^T을 구할 수 있습니다.

코드 10-12 10/RotateMatrix/src/main/java/coding/challenge/Arrays.java

```java
private static void transpose(int m[][]) {
    for (int i = 0; i < m.length; i++) {
        for (int j = i; j < m[0].length; j++) {
            int temp = m[j][i];
            m[j][i] = m[i][j];
            m[i][j] = temp;
        }
    }
}
```

M^T의 열을 반전하는 방법은 다음과 같습니다.

코드 10-13 10/RotateMatrix/src/main/java/coding/challenge/Arrays.java

```java
public static boolean rotateWithTranspose(int m[][]) {
    if (m == null || m.length == 0) {
        throw new IllegalArgumentException(
            "The given matrix cannot be null or empty");
    }

    if (m.length != m[0].length) {
        throw new IllegalArgumentException("The given matrix must be of type nxn");
    }
```

```
    transpose(m);

    for (int i = 0; i < m[0].length; i++) {
        for (int j = 0, k = m[0].length - 1; j < k; j++, k--) {
            int temp = m[j][i];
            m[j][i] = m[k][i];
            m[k][i] = temp;
        }
    }

    return true;
}
```

이 풀이법의 시간 복잡도는 $O(n^2)$이고 공간 복잡도는 $O(1)$이므로 문제의 요구 사항을 만족합니다. 이제 다른 풀이법을 살펴볼까요?

행렬의 고리 활용

행렬을 동심원의 집합이라고 생각하면 전체 행렬이 회전할 때까지 각 원(고리)을 회전하면 됩니다. 다음은 5×5 행렬 예시를 나타낸 그림입니다.

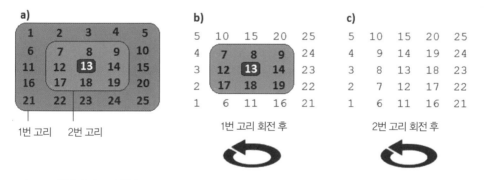

그림 10-7 행렬의 각 고리 회전

가장 바깥쪽 고리에서 시작해서 안쪽 고리로 이동하며 작업합니다. 가장 바깥쪽 고리를 회전하려면 맨 위에 있는 (0, 0)부터 인덱스별로 교체합니다. 이렇게 하면 위쪽 가장자리가 오른쪽으로, 오른쪽 가장자리가 아래쪽으로, 아래쪽 가장자리가 왼쪽으로, 왼쪽 가장자리가 위쪽으로 이동합니다. 이 과정이 끝나면 가장 바깥쪽 고리가 시계 반대 방향으로 90도 회전합니다. 그다음으로 (1, 1)에서 시작하여 안쪽의 두 번째 고리를 같은 방법으로 회전합니다.

이 과정을 코드로 나타내면 다음과 같습니다.

코드 10-14 10/RotateMatrix/src/main/java/coding/challenge/Arrays.java

```java
public static boolean rotateRing(int[][] m) {
    if (m == null || m.length == 0) {
        throw new IllegalArgumentException(
            "The given matrix cannot be null or empty");
    }

    if (m.length != m[0].length) {
        throw new IllegalArgumentException("The given matrix must be of type nxn");
    }

    int len = m.length;

    // 시계 반대 방향으로 회전합니다.
    for (int i = 0; i < len / 2; i++) {
        for (int j = i; j < len - i - 1; j++) {
            int temp = m[i][j];

            // 오른쪽 → 위쪽
            m[i][j] = m[j][len - 1 - i];

            // 아래쪽 → 오른쪽
            m[j][len - 1 - i] = m[len - 1 - i][len - 1 - j];

            // 왼쪽 → 아래쪽
            m[len - 1 - i][len - 1 - j] = m[len - 1 - j][i];

            // 위쪽 → 왼쪽
            m[len - 1 - j][i] = temp;
        }
    }

    return true;
}
```

이 풀이법의 시간 복잡도는 $O(n^2)$이고 공간 복잡도는 $O(1)$입니다. 따라서 문제의 요구 사항을 만족합니다.

참고로 Arrays.java의 `rotateRing` 메서드는 행렬을 시계 방향으로 90도 회전하는 풀이법입니다. 또한 별도의 행렬에서 주어진 행렬을 회전하는 방법인 `rotateInNew` 메서드도 있습니다.

10.2.10 코딩 테스트 10: 0을 포함하는 행렬

회사: 구글, 어도비

문제: $n \times m$ 크기의 정수 행렬 M이 있습니다. $M(i, j)$가 0이면 i행과 j열 전체는 0만 포함해야 합니다. 추가 자원 공간을 사용하지 않고 요구 사항에 맞게 행렬 M을 수정하는 코드를 작성하세요.

풀이법: 단순하게 생각하면 행렬을 순회하면서 각 $(i, j) = 0$에 대해 i행과 j열을 0으로 설정하는 방법을 떠올릴 수 있습니다. 하지만 이렇게 하면 행과 열을 탐색하면서 0을 발견할 때마다 같은 논리를 다시 적용하는 문제가 발생합니다. 이러한 과정으로 행렬을 계속 수정하다 보면 결국 행렬에는 0만 남을 가능성이 높습니다.

풀이법을 다음과 같이 예시로 시각화하면 더 견고한 방법을 구상할 수 있습니다.

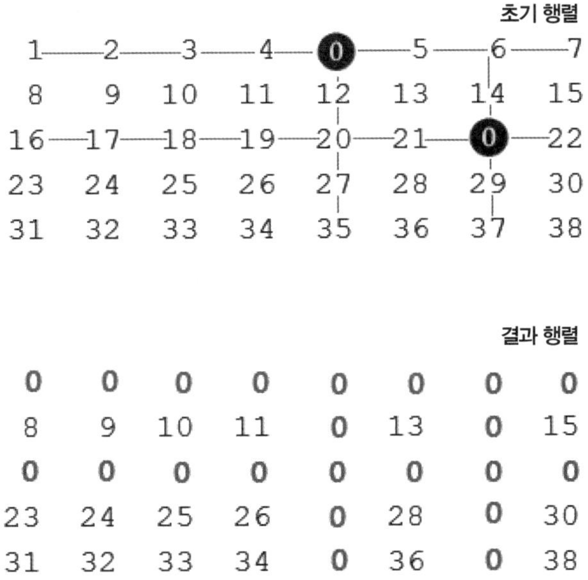

그림 10-8 0을 포함하는 행렬

초기 행렬은 (0, 4)와 (2, 6)에 0이 있습니다. 문제의 요구 사항에 따라 결과 행렬은 0번 행과 2번 행, 4번 행과 6번 행에 0만 포함해야 합니다.

구현하기 쉬운 방향으로 풀이하면 먼저 초기 행렬에서 0의 위치를 저장하고 행렬을 순회하며 해당 행과 열을 0으로 설정하는 방법이 있습니다. 하지만 0의 위치를 저장하려면 추가 자원 공간을 사용해야 하므로 문제의 요구 사항에 어긋납니다.

[Column] **공간 복잡도를 O(1)로 유지하기**

> 몇 가지 요령을 지키면 0을 포함하는 행렬을 만들 때 공간 복잡도를 O(1)로 유지할 수 있습니다. 요령의 핵심은 행렬의 첫 번째 행과 열을 사용하여 행렬의 나머지 영역에서 찾은 0을 표시하는 것입니다.
>
> 예를 들어 i != 0이고 j != 0인 (i, j) 칸에서 0을 찾으면 m[i][0] = 0, m[0][j] = 0으로 설정합니다. 전체 행렬에 대해 이렇게 값을 설정하고 나면 첫 번째 열(0번 열)을 순회하면서 값이 0인 행을 찾아 해당 행을 모두 0으로 설정합니다. 그런 다음 첫 번째 행(0번 행)을 순회하면서 값이 0인 열을 찾아 해당 열을 모두 0으로 설정합니다.

그렇다면 초기 행렬에서 첫 번째 행과 열에 있는 0을 대상으로 무엇을 고려해야 할까요? 첫 번째 행과 열에 0이 하나 이상 포함되는지 여부를 먼저 표시해야 합니다.

코드 10-15 10/MatrixWithZeros/src/main/java/coding/challenge/Arrays.java

```java
public static void alignZeros(int[][] m) {
    if (m == null || m.length == 0) {
        throw new IllegalArgumentException(
            "The given matrix cannot be null or empty");
    }

    boolean firstRowHasZeros = false;
    boolean firstColumnHasZeros = false;

    // 첫 번째 행에 0이 하나 이상 있는지 확인합니다.
    for (int j = 0; j < m[0].length; j++) {
        if (m[0][j] == 0) {
            firstRowHasZeros = true;
            break;
        }
    }
```

```
// 첫 번째 열에 0이 하나 이상 있는지 확인합니다.
for (int i = 0; i < m.length; i++) {
    if (m[i][0] == 0) {
        firstColumnHasZeros = true;
        break;
    }
}

// 코드 10-16으로 연결
```

그런 다음 앞서 설명했듯이 행렬 나머지 영역을 순회하면서 0을 찾을 때마다 첫 번째 행과 열에 표시합니다.

코드 10-16 10/MatrixWithZeros/src/main/java/coding/challenge/Arrays.java

```
// 행렬의 나머지 영역에 있는 모든 0을 찾습니다.
for (int i = 1; i < m.length; i++) {
    for (int j = 1; j < m[0].length; j++) {
        if (m[i][j] == 0) {
            m[i][0] = 0;
            m[0][j] = 0;
        }
    }
}
```

다음으로 첫 번째 열(0번 열)을 순회하면서 값이 0인 행을 찾아 해당 행을 모두 0으로 설정합니다. 그런 다음 첫 번째 행(0번 행)을 순회하면서 값이 0인 열을 찾아 해당 열을 모두 0으로 설정합니다.

코드 10-17 10/MatrixWithZeros/src/main/java/coding/challenge/Arrays.java

```
// 첫 번째 열을 순회한 후 값이 0인 행을 찾아 해당 행을 모두 0으로 설정합니다.
for (int i = 1; i < m.length; i++) {
    if (m[i][0] == 0) {
        setRowOfZero(m, i);
    }
}
```

```
// 첫 번째 행을 순회한 후 값이 0인 열을 찾아 해당 열을 모두 0으로 설정합니다.
for (int j = 1; j < m[0].length; j++) {
    if (m[0][j] == 0) {
        setColumnOfZero(m, j);
    }
}
```

마지막으로, 첫 번째 행에 0이 하나 이상 있으면 전체 행을 0으로 설정합니다. 또한 첫 번째 열에 0이 하나 이상 있으면 전체 열을 0으로 설정합니다.

코드 10-18 10/MatrixWithZeros/src/main/java/coding/challenge/Arrays.java

```
// 첫 번째 행에 0이 하나 이상 있으면 전체 행을 0으로 설정합니다.
if (firstRowHasZeros) {
    setRowOfZero(m, 0);
}

// 첫 번째 열에 0이 하나 이상 있으면 전체 열을 0으로 설정합니다.
if (firstColumnHasZeros) {
    setColumnOfZero(m, 0);
}
}
```

setRowOfZero와 setColumnOfZero는 다음과 같이 간단하게 구현할 수 있습니다.

코드 10-19 10/MatrixWithZeros/src/main/java/coding/challenge/Arrays.java

```
private static void setRowOfZero(int[][] m, int r) {
    for (int j = 0; j < m[0].length; j++) {
        m[r][j] = 0;
    }
}

private static void setColumnOfZero(int[][] m, int c) {
    for (int i = 0; i < m.length; i++) {
        m[i][c] = 0;
    }
}
```

10.2.11 코딩 테스트 11: 배열 하나로 스택 3개 구현하기

회사: 아마존, 구글, 어도비, 마이크로소프트, 플립카트

문제: 배열 하나로 스택 3개를 구현하세요. 구현하는 코드에는 push, pop, printStacks 메서드가 포함되어야 합니다.

풀이법: 문제의 요구 사항을 구현하는 방법은 크게 두 가지가 있습니다. 여기서 소개할 방법은 스택 3개의 요소를 끼워 넣는 기법입니다. 다음 그림을 확인해보세요.

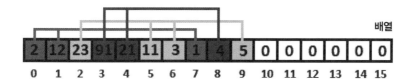

그림 10-9 스택의 노드 끼워 넣기

[그림 10-9]처럼 스택 1, 스택 2, 스택 3으로 표시된 노드를 포함하는 배열 하나가 있다고 생각해봅시다. 이 배열을 구현하려면 스택에 삽입된 노드가 이전 노드에 대한 역방향 링크를 가져야 합니다. 각 스택의 맨 아래는 −1과 연결됩니다. 예를 들어 스택 1의 경우 인덱스 0의 값 2는 더미 인덱스 −1에 대한 역방향 링크를 가지며, 인덱스 1의 값 12는 인덱스 0에 대한 역방향 링크를 갖습니다. 또한 인덱스 7의 값 1은 인덱스 1에 대한 역방향 링크를 갖습니다.

스택의 각 노드는 값과 역방향 링크의 두 가지 정보를 포함합니다.

코드 10-20 10/ThreeStacksInOneArray/src/main/java/coding/challenge/StackNode.java

```java
public class StackNode {
    int value;
    int backLink;
```

```java
    StackNode(int value, int backLink) {
        this.value = value;
        this.backLink = backLink;
    }

    @Override
    public String toString() {
        return value + "(back link: " + backLink + ")";
    }
}
```

배열일 때는 다음 빈 슬롯에 대한 링크를 관리합니다. 처음에 배열이 비어 있으면 빈 슬롯만 만들 수 있으므로 링크는 다음과 같이 구성됩니다. initializeSlots 메서드에 주목하세요.

코드 10-21 10/ThreeStacksInOneArray/src/main/java/coding/challenge/StackNode.java

```java
public class ThreeStack {
    private static final int STACK_CAPACITY = 15;

    // 스택 배열
    private final StackNode[] theArray;

    ThreeStack() {
        theArray = new StackNode[STACK_CAPACITY];
        initializeSlots();
    }

    private void initializeSlots() {
        for (int i = 0; i < STACK_CAPACITY; i++) {
            theArray[i] = new StackNode(0, i + 1);
        }
    }
}
```

스택 하나에 노드를 삽입할 때는 빈 슬롯을 찾아서 비지 않았다고 표시해야 합니다. 이것을 코드로 나타내면 다음과 같습니다.

```java
public class ThreeStack {
    private static final int STACK_CAPACITY = 15;

    // 스택 크기
    private int size;

    // 배열에 있는 다음 빈 슬롯
    private int nextFreeSlot;

    // 스택 배열
    private final StackNode[] theArray;

    // 각 노드의 부모를 관리합니다.
    private final int[] backLinks = {-1, -1, -1};

    // ThreeStack() { } 생략

    public void push(int stackNumber, int value) throws OverflowException {
        if(stackNumber < 1 || stackNumber > 3) {
            throw new IllegalArgumentException(
                "Choose between stack number 1, 2 or 3");
        }

        int stack = stackNumber - 1;
        int free = fetchIndexOfFreeSlot();
        int top = backLinks[stack];
        StackNode node = theArray[free];

        // 빈 슬롯을 현재 스택에 연결합니다.
        node.value = value;
        node.backLink = top;

        // 새로운 톱 노드를 설정합니다.
        backLinks[stack] = free;
    }

    private int fetchIndexOfFreeSlot() throws OverflowException {
        if (size >= STACK_CAPACITY) {
            throw new OverflowException("Stack Overflow");
```

```
        }

        // 배열에 있는 다음 빈 슬롯을 가져옵니다.
        int free = nextFreeSlot;

        // 배열에서 다음 빈 슬롯을 설정하고 크기를 증가시킵니다.
        nextFreeSlot = theArray[free].backLink;
        size++;

        return free;
    }


    // initializeSlots() { } 생략
}
```

스택에서 노드를 꺼내올 때는 해당 슬롯을 비워야 합니다. 이렇게 해야 나중에 노드를 삽입할 때 해당 슬롯을 다시 사용할 수 있습니다. 관련 코드는 다음과 같습니다.

코드 10-23 10/ThreeStacksInOneArray/src/main/java/coding/challenge/ThreeStack.java

```java
public class ThreeStack {
    private static final int STACK_CAPACITY = 15;

    // 스택 크기
    private int size;

    // 배열에 있는 다음 빈 슬롯
    private int nextFreeSlot;

    // 스택 배열
    private final StackNode[] theArray;

    // 각 노드의 부모를 관리합니다.
    private final int[] backLinks = {-1, -1, -1};

    // ThreeStack() { } 생략
    // push(int stackNumber, int value) throws OverflowException { } 생략

    public StackNode pop(int stackNumber) throws UnderflowException {
        if(stackNumber < 1 || stackNumber > 3) {
```

```
            throw new IllegalArgumentException(
               "Choose between stack number 1, 2 or 3");
        }

        int stack = stackNumber - 1;
        int top = backLinks[stack];

        if (top == -1) {
            throw new UnderflowException("Stack Underflow");
        }

        StackNode node = theArray[top];    // 톱 노드를 가져옵니다.
        backLinks[stack] = node.backLink;
        freeSlot(top);

        return node;
    }

    // printStacks() { } 생략
    // fetchIndexOfFreeSlot() throws OverflowException { } 생략

    private void freeSlot(int index) {
        theArray[index].backLink = nextFreeSlot;
        nextFreeSlot = index;
        size--;
    }

    // initializeSlots() { } 생략
}
```

참고로 ThreeStack.java에는 스택의 상태를 출력하는 printStacks 메서드를 포함합니다.

이 문제는 스택 배열을 3개의 개별 영역으로 분할하는 방법으로 풀이할 수도 있습니다.

- 첫 번째 영역은 첫 번째 스택에 할당되고 배열의 왼쪽 끝에 위치합니다. 이 스택에 노드를 삽입하면 오른쪽으로 스택이 쌓입니다.

- 두 번째 영역은 두 번째 스택에 할당되고 배열의 오른쪽 끝에 위치합니다. 이 스택에 노드를 삽입하면 왼쪽으로 스택이 쌓입니다.

- 세 번째 영역은 세 번째 스택에 할당되고 배열의 중앙에 위치합니다. 이 스택에 노드를 삽입하면 어느 방향으로든 스택이 쌓일 수 있습니다.

이것을 그림으로 나타내면 다음과 같습니다.

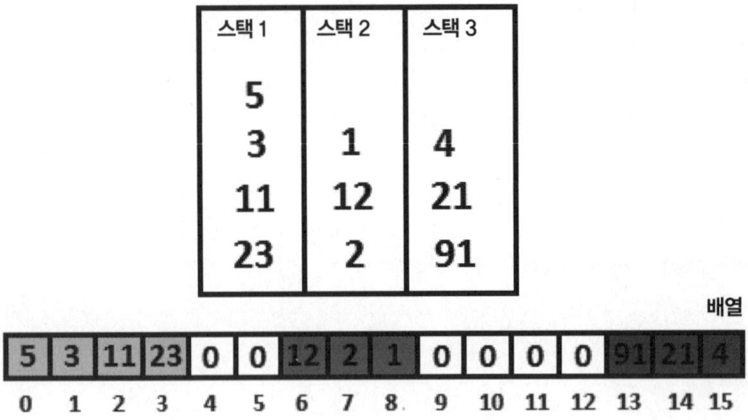

그림 10-10 3개 영역으로 배열 분할하기

이 풀이법에서 가장 까다로운 점은 스택 사이의 충돌을 방지하기 위해 중간에 위치한 스택을 적절하게 이동해야 한다는 것입니다. 이 부분을 조금 쉽게 풀어내려면 배열을 3개의 고정된 영역으로 나누어서 각 스택이 정해진 영역만 사용하도록 제한하면 됩니다. 예를 들어 배열의 크기가 s면 첫 번째 스택은 인덱스 0 이상 s/3 미만, 두 번째 스택은 s/3 이상 2 * s/3 미만, 세 번째 스택은 2 * s/3 이상 s 미만으로 지정할 수 있습니다. 이를 구현한 코드는 다음과 같습니다.

코드 10-24 10/ThreeStacksInOneArrayFixed/src/main/java/coding/challenge/ThreeStack.java

```java
public class ThreeStack {
    // 고정된 영역의 수
    private static final int NO_OF_STACKS = 3;

    // 스택 크기
    private final int stackCapacity;

    // 고정된 영역에 있는 노드
    private final int[] values;
```

```java
// 고정된 영역
private final int[] stacks;

public ThreeStack(int stackSize) {
    stackCapacity = stackSize;
    values = new int[stackSize * NO_OF_STACKS];
    stacks = new int[NO_OF_STACKS];
}


public void push(int stackNumber, int value) throws OverflowException {
    if (isFull(stackNumber)) {
        throw new OverflowException("Stack Overflow");
    }

    // 스택 포인터를 증가시킨 후 톱 값을 업데이트합니다.
    stacks[stackNumber]++;
    values[fetchTopIndex(stackNumber)] = value;
}


public int pop(int stackNumber) throws UnderflowException {
    if (isEmpty(stackNumber)) {
        throw new UnderflowException("Stack Underflow");
    }

    int topIndex = fetchTopIndex(stackNumber);
    int value = values[topIndex];

    values[topIndex] = 0;
    stacks[stackNumber]--;

    return value;
}


public int peek(int stackNumber) throws UnderflowException {
    if (isEmpty(stackNumber)) {
        throw new UnderflowException("Stack Underflow");
    }

    return values[fetchTopIndex(stackNumber)];
}
```

```java
    public boolean isEmpty(int stackNumber) {
        return stacks[stackNumber] == 0;
    }

    public boolean isFull(int stackNumber) {
        return stacks[stackNumber] == stackCapacity;
    }

    private int fetchTopIndex(int stackNumber) {
        int offset = stackNumber * stackCapacity;
        int size = stacks[stackNumber];

        return offset + size - 1;
    }

    public void printStacks() {
        for (int i = 0; i < NO_OF_STACKS; i++) {
            System.out.println("\nStack number: " + (i+1));

            if (!isEmpty(i)) {
                int topIndex = fetchTopIndex(i);

                while (values[topIndex] != 0 && topIndex > 0) {
                    System.out.println(values[topIndex]);
                    topIndex--;
                }
            } else {
                System.out.println("\nStack number: " + (i+1) + " is empty!");
            }
        }
    }
}
```

중간 스택은 가운데 인덱스부터 시작하여 양쪽에 번갈아 가며 노드를 삽입할 수도 있습니다. 이렇게 하면 이전 풀이법과 마찬가지로 중간 스택의 시프팅은 방지할 수 있지만, 전체적인 통일성을 해칩니다. 하지만 더 어려운 문제에 도전하고 싶다면 이 방법도 구현해볼 것을 추천합니다.

10.2.12 코딩 테스트 12: 쌍

회사: 아마존, 어도비, 플립카트

문제: 음수와 양수를 포함하는 정수 배열 m이 있습니다. 합이 주어진 숫자 k와 일치하는 모든 정수 쌍[pair]을 구하는 코드를 작성하세요.

풀이법: 지금까지 해왔던 것처럼 예시를 살펴보겠습니다. 총 15개의 요소(-5, -2, 5, 4, 3, 7, 2, 1, -1, -2, 15, 6, 12, -4, 3)를 가지는 배열이 있다고 가정하겠습니다. k = 10일 때 합이 10인 정수 쌍은 (-5 + 15), (-2 + 12), (3 + 7), (4 + 6)으로 총 4개입니다. 그렇다면 이러한 쌍을 어떻게 구할 수 있을까요?

이 문제를 해결하는 방법에는 여러 가지가 있습니다. 예를 들어 브루트 포스 방식으로 풀 수 있습니다. 다만 면접관은 일반적으로 브루트 포스 접근법을 좋아하지 않으므로 최후의 수단으로만 사용하는 것이 좋습니다. 브루트 포스 접근법은 문제의 세부 사항을 이해하는 출발점으로 삼기엔 좋지만, 인터뷰의 최종 답변으로는 적합하지 않습니다.

브루트 포스 방식에서는 배열에서 각 요소를 가져와 나머지 각 요소와 쌍을 만듭니다. 거의 모든 브루트 포스 기반 풀이법과 마찬가지로 이 풀이법도 인터뷰에서 통과하기 어려운 수준의 시간 복잡도를 가집니다.

주어진 배열을 정렬한다면 더 나은 방법으로 문제를 해결할 수 있습니다. 자바 내장 메서드인 `Arrays.sort` 메서드를 사용하면 O($n\log n$) 실행 시간으로 배열을 정렬할 수 있습니다. 이렇게 배열을 정렬하고 나면, 2개의 포인터를 사용하여 다음과 같은 단계에 따라 배열을 탐색할 수 있습니다. 이러한 기법은 **투 포인터**[Two-pointers] 알고리즘이라고 하며 이 장의 여러 문제에서 활용합니다.

1. 하나의 포인터는 인덱스 0에서 시작하며 왼쪽 포인터라고 부르고 l로 표기합니다. 다른 포인터는 인덱스 m.length - 1에서 시작하며 오른쪽 포인터라고 부르고 r로 표기합니다.

2. m[l] + m[r] = k이면 해를 찾은 것입니다. l 위치를 증가시키고 r 위치를 감소시킬 수 있습니다.

3. m[l] + m[r] < k이면 l을 증가시키고 r은 제자리에 유지합니다.

4. m[l] + m[r] > k이면 r을 감소시키고 l은 제자리에 유지합니다.

5. l >= r이 될 때까지 2~4단계를 반복합니다.

이 단계를 그림으로 나타내면 다음과 같습니다.

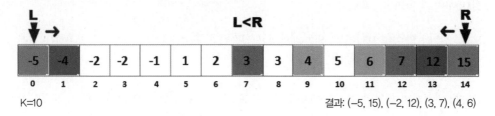

그림 10-11 주어진 숫자와 합이 일치하는 모든 쌍 찾기

[그림 10-11]을 참고하여 k = 10일 때 어떤 과정으로 해를 구하는지 다음을 살펴보세요.

- l = 0, r = 14 → sum = m[0] + m[14] = -5 + 15 = 10 → sum = k → l++, r--

- l = 1, r = 13 → sum = m[1] + m[13] = -4 + 12 = 8 → sum < k → l++

- l = 2, r = 13 → sum = m[2] + m[13] = -2 + 12 = 10 → sum = k → l++, r--

- l = 3, r = 12 → sum = m[3] + m[12] = -2 + 7 = 5 → sum < k → l++

- l = 4, r = 12 → sum = m[4] + m[12] = -1 + 7 = 6 → sum < k → l++

- l = 5, r = 12 → sum = m[5] + m[12] = 1 + 7 = 8 → sum < k → l++

- l = 6, r = 12 → sum = m[6] + m[12] = 2 + 7 = 9 → sum < k → l++

- l = 7, r = 12 → sum = m[7] + m[12] = 3 + 7 = 10 → sum = k → l++, r--

- l = 8, r = 11 → sum = m[8] + m[11] = 3 + 6 = 9 → sum < k → l++

- l = 9, r = 11 → sum = m[9] + m[11] = 4 + 6 = 10 → sum = k → l++, r--

- l = 10, r = 10 → 종료

이 과정을 코드로 나타내면 다음과 같습니다.

코드 10-25 10/FindPairsSumEqualK/src/main/java/coding/challenge/Arrays.java

```java
public static List<String> pairs(int[] m, int k) {
    if (m == null || m.length < 2) {
        return Collections.emptyList();
    }

    List<String> result = new ArrayList<>();
```

```
java.util.Arrays.sort(m);

int l = 0;
int r = m.length - 1;

while (l < r) {
    int sum = m[l] + m[r];

    if (sum == k) {
        result.add("(" + m[l] + " + " + m[r] + ")");
        l++;
        r--;
    } else if (sum < k) {
        l++;
    } else if (sum > k) {
        r--;
    }
}

return result;
}
```

10.2.13 코딩 테스트 13: 정렬된 배열 병합

회사: 아마존, 구글, 어도비, 마이크로소프트, 플립카트

문제: 서로 길이가 다른 k개의 정렬된 배열이 있습니다. 이러한 배열을 O($nk\log n$)으로 병합하는 애플리케이션을 작성하세요. 여기서 n은 가장 긴 배열의 길이입니다.

풀이법: 다음과 같은 배열이 있다고 가정하겠습니다. 각 배열은 a, b, c, d, e로 표시했습니다.

a: { 1, 2, 32, 46 }

b: { -4, 5, 15, 18, 20 }

c: { 3 }

d: { 6, 8 }

e: { -2, -1, 0 }

도출해야 하는 결과는 다음과 같습니다.

{ -4, -2, -1, 0, 1, 2, 3, 5, 6, 8, 15, 18, 20, 32, 46 }

가장 간단한 풀이법은 이러한 배열의 모든 요소를 하나의 배열로 복사하는 것입니다. n이 가장 긴 배열의 길이(예제 코드에서는 arrs.length)이고 k가 배열의 개수(예제 코드에서도 k)일 때 이 풀이법의 시간 복잡도는 O(nk)입니다. 다음으로 병합 정렬과 같은 시간 복잡도가 O($n\log n$)인 알고리즘으로 이 배열을 정렬합니다. 결과적으로 시간 복잡도는 O($nk\log nk$)가 됩니다. 그러나 문제의 요구 사항은 실행 시간이 O($nk\log n$)이므로 다른 알고리즘을 찾아야 합니다.

시간 복잡도가 O($nk\log n$)인 풀이법에는 여러 가지가 있으며 이진 최소 힙^{binary min heap}이 그중 하나입니다(이진 최소 힙은 13장에서 자세히 다룰 예정입니다). 간단히 말해서 이진 최소 힙은 완전 이진 트리입니다. 이진 최소 힙은 일반적으로 배열로 표기되며, 배열을 heap이라고 했을 때 루트 노드가 heap[0]에 있습니다. 더 중요한 부분은 나머지 영역입니다. heap[i]에 관해 각각의 경우를 다음과 같이 나타낼 수 있습니다.

- heap[(i - 1) / 2]: 부모 노드를 반환합니다.

- heap[(2 * i) + 1]: 왼쪽 자식 노드를 반환합니다.

- heap[(2 * i) + 2]: 오른쪽 자식 노드를 반환합니다.

여기서 소개할 풀이법은 다음 단계를 따릅니다.

1. 크기가 $n \times k$인 결과 배열을 생성합니다.

2. 크기가 k인 이진 최소 힙을 생성하고 모든 배열의 첫 번째 요소를 힙에 삽입합니다.

3. 다음 단계를 $n \times k$번 반복합니다.

   a. 이진 최소 힙에서 최소 요소를 가져와서 결과 배열에 저장합니다.

   b. 최소 요소가 추출된 배열의 다음 요소로 이진 최소 힙의 루트 노드를 바꿉니다. 배열에 요소가 더 없을 때는 루트 노드에 해당하는 요소를 Integer.MAX_VALUE와 같은 무한 값으로 바꿉니다.

   c. 루트 노드를 교체한 후 힙을 재구성합니다.

전체 코드가 매우 긴 편이므로 여기서는 코드의 마지막인 힙의 구조에 해당하는 `MinHeap` 메서드와 병합 연산 부분 `merge` 메서드만 소개하겠습니다. 먼저 `MinHeap` 메서드입니다.

코드 10-26 10/MergeKSortedArr/src/main/java/coding/challenge/MinHeap.java

```java
public class MinHeap {
    int data;
    int heapIndex;
    int currentIndex;

    public MinHeap(int data, int heapIndex, int currentIndex) {
        this.data = data;
        this.heapIndex = heapIndex;
        this.currentIndex = currentIndex;
    }

    @Override
    public String toString() {
        return data+"";
    }
}
```

다음은 `merge` 메서드입니다.

코드 10-27 10/MergeKSortedArr/src/main/java/coding/challenge/MergeArrays.java

```java
public static int[] merge(int[][] arrs, int k) {
    if (arrs == null) {
        throw new IllegalArgumentException("The given arrays cannot be null");
    }

    if (k <= 0) {
        throw new IllegalArgumentException(
            "The number of given arrays cannot be less or equal to 0");
    }

    // 결과 배열의 총 길이를 계산합니다.
    int len = 0;
    for (int i = 0; i < arrs.length; i++) {
        len += arrs[i].length;
    }
```

```
// 결과 배열을 생성합니다.
int[] result = new int[len];

// 최소 힙을 생성합니다.
MinHeap[] heap = new MinHeap[k];

// 각 배열의 첫 번째 요소를 힙에 추가합니다.
for (int i = 0; i < k; i++) {
    heap[i] = new MinHeap(arrs[i][0], i, 0);
}

// 병합을 수행합니다.
for (int i = 0; i < result.length; i++) {
    heapify(heap, 0, k);

    // 최종 결과에 요소를 추가합니다.
    result[i] = heap[0].data;

    heap[0].currentIndex++;
    int[] subarray = arrs[heap[0].heapIndex];

    if (heap[0].currentIndex >= subarray.length) {
        heap[0].data = Integer.MAX_VALUE;
    } else {
        heap[0].data = subarray[heap[0].currentIndex];
    }
}

    return result;
}
```

10.2.14 코딩 테스트 14: 중앙값

회사: 아마존, 구글, 어도비, 마이크로소프트, 플립카트

문제: 정렬된 배열 q와 p가 있습니다. 이 두 배열의 길이는 서로 다를 수 있습니다. 두 배열의 중앙값을 로그 실행 시간으로 계산하는 애플리케이션을 작성하세요.

풀이법: 중앙값은 배열과 같은 데이터 예제의 상위 절반과 하위 절반을 구분합니다. 예를 들어 다음 그림의 왼쪽에는 요소 개수가 홀수인 배열의 중앙값을, 오른쪽에는 요소 개수가 짝수인 배열의 중앙값을 나타냈습니다.

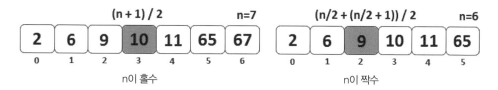

그림 10-12 요소 개수에 따른 배열의 중앙값

n개의 요소가 있는 배열일 때는 다음과 같은 두 가지 공식이 있습니다.

- n이 홀수이면 중앙값은 $(n+1)/2$입니다.
- n이 짝수이면 중앙값은 $[(n/2+(n/2+1)]/2$입니다.

단일 배열의 중앙값을 계산하기는 매우 쉽습니다. 그러나 길이가 다른 2개의 배열에서는 중앙값을 어떻게 구해야 할까요? 문제에서는 2개의 정렬된 배열을 제시하며, 이 배열로부터 무언가를 찾아야 합니다. 인터뷰를 준비해본 경험이 있는 지원자라면 정렬된 배열이 주어졌을 때 잘 알려진 이진 검색 알고리즘을 고려해야 한다는 사실을 직감할 것입니다.

정렬된 두 배열의 중앙값을 찾는 문제는 중앙값이 따라야 하는 적절한 조건을 찾는 문제로 축소할 수 있습니다. 중앙값은 입력된 배열 데이터를 크기가 동일한 2개의 영역으로 나누므로, 중앙값이 따라야 하는 첫 번째 조건은 중간 인덱스에 위치하는 것입니다. 즉, q 배열의 중앙값이 중간 인덱스에 있어야 한다는 결론을 내릴 수 있습니다. 중간 인덱스를 qPointer라고 할 때 이 인덱스를 중심으로 q 배열은 [0, qPointer]와 [qPointer + 1, q.length]의 두 부분으로 나뉩니다.

같은 방법을 p 배열에 적용하면 p 배열의 중간값도 q 배열과 마찬가지로 중간 인덱스에 위치해야 합니다. 중간 인덱스를 pPointer라고 할 때 이 인덱스를 중심으로 p 배열은 [0, pPointer]와 [pPointer + 1, p.length]의 두 부분으로 나뉩니다. 이것을 그림으로 나타내면 다음과 같습니다.

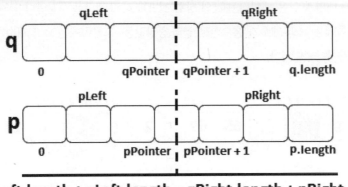

$$qLeft.length + pLeft.length = qRight.length + pRight.length$$

$$\downarrow$$

$$qPointer + pPointer = (q.length - qPointer) + (p.length - pPointer)$$

그림 10-13 배열을 반으로 분리하기

[그림 10-13]에 따라 중앙값이 따라야 하는 첫 번째 조건을 다시 정리하면 qLeft + pLeft = qRight + pRight를 만족하는 것입니다. 이것은 qPointer + pPointer = (q.length - qPointer) + (p.length - pPointer)와 같습니다.

그러나 p와 q의 길이가 다를 때는 단순히 두 배열을 반으로 분리하는 것으로는 중앙값을 구할 수 없습니다. p >= q라고 가정하면 다음과 같이 정리할 수 있습니다.

$$qPointer + pPointer = (q.length - qPointer) + (p.length - pPointer) \rightarrow$$

$$2 * pPointer = q.length + p.length - 2 * qPointer \rightarrow$$

$$pPointer = (q.length + p.length) / 2 - qPointer$$

이때 pPointer가 소수점 버림으로 계산될 수 있으므로 1을 더합니다. 이렇게 하면 다음과 같이 정리할 수 있습니다.

- qPointer = ((q.length - 1) + 0) / 2
- pPointer = (q.length + p.length + 1) / 2 - qPointer

p >= q이면 (q.length + p.length + 1) / 2 - qPointer의 최솟값은 항상 양의 정수이며, 이에 따라 pPointer도 항상 양수입니다. 이렇게 하면 배열의 범위를 벗어나는 예외가 발생하지 않으면서 첫 번째 조건도 만족할 수 있습니다.

하지만 첫 번째 조건만으로는 충분하지 않습니다. 첫 번째 조건은 배열의 왼쪽에 있는 모든 요소가 배열의 오른쪽에 있는 요소보다 작다는 것을 보장하지 않기 때문입니다. 즉, 왼쪽 부분의 최댓값은 오른쪽 부분의 최솟값보다 작아야 합니다. 왼쪽 부분의 최댓값은 q[qPointer - 1] 또는 p[pPointer - 1]이고 오른쪽 부분의 최솟값은 q[qPointer] 또는 p[pPointer]입니다. 따라서 추가해야 하는 조건은 다음과 같습니다.

- q[qPointer - 1] <= p[pPointer]
- p[pPointer - 1] <= q[qPointer]

이러한 조건에서 q와 p의 중앙값은 다음과 같습니다.

- p.length + q.length가 짝수일 때

  왼쪽 부분의 최댓값과 오른쪽 부분의 최솟값 평균

- p.length + q.length가 홀수일 때

  왼쪽 부분의 최댓값, max(q[qPointer - 1], p[pPointer - 1])

지금까지의 내용을 종합하여 세 단계로 구성된 알고리즘으로 정리하고 예제를 살펴보겠습니다. qPointer를 q의 중간 인덱스([(q.length - 1) + 0) / 2])라고 하고 pPointer를 (q.length + p.length + 1) / 2 - qPointer라고 하겠습니다. 그리고 다음과 같은 단계를 따릅니다.

1. q[qPointer - 1] <= p[pPointer]이고 p[pPointer-1] <= q[qPointer]이면 최적의 인덱스 qPointer를 찾은 것입니다.

2. p[pPointer - 1] > q[qPointer]이면 q[qPointer]가 너무 작은 값이라는 것을 알 수 있습니다. 따라서 qPointer를 증가시키고 pPointer를 감소시켜야 합니다. 2개의 배열이 모두 정렬된 상태이므로 qPointer를 증가시키고 pPointer를 감소시키면 q[qPointer]의 값이 증가하고 p[pPointer]의 값이 작아집니다. 또한 qPointer를 증가시킨다는 말은 곧 qPointer가 q의 오른쪽 부분(**중간 인덱스** + 1부터 q.length까지)에 있어야 한다는 의미입니다. 1단계로 돌아갑니다.

3. q[qPointer - 1] > p[pPointer]이면 q[qPointer - 1]이 너무 큰 값이라는 것을 알 수 있습니다. 따라서 qPointer를 감소시켜서 q[qPointer - 1] <= p[pPointer]를 만족해야 합니다. 또한 qPointer를 감소시킨다는 말은 곧 qPointer가 q의 왼쪽 부분(0부터 **중간 인덱스** - 1까지)에 있어야 한다는 의미입니다. 2단계로 돌아갑니다.

이제 예제를 살펴보겠습니다. q = {2, 6, 9, 10, 11, 65, 67}이고 p = {1, 5, 17, 18, 25, 28, 39, 77, 88}이라고 가정한 후, 앞서 살펴본 알고리즘 단계에 적용해보겠습니다.

배열 q의 qPointer = (0 + 6) / 2 = 3이고 배열 p의 pPointer = (7 + 9 + 1) / 2 - 3 = 5입니다. 이것을 그림으로 나타내면 다음과 같습니다.

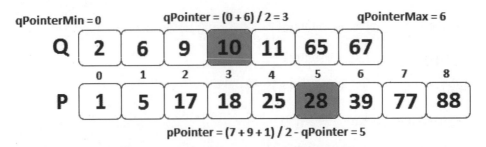

그림 10-14 중앙값 계산하기(1단계)

알고리즘의 1단계에서 q[qPointer - 1] <= p[pPointer]이고 p[pPointer - 1] <= q[qPointer]인지 확인합니다. 9 < 28로 첫 번째 조건문은 만족하지만 25 > 10이므로 두 번째 조건문은 만족하지 않습니다. 따라서 2단계를 적용하고 1단계로 돌아와야 합니다. qPointer를 증가시키고 pPointer를 감소시킵니다.

이때 qPointerMin은 qPointer + 1이 됩니다. 새로운 qPointer는 (4 + 6) / 2 = 5이고 새로운 pPointer는 (7 + 9 + 1) / 2 - 5 = 3입니다. 이것을 그림으로 나타내면 다음과 같습니다.

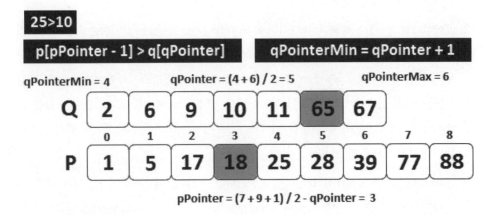

그림 10-15 중앙값 계산하기(2단계)

이렇게 2단계를 거쳐서 계산한 새로운 qPointer와 새로운 pPointer에 따르면, q[qPointer - 1]이 11이고 p[pPointer]가 18이므로 q[qPointer - 1] <= p[pPointer]입니다. 또한 p[pPointer - 1]이 17이고 q[qPointer]가 65이므로 p[pPointer - 1] <= q[qPointer]입니다. 따라서 qPointer와 pPointer는 주어진 알고리즘의 1단계를 만족합니다. 결과적으로 최적의 qPointer는 5입니다.

마지막으로 왼쪽 영역의 최댓값과 오른쪽 영역의 최솟값을 찾아야 하며, 두 배열의 길이를 더한 값이 홀수인지 짝수인지에 따라 왼쪽 영역의 최댓값 또는 왼쪽 영역 최댓값과 오른쪽 영역 최솟값의 평균값을 반환해야 합니다. 왼쪽 영역의 최댓값은 max(q[qPointer - 1], p[pPointer - 1])으로 11과 17 중 최댓값은 17입니다. 오른쪽 영역의 최솟값은 min(q[qPointer], p[pPointer])으로 65와 18 중 최솟값은 18입니다. 두 배열 길이의 합은 7 + 9 = 16으로 짝수이므로 중앙값은 왼쪽 영역 최댓값과 오른쪽 영역 최솟값의 평균이고 이는 17과 18의 평균이므로 17.5입니다. 그림으로 나타내면 다음과 같습니다.

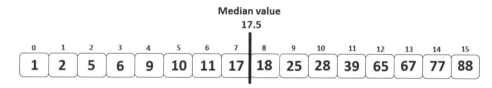

그림 10-16 중앙값 계산하기(최종 결과)

이 알고리즘을 코드로 나타내면 다음과 같습니다.

코드 10-28 10/MedianOfSortedArrays/src/main/java/coding/challenge/Arrays.java

```java
public static float median(int[] q, int[] p) {
    int lenQ = q.length;
    int lenP = p.length;

    if (lenQ > lenP) {
        swap(q, p);
    }

    int qPointerMin = 0;
    int qPointerMax = q.length;
    int midLength = (q.length + p.length + 1) / 2;

    int qPointer;
```

```
    int pPointer;

while (qPointerMin <= qPointerMax) {
    qPointer = (qPointerMin + qPointerMax) / 2;
    pPointer = midLength - qPointer;

    // 이진 검색을 수행합니다.
    if (qPointer < q.length && p[pPointer - 1] > q[qPointer]) {
        // qPointer를 증가시켜야 합니다.
        qPointerMin = qPointer + 1;
    } else if (qPointer > 0 && q[qPointer - 1] > p[pPointer]) {
        // qPointer를 감소시켜야 합니다.
        qPointerMax = qPointer - 1;
    } else { // 적합한 qPointer를 찾았습니다.
        int maxLeft = 0;

        if (qPointer == 0) { // 배열 q의 첫 번째 요소인가?
            maxLeft = p[pPointer - 1];
        } else if (pPointer == 0) { // 배열 p의 첫 번째 요소인가?
            maxLeft = q[qPointer - 1];
        } else { // 중간 어딘가에 위치한 요소라면 -> 최댓값을 찾습니다.
            maxLeft = Integer.max(q[qPointer - 1], p[pPointer - 1]);
        }

        // 배열 q와 p의 길이의 합이 홀수이면, 왼쪽 영역의 최댓값을 반환합니다.
        if ((q.length + p.length) % 2 == 1) {
            return maxLeft;
        }

        int minRight = 0;

        if (qPointer == q.length) { // 배열 q의 마지막 요소인가?
            minRight = p[pPointer];
        } else if (pPointer == p.length) { // 배열 p의 마지막 요소인가?
            minRight = q[qPointer];
        } else { // 중간 어딘가에 위치한 요소라면 -> 최솟값을 찾습니다.
            minRight = Integer.min(q[qPointer], p[pPointer]);
        }

        return (maxLeft + minRight) / 2.0f;
```

```
        }
    }

    return -1;
}
```

이 풀이법의 실행 시간은 O(log(`max(q.length, p.length)`))입니다.

10.2.15 코딩 테스트 15: 모든 요소가 1인 부분 행렬

회사: 아마존, 마이크로소프트, 플립카트

문제: 0과 1만 포함하는 이진행렬 $m \times n$이 있습니다. 모든 요소가 1인 부분 정사각행렬의 최대 크기를 반환하는 코드를 작성하세요.

풀이법: 다음 그림과 같은 5×7 행렬이 있다고 가정하겠습니다.

0	0	1	1	0	0	0
0	0	1	1	1	1	1
1	1	0	0	1	1	1
1	1	0	0	1	1	1
0	1	1	0	0	0	0

3x3

그림 10-17 5 × 7 이진행렬

[그림 10-17]에서 볼 수 있듯이 모든 요소가 1인 부분 정사각행렬의 크기는 3입니다. 브루트 포스 접근법 또는 단순한 접근법으로 문제를 풀면, 모든 요소가 1인 부분 정사각행렬을 모두 찾고 그중 어느 행렬이 가장 큰 크기를 가졌는지 확인합니다. 그러나 $z = \min(m, n)$인 $m \times n$ 행렬일 때 이러한 풀이법의 시간 복잡도는 $O(z^3mn)$입니다. [코드 10-28]에 해당하는 Matrices.java 파일 안에 브루트 포스 방식으로 구현한 `ofOne` 메서드를 확인할 수 있습니다. 항상 제안하지만, 구현 코드를 확인하기 전에 먼저 여러분 스스로 풀어보기를 추천합니다.

브루트 포스 방식보다 조금 더 나은 풀이법을 살펴보겠습니다. 주어진 행렬의 크기가 $n \times n$, 예를 들어 주어진 행렬이 4×4일 때 몇 가지 시나리오를 연구해봅시다. 4×4 행렬에서 모든 요소가 1인 부분 정사각행렬의 최대 크기는 3×3이므로, $n \times n$ 크기의 행렬에서 모든 요소가 1인 부분 정사각행렬의 최대 크기는 $n-1 \times n-1$입니다.

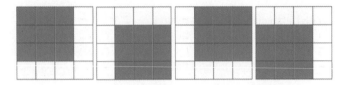

그림 10-18 4×4 행렬에서 모든 요소가 1인 최대 부분 정사각행렬

다음으로 주어진 행렬을 matrix, 모든 요소가 1인 부분 정사각행렬의 최대 크기를 (i, j) 칸에 나타낸 보조행렬을 subMatrix라고 하겠습니다.

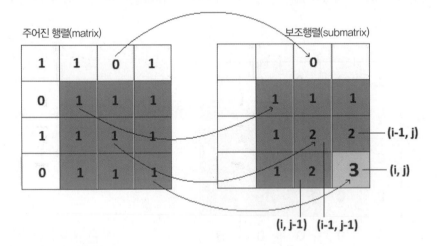

그림 10-19 전반적인 반복 관계

[그림 10-19]는 주어진 행렬 matrix와 보조행렬 subMatrix(주어진 행렬 matrix와 크기가 같은 행렬로, 반복 관계를 기반으로 값이 채워진 행렬) 사이에 있는 반복 관계를 나타냅니다.

- matrix[i][j] = 0이면 subMatrix[i][j] = 0임을 알 수 있습니다.

- matrix[i][j] = 1이면 subMatrix[i][j] = 1 + min(subMatrix[i - 1][j], subMatrix[i][j - 1], subMatrix[i - 1][j - 1])입니다.

이 알고리즘을 [그림 10-17]에서 제시한 5×7 행렬에 적용하면 다음과 같은 결과를 얻을 수 있습니다.

0	0	1	1	0	0	0
0	0	1	1	1	1	1
1	1	0	0	1	1	1
1	1	0	0	1	1	1
0	1	1	0	0	0	0

주어진 행렬(matrix)

0	0	1	1	0	0	0
0	0	1	2	1	1	1
1	1	0	0	1	2	2
1	2	0	0	1	2	3
0	1	1	0	0	0	0

보조행렬(submatrix)

그림 10-20 주어진 5 × 7 행렬 풀이

앞서 설명한 기본적인 경우와 반복 관계를 결합하면 다음과 같은 알고리즘이 완성됩니다.

1. 주어진 행렬과 같은 크기의 보조 행렬 subMatrix를 생성합니다.

2. 주어진 행렬의 첫 번째 행과 첫 번째 열을 subMatrix로 복사합니다. 이 과정이 기본적인 경우에 해당합니다.

3. (1, 1)에서 시작하여 주어진 행렬의 각 칸에 대해 다음을 수행합니다.

   a. 앞의 반복 관계에 따라 subMatrix를 채웁니다.

   b. subMatrix의 최대 요소가 곧 모든 요소가 1인 부분 정사각행렬의 크기를 나타내므로 해당 요소를 찾습니다.

나머지 세부사항은 다음 코드에서 확인할 수 있습니다.

코드 10-29 10/MaxMatrixOfOne/src/main/java/coding/challenge/Matrices.java

```java
public static int ofOneOptimized(int[][] matrix) {
    if (matrix == null) {
        throw new IllegalArgumentException("The given matrix cannot be null");
    }

    int maxSubMatrixSize = 1;
    int rows = matrix.length;
    int cols = matrix[0].length;
    int[][] subMatrix = new int[rows][cols];
```

```
// 첫 번째 행을 복사합니다.
for (int i = 0; i < cols; i++) {
    subMatrix[0][i] = matrix[0][i];
}

// 첫 번째 열을 복사합니다.
for (int i = 0; i < rows; i++) {
    subMatrix[i][0] = matrix[i][0];
}

// 행렬의 나머지 영역을 순회하며 matrix[i][j] == 1인지 확인합니다.
for (int i = 1; i < rows; i++) {
    for (int j = 1; j < cols; j++) {
        if (matrix[i][j] == 1) {
            subMatrix[i][j] = Math.min(subMatrix[i - 1][j - 1],
              Math.min(subMatrix[i][j - 1], subMatrix[i - 1][j])) + 1;

            // 현재 subMatrix의 최댓값을 계산합니다.
            maxSubMatrixSize = Math.max(maxSubMatrixSize, subMatrix[i][j]);
        }
    }
}

// 중간 생략

return maxSubMatrixSize;
}
```

보조 행렬을 채우기 위해 $m \times n$번 행렬의 나머지 영역을 순회하므로 이 풀이법의 전체 시간 복잡도는 $O(mn)$입니다.

10.2.16 코딩 테스트 16: 물이 가장 많은 용기

회사: 구글, 어도비, 마이크로소프트

문제: n개의 양의 정수 p_1, p_2, ..., p_n이 있습니다. 여기서 각 정수는 좌표 (i, p_i)의 점을 나타냅니다. 다음으로 선 i의 양 끝점이 (i, p_i)와 $(i, 0)$에 있도록 n개의 수직선을 그립니다. X축을 기준으로 가장 많은 물을 포함하는 용기를 만들 수 있는 2개의 선을 찾는 코드를 작성하세요.

풀이법: 주어진 정수 p_1, p_2, ..., p_n(p는 예제 코드에서 배열 heights)이 1, 4, 6, 2, 7, 3, 8, 5, 3이라고 하겠습니다. 문제 설명에 따라 수직선 1:{(0,1),(0,0)}, 수직선 2:{(1,4),(1,0)}, 수직선 3:{(2,6),(2,0)} 등 수직선 n개(예제 코드에서는 heights.length)를 그릴 수 있습니다. 이것을 그래프로 나타내면 다음과 같습니다.

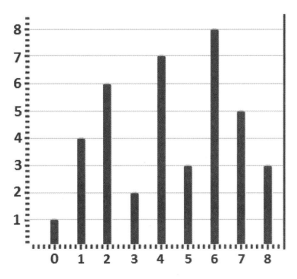

그림 10-21 n개의 수직선

먼저 문제를 어떻게 해석해야 하는지 살펴보겠습니다. 문제의 요구 사항은 물이 가장 많은 용기를 찾는 것입니다. 이것은 2D로 표현했을 때 최대 면적을 갖는 직사각형을 찾아야 한다는 의미입니다. 3D로 표현했을 때는 최대 부피를 갖는 용기가 가장 많은 물을 담을 수 있습니다.

브루트 포스 방식으로 풀이법을 생각하면 각 선에 대해 나머지 선과 짝을 이뤄 모든 면적을 계산하면서 가장 큰 면적을 찾습니다. 이때는 다음과 같이 2개의 중첩 for 문이 필요합니다.

코드 10-30 10/ContainerMostWater/src/main/java/coding/challenge/Containers.java

```java
public static int maxArea(int[] heights) {
    if (heights == null) {
        throw new IllegalArgumentException("The given array cannot be null");
    }

    int maxArea = 0;

    for (int i = 0; i < heights.length; i++) {
        for (int j = i + 1; j < heights.length; j++) {
```

```
        // 각 (i, j) 쌍을 순회합니다.
        maxArea = Math.max(maxArea, Math.min(heights[i], heights[j]) * (j - i));
    }
}

    return maxArea;
}
```

앞 코드의 문제점은 실행 시간이 $O(n^2)$이라는 것입니다. **투 포인터**[two-pointers]라는 기법을 사용하면 브루트 포스 풀이법보다 더 나은 방법으로 문제를 풀 수 있습니다. 투 포인터 기법은 매우 간단한 기술로 알아두면 정말 유용한 기법이니 걱정하지 마세요.

풀이의 핵심은 최대 면적을 찾는 것입니다. 직사각형의 면적이므로 최대 면적은 가능한 한 가장 긴 너비와 긴 높이로 구할 수 있습니다. 가장 긴 너비는 0에서 $n-1$까지입니다. 주어진 예제에서는 0부터 8까지가 가장 긴 너비입니다. 가장 긴 높이를 찾으려면 최대 면적을 만들 수 있는 가장 긴 너비를 조정해야 합니다. 다음 그래프처럼 가장 긴 너비부터 시작하겠습니다.

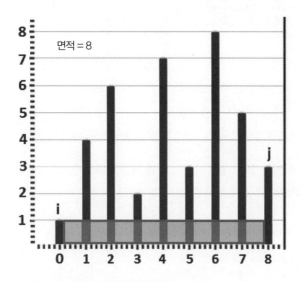

그림 10-22 가장 긴 너비에 대한 면적

가장 긴 너비의 경계를 2개의 포인터로 표현하면 $i=0$과 $j=8$(또는 $n-1$)이라고 말할 수 있습니다. 이 경우 물을 담은 용기의 면적은 $p_i \times 8 = 1 \times 8 = 8$입니다. $p_i = 1$보다 높게 물을 담으면 물이 흘러넘치므로 용기가 담을 수 있는 최대 높이는 1입니다. 그러나 다음 그래프와 같이 i를 증가시키면 $i=1$, $p_i=4$가 되어 더 높고 잠재적으로 더 큰 용기를 얻을 수 있습니다.

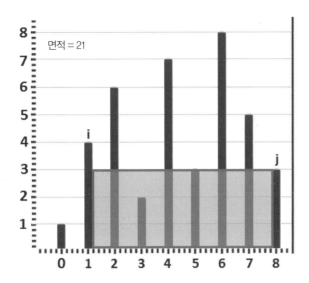

그림 10-23 더 큰 용기를 만들고자 i 증가

일반적으로 $p_i \le p_j$면 i를 증가시킵니다. 그렇지 않으면 j를 감소시킵니다. i와 j를 연속해서 증가 또는 감소시키다 보면 최대 면적을 찾을 수 있습니다. 다음 그림의 왼쪽에서 오른쪽으로, 그리고 위쪽에서 아래쪽 순서대로 i와 j를 증가 또는 감소시키는 여섯 단계를 나타냈습니다.

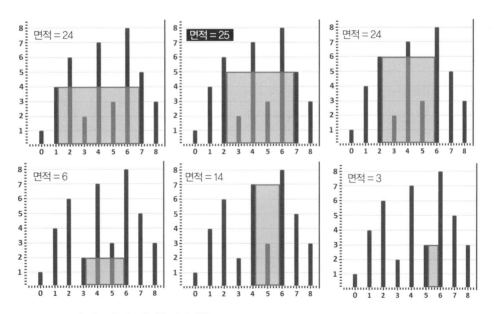

그림 10-24 i와 j의 증가·감소에 따른 면적 계산

[그림 10-24]에 나타난 단계는 다음과 같습니다.

1. 왼쪽 위 그림에서 $p_i > p_j$, 즉 $p_1 > p_8(4 > 3)$이므로 j를 감소시킵니다.

2. 가운데 위 그림에서 $p_i < p_j$, 즉 $p_1 < p_7(4 < 5)$이므로 i를 증가시킵니다.

3. 오른쪽 위 그림에서 $p_i < p_j$, 즉 $p_2 > p_7(6 > 5)$이므로 j를 감소시킵니다.

4. 왼쪽 아래 그림에서 $p_i < p_j$, 즉 $p_2 < p_6(6 < 8)$이므로 i를 증가시킵니다.

5. 가운데 아래 그림에서 $p_i < p_j$, 즉 $p_3 < p_6(2 < 8)$이므로 i를 증가시킵니다.

6. 오른쪽 아래 그림에서 $p_i < p_j$, 즉 $p_4 < p_6(7 < 8)$이므로 i를 증가시킵니다.

끝났습니다! i를 한 번 더 증가시키거나 j를 한 번 더 감소시키면 $i = j$이고 면적은 0이 됩니다. 이렇게 계산이 끝나면 최대 면적이 25([그림 10-24]의 가운데 위 그림)임을 알 수 있습니다. 이러한 투 포인터 기법은 다음과 같은 알고리즘으로 구현할 수 있습니다.

1. 최대 면적(maxArea)은 0, i = 0, j = heights.length - 1로 초기화합니다.

2. i < j일 때까지 다음을 수행합니다.

   a. 현재 i와 j에 대해 면적을 계산합니다.

   b. 계산한 값에 따라 최대 면적을 업데이트합니다.

   c. $p_i \leq p_j$면 i++, 아니면 j--입니다.

이 과정을 코드로 나타내면 다음과 같습니다.

코드 10-31 10/ContainerMostWater/src/main/java/coding/challenge/Containers.java

```java
public static int maxAreaOptimized(int[] heights) {
    if (heights == null) {
        throw new IllegalArgumentException("The given array cannot be null");
    }

    int maxArea = 0;

    int i = 0;  // 왼쪽 포인터
    int j = heights.length - 1;  // 오른쪽 포인터

    // 면적은 음수가 될 수 없으므로 i는 j보다 클 수 없습니다.
    while (i < j) {
        // 각 쌍에 대해 면적을 계산합니다.
        maxArea = Math.max(maxArea, Math.min(heights[i], heights[j]) * (j - i));
```

```
        if (heights[i] <= heights[j]) {
            i++;    // 왼쪽 포인터가 오른쪽 포인터보다 작습니다.
        } else {
            j--;    // 오른쪽 포인터가 왼쪽 포인터보다 작습니다.
        }
    }

    return maxArea;
}
```

앞 코드의 실행 시간은 O(*n*)입니다.

10.2.17 코딩 테스트 17: 원형 정렬 배열에서 검색

회사: 아마존, 구글, 어도비, 마이크로소프트, 플립카트

문제: 중복이 없는 정수의 원형 정렬 배열 m이 있습니다. 시간 복잡도 O(log*n*)으로 주어진 x를 찾는 프로그램을 작성하세요.

풀이법: 시간 복잡도 O(*n*)으로 문제를 해결할 수 있다면 브루트 포스 방식이 가장 간단한 풀이법입니다. 배열의 선형 검색은 검색된 x의 인덱스를 반환하기 때문입니다.

하지만 이 문제에서는 O(log*n*) 풀이법을 찾아야 하므로 다른 관점에서 문제를 해결해야 합니다. 7장에서 이미 살펴본 이진 검색 알고리즘을 떠올려보겠습니다(14장에서도 이진 검색 알고리즘을 살펴볼 것입니다).

정렬된 배열이 있고, 특정 값을 찾아야 하며, O(log*n*) 복잡도 시간에 이를 수행해야 한다는 것은 이진 검색 알고리즘을 가리키는 세 가지 힌트를 문제에서 준 것입니다. 물론 이 문제에서는 정렬된 배열이 원형으로 표현되므로 일반적인 이진 검색 알고리즘을 적용할 수는 없다는 점을 기억하세요.

m = {11, 14, 23, 24, -1, 3, 5, 6, 8, 9, 10}, x = 14이고 결괏값이 인덱스 1이라고 가정하겠습니다. 다음 그림은 몇 가지 개념을 소개하고 문제를 해결하는 지침 역할을 할 것입니다.

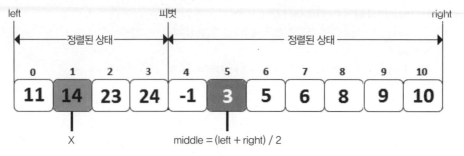

그림 10-25 원형 정렬 배열과 이진 검색 알고리즘

정렬된 배열이 원형이므로 피벗을 지정합니다. 피벗은 배열의 시작 인덱스를 가리킵니다. 피벗의 왼쪽에 있는 요소들은 오른쪽에서부터 회전된 요소입니다. 배열이 회전한 상태가 아니라면 {-1, 3, 5, 6, 8, 9, 10, 11, 14, 23, 24}의 순서로 요소가 배치될 것입니다. 이제 이진 검색 알고리즘을 적용한 풀이법이 어떤 단계를 거치는지 살펴보겠습니다.

1. 이진 검색 알고리즘을 적용하려면 먼저 배열의 중앙 인덱스를 찾아야 합니다. 이 인덱스를 'middle'이라고 하고 (left + right) / 2로 계산합니다.

2. x = m[middle]이 성립하는지 확인합니다. 만약 그렇다면 middle을 반환합니다. 그렇지 않다면 다음 단계로 넘어갑니다.

3. 배열 오른쪽 영역이 정렬된 상태인지 확인합니다. m[middle] <= m[right]를 만족한다면 [middle, right] 범위에 속하는 모든 요소는 정렬된 상태입니다.

   a. x > m[middle]이고 x <= m[right]라면 왼쪽 영역은 모두 배제하고 left = middle + 1 로 설정하여 1단계로 돌아갑니다.

   b. x <= m[middle]이거나 x > m[right]라면 오른쪽 영역은 모두 배제하고 right = middle - 1로 설정하여 1단계로 돌아갑니다.

4. 배열 오른쪽 영역이 정렬된 상태가 아니면 왼쪽 영역은 반드시 정렬된 상태여야 합니다.

   a. x >= m[left]이고 x < m[middle]이라면 오른쪽 영역은 모두 배제하고 right = middle - 1로 설정하여 1단계로 돌아갑니다.

   b. x < m[left]이거나 x >= m[middle]이라면 왼쪽 영역은 모두 배제하고 left = middle + 1로 설정하여 1단계로 돌아갑니다.

5. x를 찾거나 left <= right가 아닐 때까지 1~4단계를 반복합니다.

이 알고리즘을 주어진 예제에 적용해보겠습니다.

middle은 (left + right) / 2 = (0 + 10) / 2 = 5입니다. x = 14인데 m[5] != 14이므로 3단계로 넘어갑니다. m[5] < m[10]이므로 배열의 오른쪽 영역이 정렬된 상태라는 것을 알 수 있습니다. 그러나 x > m[right], 즉 14 > 10이므로 3-b단계를 적용합니다. 알고리즘에 따라 배열의 오른쪽 영역을 배제하고 right = middle - 1 = 5 - 1 = 4로 설정합니다. 다시 1단계로 돌아갑니다.

새로운 middle은 (0 + 4) / 2 = 2입니다. m[2] != 14이므로 3단계로 넘어갑니다. m[2] > m[4]이므로 배열의 왼쪽 영역이 정렬된 상태라는 것을 알 수 있습니다. x > m[left], 즉 14 > 11이고 x < m[middle], 즉 14 < 23이므로 4-a단계를 적용합니다. 배열의 오른쪽 영역을 배제하고 right = middle - 1 = 2 - 1 = 1로 설정합니다. 다시 1단계로 돌아갑니다.

새로운 middle은 (0 + 1) / 2 = 0입니다. m[0] != 14이므로 3단계로 넘어갑니다. m[0] < m[1]이므로 배열의 오른쪽 영역이 정렬된 상태라는 것을 알 수 있습니다. x > m[middle], 즉 14 > 11이고 x = m[right], 즉 14 = 14이므로 3-a단계를 적용합니다. 배열의 왼쪽 영역을 배제하고 left = middle + 1 = 0 + 1 = 1로 설정합니다. 다시 1단계로 돌아갑니다.

새로운 middle은 (1 + 1) / 2 = 1입니다. m[1] = 14이므로 작업을 멈추고 목푯값의 인덱스인 1을 반환합니다.

이것을 코드로 나타내면 다음과 같습니다.

코드 10-32 10/SearchInCircularArray/src/main/java/coding/challenge/Arrays.java

```java
public static int find(int[] m, int x) {
    if (m == null || m.length == 0) {
        return -1;
    }

    int left = 0;
    int right = m.length - 1;

    while (left <= right) {
        // 검색 대상 배열의 중앙 인덱스를 지정합니다.
        int middle = (left + right) / 2;
```

```
        // 복뭇값을 찾았습니다.
        if (m[middle] == x) {
            return middle;
        }

        // 배열의 오른쪽 영역(m[middle ... right])이 정렬된 상태인지 확인합니다.
        if (m[middle] <= m[right]) {
            // 목푯값 x가 m[middle ... right] 범위 안에 있는지 확인합니다.
            if (x > m[middle] && x <= m[right]) {
                left = middle + 1;    // 오른쪽 영역에서 검색합니다.
            } else {
                right = middle - 1;   // 왼쪽 영역에서 검색합니다.
            }
        } else {   // 배열의 왼쪽 영역(m[left ... middle])이 정렬된 상태입니다.
            // 목푯값 x가 m[left ... middle] 범위 안에 있는지 확인합니다.
            if (x >= m[left] && x < m[middle]) {
                right = middle - 1;  // 왼쪽 영역에서 검색합니다.
            } else {
                left = middle + 1;   // 오른쪽 영역에서 검색합니다.
            }
        }
    }

    return -1;
}
```

비슷한 방법으로 원형 정렬된 배열에서 최댓값 또는 최솟값을 찾는 문제도 있습니다. 이 책에서 제공하는 예제 코드 중 '10/MaximumInCircularArray'와 '10/MinimumInCircular Array'를 살펴보기 바랍니다. 단, 예제 코드를 바로 확인하지 말고 지금까지 배운 내용을 활용하여 스스로 풀어본 후 확인하기를 추천합니다.

10.2.18 코딩 테스트 18: 구간 병합

회사: 아마존, 구글, 어도비, 마이크로소프트, 플립카트

문제: [start, end] 형식으로 구간을 나타낸 배열이 주어질 때 겹치는 모든 구간을 병합하는 코드를 작성하세요.

풀이법: 주어진 구간이 [12, 15], [12, 17], [2, 4], [16, 18], [4, 7], [9, 11], [1, 2]라고 가정하겠습니다. 겹치는 구간을 병합하면 결과는 [1, 7], [9, 11], [12, 18]입니다.

브루트 포스 방식으로 먼저 풀겠습니다. 하나의 구간을 p_i(예제 코드에서는 intervals[index]) 라고 하고 이 구간의 끝점을 p_{ei}(예제 코드에서는 intervals[index].end)라고 할 때, 문제를 직관적으로 풀면 p_{ei}와 나머지 모든 구간의 시작점을 비교할 수 있습니다. 나머지 구간 중 하나의 시작점이 p_i의 끝점보다 작다면 두 구간을 병합할 수 있습니다. 병합한 구간의 끝점은 두 구간의 끝점 중에 더 큰 값으로 설정됩니다. 그러나 이 풀이법은 실행 시간이 $O(n^2)$이므로 면접관에게 좋은 인상을 남기기 어렵습니다.

대신 브루트 포스 방식을 기반으로 더 나은 풀이법을 생각해낼 수 있습니다. 어차피 p의 끝점을 다른 구간의 시작점과 비교해야 합니다. 이 특징을 잘 생각해보면 시작점에 따라 구간을 정렬하는 방법을 떠올릴 수 있습니다. 이렇게 하면 비교 횟수를 크게 줄일 수 있습니다. 구간을 정렬하면 모든 구간을 선형 시간 내에 병합할 수 있습니다.

다음은 주어진 예제를 시작점에 따라 오름차순으로 정렬한 그림입니다. 이때 $p_{si} < p_{si+1} < p_{si+2}$ 입니다(p_{si}는 예제 코드에서 intervals[index].start). 또한 각 구간은 시작점에서 끝점 방향으로 놓입니다. 즉, $p_{ei} > p_{si}$, $p_{ei+1} > p_{si+1}$, $p_{ei+2} > p_{si+2}$ 입니다. 다음 그림은 뒤에서 소개할 알고리즘을 이해하는 데 도움이 될 것입니다.

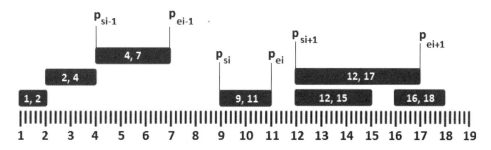

그림 10-26 주어진 구간 정렬

[그림 10–26]을 보면 p의 시작점이 이전 p의 끝점보다 클 때($p_{si} > p_{ei-1}$) 다음 p의 시작점이 이전 p의 끝점보다 크다는 것($p_{si+1} > p_{ei-1}$)을 알 수 있습니다. 따라서 이전 p를 다음 p와 비교할 필요가 없습니다. 즉, p_i가 p_{i-1}과 겹치지 않으면 p_{i+1}의 시작점이 p_i보다 크거나 같아야 하므로 p_{i+1}이 p_{i-1}과 겹칠 수 없습니다.

만약 p_{si}가 p_{ei-1}보다 작으면 p_{ei-1}을 p_{ei-1}과 p_{ei} 중에 더 큰 값으로 수정하고 p_{ei+1}로 이동해야 합니다. 이 작업은 다음 그림과 같이 스택으로 수행할 수 있습니다.

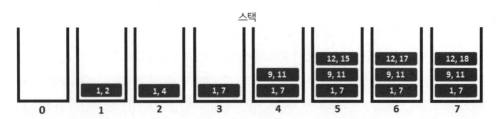

그림 10–27 스택 활용

[그림 10–27]에서 표현한 단계는 다음과 같습니다.

- **0단계:** 빈 스택으로 시작합니다.

- **1단계:** 스택이 비어 있으므로 첫 번째 구간 [1, 2]를 스택에 푸시[push]합니다.

- **2단계:** 이제 두 번째 구간 [2, 4]를 살펴보겠습니다. [2, 4]의 시작점이 스택의 톱[top]에 있는 구간 [1, 2]의 끝점과 같으므로 [2, 4]는 스택에 푸시하지 않습니다. 다음으로 구간 [1, 2]의 끝점과 [2, 4]의 끝점을 비교합니다. 2가 4보다 작으므로 구간 [1, 2]를 [1, 4]로 변경합니다. 이렇게 [1, 2]와 [2, 4]를 병합합니다.

- **3단계:** 구간 [4, 7]은 시작점이 스택의 톱에 있는 구간 [1, 4]의 끝점과 같으므로 [4, 7]은 스택에 푸시하지 않습니다. 다음으로 구간 [1, 4]의 끝점과 [4, 7]의 끝점을 비교합니다. 4가 7보다 작으므로 구간 [1, 4]를 [1, 7]로 변경합니다. 이렇게 [1, 4]와 [4, 7]을 병합합니다.

- **4단계:** 구간 [9, 11]은 시작점이 스택의 톱에 있는 구간 [1, 7]의 끝점보다 크므로 구간 [1, 7]과 [9, 11]은 겹치지 않습니다. 따라서 구간 [9, 11]을 스택에 푸시합니다.

- **5단계:** 구간 [12, 15]는 시작점이 스택의 톱에 있는 구간 [9, 11]의 끝점보다 크므로 구간 [9, 11]과 [12, 15]는 겹치지 않습니다. 따라서 [12, 15]를 스택에 푸시합니다.

- **6단계:** 구간 [12, 17]은 시작점이 스택의 톱에 있는 구간 [12, 15]의 시작점과 같으므로 [12, 17]은 스택에 푸시하지 않습니다. 다음으로 구간 [12, 15]의 끝점과 [12, 17]의 끝점을 비교합니다. 15가 17보다 작으므로 구간 [12, 15]를 [12, 17]로 변경합니다. 이렇게 [12, 15]와 [12, 17]을 병합합니다.

- **7단계:** 마지막으로 구간 [16, 18]은 시작점이 스택의 톱에 있는 구간 [12, 17]의 끝점보다 작으므로 구간 [16, 18]과 [12, 17]은 겹칩니다. 이번에는 스택의 톱에 있는 구간의 끝점을 구간 [16, 18]과 비교하여 더 큰 값으로 변경해야 합니다. 18이 17보다 크므로 스택의 톱에 있는 구간은 [12, 18]이 됩니다.

이제 스택에 있는 구간을 꺼내서 병합한 구간을 살펴볼까요? 다음 그림에서 볼 수 있듯이 병합한 구간은 [[12, 18], [9, 11], [1, 7]]입니다.

그림 10-28 병합한 구간

앞에서 소개한 단계를 바탕으로 다음과 같은 알고리즘을 생각할 수 있습니다.

1. 시작점을 기준으로 주어진 구간을 오름차순 정렬합니다.

2. 첫 번째 구간을 스택에 푸시합니다.

3. 나머지 구간에 대해 다음을 수행합니다.

   a. 현재 구간이 스택의 톱에 있는 구간과 겹치지 않는다고 하면 현재 구간을 스택에 푸시합니다.

   b. 현재 구간이 스택의 톱에 있는 구간과 겹치고 현재 구간의 끝점이 스택의 톱에 있는 구간의 끝점보다 크다면, 스택의 톱에 있는 구간의 끝점을 현재 구간의 끝점으로 변경합니다.

4. 모든 과정을 끝내고 나면 병합한 구간을 스택에서 확인할 수 있습니다.

이를 코드로 나타내면 다음과 같습니다.

코드 10-33 10/MergeIntervals/src/main/java/coding/challenge/Arrays.java

```java
public static void mergeIntervals(Interval[] intervals) {
    if (intervals == null) {
        throw new IllegalArgumentException(
          "The given array of intervals cannot be null");
    }

    // 1단계: 시작점을 기준으로 주어진 구간을 오름차순 정렬합니다.
    java.util.Arrays.sort(intervals, new Comparator<Interval>() {
        public int compare(Interval i1, Interval i2) {
            return i1.start - i2.start;
        }
    });

    Stack<Interval> stackOfIntervals = new Stack();

    for (Interval interval : intervals) {
        // 3-a단계: 현재 구간이 스택의 톱에 있는 구간과
        // 겹치지 않는다면 현재 구간을 스택에 푸시합니다.
        if (stackOfIntervals.empty()
                || interval.start > stackOfIntervals.peek().end) {
            stackOfIntervals.push(interval);
        }

        // 3-b단계: 현재 구간이 스택의 톱에 있는 구간과 겹치고
        // 현재 구간의 끝점이 스택의 톱에 있는 구간의 끝점보다 크다면,
        // 스택의 톱에 있는 구간의 끝점을 현재 구간의 끝점으로 변경합니다.
        if (stackOfIntervals.peek().end < interval.end) {
            stackOfIntervals.peek().end = interval.end;
        }
    }

    // 결과를 출력합니다.
    while (!stackOfIntervals.empty()) {
        System.out.print(stackOfIntervals.pop() + " ");
    }
}
```

앞 코드의 실행 시간은 O($n$log$n$)이며 스택에 사용되는 보조 공간은 O(n)입니다. 대부분의 면접관이 이 풀이법에 충분히 만족하더라도 일부 면접관은 최적화를 요청할 수도 있습니다. 더 정확하게는 스택을 제외하고 O(1)의 공간 복잡도로 풀 수 있는지 물어볼 수도 있습니다.

스택을 제외한다면 주어진 공간에서 바로 병합 작업을 수행해야 합니다. 이것을 수행할 수 있는 알고리즘은 자명합니다.

1. 시작점을 기준으로 주어진 구간을 내림차순 정렬합니다.

2. 나머지 구간에 대해 다음을 수행합니다.

   a. 현재 구간이 첫 번째 구간이 아니고 이전 구간과 겹친다면 현재 구간과 이전 구간을 병합합니다. 모든 이전 구간에 대해서 이를 수행합니다.

   b. 현재 구간이 이전 구간과 겹치지 않는다면 현재 구간을 결과 구간 배열에 추가합니다.

이번에는 시작점을 기준으로 주어진 구간을 내림차순 정렬했습니다. 이렇게 하면 이전 구간의 시작점과 현재 구간의 끝점을 비교하여 두 구간이 겹치는지 확인할 수 있습니다. 이를 코드로 나타내면 다음과 같습니다.

코드 10-34 10/MergeIntervals/src/main/java/coding/challenge/Arrays.java

```java
public static void mergeIntervalsOptimized(Interval intervals[]) {
    if (intervals == null) {
        throw new IllegalArgumentException(
          "The given array of intervals cannot be null");
    }

    // 1단계:
    java.util.Arrays.sort(intervals, new Comparator<Interval>() {
        public int compare(Interval i1, Interval i2) {
            return i2.start - i1.start;
        }
    });

    int index = 0;

    for (int i = 0; i < intervals.length; i++) {
        // 2-a단계: 현재 구간이 첫 번째 구간이 아니고 이전 구간과 겹친다면
        // 현재 구간과 이전 구간을 병합합니다. 모든 이전 구간에 대해서 이를 수행합니다.
```

```
if (index != 0 && intervals[index - 1].start <= intervals[1].end) {
    while (index != 0 && intervals[index - 1].start <= intervals[i].end) {
        // 이전 구간과 현재 구간을 병합합니다.
        intervals[index - 1].end
            = Math.max(intervals[index - 1].end, intervals[i].end);
        intervals[index - 1].start
            = Math.min(intervals[index - 1].start, intervals[i].start);
        index--;
    }
    // 2-b단계: 현재 구간이 이전 구간과 겹치지 않는다면
    // 현재 구간을 결과 구간 배열에 추가합니다.
    } else {
        intervals[index] = intervals[i];
    }

    index++;
    }

    // 결과를 출력합니다.
    for (int i = 0; i < index; i++) {
        System.out.print(intervals[i] + " ");
    }
    }
}
```

앞 코드의 실행 시간은 O($n$log$n$)이며 공간 복잡도는 O(1)입니다.

10.2.19 코딩 테스트 19: 주유소 순환 방문

회사: 아마존, 구글, 어도비, 마이크로소프트, 플립카트

문제: n개의 주유소가 원형으로 배치되어 있습니다. 모든 주유소는 연료량(fuel)과 현재 주유소에서 다음 주유소까지의 거리(dist)라는 두 가지 데이터를 가집니다.

무제한 가스 탱크가 있는 트럭이 있을 때 전체 주유소를 방문하기 위해 트럭이 출발해야 하는 첫 번째 지점을 계산하는 코드를 작성하세요. 트럭은 빈 탱크로 주유소 중 한 곳에서 방문을 시작합니다. 1리터의 휘발유로 트럭은 1단위unit의 거리를 이동할 수 있습니다.

풀이법: 주어진 데이터가 다음과 같다고 가정하겠습니다.

    dist = {5, 4, 6, 3, 5, 7}, fuel = {3, 3, 5, 5, 6, 8}

문제의 의미를 더 잘 이해하고 풀이법을 떠올릴 수 있도록 다음과 같이 그림으로 주어진 예제를 나타내겠습니다.

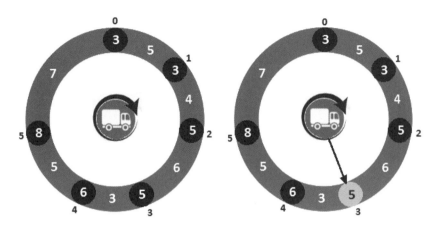

그림 10-29 트럭의 주유소 순환 방문 예제

0번에서 5번까지 총 6개의 주유소가 있습니다. [그림 10-29]의 왼쪽에는 주어진 원형 경로와 주유소의 분포를 나타냈습니다. 첫 번째 주유소에는 3리터의 휘발유가 있고 다음 주유소까지의 거리는 5입니다. 두 번째 주유소에는 3리터의 휘발유가 있고 다음 주유소까지의 거리는 4입니다. 세 번째 주유소에는 5리터의 휘발유가 있고 다음 주유소까지의 거리는 6입니다. 이처럼 주유소 X에서 주유소 Y로 이동할 때 당연하면서도 중요한 조건은, X와 Y 사이의 거리가 트럭 탱크의 연료량보다 작거나 같아야 한다는 것입니다.

예를 들어 트럭이 0번 주유소에서 순환 방문을 시작하면 0번 주유소와 1번 주유소 사이의 거리가 5인데, 트럭의 탱크에는 휘발유를 3리터밖에 넣을 수 없으므로 1번 주유소로 갈 수 없습니다. 하지만 트럭이 3번 주유소에서 순환 방문을 시작하면 트럭의 탱크에 휘발유를 5리터 넣을 수 있으므로 4번 주유소로 이동할 수 있습니다. 실제로 [그림 10-29]의 오른쪽에 나타낸 것처럼 이 예제의 정답은 탱크에 5리터의 휘발유를 넣는 3번 주유소에서 순환 방문을 시작하는 것입니다. 종이와 펜을 사용하여 전체 순환 방문을 천천히 그려보세요.

브루트 포스 방식으로 간단하게 풀면 각 주유소에서 시작하여 전체 주유소를 순환 방문할 수 있는지 직접 확인합니다. 이렇게 하면 구현은 간단하지만 실행 시간은 $O(n^2)$입니다. 브루트 포스 풀이법보다 더 나은 구현 방법을 찾아 도전해보세요.

이 문제를 더 효율적으로 해결하려면 다음과 같은 사실을 이해하고 활용해야 합니다.

- 연료의 합 ≥ 거리의 합이면 전체 주유소를 방문할 수 있습니다.

- 주유소 X에서 출발해서 X → Y → Z 순서대로 주유소 Z에 도달하지 못하면 Y에도 도달할 수 없습니다.

첫 번째 사실은 상식적인 개념이지만 두 번째 사실은 뒷받침할 근거가 필요합니다. 두 번째 사실은 다음과 같이 증명할 수 있습니다.

- fuel[X] < dist[X]이면 X에서 Y까지도 갈 수 없습니다. 따라서 X에서 Z로 가려면 fuel[X] >= dist[X]이어야 합니다.

- X에서 Z에 도달할 수 없다면 fuel[X] + fuel[Y] < dist[X] + dist[Y]이고 fuel[X] >= dist[X]입니다. 따라서 fuel[Y] < dist[Y]이고 Y에서 Z로 도달할 수 없습니다.

이 두 가지 근거를 바탕으로 다음과 같이 구현할 수 있습니다.

코드 10-35 10/PetrolBunks/src/main/java/coding/challenge/Bunks.java

```java
public static int circularTour(int[] fuel, int[] dist) {
    int sumRemainingFuel = 0;   // 현재 잔여 연료를 저장합니다.
    int totalFuel = 0;          // 전체 잔여 연료를 저장합니다.
    int start = 0;

    for (int i = 0; i < fuel.length; i++) {
        int remainingFuel = fuel[i] - dist[i];

        // (i - 1)의 잔여 연료 합이 >= 0이면 방문을 이어갑니다.
        if (sumRemainingFuel >= 0) {
            sumRemainingFuel += remainingFuel;
        // 그렇지 않다면 시작 인덱스를 현재 인덱스로 초기화합니다.
        } else {
            sumRemainingFuel = remainingFuel;
            start = i;
        }

        totalFuel += remainingFuel;
    }
```

```java
    if (totalFuel >= 0) {
        return start;
    } else {
        return -1;
    }
}
```

이 코드를 이해하려면 종이와 펜을 사용하여 주어진 데이터를 코드에 적용해보세요. 다음과
같은 예제도 적용해보세요.

코드 10-36 10/PetrolBunks/src/main/java/coding/challenge/Main.java

```java
// 정답: 인덱스 1
int[] dist2 = {2, 4, 1};
int[] fuel2 = {0, 4, 3};

// 정답: 인덱스 1
int[] dist3 = {6, 5, 3, 5};
int[] fuel3 = {4, 6, 7, 4};

// 해가 없으므로 -1 반환
int[] dist4 = {1, 3, 3, 4, 5};
int[] fuel4 = {1, 2, 3, 4, 5};

// 정답: 인덱스 2
int[] dist5 = {4, 6, 6};
int[] fuel5 = {6, 3, 7};
```

앞 코드의 실행 시간은 O(n)입니다.

10.2.20 코딩 테스트 20: 빗물 모으기

회사: 아마존, 구글, 어도비, 마이크로소프트, 플립카트

문제: 높이가 서로 다른 막대가 있습니다. 이때 높이는 음수가 아닌 정수로 주어집니다. 모든
막대의 넓이는 1로 동일합니다. 막대에 고이는 물의 양을 계산하는 코드를 작성하세요.

풀이법: 주어진 막대가 다음과 같다고 가정하겠습니다.

    bars = {1, 0, 0, 4, 0, 2, 0, 1, 6, 2, 3}

또한 다음 그림은 주어진 막대의 높이를 나타낸 것입니다.

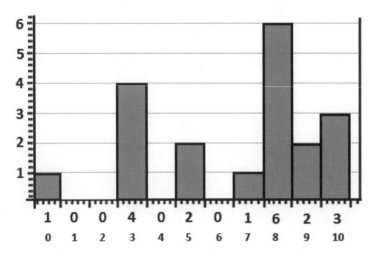

그림 10-30 주어진 막대

이제 비가 오고 막대 사이의 공간에 빗물이 고입니다. 비가 내린 후 다음 그림과 같이 빗물이 고여 있을 것입니다.

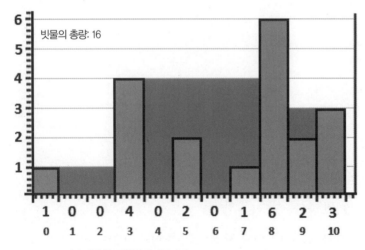

그림 10-31 비가 내린 후 주어진 막대의 모습

[그림 10-31]을 보면 최대로 모을 수 있는 빗물의 총량은 16입니다. 문제를 푸는 방법은 고인 빗물을 무엇을 기준으로 계산할지에 따라 다릅니다. 예를 들어 빗물이 막대 사이에 고여 있다고 보거나, 막대의 위에 고여 있다고 볼 수 있습니다.

여기서는 빗물이 막대의 위에 고여 있다는 관점으로 계산하여 문제를 풀어보겠습니다. 다음은 각 막대의 위에 있는 빗물을 숫자로 표기한 그림입니다.

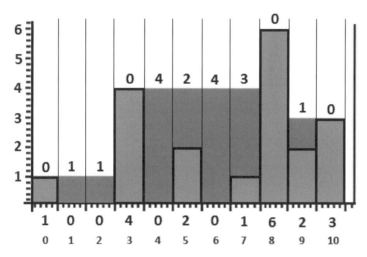

그림 10-32 각 막대 위에 있는 빗물의 양

0번 막대 위에는 빗물이 없습니다. 1번 막대와 2번 막대 위에는 단위 1만큼의 빗물이 있습니다. 이 값을 합하면 $0+1+1+0+4+2+4+3+0+1+0=16$이며, 이 값이 막대로 모을 수 있는 빗물의 양입니다.

그러나 막대 x(예제 코드에서는 bar[i]) 위에 있는 빗물의 양을 결정하려면 막대 x를 기준으로 왼쪽과 오른쪽 영역에 있는 가장 높은 막대 사이의 최솟값을 알아야 합니다. 즉, 경계가 되는 0번과 10번 막대를 제외한 1, 2, 3, ..., 9번 막대 중 현재 막대를 기준으로 왼쪽과 오른쪽 영역에서 가장 높은 막대를 찾아서 둘 중에 더 작은 값을 계산해야 합니다.

다음 그림은 중간에 위치한 1번에서 9번까지의 막대를 대상으로 계산한 결과를 보여줍니다.

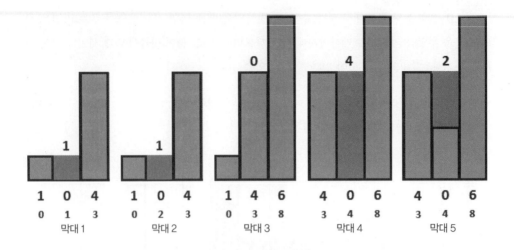

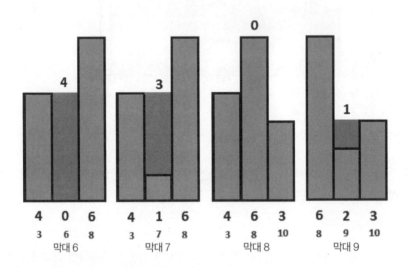

그림 10-33 왼쪽 영역과 오른쪽 영역에서 가장 높은 막대

이것을 간단하게 풀면, 막대를 순회하면서 왼쪽과 오른쪽에서 가장 높은 막대를 찾으면 됩니다. 이 두 막대의 높이의 최솟값은 다음과 같이 활용할 수 있습니다.

- 최솟값이 현재 막대의 높이보다 낮으면, 현재 막대의 위에는 빗물을 모을 수 없습니다.
- 최솟값이 현재 막대의 높이보다 높으면, 현재 막대의 위에는 현재 막대의 높이와 최솟값의 차이만큼 빗물을 모을 수 있습니다.

지금까지 소개한 내용에 따라 이 문제는 모든 막대의 왼쪽과 오른쪽에 있는 가장 높은 막대를 계산하여 풀 수 있습니다. 이것을 효율적으로 구현하려면 O(n) 시간 안에 모든 막대의 왼쪽 및 오른쪽에 있는 가장 높은 막대를 미리 계산합니다. 그런 다음 그 결과를 사용하여 각 막대의 위에 고인 빗물의 양을 찾습니다. 이 과정을 코드로 나타내면 다음과 같습니다.

코드 10-37 10/TrapRainWater/src/main/java/coding/challenge/Bars.java

```java
public static int trapViaArray(int[] bars) {
    if (bars == null || bars.length == 0) {
        return 0;
    }

    int n = bars.length - 1;
    int water = 0;

    // 현재 막대의 왼쪽에 있는 막대의 최대 높이를 저장합니다.
    int[] left = new int[n];
    left[0] = Integer.MIN_VALUE;

    // 왼쪽에서 오른쪽으로 막대를 순환하면서 left[i]를 계산합니다.
    for (int i = 1; i < n; i++) {
        left[i] = Math.max(left[i - 1], bars[i - 1]);
    }

    // 현재 막대의 오른쪽에 있는 막대의 최대 높이를 저장합니다.
    int right = Integer.MIN_VALUE;

    // 오른쪽에서 왼쪽으로 막대를 순회하면서 고인 빗물을 계산합니다.
    for (int i = n - 1; i >= 1; i--) {
        right = Math.max(right, bars[i + 1]);

        // 현재 막대에 물을 저장할 수 있는지 확인합니다.
        if (Math.min(left[i], right) > bars[i]) {
            water += Math.min(left[i], right) - bars[i];
        }
    }

    return water;
}
```

앞 코드의 실행 시간은 O(n)이고 leftL」 배열을 서장하기 위한 보조 공간은 O(n)입니다. 참고로 Bars.java에는 배열이 아닌 스택으로 구현한 trapViaStack 메서드도 확인할 수 있으며, 해당 코드의 빅 오도 앞에서 소개한 trapViaArray 메서드와 유사합니다.

이번에는 공간 복잡도 O(1)로 구현하는 방법도 살펴봅니다. 모든 왼쪽 최대 높이를 저장하려면 크기가 n인 배열을 사용하는 대신 2개의 변수를 사용하여 해당 막대까지의 최댓값을 저장할 수도 있습니다. 이 기법을 투 포인터라고 합니다. 기억하겠지만 코딩 테스트 16에서 이미 살펴봤던 기법입니다. 포인터 maxBarLeft와 maxBarRight가 있을 때, 투 포인터 기법을 사용한 풀이법을 다음과 같이 구현할 수 있습니다.

코드 10-38 10/TrapRainWater/src/main/java/coding/challenge/Bars.java

```java
public static int trapOptimized(int[] bars) {
    // 포인터 2개를 사용합니다. left는 0, right는 bars.length-1을 나타냅니다.
    int left = 0;
    int right = bars.length - 1;
    int water = 0;
    int maxBarLeft = bars[left];
    int maxBarRight = bars[right];

    while (left < right) {
        // 왼쪽 포인터를 오른쪽으로 이동합니다.
        if (bars[left] <= bars[right]) {
            left++;
            maxBarLeft = Math.max(maxBarLeft, bars[left]);
            water += (maxBarLeft - bars[left]);
        // 오른쪽 포인터를 왼쪽으로 이동합니다.
        } else {
            right--;
            maxBarRight = Math.max(maxBarRight, bars[right]);
            water += (maxBarRight - bars[right]);
        }
    }

    return water;
}
```

앞 코드의 실행 시간은 O(n)이고 공간 복잡도는 O(1)입니다.

10.2.21 코딩 테스트 21: 주식 거래

회사: 아마존, 마이크로소프트

문제: 날짜에 따른 주식 가격을 나타내는 양의 정수 배열이 있습니다. 배열의 i번째 요소는 i일의 주식 가격을 나타냅니다. 일반적으로 매수부터 매도까지를 한 번의 거래라고 할 때 동시에 거래를 여러 번 할 수 없으며, 주식을 매수하려면 반드시 가지고 있는 주식을 매도해야 합니다. 다음 시나리오 중에서 하나를 골라 최대 수익을 반환하는 코드를 작성하세요.

- 주식을 사고팔 수 있는 횟수는 한 번입니다.
- 주식을 사고팔 수 있는 횟수는 두 번입니다.
- 주식을 무제한으로 사고팔 수 있습니다.
- 주식을 사고팔 수 있는 횟수는 주어진 k번입니다.

풀이법: 주어진 배열이 `prices = {200, 500, 1000, 700, 30, 400, 900, 400, 550}`이라고 가정하고, 앞에서 소개한 각 시나리오에 맞는 풀이를 살펴보겠습니다.

주식 거래 횟수가 한 번일 때

주식을 한 번만 사고팔아서 최대 수익을 얻어야 하므로, 주식이 가장 저렴할 때 매수하고 가장 비쌀 때 매도하면 됩니다. 다음 가격 변동 그래프를 보면서 풀이법을 생각해보겠습니다.

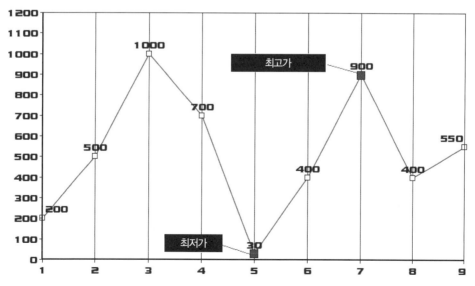

그림 10-34 가격 변동 그래프

가격 변동 그래프에 따라 5일에는 가격 30에 주식을 매수하고 7일에는 가격 900에 판매해야 합니다. 이렇게 하면 최대 수익 870을 얻을 수 있습니다. 다음과 같은 간단한 알고리즘을 사용하여 최대 수익을 찾을 수 있습니다.

1. 1일자 가격을 최저가로 가정하고 현재 수익과 최대 수익은 0입니다.

2. 나머지 날(2, 3, 4, ...)을 순회하며 다음을 수행합니다.

   a. 매일 최대 수익을 Math.max(현재 최대 수익, (오늘의 가격 - 최저가))로 변경합니다.

   b. 최저가를 Math.min(현재 최저가, 오늘의 가격)으로 변경합니다.

이 알고리즘을 주어진 예제에 적용해봅시다. 1일자 가격이 200이므로 최저가를 200으로 간주하고 최대 이익은 0으로 설정합니다.

다음은 알고리즘에 따라 각 날짜를 순회하며 계산한 결과를 나타낸 그림입니다.

	1일	2일	3일	4일	5일	6일	7일	8일	9일
가격	200	500	1000	700	30	400	900	400	550
최저가(1일부터 오늘까지)	200	200	200	200	30	30	30	30	30
가격 - 최저가	0	300	800	500	0	370	870	370	520
최대 수익 Math.max(최대 수익, 가격 - 최저가)	200	300	800	800	800	800	870	870	870

최대 수익

그림 10-35 최대 수익 계산

각 날짜에 따른 최대 수익의 계산 과정은 다음과 같습니다.

- **1일**: 최저가는 200입니다. 1일자 가격 - 최저가 = 0이므로 지금까지 최대 수익은 200입니다.

- **2일**: 500 > 200이므로 최저가는 200입니다. 2일자 가격 - 최저가 = 300이고 300 > 200이므로 지금까지 최대 수익은 300입니다.

- **3일**: 1,000 > 200이므로 최저가는 200입니다. 3일자 가격 - 최저가 = 800이고 800 > 300이므로 지금까지 최대 수익은 800입니다.

- **4일**: 700 > 200이므로 최저가는 200입니다. 4일자 가격 - 최저가 = 500이고 800 > 500이므로 지금까지 최대 수익은 800입니다.

- **5일:** 200 > 30이므로 최저가는 30입니다. 5일자 가격 − 최저가 = 0이고 800 > 0이므로 지금까지 최대 수익은 800입니다.

- **6일:** 400 > 30이므로 최저가는 30입니다. 6일자 가격 − 최저가 = 370이고 800 > 370이므로 지금까지 최대 수익은 800입니다.

- **7일:** 900 > 30이므로 최저가는 30입니다. 7일자 가격 − 최저가 = 870이고 870 > 800이므로 지금까지 최대 수익은 870입니다.

- **8일:** 400 > 30이므로 최저가는 30입니다. 8일자 가격 − 최저가 = 370이고 870 > 370이므로 지금까지 최대 수익은 870입니다.

- **9일:** 550 > 30이므로 최저가는 30입니다. 9일자 가격 − 최저가 = 520이고 870 > 520이므로 지금까지 최대 수익은 870입니다.

결론적으로 최대 수익은 870입니다. 이것을 코드로 나타내면 다음과 같습니다.

코드 10−39 10/BestTimeToBuySellStock/src/main/java/coding/challenge/Stocks.java

```java
public static int maxProfitOneTransaction(int[] prices) {
    if (prices == null || prices.length <= 1) {
        return 0;
    }

    int min = prices[0];
    int result = 0;

    for (int i = 1; i < prices.length; i++) {
        result = Math.max(result, prices[i] - min);
        min = Math.min(min, prices[i]);
    }

    return result;
}
```

앞 코드의 실행 시간은 $O(n)$입니다. 다음 시나리오를 살펴볼까요?

주식 거래 횟수가 두 번일 때

이 시나리오에서는 주식을 두 번만 사고팔아서 최대 이익을 얻어야 합니다. 풀이의 핵심은 주식 가격이 저렴할 때 매수하고 가장 비쌀 때 매도하는 것입니다. 이 과정을 두 번 반복합니다. 다음 가격 변동 그래프를 보면서 풀이법을 생각해보겠습니다.

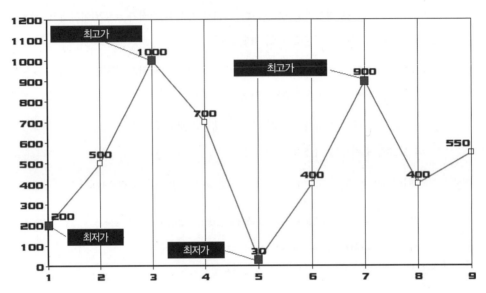

그림 10-36 가격 변동 그래프

가격 변동 그래프에 따라 1일에는 가격 200에 주식을 매수하고 3일에는 가격 1,000에 판매해야 합니다. 이 거래에서 800의 이익을 낼 수 있습니다. 다음으로 5일에는 가격 30에 주식을 매수하고 7일에는 가격 900에 판매합니다. 이 거래에서 870의 이익을 낼 수 있습니다. 따라서 최대 수익은 870 + 800 = 1,670입니다.

최대 수익을 결정하려면 가장 수익성이 높은 거래를 2개 찾아야 합니다. 동적 프로그래밍과 분할 및 정복 기술로 최대 수익을 내는 거래를 찾을 수 있습니다. 알고리즘을 두 부분으로 분할하겠습니다. 알고리즘의 첫 번째 부분은 다음과 같은 단계를 포함합니다.

1. 1일 자 가격을 최저가로 가정합니다.

2. 나머지 날(2, 3, 4, ...)을 순회하며 다음을 수행합니다.

   a. 최저가를 Math.min(현재 최저가, 오늘의 가격)으로 변경합니다.

   b. 오늘의 최대 수익을 Math.max(전날 최대 수익, (오늘의 가격 - 최저가))로 변경합니다.

이 알고리즘을 모두 수행하고 나면 당일을 포함하여 각 날짜 전까지 얻을 수 있는 최대 수익을 나타내는 배열을 완성하게 됩니다. 이 배열이 left입니다.

예를 들어 1일에 가격 200에 매수하고 3일에 가격 1,000에 매도하면 수익은 800이며, 이 수익이 3일까지 얻을 수 있는 최대 수익입니다. 또는 5일에 가격 30에 매수하고 7일에 가격 900에 매도하면 수익이 870이며, 이 수익이 7일까지 얻을 수 있는 최대 수익입니다. 이 배열은 2-b 단계에서 계산합니다.

다음은 주어진 예제를 가지고 계산한 배열 left를 나타낸 그림입니다.

	1일	2일	3일	4일	5일	6일	7일	8일	9일
가격	200	500	1000	700	30	400	900	400	550
해당 날짜까지 얻을 수 있는 최대 수익	0	300	800	800	800	800	870	870	870
	left[0]	left[1]	left[2]	left[3]	left[4]	left[5]	left[6]	left[7]	left[8]

그림 10-37 1일부터 날짜별로 얻을 수 있는 최대 수익 계산

알고리즘의 두 번째 부분까지 살펴본 후에 이 left 배열을 어떻게 활용할 수 있는지 알아보겠습니다. 알고리즘의 두 번째 부분은 다음과 같습니다.

1. 마지막 날의 가격을 최고가로 가정합니다.

2. 마지막 날을 prices.length - 1이라고 할 때 prices.length - 2부터 첫 번째 날까지 나머지 날(prices.length - 2, prices.length - 3, prices.length - 4, ...)을 순회하며 다음을 수행합니다.

   a. 최고가를 Math.max(현재 최고가, 오늘의 가격)으로 변경합니다.

   b. 오늘의 최대 수익을 Math.max(다음날 최대 수익, (최고가 - 오늘의 가격))으로 변경합니다.

이 알고리즘을 모두 수행하고 나면 당일을 포함하여 각 날짜로부터 얻을 수 있는 최대 수익을 나타내는 배열을 완성하게 됩니다. 이 배열이 right입니다.

예를 들어 5일에는 가격 30에 매수하고 7일에는 가격 900에 매도하면 수익이 870이며, 이 수익이 3일부터 얻을 수 있는 최대 수익입니다. 또는 8일에 가격 400에 매수하고 9일에는 가격 550에 매도하면 수익이 150이며, 이 수익이 7일부터 얻을 수 있는 최대 수익입니다. 이 배열은 2-b 단계에서 계산합니다.

다음은 주어진 예제를 가지고 계산한 배열 right를 나타낸 그림입니다.

	1일	2일	3일	4일	5일	6일	7일	8일	9일
가격	200	500	1000	700	30	400	900	400	550
해당 날짜부터 얻을 수 있는 최대 수익	870	870	870	870	870	500	150	150	0
	right[0]	right[1]	right[2]	right[3]	right[4]	right[5]	right[6]	right[7]	right[8]

그림 10-38 마지막 날에서 시작하여 날짜별로 얻을 수 있는 최대 수익 계산

이렇게 분할한 알고리즘의 두 부분을 모두 살펴보았습니다. 이제 정복할 시간입니다. 두 번의 거래에서 얻을 수 있는 최대 수익은 left[날짜] + right[날짜]의 최댓값으로 얻을 수 있습니다. 다음은 이것을 계산한 표를 나타낸 그림입니다.

	1일	2일	3일	4일	5일	6일	7일	8일	9일
가격	200	500	1000	700	30	400	900	400	550
거래 1, left[날짜]	0	300	800	800	800	800	870	870	870
거래 1, right[날짜]	870	870	870	870	870	500	150	150	0
left[날짜] + right[날짜]의 최댓값	870	1170	1670	1670	1670	1300	1020	1020	870

최대 수익

그림 10-39 거래 1과 거래 2의 최종 최대 수익 계산

이 과정을 코드로 나타내면 다음과 같습니다.

코드 10-40 10/BestTimeToBuySellStock/src/main/java/coding/challenge/Stocks.java

```java
public static int maxProfitTwoTransactions(int[] prices) {
    if (prices == null || prices.length <= 1) { return 0; }

    int[] left = new int[prices.length];
    int[] right = new int[prices.length];

    // 왼쪽에서 오른쪽으로 동적 프로그래밍을 수행합니다.
    left[0] = 0;
    int min = prices[0];
    for (int i = 1; i < prices.length; i++) {
        min = Math.min(min, prices[i]);
        left[i] = Math.max(left[i - 1], prices[i] - min);
    }
```

```
    // 오른쪽에서 왼쪽으로 동적 프로그래밍을 수행합니다.
    right[prices.length - 1] = 0;
    int max = prices[prices.length - 1];
    for (int i = prices.length - 2; i >= 0; i--) {
        max = Math.max(max, prices[i]);
        right[i] = Math.max(right[i + 1], max - prices[i]);
    }

    int result = 0;
    for (int i = 0; i < prices.length; i++) {
        result = Math.max(result, left[i] + right[i]);
    }

    return result;
}
```

앞 코드의 실행 시간은 O(n)입니다. 이제 다음 시나리오로 넘어가겠습니다.

주식 거래 횟수가 무제한일 때

이 시나리오에서는 주식을 무제한으로 사고팔아서 최대 이익을 얻어야 합니다. 다음 가격 변동 그래프를 보면서 풀이법을 생각해보겠습니다.

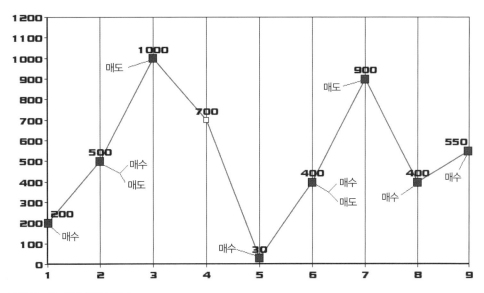

그림 10-40 가격 변동 그래프

가격 변동 그래프에 따라 1일에는 가격 200에 주식을 매수하고 2일에는 가격 500에 판매해야 합니다. 이 거래에서 300의 수익을 낼 수 있습니다. 다음으로 2일에는 가격 500에 주식을 매수하고 3일에는 가격 1,000에 판매합니다. 이 거래에서 500의 수익을 낼 수 있습니다.

물론 이 두 번의 거래를 합쳐서 1일에 가격 200에 주식을 매수하여 3일에 가격 1,000에 팔 수도 있습니다. 9일까지 같은 방법을 적용하여 수익을 계산합니다. 최종 최대 수익은 1,820입니다. 시간을 들여 1일부터 9일까지 모든 거래를 직접 계산해보세요.

[그림 10-40]을 살펴보면 이 문제를 가격 증가 구간을 찾는 문제로 해석할 수 있다는 것을 알 수 있습니다. 다음은 가격 증가 구간을 강조한 그래프입니다.

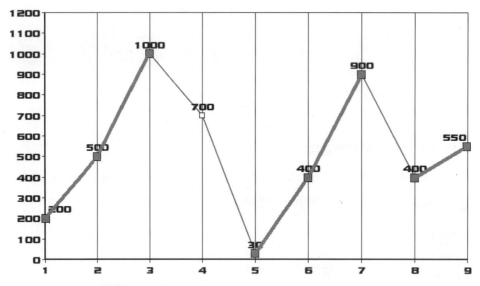

그림 10-41 가격 증가 구간

모든 가격 증가 구간을 찾으려면 다음과 같은 간단한 알고리즘을 따르면 됩니다.

1. 처음에는 수익이 없는 상태이므로 최대 수익을 0으로 설정합니다.

2. 2일부터 시작하여 모든 날짜를 순회하면서 다음을 수행합니다.

   a. 오늘 가격과 전날 가격의 차이를 계산합니다. 예를 들어 첫 번째 순회에서 (2일자 가격 − 1일자 가격)을 계산하면 (500 − 200)입니다.

   b. 계산한 차이의 결과가 양수이면 계산한 값만큼 최대 수익을 증가시킵니다.

이 알고리즘을 모두 수행하고 나면 최종 최대 수익을 구하게 됩니다. 이 알고리즘을 주어진 예제에 적용하면 다음과 같은 결과를 얻을 수 있습니다.

	1일	2일	3일	4일	5일	6일	7일	8일	9일
가격	200	500	1000	700	30	400	900	400	550
	0	300	800	800	800	1170	1670	1670	1820

최대 수익

그림 10-42 최종 최대 수익 계산

각 날짜에 따른 최대 수익의 계산 과정은 다음과 같습니다.

- **1일:** 최대 수익은 0입니다.
- **2일:** 최대 수익은 0 + (500 – 200) = 0 + 300 = 300입니다.
- **3일:** 최대 수익은 300 + (1,000 – 500) = 300 + 500 = 800입니다.
- **4일:** 700 – 1,000 < 0이므로 최대 수익은 800으로 유지됩니다.
- **5일:** 30 – 700 < 0이므로 최대 수익은 800으로 유지됩니다.
- **6일:** 최대 수익은 800 + (400 – 30) = 800 + 370 = 1,170입니다.
- **7일:** 최대 수익은 1,170 + (900 – 400) = 1,170 + 500 = 1,670입니다.
- **8일:** 400 – 900 <0이므로 최대 수익은 1,670으로 유지됩니다.
- **9일:** 최대 수익은 1,670 + (550 – 400) = 1,670 + 150 = 1,820입니다.

최종 최대 수익은 1,820입니다. 이 과정을 코드로 나타내면 다음과 같습니다.

코드 10-41 10/BestTimeToBuySellStock/src/main/java/coding/challenge/Stocks.java

```java
public static int maxProfitUnlimitedTransactions(int[] prices) {
    if (prices == null || prices.length <= 1) {
        return 0;
    }

    int result = 0;
    for (int i = 1; i < prices.length; i++) {
        int diff = prices[i] - prices[i - 1];
```

```
        if (diff > 0) {
            result += diff;
        }
    }

    return result;
}
```

앞 코드의 실행 시간은 O(n)입니다. 이제 마지막 시나리오를 살펴보겠습니다.

주식 거래 횟수가 k번일 때

이 시나리오는 '주식 거래 횟수가 두 번일 때'를 일반화한 시나리오입니다. 주로 이 시나리오의 풀이법에 k = 2를 적용하여 '주식 거래 횟수가 두 번일 때'를 풀이합니다.

이전 시나리오에서 이미 경험했듯이 이 문제도 동적 프로그래밍으로 풀 수 있습니다. 더 정확하게 말하자면 2개의 배열을 활용하여 풀 수 있습니다.

- 첫 번째 배열은 q번째 날에 마지막 거래를 했을 때 p번 거래의 최대 수익을 계산합니다.
- 두 번째 배열은 q번째 날까지 p번 거래의 최대 수익을 계산합니다.

첫 번째 배열을 temp로, 두 번째 배열을 result라고 했을 때 두 배열 사이의 관계를 다음과 같이 나타낼 수 있습니다.

```
temp[p] = Math.max(result[p - 1] + Math.max(diff, 0), temp[p] + diff);
result[p] = Math.max(temp[p], result[p]);
```

이해를 돕기 위해 이 두 관계식을 포함한 전체 코드를 첨부합니다.

코드 10-42 10/BestTimeToBuySellStock/src/main/java/coding/challenge/Stocks.java

```
public static int maxProfitKTransactions(int[] prices, int k) {
    if (prices == null || prices.length <= 1 || k <= 0) {
        return 0;
    }

    int[] temp = new int[k + 1];
    int[] result = new int[k + 1];
```

```
    for (int q = 0; q < prices.length - 1; q++) {
        int diff = prices[q + 1] - prices[q];
        for (int p = k; p >= 1; p--) {
            temp[p] = Math.max(result[p - 1] + Math.max(diff, 0), temp[p] + diff);
            result[p] = Math.max(temp[p], result[p]);
        }
    }

    return result[k];
}
```

앞 코드의 실행 시간은 O(kn)입니다.

10.2.22 코딩 테스트 22: 가장 긴 시퀀스

회사: 아마존, 어도비, 마이크로소프트

문제: 정수 배열이 있습니다. 이때 가장 긴 정수 시퀀스를 찾는 코드를 작성하세요. 시퀀스는 연속된 고유 숫자를 의미합니다. 주어진 배열에서 요소의 순서는 중요하지 않습니다.

풀이법: 주어진 배열이 {4, 2, 9, 5, 12, 6, 8}이라고 가정하겠습니다. 가장 긴 시퀀스는 요소가 3개이며 4, 5, 6으로 구성됩니다. 또는 주어진 배열이 {2, 0, 6, 1, 4, 3, 8}이라면 가장 긴 시퀀스는 요소가 5개이며 2, 0, 1, 4, 3으로 구성됩니다. 다시 말하지만 주어진 배열의 요소 순서는 중요하지 않습니다.

브루트 포스 방식 또는 단순한 방식으로 문제를 풀면, 배열을 오름차순으로 정렬하고 가장 긴 연속 정수 시퀀스를 찾으면 됩니다. 배열을 정렬했으므로 요소가 연속되지 않고 값이 2 이상 차이가 나는 경우에 시퀀스를 끊습니다. 그러나 이렇게 구현하면 실행 시간이 O($nlogn$)이므로 효율적이지 않습니다.

이때 해싱hashing 기술을 사용하면 더 나은 방법으로 문제를 풀 수 있습니다. 이해를 위해 다음 그림을 살펴봅시다.

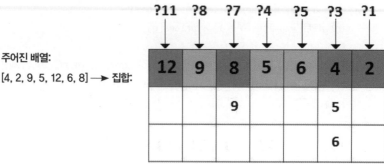

그림 10-43 시퀀스의 집합

먼저 주어진 배열 {4, 2, 9, 5, 12, 6, 8}에서 집합을 만듭니다. [그림 10-43]에서 볼 수 있듯이 집합은 삽입 순서를 유지하지 않지만, 순서는 중요하지 않습니다. 다음으로 주어진 배열을 순회하면서 각 요소 elem에 대해 집합에서 elem - 1을 검색합니다. 예를 들어 요소 4의 차례에는 집합에서 3을 검색하고, 요소 2의 차례에는 집합에서 1을 검색합니다. elem - 1이 집합에 없으면 elem은 연속된 정수의 새로운 시퀀스의 시작을 나타낸다고 할 수 있습니다.

주어진 예제의 경우에는 12, 8, 4, 2로 시작하는 시퀀스가 있습니다. 만약 elem - 1이 집합에 있으면 elem은 이미 존재하는 시퀀스의 일부입니다. 새 시퀀스가 시작되면 elem + 1, elem + 2, elem + 3 등과 같은 연속 요소를 집합에서 계속 검색합니다. 연속된 요소를 더 찾지 못할 때까지 검색을 반복합니다.

elem + i(1, 2, 3, ...)를 찾을 수 없으면 현재 시퀀스가 완료된 것이며 해당 시퀀스의 길이를 계산합니다. 마지막으로 이 길이를 지금까지 찾은 가장 긴 시퀀스 길이와 비교하여 가장 긴 시퀀스 길이를 변경합니다. 이 과정을 다음과 같이 코드로 간단하게 구현할 수 있습니다.

코드 10-43 10/LongestConsecutiveSequence/src/main/java/coding/challenge/Sequences.java

```java
public static int findLongestConsecutive(int[] sequence) {
    if (sequence == null) {
        throw new IllegalArgumentException("The given sequence cannot be empty");
    }

    // 주어진 시퀀스를 기반으로 집합을 구성합니다.
    Set<Integer> sequenceSet = IntStream.of(sequence)
        .boxed()
        .collect(Collectors.toSet());
```

```
    int longestSequence = 1;

    for (int elem : sequence) {
        // 'elem - 1'이 집합에 없으면 새로운 시퀀스로 간주합니다.
        if (!sequenceSet.contains(elem - 1)) {
            int sequenceLength = 1;

            // 집합에서 요소 'elem + 1', 'elem + 2', 'elem + 3', ...을 검색합니다.
            while (sequenceSet.contains(elem + sequenceLength)) {
                sequenceLength++;
            }

            // 가장 긴 시퀀스의 길이를 계산합니다.
            longestSequence = Math.max(longestSequence, sequenceLength);
        }
    }

    return longestSequence;
}
```

앞 코드의 실행 시간과 공간 복잡도는 O(n)입니다. 가장 긴 시퀀스를 출력하는 방법도 고민해 보세요.

10.2.23 코딩 테스트 23: 게임 점수 계산

회사: 아마존, 구글, 마이크로소프트

문제: 게임 플레이어가 한 번 이동할 때마다 3, 5, 10점을 득점할 수 있는 게임이 있습니다. 총점 n이 주어졌을 때 이 점수에 도달하는 방법의 수를 반환하는 코드를 작성하세요.

풀이법: 주어진 점수가 33이라고 가정하겠습니다. 이 점수에 도달하는 방법은 총 7가지입니다.

$$(10 + 10 + 10 + 3) = 33$$

$$(5 + 5 + 10 + 10 + 3) = 33$$

$$(5 + 5 + 5 + 5 + 10 + 3) = 33$$

$$(5 + 5 + 5 + 5 + 5 + 5 + 3) = 33$$

$$(3+3+3+3+3+3+3+3+3+3+3)=33$$

$$(3+3+3+3+3+3+5+5+5)=33$$

$$(3+3+3+3+3+3+5+10)=33$$

이 문제는 동적 프로그래밍을 활용하여 풀 수 있습니다. 크기가 n + 1인 표(배열)를 만듭니다. 이 표에는 0부터 n까지 각 점수를 얻을 방법의 개수를 저장합니다. 3, 5, 10점을 얻을 때마다 배열에서 해당하는 점수의 값을 증가시킵니다. 이것을 코드로 나타내면 다음과 같습니다.

코드 10-44 10/CountScore3510/src/main/java/coding/challenge/Scores.java

```java
public static int count(int n) {
    if (n <= 0) {
        return -1;
    }

    int[] table = new int[n + 1];
    table[0] = 1;

    for (int i = 3; i <= n; i++) {
        table[i] += table[i - 3];
    }

    for (int i = 5; i <= n; i++) {
        table[i] += table[i - 5];
    }

    for (int i = 10; i <= n; i++) {
        table[i] += table[i - 10];
    }

    return table[n];
}
```

앞 코드의 실행 시간과 공간 복잡도는 O(n)입니다.

10.2.24 코딩 테스트 24: 중복 검사

회사: 아마존, 구글, 어도비

문제: 정수 배열 arr가 있습니다. 이 배열에 중복된 값이 있을 때 true를 반환하는 여러 가지 풀이 방법을 제시하세요.

풀이법: 주어진 정수가 arr = {1, 4, 5, 4, 2, 3}이라고 가정하겠습니다. 이때 중복된 값은 4입니다. 브루트 포스 방식 또는 단순한 방식으로 풀면 중첩 for 문을 활용할 수 있습니다. 이 것은 다음과 같이 간단한 코드로 구현할 수 있습니다.

코드 10-45 10/DuplicatesInArray/src/main/java/coding/challenge/Arrays.java

```java
public static boolean checkDuplicates1(int[] arr) {
    if (arr == null || arr.length == 0) {
        throw new IllegalArgumentException(
          "The given array cannot be null or empty");
    }

    for (int i = 0; i < arr.length; i++) {
        for (int j = i + 1; j < arr.length; j++) {
            if (arr[i] == arr[j]) {
                return true;
            }
        }
    }

    return false;
}
```

이 코드는 매우 간단하지만, 실행 시간이 $O(n^2)$이고 공간 복잡도가 $O(1)$입니다.

중복을 검사하기 전에 배열을 정렬하면 어떨까요? 배열이 정렬된 상태라면 인접한 요소를 비교할 수 있습니다. 인접한 요소가 같으면 배열에 중복된 값이 있다고 말할 수 있습니다.

코드 10-46 10/DuplicatesInArray/src/main/java/coding/challenge/Arrays.java

```java
public static boolean checkDuplicates2(int[] arr) {
    if (arr == null || arr.length == 0) {
        throw new IllegalArgumentException(
```

```
            "The given array cannot be null or empty");
    }

    java.util.Arrays.sort(arr);

    int prev = arr[0];
    for (int i = 1; i < arr.length; i++) {
        if (arr[i] == prev) {
            return true;
        }

        prev = arr[i];
    }

    return false;
}
```

배열을 정렬하므로 앞 코드의 실행 시간은 O($n log n$)이고 공간 복잡도는 O(1)입니다.

실행 시간을 O(n)으로 만들고 싶다면 공간 복잡도가 O(n)이어야 합니다. 예를 들어 해싱을 활용하면 실행 시간을 O(n)으로 만들 수 있습니다. 해싱 개념에 익숙하지 않다면 6장에서 해시 테이블 문제를 참고하세요.

자바에서는 해싱에 내장된 HashSet 구현 코드를 활용할 수 있으므로 해싱을 처음부터 구현할 필요가 없습니다. 그렇다면 HashSet을 어떻게 활용할 수 있을까요? 주어진 배열을 순회하면서 배열의 각 요소를 HashSet에 추가합니다. 현재 요소가 이미 HashSet에 존재하는 경우 중복된 값이라는 의미이므로 true를 반환합니다.

코드 10-47 10/DuplicatesInArray/src/main/java/coding/challenge/Arrays.java

```
public static boolean checkDuplicates3(int[] arr) {
    if (arr == null || arr.length == 0) {
        throw new IllegalArgumentException(
            "The given array cannot be null or empty");
    }

    Set<Integer> set = new HashSet<>();
```

```
    for (int i = 0; i < arr.length; i++) {
        if (set.contains(arr[i])) {
            return true;
        }

        set.add(arr[i]);
    }

    return false;
}
```

앞 코드는 실행 시간이 $O(n)$이고 공간 복잡도가 $O(n)$입니다.

HashSet이 중복을 허용하지 않는다는 점을 활용하면 코드를 더욱 단순하게 만들 수 있습니다. 즉, 주어진 배열의 모든 요소를 HashSet에 삽입했을 때 배열에 중복된 값이 있으면 HashSet의 크기가 배열의 크기와 다를 것입니다. 이 과정을 자바 8의 IntStream 인터페이스 기반으로 구현한 코드는 다음과 같습니다. 참고로 HashSet을 사용하지 않고 자바 8의 IntStream 인터페이스만 사용한 checkDuplicates5 메서드도 있습니다.

코드 10–48 10/DuplicatesInArray/src/main/java/coding/challenge/Arrays.java

```
public static boolean checkDuplicates4(int[] arr) {
    if (arr == null || arr.length == 0) {
        throw new IllegalArgumentException(
            "The given array cannot be null or empty");
    }

    Set set = new HashSet<>(java.util.Arrays.asList(
        IntStream.of(arr).boxed().toArray(Integer[]::new)));

    return arr.length != set.size();
}

public static boolean checkDuplicates5(int[] arr) {
    if (arr == null || arr.length == 0) {
        throw new IllegalArgumentException(
            "The given array cannot be null or empty");
    }
```

```
Long distinctCount = IntStream.of(arr)
    .boxed()
    .distinct()
    .count();

    return arr.length != distinctCount;
}
```

해당 코드의 실행 시간은 O(n)이고 공간 복잡도는 O(n)입니다.

실행 시간이 O(n)일 때 공간 복잡도를 O(1)로 만들 수도 있을까요? 주어진 배열의 두 가지 중요한 제약 조건을 고려하면 가능합니다.

- 주어진 배열에는 음수 요소가 없습니다.

- 각 요소는 [0, n - 1] 범위 안에 있으며 여기서 n = arr.length입니다.

앞 두 가지 제약 조건 아래에서 다음의 알고리즘을 적용할 수 있습니다.

1. 주어진 배열을 순회하면서 각 arr[i]에 대해 다음을 수행합니다.

   a. arr[abs(arr[i])]가 0보다 크면 음수로 만듭니다.

   b. arr[abs(arr[i])]가 0이면 -(arr.length - 1)로 만듭니다.

   c. arr[abs(arr[i])]가 0보다 작으면 중복된 값이므로 true를 반환합니다.

주어진 배열 arr = {1, 4, 5, 4, 2, 3}에 이 알고리즘을 적용해봅시다.

- i = 0인 경우, arr[abs(arr[0])] = arr[1] = 4 > 0이기 때문에 arr[1] = -arr[1] = -4
  로 설정합니다.

- i = 1인 경우, arr[abs(arr[1])] = arr[4] = 2 > 0이기 때문에 arr[4] = -arr[4] = -2
  로 설정합니다.

- i = 2인 경우, arr[abs(arr[5])] = arr[5] = 3 > 0이기 때문에 arr[5] = -arr[5] = -3
  으로 설정합니다.

- i = 3인 경우, arr[abs(arr[4])] = arr[4] = -2 < 0이며, 이때 중복된 값을 찾았기 때문
  에 true를 반환합니다.

주어진 배열이 arr = {1, 4, 5, 3, 0, 2, 0}이라면 알고리즘을 다음과 같이 적용할 수 있습니다.

- i = 0인 경우, arr[abs(arr[0])] = arr[1] = 4 > 0이기 때문에 arr[1] = -arr[1] = -4로 설정합니다.

- i = 1인 경우, arr[abs(arr[1])] = arr[4] = 0이기 때문에 arr[4] = -(arr.length - 1) = -6으로 설정합니다.

- i = 2인 경우, arr[abs(arr[2])] = arr[5] = 2 > 0이기 때문에 arr[5] = -arr[5] = -2로 설정합니다.

- i = 3인 경우, arr[abs(arr[3])] = arr[3] = 3 > 0이기 때문에 arr[3] = -arr[3] = -3으로 설정합니다.

- i = 4인 경우, arr[abs(arr[4])] = arr[6] = 0이기 때문에 arr[6] = -(arr.length - 1) = -6으로 설정합니다.

- i = 5인 경우, arr[abs(arr[5])] = arr[2] = 5 > 0이기 때문에 arr[2] = -arr[2] = -5로 설정합니다.

- i = 6인 경우, arr[abs(arr[6])] = arr[6] = -6 < 0이며, 이때 중복된 값을 찾았기 때문에 true를 반환합니다.

이것을 코드로 나타내면 다음과 같습니다.

코드 10-49 10/DuplicatesInArray/src/main/java/coding/challenge/Arrays.java

```java
public static boolean checkDuplicates6(int[] arr) {
    if (arr == null || arr.length == 0) {
        throw new IllegalArgumentException(
          "The given array cannot be null or empty");
    }

    for (int i = 0; i < arr.length; i++) {
        if (arr[Math.abs(arr[i])] > 0) {
            arr[Math.abs(arr[i])] = -arr[Math.abs(arr[i])];
        } else if (arr[Math.abs(arr[i])] == 0) {
            arr[Math.abs(arr[i])] = -(arr.length-1);
        } else {
            return true;
```

```
        }
    }

    return false;
}
```

다음으로 소개할 다섯 가지 코딩 테스트의 해답은 정답을 확인하기 전에 시간을 들여 직접 문제를 풀어보세요.

10.2.25 코딩 테스트 25: 가장 긴 고유 하위 문자열

문제: 문자열 str이 있습니다. 확장 아스키 표(256개 문자)의 문자만 str에 포함할 수 있습니다. str에서 고유한 문자를 포함하는 가장 긴 부분 문자열을 찾는 코드를 작성하세요.

풀이법: 힌트를 드리자면 이 문제는 슬라이딩 윈도 기법을 사용하여 풀 수 있습니다. 이 기법이 익숙하지 않다면 문제를 풀기 전에 젱 루이 왕[Zengrui Wang]이 작성한 '슬라이딩 윈도 기법[4]' 게시글을 먼저 읽어보세요. 코드는 다음과 같습니다.

코드 10-50 10/LongestDistinctSubstring/src/main/java/coding/challenge/Strings.java

```
public static String longestDistinctSubstring(String str) {
    if (str == null || str.isBlank()) { return ""; }

    // 현재 창에 있는 플래그 문자
    boolean[] flagWindow = new boolean[ASCII_CODES];

    // 가장 긴 하위 문자열의 경계를 설정합니다.
    int left = 0;
    int right = 0;

    // wl과 wr은 슬라이딩 창 경계를 나타냅니다.
    for (int wl = 0, wr = 0; wr < str.length(); wr++) {
        // 문자가 현재 창에 있습니다.
        if (flagWindow[str.charAt(wr)]) {
```

---

4 https://medium.com/@zengruiwang/sliding-window-technique-360d840d5740

```
            // 창 왼쪽에서 현재 문자까지 모든 문자를 제거합니다.
            while (str.charAt(wl) != str.charAt(wr)) {
                flagWindow[str.charAt(wl)] = false;
                wl++;
            }

            // 현재 문자를 제거합니다.
            wl++;
        } else {
            // 현재 문자는 지금 존재하지 않으므로 추가합니다.
            flagWindow[str.charAt(wr)] = true;

            // 필요하다면 창 크기를 최대로 업데이트합니다.
            if ((right - left) < (wr - wl)) {
                left = wl;
                right = wr;
            };
        }
    }

    // 가장 긴 하위 문자열을 반환합니다.
    return str.substring(left, right + 1);
}
```

10.2.26 코딩 테스트 26: 요소를 순위로 변환

문제: 중복된 값이 없는 배열 m이 있습니다. 배열 m의 각 요소를 요소의 크기 순위로 치환하는 코드를 작성하세요. 가장 작은 요소의 순위가 1, 그다음으로 작은 요소의 순위가 2이며 크기 순서에 따라 순위가 결정됩니다.

풀이법: 힌트를 드리면 이 문제는 TreeMap을 활용해 풀 수 있습니다. 코드는 다음과 같습니다.

코드 10-51 10/ReplaceElementWithRank/src/main/java/coding/challenge/Arrays.java

```java
public static void replace(int[] m) {
    if (m == null) {
        throw new IllegalArgumentException("The given array cannot be null");
    }
```

```
    Map<Integer, Integer> treemap = new TreeMap<>();

    // 요소와 인덱스를 저장합니다.
    for (int i = 0; i < m.length; i++) {
        treemap.put(m[i], i);
    }

    // 순위는 1부터 시작합니다.
    int rank = 1;

    // Map 객체를 이용해 반복 실행하고 각 요소를 순위로 바꿉니다.
    for (Map.Entry<Integer, Integer> entry : treemap.entrySet()) {
        m[entry.getValue()] = rank++;
    }
}
```

10.2.27 코딩 테스트 27: 모든 부분 배열의 고유 요소

문제: 배열 m과 정수 n이 있습니다. 배열 m에서 크기가 n인 모든 부분 배열의 고유 요소 수를 계산하는 코드를 작성하세요.

풀이법: 힌트를 드리면 이 문제는 HashMap을 활용해 크기가 n인 현재 부분 배열에 있는 요소의 빈도를 저장하는 방법으로 풀 수 있습니다. 코드는 다음과 같습니다.

코드 10-52 10/CountDistinctInSubarray/src/main/java/coding/challenge/Arrays.java

```
public static void find(int[] m, int n) {
    if (m == null) {
        throw new IllegalArgumentException("The given array cannot be null");
    }

    if (n <= 0) {
        throw new IllegalArgumentException("The given sub-array size cannot be <= 0");
    }

    // 크기가 n인 현재 창에 요소의 빈도를 저장합니다.
    Map<Integer, Integer> frequency = new HashMap<>();
```

```
    // 크기가 n인 모든 하위 배열의 고유한 요소 수를 계산합니다.
    int countDistinct = 0;

    for (int i = 0; i < m.length; i++) {
        // 첫 n개 요소를 건너뜁니다.
        if (i >= n) {
            // 하위 배열에서 첫 번째 요소를 제거합니다.
            frequency.putIfAbsent(m[i - n], 0);
            frequency.put(m[i - n], frequency.get(m[i - n]) - 1);

            // 0이 남아 있으면 고유 요소 수를 줄입니다.
            if (frequency.get(m[i - n]) == 0) {
                countDistinct--;
            }
        }

        // 하위 배열에 현재 요소를 추가합니다.
        frequency.putIfAbsent(m[i], 0);
        frequency.put(m[i], frequency.get(m[i]) + 1);

        // 해당 요소가 현재 창에서 첫 번째인지 확인합니다.
        if (frequency.get(m[i]) == 1) {
            countDistinct++;
        }

        if (i >= n - 1) {
            System.out.println("Distinct elements in the "
                + "sub-array [" + (i - n + 1) + ", " + i + "]" + " is "
                + countDistinct);
        }
    }
}
```

10.2.28 코딩 테스트 28: 배열 k번 회전

문제: 배열 m과 정수 k가 있습니다. 배열 m을 오른쪽으로 k번 회전하는 코드를 작성하세요. 예를 들어 주어진 배열이 {1, 2, 3, 4, 5}일 때 배열을 오른쪽으로 세 번 회전하면 결과는 {3, 4, 5, 1, 2}입니다.

풀이법: 힌트를 드리면 이 문제는 나머지 연산(%)을 활용해 풀 수 있습니다. 코드는 다음과 같습니다.

코드 10-53 10/RotateArrayKTimes/src/main/java/coding/challenge/Arrays.java

```java
public static void rightRotate(int[] m, int k) {
    int[] cm = m.clone();
    int len = m.length;

    for (int i = 0; i < len; i++) {
        m[(i + k) % len] = cm[i];
    }
}
```

10.2.29 코딩 테스트 29: 정렬된 배열의 고유한 절댓값

문제: 정렬된 정수 배열 m이 있습니다. 배열 m에서 고유한 절댓값의 개수를 찾는 코드를 작성하세요. 예를 들어 −1과 1은 같은 값으로 계산됩니다.

풀이법: 힌트를 드리면 이 문제는 슬라이딩 윈도 기법을 활용해 풀 수 있습니다. 이 기법이 익숙하지 않다면 문제를 풀기 전에 젱 루이 왕[Zengrui Wang]이 작성한 '슬라이딩 윈도 기법[5]' 게시글을 먼저 읽어보세요. 코드는 다음과 같습니다.

코드 10-54 10/CountDistinctAbsoluteSortedArray/src/main/java/coding/challenge/Arrays.java

```java
public static int findAbsoluteDistinct(int[] m) {
    if (m == null) {
        return -1;
    }
```

---

5 https://medium.com/@zengruiwang/sliding-window-technique-360d840d5740

```
    int count = m.length;

    int left = 0;
    int right = m.length - 1;

    while (left < right) {
        // 왼쪽과 오른쪽에서 중복 요소를 제거합니다.
        while (left < right && m[left] == m[left + 1]) {
            count--;
            left++;
        }

        while (right > left && m[right] == m[right - 1]) {
            count--;
            right--;
        }

        // 요소 하나만 남습니다.
        if (left == right) {
            break;
        }

        int sum = m[left] + m[right];

        // 제로섬 쌍을 만나면 고유 요소 수를 줄입니다.
        if (sum == 0) {
            count--;

            left++;
            right--;
        } else if (sum < 0) {
            left++;
        } else {
            right--;
        }
    }

    return count;
}
```

10.3 마치며

이 장의 목표는 문자열 및 배열과 관련한 다양한 코딩 테스트를 여러분이 이해하고 풀 수 있도록 돕는 것이었습니다. 해당 주제에 관한 수많은 코딩 테스트를 풀 때 매우 유용하게 활용할 수 있는 다양한 지식과 기법을 이 장에 최대한 담고자 했습니다. 더 다양한 기술을 공부하고 싶다면 『Java Coding Problems』(Packt, 2019)의 깃허브[6]를 살펴보세요. 이 책에서 다루지 않은 35개 이상의 문자열 및 배열 문제를 제공합니다. 혹은 『모던 자바 인 액션』(한빛미디어, 2019)를 읽는 것도 권합니다.

11장에서는 연결 리스트와 맵을 알아보겠습니다.

---

6 옮긴이: https://github.com/PacktPublishing/Java-Coding-Problems

Chapter

11

연결 리스트와 맵

11장에서는 인터뷰에서 마주할 수 있는 맵^{map} 및 연결 리스트^{linked list}와 관련한 가장 유명한 코딩 테스트를 다룹니다. 기술 인터뷰에서는 단일 연결 리스트가 주로 출제되므로, 이 장에서 다루는 대부분의 문제가 단일 연결 리스트를 활용합니다.

하지만 한 단계 더 성장하고 싶은 욕심이 있다면 각 문제를 이중 연결 리스트로 풀어보세요. 이중 연결 리스트는 각 노드가 2개의 포인터를 가지고 리스트에서 앞뒤로 탐색할 수 있는 만큼, 연결 리스트 문제는 일반적으로 단일 연결 리스트보다 이중 연결 리스트로 더 쉽게 풀 수 있습니다.

11장을 다 읽고 나면 연결 리스트 및 맵과 관련한 모든 유명한 문제를 이해하고, 비슷한 유형의 문제를 풀 때 도움이 될 수많은 기술 지식을 얻을 수 있을 것입니다. 이 장에서 다루는 주제는 다음과 같습니다.

- 연결 리스트의 개요
- 맵의 개요
- 코딩 테스트

11.1 연결 리스트의 개요

코딩 테스트를 풀기 전에 먼저 연결 리스트와 맵이 무엇인지 알아볼까요?

연결 리스트는 노드 시퀀스를 나타내는 선형^{linear} 자료구조입니다. 첫 번째 노드는 보통 **머리**^{head}라고 하고 마지막 노드는 **꼬리**^{tail}라고 합니다. 각 노드가 다음 노드를 가리킬 때를 **단일 연결 리스트**^{singly linked list}라고 하며, 그림으로 나타내면 다음과 같습니다.

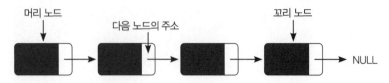

그림 11-1 단일 연결 리스트

한편 각 노드가 다음 노드와 이전 노드를 가리킬 때를 **이중 연결 리스트**^{doubly linked list}라고 하며 그림으로 나타내면 다음과 같습니다.

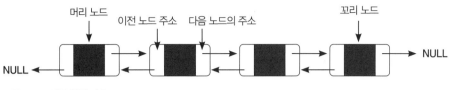

그림 11-2 이중 연결 리스트

참고로 꼬리가 머리를 가리키는 단일 연결 리스트를 원형 단일 연결 리스트circular singly linked list라고 합니다. 또한 꼬리가 머리를 가리키고 머리가 꼬리를 가리키는 이중 연결 리스트를 원형 이중 연결 리스트circular doubly linked list라고 합니다.

단일 연결 리스트에서 노드는 정수 또는 객체와 같은 데이터와 다음 노드의 주소를 가리키는 포인터로 구성됩니다. 단일 연결 리스트의 노드를 코드로 나타내면 다음과 같습니다.

```
private final class Node {
    private int data;
    private Node next;

    @Override
    public String toString() {
        return " " + data + " ";
    }
}
```

이중 연결 리스트의 노드는 이전 노드의 주소를 가리키는 포인터도 포함해야 합니다.

```
private final class Node {
    private int data;
    private Node next;
    private Node prev;

    @Override
    public String toString() {
        return " " + data + " ";
    }
}
```

배열과 달리 연결 리스트는 상수 시간으로 n번째 요소에 접근할 수 없습니다. n번째 요소에 접근하려면 $n-1$개의 요소를 순회해야 합니다. 반면에 단일 또는 이중 연결 리스트의 맨 앞에서 노드를 삽입, 삭제, 수정할 때는 상수 시간이 걸립니다. 이중 연결 리스트에서 꼬리를 관리하도록 구현한 경우ª two-head doubly linked list에도 연결 리스트의 맨 뒤에서 노드를 삽입, 삭제, 수정할 때 상수 시간이 걸립니다.

꼬리를 관리하지 않는 경우에는 마지막 노드까지 연결 리스트를 순회해야 합니다. 단일 연결 리스트에서 꼬리를 관리하도록 구현한 경우ª two-head singly linked list에도 마찬가지로 연결 리스트의 맨 뒤에서 노드를 상수 시간으로 삽입할 수 있으며, 꼬리 노드를 관리하지 않는 경우에는 마지막 노드까지 연결 리스트를 순회해야 합니다.

이 책과 함께 제공하는 예제 코드에서 연결 리스트와 관련 있는 예제 네 가지를 확인할 수 있습니다. 각 예제는 insertFirst, insertLast, insertAt, delete, deleteByIndex, print 메서드를 포함합니다.

- 11/SinglyLinkedList: 머리와 꼬리를 관리하는 단일 연결 리스트를 구현한 예제
- 11/SinglyLinkedListOneHead: 머리만 관리하는 단일 연결 리스트를 구현한 예제
- 11/DoublyLinkedList: 머리와 꼬리를 관리하는 이중 연결 리스트를 구현한 예제
- 11/DoublyLinkedListOneHead: 머리만 관리하는 이중 연결 리스트를 구현한 예제

예제마다 각 단계를 이해할 수 있도록 자세한 주석이 달려있으니 꼭 자세하게 살펴보기를 추천합니다. 뒤에서 살펴볼 코딩 테스트에서 이러한 연결 리스트 구현 코드를 활용합니다.

11.2 맵의 개요

사전에서 단어를 찾고 있다고 상상해보세요. 단어는 고유하므로 키로 간주할 수 있습니다. 단어가 가지는 의미는 값으로 간주할 수 있습니다. 따라서 단어와 그 의미는 키-값 쌍key-value pair을 형성합니다. 마찬가지로, 컴퓨팅에서 키-값 쌍은 키로 검색하여 값을 찾을 수 있는 데이터 조각을 의미합니다. 즉, 키를 알고 있다면 이를 사용하여 값을 찾을 수 있습니다.

맵은 배열로 키-값 쌍(항목)을 관리하는 추상 자료형abstract data type, ADT입니다. 맵의 특징은 다음과 같습니다.

- 키가 고유합니다. 중복 키는 허용하지 않습니다.

- 키 목록, 값 목록 또는 둘 다 열람할 수 있습니다.

- 가장 일반적으로 활용되는 맵의 메서드는 get, put, remove입니다.

지금까지 연결 리스트와 맵의 개념을 간략하게 살펴봤습니다. 이제 코딩 테스트를 풀어볼까요?

11.3 코딩 테스트

이 절에서는 맵 및 연결 리스트와 관련한 17개의 코딩 테스트를 풀어보겠습니다. 기술 인터뷰에서는 맵보다 연결 리스트를 더 많이 물어보는 만큼, 연결 리스트에 관한 문제를 더 많이 준비했습니다.

맵 자료구조, 특히 자바에 내장된 맵 구현 코드의 개념을 완벽하게 정복하고 싶다면 『Java Coding Problems』(Packt, 2019)나 『모던 자바 인 액션』(한빛미디어, 2019)을 읽어보세요. 이 책과 함께 읽으면 도움이 될 것입니다.

- 수정 불가능한 불변 컬렉션 생성

- 기본값 매핑

- Map에 값의 존재 여부 확인

- Map에서 값 제거

- Map에서 항목 교체

- 2개의 Map 비교

- Map 정렬

- HashMap 복사

- 2개의 Map 병합

- 속성과 일치하는 컬렉션의 모든 요소 제거

연결 리스트와 맵의 기본적인 개념을 살펴봤으니, 이제부터 맵 및 연결 리스트와 관련한 가장 유명한 문제를 살펴보겠습니다.

11.3.1 코딩 테스트 1: 맵에 값을 삽입, 검색, 삭제하기

문제: 값을 삽입, 검색, 삭제할 수 있는 기본적인 맵 자료구조를 구현하세요. put(K k, V v), get(K k), remove(K k)라는 메서드를 하나씩 구현해야 합니다.

풀이법: 여러분이 이미 알고 있듯이 맵은 키-값 쌍의 데이터 구조입니다. 각 키-값 쌍은 맵의 항목입니다. 따라서 항목을 구체화하지 않으면 맵의 기능을 구현할 수 없습니다. 항목^{entry}은 두 가지 정보로 구성되므로 키와 값을 포함하는 클래스를 정의해야 합니다. 제네릭^{generic}을 활용하여 항목에 해당하는 MyEntry 클래스를 정의하겠습니다.

코드 11-1 11/Map/src/main/java/coding/challenge/MyMap.java

```java
private final class MyEntry<K, V> {
    private final K key;
    private V value;

    public MyEntry(K key, V value) {
        this.key = key;
        this.value = value;
    }

    // getter와 setter는 생략

    @Override
    public String toString() {
        return "{" + "key=" + key + ", value=" + value + '}';
    }
}
```

MyEntry 클래스를 구현했으므로 맵을 선언할 수 있습니다. 맵은 맵 용량이라고 하는 기본 크기를 가진 항목 배열로 관리합니다. 초기 용량이 16개 요소인 맵은 다음과 같이 선언합니다.

코드 11-2 11/Map/src/main/java/coding/challenge/MyMap.java

```java
private static final int DEFAULT_CAPACITY = 16;
private int size;

@SuppressWarnings("unchecked")
private MyEntry<K, V>[] entries = new MyEntry[DEFAULT_CAPACITY];
```

다음으로 이 배열이 맵의 역할을 하도록 구현하겠습니다. 맵에 항목을 넣으려면 항목의 키가 맵에서 고유해야 합니다. 주어진 키가 맵에 존재하면 해당 항목의 값을 변경합니다. 또한 맵 용량을 초과하기 전까지 항목을 추가할 수 있습니다. 맵의 용량이 초과할 때는 보통 맵의 크기를 2배로 늘립니다. 이것을 코드로 나타내면 다음과 같습니다.

코드 11-3 11/Map/src/main/java/coding/challenge/MyMap.java

```java
public void put(K key, V value) {
    boolean success = true;

    for (int i = 0; i < size; i++) {
        if (entries[i].getKey().equals(key)) {
            entries[i].setValue(value);
            success = false;
        }
    }

    if (success) {
        checkCapacity();
        entries[size++] = new MyEntry<>(key, value);
    }
}
```

다음의 헬퍼helper 메서드는 맵의 용량을 2배로 늘릴 때 사용합니다. 자바 배열의 크기를 조정할 수 없으므로 초기 배열보다 길이가 2배 긴 배열을 선언하고 초기 배열의 값을 복사합니다.

코드 11-4 11/Map/src/main/java/coding/challenge/MyMap.java

```java
private void checkCapacity() {
    if (size == entries.length) {
        int newSize = entries.length * 2;
        entries = Arrays.copyOf(entries, newSize);
    }
}
```

값을 가져올 때는 키를 사용합니다. 주어진 키를 찾지 못하면 null을 반환합니다. 값을 가져와도 맵에서 항목이 제거되지 않습니다. 이러한 검색 과정을 코드로 구현하면 다음과 같습니다.

```java
public V get(K key) {
    for (int i = 0; i < size; i++) {
        if (entries[i] != null) {
            if (entries[i].getKey().equals(key)) {
                return entries[i].getValue();
            }
        }
    }

    return null;
}
```

마지막으로 키를 사용하여 항목을 제거해야 합니다. 배열에서 요소를 제거하려면 나머지 요소를 한 칸씩 이동해야 합니다. 요소를 모두 이동하고 나면 끝에서 두 번째 요소와 마지막 요소가 동일한 요소가 됩니다. 이때 배열의 마지막 요소에 null을 넣어 메모리 누수를 방지할 수 있습니다. 놓치기 쉬운 부분이니 잊지 마세요.

코드 11-6 11/Map/src/main/java/coding/challenge/MyMap.java

```java
public void remove(K key) {
    for (int i = 0; i < size; i++) {
        if (entries[i].getKey().equals(key)) {
            entries[i] = null;
            size--;
            condenseArray(i);
        }
    }
}


private void condenseArray(int start) {
    int i;
    for (i = start; i < size; i++) {
        entries[i] = entries[i + 1];
    }

    entries[i] = null;
}
```

상용화된 맵의 구현 코드는 여기서 소개한 것보다 훨씬 더 복잡합니다(예를 들면 맵이 버킷을 사용해 구현되어 있습니다). 그러나 일반적인 인터뷰라면 여기서 소개한 구현 코드면 충분합니다. 그래도 면접관에게 구현한 코드가 상용화된 맵의 코드에 비해 간소화된 점을 언급하는 것이 좋습니다. 그렇게 하면 여러분이 문제의 복잡성을 이해하고 있음을 보여줄 수 있습니다.

11.3.2 코딩 테스트 2: 키 집합과 값 매핑

문제: '코딩 테스트 1'에서 구현한 코드가 맵 자료구조의 기본이라고 가정하고, 이 기본 코드에 키 집합을 반환하는 메서드(keySet)와 값 컬렉션을 반환하는 메서드(values)를 추가하세요.

풀이법: 맵의 키를 순회하며 Set에 키를 하나씩 추가하는 간단한 방법으로 키 집합을 반환할 수 있습니다. 코드로 나타내면 다음과 같습니다.

코드 11-7 11/Map/src/main/java/coding/challenge/MyMap.java

```java
public Set<K> keySet() {
    Set<K> set = new HashSet<>();
    for (int i = 0; i < size; i++) {
        set.add(entries[i].getKey());
    }

    return set;
}
```

값 컬렉션을 반환하려면 맵을 순회하며 값을 List에 하나씩 추가하면 됩니다. 값이 중복될 수 있기 때문에 List를 사용하는 것입니다.

코드 11-8 11/Map/src/main/java/coding/challenge/MyMap.java

```java
public Collection<V> values() {
    List<V> list = new ArrayList<>();
    for (int i = 0; i < size; i++) {
        list.add(entries[i].getValue());
    }

    return list;
}
```

끝입니다! 매우 간단하죠? '코딩 테스트 1'과 마찬가지로, 상용화된 맵의 구현 코드는 여기서 소개한 내용보다 훨씬 더 복잡합니다. 예를 들어 상용화된 코드에서는 값을 매번 추출하는 대신 값을 캐싱합니다. 면접관에게 이러한 점을 언급하여 상용화된 맵이 어떻게 동작하는지 알고 있음을 보이세요. 또한 시간을 들여서 자바의 내장 `Map` 및 `HashMap` 코드를 살펴보세요.

11.3.3 코딩 테스트 3: 너트와 볼트

회사: 구글, 어도비

문제: n개의 너트와 n개의 볼트가 주어질 때 너트와 볼트를 짝지어보세요. 최소 반복 횟수로 일치하는 모든 너트와 볼트를 찾는 코드를 작성하세요.

풀이법: 너트와 볼트가 다음 두 가지 배열(nuts, bolts)로 표시된다고 가정하겠습니다.

코드 11-9 11/NutsAndBolts/src/main/java/coding/challenge/Main.java

```java
public static void main(String[] args) {
    char[] nuts = {'$', '%', '&', 'x', '@'};
    char[] bolts = {'%', '@', 'x', '$', '&'};

    NutsBolts.match(nuts, bolts);
}
```

가장 직관적인 풀이 방법은 브루트 포스를 활용하는 것입니다. 너트를 선택하고 볼트를 순회하면서 일치하는 볼트를 찾습니다. 예를 들어 nuts[0]을 선택하면 bolts[3]에 있는 짝을 찾을 수 있습니다. 또한 nuts[1]을 선택하면 bolts[0]에 있는 짝을 찾을 수 있습니다. 이 알고리즘은 2개의 for 문으로 매우 간단하게 구현할 수 있으며 시간 복잡도는 $O(n^2)$입니다.

이 방법 외에 너트와 볼트를 정렬하는 방법을 생각해볼 수 있습니다. 이렇게 하면 서로 일치하는 너트와 볼트가 자동으로 정렬됩니다. 단, 이 방법은 최소 반복 횟수를 만족하지 않습니다.

이때 해시맵$^{hash\ map}$을 활용하여 최소 반복 횟수로 문제를 풀 수 있습니다. 먼저 해시맵에서 각 너트를 키로, 주어진 너트 배열의 위치를 값으로 지정합니다. 다음으로 볼트를 순회하면서 해시맵에 각 볼트가 키로 존재하는지 확인합니다. 해시맵에 현재 볼트가 키로 존재하면 일치하는 항목(쌍)을 찾은 것입니다. 해시맵에 현재 볼트가 키로 존재하지 않으면 볼트와 일치하는 너트가 없는 것입니다. 이 과정을 코드로 나타내면 다음과 같습니다.

```java
public static void match(char[] nuts, char[] bolts) {
    // 예외 처리 코드 생략

    // 이 맵에서 각 너트는 키이며 너트의 위치가 값입니다.
    Map<Character, Integer> map = new HashMap<>();

    for (int i = 0; i < nuts.length; i++) {
        map.put(nuts[i], i);
    }

    // 각 볼트를 순회하며 일치하는 너트를 찾습니다.
    for (int i = 0; i < bolts.length; i++) {
        char bolt = bolts[i];
        if (map.containsKey(bolt)) {
            nuts[i] = bolts[i];
        } else {
            System.out.println("Bolt " + bolt + " has no nut");
        }
    }

    System.out.println("Matches between nuts and bolts: ");
    System.out.println("Nuts: " + Arrays.toString(nuts));
    System.out.println("Bolts: " +Arrays.toString(bolts));
}
```

앞 코드의 실행 시간은 $O(n)$입니다.

11.3.4 코딩 테스트 4: 중복 노드 제거

회사: 아마존, 구글, 어도비, 마이크로소프트

문제: 정렬되지 않은 정수 단일 연결 리스트가 있습니다. 이 연결 리스트에서 중복 노드를 제거하는 코드를 작성하세요.

풀이법: 단순하게 풀어볼까요? 먼저 주어진 연결 리스트를 순회하면서 각 노드의 데이터를 Set<Integer>에 저장합니다. 현재 노드의 데이터를 Set에 추가하기 전에 Set에 저장된 데이터

와 비교합니다. 만약 해당 데이터가 이미 Set에 존재한다면 연결 리스트에서 노드를 제거합니다. 그렇지 않다면 해당 데이터를 Set에 추가합니다.

단일 연결 리스트에서 노드를 제거하는 방법은 이전 노드를 현재 노드의 다음 노드에 연결하는 것입니다. 이 과정을 그림으로 나타내면 다음과 같습니다.

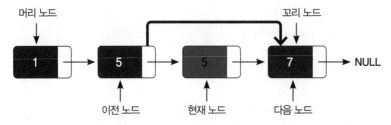

그림 11-3 단일 연결 리스트에서 노드를 제거하는 방법

단일 연결 리스트는 노드에 다음 노드를 가리키는 포인터만 포함하기 때문에 현재 노드의 이전 노드는 알 수 없습니다. 그렇다면 노드를 제거할 때 이전 노드를 어떻게 알아낼 수 있을까요? 비결은 바로 2개의 포인터를 활용하는 것입니다. 첫 번째 포인터는 현재 노드로 연결 리스트의 머리 노드에서 시작하고, 두 번째 포인터는 이전 노드로 null에서 시작합니다. 현재 노드 포인터가 다음 노드로 이동하면 이전 노드 포인터가 현재 노드로 이동합니다. 이 과정을 코드로 나타내면 다음과 같습니다.

코드 11-11 11/LinkedListRemoveDuplicates/src/main/java/coding/challenge/SinglyLinkedList.java

```java
// 'size'는 연결 리스트의 크기(요소 개수)입니다.
public void removeDuplicates1() {
    Set<Integer> dataSet = new HashSet<>();

    Node currentNode = head;
    Node prevNode = null;
    while (currentNode != null) {
        if (dataSet.contains(currentNode.data)) {
            prevNode.next = currentNode.next;

            if (currentNode == tail) {
                tail = prevNode;
            }

            size--;
```

```
        } else {
            dataSet.add(currentNode.data);
            prevNode = currentNode;
        }

        currentNode = currentNode.next;
    }
}
```

연결 리스트의 노드 개수를 n이라고 할 때, 이 풀이법의 시간 복잡도와 공간 복잡도는 모두 O(n)입니다.

공간 복잡도를 O(1)로 줄이는 풀이 방법도 있습니다. 풀이 방법을 설명하기 전에 다음 그림을 먼저 살펴볼까요?

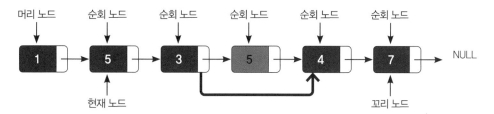

그림 11-4 단일 연결 리스트에서 노드를 제거하는 방법

이 풀이 방법도 두 가지 포인터를 사용합니다.

1. 현재 노드 포인터는 연결 리스트의 머리 노드에서 시작하여 꼬리 노드에 도달할 때까지 각 노드를 순회합니다. 예를 들어 [그림 11-4]에서 현재 노드는 두 번째 노드입니다.

2. 순회 노드 포인터는 현재 노드 포인터와 동일한 위치인 머리 노드에서 시작합니다.

순회 노드 포인터는 연결 리스트를 순회하면서 각 노드의 데이터가 현재 노드의 데이터와 같은지 확인합니다. 순회 노드 포인터가 연결 리스트를 순회하는 동안 현재 노드 포인터의 위치는 변하지 않습니다.

순회 노드 포인터가 중복된 값을 찾으면 해당 노드를 연결 리스트에서 제거합니다. 순회 노드 포인터가 연결 리스트의 꼬리 노드에 도달하면 현재 노드 포인터가 다음 노드로 이동하고, 순회 노드 포인터는 현재 노드부터 다시 연결 리스트를 순회합니다. 따라서 이 풀이 방법은 시간 복잡도가 O(n^2)이지만 공간 복잡도는 O(1)인 알고리즘입니다. 코드를 살펴보겠습니다.

```java
public void removeDuplicates2() {
    Node currentNode = head;

    while (currentNode != null) {
        Node runnerNode = currentNode;

        while (runnerNode.next != null) {
            if (runnerNode.next.data == currentNode.data) {
                if (runnerNode.next == tail) {
                    tail = runnerNode;
                }

                runnerNode.next = runnerNode.next.next;
                size--;
            } else {
                runnerNode = runnerNode.next;
            }
        }

        currentNode = currentNode.next;
    }
}
```

11.3.5 코딩 테스트 5: 연결 리스트 재배열

회사: 어도비, 플립카트, 아마존

문제: 정렬되지 않은 정수 단일 연결 리스트가 있습니다. 정수 n이 주어질 때 n 주위의 노드를 재배열하는 코드를 작성하세요. 즉, n보다 작은 모든 값이 앞으로 오고 n보다 큰 모든 값이 뒤따라오도록 연결 리스트를 재배열하세요. 이때 n보다 작은 값 또는 n보다 큰 값에 포함된 노드의 순서는 상관없으며 n은 n보다 큰 값 사이에 위치하면 됩니다.

풀이법: 주어진 연결 리스트가 '1 → 5 → 4 → 3 → 2 → 7 → null'이고 n = 3이라고 가정하겠습니다. 이때 3이 피벗pivot입니다. 나머지 노드는 문제의 요구사항에 따라 이 피벗을 중심으로 재배열해야 합니다.

재배열하는 첫 번째 방법은 연결 리스트의 노드를 하나씩 순회하면서 피벗보다 작은 노드는 머리 노드로 보내고, 피벗보다 큰 노드는 꼬리 노드로 보내는 것입니다. 그림으로 나타내면 다음과 같습니다.

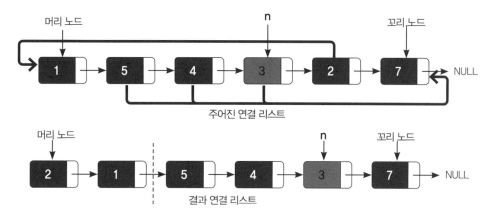

그림 11-5 연결 리스트 재배열

그림을 보면 값이 5, 4, 3인 노드는 꼬리 노드로 이동하고 2인 노드는 머리 노드로 이동합니다. 결국 3보다 작은 모든 값은 점선의 왼쪽에 있고 3보다 큰 모든 값은 점선의 오른쪽에 있습니다. 이 알고리즘을 코드로 나타내면 다음과 같습니다.

코드 11-13 11/LinkedListRearranging/src/main/java/coding/challenge/SinglyLinkedList.java

```java
public void rearrange(int n) {
    Node currentNode = head;
    head = currentNode;
    tail = currentNode;

    while (currentNode != null) {
        Node nextNode = currentNode.next;

        if (currentNode.data < n) {
            // 노드를 머리 노드에 삽입합니다.
            currentNode.next = head;
            head = currentNode;
        } else {
            // 노드를 꼬리 노드에 삽입합니다.
            tail.next = currentNode;
            tail = currentNode;
```

```
        }

        currentNode = nextNode;
    }

    tail.next = null;
}
```

11.3.6 코딩 테스트 6: 뒤에서 n번째 노드

회사: 어도비, 플립카트, 아마존, 구글, 마이크로소프트

문제: 정수 단일 연결 리스트가 있습니다. 정수 n이 주어졌을 때 뒤에서 n번째 노드의 값을 반환하는 코드를 작성하세요.

풀이법: 여러 개의 노드가 있을 때 주어진 조건을 만족하는 n번째 노드를 찾아야 합니다. 8장에서의 경험을 바탕으로 이 문제를 보면 재귀를 활용해서 푸는 방법을 바로 떠올릴 수 있습니다. 하지만 이 문제는 반복문으로 해결할 수 있습니다. 여기서는 필자가 더 흥미롭다고 생각하는 '반복문을 활용한 풀이법'만 소개하고자 합니다.

다음은 반복문을 활용한 알고리즘을 나타낸 그림입니다.

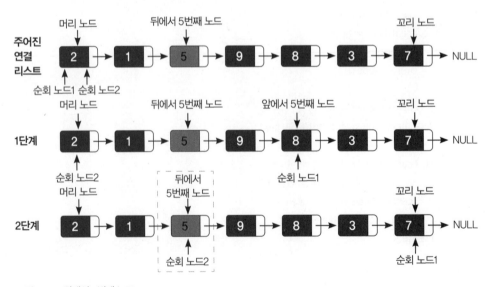

그림 11-6 뒤에서 n번째 노드

[그림 11-6]과 같이 주어진 연결 리스트가 '2 → 1 → 5 → 9 → 8 → 3 → 7 → null'일 때, 뒤에서 5번째 노드의 값인 5를 찾아야 한다고 가정하겠습니다. 반복문을 활용한 풀이법은 2개의 포인터를 사용합니다. 각 포인터를 '순회 노드 1'과 '순회 노드 2'라고 하겠습니다.

처음에는 2개의 포인터가 모두 연결 리스트의 머리 노드를 가리킵니다. [그림 11-6]의 가운데 표현된 1단계에서는 머리 노드에 있던 순회 노드 1을 앞에서 5번째 노드로 옮깁니다. 이때 0에서 5 또는 n까지 for 문을 실행하면 순회 노드 1을 쉽게 옮길 수 있습니다.

[그림 11-6]의 가장 아래에 표현된 2단계에서는 순회 노드 1이 null이 될 때까지 순회 노드 1과 머리 노드에 있던 순회 노드 2를 동시에 이동합니다. 순회 노드 1이 null이 되면 순회 노드 2는 뒤에서 n번째 노드를 가리키게 됩니다.

이 과정을 코드로 나타내면 다음과 같습니다.

코드 11-14 11/LinkedListNthToLastNode/src/main/java/coding/challenge/SinglyLinkedList.java

```java
public int nthToLastIterative(int n) {
    // n > size일 때도 n을 추가할 수 있지만 연결 리스트 크기를 알 수 없음으로 간주합니다.
    if (n <= 0) {
        throw new IllegalArgumentException("The given n index is out of bounds");
    }

    // 2개의 순회 노드 포인터는 처음에 머리 노드를 가리킵니다.
    Node firstRunner = head;
    Node secondRunner = head;

    // 순회 노드 1이 n번째 위치로 이동합니다.
    for (int i = 0; i < n; i++) {
        if (firstRunner == null) {
            throw new IllegalArgumentException("The given n index is out of bounds");
        }

        firstRunner = firstRunner.next;
    }

    // 순회 노드 1이 null이 아닐 때까지 순회 노드 2가 이동합니다.
    // 순회 노드 1이 더 이상 이동할 수 없는 경우(null인 경우)
    // 순회 노드 2가 뒤에서 n번째 노드에 위치합니다.
    while (firstRunner != null) {
```

```
        firstRunner = firstRunner.next;
        secondRunner = secondRunner.next;
    }

    return secondRunner.data;
}
```

참고로 SinglyLinkedList.java에는 재귀 알고리즘을 활용한 풀이법인 `nthToLastRecursive`
메서드도 소개합니다.

11.3.7 코딩 테스트 7: 고리의 시작 노드 감지

회사: 어도비, 플립카트, 아마존, 구글, 마이크로소프트

문제: 순환되는 고리를 갖는 정수 단일 연결 리스트가 있습니다. 여기서 순환되는 고리란 연결
리스트의 꼬리 노드가 이전 노드 중 하나를 가리켜서 원형을 이루는 형태를 의미합니다. 고리
의 첫 번째 노드, 즉 순환이 시작되는 노드를 찾는 코드를 작성하세요.

풀이법: 연결 리스트의 꼬리 노드를 관리하고 있다면 검색된 노드, 즉 고리의 시작 노드는 꼬리
노드의 다음 노드(tail.next)라는 것을 바로 알 수 있습니다. 하지만 꼬리 노드를 관리하고 있
지 않다면 가리키는 노드가 2개인 노드를 찾으면 됩니다. 이 방법도 구현하기 매우 쉽습니다.
연결 리스트의 크기를 알고 있다면 0부터 노드의 길이까지 순회하면서 마지막 node.next를 구
하면 해당 포인터가 가리키는 노드가 바로 고리의 시작 노드입니다.

빠른 러너와 느린 러너 풀이법

앞에서 언급한 쉬운 방법 외에 더 많은 상상력이 필요한 알고리즘에 도전해봅시다. 이를 '빠른
러너^{fast runner}(빠른 순회 노드)와 느린 러너^{slow runner}(느린 순회 노드) 풀이법'이라고 합니다. 이
풀이법은 연결 리스트를 다루는 특정 문제에서 활용[1]할 수 있으므로 알아두면 좋습니다.

---

1 빠른 러너와 느린 러너 풀이법을 사용하면 연결 리스트가 회문(palindrome)인지 여부를 알아낼 수도 있습니다. 이는 '코
  딩 테스트 8'에서 살펴볼 것입니다.

빠른 러너와 느린 러너 풀이법은 주로 연결 리스트의 머리 노드에서 시작하여 특정 조건이 충족될 때까지 리스트를 동시에 순회하는 2개의 포인터를 사용합니다. 첫 번째 포인터는 각 노드를 순회하기 때문에 '느린 러너' 또는 'SR'이라고 합니다. 두 번째 노드는 노드를 하나씩 뛰어넘어서 순회하기 때문에 '빠른 러너' 또는 'FR'이라고 합니다.

다음은 두 포인터를 네 번 이동시키는 과정을 나타낸 그림입니다.

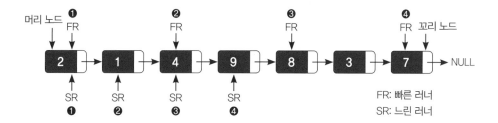

그림 11-7 빠른 러너와 느린 러너의 예

첫 번째 이동에서 FR과 SR은 머리 노드를 가리킵니다. 두 번째 이동에서 SR은 요솟값이 1인 head.next 노드를 기리키고 FR은 요솟값이 4인 head.next.next 노드를 기리킵니다. 같은 규칙으로 세 번째와 네 번째 이동을 진행합니다. FR이 연결 리스트의 꼬리 노드에 도달하면 SR은 중간 노드를 기리킵니다.

빠른 러너와 느린 러너 풀이법을 사용하여 연결 리스트에 순환 고리가 있는지를 알아내고 이 고리의 시작 노드까지 찾아낼 수 있을까요? 이 질문에 대답하려면 "고리가 있는 연결 리스트에 빠른 러너와 느린 러너 풀이법을 적용하면 FR과 SR 포인터가 충돌하거나 만날까요?"라는 질문부터 고민해야 합니다. 정답은 '그렇다'입니다. FR과 SR 포인터는 충돌할 것입니다.

자세한 설명에 앞서 고리의 시작 노드 앞에 고리 밖에 있는 q개의 노드가 있다고 가정하겠습니다. SR이 q개의 노드를 통과하는 동안 FR은 이동할 때마다 노드를 하나씩 뛰어넘기 때문에 $2 \times q$개의 노드를 통과합니다. 따라서 SR이 고리의 시작 노드에 도달하면 FR은 $2 \times q$개의 노드를 통과하며 고리 안 $2 \times q - q$번째 노드에 도달합니다. 즉, 고리 안에서 q번째 노드에 도달합니다. 이것을 그림으로 표현하면 다음과 같습니다.

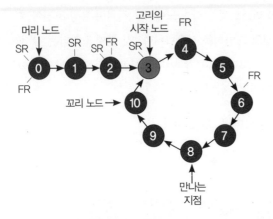

고리의
시작 노드

머리 노드

SR이 고리의 시작 노드에 도달하면 FR은 고리의
세 번째 노드에 도달합니다. 따라서 고리의 시작
노드는 연결 리스트의 세 번째 노드입니다.

꼬리 노드

만나는
지점

그림 11-8 고리가 있는 연결 리스트

[그림 11-8]에서 보듯이 SR이 고리의 시작 노드인 네 번째 노드에 도달하면 FR은 고리의 네
번째 노드에 도달합니다. 물론 고리의 시작 노드 앞에 있는 노드의 개수 q가 고리의 길이보다
훨씬 더 클 수도 있다는 점을 고려해야 합니다. 따라서 $2 \times q - q$를 $Q = \text{modulo}(q, \text{LOOP\_}$
$\text{SIZE})$로 표현해야 합니다.

예를 들어 $Q = \text{modulo}(3, 8) = 3$을 살펴보겠습니다. 이것은 곧 3개의 고리 바깥 노드($q = 3$)
가 있고 고리의 길이가 8($\text{LOOP\_SIZE} = 8$)이라는 의미입니다. 따라서 SR은 리스트의 앞에
서 세 번째 노드를 가리키고 FR은 고리의 세 번째 노드를 가리킨다고 결론 내릴 수 있습니다.
그러나 고리 바깥 노드가 25개이고 고리의 길이가 7인 연결 리스트의 경우 $Q = \text{modulo}(25,$
$7) = 4$를 만족하지만 $2 \times 25 - 25 = 25$는 잘못된 결과로 이어집니다.

이어서 FR과 SR이 고리 내부로 이동합니다. 고리는 순환 구조이므로 FR이 SR에서 멀어지는
것이 곧 SR에 가까워지는 것과 같고 그 반대도 마찬가지입니다. 다음은 고리만 따로 떼어내어
FR과 SR이 충돌할 때까지의 이동 과정을 나타낸 그림입니다.

SR과 FR이 만나는 지점에 도달할 때까지 [그림 11-9]에 표시된 순서에 따라 이동 과정을 살
펴보세요. 여러분은 이미 FR이 SR보다 'LOOP_SIZE − Q'칸 뒤처져 있고 SR이 FR보다 Q칸
뒤처져 있다는 사실을 알고 있습니다. 주어진 예제에서 FR은 SR보다 8 − 3 = 5칸 뒤처져 있
고 SR은 FR보다 3칸 뒤처져 있습니다. SR과 FR이 계속 이동하면 FR이 한 번 이동할 때마다
SR에 한 칸씩 더 가까워집니다.

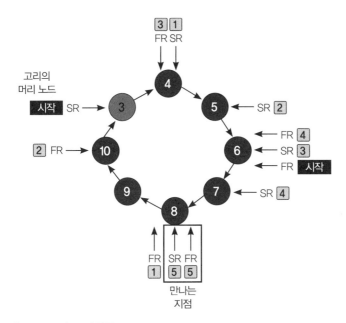

그림 11-9 FR과 SR의 충돌

그러면 SR과 FR은 결국 어디서 만나게 될까요? FR이 한 번 이동할 때마다 한 칸씩 SR을 따라잡고 FR이 SR보다 'LOOP_SIZE − Q'칸 뒤처져 있다면, 두 노드는 고리의 머리 노드에서 뒤로 Q칸 떨어진 위치에서 만날 것입니다. 주어진 예제에서는 두 노드가 고리의 머리 노드에서 뒤로 3칸 떨어진 위치에 있는 값이 8인 노드에서 만납니다.

만난 지점이 고리의 머리 노드로부터 Q번째 위치에 있다면 $Q = \text{modulo}(q, \text{LOOP\_SIZE})$이므로, 만난 지점이 고리의 머리 노드로부터 q번째 위치에 있다고 말할 수 있습니다. 그렇다면 다음과 같은 4단계 알고리즘을 도출할 수 있습니다.

1. FR과 SR이 연결 리스트의 머리 노드에서 출발합니다.

2. SR은 한 번에 한 칸, FR은 한 번에 두 칸 이동합니다.

3. 두 노드가 만나는 지점에서 실제 만났을 때 SR은 연결 리스트의 머리 노드로 이동하고 FR은 그대로 유지합니다.

4. SR과 FR이 만날 때까지 두 노드를 한 번에 한 칸씩 이동합니다. 이때 만나는 지점이 바로 고리의 머리 노드입니다.

이 과정을 코드로 나타내면 다음과 같습니다.

```java
public void findLoopStartNode() {
    Node slowRunner = head;
    Node fastRunner = head;

    // 빠른 러너가 느린 러너와 마주칩니다.
    while (fastRunner != null && fastRunner.next != null) {
        slowRunner = slowRunner.next;
        fastRunner = fastRunner.next.next;

        if (slowRunner == fastRunner) {  // 두 노드가 만났습니다.
            System.out.println(
                "\nThe meet point is at the node with value: " + slowRunner);
            break;
        }
    }

    // 만나는 지점이 없다면 고리가 없는 것입니다.
    if (fastRunner == null || fastRunner.next == null) {
        return;
    }

    // 느린 러너가 연결 리스트의 머리 노드로 이동합니다.
    // 빠른 러너는 충돌한 지점에 멈춰 있습니다.
    // 두 노드는 한 노드씩 동시에 이동하면서 고리의 시작점에서 만납니다.
    slowRunner = head;

    while (slowRunner != fastRunner) {
        slowRunner = slowRunner.next;
        fastRunner = fastRunner.next;
    }

    // 두 포인터 모두 고리의 시작점을 가리킵니다.
    System.out.println(
        "\nLoop start detected at the node with value: " + fastRunner);
}
```

FR이 SR을 지나쳐서 두 노드가 못 만나는 일은 없으니 걱정하지 마세요. 이런 일은 절대로 없습니다. FR이 SR을 넘어서 노드 a에 있을 때 SR은 노드 $a-1$에 있어야 합니다. 하지만 이런 경우 이전 단계에서 FR이 노드 $a - 2$에 있었을 것이고 SR도 노드 $(a - 1) - 1 = a - 2$에 있었을 것이므로 두 노드는 이미 만난 것입니다.

참고로 SinglyLinkedList.java에 있는 `generateLoop` 메서드는 고리가 있는 임의의 연결 리스트를 생성할 때 호출됩니다.

11.3.8 코딩 테스트 8: 회문

회사: 어도비, 플립카트, 아마존, 구글, 마이크로소프트

문제: 정수 단일 연결 리스트가 있습니다. 이 연결 리스트가 회문이면 true를 반환하는 코드를 작성하세요. 반드시 '빠른 러너와 느린 러너 풀이법'을 활용하여 풀어야 합니다. 빠른 러너와 느린 러너에 대한 자세한 설명은 '코딩 테스트 7'에서 참고하세요.

풀이법: 잠깐 복습하자면 회문은 순서를 뒤집어도 모양이 똑같은 문자열, 숫자 또는 연결 리스트를 의미합니다. 즉, 회문은 양쪽 방향에서 처리 및 열람할 수 있으며 어느 방향으로 읽어도 같은 결과를 얻습니다. 예를 들어 숫자 12321은 회문이고 12322는 회문이 아닙니다.

빠른 러너와 느린 러너 풀이법에서 FR이 연결 리스트의 끝에 도달할 때 SR은 연결 리스트의 중간 노드에 위치한다는 특징을 활용하여 문제를 풀어보겠습니다. 연결 리스트의 왼쪽 절반이 오른쪽 절반의 반전이면 이 연결 리스트는 회문입니다. 스택에서 FR이 연결 리스트의 끝에 도달할 때까지 SR이 통과하는 모든 노드를 저장하면, 결과 스택에는 연결 리스트의 왼쪽 절반이 반대 순서로 저장됩니다. 이를 그림으로 표현하면 다음과 같습니다.

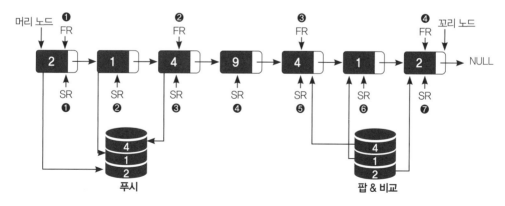

그림 11-10 빠른 러너와 느린 러너 풀이법을 활용한 연결 리스트 회문

그림에서 보듯이 FR이 연결 리스트의 끝에 도달하고 SR이 연결 리스트의 중간인 네 번째 노드에 도달하면 스택에는 값 2, 1, 4가 저장됩니다. 다음으로 SR이 연결 리스트의 끝에 도달할 때까지 SR을 한 칸씩 계속 옮깁니다. 이동할 때마다 스택에서 값을 꺼내 현재 노드 값과 비교합니다. 값이 일치하지 않으면 연결 리스트는 회문이 아닙니다. 이를 코드로 나타내면 다음과 같습니다.

코드 11-16 11/LinkedListPalindrome/src/main/java/coding/challenge/SinglyLinkedList.java

```java
public boolean isPalindrome() {
    Node fastRunner = head;
    Node slowRunner = head;
    Stack<Integer> firstHalf = new Stack<>();

    // 연결 리스트의 왼쪽 절반이 스택에 쌓입니다.
    while (fastRunner != null && fastRunner.next != null) {
        firstHalf.push(slowRunner.data);
        slowRunner = slowRunner.next;
        fastRunner = fastRunner.next.next;
    }

    // 요소 개수가 홀수라면 중간 노드를 건너 뛰어야 합니다.
    if (fastRunner != null) {
        slowRunner = slowRunner.next;
    }

    // 스택에서 값을 꺼내 연결 리스트의 오른쪽 절반의 노드와 비교합니다.
    while (slowRunner != null) {
        int top = firstHalf.pop();

        // 값이 일치하지 않으면 연결 리스트는 회문이 아닙니다.
        if (top != slowRunner.data) {
            return false;
        }

        slowRunner = slowRunner.next;
    }

    return true;
}
```

11.3.9 코딩 테스트 9: 연결 리스트 2개의 합

회사: 어도비, 플립카트, 마이크로소프트

문제: 양의 정수 2개와 단일 연결 리스트 2개가 있습니다. 첫 번째 정수는 첫 번째 연결 리스트에 자리별로 저장됩니다. 첫 번째 자릿수가 첫 번째 연결 리스트의 머리 노드입니다.

두 번째 정수는 두 번째 연결 리스트에 자리별로 저장됩니다. 마찬가지로 첫 번째 자릿수가 두 번째 연결 리스트의 머리 노드입니다. 두 숫자를 더하고 노드당 하나의 자릿수가 있는 연결 리스트로 합계를 반환하는 코드를 작성하세요.

풀이법: 그림으로 예제를 살펴보겠습니다.

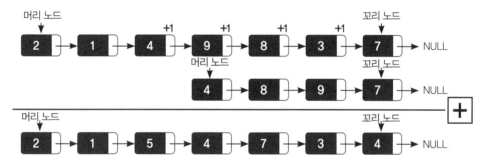

그림 11-11 두 숫자를 연결 리스트로 합산

[그림 11-11]에서 두 연결 리스트를 합하는 과정을 단계별로 나타내면 다음과 같습니다.

1. 7 + 7 = 14이므로 4를 받아적고 1을 다음 자릿수로 올립니다. 결과 연결 리스트는 '4 → ?'입니다.

2. 3 + 9 + 1 = 13이므로 3을 받아적고 1을 다음 자릿수로 올립니다. 결과 연결 리스트는 '4 → 3 → ?'입니다.

3. 8 + 8 + 1 = 17이므로 7을 받아적고 1을 다음 자릿수로 올립니다. 결과 연결 리스트는 '4 → 3 → 7 → ?'입니다.

4. 9 + 4 + 1 = 14이므로 4를 받아적고 1을 다음 자릿수로 올립니다. 결과 연결 리스트는 '4 → 3 → 7 → 4 → ?'입니다.

5. 4 + 1 = 5이므로 5를 받아적고 다음 자릿수로는 아무것도 올리지 않습니다. 결과 연결 리스트는 '4 → 3 → 7 → 4 → 5 → ?'입니다.

6. 1 + 0 = 1이므로 1을 받아적고 다음 자릿수로는 아무것도 올리지 않습니다. 결과 연결
   리스트는 '4 → 3 → 7 → 4 → 5 → 1 → ?'입니다.

7. 2 + 0 = 2이므로 2를 받아적고 다음 자릿수로는 아무것도 올리지 않습니다. 결과 연결
   리스트는 '4 → 3 → 7 → 4 → 5 → 1 → 2'입니다.

결과 연결 리스트를 그대로 숫자로 작성하면 4374512가 됩니다. 하지만 정답은 2154734이므
로 결과 연결 리스트의 순서를 뒤집어야 합니다. 결과 연결 리스트의 순서를 뒤집는 메서드는
[코드 11−7]의 SinglyLinkedList.java에서 제공하는 reverseLinkedList를 확인해보세요.
연결 리스트의 순서를 뒤집는 과정은 그 자체로도 하나의 코딩 테스트로 볼 수 있을 만큼 꽤
중요하지만, 여기서는 문제를 푸는 핵심인 덧셈 과정까지만 소개하겠습니다.

다음 코드는 덧셈 과정을 재귀로 풀이한 메서드입니다. 재귀 문제에 익숙하지 않다면 8장을
다시 공부해보세요. 다음의 재귀 메서드는 노드별로 데이터를 추가하고 초과한 데이터, 즉 넘
치는 자릿수를 다음 노드로 전달하는 방식으로 작동합니다.

코드 11−17 11/LinkedListSum/src/main/java/coding/challenge/SinglyLinkedList.java

```java
private Node sum(Node node1, Node node2, int carry) {
    if (node1 == null && node2 == null && carry == 0) {
        return null;
    }

    Node resultNode = new Node();
    int value = carry;
    if (node1 != null) {
        value += node1.data;
    }

    if (node2 != null) {
        value += node2.data;
    }

    resultNode.data = value % 10;
    if (node1 != null || node2 != null) {
        Node more = sum(node1 == null
            ? null : node1.next, node2 == null
            ? null : node2.next, value >= 10 ? 1 : 0);
```

```
        resultNode.next = more;
    }

    return resultNode;
}
```

11.3.10 코딩 테스트 10: 교차 연결 리스트

회사: 어도비, 플립카트, 구글, 마이크로소프트

문제: 2개의 단일 연결 리스트가 있습니다. 두 연결 리스트가 교차하는지 확인하는 코드를 작성하세요. 교차는 값이 아닌 참조를 기반으로 결정되지만, 결과로는 교차 노드의 값을 반환해야 합니다. 따라서 교차 여부는 참조로 확인하고 값을 반환하세요.

풀이법: 두 연결 리스트가 교차한다는 말이 무엇을 의미하는지 모르겠다면 예제를 하나 정해서 면접관과 세부 사항을 논의하는 것이 좋습니다. 다음은 하나의 예제를 나타낸 그림입니다.

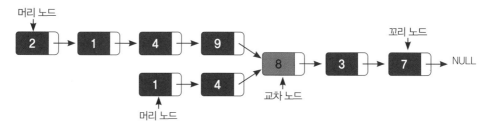

그림 11-12 교차 연결 리스트

[그림 11-12]를 보면 연결 리스트 2개가 값이 8인 노드에서 교차합니다. 교차는 참조를 기준으로 결정되며 예제에서는 값이 9인 노드와 4인 노드가 값이 8인 노드의 메모리 주소를 가리킵니다. 예제의 가장 큰 문제는 연결 리스트 크기가 서로 다르다는 점입니다. 두 연결 리스트의 크기가 같다면 머리 노드에서 꼬리 노드까지 노드를 하나씩 순회하면서 노드가 만나는지 확인하면 됩니다. 즉, node_list_1.next = node_list_2.next를 만족할 때까지 순회합니다.

값이 2인 노드와 1인 노드를 건너뛸 수 있다면 두 연결 리스트의 크기가 같아질 것입니다. 다음 그림을 살펴보세요. 첫 번째 연결 리스트가 두 번째 연결 리스트보다 길기 때문에 가상 머리 노드로 표시된 노드부터 순회해야 합니다.

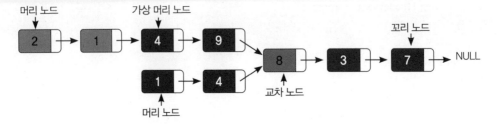

그림 11-13 첫 번째 연결 리스트에서 처음 두 노드 제거

이 아이디어를 바탕으로 다음과 같은 알고리즘을 생각해낼 수 있습니다.

1. 각 연결 리스트의 크기를 잽니다.

2. 첫 번째 연결 리스트의 크기를 s1이라고 하고 두 번째 연결 리스트의 크기를 s2라고 할 때 s1이 s2보다 길면 첫 번째 연결 리스트의 현재 노드 currentNode1의 포인터를 (s1 - s2)로 옮깁니다.

3. 첫 번째 연결 리스트의 크기 s1이 두 번째 연결 리스트의 크기 s2보다 짧으면 두 번째 연결 리스트의 현재 노드 currentNode2의 포인터를 (s2 - s1)로 옮깁니다.

4. 끝에 도달하거나 포인터가 만날 때까지 두 포인터를 한 노드씩 이동합니다.

이것을 코드로 간단하게 나타내면 다음과 같습니다.

코드 11-18 11/LinkedListsIntersection/src/main/java/coding/challenge/SinglyLinkedList.java

```java
public int intersection() {
    // 다음 코드는 풀이법과 관련된 코드는 아니고
    // 교차점이 있는 임의의 연결 리스트 2개를 생성하려고 호출합니다.
    PairNode pair = generateTwoLinkedListWithInterction();

    Node currentNode1 = pair.head;  // 첫 번째 연결 리스트의 머리 노드
    Node currentNode2 = pair.tail;  // 두 번째 연결 리스트의 머리 노드

    // 두 연결 리스트의 크기를 계산합니다. linkedListSize는 헬퍼 메서드입니다.
    int s1 = linkedListSize(currentNode1);
    int s2 = linkedListSize(currentNode2);

    // 첫 번째 연결 리스트의 크기가 두 번째 연결 리스트의 크기보다 깁니다.
    if (s1 > s2) {
        for (int i = 0; i < (s1 - s2); i++) {
```

```
            currentNode1 = currentNode1.next;
        }
    } else {
        // 두 번째 연결 리스트의 크기가 첫 번째 연결 리스트의 크기보다 깁니다.
        for (int i = 0; i < (s2 - s1); i++) {
            currentNode2 = currentNode2.next;
        }
    }

    // 끝 또는 교차 노드를 만날 때까지 두 연결 리스트를 순회합니다.
    while (currentNode1 != null && currentNode2 != null) {
        // 값이 아닌 참조를 비교합니다!
        if (currentNode1 == currentNode2) {
            return currentNode1.data;
        }

        currentNode1 = currentNode1.next;
        currentNode2 = currentNode2.next;
    }

    return -1;
}
```

참고로 SinglyLinkedList.java에서 generateTwoLinkedListWithInterection라는 헬퍼 메서드를 확인할 수 있습니다. 교차점이 있는 임의의 연결 리스트 2개를 생성할 때 사용됩니다.

11.3.11 코딩 테스트 11: 인접 노드 교체

회사: 아마존, 구글

문제: 단일 연결 리스트가 있습니다. '1 → 2 → 3 → 4 → null'과 같은 리스트가 '2 → 1 → 4 → 3 → null'이 되도록 인접한 노드를 교체하는 코드를 작성하세요. 값이 아닌 인접한 노드 자체를 교체해야 합니다!

풀이법: 이 코딩 테스트는 연속 노드 2개인 node1과 node2를 교체하는 문제로 범위를 좁혀서 생각할 수 있습니다. 예를 들어 v1 = 4 및 v2 = 9와 같은 2개의 정숫값을 교체하는 방법으로 잘 알려진 기술은 보조 변수에 의존하며 다음과 같이 작성할 수 있습니다.

```
v1 = 4;
v2 = 9;
auxNode = v1;
v1 = v2;
v2 = auxNode;
```

하지만 이 코딩 테스트에서는 값이 아닌 링크를 다뤄야 하므로 이런 단순한 접근법을 노드에 적용할 수 없습니다. 다음과 같은 방법으로는 문제의 요구사항을 만족할 수 없습니다.

```
auxNode = node1;
node1 = node2;
node2 = auxNode;
```

이런 일반적인 접근법을 활용하면 node1과 node2를 교체한 후에 node1.next = node3, node2.next = node1이 되어야 하는데 이것은 완전히 잘못되었습니다. 다음 그림을 살펴보세요.

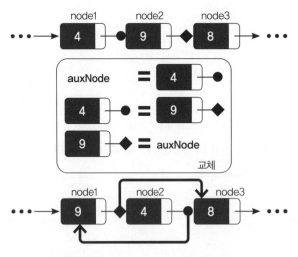

그림 11-14 일반적인 방법으로 노드를 교체할 때 발생하는 링크 오류 ①

하지만 잘못된 링크는 바로잡을 수 있습니다. node1.next가 node2를 가리키도록 설정하고 node2.next가 node3를 가리키도록 설정하면 됩니다.

```
node1.next = node2;
node2.next = node3;
```

이렇게 하면 올바른 연결 리스트 형태가 됩니다! 2개의 연속된 노드를 성공적으로 교체했습니다. 하지만 2개의 연속 노드 쌍이 있을 때 각 쌍의 노드를 교체하면 노드 쌍 사이의 링크도 망가집니다.

node1, node2 쌍과 node3, node4 쌍이 있을 때 발생하는 문제를 그림으로 나타내면 다음과 같습니다.

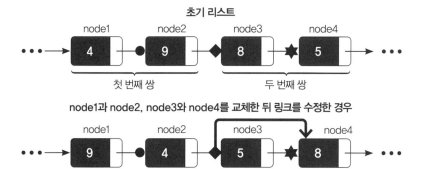

그림 11-15 일반적인 방법으로 노드를 교체할 때 발생하는 링크 오류 ②

이 두 쌍을 바꾼 후 node2.next는 node4를 가리키는데 이것은 잘못된 것입니다. 따라서 이 링크도 수정해야 합니다. 잘못된 링크를 수정하려면 node2를 저장하고 node3, node4를 교체한 후 node2.next = node3를 설정하여 링크를 복구할 수 있습니다.

이제 링크 오류를 모두 해결했으니 코드로 구현해보겠습니다.

코드 11-19 11/LinkedListPairwiseSwap/src/main/java/coding/challenge/SinglyLinkedList.java

```java
public void swap() {
    if (head == null || head.next == null) {
        return;
    }

    Node currentNode = head;
    Node prevPair = null;

    // 한 번에 2개의 노드를 고려하여 링크를 교환합니다.
    while (currentNode != null && currentNode.next != null) {
        Node node1 = currentNode;            // 첫 번째 노드
        Node node2 = currentNode.next;       // 두 번째 노드
        Node node3 = currentNode.next.next;  // 세 번째 노드
```

```
        // 첫 번째 노드 node1과 두 번째 노드 node2를 교체합니다.
        Node auxNode = node1;
        node1 = node2;
        node2 = auxNode;

        // 링크를 교체하여 복구합니다.
        node1.next = node2;
        node2.next = node3;

        // 첫 번째 교체라면 머리 노드를 설정합니다.
        if (prevPair == null) {
            head = node1;
        } else {
            // 이전 쌍을 현재 쌍에 연결합니다.
            prevPair.next = node1;
        }

        // 더 이상 노드가 없으므로 꼬리 노드를 설정합니다.
        if (currentNode.next == null) {
            tail = currentNode;
        }

        // 현재 쌍의 이전 노드를 prevPair에 설정합니다.
        prevPair = node2;

        // 다음 쌍을 설정해 링크를 복구합니다.
        currentNode = node3;
    }
}
```

한 걸음 더 나아가서 연속된 n개의 노드를 교체하는 방법도 고민해보세요.

11.3.12 코딩 테스트 12: 정렬된 연결 리스트 2개 병합

회사: 아마존, 구글, 어도비, 마이크로소프트, 플립카트

문제: 노드가 정렬된 단일 연결 리스트 2개가 있습니다. 추가 공간 없이 이 두 연결 리스트를 병합하는 코드를 작성하세요.

풀이법: 주어진 연결 리스트가 'list1: 4 → 7 → 8 → 10 → null'과 'list2: 5 → 9 → 11 → null'
이라고 할 때 결과는 '4 → 5 → 7 → 8 → 9 → 10 → 11 → null'입니다. 이때 어떻게 해야 새 노
드를 할당하지 않고 이 결과를 얻을 수 있을까요?

새 노드를 할당할 수 없으므로, 주어진 연결 리스트 중 하나를 선택하여 최종 결과 또는 병합
연결 리스트로 만들어야 합니다. 즉, 병합 연결 리스트로 list1을 사용하고 list1의 적절한 위
치에 list2의 노드를 추가하면 됩니다. 각 노드를 비교하고 나서 list1에 있는 포인터를 병합
된 리스트의 마지막 노드로 옮깁니다.

예를 들어 두 연결 리스트의 머리 노드를 비교하는 것부터 시작해보겠습니다. list1의 머리
노드가 list2의 머리 노드보다 작으면 병합 리스트의 머리 노드로 list1의 머리 노드를 선택
합니다. 그렇지 않고 list1의 머리 노드가 list2의 머리 노드보다 크면 list2의 머리 노드를
선택합니다.

이 단계를 그림으로 나타내면 다음과 같습니다.

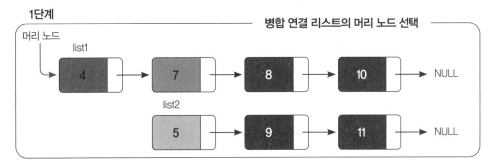

그림 11-16 정렬된 연결 리스트 2개 병합(1단계)

4 < 5로 list1의 머리 노드가 list2의 머리 노드보다 작기 때문에 list1의 머리 노드가 병합
연결 리스트의 머리 노드가 됩니다.

list1이 병합된 리스트의 마지막 노드를 가리킨다고 설명했습니다. 따라서 비교할 다음 노드
는 [그림 11-16]의 list1.next(값이 7인 노드) 및 list2(값이 5인 노드)가 됩니다.

다음은 두 번째 비교의 결과를 나타낸 그림입니다.

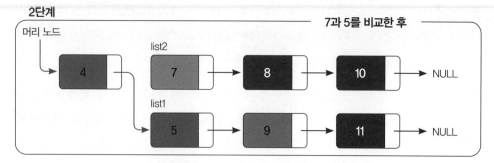

그림 11-17 정렬된 연결 리스트 2개 병합(2단계)

list1.next를 값이 5인 노드로 이동해야 하지만 list1은 병합된 리스트, 즉 최종 결과를 나타내기 때문에 포인터를 바로 옮길 수는 없습니다. list1.next = list2로 설정하면 나머지 list1을 잃어버리게 됩니다. 따라서 다음과 같은 방법으로 노드를 교체해야 합니다.

```
Node auxNode = list1.next;   // auxNode = 값이 7인 노드
list1.next = list2;          // list1.next = 값이 5인 노드
list2 = auxNode;             // list2 = 값이 7인 노드
list1 = list1.next;          // list1 = 값이 5인 노드
```

최종적으로 값이 5인 노드 list1.next가 새로운 list1([그림 11-17]의 list1)입니다.

이제 [그림 11-17]의 list1.next(값이 9인 노드)와 list2(값이 7인 노드)를 비교합니다. 다음은 세 번째 비교의 결과를 나타낸 그림입니다.

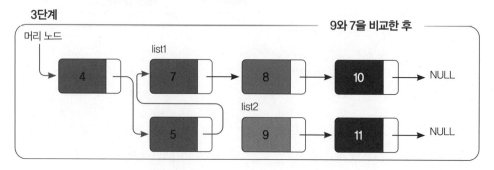

그림 11-18 정렬된 연결 리스트 2개 병합(3단계)

list1은 병합된 연결 리스트, 즉 최종 결과를 나타내기 때문에 앞에서 설명한 교체 방법을 활용합니다. 7 < 9이므로 list1.next를 값이 7인 노드로 설정합니다. 최종적으로 값이 7인 노드 list1.next가 list1이고 값이 9인 노드는 list2가 됩니다.

이제 [그림 11–18]의 list1.next(값이 8인 노드)와 list2(값이 9인 노드)를 비교합니다. 다음은 네 번째 비교의 결과를 나타낸 그림입니다.

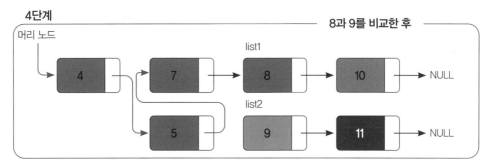

그림 11–19 정렬된 연결 리스트 2개 병합(4단계)

8 < 9이므로 노드를 교체할 필요가 없습니다. 따라서 새로운 list1은 값이 8인 노드가 되고, list2는 값이 9인 노드로 그대로 유지됩니다. 즉, [그림 11–17]과 [그림 11–18] 사이에 소개한 코드의 첫 3행을 실행하지 않는 것과 같습니다.

이제 [그림 11–19]의 list1.next(값이 10인 노드)와 list2(값이 9인 노드)를 비교(10과 9를 비교)합니다. 다음은 다섯 번째 비교의 결과를 나타낸 그림입니다.

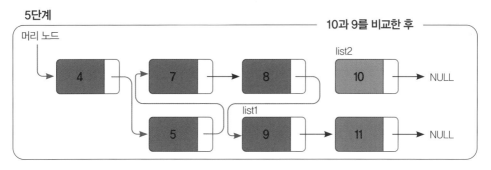

그림 11–20 정렬된 연결 리스트 2개 병합(5단계)

list1은 병합된 리스트, 즉 최종 결과를 나타내므로 9 < 10에 따라 앞에서 설명한 교체 방법을 활용하여 list1.next를 값이 9인 노드로 설정합니다. list2는 값이 10인 노드가 됩니다. 또한 새로운 list1은 값이 9인 노드가 됩니다.

이번에는 [그림 11–20]의 list1.next(값이 11인 노드)와 list2(값이 10인 노드)를 비교합니다. 다음은 여섯 번째 비교의 결과를 나타낸 그림입니다.

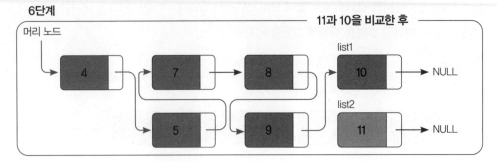

6단계

11과 10을 비교한 후

머리 노드

list1

list2

그림 11-21 정렬된 연결 리스트 2개 병합(6단계)

list1은 병합된 리스트, 즉 최종 결과를 나타내므로 10 < 11에 따라 앞에서 설명한 교체 방
법을 활용하여 list1.next를 값이 10인 노드로 설정합니다. list2는 값이 11인 노드가 됩니
다. 새로운 list1은 값이 10인 노드가 됩니다. 마지막으로 하나 남은 노드인 [그림 11-21]의
list2를 list1.next로 설정합니다. 다음은 마지막 단계의 결과를 나타낸 그림입니다.

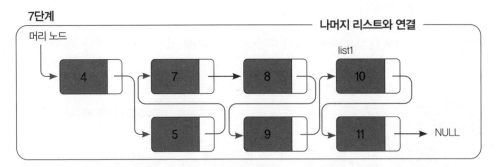

7단계

나머지 리스트와 연결

머리 노드

list1

그림 11-22 정렬된 연결 리스트 2개 병합(마지막 7단계)

이렇게 해서 병합된 연결 리스트를 완성하였습니다. 이제 코드를 살펴볼 시간입니다. 주어진
코드는 일반적인 SinglyLinkedList 클래스에 추가한 메서드입니다.

코드 11-20 11/LinkedListMergeTwoSorted/src/main/java/coding/challenge/SinglyLinkedList.java

```java
public void merge(SinglyLinkedList sll) {
    if(sll == null) {
        throw new IllegalArgumentException("Cannot merge null linked list");
    }

    // 2개의 리스트
    Node list1 = head;       // 병합된 연결 리스트(최종 결과)
    Node list2 = sll.head;   // 이 리스트에 있는 노드를 list1의 적절한 위치에 추가합니다.
```

```java
    // 병합된 연결 리스트의 머리 노드가 list2의 머리 노드보다 크면 머리 노드를 교체합니다.
    if (list1.data < list2.data) {
        head = list1;
    } else {
        head = list2;
        list2 = list1;
        list1 = head;
    }

    // list1의 노드와 list2의 노드를 비교합니다.
    while (list1.next != null) {
        if (list1.next.data > list2.data) {
            Node auxNode = list1.next;
            list1.next = list2;
            list2 = auxNode;
        }

        list1 = list1.next;  // 병합된 연결 리스트의 마지막 노드로 이동합니다.
    }

    // list2의 나머지 리스트를 추가합니다.
    if (list1.next == null) {
        list1.next = list2;
    }
}
```

비슷한 유형으로 재귀를 사용해 정렬된 연결 리스트 2개를 병합하는 예제도 있습니다. 다음에
정답 코드의 핵심 부분을 소개하지만, 해당 코드를 보기 전에 직접 구현해보기를 추천합니다.

코드 11-21 11/LinkedListMergeTwoSortedRecursion/src/main/java/coding/challenge/SinglyLinkedList.java

```java
public void merge(SinglyLinkedList sll) {
    if(sll == null) {
        throw new IllegalArgumentException("Cannot merge null linked list");
    }

    head = merge(head, sll.head);
}

private Node merge(Node list1, Node list2) {
```

```
    if (list1 == null) {
        return list2;
    } else if (list2 == null) {
        return list1;
    }

    Node resultNode;

    if (list1.data <= list2.data) {
        resultNode = list1;
        resultNode.next = merge(list1.next, list2);
    } else {
        resultNode = list2;
        resultNode.next = merge(list1, list2.next);
    }

    return resultNode;
}
```

또한 재귀 풀이법을 기반으로 n개의 연결 리스트를 병합하는 예제에도 도전해보세요. 다음은 정답 코드의 핵심 부분입니다.

코드 11-22 11/LinkedListMergeNSortedRecursion/src/main/java/coding/challenge/SinglyLinkedList.java

```
private Node mergeLists(SinglyLinkedList linkedlists[], int n) {
    int last = n - 1;

    // 연결 리스트 하나만 남을 때까지 반복 실행합니다.
    while (last != 0) {
        int p = 0;
        int q = last;

        // (p, q)는 한 쌍의 연결 리스트를 형성합니다.
        while (p < q) {
            // 리스트 p를 리스트 q와 병합하고 병합된 연결 리스트를 p에 저장합니다.
            linkedlists[p].head = merge(linkedlists[p].head, linkedlists[q].head);

            // 다음 쌍으로 이동합니다.
            p++;
            q--;
```

```
        // 모든 쌍이 병합되므로 마지막으로 업데이트합니다.
        if (p >= q) {
            last = q;
        }
    }
}

    return linkedlists[0].head;
}
```

11.3.13 코딩 테스트 13: 중복 경로 제거

문제: 행렬의 경로를 저장하는 단일 연결 리스트가 있습니다. 이 연결 리스트 노드의 데이터는 (행, 열), 즉 간단히 표현하여 (r, c)와 같은 유형입니다. 경로는 가로(열 기준) 또는 세로(행 기준)로만 구성됩니다. 전체 경로는 모든 수평 및 수직 경로의 양 끝점으로 주어집니다. 따라서 중간 지점 또는 사이에 있는 경로는 중복입니다. 중복 경로를 제거하는 코드를 작성하세요.

풀이법: 주어진 경로가 '(0, 0) → (0, 1) → (0, 2) → (1, 2) → (2, 2) → (3, 2) → (3, 3) → (3, 4) →null'이라고 가정하겠습니다. 중복 경로는 (0, 1), (1, 2), (2, 2), (3, 3)입니다. 따라서 중복 경로를 제거한 후에는 4개의 노드로 구성된 리스트 '(0, 0) → (0, 2) → (3, 2) → (3, 4) →null'이 남아야 합니다. 다음은 중복 경로를 나타낸 그림입니다.

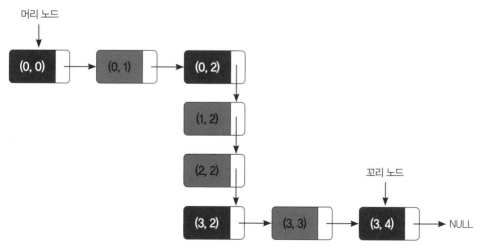

그림 11-23 중복 경로

중복 경로를 제거한 결과는 다음 그림과 같습니다.

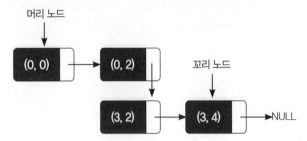

그림 11-24 중복 제거 후 남은 경로

[그림 11-23]에 따라 이 문제의 풀이법을 생각해볼 수 있습니다. 수직 경로를 나타내는 노드
는 행에서 위/아래로만 이동하기 때문에 동일한 열을 가지며, 수평 경로를 나타내는 노드는
왼쪽/오른쪽으로만 이동하기 때문에 동일한 행을 가집니다. 즉, 열 또는 행의 값이 동일한 연
속된 3개의 노드를 살펴보면 중간 노드를 제거할 수 있습니다.

인접한 3개의 노드를 대상으로 이 과정을 반복하면 모든 중복 노드를 제거할 수 있습니다. 그
과정은 다음과 같이 구현할 수 있습니다.

코드 11-23 11/LinkedListRemoveRedundantPath/src/main/java/coding/challenge/SinglyLinkedList.java

```java
public void removeRedundantPath() {
    Node currentNode = head;

    while (currentNode.next != null && currentNode.next.next != null) {
        Node middleNode = currentNode.next.next;
        // 동일한 열에 있는 연속된 3개의 수직 경로 노드를 확인합니다.
        if (currentNode.c == currentNode.next.c
                && currentNode.c == middleNode.c) {
            // 중간 노드를 삭제합니다.
            currentNode.next = middleNode;
        }

        // 동일한 행에 있는 연속된 3개의 수평 노드를 확인합니다.
        else if (currentNode.r == currentNode.next.r
                    && currentNode.r == middleNode.r) {
            // 중간 노드를 삭제합니다.
            currentNode.next = middleNode;
```

```
        } else {
            currentNode = currentNode.next;
        }
    }
}
```

11.3.14 코딩 테스트 14: 마지막 노드를 머리 노드로 만들기

문제: 단일 연결 리스트가 있습니다. 이 리스트에서 마지막 노드를 맨 앞으로 이동하는 코드를 두 가지 방법으로 작성하세요. 즉, 연결 리스트의 마지막 노드가 머리 노드가 됩니다.

풀이법: 이러한 유형의 문제는 보기에도 간단해 보이고 실제로도 간단합니다. 첫 번째 풀이 방법은 다음 단계를 따릅니다.

1. 뒤에서 두 번째 노드로 포인터를 이동합니다. 이 포인터를 currentNode라고 하겠습니다.

2. currentNode.next를 저장합니다. 이 포인터를 nextNode라고 표기하겠습니다. 이 포인터가 가리키는 노드가 마지막 노드입니다.

3. currentNode.next의 데이터를 null로 설정합니다. 이 노드가 꼬리 노드가 됩니다.

4. 저장한 노드를 새로운 머리 노드로 설정합니다. 즉, nextNode가 머리 노드가 됩니다.

이 과정을 코드로 나타내면 다음과 같습니다.

코드 11-24 11/LinkedListMoveLastToFront/src/main/java/coding/challenge/SinglyLinkedList.java

```java
public void moveLastToFront1() {
    if (head == null || head.next == null) {
        throw new IllegalArgumentException(
          "Linked list cannot be null or with a single node");
    }

    Node currentNode = head;

    // 1단계: 뒤에서 두 번째 노드로 포인터를 이동합니다.
    while (currentNode.next.next != null) {
        currentNode = currentNode.next;
    }
```

```
    // 2단계: currentNode.next를 nextNode에 저장합니다.
    Node nextNode = currentNode.next;

    // 3단계: currentNode.next의 데이터를 null로 만듭니다(꼬리 노드로 만듦).
    currentNode.next = null;

    // 4단계: 저장한 노드를 새로운 머리 노드로 설정합니다.
    nextNode.next = head;
    head = nextNode;
}
```

두 번째 풀이 방법은 다음 단계를 따릅니다.

1. 뒤에서 두 번째 노드로 포인터를 이동합니다. 이 포인터를 currentNode라고 하겠습니다.

2. 연결 리스트를 원형 연결 리스트로 변환합니다. currentNode.next.next를 머리 노드에 연결합니다.

3. currentNode.next를 새로운 머리 노드로 설정합니다.

4. currentNode.next의 데이터를 null로 설정하여 원형 연결을 끊습니다.

이 과정을 코드로 나타내면 다음과 같습니다.

코드 11-25 11/LinkedListMoveLastToFront/src/main/java/coding/challenge/SinglyLinkedList.java

```
public void moveLastToFront2() {
    if (head == null || head.next == null) {
        throw new IllegalArgumentException(
            "Linked list cannot be null or with a single node");
    }

    Node currentNode = head;

    // 1단계: 뒤에서 두 번째 노드로 포인터를 이동합니다.
    while (currentNode.next.next != null) {
        currentNode = currentNode.next;
    }

    // 2단계: 연결 리스트를 원형 연결 리스트로 변환합니다.
    currentNode.next.next = head;
```

```
    // 3단계: currentNode.next를 새로운 머리 노드로 설정합니다.
    head = currentNode.next;

    // 4단계: currentNode.next의 데이터를 null로 설정하여 원형 연결을 끊습니다.
    currentNode.next = null;
}
```

11.3.15 코딩 테스트 15: 단일 연결 리스트 노드를 k개 단위로 반전시키기

회사: 아마존, 구글, 어도비, 마이크로소프트

문제: 단일 연결 리스트와 정수 k가 있습니다. 주어진 연결 리스트의 노드를 k개씩 묶어서 순서를 반전시키는 코드를 작성하세요.

풀이법: 주어진 연결 리스트가 '7 → 4 → 3 → 3 → 1 → 8 → 9 → 0 → null'이고 k = 3이라고 하겠습니다. 이때 결과는 '3 → 4 → 7 → 8 → 1 → 3 → 0 → 9 → null'이 되어야 합니다.

주어진 k가 연결 리스트의 크기와 같다고 생각해봅시다. 이때는 주어진 연결 리스트를 통째로 뒤집는 문제가 됩니다. 예를 들어 주어진 연결 리스트가 '7 → 4 → 3 → null'이고 k = 3이면 결과는 '3 → 4 → 7 → null'이 되어야 합니다. 그럼 어떻게 이런 결과를 얻을 수 있을까요?

노드의 순서를 반전시키려면 현재 노드(current), 현재 노드의 다음 노드(next), 현재 노드의 이전 노드(prev)가 필요하고, 이 노드에 다음과 같은 노드 재배열 알고리즘을 적용합니다.

1. 카운터를 0부터 시작합니다.

2. current 노드(처음에는 머리 노드)가 null이 아니고 주어진 k에 도달하지 않았다면 다음 단계를 따릅니다.

   a. next 노드(처음에는 null)에 current 노드의 다음 노드를 저장합니다.

   b. current 노드의 다음 노드를 prev 노드(처음에는 null)로 설정합니다.

   c. prev 노드를 current 노드로 설정합니다.

   d. current 노드를 next 노드(2-a단계에서 설정한 노드)로 설정합니다.

   e. 카운터를 증가시킵니다.

이 알고리즘을 적용하면 전체 연결 리스트를 뒤집을 수 있습니다. 그러나 문제의 요구사항은 k개 단위로 순서를 반전시키는 것입니다. 따라서 이 알고리즘을 k개의 하위 문제로 쪼개어 풀어야 합니다.

여기서 재귀가 떠올랐다면 정답입니다. 앞에서 살펴본 알고리즘의 마지막에 2-a단계에서 설정한 next 노드가 가리키는 노드는 카운터가 가리키는 노드와 같습니다. 이때 처음 k개의 노드의 순서를 뒤집었다고 말할 수 있습니다. 계속해서 next 노드부터 재귀를 사용하여 다음 k개 노드로 구성된 그룹을 반전시킵니다. 이 과정을 그림으로 나타내면 다음과 같습니다.

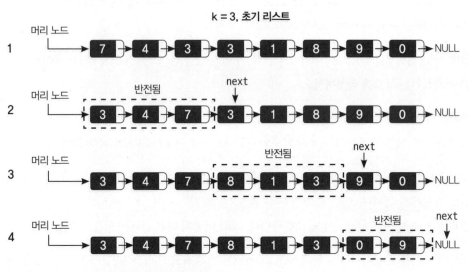

그림 11-25 리스트에서 k개씩 순서 뒤집기(k = 3)

이 과정을 코드로 나타내면 다음과 같습니다.

코드 11-26 11/ReverseLinkedListInGroups/src/main/java/coding/challenge/SinglyLinkedList.java

```java
public void reverseInKGroups(int k) {
    if (k <= 0) {
        throw new IllegalArgumentException("A group cannot be 0 or negative");
    }

    if (head != null) {
        head = reverseInKGroups(head, k);
    }
}
```

```
private Node reverseInKGroups(Node head, int k) {
    Node current = head;
    Node next = null;
    Node prev = null;

    int counter = 0;

    // 연결 리스트의 첫 'k'개 노드의 순서를 반전시킵니다.
    while (current != null && counter < k) {
        next = current.next;
        current.next = prev;
        prev = current;
        current = next;

        counter++;
    }

    // 'next'는 (k + 1)번째 노드를 가리킵니다.
    if (next != null) {
        head.next = reverseInKGroups(next, k);
    }

    // 'prev'는 주어진 리스트의 머리 노드를 가리킵니다.
    return prev;
}
```

주어진 리스트의 노드 개수를 n이라고 할 때 이 코드의 시간 복잡도는 O(n)입니다.

11.3.16 코딩 테스트 16: 이중 연결 리스트 반전시키기

회사: 마이크로소프트, 플립카트

문제: 이중 연결 리스트가 있습니다. 이 리스트의 순서를 반전시키는 코드를 작성하세요.

풀이법: 이중 연결 리스트의 순서를 반전시킬 때 이중 연결 리스트가 이전 노드에 대한 링크를 가지고 있다는 사실을 활용할 수 있습니다. 즉, 다음 코드에서 볼 수 있듯이 각 노드의 이전 포인터와 다음 포인터를 간단하게 바꿀 수 있습니다.

```java
public void reverse() {
    Node currentNode = head;
    Node prevNode = null;

    while (currentNode != null) {
        // 현재 노드의 다음 포인터와 이전 포인터를 바꿉니다.
        Node prev = currentNode.prev;
        currentNode.prev = currentNode.next;
        currentNode.next = prev;

        // 다음 노드로 이동하기 전에 이전 노드를 업데이트합니다.
        prevNode = currentNode;

        // 이중 연결 리스트의 다음 노드로 이동합니다.
        currentNode = currentNode.prev;
    }

    // 머리 노드가 마지막 노드를 가리키도록 업데이트합니다.
    if (prevNode != null) {
        head = prevNode;
    }
}
```

단일 또는 이중 연결 리스트를 정렬하는 방법은 14장을 참고하세요.

11.3.17 코딩 테스트 17: LRU 캐시

회사: 아마존, 구글, 어도비, 마이크로소프트, 플립카트

문제: 고정 크기의 LRU 캐시를 구현하는 코드를 작성하세요. LRU 캐시는 **가장 최근에 사용한 캐시**least recently used cache를 의미합니다. 즉, 캐시가 가득 찼을 때 새 항목을 추가하면 최근에 가장 적게 사용된 항목을 자동으로 제거하는 코드를 작성하세요.

풀이법: 어떤 캐시를 구현하든지 데이터를 빠르고 효율적으로 검색할 방법을 반드시 제공해야 합니다. 즉, 구현 코드는 반드시 다음 제약 조건을 만족해야 합니다.

- **고정 크기**

  캐시는 제한된 양의 메모리를 사용해야 합니다. 따라서 고정 크기와 같은 일종의 범위가 있어야 합니다.

- **빠른 데이터 접근**

  데이터 삽입 및 검색 작업이 빨라야 합니다. 가급적이면 시간 복잡도가 O(1)이 되도록 구현해야 합니다.

- **빠른 데이터 제거**

  캐시가 가득 차면(할당된 범위에 도달하면) 캐시는 항목을 제거할 수 있는 효율적인 알고리즘을 제공해야 합니다.

마지막 제약 조건을 조금 더 자세히 설명하겠습니다. LRU 캐시에서 데이터 제거는 최근 가장 적게 사용된 항목을 삭제하는 것을 의미합니다. 그러려면 최근에 사용한 항목과 오랫동안 사용하지 않은 항목을 추적해야 합니다.

또한 항목 삽입 및 검색 작업이 O(1)의 시간 복잡도를 보장해야 합니다. 이러한 조건의 캐시를 바로 제공할 수 있는 자바 내장 자료구조는 없습니다. 하지만 HashMap 자료구조를 활용하여 캐시 구현을 시작할 수 있습니다.

자바에서 HashMap을 사용하면 O(1) 시간에 키를 사용하여 데이터를 삽입하고 검색(조회)할 수 있으므로 문제의 절반을 해결할 수 있습니다. 나머지 절반, 즉 최근에 사용한 항목과 오랫동안 사용하지 않은 항목을 추적하는 것은 HashMap으로 구현할 수 없습니다.

빠른 삽입, 수정 및 삭제를 제공하는 자료구조가 필요하다면 이중 연결 리스트를 떠올려야 합니다. 기본적으로 이중 연결 리스트에서 노드의 주소를 알고 있으면 O(1) 시간으로 삽입, 수정 및 삭제를 수행할 수 있습니다.

HashMap과 이중 연결 리스트 사이의 공생 관계를 토대로 캐시를 구현할 수 있습니다. 기본적으로 LRU 캐시의 각 항목(키-값 쌍)에 대해 항목의 키와 연결된 연결 리스트 노드의 주소를 HashMap에 저장할 수 있으며 연결 리스트의 노드는 항목의 값을 저장합니다. 이 구조를 그림으로 나타내면 다음과 같습니다.

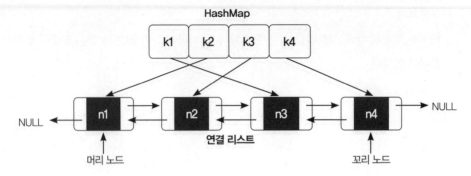

HashMap

| k1 | k2 | k3 | k4 |

NULL ← n1 ⇄ n2 ⇄ n3 ⇄ n4 → NULL

연결 리스트

머리 노드   꼬리 노드

그림 11-26 HashMap과 이중 연결 리스트를 사용한 LRU 캐시

그렇다면 최근에 사용한 항목을 추적할 때는 이중 연결 리스트를 어떻게 활용할 수 있을까요? 비밀의 핵심은 다음과 같습니다.

- 캐시에 새 항목을 삽입하면 해당 노드가 연결 리스트의 머리 노드에 추가됩니다. 이때 연결 리스트의 머리 노드는 가장 최근에 사용된 값을 나타냅니다.

- 항목에 접근하면 해당 노드를 연결 리스트의 머리 노드로 옮깁니다.

- 항목을 제거해야 할 때 연결 리스트의 꼬리 노드를 제거합니다. 이때 연결 리스트의 꼬리는 최근에 가장 적게 사용된 값을 나타냅니다.

이러한 사실을 바탕으로 문제를 해결하는 코드를 구현하면 다음과 같습니다.

코드 11-28 11/LRUCache/src/main/java/coding/challenge/LRUCache.java

```java
public final class LRUCache {
    private final class Node {
        private int key;
        private int value;
        private Node next;
        private Node prev;

        @Override
        public String toString() {
            return "(" + key + ", " + value + ") ";
        }
    }

    private final Map<Integer, Node> hashmap;
```

```java
private Node head;
private Node tail;

private static final int LRU_SIZE = 5;   // 캐시의 최대 크기는 5입니다.

public LRUCache() {
    hashmap = new HashMap<>();
}

public int getEntry(int key) {
    Node node = hashmap.get(key);

    // 키가 이미 존재하는 경우 캐시에서 사용 시기를 업데이트합니다.
    if (node != null) {
        removeNode(node);
        addNode(node);

        return node.value;
    }

    // 정책에 따라 찾을 수 없는 데이터는 -1로 표시합니다.
    return -1;
}

public void putEntry(int key, int value) {
    Node node = hashmap.get(key);

    // 키가 이미 있는 경우 값을 업데이트하고 캐시의 맨 위로 이동합니다.
    if (node != null) {
        node.value = value;

        removeNode(node);
        addNode(node);
    } else {
        // 새로운 키인 경우
        Node newNode = new Node();
        newNode.prev = null;
        newNode.next = null;
        newNode.value = value;
        newNode.key = key;
```

```
        // 캐시의 최대 크기에 도달하면
        // 최근에 가장 적게 사용한 항목을 제거해야 합니다.
        if (hashmap.size() >= LRU_SIZE) {
            hashmap.remove(tail.key);
            removeNode(tail);
            addNode(newNode);
        } else {
            addNode(newNode);
        }

        hashmap.put(key, newNode);
    }
}

// 캐시의 맨 위에 노드를 추가하는 헬퍼 메서드
private void addNode(Node node) {
    node.next = head;
    node.prev = null;

    if (head != null) {
        head.prev = node;
    }

    head = node;

    if (tail == null) {
        tail = head;
    }
}

// 캐시에서 노드를 제거하는 헬퍼 메서드
private void removeNode(Node node) {
    if (node.prev != null) {
        node.prev.next = node.next;
    } else {
        head = node.next;
    }

    if (node.next != null) {
        node.next.prev = node.prev;
```

```
        } else {
            tail = node.prev;
        }
    }
}
```

이것으로 11장의 코딩 테스트가 끝났습니다. 이제 이 장에서 배운 내용을 정리할 시간입니다!

11.4 마치며

11장에서는 연결 리스트 및 맵에 관한 가장 일반적인 문제를 다뤘습니다. 이러한 문제 중에서도 단일 연결 리스트와 관련된 문제가 인터뷰에서 가장 자주 출제됩니다. 따라서 이 장의 코딩 테스트에서는 단일 연결 리스트를 다루는 문제에 초점을 맞추었습니다.

12장에서는 스택 및 큐와 관련된 코딩 테스트를 살펴보겠습니다.

Chapter

12

스택과 큐

12장에서는 인터뷰에서 가장 자주 출제되는 스택stack과 큐queue에 관한 코딩 테스트를 다룹니다. 스택/큐를 처음부터 구현하는 방법과 함께 Stack 클래스와 Queue 인터페이스, 특히 ArrayDeque와 같은 자바 내장 구현 코드를 활용하여 코딩 테스트를 해결하는 방법을 배울 것입니다. 일반적으로 스택/큐와 관련한 코딩 테스트는 스택/큐를 만들거나 자바 내장 구현 코드를 사용하여 특정 문제를 해결하도록 합니다. 문제에 따라서는 문제를 쉽게 풀 수 있는 특정 내장 메서드 호출을 명시적으로 금지할 수도 있습니다.

12장을 다 읽고 나면 스택과 큐를 한층 더 깊게 이해하고 그 기능을 활용하여 풀이법을 떠올리고 작성할 수 있을 것입니다.

이 장에서 다루는 주제는 다음과 같습니다.

- 스택의 개요

- 큐의 개요

- 코딩 테스트

먼저 스택의 자료구조를 간략하게 살펴보겠습니다.

12.1 스택의 개요

스택은 후입 선출last in-first out, LIFO 원칙을 따르는 선형 자료구조입니다. 설거지해야 하는 접시가 쌓여 있다고 생각해보세요. 맨 위에서 첫 번째 접시(마지막에 추가한 접시)를 가져와서 씻습니다. 그 후 위에서부터 다음 접시를 계속 가져오면서 씻습니다. 이것이 바로 현실 세계의 스택입니다. 설거지할 접시 외에도 쌓여 있는 책이나 CD를 정리하는 상황을 떠올려보세요.

기술적으로 말하면 스택에서 요소는 한쪽 끝(톱top)에서만 추가(푸시push 연산) 및 제거(팝pop 연산)할 수 있습니다. 스택에서 수행되는 가장 일반적인 연산은 다음과 같습니다.

- push(E e): 스택 톱에 요소를 추가합니다.

- E pop: 스택에서 톱 요소를 제거합니다.

- E peek: 스택에서 톱 요소를 반환합니다. 이때 요소를 제거하지는 않습니다.

- boolean isEmpty: 스택이 비어 있으면 true를 반환합니다.

- int size: 스택의 크기를 반환합니다.

- boolean isFull: 스택이 가득 차 있으면 true를 반환합니다.

배열과 다르게 스택은 상수 시간으로 *n*번째 요소에 접근할 수 없습니다. 그러나 요소를 추가하고 삭제할 때는 상수 시간이 걸립니다. 또한 스택은 배열 또는 연결 리스트를 기반으로 구현할 수 있습니다. 다음에 소개하는 스택 구현 코드는 배열에 기반합니다.

코드 12-1 12/MyStack/src/main/java/coding/challenge/MyStack.java

```java
public final class MyStack<E> {
    private static final int DEFAULT_CAPACITY = 10;

    private int top;      // 스택의 톱 요소
    private E[] stack;    // 스택을 위한 배열

    // 스택을 초기화하는 생성자
    MyStack() {
        // 자바의 일반 배열은 인스턴스화할 수 없기 때문에
        // 자바 리플렉션(Reflection)을 사용합니다.
        stack = (E[]) Array.newInstance(
          Object[].class.getComponentType(), DEFAULT_CAPACITY);

        // 스택을 초기화했을 때의 크기(스택의 요소 개수)는 0입니다.
        top = 0;
    }

    public void push(E e) { }
    public E pop() { }
    public E peek() { }
    public int size() { }
    public boolean isEmpty() { }
    public boolean isFull() { }
    private void ensureCapacity() { }
}
```

요소를 스택으로 푸시한다는 것은 해당 요소를 기본 배열의 끝에 추가한다는 의미입니다. 따라서 요소를 푸시하기 전에 스택이 가득 찼는지 확인해야 합니다. 스택이 가득 찼다면 메시지나 예외 처리로 경고하거나 다음과 같이 용량을 늘릴 수 있습니다.

```java
// 요소 'e'를 스택에 추가합니다.
public void push(E e) {
    // 스택이 가득 찼다면 용량을 2배로 늘립니다.
    if (isFull()) { ensureCapacity(); }

    // 스택의 맨 위에 요소를 추가합니다.
    stack[top++] = e;
}

// 중간 생략

// 스택의 용량을 2배로 늘리기 위해 클래스 내부에서 사용하는 메서드입니다.
private void ensureCapacity() {
    int newSize = stack.length * 2;
    stack = Arrays.copyOf(stack, newSize);
}
```

코드에서 보듯이 스택의 최대 용량에 도달할 때마다 크기는 2배가 됩니다.

스택에서 요소를 팝한다는 것은 기본 배열에 마지막으로 추가된 요소를 반환한다는 의미입니다. 이 요소는 다음과 같이 마지막 인덱스를 무효화하여 기본 배열에서 제거됩니다.

```java
// 스택에서 톱 요소를 꺼냅니다.
public E pop() {
    // 스택이 비어 있으면 의미가 있는 예외를 던집니다.
    if (isEmpty()) { throw new EmptyStackException(); }

    E e = stack[--top];   // 스택에서 톱 요소를 추출합니다.
    stack[top] = null;    // 메모리 누수를 방지합니다.

    return e;
}
```

스택에서 요소를 조회하는 것은 기본 배열에 마지막으로 추가된 요소를 이 배열에서 제거하지 않은 상태로 반환한다는 의미입니다.

```java
// 스택의 톱 요소를 제거하지 않은 상태로 반환합니다.
public E peek() {
    // 스택이 비어 있으면 의미가 있는 예외를 던집니다.
    if (isEmpty()) { throw new EmptyStackException(); }

    return stack[top - 1];
}
```

기술 인터뷰에서는 스택을 직접 구현하는 문제가 나올 수 있으니 시간을 내어 '12/MyStack'
의 전체 코드를 분석해보는 것을 권합니다.

12.2 큐의 개요

큐는 **선입 선출**first in-first out, FIFO 원칙을 따르는 선형 자료구조입니다. 물건을 사기 위해 줄을 선
사람들을 생각해보세요. 줄지어 걸어가는 개미를 상상해도 좋습니다.

기술적으로 말하면 큐에서 요소는 추가된 순서와 같은 순서로 제거됩니다. 큐에서 한쪽 끝(맨
뒤)에 추가된 요소는 리어rear라고 하며 요소를 추가하는 연산은 인큐enqueue라고 합니다. 반대
쪽 끝(맨 앞)에서 제거된 요소는 프런트front라고 하며 요소를 삭제하는 연산은 디큐dequeue 또는
폴poll이라고 합니다. 큐에서 수행되는 일반적인 연산은 다음과 같습니다.

- enqueue(E e): 큐의 맨 뒤에 요소를 추가합니다.

- E dequeue: 큐의 맨 앞에 있는 요소를 제거하고 반환합니다.

- E peek: 큐의 맨 앞에 있는 요소를 반환합니다. 이때 요소를 제거하지는 않습니다.

- boolean isEmpty: 큐가 비어 있으면 true를 반환합니다.

- int size: 큐의 크기를 반환합니다.

- boolean isFull: 큐가 가득 차 있으면 true를 반환합니다.

배열과 다르게 큐는 상수 시간으로 n번째 요소에 접근할 수 없습니다. 그러나 요소를 추가하
고 삭제할 때는 상수 시간이 걸립니다. 큐는 배열이나 연결 리스트 또는 배열이나 연결 리스트
로 구현된 스택을 기반으로 구현할 수 있습니다.

다음에 소개하는 큐 구현 코드는 배열에 기반합니다.

코드 12-5 12/MyQueue/src/main/java/coding/challenge/MyQueue.java

```java
public final class MyQueue<E> {
    private static final int DEFAULT_CAPACITY = 10;

    // 큐의 맨 앞 요소를 제거하고 반환하거나 제거하지 않고 반환할 때 사용합니다.
    private int front

    // 큐의 맨 뒤에 요소를 추가할 때 사용합니다.
    private int rear;

    // 큐의 크기(큐의 요소 개수)
    private int count;

    // 큐의 용량(용량을 초과하면 2배가 됩니다).
    private int capacity;

    // 큐를 위한 배열
    private E[] queue;

    // 큐를 초기화하는 생성자
    MyQueue() {
        // 자바의 일반 배열은 인스턴스화할 수 없으므로 자바 리플렉션(Reflection)을 사용합니다.
        queue = (E[]) Array.newInstance(
          Object[].class.getComponentType(), DEFAULT_CAPACITY);

        // 큐를 초기화했을 때의 크기(스택의 요소 개수)는 0입니다.
        count = 0;

        // 첫 번째 요소의 인덱스는 0입니다.
        front = 0;

        // 큐를 초기화했을 때는 요소가 없습니다.
        rear = -1;

        // 큐를 초기화했을 때의 용량은 10(요소 10개 저장 가능)입니다.
        capacity = DEFAULT_CAPACITY;
    }
```

```
    public void enqueue(E e) { }
    public E dequeue() { }
    public E peek() { }
    public int size() { }
    public boolean isEmpty() { }
    public boolean isFull() { }
    private void ensureCapacity() { }
}
```

요소를 큐에 삽입한다는 것은 해당 요소를 기본 배열의 끝에 추가한다는 의미입니다. 요소를 큐에 추가하기 전에 큐가 가득 찼는지 확인해야 합니다. 큐가 가득 찼다면 메시지나 예외 처리로 경고하거나 다음과 같이 용량을 늘릴 수 있습니다.

코드 12-6 12/MyQueue/src/main/java/coding/challenge/MyQueue.java

```
// 요소 'e'를 큐에 추가합니다.
public void enqueue(E e) {
    // 큐가 가득 찼다면 용량을 2배로 늘립니다.
    if (isFull()) {
        ensureCapacity();
    }

    // 큐의 리어(rear)에 요소를 추가합니다.
    rear = (rear + 1) % capacity;
    queue[rear] = e;

    count++;   // 큐의 크기를 업데이트합니다.
}

// 중간 생략

// 큐의 용량을 2배로 늘리기 위해 클래스 내부에서 사용하는 메서드입니다.
private void ensureCapacity() {
    int newSize = queue.length * 2;
    queue = Arrays.copyOf(queue, newSize);

    // 용량을 newSize에 저장된 값으로 설정합니다.
    capacity = newSize;
}
```

큐에서 요소를 제거한다는 것은 기본 배열의 시작 부분에서 다음 요소를 반환한다는 의미입니다. 이 요소는 기본 배열에서 제거됩니다.

코드 12-7 12/MyQueue/src/main/java/coding/challenge/MyQueue.java

```java
// 큐에서 프런트 요소(front)를 제거하고 반환합니다.
public E dequeue() {
    // 큐가 비어 있으면 의미가 있는 예외를 던집니다.
    if (isEmpty()) { throw new EmptyStackException(); }

    // 큐의 맨 앞에서 요소를 추출합니다.
    E e = queue[front];
    queue[front] = null;

    // 새로운 프런트(front)를 지정합니다.
    front = (front + 1) % capacity;

    // 큐의 크기를 줄입니다.
    count--;

    return e;
}
```

큐에서 요소를 조회한다는 것은 기본 배열의 시작 부분에서 다음 요소를 이 배열에서 제거하지 않고 반환한다는 의미입니다.

코드 12-8 12/MyQueue/src/main/java/coding/challenge/MyQueue.java

```java
// 큐의 프런트(front) 요소를 제거하지 않고 반환합니다.
public E peek() {
    // 큐가 비어 있으면 의미가 있는 예외를 던집니다.
    if (isEmpty()) { throw new EmptyStackException(); }

    return queue[front];
}
```

인터뷰에서 큐를 직접 구현하는 문제가 나올 수 있으니 시간을 내서 '12/MyQueue'의 전체 코드를 분석해보는 것을 권합니다.

12.3 코딩 테스트

이번 장에서 살펴볼 11개의 코딩 테스트는 지난 몇 년간 자바 개발자를 채용한 다양한 회사의 인터뷰에서 출제된 스택 및 큐와 관련한 가장 유명한 문제입니다. 일반적으로 나오는 문제 중 하나인 '배열 하나로 스택 3개 구현하기'는 10장에서 이미 살펴보았습니다.

여기서 소개하는 코딩 테스트는 자바에 내장된 Stack과 ArrayDeque 클래스를 사용합니다. 자, 이제 코딩 테스트 풀이를 시작해볼까요?

12.3.1 코딩 테스트 1: 문자열 뒤집기

문제: 문자열이 주어졌을 때 스택을 사용하여 순서를 뒤집어보세요.

풀이법: 스택을 사용하여 문자열을 뒤집는 방법은 다음과 같습니다.

1. 문자열의 왼쪽에서부터 오른쪽으로 순회하면서 각 문자를 스택에 푸시합니다.

2. 스택을 순회하면서 문자를 하나씩 팝합니다. 꺼낸 각 문자는 문자열에 다시 삽입합니다.

이 두 단계를 코드로 나타내면 다음과 같습니다.

코드 12-9 12/StackReverseString/src/main/java/coding/challenge/Stacks.java

```java
public static String reverse(String str) {
    Stack<Character> stack = new Stack();

    // 문자열의 각 문자를 스택에 푸시합니다.
    char[] chars = str.toCharArray();
    for (char c : chars) {
        stack.push(c);
    }

    // 스택에서 모든 문자를 팝하고 다시 문자열에 삽입합니다.
    for (int i = 0; i < str.length(); i++) {
        chars[i] = stack.pop();
    }

    // 문자열을 반환합니다.
    return new String(chars);
}
```

12.3.2 코딩 테스트 2: 중괄호 스택

회사: 아마존, 구글, 어도비, 마이크로소프트, 플립카트

문제: 중괄호로 구성된 문자열이 있습니다. 이때 짝이 맞는 중괄호 쌍이 있으면 true를 반환하는 코드를 작성하세요. 올바른 순서로 여는 중괄호에 맞는 닫는 중괄호를 찾을 수 있다면 짝이 맞는 쌍이 있다고 말할 수 있습니다. 예를 들어 '{{{}}}{}{{}}'는 짝이 맞는 쌍으로 구성된 문자열입니다.

풀이법: 두 가지 주요 경우를 고려해야 합니다. 첫째, 여는 중괄호의 수가 닫는 중괄호의 수와 다르다면 false를 반환합니다. 둘째, 열고 닫는 중괄호의 개수가 같다면 올바른 순서대로 배치되어 있어야 합니다. 순서가 올바르지 않다면 false를 반환합니다. 여기서 올바른 순서란, 마지막 여는 중괄호가 가장 처음으로 닫히고, 뒤에서 두 번째 여는 중괄호가 두 번째로 닫히는 것을 의미합니다.

스택을 사용하여 다음과 같은 알고리즘을 만들 수 있습니다.

1. 주어진 문자열의 각 문자에 대해 다음 작업 중 하나를 수행합니다.

   a. 문자가 여는 중괄호 '{'이면 스택에 넣습니다.

   b. 문자가 닫는 중괄호 '}'이면 다음을 수행합니다.

      i. 스택의 톱 값을 확인하고 값이 '{'이면 팝하고 다음 문자로 넘어갑니다.

      ii. 스택의 톱 값이 '}'가 아니면 false를 반환합니다.

2. 스택이 비어 있으면 모든 쌍을 찾은 것이므로 true를 반환합니다. 스택이 비어 있지 않으면 스택에 짝이 맞지 않는 중괄호가 포함된 것이므로 false를 반환합니다.

이 과정을 코드로 나타내면 다음과 같습니다.

코드 12-10 12/StackBraces/src/main/java/coding/challenge/StackBraces.java

```java
public static boolean bracesMatching(String bracesStr) {
    if (bracesStr == null || bracesStr.isBlank()) {
        return false;
    }

    Stack<Character> stackBraces = new Stack<>();
    int len = bracesStr.length();
```

```
for (int i = 0; i < len; i++) {
    switch (bracesStr.charAt(i)) {
        case '{':
            stackBraces.push(bracesStr.charAt(i));
            break;
        case '}':
            // 짝이 맞지 않는 중괄호를 발견했습니다.
            if (stackBraces.isEmpty()) {
                return false;
            }

            // 짝을 찾을 때마다 해당하는 '{'을 팝합니다.
            stackBraces.pop();
            break;
        default:
            return false;
    }
}

return stackBraces.empty();
}
```

앞 코드를 이해했다면 (), {}, []와 같은 여러 유형의 괄호로 구성된 문자열이 주어진다고 가정하고 문제를 풀어보세요.

12.3.3 코딩 테스트 3: 접시 스택

회사: 아마존, 구글, 어도비, 마이크로소프트, 플립카트

문제: n개의 접시 스택이 있습니다. 이때 접시의 개수가 n보다 크면 n개의 접시로 구성된 새로운 스택에 접시를 옮겨야 합니다. 즉, 현재 스택이 n개의 용량을 초과할 때마다 해당 용량의 새 스택이 생성됩니다. 마치 하나의 스택처럼 동작하도록 이러한 스택을 구성하는 코드를 작성하세요. 다시 말해 push와 pop 메서드는 하나의 스택이 있는 것처럼 작동합니다. 또한 stackIndex 위치에 있는 스택에서 값을 팝하는 popAt(int stackIndex) 메서드도 작성하세요.

풀이법: 단일 스택을 처리하는 방법은 이미 알고 있습니다. 하지만 여러 개의 스택은 어떻게 연결해야 할까요? '연결'을 해야 한다면 연결 리스트를 만들어보면 어떨까요? 연결 리스트의 각

노드에 스택을 넣으면 노드의 다음 포인터가 다음 스택을 가리킵니다. 이것을 그림으로 나타내면 다음과 같습니다.

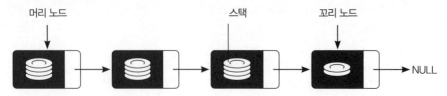

그림 12-1 스택의 연결 리스트

현재 스택 용량을 초과할 때마다 새 노드를 생성하고 연결 리스트에 추가합니다. 이때 자바에 내장된 연결 리스트(LinkedList 클래스)는 getLast 메서드로 마지막 노드에 접근할 수 있습니다. 즉, LinkedList 클래스의 getLast 메서드를 사용하면 마지막 스택인 현재 스택에서 요소의 푸시나 팝 같은 작업을 쉽게 할 수 있습니다.

또한 LinkedList 클래스의 add 메서드로는 새 스택을 매우 간단하게 추가할 수 있습니다. 이러한 정보를 바탕으로 다음과 같이 push 메서드를 구현할 수 있습니다.

코드 12-11 12/StackOfPlates/src/main/java/coding/challenge/MyStack.java

```java
private static final int STACK_SIZE = 3;

private final LinkedList<Stack<Integer>> stacks = new LinkedList<>();

public void push(int value) {
    // 스택이 없거나 마지막 스택이 가득 찬 경우
    if (stacks.isEmpty() || stacks.getLast().size() >= STACK_SIZE) {
        // 새로운 스택을 생성하고 값을 푸시합니다.
        Stack<Integer> stack = new Stack<>();
        stack.push(value);

        // 새로운 스택을 스택 리스트에 추가합니다.
        stacks.add(stack);
    } else {
        // 마지막 스택에 값을 추가합니다.
        stacks.getLast().push(value);
    }
}
```

요소를 팝하려면 마지막 스택을 찾아야 하는데 이때 LinkedList 클래스의 getLast 메서드가 매우 유용합니다. 여기서 코너 케이스corner case[1]는 마지막 스택에서 마지막 요소를 팝하는 상황입니다. 이때는 마지막 스택을 제거해야 하며, 만약 마지막 스택의 이전 스택이 존재한다면 해당 스택이 마지막 스택이 됩니다. 이것을 코드로 나타내면 다음과 같습니다.

코드 12-12 12/StackOfPlates/src/main/java/coding/challenge/MyStack.java

```java
public Integer pop() {
    if (stacks.isEmpty()) {
        throw new EmptyStackException();
    }

    // 마지막 스택을 찾습니다.
    Stack<Integer> lastStack = stacks.getLast();

    // 마지막 스택에서 값을 팝합니다.
    int value = lastStack.pop();

    // 마지막 스택이 비어 있으면 스택 리스트에서 제거합니다.
    removeStackIfEmpty();

    return value;
}

// 중간 생략

private void removeStackIfEmpty() {
    if (stacks.getLast().isEmpty()) {
        stacks.removeLast();
    }
}
```

마지막으로 popAt(int stackIndex) 메서드를 구현해볼까요? stacks.get(stackIndex).pop을 호출하여 stackIndex 스택에서 요소를 팝할 수 있습니다. 요소를 팝했으면 나머지 요소를 이동해야 합니다. 다음 스택의 맨 아래 요소는 stackIndex가 가리키는 스택의 맨 위 요소가 되

---

1 옮긴이: 프로그래밍에서 여러 가지 상호작용으로 발생하는 오류나 문제를 뜻합니다. 같은 코드가 컴퓨터에 따라 실행 혹은 실행되지 않는 상황 등이 있습니다.

며, 같은 방법으로 나머지 요소를 모두 이동해야 합니다. 마지막 스택이 하나의 요소만 포함하는 경우 다른 요소를 이동하면 마지막 스택이 제거되고 이전 스택이 마지막 스택이 됩니다. 이 과정을 코드로 나타내면 다음과 같습니다.

코드 12-13 12/StackOfPlates/src/main/java/coding/challenge/MyStack.java

```java
public Integer popAt(int stackIndex) {
    if (stacks.isEmpty()) {
        throw new EmptyStackException();
    }

    if (stackIndex < 0 || stackIndex >= stacks.size()) {
        throw new IllegalArgumentException("The given index is out of bounds");
    }

    // 해당 스택에서 값을 가져옵니다.
    int value = stacks.get(stackIndex).pop();

    // 요소를 팝하면 나머지 요소가 이동해야 합니다.
    shift(stackIndex);

    // 마지막 스택이 비어 있으면 스택 리스트에서 제거합니다.
    removeStackIfEmpty();

    return value;
}

private void shift(int index) {
    for (int i = index; i < stacks.size() - 1; ++i) {
        Stack<Integer> currentStack = stacks.get(i);
        Stack<Integer> nextStack = stacks.get(i + 1);

        currentStack.push(nextStack.remove(0));
    }
}
```

12.3.4 코딩 테스트 4: 주가 스팬

회사: 아마존, 구글, 어도비, 마이크로소프트, 플립카트

문제: 연속된 날짜에 대한 특정 주식의 가격 배열이 있습니다. 주가 스팬^{stock span}은 주식 가격이 당일 가격보다 낮거나 같은 이전의 연속된 일 수를 의미합니다. 예를 들어 10일간 주식 가격이 { 55, 34, 22, 23, 27, 88, 70, 42, 51, 100 }일 때 결과 주가 스팬은 { 1, 1, 1, 2, 3, 6, 1, 1, 2, 10 }입니다. 첫날의 주가 스팬은 항상 1입니다. 이처럼 주어진 가격 목록의 주가 스팬을 계산하는 코드를 작성하세요.

풀이법: 주어진 예제를 그림으로 나타내면 다음과 같습니다.

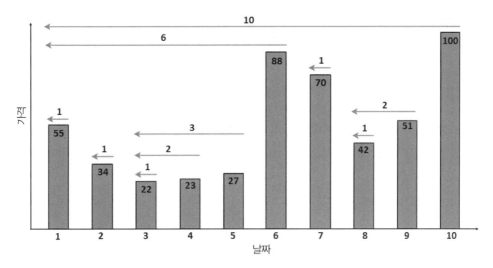

그림 12-2 10일간 주가 스팬

[그림 12-2]를 관찰하면 다음과 같은 사실을 확인할 수 있습니다.

- 1일의 주가 스팬은 항상 1입니다.

- 2일의 가격은 34입니다. 34는 전날 가격에 해당하는 55보다 낮기 때문에 2일의 주가 스팬도 1입니다.

- 3일의 가격은 22입니다. 22는 전날 가격에 해당하는 34보다 낮기 때문에 3일의 주가 스팬도 1입니다. 7일과 8일도 같은 경우에 해당합니다.

- 4일의 가격은 23입니다. 23은 전날 가격에 해당하는 22보다 크지만 2일의 가격보다 낮기 때문에 주가 스팬은 2입니다. 9일은 4일과 같은 경우에 해당합니다.

- 5일의 가격은 27입니다. 이 가격은 3일과 4일의 가격보다 높지만 2일의 가격보다 낮기 때문에 주가 스팬은 3입니다.

- 6일의 가격은 88입니다. 이 가격은 지금까지 중 가장 큰 가격이기 때문에 주가 스팬은 6 입니다.

- 10일의 가격은 100입니다. 이 가격은 지금까지 중 가장 큰 가격이기 때문에 주가 스팬은 10입니다.

현재 날짜의 인덱스와 마지막 가장 큰 주가에 해당하는 날짜의 인덱스의 차이로 현재 날짜의 주가 스팬을 계산합니다. 시나리오를 찬찬히 살펴보면 첫 번째 풀이법 아이디어가 다음과 같 이 느껴질 수 있습니다.

'날짜마다 이전의 모든 날짜를 확인하여 현재 날짜보다 주가가 높을 때까지 주가 스팬을 늘립니다.'

이는 브루트 포스 접근법을 사용하는 것입니다. 이 책의 앞부분에서 언급했듯이 브루트 포스 방식은 성능이 좋지 않고 면접관에게 좋은 인상을 남기기 어려우므로, 인터뷰에서는 최후의 수단으로 사용해야 합니다. 이때 브루트 포스의 시간 복잡도는 $O(n^2)$입니다.

그렇다면 생각을 전환해봅시다. 날짜마다 오늘보다 주가가 높은 이전 날짜가 있는지 찾고 싶 다면, 오늘의 가격보다 더 큰 마지막 가격을 찾으면 됩니다. 이때 가격을 내림차순으로 푸시 하고 마지막으로 푸시된 가격을 팝할 수 있는 후입 선출 자료구조를 선택해야 합니다.

이러한 자료구조가 있다면 날짜별로 스택의 톱에 있는 가격과 현재 가격을 비교할 수 있습니 다. 스택의 톱에 있는 가격이 현재 가격보다 낮아질 때까지 스택에서 팝할 수 있습니다. 스택 의 톱에 있는 가격이 현재 날짜의 가격보다 높으면, 스택의 톱에 있는 가격에 해당하는 날짜 와 현재 날짜 차이로 현재 날짜의 주가 스팬을 계산합니다.

이렇게 주가 스팬을 계산하려면 가격을 내림차순으로 스택에 푸시하면 됩니다. 이때 가장 큰 가격은 스택의 톱에 위치합니다. 그러나 현재 날짜의 인덱스와 마지막 가장 큰 주가에 해당하 는 날짜의 인덱스 차이로 주가 스팬을 계산할 수 있기 때문에 인덱스를 i라고 할 때 스택에 간 단히 i를 저장하면 됩니다. 가격 배열을 stackPrices라고 할 때 stackPrices[i]는 i번째 날의 주식 가격을 반환합니다. 이 과정을 알고리즘으로 나타내면 다음과 같습니다.

1. 1일의 주가 스팬은 1이고 인덱스는 0입니다. 이 인덱스를 스택에 푸시합니다. 날짜 스택 을 dayStack이라고 할 때 dayStack.push(0)을 수행합니다.

2. 2일에는 인덱스 1, 3일에는 인덱스 2와 같이 나머지 날짜를 순회하면서 다음을 수행합니다.

  a. stockPrices[i] > stockPrices[dayStack.peek()] 및 !dayStack.empty()을 만족하는 동안 dayStack.pop()로 stack에서 요소를 팝합니다.

3. dayStack.empty()라면 주가 스팬은 i + 1입니다.

4. stockPrices[i] <= stockPrices[dayStack.peek()]이면 주가 스팬은 i - dayStack.peek()입니다.

5. 현재 날짜의 인덱스 i를 dayStack에 푸시합니다.

주어진 예제에서 이 알고리즘이 어떻게 작동하는지 살펴보겠습니다.

1. 1일의 주가 스팬은 1이고 인덱스는 0입니다. 이 인덱스를 날짜 스택에 dayStack.push(0)으로 푸시합니다.

2. 2일에는 stockPrices[1] = 34이고 stockPrices[0] = 55입니다. 34 < 55이므로 2일의 주가 스팬은 i - dayStack.peek() = 1 - 0 = 1입니다. 인덱스 1을 날짜 스택에 dayStack.push(1)로 푸시합니다.

3. 3일에는 stockPrices[2] = 22이고 stockPrices[1] = 34입니다. 22 < 34이므로 3일의 주가 스팬은 2 - 1 = 1입니다. 인덱스 2를 날짜 스택에 dayStack.push(2)로 푸시합니다.

4. 4일에는 stockPrices[3] = 23이고 stockPrices[2] = 22입니다. 23 > 22이고 스택이 비어 있지 않으므로 톱 요솟값 2를 팝합니다. 다음으로 23 < 34(stockPrices[1])이므로 4일의 주가 스팬은 3 - 1 = 2입니다. 인덱스 3을 날짜 스택에 dayStack.push(3)으로 푸시합니다.

5. 5일에는 stockPrices[4] = 27이고 stockPrices[3] = 23입니다. 27 > 23이고 스택이 비어 있지 않으므로 톱 요솟값 3을 팝합니다. 다음으로 27 < 34(이전 단계에서 값 2를 팝했기 때문에 다음 값은 1이라는 점을 기억하세요)이므로 5일의 주가 스팬은 4 - 1 = 3입니다. 인덱스 4를 날짜 스택에 dayStack.push(4)로 푸시합니다.

6. 6일에는 stockPrices[5] = 88이고 stockPrices[4] = 27입니다. 88 > 27이고 스택이 비어 있지 않으므로 톱 요솟값 4를 팝합니다. 다음으로 88 > 34이고 스택이 비어 있지 않으므로 값 1을 팝합니다. 다음으로 88 > 55이고 스택이 비어 있지 않으므로 값 0을 팝합니다. 다음으로 스택이 비어 있으므로 6일의 주가 스팬은 5 + 1 = 6입니다.

자, 이제 여러분이 이 과정을 이해했다면 10일까지 직접 계산해보세요. 이 알고리즘을 코드로 나타내면 다음과 같습니다.

코드 12-14 12/StockSpan/src/main/java/coding/challenge/StockSpan.java

```java
public static int[] stockSpan(int[] stockPrices) {
    if (stockPrices == null) {
        throw new IllegalArgumentException("Prices array cannot be null");
    }

    Stack<Integer> dayStack = new Stack();
    int[] spanResult = new int[stockPrices.length];

    spanResult[0] = 1;  // 첫 번째 날의 주가 스팬은 1입니다.
    dayStack.push(0);

    for (int i = 1; i < stockPrices.length; i++) {
        // 스택에서 현재 가격보다 큰 가격을 찾거나 남은 날짜가 없을 때까지 팝합니다.
        while (!dayStack.empty()
          && stockPrices[i] > stockPrices[dayStack.peek()]) {
            dayStack.pop();
        }

        // 현재 날짜의 가격보다 큰 가격이 없는 경우 주가 스팬은 날짜의 수입니다.
        if (dayStack.empty()) {
            spanResult[i] = i + 1;
        } else {
            // 현재 날짜의 가격보다 큰 가격이 있는 경우
            // 주가 스팬은 해당 날짜와 현재 날짜의 차이입니다.
            spanResult[i] = i - dayStack.peek();
        }

        // 현재 날짜를 스택의 톱에 푸시합니다.
        dayStack.push(i);
    }

    return spanResult;
}
```

12.3.5 코딩 테스트 5: 최솟값 스택

회사: 아마존, 구글, 어도비, 마이크로소프트, 플립카트

문제: 상수 시간에 최솟값을 계산하는 스택을 설계하세요. push, pop, min 메서드의 시간 복잡도는 O(1)이어야 합니다.

풀이법: 고전적인 풀이법은 스택의 최솟값을 저장하는 인스턴스 변수를 선언하는 것으로 구성됩니다. 스택에서 팝한 값이 최솟값과 같으면 스택에서 새로운 최솟값을 검색합니다. 단, 이 풀이법은 push와 pop을 O(1) 시간에 실행해야 한다는 문제의 제약 조건을 만족하지 못합니다.

문제의 제약 조건을 고려하는 풀이법에는 최솟값을 추적하는 추가 스택이 필요합니다. 주로 푸시된 값이 현재 최솟값보다 작을 때 이 값을 보조 스택(stackOfMin이라고 하겠습니다)과 기존 스택에 추가합니다. 기존 스택에서 팝한 값이 stackOfMin의 톱 값과 같으면 stackOfMin에서도 팝합니다. 이것을 코드로 나타내면 다음과 같습니다.

코드 12-15 12/MinStackConstantTime/src/main/java/coding/challenge/MyStack.java

```java
public class MyStack extends Stack<Integer> {
    Stack<Integer> stackOfMin;

    public MyStack() {
        stackOfMin = new Stack<>();
    }

    public Integer push(int value) {
        if (value <= min()) {
            stackOfMin.push(value);
        }

        return super.push(value);
    }

    @Override
    public Integer pop() {
        int value = super.pop();

        if (value == min()) {
            stackOfMin.pop();
        }
```

```
            return value;
    }


    public int min() {
        if (stackOfMin.isEmpty()) {
            return Integer.MAX_VALUE;
        } else {
            return stackOfMin.peek();
        }
    }
}
```

끝입니다! 이 풀이법의 시간 복잡도는 O(1)입니다.

이 문제와 관련한 또 다른 문제는 상수 시간과 공간에서 같은 기능을 구현하도록 요구하는 것입니다. 이 문제의 풀이법은 다음과 같은 몇 가지 제약 사항이 있습니다.

- pop 메서드는 잘못된 값을 반환하지 않도록 void를 반환합니다.

- 주어진 값에 2를 곱한 값은 int 자료형의 범위를 초과하지 않아야 합니다.

이러한 제약 사항은 풀이법 자체로 인해 발생합니다. 추가 공간을 사용할 수 없으므로 최솟값도 저장하려면 초기 스택값을 활용해야 합니다. 또한 주어진 값에 2를 곱해야 하므로 이 값이 int 자료형의 범위를 초과하지 않아야 합니다.

주어진 값에 2를 곱해야 하는 이유는 무엇일까요? 이해를 돕고자 더 설명해보겠습니다. 특정 최솟값을 가진 스택에 값을 푸시한다고 가정하겠습니다. 이 값이 현재 최솟값보다 크거나 같으면 간단히 스택에 넣을 수 있습니다. 그러나 최솟값보다 작으면 '2 * 값 - 최솟값'을 푸시합니다. 이 값은 기존 값보다 작아야 합니다. 그런 다음 현재 최솟값을 해당 값으로 업데이트합니다.

값을 팝할 때는 두 가지 측면을 고려해야 합니다. 팝된 값이 최솟값보다 크거나 같으면 이 값은 이전에 푸시된 실젯값입니다. 그렇지 않으면 팝된 값은 푸시된 값이 아닙니다. 실제 푸시된 값은 최솟값으로 저장됩니다. 스택의 톱 값(최솟값)을 팝한 후 이전 최솟값을 복원해야 합니다. 이전 최솟값은 '2 * 최솟값 - 톱 값'으로 계산할 수 있습니다. 즉, 현재 톱 값이 '2 * 값 - 이전 최솟값'이고 이 값이 현재 최솟값이므로 이전 최솟값은 '2 * 현재 최솟값 - 톱 값'입니다. 이것을 코드로 나타내면 다음과 같습니다.

```java
public class MyStack {
    private int min;
    private final Stack<Integer> stack = new Stack<>();

    public void push(int value) {
        // int / 2 범위를 초과하는 값은 허용하지 않습니다.
        int r = Math.addExact(value, value);

        if (stack.empty()) {
            stack.push(value);
            min = value;
        } else if (value > min) {
            stack.push(value);
        } else {
            stack.push(r - min);
            min = value;
        }
    }

    // pop은 잘못된 값(클라이언트가 푸시하지 않은 값)일 수 있기 때문에 값을 반환하지 않습니다.
    public void pop() {
        if (stack.empty()) {
            throw new EmptyStackException();
        }

        int top = stack.peek();

        if (top < min) {
            min = 2 * min - top;
        }

        stack.pop();
    }

    public int min() {
        return min;
    }
}
```

12.3.6 코딩 테스트 6: 스택으로 만든 큐

회사: 구글, 어도비, 마이크로소프트, 플립카트

문제: 2개의 스택으로 큐를 설계하세요.

풀이법: 이 문제의 적절한 해결책을 찾으려면 먼저 큐와 스택의 주요 차이점을 이해해야 합니다. 큐는 선입 선출로 작동하는 반면에 스택은 후입 선출로 작동한다고 앞에서 설명했습니다.

다음으로 주요 연산(푸시, 팝, 조회)을 생각하고 차이점을 알아내야 합니다. 큐와 스택은 같은 방식으로 새로운 요소를 푸시합니다. 큐에 요소를 푸시할 때 한쪽 끝(큐의 리어)에 푸시합니다. 스택에 요소를 푸시할 때는 스택의 톱에 푸시합니다. 여기서 스택의 톱은 큐의 리어로 간주할 수 있습니다.

스택에서 값을 팝하거나 조회할 때는 스택의 톱에서 진행합니다. 그러나 큐에서 동일한 연산을 수행할 때는 프런트에서 수행합니다. 즉, 요소를 팝하거나 조회할 때는 반전된 스택이 큐의 역할을 합니다. 이것을 그림으로 나타내면 다음과 같습니다.

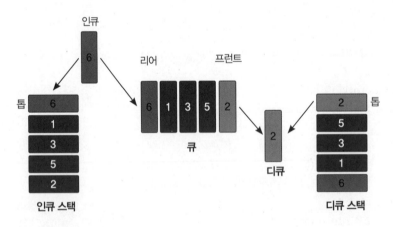

그림 12-3 2개의 스택으로 만든 큐

새 요소는 '인큐 스택'의 새로운 톱으로 푸시됩니다. 값을 팝하거나 조회해야 할 때는 인큐 스택을 반전시킨 스택인 '디큐 스택'을 사용합니다. 요소를 팝하거나 조회할 때 인큐 스택을 반전할 필요가 없다는 점에 주목하세요. 요소를 완전히 뒤집어야 할 때까지 요소를 디큐 스택에 넣어둘 수 있습니다. 즉, 각 팝/조회 연산에서 디큐 스택이 비어 있는지 확인할 수 있습니다. 디큐 스택이 비어 있지 않다면 팝하거나 조회할 요소가 하나 이상 있으므로 인큐 스택을 뒤집을 필요가 없습니다.

이제 코드를 살펴보겠습니다.

코드 12-17 12/QueueViaStack/src/main/java/coding/challenge/MyQueueViaStack.java

```java
public class MyQueueViaStack<E> {
    private final Stack<E> stackEnqueue;
    private final Stack<E> stackDequeue;

    public MyQueueViaStack() {
        stackEnqueue = new Stack<>();
        stackDequeue = new Stack<>();
    }

    public void enqueue(E e) {
        stackEnqueue.push(e);
        System.out.println("enqueued: " + e);
        showQueuesStatus();
    }

    public E dequeue() {
        reverseStackEnqueue();
        E r = stackDequeue.pop();
        System.out.println("dequeued: " + r);
        showQueuesStatus();
        return r;
    }

    public void showQueuesStatus() {
        System.out.println("====================");
        System.out.println("Enqueue stack Status");
        System.out.println(stackEnqueue);
        System.out.println("Size: " + stackEnqueue.size());
        System.out.println("Dequeue stack Status");
        System.out.println(stackDequeue);
        System.out.println("Size: " + stackDequeue.size());
        System.out.println("--------------------");
        System.out.println("");
    }

    public E peek() {
        reverseStackEnqueue();
```

```
        return stackDequeue.peek();
    }

    public int size() {
        return stackEnqueue.size() + stackDequeue.size();
    }

    private void reverseStackEnqueue() {
        if (stackDequeue.isEmpty()) {
            while (!stackEnqueue.isEmpty()) {
                stackDequeue.push(stackEnqueue.pop());
            }
        }
    }
}
```

참고로 예제 코드의 MyQueueViaStack.java와 Main.java를 살펴보면 다른 방식으로 구현한 enqueue와 dequeue 메서드가 있습니다. 좀 더 상세한 동작은 해당 코드를 살펴보면서 확인하기 바랍니다.

12.3.7 코딩 테스트 7: 큐로 만든 스택

회사: 구글, 어도비, 마이크로소프트

문제: 2개의 큐로 스택을 설계하세요.

풀이법: 이 문제의 적절한 해결책을 찾으려면 먼저 스택과 큐의 주요 차이점을 이해해야 합니다. 스택은 후입 선출로 작동하는 반면에 큐는 선입 선출로 작동한다고 앞에서 설명했습니다.

다음으로 주요 연산(푸시, 팝, 조회)을 생각하고 차이점을 알아내야 합니다. 스택과 큐는 같은 방식으로 새로운 요소를 푸시합니다. 스택에 요소를 푸시할 때 스택의 톱에 푸시합니다. 큐에 요소를 푸시할 때는 한쪽 끝(큐의 리어)에 푸시합니다. 여기서 큐의 리어는 스택의 톱으로 간주할 수 있습니다.

큐에서 값을 팝하거나 조회할 때는 큐의 프런트에서 진행합니다. 그러나 스택에서 같은 연산을 수행할 때는 톱에서 수행합니다. 즉, 스택 역할을 하는 큐에서 요소를 팝하거나 조회할 때는 마지막 요소를 뺀 모든 요소를 팝해야 합니다. 이를 그림으로 나타내면 다음과 같습니다.

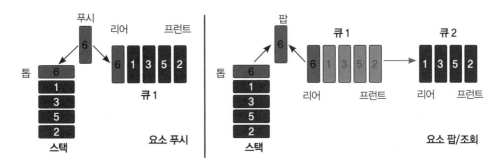

그림 12-4 2개의 큐로 만든 스택

[그림 12-4]의 왼쪽에서 보듯이 요소를 스택과 큐로 푸시하는 것은 간단한 작업입니다. [그림 12-4]의 오른쪽은 스택 역할을 하는 큐에서 요소를 팝/조회할 때 문제가 발생함을 보여줍니다. 주로 요소를 팝/조회하기 전에 큐(그림에서 '큐 1'로 표시)에서 '리어 - 1'과 프런트 사이에 있는 요소를 다른 큐(그림에서 '큐 2'로 표시)로 이동해야 하기 때문입니다.

[그림 12-4]에서 오른쪽을 보면 큐 1에서 요소 2, 5, 3, 1을 폴하여 큐 2에 추가합니다. 다음으로 큐 1의 마지막 요소를 팝/조회합니다. 요소 6을 팝하면 큐 1은 비워집니다. 요소 6을 조회하면 큐 1에 이 요소가 남게 됩니다.

이제 나머지 요소는 큐 2에 있으므로 다른 연산(푸시, 조회, 팝)을 수행하려면 두 가지 선택지가 있습니다.

- 큐 2에 있는 나머지 요소를 뒤로 이동하여 큐 1을 복원합니다.
- 큐 2를 큐 1인 것처럼 사용합니다. 즉, 큐 1과 큐 2를 교대로 사용합니다.

두 번째 선택지의 경우 큐 1에서 다음 연산을 수행하기 위해 요소를 큐 2에서 큐 1로 다시 이동하는 오버헤드를 방지합니다. 첫 번째 선택지는 여러분 스스로 구현에 도전해보세요. 여기서는 두 번째 선택지에 집중하겠습니다.

다음 연산에 사용해야 하는 큐가 비지 않은 큐여야 한다고 생각하면 큐 1과 큐 2를 번갈아 사용할 수 있습니다. 이 두 큐 사이에서 요소를 이동하므로 두 큐 중 하나는 항상 비어 있다고 가정할 수 있습니다.

하지만 요소를 조회할 때 문제가 발생합니다. 조회는 요소를 제거하지 않기 때문에 두 큐 중 하나에 해당 요소가 남는데, 이때 비어 있는 큐가 없으므로 다음 연산에 어떤 큐를 사용해야 하는지 알 수 없습니다.

해결 방법은 아주 간단합니다. 요소를 조회할 때도 마시막 요소를 폴하고 해당 요소를 인스턴스 변수로 저장합니다. 후속 조회 연산에서는 이 인스턴스 변수를 반환합니다. 푸시 연산은 주어진 값을 푸시하기 전에 이 인스턴스 변수를 큐에 다시 푸시하고 이 인스턴스 변수를 null로 설정합니다. 팝 연산은 이 인스턴스 변수가 null인지를 확인합니다. 인스턴스 변수가 null이 아니라면 해당 요소를 팝합니다.

이제 코드를 살펴보겠습니다.

코드 12-18 12/StackViaQueue/src/main/java/coding/challenge/MyStackViaQueue.java

```java
public class MyStackViaQueue<E> {
    private final Queue<E> queue1;
    private final Queue<E> queue2;
    private E peek;
    private int size;

    public MyStackViaQueue() {
        queue1 = new ArrayDeque<>();
        queue2 = new ArrayDeque<>();
    }

    public void push(E e) {
        if (!queue1.isEmpty()) {
            if (peek != null) {
                queue1.add(peek);
            }

            queue1.add(e);
            System.out.println("queue1 push: " + e);
            showQueuesStatus();
        } else {
            if (peek != null) {
                queue2.add(peek);
            }

            queue2.add(e);
            System.out.println("queue2 push: " + e);
            showQueuesStatus();
        }
```

```java
            size++;
            peek = null;
        }

        public E pop() {
            if (size() == 0) {
                throw new EmptyStackException();
            }

            if (peek != null) {
                E e = peek;
                peek = null;
                size--;

                return e;
            }

            E e;
            if (!queue1.isEmpty()) {
                e = switchQueue(queue1, queue2);
                System.out.println("queue1 pop: " + e);
                showQueuesStatus();
            } else {
                e = switchQueue(queue2, queue1);
                System.out.println("queue2 pop: " + e);
                showQueuesStatus();
            }

            size--;
            return e;
        }

        public void showQueuesStatus() {
            System.out.println("====================");
            System.out.println("queue1 Status");
            System.out.println(queue1);
            System.out.println("Size: " + queue1.size());
            System.out.println("queue2 Status");
            System.out.println(queue2);
            System.out.println("Size: " + queue2.size());
```

```
            System.out.println("---------------------");
            System.out.println("");
        }


    public E peek() {
        if (size() == 0) {
            throw new EmptyStackException();
        }


        if (peek == null) {
            if (!queue1.isEmpty()) {
                peek = switchQueue(queue1, queue2);
            } else {
                peek = switchQueue(queue2, queue1);
            }
        }


        return peek;
    }

    public int size() {
        return size;
    }

    private E switchQueue(Queue from, Queue to) {
        while (from.size() > 1) {
            to.add(from.poll());
        }

        return (E) from.poll();
    }
}
```

12.3.8 코딩 테스트 8: 히스토그램 최대 영역

회사: 아마존, 구글, 어도비, 마이크로소프트, 플립카트

문제: 다음 그림과 같이 계급 간격이 1인 히스토그램이 주어졌다고 가정하겠습니다.

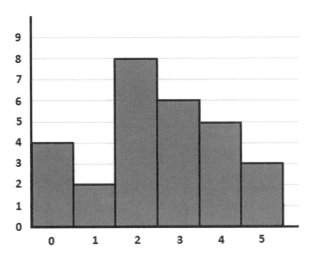

그림 12-5 계급 간격이 1인 히스토그램

히스토그램은 영역이 특정 변수의 빈도에 비례하는 직사각형 막대의 도표입니다. 막대의 너비를 히스토그램의 계급 간격이라고 합니다. 예를 들어 [그림 12-5]에 표시된 히스토그램의 계급 간격은 1입니다. 너비가 1이고 높이가 4, 2, 8, 6, 5, 3인 막대가 6개 있습니다.

히스토그램의 막대 높이가 정수 배열로 주어졌다고 가정하면 이 배열이 문제의 입력 값입니다. 히스토그램에서 가장 큰 직사각형 영역을 스택을 사용하여 계산하는 코드를 작성하세요.

문제를 더 명확하게 이해할 수 있도록 히스토그램에서 형성할 수 있는 직사각형을 몇 가지 그림으로 나타내면 다음과 같습니다.

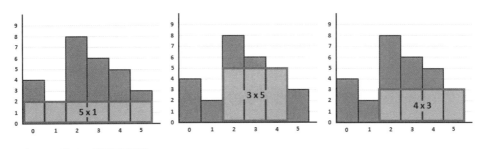

그림 12-6 히스토그램의 직사각형

[그림 12-6]에서 가장 큰 직사각형 영역은 가운데에 있는 $3 \times 5 = 15$ 크기의 영역입니다.

풀이법: 이 문제는 보기보다 더 어렵습니다. 우선 주어진 그림을 분석하고 몇 가지 사실을 공식화해야 합니다. 예를 들어 막대의 높이가 직사각형 영역의 높이보다 작거나 같은 경우에만 막대가 직사각형 영역에 포함될 수 있다는 점에 반드시 유의해야 합니다.

또한 각 막대를 기준으로 현재 막대보다 높은 왼쪽의 모든 막대가 현재 막대와 함께 직사각형 영역을 형성할 수 있다고 말할 수 있습니다. 마찬가지로 현재 막대보다 높은 오른쪽의 모든 막대가 현재 막대가 있는 직사각형 영역을 형성할 수 있습니다.

즉, 모든 직사각형 영역이 왼쪽과 오른쪽 경계로 구분되고 '(오른쪽 - 왼쪽) * 현재 막대'로 이 영역의 값을 구할 수 있습니다. 가능한 모든 영역을 계산하고 가장 높은 영역을 출력하도록 구현해야 합니다.

다음은 3 × 5 직사각형의 왼쪽 및 오른쪽 경계를 표시한 그림입니다.

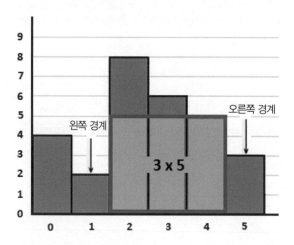

그림 12-7 왼쪽과 오른쪽 경계

스택을 사용하여 풀어야 한다는 문제의 요구 사항을 잊지 마세요. 풀이 방법을 구체화할 수 있는 몇 가지 사실을 살펴보았으므로 이제 스택에 관해 이야기할 시간입니다. 스택을 사용하여 왼쪽 및 오른쪽 경계를 계산할 수 있습니다.

첫 번째 막대부터 시작해 인덱스를 스택에 넣습니다. 첫 번째 막대의 인덱스는 0이기 때문에 인덱스 0을 스택에 넣습니다. 나머지 막대의 인덱스도 모두 스택에 넣고 다음을 수행합니다.

 1. 현재 막대가 스택의 톱보다 작고 스택이 비어 있지 않다면 스택이 비워질 때까지 1-a, 1-b, 1-c단계를 반복합니다.

a. 스택의 톱을 팝합니다.

b. 왼쪽 경계를 계산합니다.

c. 계산한 왼쪽 경계 막대와 현재 막대 사이에 형성될 수 있는 직사각형 영역의 너비를 계산합니다.

d. 1-a단계에서 팝한 막대의 높이에 1-c단계에서 계산한 너비를 곱하여 면적을 계산합니다.

e. 이 면적이 이전 면적보다 크면 면적을 저장합니다.

2. 현재 막대의 인덱스를 스택으로 밀어 넣습니다.

3. 모든 막대가 처리될 때까지 1단계부터 반복합니다.

이 과정을 코드로 나타내면 다음과 같습니다.

코드 12-19 12/StackHistogramArea/src/main/java/coding/challenge/Stacks.java

```java
public static int maxAreaUsingStack(int[] histogram) {
    Stack<Integer> stack = new Stack<>();
    int maxArea = 0;

    for (int bar = 0; bar <= histogram.length; bar++) {
        int barHeight;

        if (bar == histogram.length) {
            barHeight = 0;   // 마지막 막대의 높이까지 고려하도록 0으로 초기화합니다.
        } else {
            barHeight = histogram[bar];
        }

        while (!stack.empty() && barHeight < histogram[stack.peek()]) {
            // 스택에 있는 막대보다 작은 막대를 발견합니다.
            int top = stack.pop();

            // 왼쪽 경계를 찾습니다.
            int left = stack.isEmpty() ? -1 : stack.peek();

            // 직사각형 영역의 너비를 계산합니다.
            int areaRectWidth = bar - left - 1;
```

```
        // 현재 직사각형의 면적을 계산합니다.
        int area = areaRectWidth * histogram[top];
        maxArea = Integer.max(area, maxArea);
    }

        // 스택에 현재 막대(인덱스)를 추가합니다.
        stack.push(bar);
    }

    return maxArea;
}
```

앞 코드의 시간 복잡도는 O(n)입니다. 또한 공간 복잡도는 O(n)입니다.

12.3.9 코딩 테스트 9: 가장 작은 숫자

문제: n자리 숫자를 나타내는 문자열이 있습니다. 이 문자열에서 주어진 k자리를 제거한 후 가능한 가장 작은 숫자를 출력하는 코드를 작성하세요.

풀이법: 주어진 숫자가 n = 4514327이고 k = 4라고 가정하겠습니다. 이 경우 네 자리를 제거한 후 가장 작은 숫자는 127입니다. n = 2222222이면 가장 작은 숫자는 222입니다. 이 문제의 해답은 Stack 클래스와 다음 알고리즘을 통해 쉽게 구현할 수 있습니다.

1. 주어진 숫자를 왼쪽에서 오른쪽으로 한 자리씩 순회합니다.

   a. 주어진 k가 0보다 크고 스택은 비어 있지 않으며 스택의 톱 요소는 현재 순회한 자리 숫자보다 크면 다음을 수행합니다.

      i. 스택에서 톱 요소를 팝합니다.

      ii. k를 1씩 줄입니다.

   b. 현재 자리 숫자를 스택에 푸시합니다.

2. 주어진 k가 0보다 크면 다음을 수행합니다. 이 단계에서는 222222와 같은 특수한 경우를 처리합니다.

   a. 스택에서 요소를 팝합니다.

   b. k를 1씩 줄입니다.

이 과정을 코드로 나타내면 다음과 같습니다.

코드 12-20 12/SmallestNumber/src/main/java/coding/challenge/Numbers.java

```java
public static void smallestAfterRemove(String n, int k) {
    if (n == null || k <= 0 || k >= n.length()) {
        System.out.println("The number is: " + 0);
        return;
    }

    int i = 0;
    Stack<Character> stack = new Stack<>();
    while (i < n.length()) {
        // 현재 자리 숫자가 이전 자리 숫자보다 작으면 이전 자리 숫자를 버립니다.
        while (k > 0 && !stack.isEmpty() && stack.peek() > n.charAt(i)) {
            stack.pop();
            k--;
        }

        stack.push(n.charAt(i));
        i++;
    }

    // '2222'와 같은 코너 케이스를 처리합니다.
    while (k > 0) {
        stack.pop();
        k--;
    }

    System.out.println("The number is (as a printed stack; "
        + "ignore leading 0s (if any)): " + stack);
}
```

12.3.10 코딩 테스트 10: 섬

회사: 아마존, 어도비

문제: 0과 1만 포함하는 행렬 $m \times n$이 있습니다. 1은 땅을, 0은 물을 의미합니다. 이 행렬에서 섬의 수를 세는 코드를 작성하세요. 이때 섬은 0으로 둘러싸인 1의 모음을 의미합니다.

풀이법: 그림으로 예제를 살펴볼까요? 다음은 1, 2, 3, 4, 5, 6으로 섬을 표시한 10×10 행렬을 나타낸 그림입니다.

```
1, 1, 1, 0, 0, 0, 1, 1, 0, 1
0, 1, 1, 0, 1, 0, 1, 0, 0, 0
1, 1, 1, 1, 0, 0, 1, 0, 1, 0
1, 0, 0, 1, 0, 1, 0, 0, 0, 0
1, 1, 1, 1, 1, 1, 0, 0, 0, 1
0, 0, 0, 1, 0, 0, 1, 1, 0, 1
0, 0, 0, 0, 0, 1, 1, 0, 0, 0
1, 1, 0, 1, 0, 0, 0, 1, 1, 0
1, 0, 0, 0, 1, 1, 0, 1, 0, 0
1, 1, 0, 1, 0, 1, 0, 1, 1, 1
```

▭ 물
▬ 섬

그림 12-8 10×10 행렬의 섬

섬을 찾으려면 행렬을 횡단해야 합니다. 즉, 행렬의 각 칸을 확인해야 합니다. 칸의 좌표는 행 (r로 표시)과 열(c로 표시)로 나타낼 수 있으며 하나의 (r, c) 칸에서 (r - 1, c - 1), (r - 1, c), (r - 1, c + 1), (r, c - 1), (r, c + 1), (r + 1, c - 1), (r + 1, c), (r + 1, c + 1)의 8개 방향으로 이동할 수 있습니다.

즉, 다음과 같은 ROW와 COL 배열이 있고 0 <= k <= 7일 때, 현재 (r, c) 칸에서 (r+ROW[k], c + COL[k])로 이동할 수 있습니다.

```
// 위, 오른쪽, 아래, 왼쪽 및 4가지 대각선 방향
private static final int[] ROW = {-1, -1, -1, 0, 1, 0, 1, 1};
private static final int[] COL = {-1, 1, 0, -1, -1, 1, 0, 1};
```

다음의 조건을 만족할 때만 칸을 이동할 수 있습니다.

- 칸의 좌표가 행렬 범위를 벗어나지 않습니다.

- 토지를 나타내는 칸(값이 1인 칸)입니다.

- 이전에 방문한 적이 없는 칸입니다.

동일한 칸을 여러 번 방문하지 않도록 flagged[][]로 표시된 boolean 행렬을 사용합니다. 처음에 이 행렬에는 false 값만 포함되어 있으며 (r, c) 칸을 방문할 때마다 해당 flaaged[r][c]를 true로 표시합니다.

다음은 칸 이동 조건 세 가지를 나타낸 코드입니다.

코드 12-21 12/QueueIslands/src/main/java/coding/challenge/Queues.java

```java
private static Boolean isValid(int[][] matrix, int r, int c, boolean[][] flagged) {
    return (r >= 0) && (r < flagged.length)
        && (c >= 0) && (c < flagged[0].length)
        && (matrix[r][c] == 1 && !flagged[r][c]);
}
```

지금까지 현재 칸에서 다른 칸(8개의 가능한 방향의 칸)으로 이동할 수 있는지를 결정하는 방법을 살펴보았습니다. 이제는 이동 규칙을 결정하기 위해 알고리즘을 정의해야 합니다.

여러분은 (r, c) 칸에서 8개 방향의 이웃 칸으로 이동할 수 있다는 것을 알고 있습니다. 따라서 가장 편리한 알고리즘은 다음과 같이 현재 칸에서 유효한 모든 이웃으로 이동하는 것으로 구성됩니다.

1. 빈 큐로 시작합니다.

2. 유효한 (r, c) 칸으로 이동하여 큐에 넣고 방문했다고 flagged 행렬에 표시합니다. 이때 시작 지점은 (0, 0)이어야 합니다.

3. 현재 칸을 큐에서 제거하고 인접한 칸 8개를 모두 처리합니다. 칸을 처리한다는 것은 칸이 유효한 경우 큐에 추가하고 방문했다고 표시한다는 의미입니다.

4. 큐가 비워질 때까지 3단계를 반복합니다. 큐가 비어 있으면 섬을 찾은 것입니다.

5. 유효한 칸이 더 없을 때까지 2단계부터 반복합니다.

이 과정을 코드로 나타내면 다음과 같습니다.

코드 12-22 12/QueueIslands/src/main/java/coding/challenge/Queues.java

```java
private static class Cell {
    int r, c;

    public Cell(int r, int c) {
        this.r = r;
        this.c = c;
    }
}


// 한 칸에서 이동 가능한 방향은 8가지가 있습니다.
private static final int POSSIBLE_MOVEMENTS = 8;

// 위, 오른쪽, 아래, 왼쪽 및 4가지 대각선 방향
private static final int[] ROW = {-1, -1, -1, 0, 1, 0, 1, 1};
private static final int[] COL = {-1, 1, 0, -1, -1, 1, 0, 1};

public static int islands(int[][] matrix) {
    int m = matrix.length;
    int n = matrix[0].length;

    // 칸을 방문했는지 저장합니다.
    boolean[][] flagged = new boolean[m][n];

    int island = 0;

    for (int i = 0; i < m; i++) {
        for (int j = 0; j < n; j++) {
            if (matrix[i][j] == 1 && !flagged[i][j]) {
                resolve(matrix, flagged, i, j);
                island++;
            }
        }
    }

    return island;
}
```

```
private static void resolve(int[][] matrix, boolean[][] flagged, int i, int j) {
    Queue<Cell> queue = new ArrayDeque<>();
    queue.add(new Cell(i, j));

    // 주어진 칸을 방문했다고 표시합니다.
    flagged[i][j] = true;

    while (!queue.isEmpty()) {
        int r = queue.peek().r;
        int c = queue.peek().c;
        queue.poll();

        // 현재 칸에서 이동 가능한 8개의 칸을 모두 확인하고 유효한 칸을 큐에 추가합니다.
        for (int k = 0; k < POSSIBLE_MOVEMENTS; k++) {
            // 위치가 잘못된 경우 이 칸을 건너뜁니다.
            if (isValid(matrix, r + ROW[k], c + COL[k], flagged)) {
                flagged[r + ROW[k]][c + COL[k]] = true;
                queue.add(new Cell(r + ROW[k], c + COL[k]));
            }
        }
    }
}
```

12.3.11 코딩 테스트 11: 최단 경로

회사: 아마존, 구글, 어도비

문제: 0과 1만 포함하는 행렬 $m \times n$이 있습니다. 1은 안전한 토지를 의미하고 0은 안전하지 않은 토지를 의미합니다. 더 정확하게 말하자면 0은 활성화되지 않아야 하는 센서를 나타냅니다. 또한 인접한 8개의 칸 모두 센서를 활성화할 수 있습니다.

행렬이 주어졌을 때 첫 번째 열에 있는 임의의 칸에서 마지막 열에 있는 임의의 칸까지 최단 경로를 계산하는 코드를 작성하세요. 한 번에 왼쪽, 오른쪽, 위 또는 아래로 한 칸만 이동할 수 있습니다. 결과 경로가 존재하는 경우 결과 경로는 값 1만 포함해야 합니다.

풀이법: 그림으로 예제를 살펴보겠습니다. 다음은 10×10 행렬을 나타낸 그림입니다.

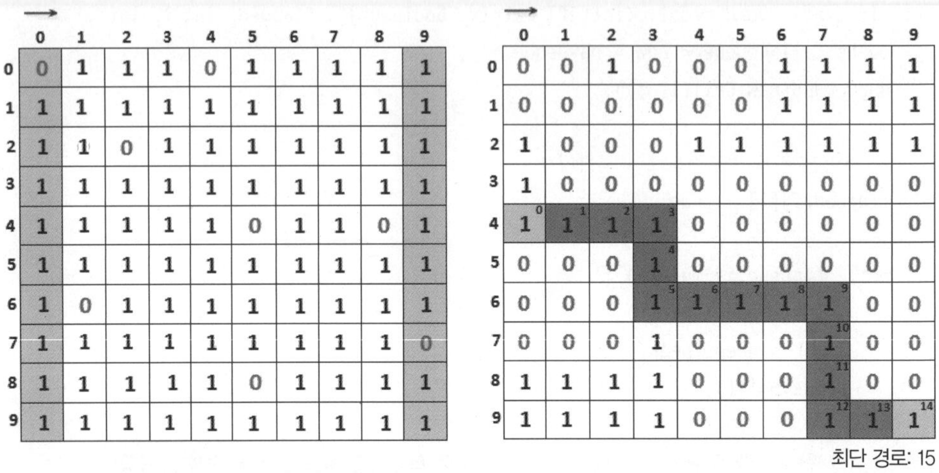

최단 경로: 15

그림 12-9 주어진 행렬(왼쪽)과 결과 행렬(오른쪽)

[그림 12-9]의 왼쪽을 보면 주어진 행렬을 확인할 수 있습니다. 활성화해서는 안 되는 센서는 0으로 표시했습니다. [그림 12-9] 오른쪽을 보면 풀이 코드에서 사용한 행렬과 답을 확인할 수 있습니다. 이 행렬은 주어진 행렬에서 활성화해서는 안 되는 센서의 영역을 확장하여 표시한 행렬입니다. 센서의 인접 칸 8개도 센서를 활성화할 수 있다는 조건을 기억하세요. 답은 첫 번째 열의 (4, 0) 칸에서 시작하여 마지막 열의 (9, 9) 칸에서 끝나며 15개 칸(0에서 14까지)을 포함합니다.

좌표 (r, c)의 안전한 칸에서 (r - 1, c), (r, c - 1), (r + 1, c), (r, c + 1)의 네 가지 안전한 방향으로 이동할 수 있습니다. 가능한 움직임을 방향(선)으로 생각하고 칸을 점으로 생각한다면 이 문제를 그래프 관점에서 바라볼 수 있습니다. 선은 가능한 움직임이고 점은 이동 가능한 칸입니다. 각 이동 가능한 칸은 현재 칸에서 시작 칸(첫 번째 열에 있는 임의의 칸)까지의 거리를 가집니다.

한 번 이동할 때마다 거리가 1씩 증가합니다. 따라서 그래프 관점에서 문제를 바라보면 이 문제는 그래프에서 최단 경로를 찾는 문제로 이해할 수 있으며, **너비 우선 탐색**breadth-first search, BFS 알고리즘을 사용하여 문제를 해결할 수 있습니다. 13장에서 너비 우선 탐색 알고리즘을 자세히 설명할 것입니다.[2]

---

2 옮긴이: 아직 BFS에 익숙하지 않은 독자라면 먼저 13장에서 너비 우선 탐색(BFS)에 관한 내용을 가볍게 훑어보거나 관련 자료를 개인적으로 검색해본 뒤에 다음 풀이 과정을 살펴보기를 권합니다.

너비 우선 탐색 알고리즘을 사용하면 다음과 같은 알고리즘을 도출할 수 있습니다.

1. 빈 큐로 시작합니다.

2. 첫 번째 열의 모든 안전한 칸을 큐에 넣고 거리를 0으로 설정합니다. 여기서 0은 각 칸에서 자기 자신까지의 거리를 나타냅니다. 또한 각 칸의 방문 여부를 플래그로 표시합니다.

3. 큐가 비어 있지 않으면 큐가 비워질 때까지 다음을 수행합니다.

   a. 큐의 최상단을 나타내는 칸을 팝합니다.

   b. 팝한 칸이 마지막 열에 있는 목적지 칸이면 해당 거리를 반환합니다. 이때 반환하는 거리는 해당 칸에서 첫 번째 열에 있는 시작 칸까지의 거리입니다.

   c. 팝한 칸이 목적지 칸이 아니면 해당 칸과 인접한 4개의 칸을 확인합니다. 유효한 칸 (안전하고 방문한 적이 없는 칸)의 거리를 +1만큼 증가시켜서 큐에 넣고 방문했다고 표시합니다.

   d. 목적지에 도달하지 않고 큐의 모든 칸을 처리했다면 유효한 경로는 없습니다. -1을 반환합니다.

너비 우선 탐색 알고리즘을 활용했기 때문에 최단 경로 거리가 1인 모든 칸을 먼저 방문합니다. 다음으로 방문하는 칸은 최단 경로 거리가 1 + 1 = 2인 인접 칸이며 같은 규칙으로 칸을 계속 방문합니다. 따라서 가장 짧은 경로를 가진 칸의 최단 경로 거리는 부모 칸의 최단 경로 거리에 1을 더한 값입니다. 즉, 처음으로 목적지 칸을 방문할 때 최종 결과인 최단 경로를 얻을 수 있습니다. 다음 풀이 코드에서 가장 관련성이 높은 부분을 먼저 살펴보겠습니다.

코드 12-23 12/ShortestSafeRoute/src/main/java/coding/challenge/Sensors.java

```java
private static int findShortestPath(int[][] board) {
    boolean[][] visited = new boolean[M][N];  // 칸을 방문했는지 저장합니다.
    Queue<Cell> queue = new ArrayDeque<>();

    // 첫 번째 열의 모든 칸을 처리합니다.
    for (int r1 = 0; r1 < M; r1++) {
        // 칸이 안전한 경우 방문했다고 표시하고 거리를 0으로 지정하여 큐에 넣습니다.
        if (board[r1][0] == 1) {
            queue.add(new Cell(r1, 0, 0));
            visited[r1][0] = true;
        }
```

```
    }

    while (!queue.isEmpty()) {
        // 큐에서 프런트 노드를 팝하여 처리합니다.
        int rIdx = queue.peek().r;
        int cIdx = queue.peek().c;
        int dist = queue.peek().distance;

        queue.poll();

        // 목적지를 발견하면 최소 거리를 반환합니다.
        if (cIdx == N - 1) {
            return (dist + 1);
        }

        // 현재 칸에서 이동할 수 있는 4개의 칸을 모두 확인하고 유효한 칸을 큐에 추가합니다.
        for (int k = 0; k < 4; k++) {
            if (isValid(rIdx + ROW_4[k], cIdx + COL_4[k])
               && isSafe(board, visited, rIdx + ROW_4[k], cIdx + COL_4[k])) {
                // 칸을 방문했다고 표시하고 거리에 1을 더해서 큐에 밀어 넣습니다.
                visited[rIdx + ROW_4[k]][cIdx + COL_4[k]] = true;
                queue.add(new Cell(rIdx + ROW_4[k], cIdx + COL_4[k], dist + 1));
            }
        }
    }

    return -1;
}
```

12.4 전위, 후위, 중위 표현식

전위, 후위, 중위 표현식은 요즘 유행하는 인터뷰 주제는 아니지만 개발자가 적어도 한 번은 다루어야 하는 주제라고 말할 수 있습니다. 각 표현식을 간단하게 설명하면 다음과 같습니다.

- **전위 표현식**prefix expressions

  연산자 뒤에 피연산자를 나열하는 산술식을 작성할 때 사용하는 수식 표기법입니다.

- **후위 표현식**postfix expressions

  연산자 앞에 피연산자를 나열하는 산술식을 작성할 때 사용하는 수식 표기법입니다.

- **중위 표현식**infix expressions

  연산자가 피연산자 사이에 위치하는 산술식 또는 구문에서 일반적으로 사용하는 수식 표기법입니다.

변수 a, b, c를 대상으로 연산하는 연산자가 다음과 같다고 가정할 때 [그림 12−10]과 같은 표현식을 작성할 수 있습니다.

중위	전위	후위
(a + b) * c	a b + c *	* + a b c
a + (b * c)	a b c * +	+ a * b c

그림 12−10 중위, 전위, 후위 표현식

표현식과 관련한 가장 일반적인 문제는 전위나 후위 표현식이 주어졌을 때 전위, 중위, 후위 표현식으로 변환하는 문제입니다. 이러한 모든 문제에는 스택 또는 이진 트리를 활용한 풀이법이 있으며 기본 알고리즘을 다루는 책이나 자료에서 찾아볼 수 있습니다. 시간을 갖고 이 주제와 관련한 몇 가지 참고자료를 찾아서 읽어보세요.

표현식을 폭넓게 다루는 책이나 자료가 이미 많고 인터뷰에서 표현식이 일반적으로 출제되는 주제는 아닌 만큼, 이 책에서는 표현식을 자세히 설명하지 않겠습니다.

12.5 마치며

12장에서는 자바 개발자 기술 인터뷰를 준비하는 모든 지원자가 알아야 할 스택 및 큐 문제를 설명했습니다. 스택과 큐는 많은 실제 응용 프로그램에서 활용하는 만큼, 면접에서 다루는 중요한 기술 중 하나입니다. 따라서 이를 완벽하게 터득하는 것이 중요합니다.

13장에서 트리 및 그래프 문제를 해결할 때 스택과 큐를 자주 활용합니다. 따라서 스택과 큐만큼 트리와 그래프 문제도 집중해서 살펴봐야 합니다.

Chapter

13

트리와 그래프

13장에서는 인터뷰나 코딩 테스트에 나오는 까다로운 주제 중 하나인 트리와 그래프를 다룹니다. 이 두 가지 주제와 관련한 많은 문제가 있지만, 실제로 인터뷰나 코딩 테스트에 나오는 문제는 극소수에 불과합니다. 따라서 트리 및 그래프에서 가장 많이 활용되는 문제의 우선순위를 지정하는 것이 매우 중요합니다.

이 장에서는 트리와 그래프의 간략한 개요를 먼저 살펴봅니다. 이어서 아마존, 마이크로소프트, 어도비 및 기타 IT 기업의 기술 인터뷰나 코딩 테스트에서 나온 가장 유명하고 어려운 문제를 다룰 것입니다. 이 장을 다 읽고 나면 트리와 그래프 관련 인터뷰나 코딩 테스트를 효율적이고 포괄적으로 해결하는 방법을 터득할 것입니다. 이 장에서 다루는 주제는 다음과 같습니다. 시작해볼까요?

- 트리의 개요
- 그래프의 개요
- 코딩 테스트

13.1 트리의 개요

트리는 노드를 활용하여 데이터를 계층적으로 구성하고 순환을 허용하지 않는 비선형[non-linear] 자료구조입니다. 트리에서 사용하는 용어는 약간씩 다를 수 있지만 일반적으로 다음과 같은 개념을 사용합니다.

- **루트**[root]는 최상위 노드입니다.
- **간선**[edge]은 두 노드 사이의 링크 또는 연결선입니다.
- **부모**[parent]는 자식 노드에 대한 간선이 있는 노드입니다.
- **자식**[child]은 부모 노드가 있는 노드입니다.
- **단말**[leaf]은 자식 노드가 없는 노드입니다.
- **높이**[height]는 단말 노드까지의 가장 긴 경로의 길이입니다.
- **깊이**[depth]는 루트 노드까지의 경로 길이입니다.

다음은 각 용어를 트리에 표시한 그림입니다.

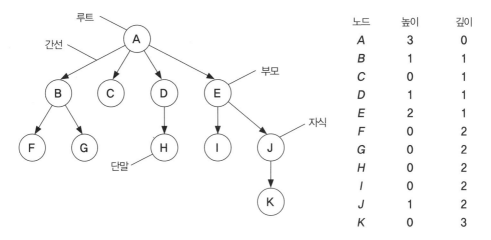

노드	높이	깊이
A	3	0
B	1	1
C	0	1
D	1	1
E	2	1
F	0	2
G	0	2
H	0	2
I	0	2
J	1	2
K	0	3

그림 13-1 트리 용어

보통 모든 트리는 루트를 가질 수 있고, 트리의 노드는 특정 순서를 따르거나 따르지 않을 수 있으며, 모든 타입의 데이터를 저장할 수 있고, 부모에 대한 링크를 가질 수 있습니다.

트리와 관련된 코딩 테스트는 모호한 세부 사항 또는 잘못된 가정으로 가득합니다. 모호함을 없애려면 면접관과 함께 모든 세부 사항을 명확히 짚고 넘어가는 것이 매우 중요합니다. 중요한 측면 중 하나는 트리의 유형입니다. 가장 일반적인 유형의 트리를 살펴보겠습니다.

13.1.1 기본 트리

트리는 각 노드에 최대 2개의 자식이 있는 **이진 트리**binary tree와 이진이 아니도록 허용된 트리로 분류할 수 있습니다. 다음 그림에서 오른쪽은 이진 트리, 왼쪽은 이진이 아닌 트리입니다.

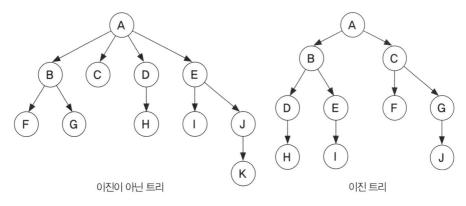

이진이 아닌 트리   이진 트리

그림 13-2 이진 트리와 이진이 아닌 트리 비교

이진 트리를 코드로 구현하면 다음과 같습니다. 13.3절에서 이 구현 코드를 많이 활용하므로 주의 깊게 살펴보세요.

```
private class Node {
    private Node left;
    private Node right;

    private final T element;

    public Node(T element) {
        this.element = element;
        this.left = null;
        this.right = null;
    }

    public Node(Node left, Node right, T element) {
        this.element = element;
        this.left = left;
        this.right = right;
    }

    // 트리 연산 코드 생략
}
```

코드의 각 Node는 일반 데이터(요소)뿐만 아니라 다른 2개의 Node 요소에 대한 참조를 포함합니다. 왼쪽 및 오른쪽 노드는 현재 노드의 자식을 나타냅니다. 기술 인터뷰나 코딩 테스트에서 접하는 대부분의 트리 관련 문제는 이진 트리를 사용하므로 특별히 주의해야 합니다.

이진 트리 순회 방법

기술 인터뷰에 응하기 전에 이진 트리를 순회하는 방법을 알아야 합니다. 이진 트리를 순회하는 방법 자체가 문제로 출제되진 않지만 **너비 우선 탐색**breadth-first search, BFS, **깊이 우선 탐색**depth-first search, DFS 알고리즘과 더불어 **전위 순회**pre-order traversal, **중위 순회**in-order traversal, **후위 순회**post-order traversal의 세 가지 변형 알고리즘에 익숙해져야 합니다. 다음은 트리 예제와 각 순회 유형의 결과를 나타낸 그림입니다.

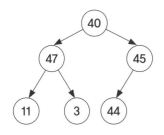

너비 우선 탐색(BFS)
레벨 순회: **40** 47 45 11 3 44

깊이 우선 탐색(DFS)
전위 순회: **40** 47 11 3 45 44
중위 순회: 11 47 3 **40** 44 45
후위 순회: 11 3 47 44 45 **40**

그림 13-3 이진 트리 순회

너비 우선 탐색 및 깊이 우선 탐색 알고리즘의 간략한 개요를 살펴보겠습니다.

트리의 너비 우선 탐색

트리의 너비 우선 탐색은 레벨 순회level-order traversal라고도 합니다. 순회 순서를 보장할 노드 큐를 관리하는 것이 주요 개념입니다. 처음에 큐에는 루트 노드만 포함됩니다. 알고리즘의 단계는 다음과 같습니다.

1. 큐에서 첫 번째 노드를 현재 노드로 팝합니다.

2. 현재 노드를 방문합니다.

3. 현재 노드에 왼쪽 노드가 있는 경우 해당 왼쪽 노드를 큐에 추가합니다.

4. 현재 노드에 오른쪽 노드가 있는 경우 해당 오른쪽 노드를 큐에 추가합니다.

5. 큐가 비워질 때까지 1단계부터 반복합니다.

이 과정을 코드로 나타내면 다음과 같습니다.

코드 13-1 13/BinaryTreeTraversal/src/main/java/coding/challenge/BinaryTree.java

```java
private void printLevelOrder(Node node) {
    Queue<Node> queue = new ArrayDeque<>();
    queue.add(node);

    while (!queue.isEmpty()) {
        // 1단계: 큐에서 첫 번째 노드를 현재 노드로 팝합니다.
        Node current = queue.poll();

        // 2단계: 현재 노드를 방문합니다.
        System.out.print(" " + current.element);
```

```
        // 3단계: 현재 노드에 왼쪽 노드가 있는 경우 해당 왼쪽 노드를 큐에 추가합니다.
        if (current.left != null) {
            queue.add(current.left);
        }

        // 4단계: 현재 노드에 오른쪽 노드가 있는 경우 해당 오른쪽 노드를 큐에 추가합니다.
        if (current.right != null) {
            queue.add(current.right);
        }
    }
}
```

트리의 깊이 우선 탐색

트리의 깊이 우선 탐색은 전위 순회, 중위 순회, 후위 순회의 세 가지 변형이 있습니다. 전위 순회는 자식 노드보다 현재 노드를 먼저 방문합니다. 즉, (루트(현재 노드) | 왼쪽 하위 트리 | 오른쪽 하위 트리) 순서로 방문합니다.

코드 13-2 13/BinaryTreeTraversal/src/main/java/coding/challenge/BinaryTree.java

```java
private void printPreOrder(Node node) {
    if (node != null) {
        System.out.print(" " + node.element);
        printPreOrder(node.left);
        printPreOrder(node.right);
    }
}
```

중위 순회는 (왼쪽 하위 트리 | 루트(현재 노드) | 오른쪽 하위 트리) 순서로 방문합니다.

코드 13-3 13/BinaryTreeTraversal/src/main/java/coding/challenge/BinaryTree.java

```java
private void printInOrder(Node node) {
    if (node != null) {
        printInOrder(node.left);
        System.out.print(" " + node.element);
        printInOrder(node.right);
    }
}
```

후위 순회는 자식 노드를 먼저 방문하고 현재 노드를 나중에 방문합니다. 즉, (왼쪽 하위 트리 | 오른쪽 하위 트리 | 루트(현재 노드)) 순서로 방문합니다.

코드 13-4 13/BinaryTreeTraversal/src/main/java/coding/challenge/BinaryTree.java

```java
private void printPostOrder(Node node) {
    if (node != null) {
        printPostOrder(node.left);
        printPostOrder(node.right);
        System.out.print(" " + node.element);
    }
}
```

참고로 BinaryTree.java에는 앞에서 소개한 예제 외에도 List 및 Iterator를 반환하는 너비 우선 탐색과 깊이 우선 탐색도 구현되어 있으니 꼭 살펴보기 바랍니다.

13.1.2 이진 탐색 트리

이진 탐색 트리binary search tree, BST는 정렬 규칙을 따르는 이진 트리입니다. 일반적으로 이진 탐색 트리에서 왼쪽 하위 트리(루트의 왼쪽에 있는 모든 요소)는 루트 요소보다 작거나 같고, 오른쪽 하위 트리(루트의 오른쪽에 있는 모든 요소)는 루트 요소보다 큽니다.

그러나 이 순서는 루트 요소에만 적용되는 것이 아닙니다. 이 순서 규칙은 각 노드 n에 적용되므로, 이진 탐색 트리는 'n의 왼쪽 후손 ≤ n < n의 오른쪽 후손'을 만족합니다. 다음 그림에서 왼쪽 그림은 이진 트리이고 오른쪽 그림은 이진 탐색 트리입니다.

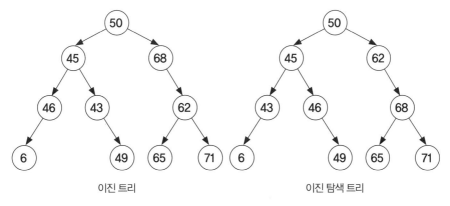

이진 트리   이진 탐색 트리

그림 13-4 이진 트리와 이진 탐색 트리 비교

일반적으로 이진 탐색 트리는 중복 요소를 허용하지 않지만, 허용할 경우에는 어느 한쪽(예를 들어 왼쪽만) 또는 양쪽에 있을 수 있습니다. 그리고 중복 요소는 별도의 해시맵에 저장하거나 카운터를 통해 트리 구조에 직접 저장할 수도 있습니다.

문제를 주의 깊게 살펴보고 면접관과 이러한 세부 사항을 명확하게 하세요. 이진 탐색 트리에서 중복 요소를 처리하는 문제는 아마존, 플립카트 및 마이크로소프트의 인터뷰에 나왔던 문제이며, 13.4절에서 다루겠습니다.

이 책과 함께 제공되는 예제 코드 중에서 '13/BinarySearchTreeTraversal'을 살펴보기 바랍니다. insert(T element), contains(T element), delete(T element), min, max, root, size, height와 같은 메서드를 포함합니다. 또한 노드를 출력하고 반환하는 너비 우선 탐색 및 깊이 우선 탐색을 구현합니다. 시간을 내서 전체 코드를 분석해보세요.

13.1.3 균형 및 불균형 이진 트리

이진 트리는 보통 균형이 잡혀 있지는 않습니다. 그런데 삽입 및 검색 연산에 O(log*n*) 시간을 보장할 때 **균형 이진 트리**^{balanced binary tree}라고 말할 수 있습니다. 트리에서 임의의 한 노드를 기준으로 왼쪽 하위 트리와 오른쪽 하위 트리의 높이 차이가 1 이하이면 트리의 높이 균형이 맞다고 할 수 있습니다. 다음 그림에서 왼쪽 트리는 불균형 이진 트리이고 중간 트리는 높이 균형이 맞지 않는 균형 이진 트리이며 오른쪽 트리는 높이 균형 이진 트리입니다.

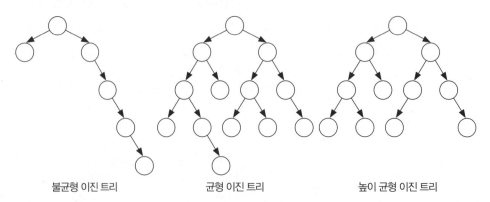

불균형 이진 트리   균형 이진 트리   높이 균형 이진 트리

그림 13-5 불균형 이진 트리, 균형 이진 트리와 높이 균형 이진 트리 비교

균형 잡힌 트리에는 **레드 블랙 트리**^{red-black tree}와 AVL 트리가 있습니다.

레드 블랙 트리

레드 블랙 트리는 자가 균형 이진 탐색 트리로서 모든 노드가 다음 규칙을 만족합니다.

- 모든 노드는 빨간색 또는 검은색입니다.

- 루트 노드는 항상 검은색입니다.

- 모든 단말 노드(NULL)는 검은색입니다.

- 빨간색 노드의 양쪽 자식 노드는 모두 검은색입니다.

- 한 노드에서 NULL 노드로의 모든 경로에는 동일한 수의 검은색(블랙) 노드가 있습니다.

다음은 레드 블랙 트리를 나타낸 그림입니다.

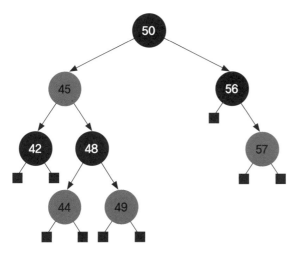

그림 13-6 레드 블랙 트리 예제

레드 블랙 트리가 심하게 불균형한 일은 절대로 없습니다. 모든 노드가 검은색이면 트리는 **완벽하게 균형 잡힌 트리**가 됩니다. 가장 긴 경로에 검은색과 빨간색([그림 13-6]에서는 회색으로 표시) 노드가 번갈아 가면서 배치되어 있다면 레드 블랙 트리는 최대 높이가 됩니다. 레드 블랙 트리의 높이는 $2\log_2(n+1)$보다 작거나 같으므로 높이는 항상 $O(\log n)$ 순서입니다.

레드 블랙 트리 문제는 복잡성과 구현 시간 때문에 인터뷰에 잘 나오지 않습니다. 만약 나온다면 삽입, 삭제, 검색 연산을 구현하는 문제일 수 있습니다. 이 책에서 제공하는 예제 코드 중 '13/RedBlackTreeImpl'를 찾고 레드 블랙 트리와 삽입, 삭제, 검색 연산을 구현한 결과를 확인하세요. 레드 블랙 트리 개념에 익숙해질 것입니다.

레드 블랙 트리의 더 많은 구현 코드를 확인하고 싶다면 다음 웹 페이지를 방문해보세요.

- https://bit.ly/3NKviH6

- https://algs4.cs.princeton.edu/33balanced/RedBlackBST.java.html

레드 블랙 트리를 시각적으로 확인하고 싶다면 다음 웹 페이지를 방문해보세요.

- https://www.cs.usfca.edu/~galles/visualization/RedBlack.html

사실 레드 블랙 트리를 깊게 파고 들면 내용이 매우 방대하므로 더 자세히 알아보려면 자료구조에 관한 책이나 자료를 읽는 것이 좋습니다.

AVL 트리

발명자 아델슨 벨스키[Adelson-Velsky]와 랜디스[Landis]의 이름을 딴 **AVL 트리**는 자가 균형 이진 탐색 트리로서 다음 규칙을 만족합니다.

- 하위 트리의 높이는 최대 1만큼 다를 수 있습니다.
- 노드 n의 균형 계수 BN은 -1, 0, 1이며 높이 h의 차이로 정의됩니다.

  $BN = h(\text{right\_subtree}(n)) - h(\text{left\_subtree}(n))$ 혹은

  $BN = h(\text{left\_subtree}(n)) - h(\text{right\_subtree}(n))$

다음은 AVL 트리를 나타낸 그림입니다.

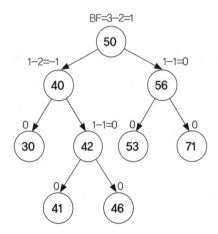

그림 13-7 AVL 트리 예제

AVL 트리를 사용하면 모든 연산(삽입, 삭제, 최솟값 검색, 최댓값 검색 등)을 O(log*n*) 시간 복잡도로 수행할 수 있습니다. 참고로 *n*은 노드의 수입니다.

AVL 트리 관련 문제 역시 레드 블랙 트리와 마찬가지로 복잡성과 구현 시간 때문에 기술 인터뷰에 잘 나오지 않습니다. 만약 나온다면 삽입, 삭제, 검색 연산을 구현하는 문제일 것입니다. 이 책에서 제공하는 예제 코드 중 '13/AVLTreeImpl'에서 삽입, 삭제, 검색 연산이 동작하는 것을 보여줍니다. 코드를 분석해 AVL 트리 개념에 익숙해지세요.

AVL 트리의 더 많은 구현 코드를 확인하고 싶다면 다음 웹 페이지를 방문해보세요.

- https://bit.ly/3OTGBOq
- https://bit.ly/3IuaFxN

AVL 트리를 시각적으로 확인하고 싶다면 다음 웹 페이지를 방문해보세요.

- https://www.cs.usfca.edu/~galles/visualization/AVLtree.html

AVL 트리도 깊게 파고 들면 내용이 매우 방대하므로 더 자세히 알아보려면 자료구조에 관한 책이나 자료를 읽는 것이 좋습니다.

13.1.4 완전 이진 트리

완전 이진 트리^{complete binary tree}는 마지막을 제외한 모든 레벨이 완전히 채워진 이진 트리입니다.

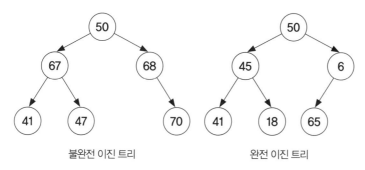

불완전 이진 트리   완전 이진 트리

그림 13-8 불완전 이진 트리와 완전 이진 트리 비교

앞 그림에서 왼쪽 트리는 불완전 이진 트리고 오른쪽 트리는 완전 이진 트리입니다. 완전 이진 트리에서 모든 노드는 가능한 한 왼쪽에 있습니다. 또한 왼쪽에서 오른쪽으로 노드가 채워져야 합니다. *n*개의 노드가 있는 완전 이진 트리의 높이는 항상 O(log*n*)입니다.

13.1.5 정 이진 트리

정 이진 트리^{full binary tree}는 모든 노드에 2개의 자식이 있거나 아예 없는 이진 트리입니다. 즉, 노드는 자식을 하나만 가질 수 없습니다. 다음 그림에서 오른쪽 트리는 정 이진 트리이고 왼쪽 트리는 정 이진 트리가 아닙니다.

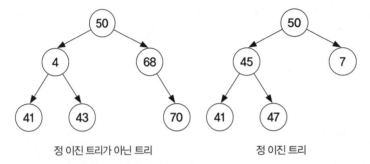

정 이진 트리가 아닌 트리   정 이진 트리

그림 13-9 정 이진 트리가 아닌 트리와 정 이진 트리 비교

[그림 13-9]에서 왼쪽 트리는 노드 68에 자식이 하나만 있으므로 정 이진 트리가 아닙니다.

13.1.6 포화 이진 트리

포화 이진 트리^{perfect binary tree}는 완전 이진 트리인 동시에 정 이진 트리입니다. 다음은 포화 이진 트리의 예시입니다.

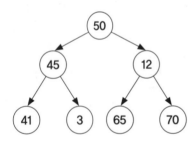

그림 13-10 포화 이진 트리

포화 이진 트리에서는 모든 단말 노드가 같은 레벨에 있습니다. 이것은 마지막 레벨이 최대 노드 수를 갖는다는 의미입니다. 인터뷰에서 이런 종류의 트리는 거의 나오지 않습니다.

[Column] 이진 트리 문제에서 주의할 점

"이진 트리가 주어질 때 ~하는 코드를 작성하세요"와 같은 문제에 주의하세요. 주어진 이진 트리에 대해 어떠한 가정도 하지 마세요! "주어진 트리는 균형 트리인가요? 정 이진 트리인가요? 이진 탐색 트리인가요?"와 같이 자세한 내용을 면접관에게 항상 질문하세요. 다시 말해, 주어진 이진 트리에 대해 사실이 아닐 수 있는 가정을 기반으로 문제를 풀지 마세요.

13.1.7 이진 힙

이진 힙binary heap은 간단히 말해서 **힙 속성**이 있는 완전 이진 트리입니다. 요소가 오름차순일 때 (힙이 각 노드의 요소가 부모의 요소보다 크거나 같다는 속성을 가질 때) **최소 이진 힙**min binary heap이라고 하며 루트가 최소 요소입니다. 반면에 요소가 내림차순일 때(힙이 각 노드의 요소가 부모의 요소보다 작거나 같다는 속성을 가질 때) **최대 이진 힙**max binary heap이라고 하며 루트가 최대 요소입니다.

다음 그림에서 왼쪽은 완전 이진 트리, 가운데는 최소 이진 힙, 오른쪽은 최대 이진 힙입니다.

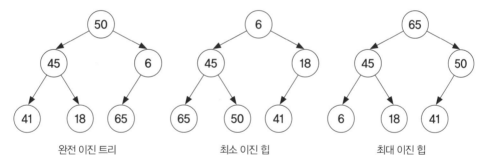

그림 13-11 완전 이진 트리와 최소 힙, 최대 힙

이진 힙은 정렬되지 않으며 부분적으로만 순서를 가집니다. 같은 레벨의 노드 사이에는 아무런 관계가 없습니다. 이진 힙은 일반적으로 배열로 표현되며, 배열을 heap이라고 할 때 루트는 heap[0]에 위치합니다. heap[i]는 다음과 같은 규칙을 따릅니다.

- heap[(i - 1) / 2]: 부모 노드를 반환합니다.
- heap[(2 * i) + 1]: 왼쪽 자식 노드를 반환합니다.
- heap[(2 * i) + 2]: 오른쪽 자식 노드를 반환합니다.

배열로 구현한 최대 이진 힙은 다음과 같습니다.

코드 13-5 13/MaxHeap/src/main/java/coding/challenge/MaxHeap.java

```java
public class MaxHeap<T extends Comparable<T>> {
    private static final int DEFAULT_CAPACITY = 5;

    private int capacity;
    private int size;
    private T[] heap;

    public MaxHeap() {
        capacity = DEFAULT_CAPACITY;
        this.heap = (T[]) Array.newInstance(
            Comparable[].class.getComponentType(), DEFAULT_CAPACITY);
    }

    // 힙 연산 코드 생략
}
```

힙에서 사용하는 일반적인 연산은 add, poll, peek입니다. 요소를 더하거나 폴한 후에는 힙의 속성에 맞게 힙을 수정해야 합니다. 이 단계를 일반적으로 '힙화heapify'라고 합니다.

힙에 요소를 추가하는 시간 복잡도는 O(log$n$)입니다. 새로운 요소는 힙 트리의 끝에 추가됩니다. 새 요소가 부모 요소보다 작으면 아무것도 할 필요가 없습니다. 하지만 새 요소가 부모 요소보다 크다면 힙 속성에 맞지 않으므로 위쪽으로 힙을 탐색하며 수정해야 합니다. 이 작업을 '상향식 힙화heapify-up'라고 합니다.

상향식 힙화 알고리즘은 다음 두 단계로 구성됩니다.

1. 힙의 끝을 현재 노드로 설정하여 힙화를 시작합니다.
2. 현재 노드에 부모가 있고 부모가 현재 노드보다 작다면 노드를 교환하고, 부모가 현재 노드보다 클 때까지 교환을 반복합니다.

힙에서 요소를 폴하는 시간 복잡도도 O(log$n$)입니다. 힙의 루트 요소를 폴한 후에는 힙의 속성에 맞게 힙을 수정해야 합니다. 이 과정을 '하향식 힙화heapify-down'라고 합니다.

하향식 힙화 알고리즘은 다음 세 단계로 구성됩니다.

1. 힙의 루트를 현재 노드로 설정하여 힙화를 시작합니다.

2. 현재 노드의 자식 중 가장 큰 노드를 찾습니다.

3. 현재 노드가 가장 큰 자식보다 작으면 두 노드를 교환하고 2단계부터 반복합니다. 그렇지 않으면 더 작업할 내용이 없으므로 알고리즘을 중단합니다.

마지막으로 힙에서 조회는 힙의 루트 요소를 반환하는 O(1) 연산입니다.

참고로 MaxHeap.java에는 add(T element), peek, poll 메서드를 모두 구현한 코드를 확인할 수 있습니다.

> **원 포인트 Column** | **이진 트리 이외의 다른 트리**
>
> 이진 트리 이외의 다른 트리에는 무엇이 있을까요? 대표적으로 트라이[trie]가 있습니다. 트라이는 트리의 일종으로 검색이라는 뜻의 영어 단어 'retrieval'에서 유래했으며 검색 자료구조를 의미합니다. '디지털 트리' 또는 '접두사 트리'라고도 합니다. 트라이는 문자열을 저장할 때 일반적으로 사용하는 정렬된 트리 구조로 이진 트리보다 성능이 좋습니다.
>
> 그 밖에 튜플, 서로소 집합[disjoint-set], 이진 색인 트리, 펜윅 트리[fenwick tree] 및 블룸 필터와 같은 트리 기반 자료구조도 함께 살펴볼 수 있습니다.

13.2 그래프의 개요

그래프는 간선으로 연결할 수 있는 노드의 모음을 나타내는 자료구조입니다. 예를 들어 소셜 미디어 플랫폼에서 회원 네트워크를 나타낼 때처럼, 현실 세계의 연결 관계를 효과적으로 나타내는 자료구조입니다.

앞에서 자세히 살펴봤던 트리는 그래프의 일종으로 순환이 없는 그래프입니다. 참고로 트리처럼 순환이 없는 그래프는 비순환 그래프[acyclic graph]라고 합니다.

그래프에서 사용하는 두 가지 주요 용어는 다음과 같습니다.

- 정점^{vertex}은 정보를 나타냅니다. 예를 들어 구성원, 강아지, 값 등의 정보를 나타낼 수 있습니다.
- 간선^{edge}은 두 정점 사이의 연결 또는 관계를 의미합니다.

그래프에서의 연결은 단방향(예를 들면 이진 트리)이나 양방향입니다. 양방향 도로처럼 양방향 연결된 그래프를 **무향 그래프**$^{undirected graph}$라고 하며 무방향 간선을 사용합니다. 일방통행 도로처럼 단방향 연결된 그래프를 **유향 그래프**$^{directed graph}$라고 하며 방향 간선을 사용합니다.

그래프의 간선은 가중치라는 정보(예를 들어 도로의 길이)를 포함할 수 있습니다. 가중치를 포함하는 간선이 있는 그래프를 **가중 그래프**$^{weighted graph}$라고 합니다. 그래프에서 시작 정점과 같은 정점을 가리키는 단일 간선이 있으면 **자가 루프 그래프**$^{self-loop graph}$라고 합니다.

다음은 각 그래프 유형을 나타낸 그림입니다.

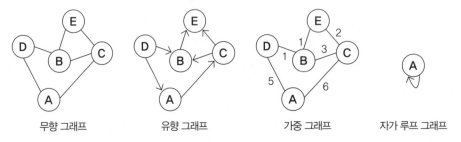

무향 그래프　　　　유향 그래프　　　　가중 그래프　　　　자가 루프 그래프

그림 13-12 그래프 유형

이진 트리와 달리, 노드 링크로 그래프를 나타내는 것은 실용적이지 않습니다. 프로그래밍에서는 보통 인접 행렬 또는 인접 리스트로 그래프를 표현합니다.

13.2.1 인접 행렬

인접 행렬$^{adjacency matrix}$은 정점의 개수를 n이라고 할 때 크기가 $n \times n$인 불리언 2차원 행렬 또는 0과 1만 포함하는 정수 2차원 배열로 표현합니다. 이 2차원 배열을 matrix라고 할 때, 정점 i에서 정점 j까지의 간선이 있으면 matrix[i][j]는 참^{true} 또는 1입니다. 정점 i에서 정점 j까지의 간선이 없으면 matrix[i][j]는 거짓^{false} 또는 0입니다.

다음 그림은 무향 그래프를 인접 행렬로 나타낸 예제입니다.

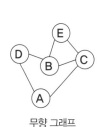

	A	B	C	D	E
A	0	0	1	1	0
B	0	0	1	1	1
C	1	1	0	0	1
D	1	1	0	0	0
E	0	1	1	0	0

무향 그래프

그림 13-13 무향 그래프의 인접 행렬

참고로 인접 행렬은 메모리 공간을 절약하기 위해 비트 행렬도 사용할 수 있습니다. 한편 가중 그래프의 인접 행렬은 간선의 가중치를 저장할 수 있고, 간선이 없을 때는 0으로 표시합니다.

인접 행렬로 그래프를 구현하면 다음과 같습니다. 그래프에서 탐색해야 하는 간선은 인접 행렬로 각 메서드에 전달되기 때문에 정점 리스트만 관리하면 됩니다.

```java
public class Graph<T> {
    // 정점 리스트
    private final List<T> elements;

    public Graph() {
        this.elements = new ArrayList<>();
    }

    // 그래프 연산 코드 생략
}
```

13.2.2 인접 리스트

프로그래밍에서 그래프를 나타내는 또 다른 방법은 인접 리스트입니다. 인접 리스트는 그래프의 정점 수와 크기가 같은 리스트의 배열입니다. 모든 정점은 이 배열에 저장되며 인접한 정점 리스트를 저장합니다. 즉, 배열의 인덱스 i에 있는 리스트는 인덱스 i에 있는 배열에 저장된 정점의 인접 정점을 포함합니다.

다음은 무향 그래프를 인접 리스트로 나타낸 그림입니다.

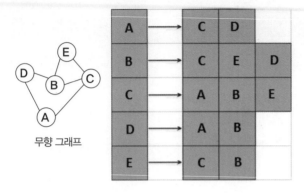

그림 13–14 무향 그래프의 인접 리스트

Map을 사용하여 구현한 인접 리스트로 그래프를 구현하면 다음과 같습니다.

```java
public class Graph<T> {
    // 정점 리스트는 맵으로 구현합니다.
    private final Map<T, List<T>> adjacencyList;

    public Graph() {
        this.adjacencyList = new HashMap<>();
    }

    // 연산자 생략
}
```

13.2.3 그래프 순회 방법

다음으로 그래프의 순회 방법을 살펴보겠습니다. 그래프를 순회하는 가장 일반적인 두 가지 방법은 깊이 우선 탐색과 너비 우선 탐색입니다. 각각의 개요를 살펴보겠습니다.

그래프의 너비 우선 탐색

너비 우선 탐색은 주로 그래프에서 사용합니다. 그래프를 다룰 때는 그래프에 순환 구조가 있을 수 있다는 점을 고려해야 합니다. 평범한 너비 우선 탐색 구현은 이진 트리에서 보았듯이 순환 구조를 고려하지 않으므로, 너비 우선 탐색 큐를 순회하는 동안 무한 루프가 발생할 위험이 있습니다. 이러한 위험을 방지하려면 방문한 노드를 저장하는 추가 자료구조를 사용합니다.

이 알고리즘의 단계는 다음과 같습니다.

1. 시작 노드(현재 노드)를 방문한 노드로 저장하여 방문했다고 표시하고 너비 우선 탐색 큐에 추가합니다.

2. 큐에서 현재 노드를 팝합니다.

3. 현재 노드를 방문합니다.

4. 현재 노드의 인접 노드를 가져옵니다.

5. 인접한 노드를 순회합니다. null이 아니고 방문한 적이 없는 노드에 다음을 수행합니다.

   a. 노드를 방문한 노드로 저장하여 방문했다고 표시합니다.

   b. 노드를 큐에 추가합니다.

6. 큐가 비워질 때까지 2단계부터 반복합니다.

이러한 그래프 순회 너비 우선 탐색을 인접 행렬로 구현한 코드는 다음과 같습니다.

코드 13-6 13/GraphAdjacencyMatrixTraversal/src/main/java/coding/challenge/Graph.java

```java
public void bfs(int[][] adjacencyMatrix, T startElement) {
    Queue<T> queue = new ArrayDeque<>();
    Set<T> visited = new HashSet<>();

    // 1단계: 시작 노드(현재 노드)를 방문한 노드로 저장하여
    // 방문했다고 표시하고 너비 우선 탐색 큐에 추가합니다.
    visited.add(startElement);
    queue.add(startElement);

    while (!queue.isEmpty()) {
        // 2단계: 큐에서 현재 노드를 팝합니다.
        T element = queue.poll();

        // 3단계: 현재 노드를 방문합니다.
        System.out.print(element + " ");

        // 4단계: 현재 노드의 인접 노드를 가져옵니다.
        List<T> adjacents = findAdjacents(adjacencyMatrix, element);

        if (adjacents != null) {
```

```
        // 5단계: 인접한 노드를 순회합니다.
        // null이 아니고 방문한 적이 없는 노드에 다음을 수행합니다.
        // a. 노드를 방문한 노드로 저장하여 방문했다고 표시합니다.
        // b. 노드를 큐에 추가합니다.
        for (T t : adjacents) {
            if (t != null && !visited.contains(t)) {
                visited.add(t);
                queue.add(t);
            }
        }
    }
}
```

그래프의 깊이 우선 탐색

그래프의 경우 재귀 또는 반복 기반으로 깊이 우선 탐색 알고리즘을 구현합니다.

재귀 기반 깊이 우선 탐색

재귀 기반으로 깊이 우선 탐색 알고리즘을 구현하는 단계는 다음과 같습니다.

1. 현재 노드(주어진 노드)에서 시작하여, 현재 노드를 방문한 노드로 저장하여 방문했다고 표시합니다.

2. 현재 노드를 방문합니다.

3. 재귀로 방문한 적이 없는 인접 정점을 순회합니다.

이러한 그래프 순회 재귀 기반 깊이 우선 탐색 알고리즘을 인접 행렬로 구현한 코드는 다음과 같습니다.

코드 13-7 13/GraphAdjacencyMatrixTraversal/src/main/java/coding/challenge/Graph.java

```java
public void dfsRecursion(int[][] adjacencyMatrix, T startElement) {
    Set<T> visited = new HashSet<>();

    dfsRecursion(adjacencyMatrix, startElement, visited);
}
```

```
private void dfsRecursion(int[][] adjacencyMatrix, T currentElement, Set<T> visited) {
    // 1단계: 현재 노드(주어진 노드)에서 시작하여,
    // 현재 노드를 방문한 노드로 저장하여 방문했다고 표시합니다.
    visited.add(currentElement);

    // 2단계: 현재 노드를 방문합니다.
    System.out.print(currentElement + " ");

    // 3단계: 재귀로 방문한 적이 없는 인접 정점을 순회합니다.
    List<T> adjacents = findAdjacents(adjacencyMatrix, currentElement);

    if (adjacents != null) {
        for (T t : adjacents) {
            if (t != null && !visited.contains(t)) {
                dfsRecursion(adjacencyMatrix, t, visited);
            }
        }
    }
}
```

반복 기반 깊이 우선 탐색

Stack 클래스를 활용해 반복 기반으로 깊이 우선 탐색을 구현할 수 있습니다. 알고리즘을 구현하는 단계는 다음과 같습니다.

1. 현재 노드(주어진 노드)에서 시작하여 현재 노드를 Stack에 푸시합니다.

2. Stack이 빌 때까지 다음을 수행합니다.

   a. Stack에서 현재 노드를 팝합니다.

   b. 현재 노드를 방문합니다.

   c. 현재 노드를 방문한 노드로 저장하여 방문했다고 표시합니다.

   d. 방문한 적이 없는 인접 정점을 Stack에 푸시합니다.

이러한 그래프 순회 반복 기반 깊이 우선 탐색 알고리즘을 인접 행렬로 구현한 코드는 다음과 같습니다.

```java
public void dfsStack(int[][] adjacencyMatrix, T startElement) {
    Stack<T> stack = new Stack<>();
    Set<T> visited = new HashSet<>();

    // 1단계: 현재 노드(주어진 노드)에서 시작하여 현재 노드를 Stack에 푸시합니다.
    stack.add(startElement);

    // 2단계: Stack이 빌 때까지 다음을 수행합니다.
    while (!stack.isEmpty()) {
        // 2-a단계: Stack에서 현재 노드를 팝합니다.
        T element = stack.pop();

        if (!visited.contains(element)) {
            // 2-b단계: 현재 노드를 방문합니다.
            System.out.print(element + " ");

            // 2-c단계: 현재 노드를 방문한 노드로 저장하여 방문했다고 표시합니다.
            visited.add(element);
        }

        // 2-d단계: 방문한 적이 없는 인접 정점을 Stack에 푸시합니다.
        List<T> adjacents = findAdjacents(adjacencyMatrix, element);

        if (adjacents != null) {
            for (T t : adjacents) {
                if (t != null && !visited.contains(t)) {
                    stack.push(t);
                }
            }
        }
    }
}
```

참고로 인접 리스트를 이용해 그래프 순회의 너비 우선 탐색과 깊이 우선 탐색을 구현한 예제
는 '13/GraphAdjacencyListTraversal'입니다. 주석을 기반으로 인접 리스트와 인접 행렬
의 구현 차이를 확인하기 바랍니다.

13.3 코딩 테스트

트리와 그래프의 개요를 살펴보았으므로, 이제 인터뷰에 가장 많이 나오는 25가지 트리와 그래프 관련 코딩 테스트에 도전할 시간입니다.

지금까지 해왔듯이 아마존, 어도비, 구글과 같은 IT 대기업을 포함하여 세계 최고의 회사에서 일반적으로 내는 문제를 함께 다뤄보겠습니다. 시작해볼까요?

13.3.1 코딩 테스트 1: 두 노드 사이의 경로

문제: 유향 그래프가 있습니다. 주어진 두 노드 사이에 경로가 있으면 true, 경로가 없으면 false를 반환하는 코드를 작성하세요.

풀이법: 다음 그림과 같은 유향 그래프가 주어졌다고 가정하겠습니다.

그림 13-15 노드 D에서 노드 E, 또는 그 반대 경로

노드 D와 E를 보면 D에서 E로 가는 경로가 3개 있고 E에서 D로 가는 경로는 없음을 확인할 수 있습니다.

노드 D에서 E로 가는 경로가 존재한다는 것은, 노드 D에서 시작하여 너비 우선 탐색이나 깊이 우선 탐색으로 그래프를 순회하면 어떤 시점에는 노드 E를 반드시 통과해야 한다는 의미입니다. 만약 노드 D에서 시작하여 그래프를 순회하는 동안 노드 E를 거치지 않는다면 D와 E 사이에 경로는 없습니다.

이와 같은 특징을 활용하면 이 문제의 풀이법은 다음과 같습니다. 주어진 노드 중 하나에서 시작하여 두 번째로 주어진 노드에 도달하거나 더는 이동 가능한 노드가 없을 때까지 그래프를 순회합니다. 예를 들어 다음과 같이 너비 우선 탐색으로 이 과정을 수행할 수 있습니다.

```java
public boolean isPath(T from, T to) {
    if (from == null || to == null) {
        return false;
    }

    if (from == to) {
        return true;
    }

    Queue<T> queue = new ArrayDeque<>();
    Set<T> visited = new HashSet<>();

    // 'from' 노드에서 시작합니다.
    visited.add(from);
    queue.add(from);

    while (!queue.isEmpty()) {
        T element = queue.poll();

        List<T> adjacents = adjacencyList.get(element);
        if (adjacents != null) {
            for (T t : adjacents) {
                if (t != null && !visited.contains(t)) {
                    visited.add(t);
                    queue.add(t);

                    // 목적지 노드인 'to' 노드에 도달했습니다.
                    if (t.equals(to)) {
                        return true;
                    }
                }
            }
        }
    }

    return false;
}
```

13.3.2 코딩 테스트 2: 정렬된 배열로 최소 이진 탐색 트리 만들기

회사: 아마존, 구글

문제: 오름차순으로 정렬된 정수 배열이 있습니다. 이 배열에서 최소 이진 탐색 트리를 생성하는 코드를 작성하세요. 최소 이진 탐색 트리는 최소 높이의 이진 탐색 트리로 정의합니다.

풀이법: 주어진 배열이 { -2, 3, 4, 6, 7, 8, 12, 23, 90 }이라고 가정하겠습니다. 이 배열에서 생성할 수 있는 최소 이진 탐색 트리는 다음과 같습니다.

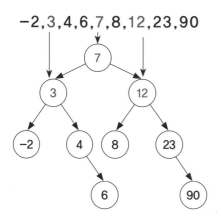

그림 13-16 정렬된 배열로 최소 이진 탐색 트리 생성

최소 높이의 이진 탐색 트리를 생성하려면 왼쪽 및 오른쪽 하위 트리에 같은 개수의 노드를 분배하도록 노력해야 합니다. 이 조건을 염두에 두면 정렬된 배열의 가운데 요소를 루트로 선택해야 한다는 점을 눈치챌 수 있습니다. 가운데 요소를 기준으로 왼쪽에 있는 배열의 요소는 가운데 요소보다 작으므로 왼쪽 하위 트리를 만들 수 있습니다. 가운데 요소를 기준으로 오른쪽에 있는 배열의 요소는 가운데 요소보다 크므로 오른쪽 하위 트리를 만들 수 있습니다.

주어진 예제에서는 트리의 루트로 가운데 요소 7을 선택합니다. 다음으로, -2, 3, 4, 6은 왼쪽 하위 트리를 구성하고 8, 12, 23, 90은 오른쪽 하위 트리를 구성해야 합니다. 이때 생성하는 트리는 이진 탐색 트리의 속성을 따라야 하므로, 요소를 왼쪽 또는 오른쪽 하위 트리에 단순히 추가하면 안 됩니다. 이진 탐색 트리에서는 각 노드 n에 대해 'n의 왼쪽 후손 $\leq n < n$의 오른쪽 후손'을 만족해야 합니다.

복잡하게 보이지만 사실 하위 트리를 구성할 때도 루트를 선택하는 방법을 그대로 따르기만 하면 됩니다. -2, 3, 4, 6을 배열로 생각하면 가운데 요소가 3이고 8, 12, 24, 90을 배열로 생각하면 가운데 요소가 12입니다. 따라서 왼쪽 하위 트리의 루트가 3일 때 이 트리의 왼쪽 하위 트리는 -2로 구성되며, 오른쪽 하위 트리는 4와 6으로 구성됩니다. 마찬가지로 오른쪽 하위 트리의 루트가 12일 때 이 트리의 왼쪽 하위 트리는 8로 구성되며, 오른쪽 하위 트리는 24와 90으로 구성됩니다.

혹시 눈치채셨나요? 이쯤에서 여러분은 모든 하위 배열을 처리할 때 같은 방법을 적용할 수 있다는 점을 알아챘을 것입니다. 물론 이 풀이법을 재귀 알고리즘으로 구현할 수 있다는 점까지 말이죠. 아직 재귀가 익숙하지 않다면 8장을 복습해보세요.

자, 이제 재귀 알고리즘을 다음과 같이 4단계로 정의하겠습니다.

1. 배열의 가운데 요소를 트리에 삽입합니다.

2. 왼쪽 하위 배열의 요소를 왼쪽 하위 트리에 삽입합니다.

3. 오른쪽 하위 배열의 요소를 오른쪽 하위 트리에 삽입합니다.

4. 재귀 호출로 알고리즘을 반복 실행합니다.

이 과정을 코드로 구현하면 다음과 같습니다.

코드 13-10 13/SortedArrayToMinBinarySearchTree/src/main/java/coding/challenge/BinarySearchTree.java

```java
public void minimalBst(T m[]) {
    if (m == null) {
        throw new IllegalArgumentException("The given array cannot be null");
    }

    root = minimalBst(m, 0, m.length - 1);
}

private Node minimalBst(T m[], int start, int end) {
    if (end < start) {
        return null;
    }

    int middle = (start + end) / 2;
    Node node = new Node(m[middle]);

    nodeCount++;
```

```
    node.left = minimalBst(m, start, middle - 1);
    node.right = minimalBst(m, middle + 1, end);

    return node;
}
```

13.3.3 코딩 테스트 3: 레벨별 리스트

문제: 이진 트리가 있습니다. 트리의 각 레벨에 대한 요소 리스트를 생성하는 코드를 작성하세요. 예를 들어 트리의 깊이가 *d*면 *d*개의 리스트가 생성됩니다.

풀이법: 주어진 이진 트리가 다음 그림과 같다고 가정하겠습니다.

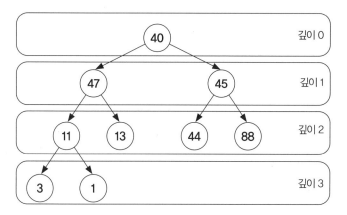

그림 13-17 레벨별 리스트

주어진 이진 트리의 깊이는 3입니다. 깊이 0에는 루트 40이 있습니다. 깊이 1에는 47과 45가 있습니다. 깊이 2에는 11, 13, 44, 4가 있습니다. 마지막으로 깊이 3에는 3과 1이 있습니다.

직관적으로 생각했을 때 이진 트리를 레벨별로 순회한다면 각 레벨에 대한 요소 리스트를 만들 수 있습니다. 다시 말해서, 레벨 순회라고도 부르는 깊이 우선 탐색 알고리즘을 사용하면 순회하는 각 레벨에 있는 요소를 리스트로 만들 수 있습니다.

더 정확하게는 루트부터 순회하기 시작하여 해당 요소를 포함하는 리스트를 생성하고, 다음으로 레벨 1을 순회하면서 해당 레벨에 있는 요소를 포함하는 리스트를 생성하는 식으로 계속 진행합니다.

레벨 i에 도달했을 때 이전 레벨 $i-1$의 모든 노드를 완전히 방문한 상태여야 합니다. 즉, 레벨 i의 요소를 가져오려면 이전 레벨 $i-1$의 모든 자식 노드를 순회해야 합니다.

코드 13-11 13/ListPerBinaryTreeLevel/src/main/java/coding/challenge/BinaryTree.java

```java
public List<List<T>> fetchAllLevels() {
    if (root == null) {
        return Collections.emptyList();
    }

    // 각 리스트는 하나의 레벨을 나타냅니다.
    List<List<T>> allLevels = new ArrayList<>();

    // 첫 번째 레벨은 루트만 포함합니다.
    Queue<Node> currentLevelOfNodes = new ArrayDeque<>();
    List<T> currentLevelOfElements = new ArrayList<>();

    currentLevelOfNodes.add(root);
    currentLevelOfElements.add(root.element);

    while (!currentLevelOfNodes.isEmpty()) {
        // 현재 레벨을 이전 레벨로 저장합니다.
        Queue<Node> previousLevelOfNodes = currentLevelOfNodes;

        // 최종 리스트에 레벨을 추가합니다.
        allLevels.add(currentLevelOfElements);

        // 다음 레벨을 현재 레벨로 설정합니다.
        currentLevelOfNodes = new ArrayDeque<>();
        currentLevelOfElements = new ArrayList<>();

        // 현재 레벨의 모든 노드를 순회합니다.
        for (Node parent : previousLevelOfNodes) {
            if (parent.left != null) {
                currentLevelOfNodes.add(parent.left);
                currentLevelOfElements.add(parent.left.element);
            }

            if (parent.right != null) {
                currentLevelOfNodes.add(parent.right);
```

```
                currentLevelOfElements.add(parent.right.element);
            }
        }
    }

    return allLevels;
}
```

참고로 앞 코드의 실행 복잡도는 O(*n*)입니다.

13.3.4 코딩 테스트 4: 하위 트리

회사: 어도비, 마이크로소프트, 플립카트

문제: 이진 트리 p와 q가 있고, q가 p의 하위 트리일 때 true를 반환하는 코드를 작성하세요.

풀이법: 주어진 이진 트리가 다음 그림과 같다고 가정하겠습니다.

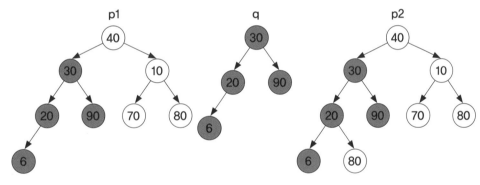

그림 13-18 이진 트리의 하위 이진 트리 관계

[그림 13-18]에서 보듯이 중간의 이진 트리 q는 왼쪽의 이진 트리 p1의 하위 트리이지만, 오른쪽의 이진 트리 p2의 하위 트리는 아닙니다.

이진 트리의 하위 관계를 확인하려면 다음과 같은 두 가지 경우를 고려해야 합니다.

- p의 루트가 q의 루트와 일치(p.root.element == q.root.element)하면, p의 오른쪽 하위 트리가 q의 오른쪽 하위 트리와 같은지 또는 p의 왼쪽 하위 트리가 q의 오른쪽 하위 트리와 같은지를 확인해야 합니다.

- p의 루트가 q의 루트와 일치하지 않으면(p.root.element != q.root.element), p의 왼쪽 하위 트리가 q와 같은지 또는 p의 오른쪽 하위 트리가 q와 같은지를 확인해야 합니다.

첫 번째 경우를 구현하려면 두 가지 메서드가 필요합니다. 다음 그림을 보면서 메서드가 두 가지 필요한 이유를 이해해봅시다.

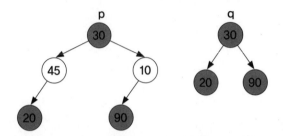

그림 13-19 루트와 단말 노드는 일치하지만 중간 노드는 일치하지 않는 경우

p와 q의 루트는 일치하지만 왼쪽/오른쪽 하위 트리의 일부 노드가 일치하지 않으면, 다시 처음으로 돌아가서 q가 p의 하위 트리인지를 살펴보아야 합니다. 첫 번째 메서드는 루트가 같으면 트리가 서로 일치하는지를 확인해야 합니다. 두 번째 메서드는 트리가 같지는 않지만 특정 노드부터 시작하여 하위 노드가 일치하는지 확인이 필요한 경우를 처리해야 합니다. 대부분의 지원자가 이 측면을 고려하지 않을 정도로 놓치기 쉬운 부분이므로 주의를 기울여야 합니다.

이 과정을 코드로 구현하면 다음과 같습니다.

코드 13-12 13/BinaryTreeSubtree/src/main/java/coding/challenge/BinaryTree.java

```java
public boolean isSubtree(BinaryTree q) {
    return isSubtree(root, q.root);
}


private boolean isSubtree(Node p, Node q) {
    if (p == null) {
        return false;
    }

    // 루트가 일치하지 않을 때 처리
    if (!match(p, q)) {
        return (isSubtree(p.left, q) || isSubtree(p.right, q));
    }
```

```
        return true;
}

private boolean match(Node p, Node q) {
    if (p == null && q == null) {
        return true;
    }

    if (p == null || q == null) {
        return false;
    }

    return (p.element == q.element
      && match(p.left, q.left)
      && match(p.right, q.right));
}
```

참고로 n개의 노드가 있을 때 앞 코드의 시간 복잡도는 O(n)입니다.

13.3.5 코딩 테스트 5: 착륙 예약 시스템

회사: 아마존, 어도비, 마이크로소프트

문제: 단일 활주로가 있는 공항이 있습니다. 이 공항은 여러 비행기로부터 착륙 요청을 받습니다. 착륙 요청에는 착륙 시간(예를 들어 9:56)과 착륙을 완료하는 데 필요한 시간(예를 들어 5분)이 포함됩니다. 이것을 '9:56(5)'로 나타내겠습니다.

이진 탐색 트리를 사용하여 이 착륙 예약 시스템을 구성하는 코드를 작성하세요. 활주로가 하나뿐이므로 기존 예약과 겹치는 착륙 요청은 거부해야 합니다. 요청 순서가 예약 순서를 나타냅니다.

풀이법: 주어진 착륙 요청 순서가 10:10(3), 10:14(3), 9:55(2), 10:18(1), 9:58(5), 9:47(2), 9:41(2), 10:22(1), 9:50(6), 10:04(4)라고 가정할 때 착륙 타임라인을 그려보면 다음과 같습니다.

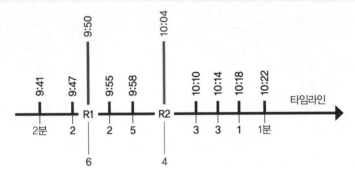

그림 13-20 착륙 타임라인

[그림 13-20]을 보면 완료된 예약을 살펴볼 수 있습니다. 9:41에 비행기 1대가 착륙을 시도하고 착륙을 완료하는 데 2분이 필요합니다. 9:47와 9:55에도 착륙을 완료하는 데 2분이 필요한 다른 2대의 비행기가 있습니다. 9:58에는 착륙을 완료하는 데 5분이 필요한 비행기가 있으며 여러 비행기가 추가로 예약되어 있습니다. 그리고 R1, R2로 표시한 새로운 착륙 요청이 있습니다.

이때 착륙 요청 R1은 승인할 수 없다는 점에 주목하세요. 착륙 시간은 9:50이며 착륙을 완료하는 데 6분이 필요하므로 해당 착륙은 9:56에 종료됩니다. 그런데 이미 9:55부터 2분 동안 활주로를 사용하는 비행기가 있기 때문에 9:56에는 활주로를 사용할 수 없습니다. 활주로는 단 하나뿐이므로 이 착륙 요청을 거부해야 합니다. 이러한 경우를 요청 시간이 중첩된 경우라고 볼 수 있습니다. 한편 착륙 요청 R2는 승인할 수 있습니다. 요청 시간은 10:04이고 완료하는 데 4분이 필요하므로 해당 착륙은 10:08에 종료됩니다. 10:08에는 활주로를 사용하는 비행기가 없으며 다음 착륙은 10:10에 시작됩니다.

이 문제를 이진 탐색 트리로 풀어야 하지만, 정렬 또는 정렬되지 않은 배열이나 연결 리스트를 사용해도 괜찮습니다. 정렬되지 않은 배열 또는 연결 리스트를 사용하면 착륙 요청을 삽입하는 데 $O(1)$ 시간이 필요하고 잠재적인 중첩을 확인하는 데 $O(n)$ 시간이 필요합니다. 정렬된 배열 또는 연결 리스트와 이진 검색 알고리즘을 사용한다면 $O(\log n)$ 시간으로 잠재적인 요청 시간 중첩을 확인할 수 있습니다. 그러나 이 경우에는 착륙 요청을 삽입하려면 삽입 위치를 기준으로 모든 요소를 오른쪽으로 이동해야 하기 때문에 $O(n)$ 시간이 필요합니다.

그럼 이진 탐색 트리를 사용하면 어떨까요? 먼저 [그림 13-20]에서 살펴본 착륙 타임라인을 이진 탐색 트리로 표현하면 다음과 같습니다.

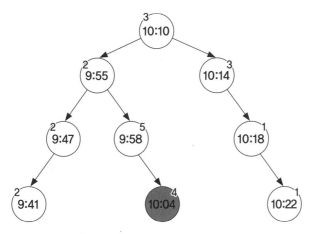

그림 13-21 착륙 타임라인을 나타낸 이진 탐색 트리

이번에는 이진 탐색 트리를 사용하여 착륙 요청을 저장했으니, 각 착륙 요청을 검색할 때 트리의 절반만 살펴보면 됩니다. 이진 탐색 트리에서 왼쪽의 모든 노드는 오른쪽의 모든 노드보다 작으므로 착륙 요청 시간은 왼쪽 또는 오른쪽 하위 트리 중 하나에만 있을 수 있기 때문입니다.

예를 들어 10:04의 착륙 요청은 루트인 10:10보다 작으므로 왼쪽 하위 트리로 이동합니다. 주어진 착륙 요청에서 중첩이 발생하면 해당 노드를 트리에 삽입하지 않고 반환합니다. 이진 탐색 트리의 높이를 h라고 할 때 착륙 요청 삽입은 O(1) 시간이 필요하며 O(h) 시간으로 잠재적인 요청 시간 중첩을 찾을 수 있습니다.

요청 시간 중첩은 다음과 같이 계산하여 찾을 수 있습니다.

```
long t1 = Duration.between
  (current.element.plusMinutes(current.time), element).toMinutes();
long t2 = Duration.between(current.element, element.plusMinutes(time)).toMinutes();

if (t1 <= 0 && t2 >= 0) {
    // 요청 시간 중첩 발견
}
```

여기서는 자바 8의 날짜와 시간 API를 사용하지만, 해당 API 대신 간단한 정수로도 구현할 수 있습니다. 자바 8의 날짜와 시간 API에 익숙하지 않다면 날짜, 시간 API와 관련한 여러 가지 자료를 찾아보기 바랍니다.

t1에서 현재 노드의 '착륙 시간 + 완료에 필요한 시간'과 현재 요청의 착륙 시간 사이의 시간을 계산합니다. t2에서 현재 노드의 착륙 시간과 '현재 요청의 착륙 시간 + 완료에 필요한 시간' 사이의 시간을 계산합니다. t1이 t2보다 작거나 같으면 겹치는 부분이 발견되므로 현재 착륙 요청을 거부합니다. 전체 코드를 살펴보겠습니다.

코드 13-13 13/BinaryTreeLandingReservation/src/main/java/coding/challenge/BinarySearchTree.java

```java
public class BinarySearchTree<Temporal> {
    private Node root = null;

    private class Node {
        private Node left;
        private Node right;

        private final LocalTime element;
        private final int time;

        public Node(LocalTime element, int time) {
            this.time = time;
            this.element = element;
            this.left = null;
            this.right = null;
        }

        public Node(Node left, Node right, LocalTime element, int time) {
            this.time = time;
            this.element = element;
            this.left = left;
            this.right = right;
        }
    }

    public void insert(LocalTime element, int time) {
        if (element == null) {
            throw new IllegalArgumentException("Cannot pass null arguments");
        }

        root = insert(root, element, time);
    }
```

```java
    private Node insert(Node current, LocalTime element, int time) {
        if (current == null) {
            return new Node(element, time);
        }

        long t1 = Duration.between(
          current.element.plusMinutes(current.time), element).toMinutes();
        long t2 = Duration.between(
          current.element, element.plusMinutes(time)).toMinutes();

        if (t1 <= 0 && t2 >= 0) {
            System.out.println("Cannot reserve the runway at "
              + element + " for " + time + " minutes !");

            return current;
        }

        if (element.compareTo(current.element) < 0) {
            current.left = insert(current.left, element, time);
        } else {
            current.right = insert(current.right, element, time);
        }

        return current;
    }

    public void printInOrder() {
        printInOrder(root);
    }

    private void printInOrder(Node node) {
        if (node != null) {
            printInOrder(node.left);
            System.out.print(" " + node.element + "(" + node.time + ")");
            printInOrder(node.right);
        }
    }
}
```

이진 탐색 트리의 중위 순회를 사용하여 착륙 시간의 타임라인을 쉽게 출력할 수 있습니다.

13.3.6 코딩 테스트 6: 균형 이진 트리

회사: 아마존, 마이크로소프트

문제: 이진 트리가 있습니다. 모든 노드의 두 하위 트리 높이 차이가 1 이하이면 균형이 잡힌 것입니다. 이러한 트리를 균형 이진 트리라고 합니다. 이진 트리가 균형을 이루면 true를 반환하는 코드를 작성하세요.

풀이법: 이진 트리가 균형을 이루려면 각 노드에서 두 하위 트리의 높이가 2 이상 다를 수 없습니다. 이 조건에 따라 다음 그림에서 오른쪽은 균형 이진 트리를, 왼쪽은 불균형 이진 트리를 나타냅니다.

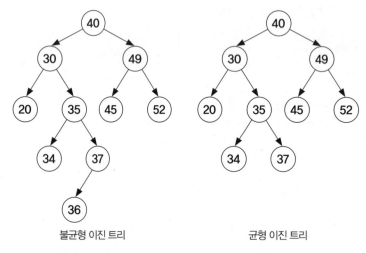

그림 13-22 불균형 및 균형 이진 트리

[그림 13-22]에서 왼쪽 이진 트리는 노드 40(루트)과 30에 해당하는 왼쪽 하위 트리와 오른쪽 하위 트리의 높이 차이가 1보다 크기 때문에 불균형합니다. 예를 들어 노드 40을 기준으로 왼쪽 하위 트리의 높이는 4이고 오른쪽 하위 트리의 높이는 2입니다. 한편 오른쪽 이진 트리는 각 노드를 기준으로 왼쪽 하위 트리와 오른쪽 하위 트리의 높이 차이가 1이기 때문에 균형을 이룹니다.

앞 그림의 예를 바탕으로 여러분은 이 문제를 재귀 알고리즘으로 간단히 풀 수 있다는 점을 직감할 수 있을 것입니다. 각 노드를 순회하면서 왼쪽 및 오른쪽 하위 트리의 높이를 계산하고 이 높이의 차이가 1보다 크면 false를 반환합니다.

지금까지 설명한 내용을 코드로 구현하면 다음과 같습니다.

```java
public boolean isBalanced1() {
    return isBalanced(root);
}

private boolean isBalanced(Node root) {
    if (root == null) {
        return true;
    }

    if (Math.abs(height(root.left) - height(root.right)) > 1) {
        return false;
    } else {
        return isBalanced(root.left) && isBalanced(root.right);
    }
}

private int height(Node root) {
    if (root == null) {
        return 0;
    }

    return Math.max(height(root.left), height(root.right)) + 1;
}
```

앞 풀이법은 각 노드에서 전체 하위 트리에 재귀를 적용하기 때문에 시간 복잡도는 $O(n\log n)$ 입니다. 여기서 핵심은 height의 호출 횟수입니다. 현재 height 메서드는 높이만 계산합니다. 그러나 이 메서드에서 트리가 균형이 맞는지도 확인하도록 개선할 수 있습니다.

불균형 하위 트리인 경우 에러 코드로 신호를 보내기만 하면 됩니다. 반면에 균형 잡힌 트리의 경우 해당 높이를 반환합니다. 에러 코드 대신 다음과 같이 Integer.MIN_VALUE를 사용할 수 있습니다.

```java
public boolean isBalanced2() {
    return checkHeight(root) != Integer.MIN_VALUE;
}
```

```java
private int checkHeight(Node root) {
    if (root == null) {
        return 0;
    }

    int leftHeight = checkHeight(root.left);
    if (leftHeight == Integer.MIN_VALUE) {
        return Integer.MIN_VALUE;  // 에러 반환
    }

    int rightHeight = checkHeight(root.right);
    if (rightHeight == Integer.MIN_VALUE) {
        return Integer.MIN_VALUE;  // 에러 반환
    }

    if (Math.abs(leftHeight - rightHeight) > 1) {
        return Integer.MIN_VALUE;  // 에러 반환
    } else {
        return Math.max(leftHeight, rightHeight) + 1;
    }
}
```

앞 코드의 시간 복잡도는 $O(n)$이고 트리의 높이를 h라고 할 때 공간 복잡도는 $O(h)$입니다.

13.3.7 코딩 테스트 7: 이진 트리가 이진 탐색 트리일 때

회사: 아마존, 구글, 어도비, 마이크로소프트, 플립카트

문제: 중복 요소를 포함할 수 있는 이진 트리가 있습니다. 이 트리가 이진 탐색 트리일 때 true를 반환하는 코드를 작성하세요.

풀이법: 이 문제는 주어진 이진 트리에 중복 요소가 포함될 수 있다고 처음부터 명시적으로 언급합니다. 이 조건이 중요한 이유는 무엇일까요? 이진 트리가 중복 요소를 허용하지 않는다면 중위 순회와 배열로 문제를 간단하게 해결할 수 있기 때문입니다. 탐색한 요소를 배열에 추가하면 결과 배열은 이진 트리가 이진 탐색 트리인 경우에만 정렬됩니다. 다음 그림에서 이 사실을 확인해봅시다.

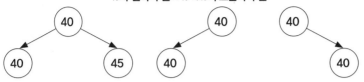

n의 왼쪽 후손 ≤ n < n의 오른쪽 후손

유효한 이진 탐색 트리   유효한 이진 탐색 트리   유효하지 않은 이진 탐색 트리

그림 13-23 유효한 이진 탐색 트리와 유효하지 않은 이진 탐색 트리

여러분은 이미 이진 탐색 트리에서 모든 노드가 'n의 왼쪽 후손 ≤ n < n의 오른쪽 후손'을 만족한다는 점을 알고 있습니다. 이에 따라 [그림 13-23]을 보면 왼쪽과 가운데의 두 이진 트리가 유효한 이진 탐색 트리이고, 오른쪽 이진 트리는 유효하지 않은 이진 탐색 트리임을 알 수 있습니다.

이때 가운데와 오른쪽 이진 트리의 요소를 배열에 추가하면 { 40, 40 }의 배열이 되는데, 이 배열 기반으로는 두 트리를 구별할 수 없기 때문에 배열로 이진 탐색 트리를 검증할 수 없습니다. 결국 주어진 이진 트리가 중복 요소를 허용하지 않을 때만 이 간단한 알고리즘을 사용할 수 있습니다.

이제 한 단계 더 나아갈 시간입니다. 다음 그림을 살펴볼까요?

n의 왼쪽 후손 ≤ n < n의 오른쪽 후손

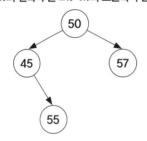

그림 13-24 유효하지 않은 이진 탐색 트리

[그림 13-24]를 보면 각 노드 n(예제 코드의 node)에 대해 node.left <= node < node.right를 만족하지만, 55가 잘못된 위치에 있습니다. 현재 노드의 모든 왼쪽 노드는 현재 노드보다 작거나 같아야 하며, 현재 노드는 모든 오른쪽 노드보다 작아야 한다는 점을 기억하세요.

즉, 현재 노드의 왼쪽 노드와 오른쪽 노드를 검증하는 것만으로는 올바른 이진 탐색 트리인지 검증할 수 없습니다. 노드 범위에 따라 노드 각각을 검증해야 합니다. 더 정확하게는 왼쪽 또는 오른쪽 하위 트리의 모든 노드는 허용되는 최소 요소와 최대 요소를 (minElement, maxElement)처럼 묶은 각 범위에 따라 유효성을 검사해야 합니다.

다음 트리를 살펴보겠습니다.

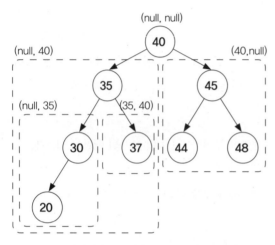

그림 13-25 이진 탐색 트리 검사

루트(40)에서 시작해서 (minElement == null, maxElement == null)을 고려했을 때 최소 또는 최대 제한이 없으므로 40은 조건을 충족합니다.

다음으로 왼쪽 하위 트리로 이동합니다. 이 하위 트리를 '40의 왼쪽 하위 트리'라고 하겠습니다. 40의 왼쪽 하위 트리의 모든 노드는 (null, 40) 사이여야 합니다. 다시 왼쪽으로 이동하여 (null, 35) 범위에 있어야 하는 35의 왼쪽 하위 트리로 이동합니다. 더 이동할 노드가 없을 때까지 왼쪽으로 이동합니다.

더 이동할 노드가 없으면 오른쪽으로 이동하기 시작하고, 이때 35의 오른쪽 하위 트리로 이동합니다. 이 하위 트리는 (35, 40) 범위에 있어야 합니다. 40의 오른쪽 하위 트리는 (40, null) 범위에 있어야 하며 나머지 하위 트리도 동일한 규칙으로 확인합니다.

정리하자면 왼쪽으로 이동하면 최댓값이 업데이트되고, 오른쪽으로 이동하면 최솟값이 업데이트되며, 문제가 발생하면 중지하고 false를 반환합니다. 이 알고리즘을 코드로 구현하면 다음과 같습니다.

```
ublic boolean isBinarySearchTree() {
    return isBinarySearchTree(root, null, null);
}

private boolean isBinarySearchTree(Node node, T minElement, T maxElement) {
    if (node == null) {
        return true;
    }

    if ((minElement != null && node.element.compareTo(minElement) <= 0)
            ¦¦ (maxElement != null && node.element.compareTo(maxElement) > 0)) {
        return false;
    }

    if (!isBinarySearchTree(node.left, minElement, node.element)
            ¦¦ !isBinarySearchTree(node.right, node.element, maxElement)) {
        return false;
    }

    return true;
}
```

13.3.8 코딩 테스트 8: 후속 노드

회사: 구글, 마이크로소프트

문제: 이진 탐색 트리와 트리에 속한 임의의 노드가 주어졌을 때, 중위 순회 순서상 주어진 노드의 후속 노드를 출력하는 코드를 작성하세요.

풀이법: 먼저 이진 트리의 중위 순회를 복습해볼까요? 중위 순회는 깊이 우선 탐색의 일종으로, 왼쪽 하위 트리부터 현재 노드, 오른쪽 하위 트리 순서로 트리를 순회합니다. 이제 이진 탐색 트리에서 임의의 노드 n(예제 코드에서는 root ~ n12)을 선택하고 중위 순회 순서상 n의 후속 노드 s를 찾아봅시다.

주어진 이진 탐색 트리가 다음 그림과 같다고 가정하겠습니다. 예제를 몇 가지 살펴볼까요?

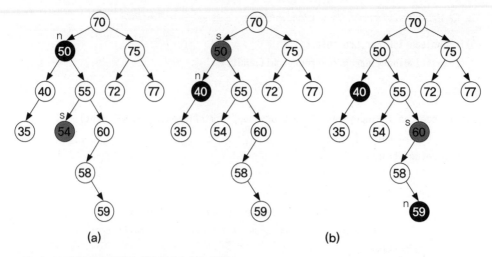

그림 13-26 이진 탐색 트리의 시작 및 후속 노드 예제

[그림 13-26]을 보면 두 가지 주요 예제를 (a)와 (b)로 나타냈습니다. (a)에서 노드 n은 오른쪽 하위 트리가 있습니다. (b)에서 노드 n은 오른쪽 하위 트리가 없습니다. 왼쪽 이진 탐색 트리 (a)를 보면 노드 n에 오른쪽 하위 트리가 있으므로 후속 노드 s가 이 오른쪽 하위 트리의 가장 왼쪽 노드입니다. 예를 들어 $n = 50$인 경우 후속 노드는 54입니다.

오른쪽 하위 트리가 없는 (b)의 경우에는 단순한 예제와 까다로운 예제를 나눠서 표현했습니다. [그림 13-26]의 가운데 이진 탐색 트리가 단순한 경우를 나타낸 예제입니다. 노드 n에 오른쪽 하위 트리가 없고 n이 부모의 왼쪽 자식이면 후속 노드가 바로 n의 부모입니다. 예를 들어 $n = 40$인 경우 후속 노드는 50입니다.

[그림 13-26]의 오른쪽 이진 탐색 트리가 (b)의 까다로운 경우를 나타낸 예제입니다. 노드 n에 오른쪽 하위 트리가 없고 n이 부모의 오른쪽 자식이면, n이 부모의 왼쪽 자식이 될 때까지 위쪽으로 이동하여 해당 부모를 반환합니다. 예를 들어 $n = 59$이면 후속 노드는 60입니다.

또한 n이 순회에서 마지막 노드인 경우 루트의 부모를 반환하게 된다는 점을 고려해야 합니다. 이 노드는 null일 수 있습니다.

지금까지 설명한 경우를 모아서 의사코드를 작성하면 다음과 같습니다.

```
Node inOrderSuccessor(Node n) {
    if (n has a right sub-tree) {
        return the leftmost child of right sub-tree
    }
```

```
    while (n is a right child of n.parent) {
        n = n.parent;   // 위쪽으로 순회합니다.
    }

    return n.parent;    // 부모를 방문한 적이 없습니다.
}
```

앞 의사코드를 자바 코드로 구현하면 다음과 같습니다.

코드 13-17 13/BinarySearchTreeSuccessor/src/main/java/coding/challenge/BinarySearchTree.java

```
public void inOrderSuccessor() {
    // n12 노드를 선택합니다(요소 59가 있는 노드).
    Node node = root.left.right.right.left.right;

    System.out.println("\n\nIn-Order:");
    System.out.print("Start node: " + node.element);
    node = inOrderSuccessor(node);
    System.out.print(" Successor node: " + node.element);
}

private Node inOrderSuccessor(Node node) {
    if (node == null) {
        return null;
    }

    // (a)의 경우: 'node'에 오른쪽 하위 트리가 있고,
    // 오른쪽 하위 트리의 가장 왼쪽 노드를 반환합니다.
    if (node.right != null) {
        return findLeftmostNode(node.right);
    }

    // (b)의 경우 : 'node'에 오른쪽 하위 트리가 없습니다.
    // (b.1)의 경우: 'node'는 부모 노드의 왼쪽 자식 노드이며, 부모 노드를 반환합니다.

    // (b.2)의 경우: 'node'는 부모 노드의 오른쪽 자식 노드입니다.
    // 'node'가 부모 노드의 왼쪽 자식 노드가 될 때까지
    // 'node'는 위쪽으로 이동한 다음 부모 노드를 반환합니다.
    // (c)의 경우: 'node'는 순회했을 때의 마지막 노드입니다.
    // 루트의 부모 노드를 반환합니다(예: null).
```

```
    while (node.parent != null && node.parent.right == node) {
        node = node.parent;
    }

    return node.parent;
}
```

참고로 BinarySearchTree.java에는 동일한 문제를 대상으로 전위 순회와 후위 순회로 풀이한 preOrderSuccessor와 postOrderSuccessor 메서드도 포함합니다. 전위 순회 및 후위 순회로 풀이한 코드를 확인하기 전에 스스로 발생 가능한 경우의 수를 고민하고 의사코드부터 코드 구현까지 도전해보세요.

13.3.9 코딩 테스트 9: 위상 정렬

회사: 아마존, 구글, 어도비, 마이크로소프트, 플립카트

문제: 순환이 없는 유향 그래프인 유향 비순환 그래프directed acyclic graph, DAG가 있습니다. 모든 방향 간선 XY에서 정점 X가 순서상에서 Y보다 먼저 오도록 정점의 선형 순서를 반환하는 코드를 작성하세요. 즉, 모든 간선에서 시작 노드는 도착 노드보다 먼저 와야 합니다. 이는 위상 정렬topological sort이라고도 하며 방향 비순환 그래프에서만 작동합니다.

풀이법: 주어진 유향 비순환 그래프가 다음 그림과 같다고 가정하겠습니다.

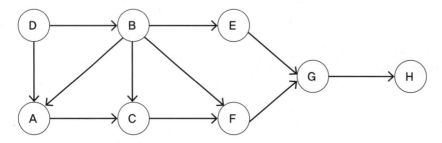

그림 13-27 유향 비순환 그래프

정점 D에서 위상 정렬을 시작하겠습니다. 정점 D 전에는 다른 정점 및 간선이 없으므로 결과에 정점 D를 추가할 수 있습니다. 결과는 (D)가 됩니다.

D에서는 B 또는 A로 갈 수 있습니다. 정점 A로 가봅시다. 간선 BA의 정점 B를 아직 처리하지 않았으므로 결과에 A를 바로 추가할 수는 없습니다. 정점 B로 이동하겠습니다. B 전에는 이미 결과에 추가한 D만 있기 때문에 B를 결과에 추가할 수 있으며, 결과는 (D, B)가 됩니다.

B에서는 A, E, C, F로 갈 수 있습니다. 간선 AC를 처리하지 않았기 때문에 C로 갈 수 없고, 간선 CF를 처리하지 않았기 때문에 F로도 갈 수 없습니다. 이때 DA와 BA는 처리되었으므로 A로 이동할 수 있고, E 전에는 이미 결과에 추가한 B만 있기 때문에 E로도 갈 수 있습니다.

위상 정렬에는 여러 가지 결과가 있을 수 있습니다. 여기서는 E를 먼저 방문해보겠습니다. 결과에 E를 추가하면 결과는 (D, B, E)가 됩니다. 다음으로 결과에 A를 추가할 수 있으며 A가 처리되면 C도 추가할 수 있고 이에 따라 F까지 추가할 수 있습니다. 이렇게 하면 결과는 (D, B, E, A, C, F)가 됩니다. F에서는 G로 이동할 수 있으며 간선 EG가 처리되었기 때문에 결과에 G를 추가할 수 있습니다. 마지막으로 G에서 H로 이동하여 위상 정렬 결과는 (D, B, E, A, C, F, G, H)가 됩니다.

그런데 방금 설명한 순회는 코드로 바로 구현할 수 없는 임의의 순회 방법입니다. 여러분은 너비 우선 탐색 또는 깊이 우선 탐색 알고리즘으로 그래프를 순회할 수 있음을 알고 있습니다. 깊이 우선 탐색을 생각해보면 노드 D에서 시작해 B, A, C, F, G, H, E 순서로 순회합니다. 단, 깊이 우선 탐색을 수행하면서 정점을 단순히 결과에 추가할 수 없습니다. 모든 방향 간선 XY에 대해 정점 X가 정점 Y보다 순서가 앞선다는 문제의 요구사항을 위반하기 때문입니다.

그러나 Stack을 사용하여 정점의 모든 이웃을 순회한 후에 해당 정점을 이 스택에 푸시하는 방법이 있습니다. 즉, H가 스택에 푸시된 첫 번째 정점이고 G, F, C, A, E, B, D가 뒤따릅니다. 이제 스택이 비워질 때까지 요소를 팝하면 D, B, E, A, C, F, G, H와 같은 위상 정렬이 완성됩니다. 따라서 위상 정렬은 다음처럼 Stack 클래스 기반의 깊이 우선 탐색으로 구현할 수 있습니다.

코드 13-18 13/GraphTopologicalSort/src/main/java/coding/challenge/Graph.java

```java
public Stack<T> topologicalSort(T startElement) {
    Set<T> visited = new HashSet<>();
    Stack<T> stack = new Stack<>();
    topologicalSort(startElement, visited, stack);

    return stack;
}
```

```
private void topologicalSort(T currentElement, Set<T> visited, Stack<T> stack) {
    visited.add(currentElement);
    List<T> adjacents = adjacencyList.get(currentElement);
    if (adjacents != null) {
        for (T t : adjacents) {
            if (t != null && !visited.contains(t)) {
                topologicalSort(t, visited, stack);
                visited.add(t);
            }
        }
    }

    stack.push(currentElement);
}
```

13.3.10 코딩 테스트 10: 공통 조상

회사: 아마존, 구글, 마이크로소프트, 플립카트

문제: 이진 트리가 있을 때, 주어진 두 노드의 첫 번째 공통 조각을 찾는 코드를 작성하세요. 단, 자료구조에 추가 노드를 저장하지 마세요.

풀이법: 이러한 유형의 문제를 분석하는 가장 좋은 방법은 종이와 펜으로 이진 트리 하나를 예제로 그려보는 것입니다. 문제에는 이진 트리가 이진 탐색 트리라고 명시하지 않았으므로 실제 모든 유효한 이진 트리가 될 수 있습니다. 다음은 세 가지 경우를 나타낸 그림입니다.

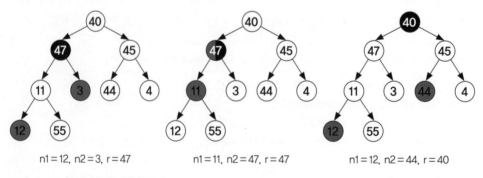

그림 13-28 첫 번째 공통 조상 찾기

[그림 13-28]을 보면 주어진 노드가 서로 다른 하위 트리(왼쪽 또는 오른쪽 트리)나 동일한 하위 트리(중간 트리)에 있을 수 있음을 알 수 있습니다. 따라서 commonAncestor(Node root, Node n1, Node n2)와 같은 유형의 메서드를 사용하여 루트부터 트리를 순회하고 다음과 같이 반환할 수 있습니다.

- 루트의 하위 트리가 n1을 포함하고 n2를 포함하지 않을 때 n1을 반환합니다.

- 루트의 하위 트리가 n2를 포함하고 n1을 포함하지 않을 때 n2를 반환합니다.

- n1과 n2가 모두 루트의 하위 트리에 없으면 null을 반환합니다.

- 그렇지 않으면 n1과 n2의 공통 조상을 반환합니다.

commonAncestor(n.left, n1, n2)와 commonAncestor(n.right, n1, n2)가 아닌 값을 반환하면 n1과 n2가 서로 다른 하위 트리에 있고 n이 공통 조상임을 의미합니다. 이 과정을 코드로 구현하면 다음과 같습니다.

코드 13-19 13/BinaryTreeCommonAncestor/src/main/java/coding/challenge/BinaryTree.java

```java
public T commonAncestor(T e1, T e2) {
    Node n1 = findNode(e1, root);
    Node n2 = findNode(e2, root);

    if (n1 == null || n2 == null) {
        throw new IllegalArgumentException("Both nodes must be present in the tree");
    }

    return commonAncestor(root, n1, n2).element;
}

private Node commonAncestor(Node root, Node n1, Node n2) {
    if (root == null) {
        return null;
    }

    if (root == n1 && root == n2) {
        return root;
    }

    Node left = commonAncestor(root.left, n1, n2);
```

```
    if (left != null && left != n1 && left != n2) {
        return left;
    }

    Node right = commonAncestor(root.right, n1, n2);
    if (right != null && right != n1 && right != n2) {
        return right;
    }

    // n1과 n2가 서로 다른 하위 트리에 있습니다.
    if (left != null && right != null) {
        return root;
    } else if (root == n1 || root == n2) {
        return root;
    } else {
        return left == null ? right : left;
    }
}
```

13.3.11 코딩 테스트 11: 체스 기사

회사: 아마존, 마이크로소프트, 플립카트

문제: 체스판과 기사(나이트)가 있습니다. 기사는 처음에 임의의 칸(시작 칸)에 배치됩니다. 기사가 시작 칸에서 지정된 도착 칸으로 이동하는 데 필요한 최소 이동 횟수를 계산하는 코드를 작성하세요.

풀이법: 예제를 살펴보겠습니다. 체스판의 크기는 8×8이고 기사는 $(1, 8)$칸에서 시작합니다. 도착 칸은 $(8, 1)$입니다. [그림 13-29]에서 볼 수 있듯이 기사는 $(1, 8)$칸에서 $(8, 1)$칸으로 이동하려면 최소 6번 이동해야 합니다.

기사는 (r, c)칸에서 다음과 같은 8개의 다른 유효한 칸으로 이동할 수 있습니다. 따라서 가능한 이동의 수는 총 8가지입니다.

$(r + 2, c + 1)$, $(r + 1, c + 2)$, $(r - 1, c + 2)$, $(r - 2, c + 1)$, $(r - 2, c - 1)$, $(r - 1, c - 2)$, $(r + 1, c - 2)$, $(r + 2, c - 1)$

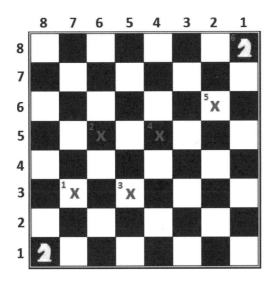

그림 13-29 기사를 (1, 8)칸에서 (8, 1)칸으로 이동

이때 가능한 이동을 방향(간선)으로, 칸을 정점으로 생각하면 그래프 관점에서 이 문제를 구현할 수 있습니다. 간선은 가능한 이동이고 정점은 기사가 이동할 수 있는 칸입니다. 각 이동은 현재 칸에서 시작 칸까지의 거리를 포함합니다. 한 번 이동할 때마다 거리가 1씩 증가합니다. 즉, 그래프 관점에서 이 문제는 그래프에서 최단 경로를 찾는 문제이며, 너비 우선 탐색으로 문제를 풀 수 있습니다.

이 알고리즘은 다음과 같은 단계로 구성됩니다.

1. 빈 큐를 생성합니다.

2. 시작 칸을 큐에 넣어 자신까지의 거리가 0이 되도록 설정합니다.

3. 큐가 비워질 때까지 다음을 수행합니다.

   a. 큐에서 방문하지 않은 다음 칸을 팝합니다.

   b. 팝한 칸이 도착 칸일 때는 해당 거리를 반환합니다.

   c. 팝한 칸이 도착 칸이 아닐 때는 이 칸을 방문했다고 표시하고 거리를 1만큼 늘려서 8개의 가능한 칸을 각각 큐에 넣습니다.

너비 우선 탐색 알고리즘을 사용하므로 최단 거리가 1인 모든 칸을 먼저 방문합니다. 다음으로 방문하는 칸은 최단 거리가 1 + 1 = 2인 인접한 칸이며 동일한 규칙으로 칸을 방문합니다.

따라서 모든 칸의 최단 거리는 '부모 칸의 최단 거리 + 1'입니다. 이것은 도착 칸을 처음 방문할 때 최종 결과인 최단 거리를 얻을 수 있음을 의미합니다. 이 과정을 코드로 구현하면 다음과 같습니다.

코드 13-20 13/ChessKnight/src/main/java/coding/challenge/ChessKnight.java

```java
private int countknightMoves(Node startCell, Node targetCell, int n) {
    // 방문한 칸을 저장합니다.
    Set<Node> visited = new HashSet<>();

    // 큐를 생성하고 시작 칸을 큐에 삽입합니다.
    Queue<Node> queue = new ArrayDeque<>();
    queue.add(startCell);

    while (!queue.isEmpty()) {
        Node cell = queue.poll();

        int r = cell.r;
        int c = cell.c;
        int distance = cell.distance;

        // 도착 칸에 도달하면 거리를 반환합니다.
        if (r == targetCell.r && c == targetCell.c) {
            return distance;
        }

        // 방문하지 않은 칸입니다.
        if (!visited.contains(cell)) {
            // 현재 칸을 방문했다고 표시합니다.
            visited.add(cell);

            // 각 유효한 이동을 큐에 추가합니다(이동 가능한 8가지 수가 있음).
            for (int i = 0; i < 8; ++i) {
                // 체스판의 현재 위치에서 기사의 새로운 유효한 위치를 가져와서
                // 거리에 1을 더하여 큐에 넣습니다.
                int rt = r + ROW[i];
                int ct = c + COL[i];

                if (valid(rt, ct, n)) {
                    queue.add(new Node(rt, ct, distance + 1));
```

```
                    }
                }
            }
        }

        // 경로 탐색이 불가능한 경우에는 에러 코드(Integer.MAX_VALUE)를 반환합니다.
        return Integer.MAX_VALUE;
    }

    // (r, c)가 유효한지 확인합니다(기사가 체스판 밖으로 나갈 수 없기 때문).
    private static boolean valid(int r, int c, int n) {
        if (r < 0 || c < 0 || r >= n || c >= n) {
            return false;
        }

        return true;
    }
```

13.3.12 코딩 테스트 12: 이진 트리의 양 끝 노드 출력

회사: 아마존, 구글

문제: 이진 트리가 주어질 때 트리의 각 레벨에서 양 끝 노드를 출력하는 코드를 작성하세요.

풀이법: 주어진 이진 트리가 다음 그림과 같다고 가정하겠습니다.

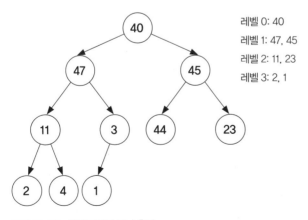

레벨 0: 40
레벨 1: 47, 45
레벨 2: 11, 23
레벨 3: 2, 1

그림 13-30 이진 트리의 코너 출력

문제의 핵심은 각 레벨에서 맨 왼쪽과 맨 오른쪽 노드를 출력하는 것입니다. 즉, 각 레벨을 순회해야 하므로 너비 우선 탐색의 레벨 순회가 유용합니다. 레벨 순회에서 첫 번째와 마지막 노드를 찾아내기만 하면 됩니다. 그러려면 현재 노드가 양 끝 노드인지를 판단하는 조건을 추가하여 레벨 순회를 수정해야 합니다. 이것을 코드로 구현하면 다음과 같습니다.

코드 13-21 13/BinaryTreePrintCorners/src/main/java/coding/challenge/BinaryTree.java

```java
public void printCorners() {
    if (root == null) { return; }

    Queue<Node> queue = new ArrayDeque<>();
    queue.add(root);

    int level = 0;
    while (!queue.isEmpty()) {
        // 현재 레벨의 크기를 가져옵니다.
        int size = queue.size();
        int position = size;
        System.out.print("Level: " + level + ": ");
        level++;

        // 현재 레벨에 있는 모든 노드를 처리합니다.
        while (position > 0) {
            Node node = queue.poll();
            position--;

            // 양 끝 노드를 발견하면 출력합니다.
            if (position == (size - 1) || position == 0) {
                System.out.print(node.element + " ");
            }

            // 현재 노드의 왼쪽과 오른쪽 자식을 큐에 삽입합니다.
            if (node.left != null) {
                queue.add(node.left);
            }

            if (node.right != null) {
                queue.add(node.right);
            }
        }
```

```
        // 레벨 순회를 마칩니다.
        System.out.println();
    }
}
```

13.3.13 코딩 테스트 13: 최대 경로 합계

회사: 아마존, 구글, 어도비, 마이크로소프트, 플립카트

문제: 비지 않은 이진 트리가 있습니다. 이 트리의 최대 경로 합계를 계산하는 코드를 작성하세요. 경로는 부모-자식 사이를 포함한 모든 노드에서 시작하여 트리의 모든 노드에서 끝나는 모든 노드 시퀀스를 의미합니다. 경로는 적어도 하나의 노드를 포함해야 하며 트리의 루트를 통과하거나 통과하지 않을 수 있습니다.

풀이법: 다음은 최대 경로 합계의 세 가지 예제를 나타낸 그림입니다.

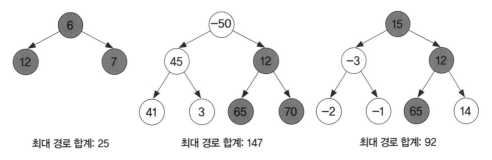

그림 13-31 최대 경로 합계의 세 가지 예제

이 문제의 풀이법을 찾으려면 현재 노드가 최대 경로에 포함되는 경우의 수를 찾아야 합니다. [그림 13-31]의 예제를 분석하면 다음 그림과 같이 네 가지 경우를 도출할 수 있습니다. 시간을 들여서 같은 결론을 도출할 수 있을 때까지 더 많은 예제를 찾아보세요.

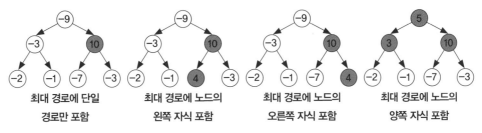

그림 13-32 현재 노드가 최대 경로에 포함되는 경우의 수

[그림 13-32]에 따라 최대 경로에 포함되는 노드는 다음 네 가지 중 하나에 해당합니다.

1. 노드는 최대 경로의 유일한 노드입니다.

2. 노드는 왼쪽 자식과 함께 최대 경로에 포함됩니다.

3. 노드는 오른쪽 자식과 함께 최대 경로에 포함됩니다.

4. 노드는 왼쪽 및 오른쪽 자식과 함께 최대 경로에 포함됩니다.

네 가지 경우를 살펴보면 결국은 트리의 모든 노드를 순회해야 한다는 결론을 얻습니다. 이때 깊이 우선 탐색 알고리즘을 사용하면 좋습니다. 그중에서도 왼쪽 하위 트리 | 오른쪽 하위 트리 | 루트 순서로 순회하는 후위 순회를 활용하겠습니다. 나머지 트리의 최댓값을 부모에게 전달하면서 트리를 순회합니다. 알고리즘을 그림으로 나타내면 다음과 같습니다.

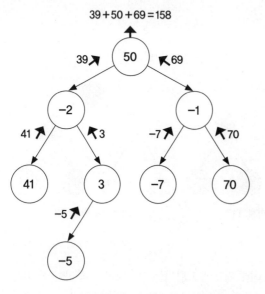

그림 13-33 트리의 최댓값을 부모에게 전달하면서 후위 순회하는 예제

[그림 13-33]을 보면 알고리즘이 다음과 같은 단계로 적용됩니다.

- 41은 자식이 없으므로 41과 Math.max(0, 0)을 더하면 41 + Math.max(0, 0) = 41입니다.

- 3은 왼쪽 자식인 -5만 있으므로 3과 Math.max(-5, 0)을 더하면 3 + Math.max(-5, 0) = 3 입니다.

- -2와 하위 트리의 최댓값 Math.max(41, 3)을 더하면 -2 + Math.max(41, 3) = 39입니다.

- -7은 자식이 없으므로 -7과 Math.max(0, 0)을 더하면 -7 + Math.max(0, 0) = -7입니다.

- 70은 자식이 없으므로 70과 Math.max(0, 0)을 더하면 70 + Math.max(0, 0) = 70입니다.

- -1과 하위 트리의 최댓값 Math.max(-7, 70)을 더하면 -1 + 70 = 69입니다.

- 50은 왼쪽 하위 트리의 최댓값 39와 오른쪽 하위 트리의 최댓값 69와 더합니다. 39 + 69 + 50 = 158이므로 최대 경로의 합계는 158입니다.

알고리즘을 코드로 구현하면 다음과 같습니다.

코드 13-22 13/BinaryTreeMaxPathSum/src/main/java/coding/challenge/BinaryTree.java

```java
public int maxPathSum() {
    maxPathSum(root);

    return max;
}

private int maxPathSum(Node root) {
    if (root == null) {
        return 0;
    }

    // 왼쪽 자식 노드의 최댓값과 0 사이의 최댓값
    int left = Math.max(0, maxPathSum(root.left));

    // 오른쪽 자식 노드의 최댓값과 0 사이의 최댓값
    int right = Math.max(0, maxPathSum(root.right));

    // 현재 노드의 최댓값(1, 2, 3, 4의 총 4가지 경우 최댓값)
    max = Math.max(max, left + right + root.element);

    // 왼쪽, 오른쪽 사이의 최댓값과 현재 노드를 반환합니다.
    return Math.max(left, right) + root.element;
}
```

13.3.14 코딩 테스트 14: 대각선 순회

회사: 아마존, 어도비, 마이크로소프트

문제: 비지 않은 이진 트리가 있습니다. 트리의 각 음의 대각선(\\)에 있는 모든 노드를 출력하는 코드를 작성하세요. 음의 대각선은 음의 기울기를 갖습니다.

풀이법: 이진 트리 음의 대각선 개념에 익숙하지 않다면 반드시 면접관에게 질문하여 명확하게 짚고 넘어가야 합니다. 그러면 면접관이 아마 다음 그림과 같은 예제를 제공할 것입니다.

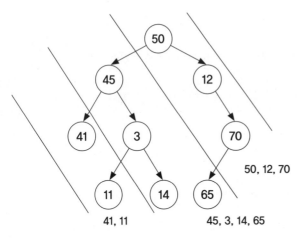

그림 13-34 이진 트리 음의 대각선

[그림 13-34]를 보면 3개의 대각선이 있습니다. 첫 번째 대각선에는 노드 50, 12, 70이 있고 두 번째 대각선에는 노드 45, 3, 14, 65가 있습니다. 마지막으로 세 번째 대각선에는 노드 41과 11이 있습니다.

재귀 기반 풀이법

이 문제를 푸는 여러 가지 방법 중에 재귀와 해싱을 사용하는 풀이법을 먼저 소개하겠습니다. 해싱 개념에 익숙하지 않다면 6장의 '코딩 테스트 6: 해시 테이블' 문제를 읽어보세요. 자바에서는 내장된 HashMap으로 해싱을 사용할 수 있기 때문에 처음부터 해싱을 구현할 필요가 없습니다. 그렇다면 이 HashMap을 어떻게 활용할 수 있을까요? 맵의 항목(키-값 쌍)에 무엇을 저장해야 할까요?

이진 트리의 각 대각선을 맵의 키와 연결할 수 있습니다. 각 대각선(키)에는 여러 노드가 포함되므로 값을 List로 표현하면 편리합니다. 이진 트리를 순회하는 동안 현재 노드를 적절한 대각선 아래에 있는 적절한 List에 추가해야 합니다. 예를 들어 전위 순회로 트리를 순회한다고 가정하겠습니다. 왼쪽 하위 트리로 갈 때마다 대각선을 1 증가시키고 오른쪽 하위 트리로 갈 때는 현재 대각선을 유지합니다.

그러면 다음과 같은 결과를 얻을 수 있습니다(그림의 d는 예제 코드의 diagonal입니다).

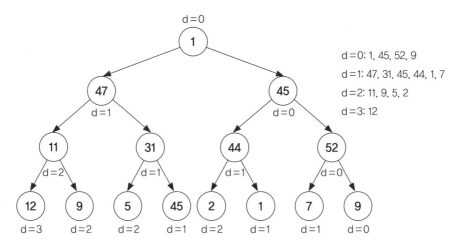

d=0: 1, 45, 52, 9
d=1: 47, 31, 45, 44, 1, 7
d=2: 11, 9, 5, 2
d=3: 12

그림 13-35 전위 순회하며 왼쪽 자식에 대해 대각선을 1씩 증가

이러한 풀이법을 구현한 코드는 다음과 같습니다.

코드 13-23 13/BinaryTreePrintDiagonal/src/main/java/coding/challenge/BinaryTree.java

```java
// 재귀 기반으로 주어진 이진 트리의 대각선 요소를 출력합니다.
public void printDiagonalRecursive() {
    Map<Integer, List<T>> map = new HashMap<>();  // 대각선 맵

    printDiagonal(root, 0, map);  // 전위 순회로 트리를 순회하면서 맵을 채웁니다.

    // 현재 대각선을 출력합니다.
    for (int i = 0; i < map.size(); i++) {
        System.out.println(map.get(i));
    }
}

// 트리를 재귀 방식으로 전위 순회하며 맵에 대각선 요소를 넣습니다.
private void printDiagonal(Node node, int diagonal, Map<Integer, List<T>> map) {
    if (node == null) { return; }
```

```
    // 현재 노드를 대각선에 삽입합니다.
    if (!map.containsKey(diagonal)) {
        map.put(diagonal, new ArrayList<>());
    }

    map.get(diagonal).add(node.element);

    // 대각선을 1만큼 증가시키고 왼쪽 하위 트리로 이동합니다.
    printDiagonal(node.left, diagonal + 1, map);

    // 현재 대각선을 유지하고 오른쪽 하위 트리로 이동합니다.
    printDiagonal(node.right, diagonal, map);
}
```

트리의 노드 개수를 n이라고 할 때, 다음 코드의 시간 복잡도는 O($n log n$)이며 공간 복잡도는 O(n)입니다.

반복 기반 풀이법

이 문제는 반복을 활용하여 풀 수도 있습니다. 이번에는 레벨 순회와 Queue를 활용하여 대각선의 노드를 큐에 삽입합니다. 이 풀이법의 주요 의사코드를 다음과 같이 작성할 수 있습니다.

```
(첫 번째 대각선)
루트와 모든 오른쪽 자식을 큐에 넣습니다.
대기열이 비어 있지 않은 동안
    노드를 큐에서 꺼냅니다. 이 노드를 노드 A라고 하겠습니다.
    노드 A를 출력합니다.
    (다음 대각선)
    노드 A에 왼쪽 자식이 있으면 큐에 넣습니다. 이 노드를 노드 B라고 하겠습니다.
        계속해서 B의 모든 오른쪽 자식을 큐에 넣습니다.
```

이 의사코드를 자바 코드로 구현하면 다음과 같습니다.

코드 13-24 13/BinaryTreePrintDiagonal/src/main/java/coding/challenge/BinaryTree.java

```
// 반복 기반으로 주어진 이진 트리의 대각선 요소를 출력합니다.
public void printDiagonalIterative() {
    Queue<Node> queue = new ArrayDeque<>();
```

```
        // 더미 null 값으로 대각선의 끝을 표시합니다.
        Node dummy = new Node(null);

        // 이진 트리에서 첫 번째 대각선의 모든 노드를 큐에 넣습니다.
        while (root != null) {
            queue.add(root);
            root = root.right;
        }

        // 각 대각선에서 마지막에 더미 노드를 큐에 넣습니다.
        queue.add(dummy);

        // 더미만 남을 때까지 반복합니다.
        while (queue.size() != 1) {
            Node front = queue.poll();

            if (front != dummy) {
                // 현재 노드를 출력합니다.
                System.out.print(front.element + " ");

                // 다음 대각선의 노드를 큐에 넣습니다.
                Node node = front.left;
                while (node != null) {
                    queue.add(node);
                    node = node.right;
                }
            } else {
                // 현재 대각선에서 마지막에 더미 노드를 큐에 넣습니다.
                queue.add(dummy);

                System.out.println();
            }
        }
    }
}
```

트리의 노드 개수를 n이라고 할 때, 이 코드의 시간 복잡도는 $O(n)$이며 공간 복잡도는 $O(n)$
입니다.

13.3.15 코딩 테스트 15: 이진 탐색 트리의 중복 처리

회사: 아마존, 마이크로소프트, 플립카트

문제: 중복을 허용하는 이진 탐색 트리가 있습니다. 삽입과 삭제 연산에서 중복을 처리하도록 이진 탐색 트리를 구현하세요.

풀이법: 이진 탐색 트리는 각 노드 n에 대해 'n의 왼쪽 후손 $\leq n <n$의 오른쪽 후손'이 된다는 특성이 있습니다. 이진 탐색 트리 관련 문제는 보통 중복을 허용하지 않으므로 중복 값을 삽입할 수 없습니다. 중복을 허용하면 보통 왼쪽 하위 트리에 중복 값을 삽입합니다. 하지만 이 문제에서는 면접관이 다음 그림처럼 각 노드가 중복 개수를 포함할 것을 요구했다고 하겠습니다.

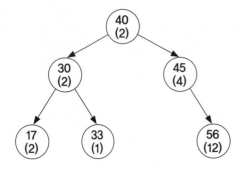

그림 13-36 이진 탐색 트리의 중복 처리

그럼 각 노드가 중복 개수를 포함하도록 기존 이진 탐색 트리 구조를 수정해 구현해야 합니다.

코드 13-25 13/BinarySearchTreeDuplicates/src/main/java/coding/challenge/BinarySearchTree.java

```java
private class Node {
    private T element;
    private int count;
    private Node left;
    private Node right;

    private Node(Node left, Node right, T element) {
        this.element = element;
        this.left = left;
        this.right = right;
        this.count = 1;
    }
}
```

새로운 노드(트리에 존재하지 않는 노드)를 생성할 때 중복 개수는 1입니다.

노드를 트리에 삽입할 때 새 노드와 중복 노드를 구분해야 합니다. 중복 노드를 삽입할 때는 새 노드를 만들지 않고 해당 노드의 개수를 하나씩 늘리면 됩니다. 삽입 연산의 코드는 다음과 같습니다.

코드 13-26 13/BinarySearchTreeDuplicates/src/main/java/coding/challenge/BinarySearchTree.java

```java
private Node insert(Node current, T element) {
    if (current == null) {
        return new Node(null, null, element);
    }

    // 시작: 삽입할 때 중복 처리
    if (element.compareTo(current.element) == 0) {
        current.count++;

        return current;
    }
    // 종료: 삽입할 때 중복 처리

    // 이후 코드 생략
}
```

노드 삭제도 비슷한 원리로 구현합니다. 중복 노드를 삭제하면 해당 중복 개수를 하나씩 줄입니다. 개수가 1이면 노드를 삭제합니다. 삭제 연산의 코드는 다음과 같습니다.

코드 13-27 13/BinarySearchTreeDuplicates/src/main/java/coding/challenge/BinarySearchTree.java

```java
private Node delete(Node node, T element) {
    if (node == null) {
        return null;
    }

    if (element.compareTo(node.element) < 0) {
        node.left = delete(node.left, element);
    } else if (element.compareTo(node.element) > 0) {
        node.right = delete(node.right, element);
    }
```

```
    if (element.compareTo(node.element) == 0) {
        // 시작: 삭제할 때 중복 처리
        if (node.count > 1) {
            node.count--;
            return node;
        }
        // 종료: 삭제할 때 중복 처리


        // 이후 코드 생략
    }


    return node;
}
```

이 문제는 해시 테이블을 사용하여 노드 수를 유지하는 방법으로 풀 수도 있습니다. 이렇게 하면 기존 이진 탐색 트리 구조를 수정하지 않고도 문제를 해결할 수 있습니다. 해시 테이블을 사용한 문제 풀이에 도전해보세요.

13.3.16 코딩 테스트 16: 이진 트리의 동형화

회사: 아마존, 구글, 마이크로소프트

문제: 2개의 이진 트리가 있을 때 서로 동형인지를 판단하는 코드를 작성하세요.

풀이법: 동형(isomorphism)이라는 용어에 익숙하지 않다면 반드시 면접관에게 질문하여 개념을 명확히 해야 합니다. 동형은 수학 용어지만 면접관은 아마도 수학 관점에서 설명하지 않을 것입니다. 보통 수학에서는 이해하기 쉬운 표현보다 고유한 용어를 사용하며, 수학에서 동형은 이진 트리 외에 모든 두 구조 사이의 관계를 나타내기 때문입니다. 아마도 면접관은 동형을 다음과 같이 설명할 것입니다. 여기서 T1, T2는 두 트리를 의미합니다.

- **정의 1**
  자식을 여러 번 교환하여 T1을 T2로 변환할 수 있다면 T1과 T2는 동형입니다. T1과 T2는 동일한 물리적 모양일 필요는 전혀 없습니다.

- **정의 2**
  정보 손실 없이 T1을 T2로, T2를 T1으로 변환할 수 있다면 T2과 T2는 동형입니다.

- 정의 3

  'AAB'와 'XXY'라는 두 문자열을 생각해보세요. A를 X로 변환하고 B를 Y로 변환하면 'AAB'는 'XXY'가 되므로 두 문자열은 동형입니다. 이와 같이 T2가 T1과 구조가 같다면 두 이진 트리는 동형입니다.

면접관이 뭐라고 정의하든 그들은 여러분에게 예를 반드시 제공할 것입니다. 다음은 동형 이진 트리의 여러 예제를 나타낸 그림입니다.

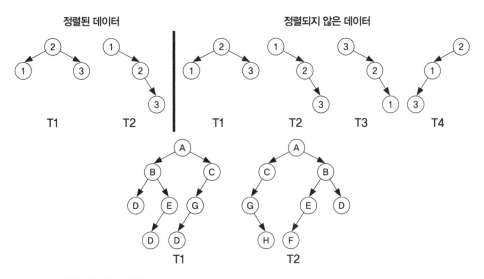

그림 13-37 동형 이진 트리 예제

앞에서 소개한 정의와 예를 기반으로 두 이진 트리가 동형인지 여부를 판단하려면 다음 알고리즘을 사용할 수 있습니다.

1. treeOne(T1)과 treeTwo(T2)가 null이면 동형이므로 true를 반환합니다.

2. treeOne 또는 treeTwo가 null이면 동형이 아니므로 false를 반환합니다.

3. treeOne.element가 treeTwo.element와 다르면 동형이 아니므로 false를 반환합니다.

4. treeOne의 왼쪽 하위 트리와 treeTwo의 왼쪽 하위 트리를 순회합니다.

5. treeOne의 오른쪽 하위 트리와 treeTwo의 오른쪽 하위 트리를 순회합니다.

   a. treeOne과 treeTwo의 구조가 동일하면 true를 반환합니다.

   b. treeOne과 treeTwo의 구조가 다르면 하나의 트리 또는 하위 트리가 다른 트리 또는 하위 트리의 구조와 같은지 확인합니다.

6. treeOne의 왼쪽 하위 트리와 treeTwo의 오른쪽 하위 트리를 순회합니다.

7. treeOne의 오른쪽 하위 트리와 treeTwo의 왼쪽 하위 트리를 순회합니다.

    a. 구조가 같으면 true를 반환합니다. 그렇지 않으면 false를 반환합니다.

이 알고리즘을 코드로 구현하면 다음과 같습니다.

코드 13-28 13/TwoBinaryTreesAreIsomorphic/src/main/java/coding/challenge/BinaryTree.java

```java
private boolean isIsomorphic(Node treeOne, Node treeTwo) {
    // 1단계: treeOne(T1)과 treeTwo(T2)가 null이면 동형이므로 true를 반환합니다.
    if (treeOne == null && treeTwo == null) {
        return true;
    }

    // 2단계: trewOne 또는 treeTwo가 null이면 동형이 아니므로 false를 반환합니다.
    if ((treeOne == null || treeTwo == null)) {
        return false;
    }

    // 3단계: treeOne.element가 treeTwo.element와 다르면 동형이 아니므로 false를 반환합니다.
    if (!treeOne.element.equals(treeTwo.element)) {
        return false;
    }

    // 4~7단계(본문의 4~7번 내용 참고)
    return (isIsomorphic(treeOne.left, treeTwo.right)
        && isIsomorphic(treeOne.right, treeTwo.left)
        || isIsomorphic(treeOne.left, treeTwo.left)
        && isIsomorphic(treeOne.right, treeTwo.right));
}
```

13.3.17 코딩 테스트 17: 이진 트리의 오른쪽 면

회사: 아마존, 구글, 어도비, 마이크로소프트, 플립카트

문제: 이진 트리가 있습니다. 이 트리의 오른쪽 면을 출력하는 코드를 작성하세요. 오른쪽 면을 출력한다는 것은 이진 트리의 레벨별로 맨 오른쪽에 있는 노드 모두를 출력한다는 뜻입니다.

풀이법: 이진 트리의 오른쪽 면이 무엇인지 확신이 서지 않으면 반드시 면접관에게 질문하여 명확하게 해야 합니다. 예를 들어 다음은 이진 트리의 오른쪽 면을 나타내는 노드를 강조하여 표시한 그림입니다.

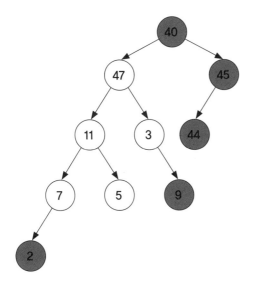

그림 13-38 이진 트리의 오른쪽 면

강조한 노드는 오른쪽 면을 나타내는 노드입니다. 각 레벨의 맨 오른쪽에 있는 노드입니다. [그림 13-38]의 트리를 오른쪽 편을 정면에 서서 본다고 생각해보면 40, 45, 44, 9, 2만 보일 것입니다.

너비 우선 탐색 알고리즘의 레벨 순회를 활용하면 다음 출력 결과를 얻습니다.

　　40, 47, **45**, 11, 3, **44**, 7, 5, **9**, **2**

앞 예를 구현한 프로그램은 다음과 같습니다.

코드 13-29 13/BinaryTreeRightView/src/main/java/coding/challenge/BinaryTree.java

```
private void printRightViewIterative(Node root) {
    if (root == null) {
        return;
    }

    // 루트 노드 삽입
    Queue<Node> queue = new ArrayDeque<>();
    queue.add(root);
```

```java
        Node currentNode;
    while (!queue.isEmpty()) {
        // 현재 레벨의 노드 수는 큐의 크기로 지정됩니다.
        int size = queue.size();

        // 현재 레벨의 모든 노드를 순회하고
        // 비어 있지 않은 왼쪽 및 오른쪽 자식 노드를 큐에 넣습니다.
        int i = 0;
        while (i < size) {
            i++;
            currentNode = queue.poll();

            // 현재 노드가 현재 레벨의 마지막 노드라면 출력합니다.
            if (i == size) {
                System.out.print(currentNode.element + " ");
            }

            if (currentNode.left != null) {
                queue.add(currentNode.left);
            }

            if (currentNode.right != null) {
                queue.add(currentNode.right);
            }
        }
    }
}
```

트리의 노드 개수를 n이라고 할 때 이 알고리즘의 공간 복잡도와 시간 복잡도는 $O(n)$입니다.

참고로 같은 알고리즘을 재귀 알고리즘 기반으로도 구현할 수 있습니다. 재귀 기반 풀이법은 BinaryTree.java의 printRightViewRecursive 메서드에서 확인할 수 있습니다. 또한 예제를 기반으로 트리의 왼쪽 면을 출력하는 코드도 구현해보세요.

13.3.18 코딩 테스트 18: k번째로 큰 요소

회사: 구글, 플립카트

문제: 이진 탐색 트리가 있습니다. 이진 탐색 트리를 변경하지 않고 k번째로 큰 요소를 출력하는 코드를 작성하세요.

풀이법: 주어진 이진 탐색 트리가 다음 그림과 같다고 가정하겠습니다.

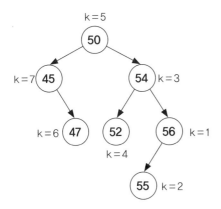

그림 13-39 이진 탐색 트리에서 k번째로 큰 요소

[그림 13-39]를 보면 k = 1의 경우 56이 첫 번째로 큰 요소임을 알 수 있습니다. k = 2의 경우 55가 두 번째로 큰 요소임을 알 수 있습니다.

브루트 포스 방식의 풀이법은 매우 간단하며 트리의 노드 개수를 n이라고 할 때 시간 복잡도는 O(n)입니다. 이 풀이법은 배열에 트리의 중위 순회(왼쪽 하위 트리 | 오른쪽 하위 트리 | 루트)에 따라 요소를 저장합니다.

주어진 예제로 예를 들면, 배열에 { 45, 47, 50, 52, 54, 55, 56 } 순서로 요소를 저장합니다. 그러면 k번째 요소를 array[n - k]로 확인할 수 있습니다. 예를 들어 k = 3이면 세 번째 요소는 array[7 - 3] = array[4] = 54입니다. 관심이 있다면 브루트 포스 방식으로 코드를 구현해보세요.

여기서는 높이가 h인 이진 탐색 트리에서 시간 복잡도 O($k + h$)를 만족하는 또 다른 풀이법을 소개하겠습니다. 이 풀이법은 역중위 순회(오른쪽 하위 트리 | 왼쪽 하위 트리 | 루트)에 따라 요소를 내림차순으로 저장합니다. 주어진 예제로 예를 들면 { 56, 55, 54, 52, 50, 47, 45 } 순서로 요소를 저장합니다.

역중위 순회 풀이법을 코드로 구현하면 다음과 같습니다. 여기서 변수 c는 방문한 노드의 개수를 나타냅니다.

코드 13-30 13/BinarySearchTreeKthLargestElement/src/main/java/coding/challenge/BinarySearchTree.java

```java
public void kthLargest(int k) {
    kthLargest(root, k);
}

private int c;

private void kthLargest(Node root, int k) {
    if (root == null || c >= k) {
        return;
    }

    kthLargest(root.right, k);
    c++;

    // k번째로 큰 값을 발견했습니다.
    if (c == k) {
        System.out.println(root.element);
    }

    kthLargest(root.left, k);
}
```

13.3.19 코딩 테스트 19: 이진 트리 좌우 반전

회사: 아마존, 구글, 어도비, 마이크로소프트

문제: 이진 트리가 있습니다. 이 트리를 좌우 반전하는 코드를 작성하세요.

풀이법: 이진 트리를 좌우 반전하는 예는 다음과 같습니다. 그림의 오른쪽 트리는 왼쪽 트리를 좌우 반전한 트리입니다.

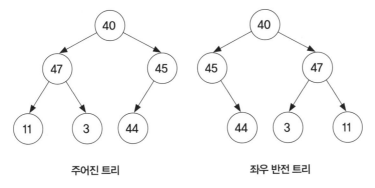

그림 13-40 주어진 트리와 좌우 반전한 트리

좌우 반전 트리는 주어진 트리를 수평으로 뒤집은 것과 같습니다. 좌우 반전 트리를 생성할 때는 새로운 트리를 생성해 반환할지, 주어진 트리를 반전시켜 반환할지 결정해야 합니다.

좌우 반전 트리 생성하기

다음 단계를 따르는 재귀 알고리즘은 좌우 반전 트리를 새 트리로 생성해 반환할 수 있습니다.

> 1. 주어진 트리의 각 노드를 순회합니다.
>   a. 좌우 반전 트리에 해당 노드를 생성합니다.
>   b. 좌우 반전 트리의 자식 노드에 대해 재귀 메서드를 호출합니다.
>   i. 왼쪽 자식 = 주어진 트리의 오른쪽 자식으로 메서드를 호출합니다.
>   ii. 오른쪽 자식 = 주어진 트리의 왼쪽 자식으로 메서드를 호출합니다.

그림 13-41 재귀 알고리즘

이 알고리즘을 코드로 구현하면 다음과 같습니다.

코드 13-31 13/MirrorBinaryTree/src/main/java/coding/challenge/BinaryTree.java

```java
private Node mirrorTreeInTree(Node root) {
    if (root == null) {
        return null;
    }

    Node node = new Node(root.element);
    node.left = mirrorTreeInTree(root.right);
```

```
        node.right = mirrorTreeInTree(root.left);

    return node;
}
```

이제 주어진 트리를 반전하는 방법을 살펴보겠습니다.

주어진 트리 반전하기

주어진 트리를 반전할 때도 재귀를 활용할 수 있습니다. 이번에는 알고리즘이 다음과 같은 단계를 따릅니다.

1. 주어진 트리의 왼쪽 하위 트리를 반전합니다.

2. 주어진 트리의 오른쪽 하위 트리를 반전합니다.

3. 왼쪽 및 오른쪽 하위 트리(포인터)를 바꿉니다.

이 알고리즘을 코드로 구현하면 다음과 같습니다.

코드 13-32 13/MirrorBinaryTree/src/main/java/coding/challenge/BinaryTree.java

```
private void mirrorTreeInPlace(Node node) {
    if (node == null) {
        return;
    }

    Node auxNode;

    mirrorTreeInPlace(node.left);
    mirrorTreeInPlace(node.right);

    auxNode = node.left;
    node.left = node.right;
    node.right = auxNode;
}
```

13.3.20 코딩 테스트 20: 이진 트리의 나선형 레벨 순회

회사: 아마존, 구글, 마이크로소프트

문제: 어떤 이진 트리의 나선형 레벨 순회를 출력하는 코드를 작성하세요. 예를 들어 레벨 1에 있는 모든 노드를 왼쪽에서 오른쪽으로 출력하면, 레벨 2에 있는 모든 노드는 오른쪽에서 왼쪽으로, 레벨 3에 있는 모든 노드는 왼쪽에서 오른쪽으로 출력해야 합니다. 즉, 홀수 레벨은 왼쪽에서 오른쪽으로, 짝수 레벨은 오른쪽에서 왼쪽으로 출력해야 합니다.

풀이법: 나선형 레벨 순회는 다음과 같은 두 가지 공식으로 정의할 수 있습니다.

- 홀수 레벨은 왼쪽에서 오른쪽으로, 짝수 레벨은 오른쪽에서 왼쪽으로 출력합니다.
- 홀수 레벨은 오른쪽에서 왼쪽으로, 짝수 레벨은 왼쪽에서 오른쪽으로 출력합니다.

이 두 가지 공식을 그림으로 나타내면 다음과 같습니다.

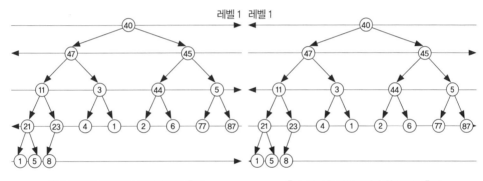

그림 13-42 나선형 레벨 순회

[그림 13-42]의 왼쪽 그림을 보면 '40, 45, 47, 11, 3, 44, 5, 87, 77, 6, 2, 1, 4, 23, 21, 1, 5, 8' 순서로 출력됩니다. 반면에 오른쪽 그림을 보면 '40, 47, 45, 5, 44, 3, 11, 21, 23, 4, 1, 2, 6, 77, 87, 8, 5, 1' 순서로 출력됩니다.

재귀 기반 풀이법

[그림 13-42]의 왼쪽 그림의 규칙에 따라 나선형 레벨 순회를 구현해보겠습니다. 홀수 레벨은 왼쪽에서 오른쪽으로, 짝수 레벨은 반대 순서로 출력해야 합니다. 기본적으로 짝수 레벨의 방향을 뒤집어서 기존 레벨 순회를 수정해야 합니다. 즉, boolean 변수를 사용하여 출력 순서

를 바꿀 수 있어야 합니다. boolean 변수가 true(또는 1)이면 현재 수준을 왼쪽에서 오른쪽으로 출력합니다. 그렇지 않으면 오른쪽에서 왼쪽으로 출력합니다. 각 반복(레벨)에서 boolean 값을 뒤집습니다. 이것을 재귀로 구현하면 다음과 같습니다.

코드 13-33 13/BinaryTreeSpiralTraversal/src/main/java/coding/challenge/BinaryTree.java

```java
public void spiralOrderTraversalRecursive() {
    if (root == null) { return; }

    int level = 1;
    boolean flip = false;

    // printLevel 메서드가 true를 반환하면 출력할 레벨이 더 남아 있다는 의미입니다.
    while (printLevel(root, level++, flip = !flip)) {
        // 빈 블록입니다.
    };
}

// 주어진 레벨의 모든 노드를 출력합니다.
private boolean printLevel(Node root, int level, boolean flip) {
    if (root == null) { return false; }

    if (level == 1) {
        System.out.print(root.element + " ");
        return true;
    }

    if (flip) {
        // 왼쪽 자식 노드를 오른쪽 자식 노드보다 먼저 처리합니다.
        boolean left = printLevel(root.left, level - 1, flip);
        boolean right = printLevel(root.right, level - 1, flip);
        return left || right;
    } else {
        // 오른쪽 자식 노드를 왼쪽 자식 노드보다 먼저 처리합니다.
        boolean right = printLevel(root.right, level - 1, flip);
        boolean left = printLevel(root.left, level - 1, flip);
        return right || left;
    }
}
```

이 코드의 시간 복잡도는 O(n^2)으로 매우 비효율적입니다. 이 코드를 더 효율적으로 바꿀 수 있을까요? 물론입니다! 반복 기반 풀이법을 사용하면 공간 복잡도와 시간 복잡도가 O(n)이 되도록 코드를 개선할 수 있습니다.

반복 기반 풀이법

[그림 13-42]의 오른쪽 그림의 규칙에 따라 나선형 레벨 순회를 구현해보겠습니다. 이번에는 반복을 사용하여 코드를 구현하겠습니다. 2개의 스택(Stack) 또는 양쪽 끝에서 삽입과 삭제가 모두 가능한 큐double ended queue인 Deque 인터페이스를 사용할 수 있습니다. 여기서는 2개의 스택을 사용하여 코드를 구현하는 방법을 알아보겠습니다.

2개의 스택을 사용하는 풀이법의 핵심은 매우 간단합니다. 하나의 스택을 사용하여 왼쪽에서 오른쪽 노드를 출력하고 다른 스택을 사용하여 오른쪽에서 왼쪽 노드를 출력합니다. 각 반복 (또는 레벨)에서 스택 중 하나에 노드를 저장합니다. 스택에서 노드를 출력하는 동안 다음 레벨의 노드를 다른 스택으로 푸시합니다. 이 과정을 코드로 나타내면 다음과 같습니다.

코드 13-34 13/BinaryTreeSpiralTraversal/src/main/java/coding/challenge/BinaryTree.java

```java
private void printSpiralTwoStacks(Node node) {
    if (node == null) {
        return;
    }

    // 레벨을 저장할 2개의 스택 생성
    Stack<Node> rl = new Stack<>();  // 오른쪽에서 왼쪽
    Stack<Node> lr = new Stack<>();  // 왼쪽에서 오른쪽

    // 첫 번째 레벨을 첫 번째 스택 'rl'에 푸시
    rl.push(node);

    // 스택에 노드가 더 없을 때까지 출력
    while (!rl.empty() || !lr.empty()) {
        // 'rl'에 있는 현재 레벨의 노드를 출력하고 다음 레벨의 노드를 'lr'에 푸시
        while (!rl.empty()) {
            Node temp = rl.peek();
            rl.pop();

            System.out.print(temp.element + " ");
```

```
        if (temp.right != null) {
            lr.push(temp.right);
        }

        if (temp.left != null) {
            lr.push(temp.left);
        }
    }

    // 'lr'에 있는 현재 레벨의 노드를 출력하고 다음 레벨의 노드를 'rl'에 푸시
    while (!lr.empty()) {
        Node temp = lr.peek();
        lr.pop();

        System.out.print(temp.element + " ");

        if (temp.left != null) {
            rl.push(temp.left);
        }

        if (temp.right != null) {
            rl.push(temp.right);
        }
    }
}
}
```

참고로 Deque 인터페이스로 구현한 코드는 BinaryTree.java의 printSpiralDeque 메서드에서 확인할 수 있습니다.

13.3.21 코딩 테스트 21: 단말 노드에서 k만큼 떨어진 노드

회사: 아마존, 구글, 마이크로소프트, 플립카트

문제: 정수 이진 트리와 정수 k가 주어질 때, 단말 노드에서 k만큼 떨어진 모든 노드를 출력하는 코드를 작성하세요.

풀이법: 단말 노드에서 k(예제 코드에서는 dist)만큼 떨어졌다는 것은 단말 노드 위에 k번째 레벨을 의미한다고 볼 수 있습니다. 이것을 명확하게 설명하고자 전형적인 방식에 따라 예제를 그려보겠습니다. 다음은 이진 트리를 나타낸 그림입니다. 강조한 노드 40, 47, 11은 단말 노드에서 $k=2$만큼 떨어진 노드를 나타냅니다.

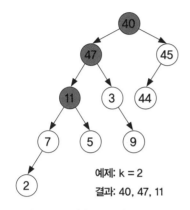

예제: k = 2
결과: 40, 47, 11

그림 13-43 단말 노드에서 k = 2만큼 떨어진 노드

[그림 13-43]에서 다음과 같은 사실을 알 수 있습니다.

- 노드 40은 단말 노드 44에서 2만큼 떨어졌습니다.

- 노드 47은 단말 노드 9와 단말 노드 5에서 2만큼 떨어졌습니다.

- 노드 11은 단말 노드 2와 2만큼 떨어졌습니다.

각 레벨을 살펴보면 다음과 같은 사실을 알 수 있습니다.

- 단말 노드에서 거리 1($k=1$)만큼 떨어진 노드는 3, 11, 7, 45입니다.

- 단말 노드에서 거리 2($k=2$)만큼 떨어진 노드는 11, 47, 40입니다.

- 단말 노드에서 거리 3($k=3$)만큼 떨어진 노드는 40과 47입니다.

- 단말 노드에서 거리 4($k=4$)만큼 떨어진 노드는 40입니다.

루트 노드는 단말 노드에서 가장 멀리 떨어져 있고 k는 레벨 수보다 클 수 없습니다. 루트에서 시작하여 단말 노드를 찾을 때까지 트리 아래로 내려가면 그 경로에는 해당 단말 노드에서 거리 k만큼 떨어진 노드가 포함되어야 합니다.

예를 들어 루트에서 단말 노드까지 가는 경로에는 40(루트), 47, 11, 7, 2(단말)이 있습니다. k = 2이면 단말 노드에서 거리 2만큼 떨어진 노드 11이 답이 됩니다. 또 다른 경로는 40(루트), 47, 11, 5(말단)입니다. k = 2이면 단말 노드에서 거리 2만큼 떨어진 노드 47이 답이 됩니다. 또 다른 경로는 40(루트), 47, 3, 9(말단)입니다. k = 2이면 단말 노드에서 거리 2만큼 떨어진 노드 47이 답이 됩니다.

지금까지 나열한 경로를 잘 살펴보면, 트리의 전위 순회(**루트** | **왼쪽 하위 트리** | **오른쪽 하위 트리**) 순서를 따른다는 점을 알 수 있을 것입니다. 트리를 순회하는 동안 현재 경로를 저장합니다. 이때 경로는 전위 순회에서 현재 노드의 조상 노드로 구성합니다. 단말 노드를 찾으면 이 단말에서 거리 k만큼 떨어진 조상 노드를 출력해야 합니다.

앞 예에서 노드 47은 k = 2일 때 경로 2개에서 이미 찾아낸 노드였죠? 따라서 중복된 답을 제거하는 방법도 생각해야 합니다. 중복된 답을 제거하려면 다음 코드와 같이 Set(코드에서 nodeAtDist로 표기)을 사용할 수 있습니다.

코드 13-35 13/BinaryTreeDistanceFromLeaf/src/main/java/coding/challenge/BinaryTree.java

```java
private void leafDistance(Node node, List<Node> pathToLeaf,
    Set<Node> nodesAtDist, int dist) {
    if (node == null) { return; }

    // 각 단말 노드에 대해 거리 'dist'만큼 떨어져 있는 노드를 저장합니다.
    if (isLeaf(node) && pathToLeaf.size() >= dist) {
        nodesAtDist.add(pathToLeaf.get(pathToLeaf.size() - dist));

        return;
    }

    // 현재 경로에 현재 노드를 추가합니다.
    pathToLeaf.add(node);

    // 재귀로 왼쪽 및 오른쪽 하위 트리로 이동합니다.
    leafDistance(node.left, pathToLeaf, nodesAtDist, dist);
    leafDistance(node.right, pathToLeaf, nodesAtDist, dist);

    // 현재 경로에서 현재 노드를 제거합니다.
    pathToLeaf.remove(node);
}
```

```
private boolean isLeaf(Node node) {
    return (node.left == null && node.right == null);
}
```

트리의 노드 개수를 n이라고 할 때, 앞 코드의 시간 복잡도와 공간 복잡도는 $O(n)$입니다.

13.3.22 코딩 테스트 22: 주어진 합계를 만족하는 쌍

회사: 아마존, 구글, 어도비, 마이크로소프트, 플립카트

문제: 이진 탐색 트리와 합계가 주어질 때, 노드 각각의 값을 더해서 주어진 합계가 되는 노드 쌍이 있으면 true를 반환하는 코드를 작성하세요.

풀이법: 주어진 이진 탐색 트리가 다음 그림과 같고 합계는 74라고 가정하겠습니다.

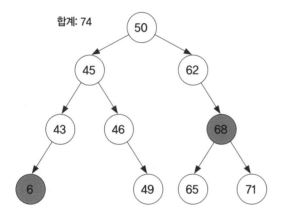

그림 13-44 합해서 74가 되는 쌍 6과 68

[그림 13-44]를 보면 합계 74의 경우 정답 쌍(6, 68)을 찾을 수 있습니다. 합계가 99면 정답 쌍은 (50, 49)입니다. 쌍을 구성하는 노드는 동일한 하위 트리 또는 다른 하위 트리에서 나올 수 있으며 루트나 단말 노드가 될 수도 있습니다.

이 문제를 푸는 방법에는 여러 가지가 있습니다. 먼저 해싱과 재귀를 활용한 풀이법부터 소개하겠습니다. 중위 순회(왼쪽 하위 트리 | 루트 | 오른쪽 하위 트리)를 사용하여 트리를 순회하면서 각 노드의 요소를 집합(예를 들어 HashSet)에 삽입합니다. 또한 현재 노드를 집합에 삽입하기 전에 '주어진 합계 − 현재 노드의 요소'가 집합에 존재하는지 확인합니다. 만약 존재한다면 정답 쌍을 찾았으므로 순회를 중단하고 true를 반환합니다. 그렇지 않으면 현재 노드를 집합

에 삽입하고 쌍을 찾거나 순회를 완료할 때까지 이 과정을 반복합니다. 이 과정을 코드로 나타
내면 다음과 같습니다.

코드 13-36 13/BinarySearchTreeSum/src/main/java/coding/challenge/BinarySearchTree.java

```java
public boolean findPairSumHashing(int sum) {
    if (sum <= 0) {
        return false;
    }

    return findPairSumHashing(root, sum, new HashSet());
}

private static boolean findPairSumHashing(Node node, int sum, Set<Integer> set) {
    // 종료 조건
    if (node == null) {
        return false;
    }

    // 왼쪽 하위 트리에서 쌍을 찾습니다.
    if (findPairSumHashing(node.left, sum, set)) {
        return true;
    }

    // 현재 노드와 쌍을 이루면 쌍을 출력하세요.
    if (set.contains(sum - node.element)) {
        System.out.print("\nPair (" + (sum - node.element) + ", "
          + node.element + ") = " + sum);
        return true;
    } else {
        set.add(node.element);
    }

    // 오른쪽 하위 트리에서 쌍을 찾습니다.
    return findPairSumHashing(node.right, sum, set);
}
```

앞 코드의 시간 복잡도와 공간 복잡도는 O(n)입니다.

이 외에도 이진 탐색 트리에 중위 순회를 적용했을 때 정렬된 순서로 노드를 출력한다는 사실을 활용한 또 다른 풀이법이 있습니다. 즉, 이진 탐색 트리를 순회하면서 출력값을 배열에 저장하면 배열에서 주어진 합계에 대한 쌍을 찾을 수 있습니다. 그러나 이 풀이법은 모든 노드를 두 번 순회해야 하고 공간 복잡도가 O(n)이라는 단점이 있습니다.

또 다른 풀이법으로는 이진 탐색 트리의 노드 특성인 'n의 왼쪽 후손 ≤ n < n의 오른쪽 후손'을 활용한 풀이법이 있습니다. 즉, 트리의 최소 노드는 가장 왼쪽 노드([그림 13-44] 예제의 경우 6)이고 트리의 최대 노드는 가장 오른쪽 노드([그림 13-44] 예제의 경우 71)입니다.

트리를 순회하는 방법은 다음과 같이 두 가지가 있습니다.

- 정방향 중위 순회: 가장 왼쪽 노드를 첫 번째로 방문합니다.
- 역방향 중위 순회: 가장 오른쪽 노드를 첫 번째로 방문합니다.

이제 (최솟값 + 최댓값) 조건을 살펴보겠습니다.

- '(최솟값 + 최댓값) < 합계'인 경우, 다음 최솟값으로 이동합니다. 이때 다음 최솟값은 정방향 중위 순회로 반환된 다음 노드입니다.
- '(최솟값 + 최댓값) > 합계'인 경우, 다음 최댓값으로 이동합니다. 이때 다음 최댓값은 역방향 중위 순회에서 반환된 다음 노드입니다.
- '(최솟값 + 최댓값) = 합계'인 경우 true를 반환합니다.

여기서 핵심 문제는 이 두 가지 순회를 관리해야 한다는 점입니다. 순회를 관리하는 한 가지 방법으로 2개의 스택을 활용하는 방법이 있습니다. 한 스택에는 정방향 중위 순회의 출력을 저장하고, 다른 스택에는 역방향 중위 순회의 출력을 저장합니다. 최소(가장 왼쪽) 및 최대(가장 오른쪽) 노드에 도달하면 각 스택의 최상위 노드를 팝하고 주어진 합계와 같은지 검사합니다.

주어진 합계와 최솟값, 최댓값을 비교하면 앞에서 소개한 (최솟값 + 최댓값) 조건 중 하나로 분류되며 다음과 같이 해석됩니다.

- '(최솟값 + 최댓값) < 합계'인 경우, 정방향 중위 순회에서 팝한 노드의 오른쪽 하위 트리로 이동합니다. 이것이 다음으로 작은 요소를 찾는 방법입니다.
- '(최솟값 + 최댓값) > 합계'인 경우, 역방향 중위 순회에서 팝한 노드의 왼쪽 하위 트리로 이동합니다. 이것이 다음으로 큰 요소를 찾는 방법입니다.

정방향 중위 순회와 역방향 중위 순회가 만나기 전까지 알고리즘을 적용합니다. 이것을 코드
로 나타내면 다음과 같습니다.

코드 13-37 13/BinarySearchTreeSum/src/main/java/coding/challenge/BinarySearchTree.java

```java
public boolean findPairSumTwoStacks(int sum) {
    if (sum <= 0 || root == null) {
        return false;
    }

    return findPairSumTwoStacks(root, sum);
}


private static boolean findPairSumTwoStacks(Node node, int sum) {
    Stack<Node> fio = new Stack<>();  // fio - 정방향 중위 순회
    Stack<Node> rio = new Stack<>();  // rio - 역방향 중위 순회

    Node minNode = node;
    Node maxNode = node;

    while (!fio.isEmpty() || !rio.isEmpty()
            || minNode != null || maxNode != null) {
        if (minNode != null || maxNode != null) {
            if (minNode != null) {
                fio.push(minNode);
                minNode = minNode.left;
            }

            if (maxNode != null) {
                rio.push(maxNode);
                maxNode = maxNode.right;
            }
        } else {
            int elem1 = fio.peek().element;
            int elem2 = rio.peek().element;

            if (fio.peek() == rio.peek()) {
                break;
            }
```

```
        if ((elem1 + elem2) == sum) {
            System.out.print("\nPair (" + elem1 + ", " + elem2 + ") = " + sum);
            return true;
        }

        if ((elem1 + elem2) < sum) {
            minNode = fio.pop();
            minNode = minNode.right;
        } else {
            maxNode = rio.pop();
            maxNode = maxNode.left;
        }
    }
}

return false;
}
```

앞 코드의 시간 복잡도와 공간 복잡도는 O(n)입니다.

13.3.23 코딩 테스트 23: 이진 트리의 수직 합

회사: 아마존, 구글, 플립카트

문제: 이진 트리가 주어졌을 때 트리의 수직 합을 구하는 코드를 작성하세요.

풀이법: 이 문제의 의미를 명확하게 하려면 의미 있는 그림을 그려보는 것이 매우 중요합니다. 노드 사이의 모서리를 45°로 그려야 하므로 모눈 표시가 있는 공책(수학 공책)을 사용하면 매우 유용할 것입니다. 모눈 표시가 없으면 수직축을 올바르게 그리기 어려울 수 있습니다.

일반적으로 이진 트리를 그릴 때는 노드 사이의 각도는 신경 쓰지 않지만, 이 경우에는 문제를 이해하고 풀이법을 찾으려면 각도를 정확하게 그리는 것이 좋습니다.

다음은 이진 트리를 나타낸 그림입니다. 풀이법을 이해하는 데에 도움을 줄 수 있는 유용한 사실을 몇 가지 살펴보겠습니다.

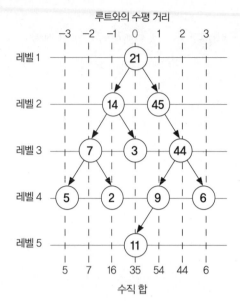

루트와의 수평 거리

| | -3 | -2 | -1 | 0 | 1 | 2 | 3 |

레벨 1 ─ 21

레벨 2 ─ 14 45

레벨 3 ─ 7 3 44

레벨 4 ─ 5 2 9 6

레벨 5 ─ 11

| 5 | 7 | 16 | 35 | 54 | 44 | 6 |

수직 합

그림 13-45 이진 트리의 수직 합

[그림 13-45]에서 트리를 왼쪽에서 오른쪽으로 훑어보면 합이 5, 7, 16, 35, 54, 44, 6인 7개의 수직축을 확인할 수 있습니다. [그림 13-45]의 상단에 루트 노드에서 각 노드까지의 수평 거리를 추가했습니다. 루트 노드의 거리가 0이면 루트 왼쪽이나 오른쪽에 있는 각 수직축은 거리를 1씩 증가/감소시켜서 -3, -2, -1, 0(루트), 1, 2, 3으로 나타낼 수 있습니다.

각 축은 루트로부터의 거리로 고유하게 식별할 수 있으며, 합산해야 하는 노드를 포함합니다. 축의 고유한 거리를 키로, 이 축에 있는 노드의 합을 값으로 생각하면 이 문제는 해싱으로 해결할 수 있습니다. 해싱 개념에 익숙하지 않다면 6장의 '코딩 테스트 6: 해시 테이블' 문제를 읽어보세요. 자바에서는 내장된 HashMap으로 해싱을 사용할 수 있기 때문에 처음부터 해싱을 구현할 필요가 없습니다.

그렇다면 어떻게 해시맵을 채울 수 있을까요? 맵을 채우려면 트리를 순회해야 한다는 점은 매우 분명합니다. 루트에서 시작하여 맵에 키로 0(0은 루트를 포함하는 축)을 추가하고 값을 루트(21)로 추가합니다. 다음으로 재귀를 사용하여 루트로부터의 거리를 1만큼 감소시켜서 루트의 왼쪽 축으로 이동합니다. 또한 재귀를 사용하여 루트로부터의 거리를 1만큼 증가시켜서 루트의 오른쪽 축으로 이동할 수 있습니다. 모든 노드에서 현재 축을 나타내는 키에 해당하는 맵의 값을 업데이트합니다. 루트 | 왼쪽 하위 트리 | 오른쪽 하위 트리 경로를 재귀로 따라가면 이진 트리를 전위 순회할 수 있습니다.

결국 맵에는 (-3, 5), (-2, 7), (-1, 16), (0, 35), (1, 54), (2, 44), (3, 6)의 키-값 쌍이 저장됩니다. 이 알고리즘을 코드로 구현하면 다음과 같습니다. 참고로 코드의 map은 수직 합계를 저장합니다.

코드 13-38 13/BinaryTreeVerticalSum/src/main/java/coding/challenge/BinaryTree.java

```java
private void verticalSum(Node root, Map<Integer, Integer> map, int dist) {
    if (root == null) { return; }

    if (!map.containsKey(dist)) {
        map.put(dist, 0);
    }

    map.put(dist, map.get(dist) + root.element);

    /* 함수형 스타일로 구현하려면
    BiFunction<Integer, Integer, Integer> distFunction
      = (distOld, distNew) -> distOld + distNew;
    map.merge(dist, root.element, distFunction); */

    // 수평 거리를 1 감소시키고 왼쪽으로 이동합니다.
    verticalSum(root.left, map, dist - 1);

    // 수평 거리를 1 증가시키고 오른쪽으로 이동합니다.
    verticalSum(root.right, map, dist + 1);
}
```

트리의 총 노드 개수를 n이라고 할 때, 앞 코드의 시간 복잡도는 $O(n\log n)$이며 공간 복잡도는 $O(n)$입니다. 맵에 요소를 추가하는 시간 복잡도는 $O(\log n)$이며 트리의 모든 노드를 추가하기 때문에 총 시간 복잡도는 $O(n\log n)$이 됩니다.

인터뷰나 코딩 테스트를 통과하려면 여기서 제시한 풀이법이면 충분합니다. 하지만 이중 연결 리스트를 사용하여 시간 복잡도를 $O(n)$까지 줄여보도록 도전해보기를 권합니다. 연결 리스트의 각 노드에 각 수직 합을 저장하면 됩니다. 먼저 루트가 있는 축에 해당하는 수직 합을 연결 리스트에 추가합니다. 그다음 연결 리스트의 node.next와 node.prev에 루트 축의 왼쪽과 오른쪽에 있는 축의 수직 합을 저장합니다. 마지막으로 재귀를 사용하여 트리를 순회하면서 연결 리스트를 업데이트하면 됩니다.

13.3.24 코딩 테스트 24: 최대 힙을 최소 힙으로 변환

회사: 아마존, 구글, 어도비, 마이크로소프트, 플립카트

문제: 최대 이진 힙을 나타내는 배열이 있습니다. 주어진 최대 이진 힙을 추가 공간 없이 선형 시간에 최소 이진 힙으로 변환하는 코드를 작성하세요.

풀이법: 이 문제의 해법은 힙 정렬^{heap sort} 알고리즘에서 영감을 받았습니다. 해당 알고리즘은 14 장에서 자세히 다룰 예정입니다.

처음에는 이 문제가 복잡하게 느껴질 수 있지만, 몇 분만 고민해보면 이 문제가 정렬되지 않은 배열에서 최소 이진 힙을 구축하는 문제라는 점을 눈치챌 수 있습니다. 따라서 주어진 배열이 최소 이진 힙인지 아닌지는 중요하지 않습니다. 다음 두 단계에 따라 정렬 여부와 관계없이 모든 배열에서 필요한 최대 이진 힙을 구축할 수 있습니다.

1. 주어진 배열의 맨 오른쪽, 맨 아래 노드(마지막 내부 노드)에서 시작합니다.

2. 상향식 기법으로 모든 노드를 힙화합니다.

이 단계를 코드로 나타내면 다음과 같습니다.

코드 13-39 13/MaxHeapToMinHeap/src/main/java/coding/challenge/Heaps.java

```java
public static void convertToMinHeap(int[] maxHeap) {
    if (maxHeap == null) {
        throw new IllegalArgumentException("The given max heap cannot be null");
    }

    // 마지막 노드에서 루트 노드 방향으로 힙을 구축합니다.
    int p = (maxHeap.length - 2) / 2;
    while (p >= 0) {
        heapifyMin(maxHeap, p--, maxHeap.length);
    }
}

// 인덱스 p에 있는 노드와 2개의 직계 자식 노드를 힙화합니다.
private static void heapifyMin(int[] maxHeap, int p, int size) {
    // 인덱스 p에 있는 노드의 왼쪽 및 오른쪽 자식 노드를 가져옵니다.
    int left = leftChild(p);
    int right = rightChild(p);
    int smallest = p;
```

```
    // maxHeap[p]를 왼쪽 및 오른쪽 자식 노드와 비교하고 가장 작은 값을 찾습니다.
    if ((left < size) && (maxHeap[left] < maxHeap[p])) {
        smallest = left;
    }

    if ((right < size) && (maxHeap[right] < maxHeap[smallest])) {
        smallest = right;
    }

    // 가장 작은 노드(smallest)와 p 노드를 바꾸고 힙화합니다.
    if (smallest != p) {
        swap(maxHeap, p, smallest);
        heapifyMin(maxHeap, smallest, size);
    }
}

// 중간 생략

// 헬퍼 메서드
private static int leftChild(int parentIndex) {
    return (2 * parentIndex + 1);
}

private static int rightChild(int parentIndex) {
    return (2 * parentIndex + 2);
}

// 배열의 두 인덱스를 교환하는 유틸리티 메서드입니다.
private static void swap(int heap[], int i, int j) {
    int aux = heap[i];
    heap[i] = heap[j];
    heap[j] = aux;
}
```

앞 코드의 시간 복잡도는 O(n)이며 추가 공간이 필요 없으므로 공간 복잡도는 고려하지 않습니다. 참고로 Heaps.java에는 최소 이진 힙을 최대 이진 힙으로 변환하는 convertToMaxHeap 메서드도 작성되어 있습니다.

13.3.25 코딩 테스트 25: 이진 트리의 대칭

회사: 아마존, 구글, 어도비, 마이크로소프트, 플립카트

문제: 이진 트리가 있습니다. 이 이진 트리가 대칭이면 true를 반환하는 코드를 작성하세요. 여기서 대칭이란 주어진 이진 트리의 좌우 대칭 여부를 의미하며, 왼쪽 하위 트리와 오른쪽 하위 트리가 서로 좌우 대칭인지 확인하면 됩니다.

풀이법: 대칭 및 비대칭 이진 트리를 다음과 같은 그림으로 살펴볼까요? (a), (b), (d)로 표시된 이진 트리는 비대칭 트리이고 (c), (e), (f)로 표시된 이진 트리는 대칭 트리입니다. 즉, 구조와 데이터가 모두 대칭일 때 이진 트리가 대칭입니다.

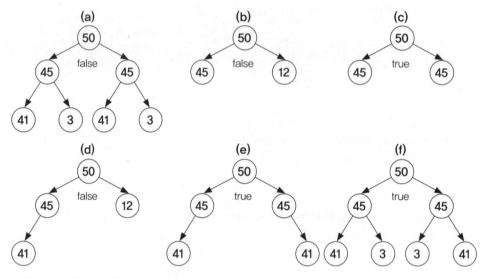

그림 13-46 대칭 및 비대칭 이진 트리의 예

이 문제는 root.left(루트의 왼쪽 하위 트리)를 좌우 반전했을 때 root.right(루트의 오른쪽 하위 트리)와 같은지 확인하는 문제로 볼 수 있습니다. 이 두 트리가 같으면 이진 트리는 대칭입니다.

하지만 다음과 같이 세 가지 조건으로 두 이진 트리의 대칭을 표현할 수도 있습니다. 각 조건을 [그림 13-46]에 대입하면서 이해해보세요.

1. 루트 노드의 요소가 같습니다.

2. 왼쪽 트리의 왼쪽 하위 트리와 오른쪽 트리의 오른쪽 하위 트리는 서로 좌우 대칭이어야 합니다.

3. 왼쪽 트리의 오른쪽 하위 트리와 오른쪽 트리의 왼쪽 하위 트리는 서로 좌우 대칭이어야 합니다.

지금쯤 여러분은 이러한 조건을 재귀로 구현할 수 있다는 점을 알아챘을 것입니다.

코드 13-40 13/IsSymmetricBinaryTree/src/main/java/coding/challenge/BinaryTree.java

```java
private boolean isSymmetricRecursive(Node leftNode, Node rightNode) {
    boolean result = false;

    // 빈 트리는 서로 대칭입니다.
    if (leftNode == null && rightNode == null) {
        result = true;
    }

    // 조건 1, 2, 3
    if (leftNode != null && rightNode != null) {
        result = (leftNode.element.equals(rightNode.element))
            && isSymmetricRecursive(leftNode.left, rightNode.right)
            && isSymmetricRecursive(leftNode.right, rightNode.left);
    }

    return result;
}
```

트리의 높이를 h라고 할 때, 앞 코드의 시간 복잡도는 $O(n)$이며 공간 복잡도는 $O(h)$입니다.

그럼 재귀 기반 풀이법으로 구현한 코드를 어떻게 반복 기반 풀이법로 구현할 수 있을까요? 큐를 사용하면 됩니다. 다음 코드를 살펴보세요.

코드 13-41 13/IsSymmetricBinaryTree/src/main/java/coding/challenge/BinaryTree.java

```java
public boolean isSymmetricIterative() {
    if (root == null) {
        return true;
    }

    boolean result = false;
    Queue<Node> queue = new LinkedList<>();
```

```
    queue.offer(root.left);
    queue.offer(root.right);

    while (!queue.isEmpty()) {
        Node left = queue.poll();
        Node right = queue.poll();

        if (left == null && right == null) {
            result = true;
        } else if (left == null || right == null
                   || left.element != right.element) {
            result = false;
            break;
        } else {
            queue.offer(left.left);
            queue.offer(right.right);

            queue.offer(left.right);
            queue.offer(right.left);
        }
    }

    return result;
}
```

트리의 높이를 h라고 할 때, 앞 코드의 시간 복잡도는 O(n)이며 공간 복잡도는 O(h)입니다.

13.3.26 코딩 테스트 26: 최소 비용으로 n개의 밧줄 연결하기

회사: 아마존, 구글, 어도비, 마이크로소프트, 플립카트

문제: n개의 밧줄 길이가 담긴 배열이 주어졌을 때 이 모든 밧줄을 하나로 연결해야 한다고 가정하겠습니다. 2개의 밧줄을 연결할 때는 길이의 합과 같은 비용이 듭니다. 모든 밧줄을 최소 비용으로 하나의 밧줄로 연결하는 코드를 작성하세요.

풀이법: 길이가 1, 3, 4, 6인 4개의 밧줄이 있다고 가정하겠습니다. 가장 짧은 2개의 밧줄을 먼저 연결해보겠습니다. 즉, 길이가 1과 3인 밧줄을 연결하며 이때 1 + 3 = 4의 비용이 듭니다.

계속해서 같은 논리로 연결할 다음 두 밧줄은 방금 연결한 길이 4의 밧줄과 기존에 있던 길이 4의 밧줄입니다. 연결하는 비용은 4 + 4 = 8이므로 총비용은 4 + 8 = 12입니다. 이제 길이가 8과 6인 2개의 밧줄이 남아있습니다. 연결하는 비용은 8 + 6 = 14입니다. 따라서 총비용은 12 + 14 = 26입니다.

이제 다른 전략을 시도해보겠습니다. 가장 긴 2개의 밧줄을 먼저 연결하겠습니다. 즉, 길이가 4와 6인 밧줄을 연결하며 이때 4 + 6 = 10의 비용이 듭니다. 계속해서 같은 논리로 연결할 다음 두 밧줄은 방금 연결한 길이 10의 밧줄과 기존에 있던 길이 3의 밧줄입니다. 연결하는 비용은 10 + 3 = 13이므로 총비용은 10 + 13 = 23입니다. 이제 길이가 13과 1인 2개의 밧줄이 남아 있습니다. 연결하는 비용은 13 + 1 = 14입니다. 따라서 총비용은 23 + 14 = 37입니다.

총비용이 37 > 26이기 때문에 첫 번째 전략이 두 번째 전략보다 낫다는 것은 분명합니다. 차이가 나는 이유는 무엇일까요? 아직 눈치채지 못한 분들을 위해 설명하자면, 연결된 밧줄의 길이가 나머지 밧줄을 연결할 때 계속 영향을 주기 때문입니다.

예를 들어 길이 1과 3의 밧줄을 연결할 때 비용을 1 + 3 = 4라고 씁니다. 따라서 지금까지의 총비용은 4입니다. 다음으로 길이가 4인 밧줄을 연결하면 비용은 4 + 4 = 8이 되고 이에 따라 새로운 총비용은 이전 총비용에 8을 더하여 4 + 8이 됩니다. 이때 4는 1 + 3으로 구한 값이기 때문에 1 + 3은 두 번 더해집니다. 마지막으로 길이가 6인 밧줄을 연결하면 비용은 8 + 6 = 14가 되고 이에 따라 새로운 총비용은 이전 총비용에 14를 더하여 12 + 14가 됩니다. 이때 4 + 8에서 12를 얻었고 1 + 3에서 4를 얻었으므로 1 + 3이 한 번 더 더해집니다.

앞 문단을 분석하면 가장 짧은 밧줄부터 연결하여 짧은 순서대로 밧줄을 연결하면 반복해서 더해지는 비용을 최소화할 수 있다는 결론을 얻을 수 있습니다. 이 알고리즘을 다음과 같은 단계로 나타낼 수 있습니다.

1. 밧줄을 길이에 따라 내림차순으로 정렬합니다.

2. 처음 2개의 밧줄을 연결하고 부분 최소 비용을 업데이트합니다.

3. 처음 2개의 밧줄을 결과로 교체합니다.

4. 하나의 밧줄, 즉 모든 밧줄을 연결한 결과 밧줄만 남을 때까지 1단계부터 반복합니다.

이 알고리즘을 구현하고 나면 최종 최소 비용을 계산해야 합니다. 퀵 정렬 또는 병합 정렬과 같은 알고리즘을 사용하여 이 알고리즘을 구현하면 결과를 구하는 시간 복잡도는 $O(n^2 \log n)$

입니다. 7장에서 살펴봤듯이 이러한 정렬 알고리즘의 시간 복잡도는 O(*n*log*n*)이지만, 2개의 밧줄을 연결할 때마다 배열을 정렬해야 합니다.

그럼 시간 복잡도를 개선할 방법이 있을까요? 네, 있습니다! 어떤 순간에도 가장 짧은 길이의 밧줄 2개만 있으면 됩니다. 나머지 배열은 신경 쓸 필요가 없습니다. 즉, 최소 요소에 효율적으로 접근할 수 있는 자료구조가 필요합니다. 따라서 해답은 '최소 이진 힙'입니다. 최소 이진 힙에서 삽입과 삭제의 시간 복잡도는 O(log*n*)입니다. 이 알고리즘은 다음과 같은 단계로 나타낼 수 있습니다.

1. 밧줄 길이의 배열에서 최소 이진 힙을 생성합니다(O(log*n*)).

2. 최소 이진 힙의 루트를 폴링해서 가장 짧은 밧줄을 가져옵니다(O(log*n*)).

3. 루트를 다시 폴링하여 두 번째로 짧은 밧줄을 가져옵니다(O(log*n*)).

4. 2개의 밧줄을 연결하고 길이를 합산한 결과를 다시 최소 이진 힙에 넣습니다.

5. 하나의 밧줄, 즉 모든 밧줄을 연결한 결과 밧줄만 남을 때까지 2단계부터 반복합니다.

시간 복잡도가 O(*n*log*n*)인 이 알고리즘을 코드로 구현하면 다음과 같습니다.

코드 13-42 13/HeapConnectRopes/src/main/java/coding/challenge/MinHeap.java

```java
public int minimumCost(int[] ropeLength) {
    if (ropeLength == null) {
        return -1;
    }

    // 밧줄의 길이를 힙에 삽입합니다.
    for (int i = 0; i < ropeLength.length; i++) {
        add(ropeLength[i]);
    }

    int totalLength = 0;

    while (size() > 1) {
        int l1 = poll();
        int l2 = poll();

        totalLength += (l1 + l2);
```

```
        add(l1 + l2);
    }

    return totalLength;
}
```

13.4 한 걸음 더 나아가기

기술 인터뷰나 코딩 테스트에는 거의 나오지 않지만 공부하면 좋을 몇 가지 주제를 대략적으로 나열해보겠습니다.

- AVL 트리(개요와 구현 코드는 '13/AVLTreeImpl'에서 확인할 수 있습니다)

- 레드 블랙 트리(개요와 구현 코드는 '13/RedBlackTreeImpl'에서 확인할 수 있습니다)

- 데이크스트라Dijkstra 알고리즘

- 라빈-카프Rabin-Karp 문자열 검색

- 벨먼-포드Bellman-Ford 알고리즘

- 플로이드-워셜Floyd-Warshall 알고리즘

- 간격 트리interval tree

- 최소 신장 트리minimum spanning tree

- B 트리

- 이분 그래프bipartite graph

- 그래프 색칠graph coloring

- P, NP, NP-완전NP-complete

- 조합과 확률

- 정규 표현식

- A* 알고리즘

이 책에서 다루는 모든 문제를 완벽하게 숙지했다면 앞에서 언급한 주세를 살펴보면서 더 공부해볼 것을 강력하게 권합니다. 하지만 아직 모든 문제를 완벽하게 소화하지 못했다면 이러한 주제는 잠시 미뤄두고 코딩 테스트 풀이에 집중하세요. 왜냐하면 방금 소개한 대부분의 주제는 인터뷰에 나올 가능성이 낮기 때문입니다.

이러한 주제는 여러분이 이미 알고 있거나 혹은 모르는 복잡한 알고리즘을 나열한 것이며, 여러분이 이러한 유명한 알고리즘을 재현할 수 있다고 해서 면접관이 여러분의 논리와 사고 능력을 제대로 파악할 수는 없습니다. 면접관은 다만 여러분이 가진 지식을 스스로 활용할 수 있는지를 확인하고자 할 뿐입니다. 또한 이러한 알고리즘은 여러분이 본 적 없는 문제를 해결하는 능력을 나타내지는 않습니다. 여러분이 스스로 이러한 복잡한 알고리즘을 생각해내기 어렵다는 것은 분명하므로, 이러한 알고리즘을 모른다고 해도 아무런 문제가 없습니다.

걱정하지 마세요! 이러한 알고리즘이 여러분을 더 똑똑해 보이게 하거나 멍청해 보이게 하지는 않습니다! 게다가 이러한 알고리즘은 복잡하기 때문에 구현하는 데 많은 시간이 필요하고, 인터뷰에서는 시간이 제한되어 있습니다.

그러나 더 공부한다고 해서 손해 볼 것은 없습니다! 시간이 된다면 이러한 고급 알고리즘도 살펴보세요.

13.5 마치며

이 장은 이 책에서 어려운 내용을 다루는 장 중 하나이며 기술 인터뷰를 준비한다면 반드시 읽어야 하는 장입니다. 트리와 그래프는 한 권의 책을 다 채울 수 있을 만큼 광범위하고 훌륭하며 도전적인 주제이기 때문입니다. 그러나 인터뷰를 준비할 때는 수많은 주제를 공부해야 하므로 모든 주제를 자세하게 공부할 시간이 없습니다.

이것이 바로 이 장이 마법과 같은 이유입니다. 이 장은 기술 인터뷰에서 가장 많이 접할 수 있는 트리 및 그래프 문제를 의미 있는 수치, 포괄적인 설명, 명확하고 깔끔한 코드와 함께 풀어봅니다. 즉, 기술 인터뷰 합격이라는 목표를 달성하는 데 모든 초점을 맞추고 있기 때문에 짧은 시간에 효율을 높이기 좋습니다.

14장에서는 정렬 및 검색과 관련된 문제를 다룰 것입니다.

Chapter

14

정렬과 검색

14장에서는 기술 인터뷰에 가장 자주 나오는 정렬 및 검색 알고리즘을 다룹니다. 병합 정렬, 퀵 정렬, 힙 정렬, 버킷 정렬bucket sort과 같은 정렬 알고리즘과, 이진 검색 같은 검색 알고리즘을 다룹니다. 이 장을 다 읽고 나면 정렬 및 검색 알고리즘과 관련한 광범위한 문제를 해결할 수 있을 것입니다. 이 장에서 다루는 주제는 다음과 같습니다. 그럼 시작해볼까요?

- 정렬 알고리즘

- 검색 알고리즘

- 코딩 테스트

14.1 정렬 알고리즘

인터뷰나 코딩 테스트를 준비하는 입장에서 정렬 알고리즘을 분류해보면 크게 두 가지로 나눌 수 있습니다. 첫 번째는 버블 정렬, 삽입 정렬, 계수 정렬과 같이 인터뷰나 코딩 테스트에 출제되지 않는 비교적 간단한 정렬 알고리즘입니다. 간단한 정렬 알고리즘에 익숙하지 않다면 버블 정렬, 삽입 정렬, 계수 정렬 등을 자세히 살펴볼 수 있는 책이나 자료를 읽기 바랍니다.

두 번째는 힙 정렬, 병합 정렬, 퀵 정렬, 버킷 정렬, 기수 정렬radix sort과 같이 인터뷰나 코딩 테스트에 가장 많이 나오는 상위 5가지 정렬 알고리즘입니다. 이 장에서 살펴볼 것입니다.

참고로 이 책에서 제공하는 예제 코드 중 '14/SortArraysIn14Ways'에 여러분이 알아야 하는 14가지 정렬 알고리즘을 구현했습니다. 14가지 알고리즘은 다음과 같습니다.

- 버블 정렬

  - Comparator를 사용한 버블 정렬

  - 최적화된 버블 정렬

  - Comparator를 사용한 최적화된 버블 정렬

- 팬케이크 정렬

- 교환 정렬

- 선택 정렬

- 셸 정렬shell sort

- 삽입 정렬insertion sort

  - Comparator를 사용한 삽입 정렬

- 계수 정렬

- 병합 정렬

- 힙 정렬

  - Comparator를 사용한 힙 정렬

- 버킷 정렬

- 칵테일 정렬

- 사이클 정렬cycle sort

- 퀵 정렬

  - Comparator를 사용한 퀵 정렬

- 기수 정렬

다음 절에서는 인터뷰에 나오는 주요 알고리즘인 힙 정렬, 병합 정렬, 퀵 정렬, 버킷 정렬 및 기수 정렬의 간단한 개요를 살펴보겠습니다. 이러한 알고리즘에 이미 익숙하다면 14.3절의 검색 알고리즘 또는 14.4절의 코딩 테스트로 바로 건너뛰어도 좋습니다.

14.1.1 힙 정렬

힙 정렬은 이진 힙(완전 이진 트리)을 사용하는 알고리즘입니다. 힙 정렬의 시간 복잡도는 최선, 평균, 최악의 경우 모두 $O(nlogn)$입니다. 공간 복잡도는 $O(1)$입니다. 힙 개념에 익숙하지 않다면 13장의 '이진 힙' 부분을 읽어보세요.

최대 힙(부모 노드는 항상 자식 노드보다 크거나 같은 힙)을 사용하면 요소를 오름차순으로 정렬할 수 있고, 최소 힙(부모 노드는 항상 자식 노드보다 작거나 같은 힙)을 사용하면 요소를 내림차순으로 정렬할 수 있습니다.

힙 정렬 알고리즘에는 다음과 같은 몇 가지 주요 단계가 있습니다.

1. 주어진 배열을 최대 이진 힙으로 변환합니다.

2. 힙의 루트 요소를 삭제하는 과정에서처럼 루트를 힙의 마지막 요소로 교환하고 힙의 크기를 1만큼 줄입니다. 즉, 더 큰 요소(힙의 루트)가 마지막 위치로 이동합니다. 이렇게 하면 힙의 루트에 있는 요소들이 정렬된 순서대로 하나씩 나옵니다.

3. 나머지 힙을 힙화합니다. 최대 힙을 하향식으로 재구성하는 재귀 알고리즘을 적용합니다.

4. 힙의 크기가 1이 될 때까지 2단계부터 반복합니다.

다음은 힙 정렬 알고리즘을 적용한 예제를 나타낸 그림입니다.

그림 14-1 힙 정렬

예를 들어 [그림 14-1]과 같이 { 4, 5, 2, 7, 1 }의 배열이 주어졌다고 가정하겠습니다.

1. 최대 힙 '7, 5, 2, 4, 1'을 만듭니다. 이때 5와 7, 4와 7, 4와 5를 교환합니다.

2. 루트 7을 마지막 요소 1과 교환하고 7을 삭제합니다. 결과는 '1, 5, 2, 4, 7'이 됩니다.

3. 최대 힙을 다시 구성하여 '5, 4, 2, 1'로 만듭니다. 이때 1과 5, 1과 4를 교환합니다.

4. 루트 5를 마지막 요소 1과 교환하고 5를 삭제합니다. 결과는 '1, 4, 2, 5, 7'이 됩니다.

5. 다음으로 최대 힙을 다시 구성하여 '4, 1, 2'로 만듭니다. 이때 1과 4를 교환합니다.

6. 루트 4를 마지막 요소 2와 교환하고 4를 삭제합니다. 결과는 '2, 1, 4, 5, 7'이 됩니다.

7. 이미 최대 힙을 만족하므로 루트 2를 마지막 요소 1과 교환하고 2를 삭제합니다. 결과는 '1, 2, 4, 5, 7'이 됩니다.

8. 끝났습니다! 힙에 하나의 요소 1만 남아 있으므로 알고리즘을 종료하면 최종 결과는 '1, 2, 4, 5, 7'입니다.

이 과정을 일반화하여 코드로 구현하면 다음과 같습니다.

코드 14-1 14/HeapSort/src/main/java/coding/challenge/HeapSort.java

```java
public static void sort(int[] arr) {
    if (arr == null) { throw new IllegalArgumentException("Array cannot be null"); }

    if (arr.length == 0) {
        throw new IllegalArgumentException("Array length cannot be 0");
    }

    int n = arr.length;
    buildHeap(arr, n);

    while (n > 1) {
        swap(arr, 0, n - 1);
        n--;
        heapify(arr, n, 0);
    }
}

private static void buildHeap(int[] arr, int n) {
    for (int i = arr.length / 2; i >= 0; i--) {
        heapify(arr, n, i);
    }
}

private static void heapify(int[] arr, int n, int i) {
    int left = i * 2 + 1;
    int right = i * 2 + 2;
    int greater;

    if (left < n && arr[left] > arr[i]) {
        greater = left;
    } else {
        greater = i;
    }

    if (right < n && arr[right] > arr[greater]) {
        greater = right;
    }
```

```
    if (greater != i) {
        swap(arr, i, greater);
        heapify(arr, n, greater);
    }
}

private static void swap(int[] arr, int x, int y) {
    int temp = arr[x];
    arr[x] = arr[y];
    arr[y] = temp;
}
```

힙 정렬은 중복 요소의 순서를 보장하는 안정적인 알고리즘이 아닙니다. 참고로 HeapSort.
java에는 Comparator 인터페이스를 사용해 구현한 힙 정렬 코드 sortWithComparator 메서드
등도 포함되어 있습니다. Comparator는 개체를 정렬할 때 유용합니다.

14.1.2 병합 정렬

이제 병합 정렬 알고리즘을 살펴보겠습니다. 병합 정렬의 시간 복잡도는 최선, 평균, 최악의
경우 모두 $O(n\log n)$입니다. 공간 복잡도는 선택한 자료구조에 따라 다를 수 있으며, $O(n)$이
될 수도 있습니다.

병합 정렬 알고리즘은 유명한 문제 해결 기법인 **분할 정복**divide and conquer 전략에 기반하는 재귀
알고리즘입니다. 주어진 배열이 정렬되지 않았을 때 이 알고리즘을 적용하면, 빈 하위 배열이
나 하나의 요소만 포함하는 하위 배열을 얻을 때까지 계속해서 배열을 절반으로 분할해야 합
니다. 이것이 바로 분할 정복 전략입니다.

하위 배열이 비어 있거나 하나의 요소를 포함할 때는 병합 정렬 정의에 따라 정렬하며 이것이
재귀의 종료 조건base case입니다.

아직 종료 조건에 도달하지 않은 경우에는 이 두 하위 배열을 다시 나누고 정렬을 시도합니다.
배열에 둘 이상의 요소가 있으면 이를 분할하고 두 하위 배열 각각에 대해 재귀로 정렬합니다.
다음은 주어진 배열이 { 52, 28, 91, 19, 76, 33, 43, 57, 20 }일 때 분할하는 과정을 나타
낸 그림입니다.

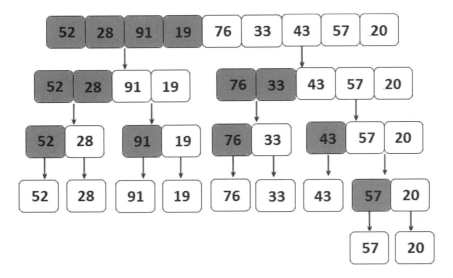

그림 14-2 병합 정렬 알고리즘에서 주어진 배열 분할

분할이 완료되면 이 알고리즘의 기본 연산인 (결합이라고도 부르는) **병합 연산**merge operation을 호출합니다. 병합은 2개의 더 작은 정렬된 하위 배열을 가져와서 하나의 정렬된 새 하위 배열로 결합하는 연산입니다. 주어진 배열이 정렬될 때까지 반복하여 병합합니다.

다음은 배열을 병합하면서 정렬하는 과정을 나타낸 그림입니다.

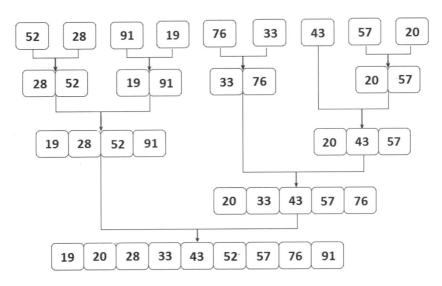

그림 14-3 병합 정렬의 병합 과정

다음은 병합 정렬 알고리즘을 구현한 코드입니다. 전체 흐름은 sort 메서드에서 종료 조건을 확인하는 것부터 시작합니다. 배열의 크기가 1보다 크면 leftHalf와 rightHalf 메서드를 호출하여 주어진 배열을 2개의 하위 배열로 분할합니다. 그리고 merge 메서드를 호출하여 2개의 정렬되지 않은 하위 배열을 정렬합니다.

코드 14-2 14/MergeSort/src/main/java/coding/challenge/MergeSort.java

```java
public static void sort(int[] arr) {
    if (arr == null) {
        throw new IllegalArgumentException("Array cannot be null");
    }

    if (arr.length > 1) {
        int[] left = leftHalf(arr);
        int[] right = rightHalf(arr);

        sort(left);
        sort(right);
        merge(arr, left, right);
    }
}

private static int[] leftHalf(int[] arr) {
    int size = arr.length / 2;
    int[] left = new int[size];
    System.arraycopy(arr, 0, left, 0, size);

    return left;
}

private static int[] rightHalf(int[] arr) {
    int size1 = arr.length / 2;
    int size2 = arr.length - size1;
    int[] right = new int[size2];
    for (int i = 0; i < size2; i++) {
        right[i] = arr[i + size1];
    }

    return right;
}
```

다음으로 정렬된 하위 배열에서 가장 작은 요소를 반복하여 가져오면서 요소를 하나씩 원래 배열에 다시 배치하여 병합합니다.

코드 14–3 14/MergeSort/src/main/java/coding/challenge/MergeSort.java

```java
private static void merge(int[] result, int[] left, int[] right) {
    int t1 = 0;
    int t2 = 0;

    for (int i = 0; i < result.length; i++) {
        if (t2 >= right.length || (t1 < left.length && left[t1] <= right[t2])) {
            result[i] = left[t1];
            t1++;
        } else {
            result[i] = right[t2];
            t2++;
        }
    }
}
```

left[t1] <= right[t2]라는 조건은 안정적인 알고리즘stable algorithm[1]이 되게끔 보장합니다.

14.1.3 퀵 정렬

퀵 정렬은 분할 정복 전략에 기반을 둔 또 다른 재귀 알고리즘입니다. 퀵 정렬의 시간 복잡도는 최선, 평균의 경우는 $O(n\log n)$, 최악의 경우 $O(n^2)$입니다. 공간 복잡도는 $O(\log n)$ 또는 $O(n)$입니다.

퀵 정렬 알고리즘은 다음과 같은 중요한 선택으로부터 시작합니다. 먼저 주어진 배열의 요소 중 하나를 피벗으로 선택한 뒤, 주어진 배열을 분할하여 피벗보다 작은 모든 요소가 피벗보다 큰 모든 요소보다 앞에 오도록 배치합니다. 여러 번의 교환으로 분할 작업이 수행되는데 이것이 분할 정복의 '분할' 단계입니다.

---

1 안정적인 알고리즘은 중복 요소의 순서를 보장하거나 동일한 키를 갖는 레코드의 순서를 유지하는 알고리즘 개념을 뜻합니다.

다음으로 왼쪽과 오른쪽 하위 배열 각각에 새로운 피벗을 정해 다시 분할합니다. 하위 배열을 알고리즘에 재귀적으로 전달해 이 과정을 반복하는데 이것이 분할 정복의 '정복' 단계입니다.

최악의 시나리오($O(n^2)$)는 주어진 배열의 모든 요소가 선택한 피벗보다 작거나 클 때 발생합니다. 피벗 요소는 다음과 같이 최소한 4가지 방법 중에 선택할 수 있습니다.

- 첫 번째 요소를 피벗으로 선택합니다.
- 마지막 요소를 피벗으로 선택합니다.
- 중앙값 요소를 피벗으로 선택합니다.
- 임의의 요소를 피벗으로 선택합니다.

주어진 배열이 { 4, 2, 5, 1, 6, 7, 3 }이라고 가정하겠습니다. 이때 피벗을 마지막 요소로 설정하면 다음 그림과 같이 퀵 정렬을 수행할 수 있습니다.

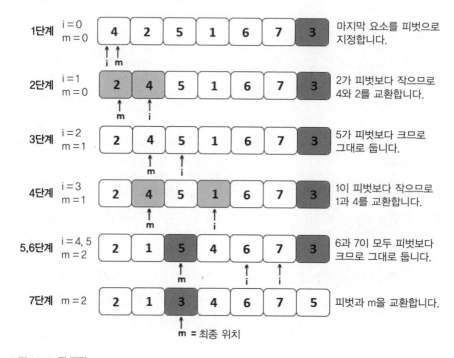

그림 14-4 퀵 정렬

[그림 14-4]의 각 단계를 자세히 설명하면 다음과 같습니다.

- **1단계:** 마지막 요소를 피벗으로 선택하면 3이 피벗이 됩니다. 분할 작업은 우선 2개의 위치를 표시하는 것에서부터 시작합니다. 이 2개의 위치를 i와 m이라고 하겠습니다. 처음에는 둘 다 주어진 배열의 첫 번째 요소를 가리킵니다. 다음으로 위치 i의 요소인 4와 피벗 3을 비교합니다. 4 > 3이므로 아무것도 교환하지 않습니다. i는 0에서 1로 증가시키고 m = 0으로 유지합니다.

- **2단계:** 위치 i의 요소 2와 피벗 3을 비교합니다. 2 < 3이므로 위치 m의 요소를 위치 i의 요소와 교환합니다. 즉, 4와 2를 교환합니다. m과 i를 1씩 증가시켜 m = 1이 되고 i = 2가 됩니다.

- **3단계:** 위치 i의 요소 5와 피벗 3을 비교합니다. 5 > 3이므로 아무것도 교환하지 않습니다. i++로 i = 3이 되고 m = 1로 유지합니다.

- **4단계:** 위치 i의 요소 1과 피벗 3을 비교합니다. 1 < 3이므로 위치 m의 요소를 위치 i의 요소와 교환합니다. 즉, 1과 4를 교환합니다. m과 i를 1씩 증가시켜 m = 2가 되고 i = 4가 됩니다.

- **5, 6단계:** 위치 i의 요소를 피벗과 계속 비교합니다. 6 > 3이고 7 > 3이므로 이 두 단계에서는 아무것도 교환하지 않습니다. i를 두 번 증가시켜 i = 7이 됩니다.

- **7단계:** i의 다음 요소는 피벗이므로 더 비교할 대상이 없습니다. 위치 m에 있는 요소를 피벗으로 교환하기만 하면 됩니다. 따라서 5와 3을 교환합니다. 그러면 피벗이 최종 위치로 이동합니다. 왼쪽에 있는 모든 요소는 피벗보다 작고 오른쪽에 있는 모든 요소는 피벗보다 큽니다. 마지막으로 m을 반환합니다.

이후 0(left)부터 m - 1 범위에 있는 배열과 m + 1부터 배열의 마지막(right) 범위에 있는 배열에 같은 알고리즘을 반복하여 적용합니다. left < right를 만족하는 동안 이 알고리즘을 반복합니다. 이 조건이 false가 되면 배열이 정렬됩니다.

퀵 정렬 알고리즘의 의사코드는 다음과 같습니다.

```
sort(array, left, right)
    if left < right
        m = partition(array, left, right)
        sort(array, left, m-1)
        sort(array, m+1, right)
    end
end
```

```
partition(array, left, right)
    pivot = array[right]
    m = left
    for i = m to right-1
        if array[i] <= pivot
            swap array[i] with array[m]
            m=m+1
        end
    end
    swap array[m] with array[right]
    return m
end
```

전체 배열을 정렬하려면 sort(array, 0, array.length - 1)을 호출합니다. 다음과 같습니다.

코드 14-4 14/QuickSort/src/main/java/coding/challenge/QuickSort.java

```java
public static void sort(int[] arr, int left, int right) {
    if (left < right) {
        int m = partition(arr, left, right);

        sort(arr, left, m - 1);
        sort(arr, m + 1, right);
    }
}


private static int partition(int[] arr, int left, int right) {
    int pivot = arr[right];
    int m = left;
    for (int i = m; i < right; i++) {
        if (arr[i] <= pivot) {
            swap(arr, i, m++);
        }
    }

    swap(arr, right, m);

    return m;
}
```

퀵 정렬은 인접하지 않은 요소를 교환할 수 있습니다. 따라서 안정적인 알고리즘이 아니란 점은 기억하기 바랍니다.

참고로 QuickSort.java에는 개체를 정렬할 때 유용한 Comparator 인터페이스를 사용하여 구현한 힙 정렬 코드 sortWithComparator와 partitionWithComparator 메서드도 포함되어 있으니 참고하기 바랍니다.

14.1.4 버킷 정렬

버킷 정렬(또는 빈 정렬$^{bin\ sort}$)은 인터뷰에 자주 나오는 또 다른 정렬 기법입니다. 컴퓨터 과학에서 일반적으로 사용되며 요소가 범위에 균일하게 분포되어 있을 때 유용합니다.

버킷 정렬의 시간 복잡도는 최선, 평균인 경우 O($n + k$)입니다. 이때 O(k)는 버킷을 생성하는 시간이고 O(n)은 주어진 배열의 요소를 버킷에 넣는 데 필요한 시간입니다. 연결 리스트 또는 해시 테이블의 경우에는 버킷 생성과 삽입 시간이 O(1)이 됩니다. 최악의 경우는 O(n^2)입니다. 공간 복잡도는 O($n + k$)입니다.

알고리즘의 핵심은 주어진 배열의 요소를 버킷이라는 그룹으로 나누는 것입니다. 다음으로 각 버킷은 다른 적절한 정렬 알고리즘을 사용하거나 버킷 정렬 알고리즘을 재귀로 사용하여 개별적으로 정렬합니다.

버킷은 여러 가지 방법으로 생성할 수 있습니다. 한 가지 방법은 버킷을 여러 개 생성하고, 각 버킷을 주어진 배열의 특정 범위 요소로 채우는 것입니다. 이를 분산^{scattering}이라고 합니다.

다른 방법으로는 버킷 정렬 또는 다른 정렬 알고리즘을 사용하여 각 버킷을 정렬한 후, 마지막으로 각 버킷에서 요소를 수집하여 정렬된 배열을 가져올 수 있습니다. 이를 수집^{gathering}이라고 합니다.

이렇게 분산과 수집을 활용한 정렬을 분산_정렬_수집$^{scatter-sort-gather}$ 기법이라고도 합니다.

다음은 주어진 배열이 { 4, 2, 11, 7, 18, 3, 14, 7, 4, 16 }이라고 할 때 이 기법을 사용하여 버킷 정렬을 수행하는 과정을 나타낸 그림입니다.

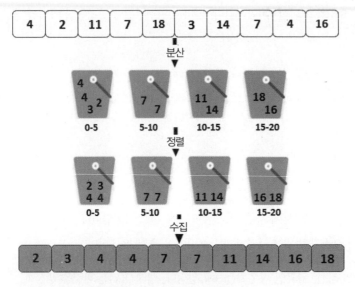

그림 14-5 분산–정렬–수집 기법을 사용한 버킷 정렬

[그림 14-5]에서 보듯이 0-5, 5-10, 10-15와 15-20의 네 가지 범위에 있는 요소를 담는 버킷 4개를 생성합니다. 주어진 배열의 각 요소는 해당하는 범위의 버킷에 대응합니다. 주어진 배열의 모든 요소를 버킷에 나누어 담고 각 버킷을 정렬합니다.

첫 번째 버킷에는 요소 2, 3, 4, 4가 포함됩니다. 두 번째 버킷에는 요소 7, 7이 포함되며 나머지 버킷도 같은 방식으로 요소를 채웁니다. 마지막으로 버킷에서 요소를 왼쪽에서 오른쪽으로 수집하고 정렬된 배열을 얻습니다.

결과 배열은 { 2, 3, 4, 4, 7, 7, 11, 14, 16, 18 }입니다. 이 알고리즘의 의사코드는 다음과 같습니다.

정렬(배열)
    일정 범위의 요소를 담을 수 있는 버킷을 N개 생성합니다.
    모든 버킷을 순회하면서
        각 버킷의 값을 0으로 초기화합니다.
    모든 버킷을 순회하면서
        범위에 맞는 버킷에 요소를 넣습니다.
    모든 버킷을 순회하면서
        각 버킷의 요소를 정렬합니다.
        각 버킷에서 요소를 수집합니다.
끝

리스트를 사용하여 이 의사코드를 다음과 같이 구현할 수 있습니다.

코드 14-5 14/BucketSort/src/main/java/coding/challenge/BucketSort.java

```java
// 분산-정렬-수집 기법
public static void sort1(int[] arr) {
    if (arr == null) {
        throw new IllegalArgumentException("Array cannot be null");
    }

    // 해시 코드를 가져옵니다.
    int[] hashes = hash(arr);

    // 버킷을 생성하고 초기화합니다.
    List<Integer>[] buckets = new List[hashes[1]];
    for (int i = 0; i < hashes[1]; i++) {
        buckets[i] = new ArrayList();
    }

    // 요소를 버킷에 분배합니다.
    for (int e : arr) {
        buckets[hash(e, hashes)].add(e);
    }

    // 각 버킷을 정렬합니다.
    for (List<Integer> bucket : buckets) {
        Collections.sort(bucket);
    }

    // 버킷으로부터 요소를 수집합니다.
    int p = 0;
    for (List<Integer> bucket : buckets) {
        for (int j : bucket) {
            arr[p++] = j;
        }
    }
}
```

참고로 앞 코드에서 호출하는 hash 메서드는 다음 소개하는 BucketSort.java 안에 함께 구현되어 있습니다.

단일 요소를 버킷에 넣어서 버킷을 만들 수도 있습니다. 여기서 정렬은 수행하지 않습니다. 다음 그림을 살펴볼까요?

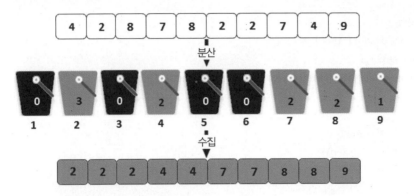

그림 14-6 분산-수집 기법으로 버킷 정렬

이 분산-수집 기법에서는 요소 자체가 아닌 요소의 등장 횟수를 각 버킷에 저장하며, 각 버킷의 위치(인덱스)는 요솟값을 나타냅니다.

예를 들어 [그림 14-6]과 같이 주어진 배열이 { 4, 2, 8, 7, 8, 2, 2, 7, 4, 9 }일 때 2가 3번 등장하므로 2번 버킷에 3을 저장합니다. 요소 1, 3, 5, 6은 주어진 배열에 존재하지 않으므로 해당 번호의 버킷은 0을 저장하여 비어 있음을 나타냅니다. 수집할 때는 왼쪽에서 오른쪽으로 요소를 수집하고 정렬된 배열을 얻습니다.

이 과정을 의사코드로 작성하면 다음과 같습니다.

정렬(배열)
　　　단일 요소의 카운터를 추적할 수 있는 N개의 버킷 생성
　　　모든 버킷을 순회하면서
　　　　　각 버킷의 값을 0으로 초기화합니다.
　　　모든 버킷을 순회하면서
　　　　　버킷당 단일 요소와 일치하는 버킷에 요소를 넣습니다.
　　　모든 버킷을 순회하면서
　　　　　각 버킷에서 요소를 수집합니다.
끝

앞 의사코드를 자바 코드로 구현하면 다음과 같습니다.

```java
// 분산-정렬-수집 기법
public static void sort2(int[] arr) {
    if (arr == null) {
        throw new IllegalArgumentException("Array cannot be null");
    }

    // 주어진 배열의 최댓값을 찾습니다.
    int max = arr[0];
    for (int i = 1; i < arr.length; i++) {
        if (arr[i] > max) {
            max = arr[i];
        }
    }

    // 최대 버킷을 생성합니다.
    int[] bucket = new int[max + 1];

    // 자바에서는 bucket[]이 자동으로 0으로 초기화되므로 이 작업은 중복된 작업입니다.
    for (int i = 0; i < bucket.length; i++) {
        bucket[i] = 0;
    }

    // 버킷에 요소를 분배합니다.
    for (int i = 0; i < arr.length; i++) {
        bucket[arr[i]]++;
    }

    // 버킷에서 요소를 수집합니다.
    int p = 0;
    for (int i = 0; i < bucket.length; i++) {
        for (int j = 0; j < bucket[i]; j++) {
            arr[p++] = i;
        }
    }
}
```

참고로 버킷 정렬은 중복 요소의 순서를 보장하는 안정적인 알고리즘이 아니라는 점을 기억하기 바랍니다.

14.1.5 기수 정렬

기수 정렬은 정수를 정렬할 때 매우 유용한 정렬 알고리즘입니다. 기수 정렬에서는 각 자릿수를 숫자에서의 위치별로 그룹화하여 요소를 정렬합니다. 다음으로 각 중요 위치의 자릿수를 정렬하여 요소를 정렬합니다. 그래서 일반적으로는 계수 정렬과 같은 안정적인 알고리즘의 개념에 따라 자릿수를 정렬합니다. 계수 정렬 알고리즘을 잘 모른다면 여러분에게 맞는 다양한 책이나 인터넷 자료 등을 찾아서 읽어보기 바랍니다. 또한 이 책에서 제공하는 예제 코드 중 '14/SortArraysIn14Ways'에서 계수 정렬 구현 코드를 확인하면 좋습니다.

기수 정렬 알고리즘을 이해하고자 예제를 살펴보겠습니다. 주어진 배열이 { 323, 2, 3, 123, 45, 6, 788 }이라고 가정했을 때, 다음 그림은 일의 자리, 십의 자리, 백의 자리를 차례대로 정렬하여 이 배열을 정렬하는 과정을 나타냅니다.

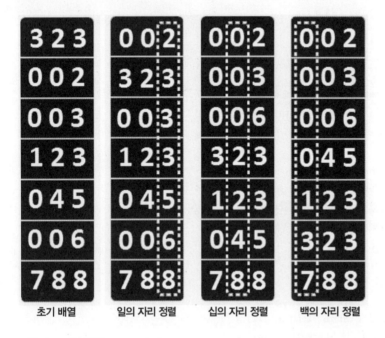

그림 14-7 기수 정렬

먼저 일의 자리에 해당하는 숫자를 기준으로 요소를 정렬합니다. 다음으로 십의 자리에 해당하는 숫자를 기준으로 요소를 정렬합니다. 이어서 백의 자리에 해당하는 숫자를 기준으로 요소를 정렬합니다. 물론 배열의 최대 개수에 따라 자릿수가 더 남지 않을 때까지 천의 자리, 만의 자리 등으로 계속 정렬을 반복합니다.

다음은 기수 정렬 알고리즘을 구현한 코드입니다.

코드 14-7 14/RadixSort/src/main/java/coding/challenge/RadixSort.java

```java
public static void sort(int[] arr, int radix) {
    if (arr == null) {
        throw new IllegalArgumentException("Array cannot be null");
    }

    if (arr.length == 0) {
        throw new IllegalArgumentException("Array length cannot be 0");
    }

    int min = arr[0];
    int max = arr[0];
    for (int i = 1; i < arr.length; i++) {
        if (arr[i] < min) {
            min = arr[i];
        } else if (arr[i] > max) {
            max = arr[i];
        }
    }

    int exp = 1;
    while ((max - min) / exp >= 1) {
        countSortByDigit(arr, radix, exp, min);
        exp *= radix;
    }
}

private static void countSortByDigit(int[] arr, int radix, int exp, int min) {
    int[] buckets = new int[radix];
    for (int i = 0; i < radix; i++) {
        buckets[i] = 0;
    }

    int bucket;
    for (int i = 0; i < arr.length; i++) {
        bucket = (int) (((arr[i] - min) / exp) % radix);
        buckets[bucket]++;
    }
```

```
    for (int i = 1; i < radix; i++) {
        buckets[i] += buckets[i - 1];
    }

    int[] out = new int[arr.length];
    for (int i = arr.length - 1; i >= 0; i--) {
        bucket = (int) (((arr[i] - min) / exp) % radix);
        out[--buckets[bucket]] = arr[i];
    }

    System.arraycopy(out, 0, arr, 0, arr.length);
}
```

자릿수를 정렬할 때는 안정적인 알고리즘의 개념을 따르는 어떤 알고리즘이라도 사용할 수 있습니다. 이때 기수 정렬의 시간 복잡도는 자릿수 정렬에 사용하는 알고리즘에 따라 달라집니다. 여기서는 계수 정렬 알고리즘을 사용하므로 시간 복잡도는 $O(d(n + b))$입니다. 여기서 n은 요소의 개수, d는 자릿수, b는 기수 또는 밑수입니다. 여기서는 기본적으로 10을 사용합니다. 공간 복잡도는 $O(n + b)$입니다.

14.2 검색 알고리즘

앞 절에서는 기술 인터뷰에서 가장 자주 출제되는 5가지 정렬 알고리즘을 살펴보았습니다. 이제 검색 알고리즘의 개요를 빠르게 살펴보겠습니다.

이진 검색 알고리즘은 인터뷰나 코딩 테스트에서 단독 문제 또는 다른 문제의 일부로 출제되는 주요 검색 알고리즘입니다. 최선의 시간 복잡도는 $O(1)$이고 평균 및 최악의 시간 복잡도는 $O(\log n)$입니다. 또한 최악의 공간 복잡도는 반복으로 구현했을 때 $O(1)$이며 호출 스택을 활용하여 재귀로 구현했을 때 $O(\log n)$입니다.

이진 검색 알고리즘은 분할 정복 전략 기반의 알고리즘으로, 주어진 배열을 2개의 하위 배열로 나누면서 시작합니다. 또한 반복 또는 재귀로 이 하위 배열 중 하나를 버리고 다른 하위 배열을 처리합니다. 즉, 이 알고리즘은 처음에 주어진 배열 전체에서 시작하여 각 단계에서 검색 공간을 절반으로 줄입니다.

이진 검색 알고리즘은 배열 arr에서 요소 p를 찾는 방법을 나타냅니다. 주어진 배열 arr이 다음 그림과 같이 정렬된 16개의 요소를 갖는 배열이라고 가정하겠습니다.

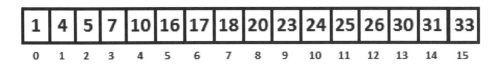

그림 14-8 16개의 요소를 포함하는 정렬된 배열

먼저 p를 배열의 중간 요소 arr[mid]와 비교합니다. 두 요소의 값이 같으면 알고리즘을 종료합니다. p > arr[mid]이면 배열의 오른쪽에서 요소를 다시 검색하고 왼쪽을 버립니다. 이때 검색 공간은 배열의 오른쪽 절반이 됩니다. p < arr[mid]이면 배열의 왼쪽에서 요소를 다시 검색하고 오른쪽을 버립니다. 이때 검색 공간은 배열의 왼쪽 절반이 됩니다.

다음은 이진 검색 알고리즘으로 17을 찾는 단계를 나타낸 그림입니다.

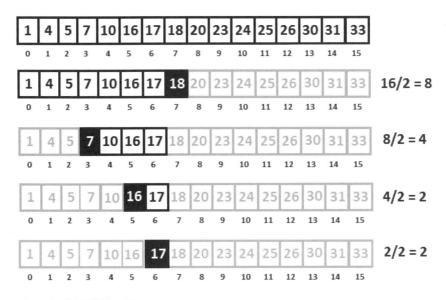

그림 14-9 이진 검색 알고리즘

처음에 요소 16개로 검색을 시작해서 마지막에 원하는 요소 1개를 찾으면 끝납니다. 첫 번째 단계를 거치면 요소는 16 / 2 = 8개가 됩니다. 두 번째 단계에서는 요소가 8 / 2 = 4개로 줄어듭니다. 세 번째 단계에서는 요소가 4 / 2 = 2개로 줄어듭니다. 그리고 마지막 단계에서 숫자 17을 발견합니다.

이 알고리즘을 의사코드로 표현하면 다음과 같습니다.

{1, 4, 5, 7, 10, 16, 17, 18, 20, 23, 24, 25, 26, 30, 31, 33}에서 17 검색
    17과 18 비교 -> 17 < 18
    {1, 4, 5, 7, 10, 16, 17, 18}에서 17 검색
        17과 7 비교 -> 17 > 7
        {7, 10, 16, 17}에서 17 검색
            17과 16 비교 -> 17 > 16
            {16, 17}에서 17 검색
                17과 17 비교
                반환

이 의사코드를 반복으로 구현한 코드는 다음과 같습니다.

코드 14-8 14/BinarySearch/src/main/java/coding/challenge/BinarySearch.java

```java
public static int runIterative(int[] arr, int p) {
    // 검색 공간은 전체 배열입니다.
    int left = 0;
    int right = arr.length - 1;

    // 검색 공간에는 적어도 하나의 요소가 있습니다.
    while (left <= right) {
        // 검색 공간을 반으로 줄입니다.
        int mid = (left + right) / 2;

        // 오버플로가 발생할 수 있는 환경이라면 다음 코드를 활용하세요.
        // int mid = left + (right - left) / 2;
        // int mid = right - (right - left) / 2;

        // 검색 대상 요소를 찾았습니다.
        if (p == arr[mid]) {
            return mid;
        } // 'mid'를 포함하여 검색 공간의 오른쪽에 있는 모든 요소를 버립니다.
        else if (p < arr[mid]) {
            right = mid - 1;
        } // 'mid'를 포함하여 검색 공간의 왼쪽에 있는 모든 요소를 버립니다.
        else {
            left = mid + 1;
        }
```

```
    }

    // 일반적으로 -1은 배열에서 요소를 찾을 수 없음을 의미합니다.
    return -1;
}
```

참고로 BinarySearch.java를 살펴보면 재귀 기반 풀이법으로 구현한 이진 검색 알고리즘 runRecursive 메서드도 있습니다. 또한 10장에서 이진 검색 알고리즘을 활용하는 다양한 코딩 테스트를 확인할 수 있습니다.

14.3 코딩 테스트

지금까지 기술 인터뷰나 코딩 테스트에서 가장 많이 접하는 정렬 및 검색 알고리즘을 살펴보았습니다. 이러한 알고리즘은 의사코드나 코드 구현이 필요한 단독 문제로서 기술 인터뷰나 코딩 테스트에 출제될 수 있으므로 구현 방법을 많이 연습하는 것이 좋습니다.

그럼 이제부터 18가지 정렬 및 검색 알고리즘과 관련된 코딩 테스트를 함께 풀어볼까요?

14.3.1 코딩 테스트 1: 정렬된 배열 2개 병합하기

회사: 아마존, 구글, 어도비, 마이크로소프트, 플립카트

문제: 2개의 정렬된 배열 p와 q가 있습니다. 배열 p는 배열 q를 덧붙일 수 있을 만큼 충분히 크기가 큽니다. 주어진 배열 p와 q를 정렬된 순서대로 병합하는 코드를 작성하세요.

풀이법: 배열 p는 배열 q를 덧붙일 수 있을 만큼 충분한 공간이 남는다는 사실에 주목해야 합니다. 이것은 문제의 풀이법이 추가 공간을 사용해서는 안 된다는 점을 나타냅니다. 풀이법은 q의 요소를 p에 순서대로 삽입하여 p와 q를 정렬된 순서대로 병합한 결과를 출력해야 합니다.

p와 q의 요소를 비교하고 p와 q의 모든 요소를 처리할 때까지 p에 순서대로 삽입해야 합니다. p는 요소 { -1, 3, 8, 0, 0 }로 이루어져 있고 q는 요소 { 2, 4 }로 이루어져 있다고 가정할 때, 두 배열을 병합하는 과정을 그림으로 나타내면 다음과 같습니다.

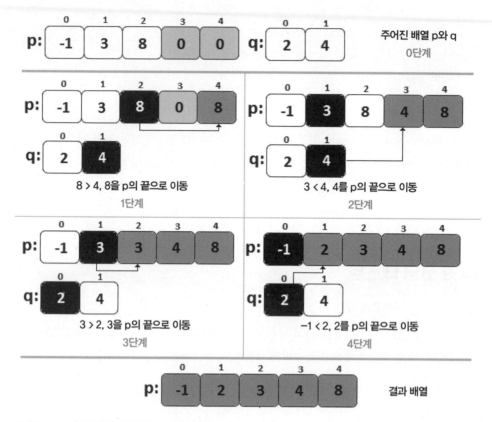

그림 14-10 정렬된 배열 2개 병합

[그림 14-10]의 예제를 단계별로 살펴보겠습니다.

- **0단계**

  p의 마지막 요소의 인덱스를 pIdx라고 하고 q의 마지막 요소의 인덱스를 qIdx라고 할 때,
  [그림 14-10]에서 pIdx = 2(요소 8)이고 qIdx = 1(요소 4)입니다.

- **1단계**

  p의 마지막 요소(인덱스 pIdx의 요소) 8과 q의 마지막 요소(인덱스 qIdx의 요소) 4를 비
  교합니다. 8 > 4이므로 8을 배열 p의 끝에 복사합니다. 두 배열이 모두 정렬되어 있으므
  로 이 배열의 최댓값은 8이며, 이에 따라 p의 마지막 위치(인덱스)로 이 요소를 이동해야
  합니다.

  배열 p는 배열 q를 덧붙여도 될 만큼 충분히 크다고 했었죠? 요소 8은 p의 마지막 위치,
  즉 p의 빈 슬롯을 채웁니다. pIdx를 1만큼 줄입니다.

- **2단계**

  p의 마지막 요소(인덱스 pIdx의 요소) 3과 q의 마지막 요소(인덱스 qIdx의 요소) 4를 비교합니다. 3 < 4이므로 4를 배열 p의 끝에 복사합니다. qIdx를 1만큼 줄입니다.

- **3단계**

  p의 마지막 요소(인덱스 pIdx의 요소) 3과 q의 마지막 요소(인덱스 qIdx의 요소) 2를 비교합니다. 3 > 2이므로 3을 배열 p의 끝에 복사합니다. pIdx를 1만큼 줄입니다.

- **4단계**

  p의 마지막 요소(인덱스 pIdx의 요소) -1과 q의 마지막 요소(인덱스 qIdx의 요소) 2를 비교합니다. -1 < 2이므로 2를 배열 p의 끝에 복사합니다. qIdx를 1로 줄입니다. 비교할 요소가 더 없으며 p는 정렬이 완료됩니다.

여기서 주목할 점이 있습니다! 각 단계를 살펴보면 p와 q의 요소를 비교한 후에 p의 끝에 요소를 삽입하는데, 이렇게 하면 다른 요소를 이동할 필요가 없습니다. 하지만 p의 시작 부분에 요소를 삽입하기로 한다면 삽입된 각 요소를 위한 공간을 만들기 위해 모든 요소를 뒤로 이동해야 합니다. 매우 비효율적이겠죠. 이제 알고리즘을 구현한 코드를 살펴보겠습니다.

코드 14-9 14/MergeTwoSortedArrays/src/main/java/coding/challenge/SortArrays.java

```java
public static void merge(int[] p, int[] q) {
    if (p == null || q == null) {
        throw new IllegalArgumentException("The given p and q cannot be null");
    }

    int pLast = p.length - q.length;
    int qLast = q.length;

    if (pLast < 0) {
        throw new IllegalArgumentException("The given p cannot fit q");
    }

    int pIdx = pLast - 1;
    int qIdx = qLast - 1;
    int mIdx = pLast + qLast - 1;

    // p와 q를 병합합니다. p와 q의 마지막 요소에서 시작
    while (qIdx >= 0) {
```

```
            if (pIdx >= 0 && p[pIdx] > q[qIdx]) {
                p[mIdx] = p[pIdx];
                pIdx--;
            } else {
                p[mIdx] = q[qIdx];
                qIdx--;
            }

            mIdx--;
        }
    }
```

참고로 정렬된 배열 *k*개를 병합하는 방법을 확인 또는 복습하려면 10장 '코딩 테스트 13: 정렬된 배열 병합'이라는 코딩 테스트를 다시 풀어보세요.

14.3.2 코딩 테스트 2: 애너그램 함께 묶기

회사: 어도비, 플립카트

문제: 여러 혼합 애너그램을 나타내는 영단어(문자 'a'부터 'z'로 이루어진 애너그램 단어) 배열이 주어졌을 때, 문자 구성이 같은 모든 애너그램이 함께 묶이도록 그룹화하여 출력하는 코드를 작성하세요.

예를 들어 주어진 애너그램 배열이 { "calipers", "caret", "slat", "cater", "thickset", "spiracle", "trace", "last", "salt", "bowel", "crate", "loop", "polo", "thickest", "below", "thickets", "pool", "elbow", "replicas" }라면 출력 결과는 [calipers, spiracle, replicas, caret, cater, trace, crate, slat, last, salt, bowel, below, elbow, thickset, thickest, thickets, loop, polo, pool]이라고 가정합니다.

풀이법: 먼저 애너그램이 무엇인지 간단하게 설명하겠습니다. 둘 이상의 문자열(단어)이 구성하는 문자는 같지만, 문자 배열 순서가 서로 다를 때 애너그램이라고 합니다.

문제에서 제공한 예제를 바탕으로 다음과 같은 혼합 애너그램 배열을 정의하겠습니다.

```java
String[] words = {
    "calipers", "caret", "slat", "cater", "thickset",
    "spiracle", "trace", "last", "salt", "bowel", "crate",
    "loop", "polo", "thickest", "below", "thickets",
    "pool", "elbow", "replicas"
};
```

애너그램은 정확히 같은 문자를 포함하므로, 문자를 정렬하면 모든 애너그램이 동일한 문자열이 됩니다. 예를 들어 'slat', 'salt', 'last'를 정렬하면 모두 'alst'가 됩니다. 따라서 두 문자열(단어)이 애너그램인지 여부는 문자열의 정렬된 형태를 비교하여 결정할 수 있습니다. 즉, 정렬 알고리즘만 있으면 애너그램을 찾을 수 있습니다.

자바의 내장 정렬 알고리즘을 활용하면 애너그램 그룹화를 쉽게 구현할 수 있습니다. 기본 자료형 정렬에는 이중 피벗^{dual-pivot} 퀵 정렬을 사용하고 객체 정렬에는 팀정렬^{Timsort}을 사용하면 됩니다.

정렬에 사용하는 자바 내장 메서드는 sort라고 하며 (15종 이상의) java.util.Arrays 클래스에서 다양한 유형으로 제공됩니다. 두 가지 시그니처를 소개하자면 다음과 같습니다.

- void sort(Object[] a)
- \<T\> void sort(T[] a, Comparator\<? super T\> c)

문자열(단어)을 char[]로 변환하면 문자 순서대로 정렬할 수 있습니다. 다음 헬퍼 메서드는 이 방법으로 문자열을 정렬하고 새로운 문자열을 반환합니다.

코드 14-11 14/GroupSortAnagrams/src/main/java/coding/challenge/Anagrams.java

```java
// 단어의 문자를 정렬하는 헬퍼 메서드
private static String sortWordChars(String word) {
    char[] wordToChar = word.toCharArray();
    Arrays.sort(wordToChar);

    return String.valueOf(wordToChar);
}
```

다음으로 두 문자열이 서로의 애너그램으로 같은 문사 구성을 가지는지 확인하는 Comparator 클래스가 필요합니다.

코드 14-12 14/GroupSortAnagrams/src/main/java/coding/challenge/Anagrams.java

```java
public class Anagrams implements Comparator<String> {
    // 더 많은 수의 문자를 지원해야 한다면 설정값을 더 크게 합니다.
    private final static int RANGE_a_z = 26;

    // Comparator를 이용한 애너그램 그룹화
    @Override
    public int compare(String wordl, String word2) {
        return sortWordChars(wordl).compareTo(sortWordChars(word2));
    }
}
```

마지막으로 compareTo 메서드를 이용해 주어진 문자열(단어) 배열을 정렬합니다.

코드 14-13 14/GroupSortAnagrams/src/main/java/coding/challenge/Main.java

```java
Arrays.sort(words, new Anagrams());
```

그러나 문제에서는 주어진 애너그램 배열의 각 요소 문자를 알파벳 순서로 정렬한 결과를 출력하라고 요구하지 않았습니다. 동일한 애너그램 갖는 요소를 함께 그룹화하여 출력하도록 요구했습니다. 이 요구사항을 만족하도록 해시를 사용하겠습니다. 해싱 개념에 익숙하지 않다면 6장의 '코딩 테스트 6: 해시 테이블'을 읽어보세요.

자바에서는 내장된 HashMap으로 해싱을 사용할 수 있기 때문에 처음부터 해싱을 구현할 필요가 없습니다. 그렇다면 이 HashMap을 어떻게 활용할 수 있을까요? 맵의 항목(키-값 쌍)에 무엇을 저장해야 할까요?

각 애너그램 그룹은 문자가 같은 정렬 형태로 통일됩니다. 예를 들어 'slat', 'salt', 'last'를 포함하는 애너그램 그룹은 고유한 정렬 형태 'alst'를 공유합니다. 문자의 정렬 형태는 고유하므로 맵의 키에 적합하며, 값은 애너그램의 목록을 나타내면 됩니다. 다음 단계를 살펴보세요.

1. 주어진 단어 배열을 순회합니다.

2. 각 단어의 문자를 정렬합니다.

3. 맵을 채웁니다. 즉, 맵에 요소를 추가하거나 업데이트합니다.

4. 결과를 출력합니다.

이 알고리즘을 코드로 나타내면 다음과 같습니다.

코드 14-14 14/GroupSortAnagrams/src/main/java/coding/challenge/Anagrams.java

```java
// 해싱으로 애너그램 그룹화(O(nm log m))
public void printAnagrams(String words[]) {
    Map<String, List<String>> result = new HashMap<>();

    for (int i = 0; i < words.length; i++) {
        // 각 문자열의 문자를 정렬합니다.
        String word = words[i];
        String sortedWord = sortWordChars(word);

        if (result.containsKey(sortedWord)) {
            result.get(sortedWord).add(word);
        } else {
            // 새로운 애너그램 그룹을 생성합니다.
            List<String> anagrams = new ArrayList<>();
            anagrams.add(word);
            result.put(sortedWord, anagrams);
        }
    }

    // 결과를 출력합니다.
    System.out.println(result.values());
}
```

문자열(단어)의 개수를 n이라고 하고 각 문자열(단어)의 최대 문자 개수를 m이라고 할 때 앞에서 설명한 두 가지 풀이법의 시간 복잡도는 O($nmlogm$)입니다.

풀이법을 더 효율적으로 바꿀 수 있을까요? 풀이법을 개선하려면 앞에서 설명한 두 가지 풀이법의 문제점을 알아내야 합니다. 두 풀이법은 모든 문자열(단어)을 정렬하면서 추가 시간이 소모되는데, char[]를 하나 더 사용하면 이 문제를 해결할 수 있습니다.

char[]로 문자열(단어)에서 각 문자의 등장 횟수(빈도)를 계산할 수 있습니다. 각 문자의 등장 횟수를 계산한 후에 String으로 변환하여 HasMap에서 검색할 키로 사용합니다. 자바는 char

타입을 unsigned short와 동일하게 처리하므로 char 타입을 이용해 등장 횟수를 계산할 수 있습니다.

이제 코드를 살펴보겠습니다. wordToChar 배열은 주어진 배열의 각 문자열(단어)에 대해 'a'에서 'z'까지의 문자 빈도를 나타내는 배열입니다.

코드 14-15 14/GroupSortAnagrams/src/main/java/coding/challenge/Anagrams.java

```java
// 해싱으로 애너그램 그룹화(O(nm))
public void printAnagramsOptimized(String[] words) {
    Map<String, List<String>> result = new HashMap<>();

    for (int i = 0; i < words.length; i++) {
        String word = words[i];
        char[] wordToChar = new char[RANGE_a_z];

        // 'word' 안 각 문자의 등장 횟수(빈도)를 계산합니다.
        for (int j = 0; j < word.length(); j++) {
            wordToChar[word.charAt(j) - 'a']++;
        }

        String computedWord = String.valueOf(wordToChar);

        if (result.containsKey(computedWord)) {
            result.get(computedWord).add(word);
        } else {
            List<String> anagrams = new ArrayList<>();
            anagrams.add(word);
            result.put(computedWord, anagrams);
        }
    }

    System.out.println(result.values());
}
```

문자열(단어)의 개수를 n이라고 하고 각 문자열(단어)의 최대 문자 개수를 m이라고 할 때 이 풀이법의 시간 복잡도는 $O(nm)$입니다. a에서 z까지가 아닌 더 많은 문자를 지원해야 할 때는 int[] 배열과 codePointAt 메서드를 사용하세요. 또한 10장의 '코딩 테스트 7: 서러게이트 페어에서 코드 포인트 추출하기'를 참고하세요.

14.3.3 코딩 테스트 3: 크기를 알 수 없는 리스트

문제: 양수만 포함하며 크기를 알 수 없는 정렬된 리스트를 나타내는 자료구조가 있습니다. 크기를 알 수 없다는 것은 size 또는 유사한 메서드가 없음을 의미합니다. 이 리스트의 코드는 다음과 같습니다.

코드 14-16 14/UnknownSizeList/src/main/java/coding/challenge/SizelessList.java

```java
public class SizelessList {
    private final int[] arr;

    public SizelessList(int[] arr) {
        this.arr = arr.clone();
    }

    public int peekAt(int index) {
        if (index >= arr.length) {
            return -1;
        }

        return arr[index];
    }
}
```

크기를 알 수 있는 메서드는 없지만, 코드에서 볼 수 있듯이 O(1) 시간에 주어진 인덱스의 요소를 반환하는 peekAt 메서드가 있습니다. 주어진 인덱스가 이 리스트의 범위를 벗어나면 peekAt은 -1을 반환합니다. 요소 element의 인덱스를 반환하는 코드를 작성하세요.

풀이법: 정렬된 자료구조(예를 들어 정렬된 배열)에서 요소를 검색해야 할 때 이진 검색이 적합하다는 점을 여러분은 이미 알고 있습니다. 그렇다면 이 경우에도 이진 검색을 사용할 수 있을까요?

주어진 리스트가 정렬되어 있고 O(1) 시간에 해당 리스트의 모든 요소에 접근할 수 있으므로 이진 검색을 활용하기 좋다고 생각할 수 있습니다. 하지만 이진 검색 알고리즘은 중간 지점을 찾기 위해 검색 공간을 반으로 줄여야 하므로 (예를 들어 list.size() / 2) 자료구조의 크기를 알아야 하는데, 주어진 자료구조(리스트)는 크기를 알 수 없다는 문제가 있습니다.

따라서 문제는 해당 리스트의 크기를 알아내는 것으로 축소하여 생각할 수 있습니다. 여러분은 주어진 인덱스가 해당 리스트의 범위를 벗어나면 peekAt 메서드가 -1을 반환한다는 것을 알고 있습니다. 그럼 리스트를 순회하면서 peekAt 메서드가 -1을 반환할 때까지 반복한 횟수를 계산할 수 있습니다. peekAt 메서드가 -1을 반환하면 리스트의 크기를 알 수 있고, 리스트의 크기를 알면 이진 검색 알고리즘을 적용할 수 있습니다.

리스트의 크기는 요소별로 순회(선형 알고리즘)하는 대신 지수 시간을 이용해 순회해도 알아낼 수 있습니다. 즉 peekAt(1), peekAt(2), peekAt(3), peekAt(4), ... 순서로 순회하는 대신 peekAt(1), peekAt(2), peekAt(4), peekAt(8), ... 순서로 순회하는 것입니다. 이렇게 하면 리스트의 크기를 n이라고 할 때 O(n) 시간이 아닌 O(log$n$) 시간 안에 리스트의 크기를 알아낼 수 있습니다. 주어진 리스트가 정렬되어 있기 때문에 가능한 방법입니다!

다음 코드를 보면서 이 풀이법의 세부 사항을 익혀보세요.

코드 14-17 14/UnknownSizeList/src/main/java/coding/challenge/UnknownSizeList.java

```java
public static int search(SizelessList sl, int element) {
    if (sl == null) {
        throw new IllegalArgumentException("The given list cannot be null");
    }

    if (element < 0) {
        throw new IllegalArgumentException(
            "The searched element cannot be negative");
    }

    int index = 1;
    while (sl.peekAt(index) != -1 && sl.peekAt(index) < element) {
        index *= 2;
    }

    return binarySearch(sl, element, index / 2, index);
}

private static int binarySearch(SizelessList sl, int element, int left, int right) {
    int mid;
```

```
    while (left <= right) {
        mid = (left + right) / 2;
        int middle = sl.peekAt(mid);

        if (middle > element || middle == -1) {
            right = mid - 1;
        } else if (middle < element) {
            left = mid + 1;
        } else {
            return mid;
        }
    }

    return -1;
}
```

14.3.4 코딩 테스트 4: 연결 리스트 병합 정렬

회사: 아마존, 구글, 어도비, 마이크로소프트, 플립카트

문제: 단일 연결 리스트가 있습니다. 병합 정렬 알고리즘으로 이 연결 리스트를 정렬하는 코드를 작성하세요.

풀이법: 이 문제를 해결하려면 이 책에서 이미 다뤘던 몇 가지 주제에 관한 지식이 필요합니다. 먼저 연결 리스트를 잘 알고 있어야 합니다. 이 주제는 11장에서 다뤘습니다. 둘째로 14.1.2 절의 '병합 정렬' 부분을 읽어야 합니다.

병합 정렬 알고리즘에 따라 빈 하위 리스트나 단일 요소를 포함하는 하위 리스트를 얻을 때까지 연결 리스트를 계속해서 절반으로 분할해야 합니다. 이것이 바로 분할 정복 접근 방식입니다. 하위 리스트가 비어 있거나 하나의 요소만 포함하는 경우, 병합 정렬 알고리즘의 정렬에 따라 정렬됩니다. 이 조건이 바로 재귀의 종료 조건입니다.

다음은 주어진 연결 리스트가 '2 → 1 → 4 → 9 → 8 → 3 → 7 → null'일 때 병합 정렬 과정을 나타낸 그림입니다.

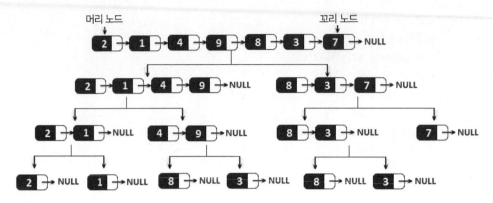

머리 노드   꼬리 노드

그림 14-11 연결 리스트에서 분할 정복 사용하기

[그림 14-11]과 같이 주어진 연결 리스트를 나눌 때는 빠른 러너와 느린 러너 풀이법을 활용할 수 있습니다. 11.3.7절의 '빠른 러너와 느린 러너 풀이법'에 자세히 설명하였으니 개념에 익숙하지 않다면 읽어보세요. 빠른 러너(FR)가 주어진 연결 리스트의 끝에 도달하면 느린 러너(SR)는 이 리스트의 중간을 가리키므로, 해당 풀이법을 사용하여 리스트를 둘로 나눌 수 있습니다. 이 과정을 코드로 나타내면 다음과 같습니다.

코드 14-18 14/MergeSortSinglyLinkedList/src/main/java/coding/challenge/SinglyLinkedList.java

```java
// 주어진 연결 리스트를 동일한 하위 리스트 2개로 나눕니다.
// 주어진 연결 리스트의 길이가 홀수면, 남은 노드는 첫 번째 하위 리스트에 포함합니다.
private Node[] divide(Node sourceNode) {
    // 길이가 2보다 작을 경우
    if (sourceNode == null || sourceNode.next == null) {
        return new Node[]{sourceNode, null};
    }

    Node fastRunner = sourceNode.next;  // 빠른 러너입니다.
    Node slowRunner = sourceNode;       // 느린 러너입니다.

    // 'firstRunner'는 두 노드씩 이동하고 'secondRunner'는 한 노드씩 이동합니다.
    while (fastRunner != null) {
        fastRunner = fastRunner.next;
        if (fastRunner != null) {
            slowRunner = slowRunner.next;
            fastRunner = fastRunner.next;
        }
    }
```

```java
    // 'secondRunner'는 리스트의 중간 지점 바로 앞에 있으므로
    // 해당 지점에서 리스트를 둘로 나눕니다.
    Node[] headsOfSublists = new Node[]{sourceNode, slowRunner.next};
    slowRunner.next = null;

    return headsOfSublists;
}
```

나머지 코드는 전형적인 병합 정렬 알고리즘을 구현한 코드입니다. sort 메서드는 하위 리스트를 재귀적으로 정렬하는 역할을 합니다. merge 메서드는 정렬된 하위 리스트에서 가장 작은 요소를 반복해 가져와서 요소를 한 번에 하나씩 기존의 연결 리스트에 다시 배치합니다.

코드 14-19 14/MergeSortSinglyLinkedList/src/main/java/coding/challenge/SinglyLinkedList.java

```java
// 병합 정렬 알고리즘으로 주어진 연결 리스트를 정렬합니다.
public void sort() {
    head = sort(head);
}

private Node sort(Node head) {
    if (head == null || head.next == null) {
        return head;
    }

    // 머리 노드를 2개의 하위 리스트로 분할합니다.
    Node[] headsOfSublists = divide(head);

    // 첫 번째 하위 리스트의 머리 노드
    Node head1 = headsOfSublists[0];

    // 두 번째 하위 리스트의 머리 노드
    Node head2 = headsOfSublists[1];

    // 재귀적으로 하위 리스트를 정렬합니다.
    head1 = sort(head1);
    head2 = sort(head2);

    // 정렬된 리스트 2개를 병합합니다.
    return merge(head1, head2);
}
```

```
// 오름차순으로 정렬된 리스트 2개를 가져와서 반환된 노드를 함께 병합합니다.
private Node merge(Node head1, Node head2) {
    if (head1 == null) {
        return head2;
    } else if (head2 == null) {
        return head1;
    }

    Node merged;

    // 'head1' 또는 'head2'를 선택합니다.
    if (head1.data <= head2.data) {
        merged = head1;
        merged.next = merge(head1.next, head2);
    } else {
        merged = head2;
        merged.next = merge(head1, head2.next);
    }

    return merged;
}
```

이중 연결 리스트를 정렬하는 방법도 앞 예와 매우 비슷합니다. 이 책에서 제공하는 예제 코드 중 '14/MergeSortDoublyLinkedList'에서 확인할 수 있습니다.

14.3.5 코딩 테스트 5: 빈 문자열 사이에 흩어진 문자열

회사: 아마존, 구글, 어도비, 마이크로소프트, 플립카트

문제: 빈 문자열 사이에 문자열이 흩어져 있는 정렬된 문자열 배열이 주어졌을 때, 비지 않은 문자열의 인덱스를 반환하는 코드를 작성하세요.

풀이법: 정렬된 자료구조(예를 들어 정렬된 배열)에서 요소를 검색해야 할 때 이진 검색이 적합하다는 점을 여러분은 이미 알고 있습니다. 그렇다면 이번 문제에도 이진 검색을 사용할 수 있을까요? 주어진 배열의 크기를 알 수 있으므로 검색 공간을 절반으로 줄이고 중간 지점을 찾을 수 있습니다. 배열의 인덱스 0을 left, array.length - 1을 right, 주어진 배열의 중간 지점을 mid라고 할 때 mid = (left + right) / 2입니다.

그러나 중간 인덱스가 빈 문자열이면 어떻게 해야 할까요? 이런 경우에는 오른쪽으로 가야 할지 왼쪽으로 가야 할지 알 수 없습니다. 다시 말해서 어느 절반을 버려야 하고 어느 절반에서 검색을 이어가야 할까요?

주어진 배열이 { "cat", "", "", "", "", "", "", "rear", "" }와 같다고 하겠습니다. 그럼 이 문제는 다음 그림과 같이 해결할 수 있습니다.

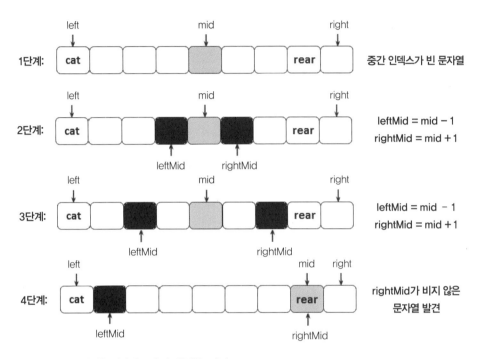

그림 14-12 빈 문자열을 피해서 중간 지점을 찾는 방법

중간 지점(mid)이 빈 문자열에 있을 때, 비지 않은 가장 가까운 문자열로 이동하여 인덱스를 수정해야 합니다. [그림 14-12]의 2단계에서 볼 수 있듯이 leftMid를 mid - 1로, rightMid를 mid + 1로 선택합니다.

leftMid 또는 rightMid 인덱스가 비지 않은 문자열을 가리킬 때까지 mid에서 계속 이동합니다. [그림 14-12]에서 rightMid는 3단계와 4단계 후에 문자열 'rear'를 발견합니다.

4단계와 같이 비지 않은 문자열을 발견하면 mid의 위치를 업데이트하고 일반적인 이진 검색을 수행합니다.

지금까지 설명한 과정은 다음과 같이 구현할 수 있습니다.

```java
public static int search(String[] stringsArr, String str) {
    if (stringsArr == null || str == null || str.isBlank()) {
        return -1;
    }

    return search(stringsArr, str, 0, stringsArr.length - 1);
}

private static int search(String[] stringsArr, String str, int left, int right) {
    if (left > right) {
        return -1;
    }

    int mid = (left + right) / 2;

    // mid가 비어 있으므로 mid에서 가장 가까운 비지 않은 문자열을 찾습니다.
    if (stringsArr[mid].isEmpty()) {
        int leftMid = mid - 1;
        int rightMid = mid + 1;

        while (true) {
            if (leftMid < left && rightMid > right) {
                return -1;
            } else if (rightMid <= right && !stringsArr[rightMid].isEmpty()) {
                mid = rightMid;
                break;
            } else if (leftMid >= left && !stringsArr[leftMid].isEmpty()) {
                mid = leftMid;
                break;
            }

            rightMid++;
            leftMid--;
        }
    }

    if (str.equals(stringsArr[mid])) {
        // 검색할 문자열을 찾았습니다.
        return mid;
```

```
        } else if (stringsArr[mid].compareTo(str) < 0) {
            // 오른쪽에서 검색합니다.
            return search(stringsArr, str, mid + 1, right);
        } else {
            // 왼쪽에서 검색합니다.
            return search(stringsArr, str, left, mid - 1);
        }
    }
}
```

이 풀이법의 최악의 시간 복잡도는 O(n)입니다. 검색된 문자열이 빈 문자열이면 -1을 반환하며 이 경우를 오류로 처리합니다. 이 문제에서는 검색할 문자열이 비지 않았다고 명시했으므로, 검색된 문자열이 빈 문자열이면 오류가 맞습니다.

문제에서 이러한 정보를 명확하게 제공하지 않는다면 면접관과 이 부분을 논의해야 합니다. 이러한 질문으로 면접관에게 여러분이 문제의 세부 사항과 코너 케이스를 고려한다는 점을 어필할 수 있습니다.

14.3.6 코딩 테스트 6: 추가 큐를 사용하여 큐 정렬

회사: 아마존, 구글, 어도비, 마이크로소프트, 플립카트

문제: 정수 큐가 주어질 때 다른 큐(추가 큐)를 사용해 주어진 큐를 정렬하는 코드를 작성하세요.

풀이법: 이 문제의 풀이법은 추가 큐를 사용해야 하므로, 주어진 큐를 정렬할 때 추가 큐를 사용하는 방법을 고민해야 합니다.

풀이법은 다양하지만 인터뷰나 코딩 테스트에서 활용하기 좋은 풀이법은 다음과 같이 요약할 수 있습니다.

1. 주어진 큐의 요소가 오름차순(큐의 프런트[front]에서 시작)이면, 큐에서 요소를 추출해서 추가 큐에 삽입하고 이 단계를 반복합니다.

2. 요소가 1번 조건을 벗어나면, 추가 큐를 건드리지 않고 주어진 큐에서 요소를 추출해서 다시 주어진 큐에 삽입합니다.

3. 모든 요소가 1단계 또는 2단계에서 처리되고 나면, 추가 큐에 있는 모든 요소를 추출하여 주어진 큐에 다시 삽입합니다.

4. 추가 큐의 크기가 주어진 큐의 초기 크기와 다르다면, 성렬이 완료되지 않았으므로 1단계부터 반복합니다.

주어진 큐가 'rear → 3 → 9 → 1 → 8 → 5 → 2 → front'와 같은 요소를 포함한다고 가정하겠습니다. 다음은 주어진 큐와 추가 큐(초기에는 빈 상태)를 나타낸 그림입니다.

그림 14-13 주어진 큐와 추가 큐

알고리즘의 1단계를 적용하여 다음 그림과 같이 주어진 큐에서 2, 5, 8을 추출하여 추가 큐에 삽입합니다.

그림 14-14 추가 큐에 2, 5, 8 삽입

이번에는 주어진 큐의 다음 요소가 추가 큐에 삽입된 마지막 요소보다 작기 때문에 알고리즘의 2단계를 적용해야 합니다. 알고리즘의 2단계에 따라 다음 그림과 같이 주어진 큐에서 1을 추출하여 다시 삽입합니다.

그림 14-15 주어진 큐에서 1 추출 및 재삽입

또한 주어진 큐의 프런트 9가 추가 큐에 추가된 마지막 요소 8보다 크기 때문에 1단계를 다시 적용합니다. 이에 따라 다음 그림과 같이 9를 추가 큐에 삽입합니다.

그림 14-16 추가 큐에 9 삽입

다음으로, 3은 9보다 작으므로 다음 그림과 같이 주어진 큐에서 3을 추출하여 다시 주어진 큐에 삽입합니다.

그림 14-17 주어진 큐에서 3 추출 및 재삽입

이 시점에서 주어진 큐의 모든 요소를 처리(방문)했으므로 알고리즘의 3단계를 적용합니다. 다음 그림과 같이 추가 큐에서 모든 요소를 추출하여 주어진 큐에 삽입합니다.

그림 14-18 추가 큐에서 요소를 추출하여 주어진 큐에 삽입

이제 주어진 큐가 오름차순으로 정렬될 때까지 전체 과정을 반복합니다. 다음 코드를 살펴보 겠습니다.

코드 14-21 14/SortQueueViaTempQueue/src/main/java/coding/challenge/Queues.java

```java
public static void sort(Queue<Integer> queue) {
    if (queue == null || queue.size() < 2) { return; }

    Queue<Integer> extraQueue = new ArrayDeque();  // 이것은 추가 큐입니다.
    int count = 0;                                  // 처리한 요소의 개수를 셉니다.
```

```java
    boolean sorted = false;        // 정렬 완료 여부를 기록합니다.
    int queueSize = queue.size();   // 주어진 큐의 크기
    int lastElement = queue.peek(); // 주어진 큐의 프런트(front)에서부터 시작합니다.

    while (!sorted) {
        // 1단계 : 주어진 큐의 요소가 오름차순(큐의 프런트에서 시작)이면,
        // 큐에서 요소를 추출해서 추가 큐에 삽입하고 이 단계를 반복합니다.
        if (lastElement <= queue.peek()) {
            lastElement = queue.poll();
            extraQueue.add(lastElement);
        } // 2단계: 요소가 1번 조건을 벗어나면, 추가 큐를 건드리지 않고
          // 주어진 큐에서 요소를 추출해서 다시 주어진 큐에 삽입합니다.
        else {
            queue.add(queue.poll());
        }

        // 아직 처리할 요소가 남아있습니다.
        count++;
        if (count != queueSize) {
            continue;
        }

        // 4단계 : 추가 큐의 크기가 주어진 큐의 초기 크기와 다르다면,
        // 정렬이 완료되지 않았으므로 1단계부터 반복합니다.
        if (extraQueue.size() == queueSize) {
            sorted = true;
        }

        // 3단계: 모든 요소가 1단계 또는 2단계에서 처리되고 나면,
        // 추가 큐에 있는 모든 요소를 추출하여 주어진 큐에 다시 삽입합니다.
        while (extraQueue.size() > 0) {
            queue.add(extraQueue.poll());
            lastElement = queue.peek();
        }

        count = 0;
    }
}
```

앞 코드의 실행 시간은 $O(n^2)$입니다.

14.3.7 코딩 테스트 7: 추가 공간 없이 큐 정렬

회사: 아마존, 구글, 어도비, 마이크로소프트, 플립카트

문제: 정수 큐가 주어졌을 때 추가 공간을 사용하지 않고 정수 큐를 정렬하는 코드를 작성하세요.

풀이법: '코딩 테스트 6'에서 같은 문제를 추가 큐를 사용하여 풀었습니다. 이번에는 추가 큐를 사용할 수 없으므로 큐를 제자리에서 정렬해야 합니다.

제자리 정렬은 주어진 큐에서 최소 요소를 찾아 현재 위치에서 추출하고, 주어진 큐의 뒤쪽에 추가하는 연속적인 과정으로 생각할 수 있습니다. 이 생각을 확장하여 다음 알고리즘을 만들어낼 수 있습니다.

1. 현재 최솟값을 Integer.MAX_VALUE로 간주합니다.

2. 큐의 정렬되지 않은 부분에서 요소를 추출합니다. 초기에는 정렬되지 않은 부분이 곧 전체 큐입니다.

3. 이 요소를 현재 최솟값과 비교합니다.

4. 이 요소가 현재 최솟값보다 작은 경우 다음을 수행합니다.

    a. 현재 최솟값이 Integer.MAX_VALUE이면 이 요소는 현재 최솟값이 되며 큐에 다시 삽입하지 않습니다.

    b. 현재 최솟값이 Integer.MAX_VALUE가 아니면 현재 최솟값을 큐에 다시 삽입하고 이 요소는 현재 최솟값이 됩니다.

5. 이 요소가 현재 최솟값보다 크면 큐에 다시 삽입합니다.

6. 정렬되지 않은 부분을 모두 순회할 때까지 2단계부터 반복합니다.

7. 해당 단계에서 현재 최솟값은 전체 정렬되지 않은 부분의 최솟값이므로 큐에 다시 삽입합니다.

8. 정렬되지 않은 부분의 새 경계를 설정하고 정렬되지 않은 부분의 크기가 0이 될 때까지 1단계부터 반복합니다. 이 단계를 실행할 때마다 정렬되지 않은 부분의 크기는 1씩 줄어듭니다.

다음은 주어진 큐가 'rear → 3 → 9 → 1 → 8 → 5 → 2 → front'와 같을 때, 주어진 큐를 처리하는 알고리즘을 요약한 그림입니다.

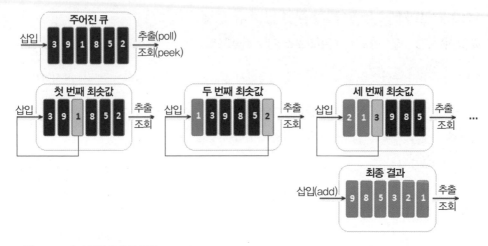

그림 14-19 추가 공간 없이 큐 정렬

정렬되지 않은 부분(초기에는 전체 큐)의 각 최솟값이 큐에 다시 삽입되고 큐의 정렬된 부분의 구성원이 되는 방법에 주목하세요. 코드를 살펴볼까요?

코드 14-22 14/SortQueueWithoutExtraSpace/src/main/java/coding/challenge/Queues.java

```java
public static void sort(Queue<Integer> queue) {
    if (queue == null || queue.size() < 2) {
        return;
    }

    // 큐의 정렬되지 않은 부분을 순회합니다.
    for (int i = 1; i <= queue.size(); i++) {
        moveMinToRear(queue, queue.size() - i);
    }
}

// 정렬되지 않은 부분에서 최소 요소를 찾고, 이 요소를 큐의 뒤쪽으로 옮깁니다.
private static void moveMinToRear(Queue<Integer> queue, int sortIndex) {
    int minElement = Integer.MAX_VALUE;
    boolean flag = false;

    int queueSize = queue.size();
    for (int i = 0; i < queueSize; i++) {
        int currentElement = queue.peek();
```

```
// 요소를 추출(dequeue)합니다.
queue.poll();

// 큐의 정렬된 부분을 순회하지 않도록 합니다.
if (currentElement <= minElement && i <= sortIndex) {
    // 이전에 최솟값을 찾았다면 현재 새로운 최솟값을
    // 찾았으므로 이전 최솟값을 큐에 다시 삽입합니다.
    if (flag) {
        queue.add(minElement);
    }

    flag = true;
    minElement = currentElement;
} else {
    // 최솟값이 아닌 현재 요소를 큐에 삽입합니다.
    queue.add(currentElement);
}
}

// 최소 요소를 큐에 삽입합니다.
queue.add(minElement);
}
```

앞 코드의 실행 시간은 $O(n^2)$입니다.

14.3.8 코딩 테스트 8: 추가 스택을 사용하여 스택 정렬

회사: 아마존, 구글, 어도비, 마이크로소프트, 플립카트

문제: 정렬되지 않은 스택이 있습니다. 이 스택을 내림차순 또는 오름차순으로 정렬하는 코드를 작성하세요. 스택을 정렬할 때는 하나의 추가 임시 스택만 사용할 수 있습니다.

풀이법: 2개의 추가 스택을 사용할 수 있다면 주어진 스택에서 최솟값을 반복 검색하여 최종 스택 또는 결과 스택으로 푸시하는 알고리즘을 구현할 수 있습니다. 주어진 스택을 검색하는 동안 두 번째 추가 스택을 버퍼로 사용합니다.

그러나 이 문제에서는 하나의 추가 임시 스택만 사용해야 합니다. 이 제약 때문에 주어진 스택 (그림에서는 s1, 예제 코드에서는 stack으로 표시)에서 팝하고 추가 스택(그림에서는 s2, 예

제 코드에서는 auxStack으로 표시)으로 푸시해야만 합니다. 제약 사항을 지키려면 임시 또는 보조 변수(t로 표시)를 사용해야 합니다.

다음은 주어진 스택이 'top → 1 → 4 → 5 → 3 → 1 → 2'라고 할 때 스택을 정렬하면서 보조 변수를 사용하는 방법을 나타낸 그림입니다.

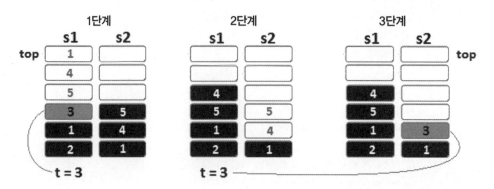

그림 14-20 스택 정렬

풀이법은 두 가지 주요 단계로 구성됩니다.

1. s1이 비지 않은 동안 다음 과정을 반복합니다.

   a. s1에서 값을 팝하고 t에 저장합니다. [그림 14-20]의 1단계는 값 3을 t에 저장하는 과정을 보여줍니다.

   b. s2에서 값을 팝하고 s2에서 팝한 것이 t보다 크거나 s2가 비지 않은 한 s1으로 푸시합니다. [그림 14-20]의 2단계는 s2에서 5, 4를 팝하는 과정을 보여줍니다.

   c. t를 s2에 푸시합니다. [그림 14-20]의 3단계는 s2에 t를 푸시하는 과정을 보여줍니다. 1단계가 완료되면 s1은 비어 있고 s2는 정렬됩니다. 가장 큰 값이 맨 위에 있으므로 결과 스택은 'top → 5 → 4 → 3 → 2 → 1 → 1'이 됩니다.

2. 2단계는 s2를 s1에 복사하는 것입니다. 복사하는 과정에서 s1은 s2의 역순으로 정렬되면서 가장 작은 값이 s1의 최상위에 놓입니다. 즉, s1은 'top → 1 → 1 → 2 → 3 → 4 → 5'가 됩니다.

이 과정을 코드로 나타내면 다음과 같습니다.

```java
public static void sort(Stack<Integer> stack) {
    Stack<Integer> auxStack = new Stack<>();

    // 1단계: (a, b, c)
    while (!stack.isEmpty()) {
        int t = stack.pop();
        while (!auxStack.isEmpty() && auxStack.peek() < t) {
            stack.push(auxStack.pop());
        }

        auxStack.push(t);
    }

    System.out.println("Result stack: " + auxStack);

    // 2단계: 'auxStack'에서 요소를 다시 'stack'으로 복사
    while (!auxStack.isEmpty()) {
        stack.push(auxStack.pop());
    }
}
```

14.3.9 코딩 테스트 9: 제자리에서 스택 정렬

회사: 아마존, 구글, 어도비, 마이크로소프트, 플립카트

문제: 정렬되지 않은 스택이 주어졌을 때 그 스택을 제자리에서 정렬하는 코드를 작성하세요.

풀이법: '코딩 테스트 8'에서 같은 문제를 추가 스택을 사용하여 풀었습니다. 이번에는 스택을 제자리에서 정렬(추가 스택을 사용할 수 없음)해야 함을 명시했다는 점을 기억하기 바랍니다. 이 문제의 변형 문제에서는 for, while과 같은 반복문을 사용할 수 없음을 명시적으로 언급하기도 합니다.

주어진 스택이 'top → 4 → 5 → 3 → 8 → 2 → 1'이라고 가정하겠습니다. 풀이법은 스택이 빌 때까지 스택에서 값을 꺼내는 것으로 시작합니다. 그런 다음, 재귀 호출 스택의 값을 주어진 스택의 정렬된 위치에 다시 삽입합니다.

이 풀이법을 문제에 적용해보겠습니다. 다음 그림은 스택이 빌 때까지 스택에서 값을 팝하는 과정을 보여줍니다. 왼쪽 그림은 초기 상태, 오른쪽 그림은 결과를 나타냅니다.

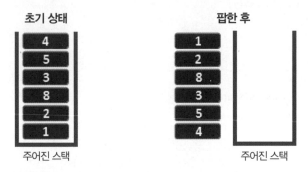

그림 14-21 제자리에서 스택 정렬 ①

다음으로 재귀 호출 스택의 값을 주어진 스택에 다시 삽입해야 합니다. 다음은 다시 주어진 스택에 요소를 푸시하는 과정을 나타낸 그림입니다.

그림 14-22 제자리에서 스택 정렬 ②

푸시할 현재 요소가 스택의 현재 톱 요소보다 작거나 스택이 비어 있는 한, 스택으로 다시 푸시합니다. 주어진 예제에서는 1, 2, 8을 푸시합니다. [그림 14-22]의 1단계를 보면 푸시할 다음 요소인 3이 8보다 작기 때문에 3을 스택에 푸시하지 않습니다. 이 시점에서 3을 위한 공간을 만들어야 하므로 [그림 14-22]의 2단계와 같이 스택의 맨 위에 있는 8을 팝해야 합니다. 마지막으로 [그림 14-22]의 3단계와 같이 3을 푸시한 다음 8을 스택에 푸시합니다.

잘 풀리고 있습니다! 다음으로 [그림 14-22]에 표시된 과정을 반복해야 합니다. 그림으로 살펴보겠습니다.

그림 14-23 제자리에서 스택 정렬 ③

재귀 호출 스택에서 주어진 스택으로 푸시할 다음 요소는 5입니다. 그러나 [그림 14-23]의 1
단계를 보면 5는 8보다 작으므로 푸시할 수 없습니다. 이 시점에서 5를 위한 공간을 만들어야
하므로 [그림 14-23]의 2단계와 같이 스택의 맨 위에 있는 8을 팝해야 합니다. 마지막으로
[그림 14-23]의 3단계와 같이 5를 푸시한 다음 8을 스택에 푸시합니다.

재귀 호출 스택에서 주어진 스택으로 푸시할 마지막 요소는 4입니다. 다음은 4를 푸시하는 과
정을 나타낸 그림입니다.

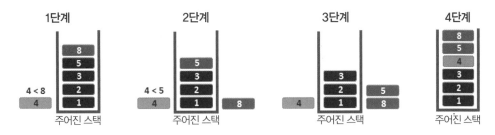

그림 14-24 제자리에서 스택 정렬 ④

스택에 4를 푸시해야 하지만, [그림 14-24]의 1단계에서 볼 수 있듯이 4는 8보다 작으므로
푸시할 수 없습니다. 이 시점에서 4를 위한 공간을 만들어야 하므로 [그림 14-24]의 2단계와
같이 스택의 맨 위에 있는 8을 팝해야 합니다. 8을 팝한 뒤 5가 새로운 스택의 톱이 됩니다. 그
러나 4는 5보다 작기 때문에 여전히 4를 스택에 넣을 수 없습니다. 따라서 [그림 14-24]의 3
단계와 같이 5도 팝해야 합니다. 이제 4를 푸시할 수 있습니다. 다음으로 5와 8을 푸시합니다.
[그림 14-24]의 4단계에서 최종 결과를 확인할 수 있습니다.

끝났습니다! 주어진 스택이 정렬되었습니다. 코드를 살펴보겠습니다.

```java
public static void sort(Stack<Integer> stack) {
    if (stack == null) {
        throw new IllegalArgumentException("The given stack cannot be empty");
    }

    // 스택이 비어 있습니다(종료 조건).
    if (stack.isEmpty()) {
        return;
    }

    int top = stack.pop();   // 톱 요소를 제거합니다.

    // 스택의 나머지 요소에 재귀를 적용합니다.
    sort(stack);

    // 팝한 요소를 정렬된 스택에 다시 삽입합니다.
    sortedInsert(stack, top);
}

private static void sortedInsert(Stack<Integer> stack, int element) {
    // 스택이 비어 있거나 요소가 스택의 모든 요소보다 큽니다(종료 조건).
    if (stack.isEmpty() || element > stack.peek()) {
        stack.push(element);
        return;
    }

    // 요소가 톱 요소보다 작으므로 톱 요소를 제거합니다.
    int top = stack.pop();

    // 스택의 나머지 요소에 재귀를 적용합니다.
    sortedInsert(stack, element);

    // 팝한 요소를 스택에 다시 삽입합니다.
    stack.push(top);
}
```

주어진 스택의 요소 개수를 n이라고 할 때 이 코드의 실행 시간은 O(n^2)이고 재귀 호출 스택을 위한 보조 공간은 O(n)입니다.

14.3.10 코딩 테스트 10: 완전 정렬 행렬에서 검색

회사: 아마존, 마이크로소프트, 플립카트

문제: 오름차순으로 정렬된 rows × cols 크기의 완전 정렬 행렬[full sorted matrix]이 있습니다. 완전 정렬 행렬은 각 행의 정수가 왼쪽에서 오른쪽으로 정렬되고, 각 행의 첫 번째 정수가 이전 행의 마지막 정수보다 큰 행렬을 의미합니다. 주어진 정수가 이 행렬에 있으면 true를 반환하는 코드를 작성하세요.

풀이법: 브루트 포스 풀이법이 있지만 매우 비효율적입니다. 행렬을 순회하면서 각 (행, 열)의 정수를 검색 대상 정수와 비교하면 행의 개수를 m, 열의 개수를 n이라고 할 때 시간 복잡도는 $O(mn)$입니다.

이진 검색 알고리즘을 활용하는 풀이법도 있습니다. 이미 여러분은 정렬된 배열에 이진 검색 알고리즘을 구현하는 방법을 많이 살펴봤죠. 그럼 정렬된 행렬에도 이진 검색 알고리즘을 구현할 수 있을까요? 네, 이 행렬이 완전히 정렬되어 있기 때문에 이진 검색 풀이법이 통합니다. 더 정확하게 말하자면 각 행의 첫 번째 정수가 이전 행의 마지막 정수보다 크기 때문에 이 행렬을 길이 rows × cols의 배열로 보고 이진 검색을 활용할 수 있습니다.

다음은 완전 정렬 행렬을 배열로 치환하는 방법을 나타낸 그림입니다.

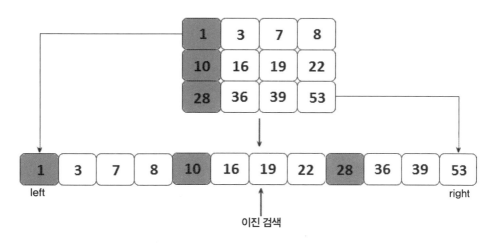

그림 14-25 완전 정렬 행렬을 배열로 치환

주어진 행렬을 배열로 보면, 이 문제를 정렬된 배열에 이진 검색을 적용하는 문제로 볼 수 있습니다. 물리적으로 행렬을 배열로 변환할 필요가 없습니다.

다음 규칙에 따라 이진 검색을 수행하면 됩니다.

- 배열의 가장 왼쪽 정수는 인덱스 0에 있습니다. 이 위치를 left라고 하겠습니다.

- 배열의 가장 오른쪽 정수는 인덱스 (rows * cols) - 1에 있습니다. 이 위치를 right라고 하겠습니다.

- 배열의 중간 지점은 (left + right) / 2입니다.

- 행렬의 열 개수를 cols라고 하면 인덱스의 중간 지점 정수의 위치는 matrix[mid / cols][mid % cols]에 있습니다.

이러한 규칙을 바탕으로 이진 검색을 다음과 같이 구현할 수 있습니다.

코드 14-25 14/SearchInFullSortedMatrix/src/main/java/coding/challenge/Matrices.java

```java
public static boolean search(int[][] matrix, int element) {
    if (matrix== null || matrix.length == 0) {
        return false;
    }

    // 행의 개수
    int rows = matrix.length;

    // 열의 개수
    int cols = matrix[0].length;

    // 검색 공간은 [0, (rows * cols) - 1] 범위의 배열입니다.
    int left = 0;
    int right = (rows * cols) - 1;

    // 이진 검색을 시작합니다.
    while (left <= right) {
        int mid = (left + right) / 2;
        int midElement = matrix[mid / cols][mid % cols];

        if (element == midElement) {
            return true;
        } else if (element < midElement) {
            right = mid - 1;
```

```
        } else {
            left = mid + 1;
        }
    }

    return false;
}
```

행렬의 행의 개수를 m, 열의 개수를 n이라고 할 때 이 코드의 실행 시간은 O($logmn$)입니다.

14.3.11 코딩 테스트 11: 정렬된 행렬에서 검색

회사: 아마존, 마이크로소프트, 플립카트

문제: rows × cols 크기의 정수 정렬 행렬이 있습니다. 각 행과 열은 오름차순으로 정렬됩니다. 주어진 정수가 이 행렬에 있으면 true를 반환하는 코드를 작성하세요.

풀이법: 각 행의 첫 번째 정수가 이전 행의 마지막 정수보다 크다는 조건이 없기 때문에 이 문제는 코딩 테스트 10과 다릅니다. 코딩 테스트 10에서 했던 것처럼 이진 검색 알고리즘을 적용하려면 모든 행에 적용해야 합니다. 이진 검색의 시간 복잡도는 O($logn$)이고 모든 행에 적용해야 하므로, 주어진 행렬의 행의 개수를 m, 열의 개수를 n이라고 할 때 이 풀이법의 실행 시간은 O($mlogn$)입니다.

다음은 4×6 행렬의 예제를 나타낸 그림입니다. 그림과 함께 풀이 방법을 고민해볼까요?

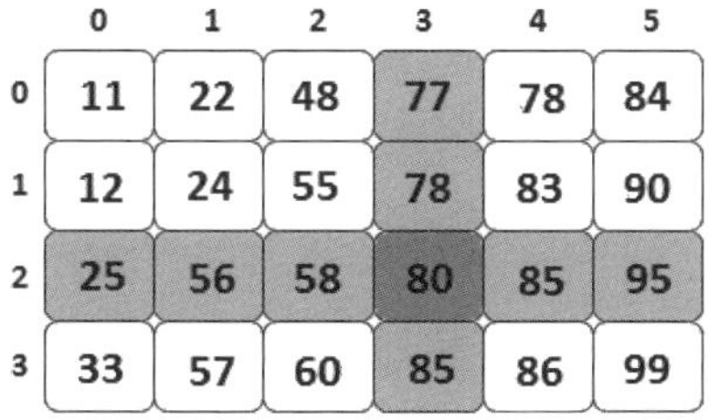

그림 14-26 정렬된 행렬에서 검색

위치 (2, 3)에 있는 요소 80을 검색한다고 가정하겠습니다. 이 요소를 어떻게 찾을 수 있을까요? 검색의 핵심은 행렬에서 행과 열이 정렬되어 있다는 점입니다.

먼저 열의 시작 요소를 분석해보겠습니다. 열의 시작 요소는 해당 열의 최소 요소이기 때문에, 열의 시작 요소가 80보다 크면(예를 들어 [그림 14-26]의 5번 열의 시작 요소 84) 요소 80은 해당 열에 있을 수 없습니다. 또한 각 열의 시작 요소는 왼쪽에서 오른쪽으로 커지기 때문에 해당 열의 오른쪽에 있는 열에서는 80을 찾을 수 없습니다. 마찬가지로 행에도 동일한 논리를 적용할 수 있습니다. 행의 시작 요소가 80보다 크면 요소 80은 해당 행이나 이후(아래쪽) 행에 있을 수 없습니다.

이제 열과 행의 마지막 요소를 보면 시작 요소와 비슷한 결론을 예상할 수 있습니다. 열의 마지막 요소는 해당 열의 최대 요소이기 때문에 열의 마지막 요소가 80보다 작으면(예를 들어 [그림 14-26]의 2번 열의 마지막 요소 60) 요소 80은 해당 열에 있을 수 없습니다. 또한 각 열의 마지막 요소는 오른쪽에서 왼쪽으로 작아지기 때문에 해당 열의 왼쪽에 있는 열에서는 80을 찾을 수 없습니다. 마찬가지로 행에도 동일한 논리를 적용할 수 있습니다. 행의 마지막 요소가 80보다 작으면 80은 해당 행이나 이전(위쪽) 행에 있을 수 없습니다.

검색할 요소를 element라고 할 때 지금까지 분석한 결론을 다음과 같이 요약 및 일반화할 수 있습니다.

- 열의 시작 요소가 element보다 크면 element는 해당 열의 왼쪽에 있어야 합니다.
- 행의 시작 요소가 element보다 크면 element는 해당 행 위쪽에 있어야 합니다.
- 열의 마지막 요소가 element보다 작으면 element는 해당 열의 오른쪽에 있어야 합니다.
- 행의 마지막 요소가 element보다 작으면 element는 해당 행의 아래쪽에 있어야 합니다.

이제 알고리즘 완성까지 한 단계 남았습니다. 행렬의 행과 열 중에 무엇을 먼저 살펴봐야 할까요? 몇 가지 선택지가 있습니다. 예를 들어 가장 큰 열인 (0, 마지막 열)에서 시작하여 같은 행 기준으로 왼쪽으로 처리하거나, 가장 큰 행인 (마지막 행, 0)에서 시작하여 같은 열 기준으로 위쪽으로 처리할 수 있습니다.

가장 큰 열인 (0, 마지막 열)에서 시작하여 왼쪽으로 요소 element를 찾는다고 가정하겠습니다. 주어진 행의 개수가 row = 0, 주어진 열의 개수가 col = matrix[0].length - 1이라고 할 때 다음과 같은 흐름으로 요소 element를 찾을 수 있습니다.

1. matrix[row][col] > element이면 같은 행을 기준으로 왼쪽으로 이동합니다. 이 열의 요소는 matrix[row][col]보다 무조건 크기 때문에 당연히 element보다도 큽니다. 따라서 현재 열을 버리고 col을 1만큼 줄인 다음 반복합니다.

2. matrix[row][col] < element이면 같은 열을 기준으로 아래쪽으로 이동합니다. 이 행의 요소는 matrix[row][col]보다 무조건 작기 때문에 당연히 element보다도 작습니다. 따라서 현재 행을 버리고 row를 1만큼 증가시킨 다음 반복합니다.

3. element가 matrix[row][col]와 같으면 true를 반환합니다.

이 알고리즘을 적용하여 [그림 14-26]에서 제시한 4×6 행렬에서 요소 80을 찾으면 (0, 5)에서 (2, 3)까지의 경로는 다음과 같습니다.

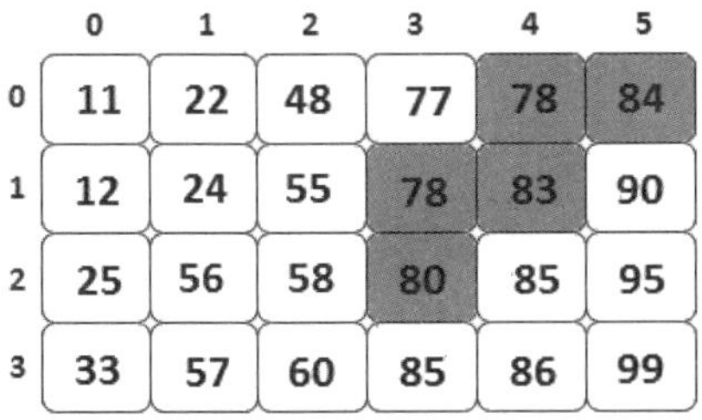

그림 14-27 검색 경로

이 알고리즘을 코드로 구현하면 다음과 같습니다.

코드 14-26 14/SearchInSortedMatrix/src/main/java/coding/challenge/Matrices.java

```java
public static boolean search(int[][] matrix, int element) {
    if (matrix == null || matrix.length == 0) { return false; }

    int row = 0;
    int col = matrix[0].length - 1;

    while (row < matrix.length && col >= 0) {
        if (matrix[row][col] == element) {
            return true;
        } else if (matrix[row][col] > element) {
            col--;
        } else {
            row++;
        }
    }

    return false;
}
```

주어진 행렬의 행 개수를 m, 열 개수를 n이라고 할 때 알고리즘의 시간 복잡도는 $O(m+n)$입니다. 참고로 Matrices.java에는 동일한 알고리즘을 재귀로 구현한 searchRecursive 메서드도 포함되어 있습니다.

14.3.12 코딩 테스트 12: 첫 번째 1의 위치

회사: 아마존, 구글, 어도비

문제: 요솟값이 0 또는 1인 배열이 있습니다. 배열에는 적어도 하나의 0과 하나의 1이 있습니다. 0이 먼저 나열되고 1이 뒤따라 나열됩니다. 주어진 배열에서 첫 번째 요솟값 1의 인덱스를 반환하는 코드를 작성하세요.

풀이법: 주어진 배열이 arr = {0, 0, 0, 1, 1, 1, 1}이라고 가정하겠습니다. arr[3]이 배열의 첫 번째 1이므로 결과 인덱스는 3입니다.

0이 먼저 나열되고 1이 뒤따라 나열되기 때문에 배열은 정렬된 상태입니다.

tip 이진 검색 알고리즘은 인터뷰에서 매우 자주 나오는 주제입니다. 정렬된 배열에서 무언가를 검색해야 할 때는 이진 검색 알고리즘을 고려하세요.

이렇게 배열이 정렬된 상태에서는 이진 검색 알고리즘을 매우 쉽게 구현할 수 있습니다. 이진 검색에서 계산하는 중간 지점은 0 또는 1입니다. 배열이 정렬되어 있으므로 중간 지점이 0이면 첫 번째 1은 반드시 오른쪽에 있습니다. 따라서 중간 지점의 왼쪽 절반을 버립니다.

반면에 중간 지점이 1이면 첫 번째 1은 중간 지점의 왼쪽에 있으므로 중간 지점의 오른쪽 절반을 버립니다. 이것을 코드로 구현하면 다음과 같습니다.

코드 14-27 14/PositionOfFirstOne/src/main/java/coding/challenge/Arrays.java

```java
public static int firstOneIndex(int[] arr) {
    if (arr == null) {
        return -1;
    }

    int left = 0;
    int right = arr.length - 1;
```

```
    while (left <= right) {
        int middle = 1 + (right - left) / 2;

        if (arr[middle] == 0) {
            left = middle + 1;
        } else {
            right = middle - 1;
        }

        if (arr[left] == 1) {
            return left;
        }
    }

    return -1;
}
```

14.3.13 코딩 테스트 13: 두 요소 사이의 차이

문제: 정수 배열 arr이 있습니다. 인덱스가 큰 요소에서 인덱스가 작은 요소를 뺐을 때 최대 차이를 반환하는 코드를 작성하세요.

풀이법: 몇 가지 예제를 살펴보겠습니다.

주어진 배열이 { 1, 34, 21, 7, 4, 8, 10 }이면 최대 차이는 33으로, 인덱스 1에 위치한 34에서 인덱스 0에 위치한 1을 뺀 값입니다. 주어진 배열이 { 17, 9, 2, 26, 32, 27, 3 }이면 최대 차이는 30으로, 인덱스 4에 위치한 32와 인덱스 2에 위치한 2를 뺀 값입니다.

주어진 배열이 { 3, 7, 9, 11 }과 같이 오름차순으로 정렬된 경우는 어떨까요? 이 경우 최대 차이는 11 - 3 = 8이며 이것은 곧 최대 요소와 최소 요소의 차이입니다. 그렇다면 { 11, 9, 7, 6 }과 같이 내림차순으로 정렬된 경우는 어떨까요? 이때는 인덱스가 큰 요소가 인덱스가 작은 요소보다 값이 작을 수밖에 없으므로 계산할 수 있는 모든 차이는 0보다 작습니다. 따라서 최대 차이는 0에 가장 가까운 값이며 주어진 예제에서는 6 - 7 = -1이 최대 차이입니다.

이러한 예제를 바탕으로 몇 가지 풀이법을 생각할 수 있습니다. 예를 들어 배열의 최솟값과 최댓값을 구하고, 최댓값의 인덱스와 최솟값의 인덱스를 비교하여 최대 차이를 찾을 수 있습니다. 최댓값의 인덱스가 최솟값의 인덱스보다 크면 최대 차이는 배열의 최댓값과 최솟값의 차이입니다. 그렇지 않으면 배열의 다음 최솟값과 최댓값을 구하고 이 과정을 반복합니다. 이 풀이법의 시간 복잡도는 $O(n^2)$입니다.

또는 배열을 정렬하여 최솟값과 최댓값을 찾을 수도 있습니다. 배열을 오름차순으로 정렬하면 첫 번째 요소가 최솟값, 마지막 요소가 최댓값이 됩니다. 이후 주어진 원본 배열에서의 최솟값 인덱스가 최댓값 인덱스보다 클 때, 정렬된 배열을 바탕으로 다음 최솟값과 최댓값을 바로 찾을 수 있습니다. 시간 복잡도 $O(n\log n)$의 정렬 알고리즘을 활용하여 구현하면 풀이법의 시간 복잡도를 개선할 수 있습니다.

시간 복잡도를 $O(n)$으로 줄이는 방법은 없을까요? 배열을 정렬하거나 최댓값 또는 최솟값을 계산하는 대신 새로운 풀이법을 생각해보겠습니다. 배열의 첫 번째 요소를 marker라고 할 때 모든 후속 요소와 marker 사이의 차이를 계산합니다. 이 차이를 계산하는 동안 최대 차이를 저장하고 계산한 값에 따라 업데이트합니다.

예를 들어 주어진 배열이 { 3, 5, 2, 1, 7, 4 }이고 marker = 3이면 최대 차이는 7 - marker = 7 - 3 = 4입니다. 하지만 자세히 살펴보면 실제 최대 차이는 7 - 1 = 6입니다. 이때 1이 marker보다 작다는 사실을 눈치챌 수 있습니다.

이러한 사실을 바탕으로 marker의 후속 요소를 순회하면서 현재 순회한 요소가 marker보다 작으면 marker를 해당 요소로 교체하는 방법을 떠올릴 수 있습니다. 배열 순회를 완료하거나 marker보다 작은 다른 요소를 찾을 때까지 marker와 marker의 후속 요소의 차이를 계산하며 이 과정을 반복합니다.

코드는 다음과 같습니다.

코드 14-28 14/MaxDiffBetweenTwoElements/src/main/java/coding/challenge/Arrays.java

```java
public static int maxDiff(int arr[]) {
    int len = arr.length;
    int maxDiff = arr[1] - arr[0];
    int marker = arr[0];

    for (int i = 1; i < len; i++) {
        if (arr[i] - marker > maxDiff) {
            maxDiff = arr[i] - marker;
        }
```

```
        if (arr[i] < marker) {
            marker = arr[i];
        }
    }

    return maxDiff;
}
```

앞 코드의 실행 시간은 O(n)입니다.

14.3.14 코딩 테스트 14: 스트림 순위

문제: 정수 스트림(정숫값의 연속적인 흐름)이 있습니다. 이때 주어진 정수 element의 순위(정수 element보다 작거나 같은 값의 개수를 의미)를 주기적으로 확인해야 합니다. 스트림의 순위 계산을 지원하는 자료구조와 알고리즘을 구현하세요.

풀이법: 주어진 정수 스트림이 배열 { 40, 30, 45, 15, 33, 42, 56, 5, 17, 41, 67 }이라고 가정하겠습니다. 이때 45의 순위는 8, 5의 순위는 0, 17의 순위는 2입니다.

먼저 브루트 포스 방식으로 문제를 풀어보겠습니다. 우선 주어진 배열을 정렬하고 새로운 정수가 생성될 때마다 이 배열에 추가합니다. 이렇게 하면 주어진 정수의 순위를 매우 쉽게 반환할 수 있습니다.

하지만 이 방법에는 치명적인 단점이 있습니다. 요소를 삽입할 때마다 배열에 삽입할 공간을 만들기 위해 새로운 정수보다 큰 모든 요소를 이동해야 합니다. 배열을 오름차순으로 유지하려면 이러한 작업을 피할 수 없습니다.

이진 탐색 트리를 사용하면 브루트 포스 풀이법보다 효율적으로 문제를 풀 수 있습니다. 이진 탐색 트리는 새로운 정수를 삽입할 때 정수 사이의 상대적인 순서를 유지하면서 트리를 업데이트합니다.

다음은 주어진 정수 스트림을 이진 탐색 트리에 적용한 그림입니다.

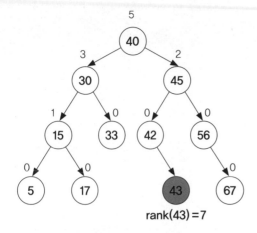

rank(43) = 7

그림 14-28 스트림 순위를 나타내는 이진 탐색 트리

43의 순위를 알아내고 싶다고 가정하겠습니다. 먼저 43을 루트 40과 비교하여 43이 루트의 오른쪽 하위 트리로 가야 한다는 결론을 내립니다. 이때 루트의 왼쪽 하위 트리에는 루트보다 작은 5개의 노드가 있습니다. 따라서 루트의 왼쪽 하위 트리 5개 노드와 루트는 43보다 작기 때문에 43의 순위는 적어도 6입니다. 다음으로 43을 45와 비교합니다. 43은 45보다 작기 때문에 45의 왼쪽에 있어야 하고 43의 순위는 6으로 유지됩니다. 마지막으로 43과 42를 비교합니다. 43은 42보다 크기 때문에 42의 오른쪽 하위 트리에 있어야 하고, 43의 순위는 1만큼 증가하여 최종 순위는 7이 됩니다.

그렇다면 이 예제를 어떻게 일반화하면 알고리즘으로 만들 수 있을까요? 예제를 보면 각 노드가 왼쪽 하위 트리의 순위를 이미 알고 있다는 점을 눈치챌 수 있습니다. 따라서 순위가 필요할 때마다 계산할 필요가 없습니다. 새로운 요소를 생성하여 트리에 삽입할 때마다 왼쪽 하위 트리의 순위를 확인하고 업데이트할 수 있습니다.

[그림 14-28]를 보면 각 노드 위에 하위 트리의 순위를 강조하여 표기했습니다. 노드의 순위가 필요할 때 이렇게 미리 계산된 순위를 사용할 수 있습니다.

이제 private int getRank(Node node, int element)라는 재귀 함수를 살펴보겠습니다. 다음과 같은 방식으로 동작합니다.

1. element가 node.element와 같으면 node.leftTreeSize를 반환합니다.

2. element가 node의 왼쪽에 있으면 getRank(node.left, element)를 반환합니다.

3. element가 node의 오른쪽에 있으면 node.leftTreeSize + 1 + getRank(node.right, element)를 반환합니다.

4. 주어진 정수를 찾지 못하면 -1을 반환합니다.

이 알고리즘을 코드로 구현하면 다음과 같습니다.

코드 14-29 14/RankInStream/src/main/java/coding/challenge/Stream.java

```java
public class Stream {
    private Node root = null;

    private class Node {
        private final int element;
        private int leftTreeSize;
        private Node left;
        private Node right;

        private Node(int element) {
            this.element = element;
            this.left = null;
            this.right = null;
        }
    }

    // 트리에 새로운 노드를 추가합니다.
    public void generate(int element) {
        if (root == null) {
            root = new Node(element);
        } else {
            insert(root, element);
        }
    }

    private void insert(Node node, int element) {
        if (element <= node.element) {
            if (node.left != null) {
                insert(node.left, element);
            } else {
                node.left = new Node(element);
            }
```

```
            node.leftTreeSize++;
        } else {
            if (node.right != null) {
                insert(node.right, element);
            } else {
                node.right = new Node(element);
            }
        }
    }

    // 'element'의 순위를 반환합니다.
    public int getRank(int element) {
        return getRank(root, element);
    }

    private int getRank(Node node, int element) {
        if (element == node.element) {
            return node.leftTreeSize;
        } else if (element < node.element) {
            if (node.left == null) {
                return -1;
            } else {
                return getRank(node.left, element);
            }
        } else {
            int rightTreeRank = node.right == null
                ? -1 : getRank(node.right, element);

            if (rightTreeRank == -1) {
                return -1;
            } else {
                return node.leftTreeSize + 1 + rightTreeRank;
            }
        }
    }
}
```

트리의 노드 개수를 n이라고 할 때, 이 코드를 균형 트리에 적용하면 시간 복잡도는 $O(log n)$
이고 불균형 트리에 적용하면 $O(n)$입니다.

14.3.15 코딩 테스트 15: 봉우리와 계곡

회사: 아마존, 구글, 어도비, 마이크로소프트, 플립카트

문제: 지형 고도를 나타내는 양의 정수 배열이 있습니다. 배열의 정수가 이웃(인접한 정수)보다 크거나 같으면 이 정수를 봉우리^{peak}라고 합니다. 반면에 배열의 정수가 이웃(인접한 정수)보다 작거나 같으면 이 정수를 계곡^{valley}이라고 합니다. 예를 들어 주어진 배열이 integers = { 4, 5, 8, 3, 2, 1, 7, 8, 5, 9 }인 경우 2개의 8과 9는 봉우리이고 4, 1과 두 번째 5는 계곡입니다. 봉우리와 계곡이 교대로 나타나도록 주어진 배열을 정렬하는 코드를 작성하세요.

풀이법: 가장 먼저 떠올리기 쉬운 방법은 배열을 오름차순 정렬하는 것입니다. 배열 요소를 integers[0] <= integers[1] <= integers[2] <= integers[3] <= integers[4], ...와 같이 정렬하면, 세 항씩 묶었을 때 '값(integers[0]) <= 더 큰 값(integers[1]) <= 가장 큰 값(integers[2])'와 같은 관계가 생깁니다. 이때 integers[1]와 integers[2]의 순서를 바꾸면 'integers[0] <= integers[2] >= integers[1]'이 되므로 integers[2]가 봉우리가 됩니다.

다음 세 항 'integers[1] <= integers[3] <= integers[4]'에서도 integers[3]와 integers[4]의 순서를 바꾸면 'integers[1] <= integers[4] >= integers[3]'이 되므로 integers[4]가 봉우리가 됩니다. 그다음 세 항 'integers[3] <= integers[5] <= integers[6]'에서도 integers[5]와 integers[6]의 순서를 바꾸면 'integers[3] <= integers[6] >= integers[5]'이 되므로 integers[6]이 봉우리가 됩니다. 동일한 규칙으로 항의 순서를 계속 변경하면 'integers[0] <= integers[2] >= integers[1] <= integers[4] >= integers[3] <= integers[6] >= integers[5] ...'와 같은 결과를 얻을 수 있습니다.

하지만 효율적인 방법일까요? 처음에 배열을 정렬해야 하므로 이 풀이법의 시간 복잡도는 O($n\log n$)이라고 말할 수 있습니다. 이때 시간 복잡도를 개선할 수 있을까요? 네, 그럼요! 배열을 다음 그림과 같이 표현한다고 가정하겠습니다.

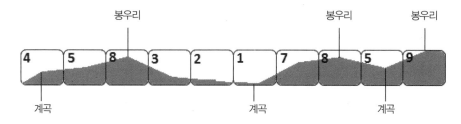

그림 14-29 주어진 지형 고도 배열

[그림 14-29]를 보면 주어진 배열의 봉우리와 계곡을 명확하게 확인할 수 있습니다. 첫 번째 세 항 { 4, 5, 8 }을 볼까요? 여기서 봉우리를 만드려면 중간값 5를 이웃(인접 정수) 사이의 최댓값과 바꿔야 합니다. 따라서 5를 Math.max(4, Math.max(5, 8))로 바꾸면 { 4, 8, 5 }가 되고 8이 봉우리가 됩니다. 이것을 그림으로 나타내면 다음과 같습니다.

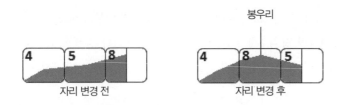

그림 14-30 5와 8 자리 바꾸기

넘어가서, 다음 세 항 { 5, 3, 2 }를 살펴보겠습니다. 3을 Math.max(5, Math.max(3, 2))로 바꾸면 봉우리를 만들 수 있으므로 3과 5의 자리를 바꿔 다음 그림과 같이 { 3, 5, 2 }로 만듭니다. 이제 5는 봉우리이고 3은 계곡입니다.

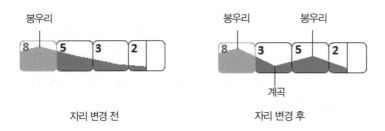

그림 14-31 3과 5 자리 바꾸기

계속해서 다음 세 항 { 2, 1, 7 }에서 1과 7을 바꿔서 { 2, 7, 1 }로 7을 봉우리를 만듭니다. 다음 세 항은 { 1, 8, 5 }이고 8이 봉우리입니다. 여기서는 자리를 바꿀 항이 없습니다.

모든 작업을 완료하면 다음 그림과 같은 최종 결과를 얻습니다.

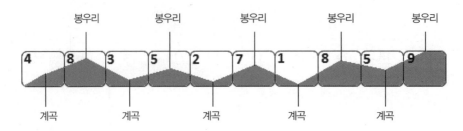

그림 14-32 최종 결과

지금까지 살펴본 풀이법은 다음과 같이 매우 간단하게 구현할 수 있습니다. 자세한 풀이법은 코드를 참고하세요.

코드 14-30 14/PeaksAndValleys/src/main/java/coding/challenge/PeaksValleys.java

```java
public static void sort(int[] arr) {
    for (int i = 1; i < arr.length; i += 2) {
        int maxFoundIndex = maxElementIndex(arr, i - 1, i, i + 1);
        if (i != maxFoundIndex) {
            swap(arr, i, maxFoundIndex);
        }
    }
}


private static int maxElementIndex(int[] arr, int left, int middle, int right) {
    int arrLength = arr.length;
    int leftElement = left >= 0 && left < arrLength
        ? arr[left] : Integer.MIN_VALUE;
    int middleElement = middle >= 0 && middle < arrLength
        ? arr[middle] : Integer.MIN_VALUE;
    int rightElement = right >= 0 && right < arrLength
        ? arr[right] : Integer.MIN_VALUE;

    int maxElement = Math.max(leftElement, Math.max(middleElement, rightElement));

    if (leftElement == maxElement) {
        return left;
    } else if (middleElement == maxElement) {
        return middle;
    } else {
        return right;
    }
}
```

앞 코드의 시간 복잡도는 O(n)입니다.

14.3.16 코딩 테스트 16: 왼쪽에서 가장 가까운 작은 숫자

회사: 아마존, 구글, 어도비, 마이크로소프트, 플립카트

문제: 정수 배열 arr이 있습니다. 작은 요소가 왼쪽에 오도록 각 요소의 가장 가까운 작은 숫자를 찾아 출력하는 코드를 작성하세요.

풀이법: 주어진 배열이 { 4, 1, 8, 3, 8, 2, 6, 7, 4, 9 }라고 가정하겠습니다. 기대하는 결과는 '_, _, 1, 1, 3, 1, 2, 6, 2, 4'입니다. 왼쪽에서 오른쪽으로 이동하면서 처리하는 과정은 다음과 같습니다.

- arr[0] = 4이고, 왼쪽에 요소가 없으므로 '_'를 출력합니다.

- arr[1] = 1이고, 왼쪽에 그보다 작은 요소가 없으므로 '_'를 출력합니다.

- arr[2] = 8이고, 왼쪽에서 가장 가까운 그보다 작은 요소는 1이므로 1을 출력합니다.

- arr[3] = 3이고, 왼쪽에서 가장 가까운 그보다 작은 요소는 1이므로 1을 출력합니다.

- arr[4] = 8이고, 왼쪽에서 가장 가까운 그보다 작은 요소는 3이므로 3을 출력합니다.

- arr[5] = 2이고, 왼쪽에서 가장 가까운 그보다 작은 요소는 1이므로 1을 출력합니다.

- arr[6] = 6이고, 왼쪽에서 가장 가까운 그보다 작은 요소는 2이므로 2를 출력합니다.

- arr[7] = 7이고, 왼쪽에서 가장 가까운 그보다 작은 요소는 6이므로 6을 출력합니다.

- arr[8] = 4이고, 왼쪽에서 가장 가까운 그보다 작은 요소는 2이므로 2를 출력합니다.

- arr[9] = 9이고, 왼쪽에서 가장 가까운 그보다 작은 요소는 4이므로 4를 출력합니다.

반복문 2개를 사용하는 풀이법(이 책에서는 외부 반복문으로 for, 내부 반복문으로 while 사용)을 살펴보겠습니다. 이 풀이법은 간단하지만 비효율적입니다. 외부 반복문은 두 번째 요소(인덱스 1)에서 시작하여 배열의 길이(arr.length - 1)까지 순회하며, 내부 반복문은 외부 반복문에서 순회하는 요소의 왼쪽에 있는 모든 요소를 순회합니다. 내부 반복문에서는 외부 반복문에서 순회하는 요소보다 작은 요소를 찾으면 바로 순회를 멈춥니다.

방금 소개한 알고리즘은 구현하기는 매우 쉽지만 시간 복잡도가 O(n^2)입니다. 이때 스택을 사용하면 시간 복잡도를 O(n)으로 개선할 수 있습니다. 주어진 배열을 인덱스 0에서 arr.length - 1까지 순회하면서 Stack을 사용하여 순회한 요소의 하위 시퀀스를 추적할 수 있습니다. 하위 시퀀스란 이미 순회한 요소보다 작은 모든 요소를 의미합니다.

설명이 복잡하게 느껴진다면 다음의 알고리즘 단계를 살펴보세요.

1. 빈 스택을 생성합니다.

2. arr의 모든 요소(i = 0에서 arr.length - 1까지)에서 다음을 수행합니다.

   a. 스택이 비지 않았고 톱 요소가 arr[i]보다 크거나 같은 동안, 스택에서 요소를 팝합니다.

   b. 스택이 비었으면 arr[i] 왼쪽에 요소가 없다는 의미입니다. 요소를 찾을 수 없음을 나타내는 기호(예를 들어 -1 또는 '_')를 출력합니다.

   c. 스택이 비지 않았으면 스택의 톱 요소가 바로 arr[i]에서 가장 가까운 작은 값입니다. 이 요소를 조회하고 출력합니다.

   d. arr[i]를 스택에 푸시합니다.

이것을 코드로 구현하면 다음과 같습니다.

코드 14–31 14/FindNearestMinimum/src/main/java/coding/challenge/Finds.java

```java
public static void leftSmaller(int arr[]) {
    Stack<Integer> stack = new Stack<>();

    // 스택의 톱 요소가 arr[i]보다 크면 스택에서 제거합니다.
    for (int i = 0; i < arr.length; i++) {
        while (!stack.empty() && stack.peek() >= arr[i]) {
            stack.pop();
        }

        // 스택이 비어 있으면 arr[i]의 왼쪽에 작은 요소가 없습니다.
        if (stack.empty()) {
            System.out.print("_, ");
        } else {
            // 스택의 톱은 arr[i]의 왼쪽에서 가장 가까운 작은 요소입니다.
            System.out.print(stack.peek() + ", ");
        }

        stack.push(arr[i]);   // arr[i]를 스택에 푸시합니다.
    }
}
```

주어진 배열의 요소 개수를 n이라고 할 때 이 코드의 실행 시간은 $O(n)$입니다.

14.3.17 코딩 테스트 17: 단어 찾기

회사: 아마존, 구글

문제: 2D 단어판(행렬)이 있습니다. 이 단어판의 각 칸에는 문자가 하나씩 들어 있습니다. 가로 또는 세로로 인접한 칸의 문자를 연결하여 단어를 구성할 수 있습니다. 주어진 단어가 단어판에 있으면 true를 반환하는 코드를 작성하세요. 문자 칸은 한 번씩만 사용할 수 있습니다.

풀이법: 다음과 같은 단어판이 주어졌다고 가정하겠습니다.

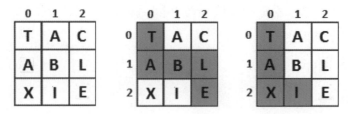

그림 14-33 단어판 예제

격자 지도에서 특정 경로를 찾아야 하는 유형의 문제가 낯설지 않죠? 8장에서는 '코딩 테스트 1: 로봇 격자 지도', '코딩 테스트 4: 영역 구하기', '코딩 테스트 6: 5개의 탑', '코딩 테스트 8: 떨어지는 공'과 '코딩 테스트 11: 기사의 여행' 문제를 풀어봤습니다. 12장에서는 '코딩 테스트 10: 섬' 문제를 풀어봤고, 13장에서는 '코딩 테스트 11: 체스 기사' 문제를 풀어봤습니다.

다음은 구현 코드입니다. 하지만 이 장의 막바지까지 읽었다면 지금까지 쌓아온 경험을 바탕으로 문제를 직접 풀어보면서 코드 구현에 도전하기를 권합니다.

코드 14-32 14/WordSearch/src/main/java/coding/challenge/Words.java

```java
public static boolean exist(char[][] board, String word) {
    // 주어진 단어판을 바꾸면 단어 여러 개 검색이 불가능하므로 단어판을 복사합니다.
    char[][] cloneBoard = new char[board.length][];

    for (int i = 0; i < board.length; i++) {
        cloneBoard[i] = board[i].clone();
    }

    int m = cloneBoard.length;
    int n = cloneBoard[0].length;

    boolean result = false;
```

```
        for (int i = 0; i < m; i++) {
            for (int j = 0; j < n; j++) {
                if (dfs(cloneBoard, word, i, j, 0)) {
                    result = true;
                }
            }
        }

        return result;
    }


    private static boolean dfs(char[][] board, String word, int i, int j, int k) {
        int m = board.length;
        int n = board[0].length;

        if (i < 0 || j < 0 || i >= m || j >= n) {
            return false;
        }

        if (board[i][j] == word.charAt(k)) {
            char temp = board[i][j];
            board[i][j] = '#';

            if (k == word.length() - 1) {
                return true;
            } else if (dfs(board, word, i - 1, j, k + 1)
                        || dfs(board, word, i + 1, j, k + 1)
                        || dfs(board, word, i, j - 1, k + 1)
                        || dfs(board, word, i, j + 1, k + 1)) {
                return true;
            }

            board[i][j] = temp;
        }

        return false;
    }
```

주어진 단어의 길이를 k, 단어판 크기를 m × n이라고 할 때 예제의 실행 시간은 $O(m \times n \times 4^k)$ 입니다.

14.3.18 코딩 테스트 18: 주어진 배열 기반으로 배열 재정렬

회사: 아마존, 구글, 마이크로소프트

문제: 2개의 배열이 주어질 때, 두 번째 배열에 정의된 순서에 따라 첫 번째 배열의 요소를 재정렬하는 코드를 작성하세요.

풀이법: 주어진 두 배열이 다음과 같다고 가정하겠습니다.

코드 14-33 14/SortArrayBasedOnAnotherArray/src/main/java/coding/challenge/Main.java

```java
int[] firstArr = {4, 1, 8, 1, 3, 8, 6, 7, 4, 9, 8, 2, 5, 3};
int[] secondArr = {7, 4, 8, 11, 2};
```

기대하는 결과는 [7, 4, 4, 8, 8, 8, 2, 1, 1, 3, 3, 5, 6, 9]입니다. 이때 풀이법의 핵심은 해싱입니다. 구체적인 알고리즘은 다음과 같습니다.

1. 맵의 첫 번째 배열에서 각 요소의 빈도를 계산하고 저장합니다.

2. 두 번째 배열의 각 요소를 순회하며 두 번째 배열의 현재 요소가 맵에 있는지 확인합니다. 그리고 다음을 수행합니다.

   a. 현재 요소가 맵에 있으면 첫 번째 배열에 현재 요소를 n번 삽입합니다. n은 두 번째 배열의 현재 요소가 첫 번째 배열에 나타난 빈도입니다.

   b. 맵에서 현재 요소를 삭제합니다. 마지막에는 '첫 번째 배열에는 있지만 두 번째 배열에는 없는' 요소만 맵에 포함됩니다.

3. 맵의 요소를 첫 번째 배열의 끝에 추가합니다. TreeMap을 사용했기 때문에 첫 번째 배열은 이미 정렬되었습니다.

코드를 살펴보겠습니다.

코드 14-34 14/SortArrayBasedOnAnotherArray/src/main/java/coding/challenge/Sorts.java

```java
public static void custom(int[] firstArr, int[] secondArr) {
    if (firstArr == null || secondArr == null) {
        throw new IllegalArgumentException("The given input cannot be null");
    }

    // 데이터를 정렬하여 저장하는 TreeMap을 사용해 첫 번째 배열 각 요소의 빈도를 저장합니다.
    Map<Integer, Integer> frequencyMap = new TreeMap<>();
```

```
        for (int i = 0; i < firstArr.length; i++) {
            frequencyMap.putIfAbsent(firstArr[i], 0);
            frequencyMap.put(firstArr[i], frequencyMap.get(firstArr[i]) + 1);
        }

        // 첫 번째 배열의 요소 덮어쓰기
        int index = 0;

        for (int i = 0; i < secondArr.length; i++) {
            // 현재 요소가 'frequencyMap'에 있으면 첫 번째 배열에 현재 요소를 n번 삽입합니다.
            // n은 첫 번째 배열에서 해당 요소의 빈도를 나타냅니다.
            int n = frequencyMap.getOrDefault(secondArr[i], 0);
            while (n-- > 0) {
                firstArr[index++] = secondArr[i];
            }

            // 요소를 Map에서 삭제합니다.
            frequencyMap.remove(secondArr[i]);
        }

        // 나머지 요소(첫 번째 배열에는 있지만 두 번째 배열에는 없는 요소)를 복사합니다.
        for (Map.Entry<Integer, Integer> entry : frequencyMap.entrySet()) {
            int count = entry.getValue();

            while (count-- > 0) {
                firstArr[index++] = entry.getKey();
            }
        }
    }
}
```

첫 번째 배열의 요소 개수를 m, 두 번째 배열의 요소 개수를 n이라고 할 때 이 코드의 실행 시간은 O($m\log m + n$)입니다.

자, 이번 장의 마지막 문제까지 모두 풀어보았습니다. 이제 마무리할 시간입니다!

14.4 마치며

14장에서는 여러 가지 정렬 및 검색 알고리즘을 포괄적으로 다뤘습니다. 병합 정렬, 퀵 정렬, 기수 정렬, 힙 정렬, 버킷 정렬과 이진 검색의 구현 방법을 살펴보았습니다. 또한 이 책에서 제공하는 예제 코드 모음에 '14/SortArraysIn14Ways'라는 14가지 정렬 알고리즘을 구현해 참고하게 했습니다.

15장에서는 수학 및 퍼즐 문제로 분류된 문제를 살펴보겠습니다.

Chapter

15

수학과 퍼즐

15장에서는 인터뷰에서 논란이 되는 주제인 수학 및 퍼즐 문제를 설명합니다. 상낭수의 기업은 이러한 종류의 문제가 기술 인터뷰나 코딩 테스트에 포함되어서는 안 된다고 보지만, 일부 회사들은 여전히 이 주제가 기술 능력과 연관성이 있다고 여겨 인터뷰에서 묻습니다.

이 주제와 관련된 문제는 창의력을 요구하는 브레인 티저 문제이며 적절한 수준의 수학 및 논리 지식이 필요합니다. 수학, 물리학, 화학 등 학계에 종사하는 기업에 지원하려면 수학 및 퍼즐 문제를 대비해야 합니다. 아마존, 구글 등의 IT 대기업도 이러한 유형의 문제를 출제하기도 합니다.

15장에서 다루는 주제는 다음과 같습니다.

- 수학과 퍼즐 문제를 푸는 요령
- 코딩 테스트

이 장을 다 읽고 나면 수학 및 퍼즐 유형의 문제에 익숙해지고 같은 유형의 문제를 더 잘 풀 수 있게 될 것입니다.

15.1 수학과 퍼즐 문제를 푸는 요령

브레인 티저 문제를 만났을 때 가장 중요한 점은 당황하지 않는 것입니다. 문제를 여러 번 읽고 체계적으로 접근해서 문제를 풀어나가세요. 문제의 입력, 출력 요구사항과 제약 조건을 반드시 명확하게 인지해야 합니다.

기술 인터뷰라면 몇 가지 예제(입력 데이터 예제)를 생각하고 대략적인 그림을 그려보면서 문제를 분석하는 동안 면접관과 계속 대화하세요. 면접관은 여러분이 해결책을 한 번에 찾아내는지보다는 문제를 해결하려고 어떤 노력을 하는지에 더 관심이 많습니다. 따라서 문제를 푸는 과정을 면접관과 공유하세요. 그렇게 하면 면접관이 여러분의 논리와 문제를 풀어가는 방법을 이해할 수 있습니다.

또한 풀이법을 고민하면서 발견한 조건이나 규칙을 기록하는 것이 매우 중요합니다. 규칙을 기록할 때마다 풀이법에 더 가까워질 수 있습니다. 일반적으로 풀이법을 알고 나면 수학 및 퍼즐 유형의 문제는 그다지 어렵지 않습니다. 단지 높은 수준의 관찰력과 주의력이 필요한 문제입니다.

간단한 예를 들어보겠습니다. '2명의 아버지와 2명의 아들이 앉아서 계란을 먹고 있다'고 가정합니다. 이때 한 사람 앞에 계란이 하나씩 주어지는데, 이들이 먹고 있는 계란의 총수는 정확히 3개입니다. 어떻게 된 일일까요?

이런 문제를 처음 봤다면 비논리적이거나 해결이 불가능한 문제라고 생각할 수 있습니다. 문제에 오류가 있다고 생각하고 여러 번 읽는 것은 아주 자연스러운 반응입니다. 예를 들어 계란이 4개인데 문제에는 3개로 잘못 적혔다고 생각할 수 있습니다. 이러한 반응은 브레인 티저 문제를 접하는 사람에게 나타나는 가장 일반적인 반응입니다. 하지만 풀이법을 보면 매우 간단합니다. 여러분이 지원자로 면접관 앞에 서 있다고 상상해보면서 다음의 사고 과정을 따라가 보세요.

한 사람 앞에 계란이 하나씩 주어지고 총 3개의 계란이 있다면, 누군가 1명은 계란이 없을 것으로 생각할 수 있습니다. 따라서 3명이 계란을 하나씩 먹고, 남은 한 사람이 아무것도 먹지 않는다고 결론을 내릴 수 있습니다. 그런데 문제에서는 2명의 아버지와 2명의 아들이 앉아서 계란을 먹고, 모든 사람이 계란을 먹는다고 말합니다.

그렇다면 다음과 같이 생각해보면 어떨까요? 4명은 모두 계란을 가졌고 전체 계란의 개수는 정확히 3개입니다. 이때 문제에서는 계란의 총 개수만 언급했을 뿐, 반드시 1명이 계란 하나를 먹는다고 말하지 않았습니다. 아마도 누군가는 다른 1명과 계란을 공유하여 같이 먹는 것이 아닐까요? 사실 이 결론은 논리적이라고 말하긴 어려워 보입니다!

그렇다면 사람이 3명이면 어떨까요? 2명의 아버지 중 1명이 아버지이면서 동시에 할아버지라면, 나머지 1명이 아버지이면서 동시에 아들이 됩니다. 사람이 3명이면 각각 계란을 하나씩 먹을 때 이들이 먹는 계란의 총 개수는 3개가 됩니다. 자, 문제를 해결했습니다!

보다시피 문제의 최종 풀이법은 잘못된 풀이법을 하나씩 제거하는 일련의 추론 결과입니다. 논리적 추론으로 잘못된 해를 제거해 나가는 풀이 방법은 수학 및 퍼즐 문제를 해결하는 방법의 하나입니다. 수학 및 퍼즐 문제를 풀이할 때 계산이 필요한 때도 있습니다. 대부분의 경우 복잡한 계산이나 많은 계산이 필요하진 않지만 수학적 지식이나 추론은 필요합니다.

수학 및 논리적 퍼즐 문제를 몇 초 안에 해결할 수 있는 비결이나 팁이 있다고 말하기는 매우 어렵습니다. 이러한 문제를 잘 풀 수 있는 가장 좋은 방법은 가능한 한 많이 연습하는 것입니다. 그럼 여러 가지 코딩 테스트를 함께 풀어보면서 연습을 시작해볼까요?

15.2 코딩 테스트

이 절에서는 가장 유명한 수학 및 논리 퍼즐 유형의 문제 15가지를 살펴보겠습니다.

15.2.1 코딩 테스트 1: FizzBuzz

회사: 어도비, 마이크로소프트

문제: 양의 정수 n이 주어질 때 1에서 n까지의 숫자를 출력하는 코드를 작성하세요. 이때 숫자가 5의 배수이면 'fizz'를, 7의 배수이면 'buzz'를, 5와 7의 배수이면 'fizzbuzz'를 출력해야 합니다. 각 문자열 또는 숫자 뒤에는 빈 줄을 출력하세요.

풀이법: 이 문제는 나눗셈과 자바의 나머지(%) 연산자를 활용하는 간단한 문제입니다. 피제수와 제수에 해당하는 두 수를 나누면 몫과 나머지가 생깁니다. 자바에서는 나머지(%) 연산자로 나눗셈의 나머지를 계산할 수 있습니다. 즉, 피제수를 X, 제수를 Y라고 하면 'X 나머지 Y(자바에서는 X % Y로 표기)'는 'X를 Y로 나눈 나머지'를 반환합니다. 예를 들어 11(피제수) / 2(제수) = 5(몫), 1(나머지)일 때 이것을 11 % 2 = 1로 나타낼 수 있습니다.

나머지가 0이면 피제수는 제수의 배수입니다. 반대로, 나머지가 0이 아니면 피제수는 제수의 배수가 아닙니다. 따라서 5의 배수는 X % 5 = 0을 만족하고 7의 배수는 X % 7 = 0을 만족해야 합니다. 이러한 관계를 바탕으로 이 문제의 풀이법을 다음과 같이 구현할 수 있습니다.

코드 15-1 15/FizzBuzz/src/main/java/coding/challenge/FizzBuzz.java

```java
public static void print(int n) {
    for (int i = 1; i <= n; i++) {
        if (((i % 5) == 0) && ((i % 7) == 0)) {  // 5와 7의 배수
            System.out.println("fizzbuzz");
        } else if ((i % 5) == 0) { // 5의 배수
            System.out.println("fizz");
        } else if ((i % 7) == 0) {  // 7의 배수
            System.out.println("buzz");
        } else {
            System.out.println(i);  // 5나 7의 배수가 아닌 수
        }
    }
}
```

15.2.2 코딩 테스트 2: 로마 숫자

회사: 아마존, 구글, 어도비, 마이크로소프트, 플립카트

문제: 양의 정수 n이 주어질 때 이 숫자를 로마 숫자 표현으로 변환하는 코드를 작성하세요. 예를 들어 n = 34이면 로마 숫자는 'XXXIV'입니다. 로마 숫자 기호가 포함된 다음 상수가 주어집니다.

기호	값
I	1
IV	4
V	5
IX	9
X	10
XL	40
L	50
XC	90
C	100
CD	400
D	500
CM	900
M	1000

그림 15-1 로마 숫자

풀이법: 이 문제는 로마 숫자를 모두 안다고 가정합니다. 기술 인터뷰일 때 로마 숫자를 잘 모른다면 면접관에게 이야기하는 것이 좋습니다. 아마도 면접관은 이 문제 대신 다른 코딩 테스트를 낼 것입니다. 그러나 로마 숫자를 알고 있다면 문제를 충분히 풀 수 있습니다.

이 문제를 해결하는 애플리케이션을 작성하는 방법을 살펴보겠습니다. 이 문제의 알고리즘은 여러 예제를 기반으로 추론할 수 있습니다. 몇 가지 예제를 살펴보겠습니다.

- n = 73 = 50 + 10 + 10 + 1 + 1 + 1 = L + X + X + I + I + I = LXXIII

- n = 558 = 500 + 50 + 5 + 1 + 1 + 1 = D + L + V + I + I + I = DLVIII

- n = 145 = 100 + (50 - 10) + 5 = C + (L - X) + V = C + XL + V = CXLV

- n = 34 = 10 + 10 + 10 + (5 - 1) = X + X + X + (V - I) = X + X + X + IV = XXXIV

- n = 49 = (50 - 10) + (10 - 1) = (L - X) + (X - I) = XL + IX = XLIX

대략 설명하자면, 주어진 숫자를 보고 일, 십, 백, 천의 자리에 해당하는 로마 기호를 찾아 변환합니다. 이 알고리즘은 다음과 같은 순서로 표현할 수 있습니다.

1. 천의 자리부터 시작하여 해당하는 로마 숫자를 출력합니다. 예를 들어 천의 자리 숫자가 4이면 4000에 해당하는 로마 숫자인 'MMMM'을 출력합니다.

2. 숫자를 100으로 나누어 백의 자릿수를 구하고 해당하는 로마 숫자를 출력합니다.

3. 숫자를 10으로 나누어 십의 자릿수를 구하고 해당하는 로마 숫자를 출력합니다.

4. 일의 자릿수에 해당하는 로마 숫자를 출력합니다.

이 알고리즘을 코드로 구현하면 다음과 같습니다.

코드 15-2 15/RomanNumbers/src/main/java/coding/challenge/RomanNumbers.java

```java
// 다음 소개하는 상수는 convert1 메서드에서 사용됩니다.
private static final String HUNDREDTHS[]
    = {"", "C", "CC", "CCC", "CD", "D", "DC", "DCC", "DCCC", "CM"};
private static final String TENS[]
    = {"", "X", "XX", "XXX", "XL", "L", "LX", "LXX", "LXXX", "XC"};
private static final String ONES[]
    = {"", "I", "II", "III", "IV", "V", "VI", "VII", "VIII", "IX"};

// 중간 생략

public static String convert(int n) {
    if (n <= 0) {
        return "";
    }

    String roman = "";

    // 1단계: 천의 자리부터 시작하여 해당하는 로마 숫자를 출력합니다.
    // 예를 들어 천의 자리 숫자가 4면 4000에 해당하는 로마 숫자인 'MMMM'을 출력합니다.
    while (n >= 1000) {
        roman = roman + 'M';
        n -= 1000;
    }

    // 2단계: 숫자를 100으로 나누어 백의 자릿수를 구하고 해당하는 로마 숫자를 출력합니다.
    roman = roman + HUNDREDTHS[n / 100];
```

```
    n = n % 100;

    // 3단계: 숫자를 10으로 나누어 십의 자릿수를 구하고 해당하는 로마 숫자를 출력합니다.
    roman = roman + TENS[n / 10];
    n = n % 10;

    // 4단계: 일의 자릿수에 해당하는 로마 숫자를 출력합니다.
    roman = roman + ONES[n];

    return roman;
}
```

나눗셈 대신 뺄셈으로 문제를 해결할 수도 있습니다. RomanNumbers.java의 convert2 메서드는 뺄셈으로 문제를 풀이한 코드이므로 참고하기 바랍니다.

15.2.3 코딩 테스트 3: 100개의 문 여닫기

회사: 어도비, 마이크로소프트, 플립카트

문제: 100개의 연속된 문이 있습니다. 이 문은 처음에 모두 닫혀 있습니다. 이 문을 100번 방문하며, 매번 방문할 때마다 첫 번째 문부터 시작합니다. 방문한 각 문은 닫혀 있으면 열고, 열려 있으면 닫습니다.

첫 번째 방문에서는 100개의 문을 모두 방문합니다. 두 번째 방문에서는 2의 배수(2번, 4번, 6번, ...)에 해당하는 문을 방문합니다. 세 번째 방문에서는 3의 배수(3번, 6번, 9번, ...)에 해당하는 문을 방문합니다.

100번째 문을 방문할 때까지 이 규칙을 따라 방문합니다. 100번 방문한 후 문의 상태(닫힘 또는 열림)를 나타내는 코드를 작성하세요.

풀이법: 몇 번의 단계를 거치면 이 문제의 풀이법을 떠올릴 수 있습니다. 초기에는 100개의 문이 모두 닫혀있습니다. 다음 그림에서 0은 닫힌 문을 나타내고 1은 열린 문을 나타냅니다.

0000000000000000000000000000000000000000000000000000000000000000000000000000000000000000000000000000

그림 15-2 모든 문이 닫힌 상태(초기 상태)

이제 다음 각 단계를 관찰하여 규칙을 찾아보겠습니다. 첫 번째 방문에서는 각 문(1번, 2번, 3번, 4번, ..., 100번)을 모두 방문하며 모든 문을 엽니다.

1111111111111111111111111111111111111111111111111111111111111111111111111111111111111111111111111111

그림 15-3 모든 문이 열린 상태(1단계)

두 번째 방문에서는 짝수 문(2번, 4번, 6번, 8번, 10번, 12번, ...)만 방문하므로 짝수 문은 닫히고 홀수 문은 열려있습니다.

1010101010101010101010101010101010101010101010101010101010101010101010101010101010101010101010101010

그림 15-4 짝수 문은 닫히고 홀수 문은 열린 상태(2단계)

세 번째 방문에서는 3의 배수 문(3번, 6번, 9번, 12번, ...)을 방문합니다. 첫 번째 방문에서 열렸던 3번 문을 닫고 두 번째 방문에서 닫았던 6번 문을 여는 식으로 계속 진행합니다.

1000111000111000111000111000111000111000111000111000111000111000111000111000111000111000111000111000

그림 15-5 세 번째 방문을 마친 상태(3단계)

네 번째 방문에서는 4의 배수 문(4번, 8번, 12번, ...)을 방문합니다. 이 규칙대로 반복하면 100번째 방문 후에 다음과 같은 결과를 얻을 수 있습니다.

그림 15-6 정사각형 위치의 열린 문(마지막 단계)

마지막 방문(100번째 방문)에서 열린 문은 모두 정사각형을 나타내는 위치이고 나머지 문이 닫혀있습니다.

100번째 방문까지 직접 해보면서 이 규칙을 관찰하면 좋겠지만 기술 인터뷰나 코딩 테스트에서는 시간이 충분하지 않을 것입니다. 다행히도 이 결과를 관찰하기 위해 100번의 방문을 모두 직접 해볼 필요는 없습니다. 15단계까지만 수행해보고 특정 문에 무슨 일이 일어나는지 확인한다고 가정하겠습니다.

예를 들어 다음은 15단계를 거친 후 12번 문의 상태를 나타낸 그림입니다.

```
1단계   11111111111  1  111111111 ...
2단계   10101010101  0  101010101 ...
3단계   10001110001  1  100011100 ...
4단계   10011111001  0  100111110 ...
        10010111011  0  101111100 ...
6단계   10010011011  1  101110100 ...
        10010001011  1  111110101 ...
        10010000011  1  111010101 ...
        10010000111  1  111011101 ...
        10010000101  1  111011111 ...
        10010000100  1  111011111 ...
12단계  10010000100  0  111011111 ...
        10010000100  0  011011111 ...
        10010000100  0  001011111 ...
        10010000100  0  000011111 ...
```

그림 15-7 15단계 이후 12번 문의 상태

[그림 15-7]에서 강조한 단계를 살펴보세요. 1, 2, 3, 4, 6, 12단계에서 12번 문의 상태가 변경되었습니다. 이 모든 단계는 12의 제수입니다. 또한 1단계에서는 문을 열고 2단계에서는 문을 닫고 3단계에서는 문을 엽니다. 4단계에서는 문을 닫고 6단계에서는 문을 열고 12단계에서는 문을 닫습니다. 이러한 관찰을 바탕으로 제수 쌍마다 문이 닫힌 초기 상태로 되돌아간다는 결론을 내릴 수 있습니다. 즉, 제수가 짝수인 각 문은 결국 닫힌 상태로 유지됩니다.

9와 같은 완전 제곱수에서도 이 사실이 통하는지 살펴봅시다. 완전 제곱수를 선택하는 이유는 완전 제곱이 항상 홀수의 양의 제수를 갖기 때문입니다. 예를 들어 9의 제수는 1, 3, 9입니다. 이것은 9번 문이 마지막에 열려 있음을 의미합니다.

지금까지 관찰한 사실을 바탕으로, 100번의 방문 후에 열린 문은 완전 제곱수(1번, 4번, 9번, 16번, …, 100번)이고 나머지 문은 닫힌다는 결론을 얻을 수 있습니다. 이 과정을 이해하면 최종 결과를 확인하는 예제를 쉽게 작성할 수 있습니다.

```java
private static final int DOORS = 100;

private Doors() {
    throw new AssertionError("Cannot be instantiated");
}

public static int[] visitToggle() {
    // 0: 닫힌 문, 1: 열린 문
    int[] doors = new int[DOORS];

    for (int i = 0; i <= (DOORS - 1); i++) {
        doors[i] = 0;
    }

    for (int i = 0; i <= (DOORS - 1); i++) {
        for (int j = 0; j <= (DOORS - 1); j++) {
            if ((j + 1) % (i + 1) == 0) {
                if (doors[j] == 0) {
                    doors[j] = 1;
                } else {
                    doors[j] = 0;
                }
            }
        }
    }

    return doors;
}
```

15.2.4 코딩 테스트 4: 8개의 팀

회사: 아마존, 구글, 어도비

문제: 8개의 팀이 참가하는 대회가 있습니다. 각 팀은 다른 팀과 두 번씩 경기를 진행합니다. 모든 팀 중 단 4팀만이 준결승에 진출합니다. 어떤 팀이 준결승에 진출하려면 몇 경기에서 이겨야 할까요?

풀이법: 각 팀을 T1, T2, T3, T4, T5, T6, T7과 T8이라고 표현하겠습니다. T1이 T2, …, T8과 경기하면 7경기를 진행하게 됩니다. 각 팀은 다른 팀과 두 번씩 경기해야 하므로 8 × 7 = 56경기가 진행됩니다. 각 경기에서 한 팀이 1점을 얻을 수 있다면 8개 팀에 총 56점이 분배됩니다.

최악의 시나리오를 먼저 생각해보겠습니다. T1은 모든 경기를 집니다. 이것은 T1이 0점을 얻는다는 의미입니다. 반면 T2는 T1을 상대로 승점 2점을 획득하고 다른 모든 경기에서 지고, T3는 T1과 T2를 상대로 4점을 획득하고 다른 모든 경기에서 지고, T4는 T1, T2와 T3를 상대로 6점을 획득하고 다른 모든 경기에서 집니다. 같은 규칙으로 T5는 8점, T6는 10점, T7은 12점, T8은 14점을 얻습니다. 따라서 모든 경기에서 승리한 팀이 14점을 얻습니다.

마지막 4개 팀(준결승에 진출한 팀)은 8 + 10 + 12 + 14 = 44점을 얻습니다. 따라서 팀이 최소 44 / 4 = 11점을 획득하면 준결승에 진출할 수 있습니다.

15.2.5 코딩 테스트 5: 소인수가 3, 5, 7뿐인 숫자 목록에서 k번째 수 찾기

회사: 어도비, 마이크로소프트

문제: 소인수가 3, 5, 7뿐인 숫자 목록에서 k번째 수를 찾는 알고리즘을 설계하세요.

풀이법: 소인수가 3, 5, 7뿐인 숫자 목록은 '1, 3, 5, 7, 9, 15, 21, 25, …'와 같은 목록을 의미합니다. 또는 다음과 같이 작성할 수도 있습니다.

$$1, 1 \times 3, 1 \times 5, 1 \times 7, 3 \times 3, 3 \times 5, 3 \times 7, 5 \times 5, 3 \times 3 \times 3, 5 \times 7, 3 \times 3 \times 5, 7 \times 7, …$$

두 번째 표현을 보면 처음에는 값 1을 목록에 삽입하고 나머지 요소는 계산해야 합니다. 나머지 요소를 계산하는 알고리즘을 이해하는 가장 간단한 방법은 구현 코드를 살펴보는 것입니다. 다음 코드를 살펴보세요.

코드 15-4 15/KthNumber357/src/main/java/coding/challenge/Numbers.java

```java
public static int kth1(int k) {
    if (k <= 0) {
        return 0;
    }

    int count3 = 0;
```

```
    int count5 = 0;
    int count7 = 0;

    List<Integer> list = new ArrayList<>();
    list.add(1);

    while (list.size() <= k + 1) {
        int m = min(min(list.get(count3) * 3,
          list.get(count5) * 5), list.get(count7) * 7);

        list.add(m);

        if (m == list.get(count3) * 3) {
            count3++;
        }

        if (m == list.get(count5) * 5) {
            count5++;
        }

        if (m == list.get(count7) * 7) {
            count7++;
        }
    }

    return list.get(k - 1);
}
```

3개의 큐로 구현할 수도 있습니다. 알고리즘의 단계는 다음과 같습니다.

1. int minElem = 1과 같이 정수를 초기화합니다.

2. 3개의 큐를 초기화합니다. 각 큐를 queue3, queue5, queue7이라고 하겠습니다.

3. 1에서 주어진 숫자 k - 1까지 순회합니다.

   a. minElem * 3, minElem * 5, minElem * 7을 각각 queue3, queue5, queue7에 삽입합니다.

   b. minElem을 min(queue3.peek, queue5.peek, queue7.peek)으로 업데이트합니다.

   c. minElem이 queue3.peek이면 queue3.poll을 수행합니다.

d. minelem이 queue5.peek이면 queue5.poll을 수행합니다.

e. minElem이 queue7.peek이면 queue7.poll을 수행합니다.

4. minElem을 반환합니다.

이를 구현한 코드는 다음과 같습니다.

코드 15-5 15/KthNumber357/src/main/java/coding/challenge/Numbers.java

```java
public static int kth2(int k) {
    if (k <= 0) { return 0; }

    int minElem = 1;

    Queue<Integer> queue3 = new ArrayDeque<>();
    Queue<Integer> queue5 = new ArrayDeque<>();
    Queue<Integer> queue7 = new ArrayDeque<>();

    // 배열의 예
    // 1, 3, 5, 7, 3 * 3, 3 * 5, 3 * 7, 5 * 5, 3 * 3 * 3, 5 * 7, 3 * 3 * 5, 7 * 7 ...
    for (int i = 1; i < k; i++) {
        queue3.add(minElem * 3);
        queue5.add(minElem * 5);
        queue7.add(minElem * 7);
        minElem = min(queue3.peek(), min(queue5.peek(), queue7.peek()));

        if (minElem == queue3.peek()) {
            queue3.poll();
        }

        if (minElem == queue5.peek()) {
            queue5.poll();
        }

        if (minElem == queue7.peek()) {
            queue7.poll();
        }
    }

    return minElem;
}
```

15.2.6 코딩 테스트 6: 숫자 시퀀스 디코딩 개수

회사: 아마존, 마이크로소프트, 플립카트

문제: A는 1, B는 2, C는 3, …, Z는 26이라고 가정하겠습니다. 주어진 숫자 시퀀스를 디코딩할 방법의 수를 계산하는 코드를 작성하세요.

예를 들어 '1234'는 '1 2 3 4', '12 3 4', '1 23 4'와 같이 디코딩할 수 있으며 이것은 각각 'ABCD', 'LCD', 'AWD'를 의미합니다. 주어진 숫자 시퀀스는 0에서 9 사이의 숫자를 포함합니다. 처음이나 마지막에 0이 나열되는 경우는 없으며 2개 이상의 연속된 0은 없습니다.

풀이법: 이 문제는 재귀 또는 동적 프로그래밍으로 해결할 수 있습니다. 두 기술 모두 8장에서 다루었습니다. 먼저 n자리 숫자 시퀀스를 처리하는 재귀 알고리즘을 살펴보겠습니다.

1. 총 디코딩 개수를 0으로 초기화합니다.

2. 주어진 숫자 시퀀스의 끝에서 시작합니다.

3. 마지막 자릿수가 0이 아니면 (n - 1) 자릿수에 재귀를 적용하고 반환된 결과로 총 디코딩 개수를 업데이트합니다.

4. 마지막 두 자리가 27보다 작으면 유효한 문자를 나타내므로, (n - 2) 자리에 재귀를 적용하고 반환된 결과로 총 디코딩 개수를 업데이트합니다.

이 알고리즘을 코드로 나타내면 다음과 같습니다.

코드 15-6 15/DecodingDigitSequence/src/main/java/coding/challenge/Digits.java

```java
public static int decoding(char[] digits, int n) {
    // 종료 조건
    if (n == 0 || n == 1) {
        return 1;
    }

    // digits[]가 0으로 시작할 경우(예를 들어 '0212')
    if (digits == null || digits[0] == '0') {
        return 0;
    }

    int count = 0;
```

```
    // 마지막 숫자가 0이 아니면 마지막 숫자를 단어 수에 더해야 합니다.
    if (digits[n - 1] != '0') {
        count = decoding(digits, n - 1);
    }


    // 마지막 두 자리가 26보다 작거나 같은 숫자를 나타내는 경우
    // 마지막 두 자리로 decoding 메서드를 호출합니다.
    if (digits[n - 2] == '1'
            || (digits[n - 2] == '2' && digits[n - 1] < '7')) {
        count += decoding(digits, n - 2);
    }


    return count;
}
```

앞 코드의 실행시간은 지수 시간exponential time입니다.

하지만 다음과 같이 동적 프로그래밍을 적용하면, 재귀가 아닌 알고리즘과 유사하게 $O(n)$으로 실행 시간을 줄일 수 있습니다.

코드 15-7 15/DecodingDigitSequence/src/main/java/coding/challenge/Digits.java

```
public static int decoding(char digits[]) {
    // digits[]가 0으로 시작할 경우(예를 들어 '0212')
    if (digits == null || digits[0] == '0') {
        return 0;
    }


    int n = digits.length;
    int count[] = new int[n + 1];   // 하위 문제의 결과를 저장합니다.
    count[0] = 1;
    count[1] = 1;


    for (int i = 2; i <= n; i++) {
        count[i] = 0;


        // 마지막 숫자가 0이 아니면 마지막 숫자를 단어 수에 더해야 합니다.
        if (digits[i - 1] != '0') {
            count[i] = count[i - 1];
        }
```

```
    // 마지막에서 두 번째 숫자가 2보다 작고 마지막 숫자가 7보다
    // 작은 경우 마지막 두 숫자는 유효한 문자를 나타냅니다.
    if (digits[i - 2] == '1'
          || (digits[i - 2] == '2' && digits[i - 1] < '7')) {
       count[i] += count[i - 2];
    }
  }

  return count[n];
}
```

앞 코드의 실행 시간은 O(n)입니다.

15.2.7 코딩 테스트 7: ABCD

문제: 4자리 숫자 'ABCD'에 4를 곱했을 때 'DCBA' 형태를 만족하는 유형의 숫자를 찾으세요.

풀이법: 이러한 유형의 문제는 보통 상당히 어렵습니다. 이때 문제를 풀려면 약간의 수학을 사용해야 합니다. 몇 가지 간단한 부등식부터 시작하겠습니다.

- $1 \leq A \leq 9$(ABCD는 4자리 숫자이므로 A는 0일 수 없습니다.)

- $0 \leq B \leq 9$

- $0 \leq C \leq 9$

- $4 \leq D \leq 9$(D는 $4 \times A$ 이상이어야 하므로 4보다 커야 합니다.)

다음으로 숫자 'ABCD'를 '1000A + 100B + 10C + D'로 바꿔서 생각해보겠습니다. 문제의 설명에 따라 'ABCD'에 4를 곱하여 '1000D + 100C + 10B + A'를 만들 수 있는 'DCBA'를 찾아야 합니다. 'ABCD'에 4를 곱하면 'DCBA'가 되어야 하므로 'BA'는 4로 나눌 수 있는 두 자리 숫자입니다. 또한 'ABCD'의 최댓값은 2499입니다. 2499보다 큰 숫자에 4를 곱하면 5자리 숫자가 되기 때문입니다.

다음으로 A는 1과 2가 될 수 있습니다. 그러나 'BA'가 4로 나누어떨어지는 두 자리 숫자이면 A는 짝수여야 하므로 2여야 합니다. 동일한 논리를 적용하면 D가 8 또는 9여야 함을 알 수 있습니다. 이때 D에 4를 곱하면 A, 즉 2로 끝나므로 D는 8이어야 합니다.

또한 4000A + 400B + 40C + 4D = 1000D + 100C + 10B + A입니다. A = 2, D = 8이므로 이 공식은 2C − 13B = 1로 변환할 수 있습니다. B와 C는 [1, 7] 범위 안에 있는 한 자리 정수여야 합니다. 'BA'는 4로 나눌 수 있는 두 자리 숫자이므로 B는 홀수여야 합니다. 이때 'ABCD'의 최댓값은 2499이므로 B는 1 또는 3입니다. 2C − 13B = 1이라는 공식과 C와 B가 한 자리 정수여야 한다는 제약 조건에 따라 B = 1, C = 7이라는 결론을 내릴 수 있습니다. 결과는 2178 × 4 = 8712이며 이 숫자는 ABCD × 4 = DCBA를 만족합니다.

브루트 포스 접근법으로 이 숫자를 찾을 수도 있습니다. 다음 코드를 살펴보세요.

코드 15-8 15/Abcd/src/main/java/coding/challenge/Abcd.java

```java
public static void find() {
    for (int i = 1000; i < 2499; i++) {
        int p = i;
        int q = i * 4;
        String m = String.valueOf(p);
        String n = new StringBuilder(String.valueOf(q)).reverse().toString();

        p = Integer.parseInt(m);
        q = Integer.parseInt(n);

        if (p == q) {
            System.out.println("\n\nFound: " + p + " : " + (q * 4));
            break;
        }
    }
}
```

15.2.8 코딩 테스트 8: 겹치는 직사각형

회사: 아마존, 구글, 마이크로소프트

문제: 2개의 직사각형이 있습니다. 이 2개의 직사각형이 겹치는 경우(충돌 또는 교차하는 경우) true를 반환하는 코드를 작성하세요.

풀이법: 이 문제는 약간 모호해 보입니다. 면접관이 있다면 모호한 면을 논의하고 다음과 같은 두 가지 중요한 측면을 결정해야 합니다. 첫 번째는 다음과 같습니다.

"두 직사각형은 서로 평행하고 수평면과의 각도가 0°(좌표축에 평행)를 이루나요? 아니면 특정 각도를 기준으로 회전 이동할 수 있나요?"

대부분의 경우 주어진 직사각형은 서로 평행하고 좌표축에 평행합니다. 회전 이동이 포함된다면 명확하지 않은 일부 기하학 지식이 필요합니다. 면접관은 기하학 지식이 아닌 여러분의 논리를 시험하려는 것이므로 아마도 무리한 요구를 하지는 않겠지만, 여러분 스스로 평행하지 않은 직사각형으로도 문제를 풀어보려는 도전적인 자세를 보여주기를 원할 수도 있습니다.

다음은 고려해야 할 두 번째 측면입니다.

"좌표 평면에 주어진 직사각형의 좌표는 무엇인가요?"

좌표 평면은 수학에서 사용되는 일반적인 좌표계이므로 명확한 답변이 주어질 것입니다. 일반적인 좌표계를 사용한다는 것은 직사각형이 왼쪽에서 오른쪽으로, 아래에서 위로 크기가 커짐을 의미합니다.

여기에서는 주어진 직사각형은 서로 평행하고 좌표축에 평행하다고 가정하고 주어진 직사각형을 r1과 r2로 표시하겠습니다. 각 직사각형은 왼쪽 위 모서리와 오른쪽 아래 모서리의 좌표로 표현됩니다. 다음 그림은 r1의 좌표를 나타낸 그림으로 r1의 왼쪽 위 모서리에는 r1lt.x와 r1lt.y 좌표가 있고, 오른쪽 아래 모서리에는 r1rb.x와 r1rb.y 좌표가 있습니다.

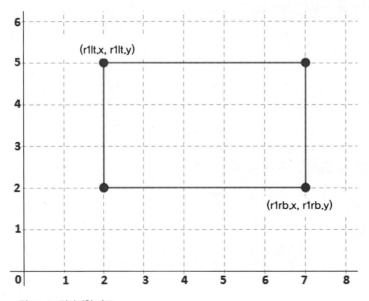

그림 15-8 직사각형 좌표

2개의 직사각형이 서로 닿으면 겹친다고 말할 수 있습니다. 즉, 최소한의 공통된 지점이 있는 경우 겹친다고 말합니다. 다음은 다섯 가지의 겹치는 직사각형 쌍을 나타낸 그림입니다.

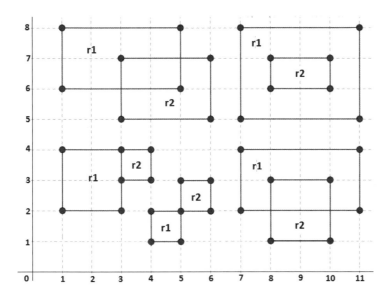

그림 15-9 겹치는 직사각형

[그림 15-9]를 보면 2개의 직사각형이 겹치지 않으려면 다음 네 가지 경우 중 하나를 만족한다는 결론을 내릴 수 있습니다.

- r1은 r2의 오른쪽에 완전히 떨어져 있습니다.

- r1은 r2의 왼쪽에 완전히 떨어져 있습니다.

- r1은 r2의 위쪽에 완전히 떨어져 있습니다.

- r1은 r2의 아래쪽에 완전히 떨어져 있습니다.

다음은 이러한 네 가지 경우를 나타낸 그림입니다. 앞에서 설명한 겹치지 않는 네 가지 경우를 좌표로 나타내면 다음과 같습니다.

- r1은 r2의 오른쪽에 완전히 떨어져 있습니다. → r1lt.x > r2rb.x

- r1은 r2의 왼쪽에 완전히 떨어져 있습니다. → r2lt.x > r1rb.x

- r1은 r2의 위쪽에 완전히 떨어져 있습니다. → r1rb.y > r2lt.y

- r1은 r2의 아래쪽에 완전히 떨어져 있습니다. → r2rb.y > r1lt.y

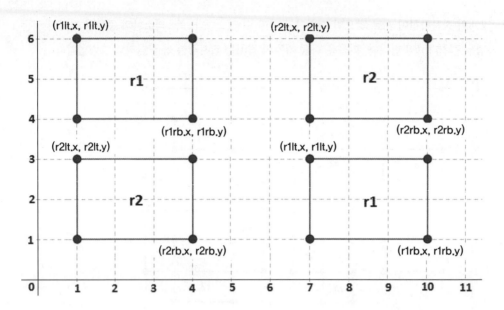

그림 15-10 겹치지 않는 직사각형

이러한 조건을 묶어서 코드로 나타내면 다음과 같습니다.

코드 15-9 15/RectangleOverlap/src/main/java/coding/challenge/Rectangles.java

```java
public static boolean overlap2(Point r1lt, Point r1rb, Point r2lt, Point r2rb) {
    // r1이 r2의 오른쪽에 완전히 떨어져 있거나 r2가 r1의 오른쪽에 완전히 떨어져 있는 경우
    if (r1lt.x > r2rb.x || r2lt.x > r1rb.x) {
        return false;
    }

    // r1이 r2의 위쪽에 완전히 떨어져 있거나 r2가 r1의 위쪽에 완전히 떨어져 있는 경우
    if (r1rb.y > r2lt.y || r2rb.y > r1lt.y) {
        return false;
    }

    return true;
}
```

앞 코드의 실행 시간은 O(1)입니다.

또는 다음과 같이 두 가지 조건을 하나의 조건으로 압축할 수도 있습니다.

```java
public static boolean overlap1(Point r1lt, Point r1rb, Point r2lt, Point r2rb) {
    return (r1lt.x <= r2rb.x && r1rb.x >= r2lt.x
        && r1lt.y >= r2rb.y && r1rb.y <= r2lt.y);
}
```

면접관이 있다면 '겹친다'라는 단어의 의미를 다양한 방식으로 정의할 수 있습니다. 이 문제를 기반으로 면접관의 의도에 따라 코드를 적절하게 조정할 수 있어야 합니다.

15.2.9 코딩 테스트 9: 큰 수 곱하기

회사: 아마존, 마이크로소프트

문제: 큰 양의 숫자 a, b가 문자열로 주어집니다. 이 숫자는 int 또는 long 타입에 맞지 않습니다. a * b를 계산하는 코드를 작성하세요.

풀이법: a = 4145775, b = 771467이라고 가정하겠습니다. 이때, a * b = 3198328601925입니다. 이 문제는 수학 지식을 활용하여 풀어야 합니다.

다음은 a * b를 계산하는 방법을 나타낸 그림입니다. 이 방법은 종이에 손으로 써서 계산하거나 코드로도 구현할 수 있습니다.

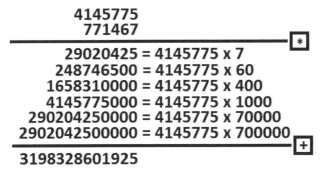

그림 15-11 2개의 큰 수 곱하기

곱셈을 덧셈의 모음으로 작성할 수 있다는 것이 풀이의 핵심입니다. 따라서 771467을 7 + 60 + 400 + 1000 + 70000 + 700000으로 작성하고 이 숫자에 각각 4145775을 곱합니다. 마지막으로 결과를 더해서 최종 결과 3198328601925을 얻습니다.

이 논리를 한 단계 발전시키면 첫 번째 숫자의 마지막 자릿수(5)에 두 번째 숫자의 모든 자릿수(7, 6, 4, 1, 7, 7)를 곱할 수 있습니다. 그런 다음 첫 번째 숫자의 세 번째 자릿수(7)에 두 번째 숫자의 모든 자릿수(7, 6, 4, 1, 7, 7)를 곱합니다. 첫 번째 숫자의 모든 자릿수에 두 번째 숫자의 모든 자릿수를 곱할 때까지 이 과정을 반복합니다. 모든 곱셈을 완료한 후 결과를 더합니다.

이 과정을 코드로 나타내면 다음과 같습니다.

코드 15-11 15/MultiplyLargeNumbers/src/main/java/coding/challenge/Numbers.java

```java
public static String multiply(String a, String b) {
    if (a == null || b == null) {
        throw new IllegalArgumentException("a and b cannot be null");
    }

    int lenA = a.length();
    int lenB = b.length();

    if (lenA == 0 || lenB == 0) {
        return "0";
    }

    // 곱셈의 결과는 반대 순서로 저장됩니다.
    int c[] = new int[lenA + lenB];

    // 결과에서 위치를 찾는 인덱스
    int idx1 = 0;
    int idx2 = 0;

    // 'a'의 오른쪽에서 왼쪽으로 순회합니다.
    for (int i = lenA - 1; i >= 0; i--) {
        int carry = 0;
        int n1 = a.charAt(i) - '0';

        // 'b'에서 숫자를 곱할 때마다 위치를 왼쪽으로 이동할 때 사용합니다.
        idx2 = 0;

        // 'b'의 오른쪽에서 왼쪽으로 순회합니다.
        for (int j = lenB - 1; j >= 0; j--) {
```

```
        // 두 번째 숫자의 현재 자릿수
        int n2 = b.charAt(j) - '0';

        // 첫 번째 숫자의 현재 자릿수와 곱합니다.
        int sum = n1 * n2 + c[idx1 + idx2] + carry;

        // 다음 계산으로 넘어갈 자리 올림 수
        carry = sum / 10;

        c[idx1 + idx2] = sum % 10;
        idx2++;
    }

    // 자리 올림 수를 저장합니다.
    if (carry > 0) {
        c[idx1 + idx2] += carry;
    }

    // 'a'의 숫자를 곱할 때마다 위치를 왼쪽으로 이동합니다.
    idx1++;
}

// 오른쪽에 있는 '0'을 무시합니다.
int i = c.length - 1;
while (i >= 0 && c[i] == 0) {
    i--;
}

// 모두 '0'인 경우 'a' 또는 'b'중 하나 또는 둘 모두가 '0'입니다.
if (i == -1) {
    return "0";
}

String result = "";
while (i >= 0) {
    result += (c[i--]);
}

return result;
}
```

15.2.10 코딩 테스트 10: 동일한 자릿수 구성을 가진 다음으로 큰 수

회사: 아마존, 구글, 마이크로소프트

문제: 양의 정수가 주어질 때, 자릿수가 같으면서 해당 정수 다음으로 큰 수를 반환하는 코드를 작성하세요.

풀이법: 몇 가지 예제를 관찰하면 이 문제의 풀이법을 떠올릴 수 있습니다. 다음의 예제를 살펴보세요.

- 예제 1: 6   → 불가능
- 예제 2: 1234   → 1243
- 예제 3: 1232   → 1322
- 예제 4: 321   → 불가능
- 예제 5: 621873   → 623178

예제를 보면 주어진 숫자의 자릿수를 재배열하여 정답을 얻을 수 있다는 점을 눈치챌 수 있습니다. 예제의 결과를 도출하는 숫자 교환 규칙을 찾아내면 코드를 구현할 수 있습니다. 이때 몇 가지를 살펴보겠습니다.

- 예제 1과 4에서 주어진 숫자가 한 자리거나, 자릿수가 내림차순이면 더 큰 숫자를 찾을 수 없다는 점을 알 수 있습니다. 어떤 자릿수를 교환해도 숫자는 더 작아집니다.
- 예제 2를 보면 주어진 숫자의 자릿수가 오름차순이면 마지막 두 자릿수를 교환하여 동일한 자릿수를 가진 다음으로 큰 숫자를 얻을 수 있습니다.
- 예제 3과 5를 보면 현재 수보다 큰 모든 수 중에서 가장 작은 수를 찾아야 한다는 점을 알 수 있습니다. 따라서 숫자의 가장 오른쪽 자릿수부터 처리해야 합니다. 다음 알고리즘에서 이 조건을 명확하게 설명하겠습니다.

이 세 가지 관찰 결과를 기반으로 다음과 같이 알고리즘을 도출할 수 있습니다. 여기에서는 주어진 숫자가 예제 5의 621873이라고 가정하겠습니다(예제 코드에서는 각 자릿수를 요소로 갖는 배열로 나타냅니다).

1. 가장 오른쪽부터 한 자리씩 자릿수를 순회합니다. 이전 자릿수보다 작은 자릿수의 바로 앞 자릿수를 찾을 때까지 탐색을 계속합니다. 예를 들어 주어진 숫자가 621873이면

621873의 이전 자릿수보다 작은 자릿수는 1이고 바로 앞 자릿수 8을 찾을 때까지 탐색합니다. 이를 minPosition이라고 하겠습니다.

2. 다음으로 1단계에서 찾은 이전 자릿수보다 작은 자릿수(minPosition − 1)의 오른쪽에 있는 자릿수를 순회하며 해당 자릿수보다 큰 모든 자릿수 중 가장 작은 자릿수를 찾습니다. 이 조건에 맞는 자릿수를 nextSmallestPosition이라고 표시하겠습니다. 예를 들어 621873에서 1의 오른쪽 자릿수 중 1보다 큰 자릿수 중 가장 작은 자릿수는 3입니다.

3. 이제 1단계와 2단계에서 찾아낸 자릿수 2개(minPosition − 1에 해당하는 자릿수인 1과 nextSmallestPosition에 해당하는 자릿수인 3)를 교환하면 623871이 됩니다.

4. 마지막으로 minPosition을 포함해 오른쪽에 있는 모든 자릿수를 오름차순으로 정렬합니다. 이때 3단계에서 두 자릿수를 교환해도 minPosition을 포함한 오른쪽에 있는 모든 자릿수는 내림차순으로 정렬된 상태가 유지되므로, 시퀀스의 양 끝의 값을 순서대로 교환(마지막 자릿수가 n이면 1번째와 n번째, 2번째와 $n-1$번째를 교환)하는 방식을 적용할 수 있습니다. 따라서 결과는 623178입니다. 이 숫자가 문제의 답입니다.

이 알고리즘은 다음과 같이 구현할 수 있습니다.

코드 15–12 15/NextElementSameDigits/src/main/java/coding/challenge/Numbers.java

```java
public static void findNextGreater(int arr[]) {
    if (arr == null || arr.length == 0) {
        throw new IllegalArgumentException(
            "The given array cannot be null or empty");
    }

    int minPosition = -1;
    int len = arr.length;

    int prevDigit;
    int currentDigit;

    // 1단계: 가장 오른쪽부터 한 자리씩 자릿수를 순회합니다.
    // 이전 자릿수보다 작은 자릿수의 바로 앞 자릿수를 찾을 때까지 탐색을 계속합니다.
    for (int i = len - 1; i > 0; i--) {
        currentDigit = arr[i];
        prevDigit = arr[i - 1];
```

```
                if (currentDigit > prevDigit) {
                    minPosition = i;
                    break;
                }
            }
        }

        // 'minPosition'이 -1이면 해당 숫자가 없습니다. 이것은 숫자가 내림차순임을 의미합니다.
        // 주어진 자릿수와 같은 자릿수 집합을 갖는 더 큰 수는 없습니다.
        if (minPosition == -1) {
            System.out.println("There is no greater number with "
                + "same set of digits as the given one.");
        } else {
            int x = arr[minPosition - 1];
            int nextSmallestPosition = minPosition;

            // 2단계: 1단계에서 찾은 이전 자릿수보다 작은 자릿수(minPosition - 1)의
            // 오른쪽에 있는 자릿수를 순회하며 해당 자릿수보다 큰
            // 모든 자릿수 중 가장 작은 자릿수를 찾습니다.
            // 이 조건에 맞는 자릿수를 nextSmallestPosition이라고 표시하겠습니다.
            for (int i = minPosition + 1; i < len; i++) {
                if (arr[i] > x && arr[i] < arr[minPosition]) {
                    nextSmallestPosition = i;
                }
            }

            // 3단계: 1단계와 2단계에서 찾은 두 자릿수를 교환합니다.
            swap(arr, minPosition - 1, nextSmallestPosition);

            // 4단계: 마지막으로 minPosition을 포함해 오른쪽의 모든 자릿수를 오름차순 정렬합니다.
            Arrays.sort(arr, minPosition, len);

            // 결과를 출력합니다.
            System.out.print("The next greater number is: ");
            for (int i : arr) {
                System.out.print(i);
            }

            System.out.println();
        }
    }
}
```

```
private static void swap(int[] arr, int i, int j) {
    int aux = arr[i];
    arr[i] = arr[j];
    arr[j] = aux;
}
```

앞 코드의 실행 시간은 O(n)입니다.

15.2.11 코딩 테스트 11: 자릿수로 나누어지는 수

회사: 아마존, 구글, 어도비, 마이크로소프트

문제: 정수 n이 주어질 때 주어진 숫자가 각 자릿수로 나누어떨어지는 경우 true를 반환하는 프로그램을 작성하세요.

풀이법: n = 412라고 가정하겠습니다. 412는 2, 1, 4로 나누어떨어지므로 true를 출력해야 합니다. 반면에 n = 143이면 143이 3과 4로 나누어떨어지지 않으므로 false를 출력해야 합니다.

이 문제가 단순해 보인다면 정확히 본 것입니다. 이러한 종류의 문제는 많은 지원자를 빠르게 걸러낼 때 유용한 워밍업 문제로 사용합니다. 대부분의 경우 주어진 시간(예를 들어 2~3분) 안에 문제를 해결해야 합니다.

> **tip** 간단한 문제라도 다른 어려운 문제와 같은 수준의 진지한 태도로 푸는 것이 좋습니다. 작은 실수가 경쟁의 조기 탈락을 불러올 수 있습니다.

이 문제의 알고리즘은 다음의 단계로 구성됩니다.

1. 주어진 숫자의 모든 자릿수를 가져옵니다.
2. 각 자릿수에 대해 '**주어진 숫자 % 자릿수**'가 0인지 확인합니다. 0이면 자릿수로 주어진 숫자를 나눌 수 있음을 의미합니다.
3. 0이 아닌 자릿수가 있으면 false를 반환합니다.
4. 모든 자릿수에 대해 '**주어진 숫자 % 자릿수**'가 0이면 true를 반환합니다.

이 알고리즘을 코드로 구현하면 다음과 같습니다.

```java
public static boolean isDivisible(int n) {
    int t = n;
    while (n > 0) {
        int k = n % 10;

        if (k != 0 && t % k != 0) { return false; }

        n /= 10;
    }

    return true;
}
```

15.2.12 코딩 테스트 12: 초콜릿 쪼개기

회사: 아마존, 구글, 어도비, 마이크로소프트, 플립카트

문제: weight×height 크기의 직사각형 막대 초콜릿과 타일 개수가 주어졌다고 가정하겠습니다. 일반적으로 초콜릿은 여러 개의 작은 타일로 구성되므로 너비와 높이가 타일의 개수를 알려줍니다. 예를 들어 초콜릿의 크기가 4×3이면 12개의 타일이 있습니다. 정확히 필요한 타일 개수로 구성된 조각을 얻기 위해 주어진 초콜릿을 쪼개야(잘라야) 하는 횟수를 계산하는 코드를 작성하세요. 참고로 타일 가장자리를 따라 수직 또는 수평으로 잘라 주어진 초콜릿을 2개의 직사각형 조각으로 쪼갤(자를) 수 있습니다.

풀이법: 다음은 18개의 타일이 있는 3×6 크기의 막대 초콜릿을 나타낸 그림입니다.

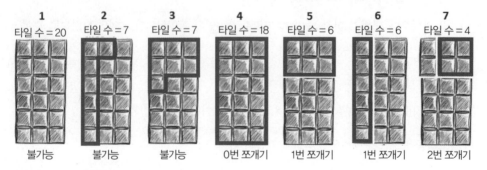

그림 15-12 3×6 크기의 막대 초콜릿

[그림 15-12]는 풀이법을 구성하는 7가지 경우를 나타냅니다.

- **예제 1, 2, 3:** 주어진 타일의 수가 3×6보다 크거나 주어진 개수의 타일을 초콜릿 너비 또는 높이를 따라 나열할 수 없으면 해를 찾을 수 없습니다. 해가 없으면 -1을 반환합니다.

- **예제 4:** 주어진 타일의 수가 3×6 = 18이면 주어진 막대 초콜릿 자체가 해이므로 쪼갤 필요가 없습니다. 따라서 0을 반환합니다.

- **예제 5:** 주어진 개수의 타일을 막대 초콜릿의 너비를 따라 나열할 수 있으면 한 번 쪼개서 조각을 만들 수 있습니다. 따라서 1을 반환합니다.

- **예제 6:** 주어진 개수의 타일을 막대 초콜릿의 높이를 따라 나열할 수 있으면 한 번 쪼개서 조각을 만들 수 있습니다. 따라서 1을 반환합니다.

- **예제 7:** 다른 모든 경우에는 두 번 쪼개야 합니다. 따라서 2를 반환합니다.

이 조건을 코드로 구현하면 다음과 같습니다.

코드 15-14 15/BreakChocolate/src/main/java/coding/challenge/Chocolates.java

```java
public static int breakit(int width, int height, int nTiles) {
    if (width <= 0 || height <= 0 || nTiles <= 0) { return -1; }

    // 예제 1의 경우
    if (width * height < nTiles) {
        return -1;
    }

    // 예제 4의 경우
    if (width * height == nTiles) {
        return 0;
    }

    // 예제 5와 6의 경우
    if ((nTiles % width == 0 && (nTiles / width) < height)
      || (nTiles % height == 0 && (nTiles / height) < width)) {
        return 1;
    }

    // 예제 7의 경우
    for (int i = 1; i <= Math.sqrt(nTiles); i++) {
```

```
        if (nTiles % i == 0) {
            int a = i;
            int b = nTiles / i;
            if ((a <= width && b <= height) || (a <= height && b <= width)) {
                return 2;
            }
        }
    }
}

    // 예제 2와 3의 경우
    return -1;
}
```

15.2.13 코딩 테스트 13: 시계 각도

회사: 구글, 마이크로소프트

문제: 시간이 h:m 형식으로 주어질 때, 아날로그 시계에서 시침과 분침 사이의 더 작은 각도를 계산하는 코드를 작성하세요.

풀이법: 풀이법을 찾을 때 도움이 되는 몇 가지 공식부터 살펴보겠습니다. 시계는 총 12시간 (또는 12부분)이 있고 완전한 원으로 전체 각도는 360입니다. 따라서 1시간은 360° / 12 = 30°입니다. 1:00에 시침과 분침이 30°의 각도를 이룹니다. 2:00에는 시침과 분침이 60°의 각도를 이루며 나머지 시간에도 같은 규칙이 반복됩니다. 다음은 규칙을 나타낸 그림입니다.

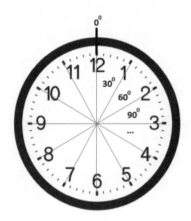

그림 15-13 360도를 12시간으로 나누기

동일한 논리를 적용하면 1시간의 각도는 30°이고 1시간은 60분과 같으므로 1분은 30 / 60 = 0.5°입니다. 따라서 시침을 기준으로 보면 1:10은 30° + 10 × 0.5° = 30° + 5° = 35°의 각도를 이룹니다. 또는 4:17은 4 × 30° + 17 × 0.5° = 120° + 8.5° = 128.5°의 각도를 이룹니다. 지금까지 살펴본 내용을 토대로, 주어진 h:m 시간의 시침 각도는 h × 30° + m × 0.5°로 계산할 수 있다는 결론을 내릴 수 있습니다.

분침의 각도를 계산하려면 1시간 안에 분침이 전체 360°를 다 돌아야 한다는 점에 주목해야 합니다. 1시간은 60분이므로 분침은 1분당 360° / 60 = 6°의 각도를 이룹니다. 따라서 h:24에 분침은 24 × 6° = 144°의 각도를 이룹니다. h:35에 분침은 35 × 6° = 210°의 각도를 이루며 나머지 시간에도 동일한 규칙이 반복됩니다.

따라서 시침과 분침의 각도는 | (h × 30° + m × 0.5°) – m × 6° |입니다. 계산한 각도가 180° 보다 크면 문제의 조건에 따라 시침과 분침 사이의 더 작은 각도를 계산해야 하므로 (360° – 결과)를 반환해야 합니다. 이제 다음 그림에 표시된 시계에 필요한 각도를 계산해보겠습니다.

시계 1   시계 2   시계 3

그림 15-14 3개의 시계

[그림 15-14]의 시계 각도를 계산한 과정은 다음과 같습니다.

- **시계 1, 10:10**

    - **시침:** $10 \times 30° + 10 \times 0.5° = 300° + 5° = 305°$

    - **분침:** $10 \times 6° = 60°$

    - **결과:** | 305° - 60° | = | 245° | = 245° > 180°, 따라서 360° - 245° = 115° 반환

- **시계 2, 9:40**

    - **시침:** $9 \times 30° + 40 \times 0.5° = 270° + 20° = 290°$

    - **분침:** $40 \times 6° = 240°$

- **결과:** | 290° - 240° | = | 50° | = 50°

- **시계 3, 4:40**

  - **시침:** $4 \times 30° + 40 \times 0.5° = 120° + 20° = 140°$

  - **분침:** $40 \times 6° = 240°$

  - **결과:** $|140° - 240°| = |\text{-}100°| = 100°$

지금까지 살펴본 조건을 바탕으로 다음과 같이 코드를 구현할 수 있습니다.

코드 15-15 15/HourMinuteAngle/src/main/java/coding/challenge/Clock.java

```java
public static float findAngle(int hour, int minute) {
    if (hour <= 0 || hour > 12) {
        throw new IllegalArgumentException("Hour must be between 1-12");
    }

    if (minute < 0 || minute > 60) {
        throw new IllegalArgumentException("Minute must be between 0-60");
    }

    float angle = (float) Math.abs(((30f * hour) + (0.5f * minute)) - (6f * minute));

    return angle > 180f ? (360f - angle) : angle;
}
```

15.2.14 코딩 테스트 14: 피타고라스 삼조

회사: 구글, 어도비, 마이크로소프트

문제: 피타고라스 삼조^{Pythagorean triplet}는 $a^2 = b^2 + c^2$를 만족하는 양의 정수 $\{a, b, c\}$의 집합입니다. 양의 정수 배열이 주어질 때 이 배열의 모든 피타고라스 삼조를 출력하는 코드를 작성하세요.

풀이법: 브루트 포스 접근법으로 풀면 주어진 배열에서 가능한 모든 삼조를 찾는 3개의 반복문으로 코드를 구현할 수 있습니다. 그러나 이렇게 구현한 코드는 시간 복잡도가 $O(n^3)$입니다. 즉, 브루트 포스 접근법과 같이 단순한 풀이법은 면접관에게 깊은 인상을 줄 수 없습니다. 더 효율적인 해법을 찾아야 합니다.

사실 이 문제는 $O(n^2)$의 시간 복잡도로 풀 수 있습니다. 알고리즘의 단계를 살펴보겠습니다.

1. 입력 배열의 모든 요소를 제곱합니다. 이제 피타고라스 삼조를 찾을 때 $a^2 = b^2 + c^2$ 대신 arr[i] = arr[b] + arr[c]로 계산할 수 있습니다. 모든 요소를 제곱하는 시간 복잡도는 $O(n)$입니다.

2. 주어진 배열을 오름차순으로 정렬합니다. 이때 시간 복잡도는 $O(n\log n)$입니다.

3. arr[i] = arr[b] + arr[c]면 arr[i]는 항상 arr[i], arr[b], arr[c] 중에서 가장 큰 값입니다. 따라서 arr[i]를 2단계에서 정렬한 배열의 마지막 요소로 설정합니다.

4. arr[b]를 2단계에서 정렬한 배열의 첫 번째 요소로 설정합니다.

5. arr[c]를 arr[i] 요소의 바로 이전 요소로 설정합니다.

6. 이렇게 세 값을 설정하면 arr[b] < arr[i]이고 arr[c] < arr[i]를 만족합니다. 피타고라스 삼조를 찾으려면 b를 1씩 증가시키고 c를 1씩 감소시키는 작업을 반복합니다. b와 c가 같아지면 반복을 중지합니다.

   a. arr[b] + arr[c] < arr[i]이면 b의 인덱스를 증가시킵니다.

   b. arr[b] + arr[c] > arr[i]이면 c의 인덱스를 감소시킵니다.

   c. arr[b] + arr[c] = arr[i]이면 삼조를 출력합니다. b의 인덱스를 증가시키고 c의 인덱스를 감소시킵니다.

7. 다음 arr[i]를 설정하고 3단계부터 반복합니다.

arr = { 3, 6, 8, 5, 10, 4, 12, 14 }라고 가정하겠습니다. 처음 두 단계를 거치면 arr = { 9, 16, 25, 36, 64, 100, 144, 196 }이 됩니다.

3, 4, 5단계를 거치면 다음 그림과 같이 arr[i] = 196, arr[b] = 9, arr[c] = 144가 됩니다.

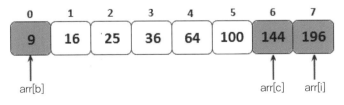

그림 15-15 arr[i], arr[b], arr[c] 설정

9 + 144 < 196이므로 6-a단계에 따라 b의 인덱스는 1만큼 증가합니다. 동일한 과정을 16 + 144, 25 + 144, 36 + 144에 적용합니다. 64 + 144 > 196이므로 6-b단계에 따라 c의 인덱스는 1만큼 감소합니다.

64 + 100 < 196이므로 6-a단계에 따라 b의 인덱스는 1만큼 증가합니다. b와 c가 만났기 때문에 반복을 멈춥니다.

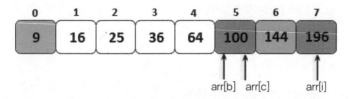

그림 15-16 반복을 종료한 시점의 arr[b]와 arr[c]

다음으로 7단계에 따라 arr[i] = 144, arr[b] = 9, arr[c] = 100으로 설정합니다. 같은 방법으로 arr[i]를 설정하고 알고리즘을 반복합니다. arr[i]가 100이 되면 arr[i] = 100, arr[b] = 36, arr[c] = 64로 첫 번째 피타고라스 삼조를 찾습니다.

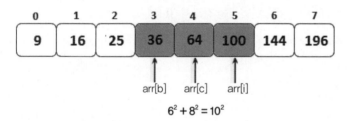

$$6^2 + 8^2 = 10^2$$

그림 15-17 피타고라스 삼조

알고리즘을 코드로 구현하면 다음과 같습니다.

코드 15-16 15/PythagoreanTriplets/src/main/java/coding/challenge/Pythagoreans.java

```java
public static void triplet(int arr[]) {
    int len = arr.length;

    // 1단계
    for (int i = 0; i < len; i++) {
        arr[i] = arr[i] * arr[i];
    }
```

```
    // 2단계
    Arrays.sort(arr);

    // 3~5단계
    for (int i = len - 1; i >= 2; i--) {
        int b = 0;
        int c = i - 1;

        // 6단계
        while (b < c) {
            // 6-c단계
            if (arr[b] + arr[c] == arr[i]) {
                System.out.println("Triplet: " + Math.sqrt(arr[b]) + ", "
                  + Math.sqrt(arr[c]) + ", " + Math.sqrt(arr[i]));
                b++;
                c--;
            }

            // 6-a 및 6-b단계
            if (arr[b] + arr[c] < arr[i]) {
                b++;
            } else {
                c--;
            }
        }
    }
}
```

15.2.15 코딩 테스트 15: 엘리베이터 스케줄링

회사: 아마존, 구글, 어도비, 마이크로소프트, 플립카트

문제: n명의 사람이 탄 엘리베이터가 이동하려는 목적 층을 나타내는 배열이 있습니다. 엘리베이터의 총 수용 인원은 주어진 k입니다. 처음에는 엘리베이터와 모든 사람이 0층(지상층)에 있습니다. 엘리베이터가 현재 층과 이어진 층(위 또는 아래층)에 도달하려면 단위 1만큼의 시간이 걸립니다. 모든 사람이 목적 층으로 이동한 다음 1층으로 돌아오기까지 최소한의 시간이 걸리도록 엘리베이터를 스케줄링하는 코드를 작성하세요.

풀이법: 주어진 목적 층 배열이 floor = {4, 2, 1, 2, 4}이고 k = 3이라고 가정하겠습니다. floor 배열에 따라 총 5명의 사람이 있음을 알 수 있습니다. 1층을 가려는 사람은 1명, 2층을 가려는 사람은 2명, 4층을 가려는 사람은 2명입니다. 엘리베이터는 한 번에 3명만 탈 수 있습니다. 그렇다면 어떻게 해야 5명을 최단 시간에 원하는 층에 데려다주도록 엘리베이터를 스케줄링할 수 있을까요?

풀이의 핵심은 사람들을 내림차순으로 원하는 층에 이동시키는 것입니다. 다음 그림을 보면서 이 과정을 살펴보세요.

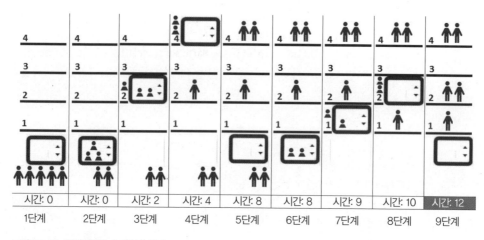

그림 15-18 엘리베이터 스케줄링 예제

[그림 15-18]의 단계를 살펴보겠습니다.

1. 초기 상태입니다. 엘리베이터는 지상층에 있으며 5명이 탈 준비를 하고 있습니다. 최소 시간이 0(즉, 0은 단위 시간)이라고 가정하겠습니다.

2. 엘리베이터에서 4층으로 가는 2명과 2층으로 가는 1명을 태웁니다. 한 번에 최대 3명까지 태울 수 있다는 점을 기억하세요. 지금까지 최소 시간은 0입니다.

3. 엘리베이터가 올라가서 2층에 멈춥니다. 1명이 내립니다. 각 층은 시간 단위를 나타내므로 최소 시간은 2입니다.

4. 엘리베이터가 올라가서 4층에 멈춥니다. 나머지 2명이 내립니다. 최소 시간은 4입니다.

5. 이 단계에서 엘리베이터는 비어 있습니다. 더 많은 사람을 태우려면 1층으로 내려가야 합니다. 4개 층을 내려가기 때문에 최소 시간은 8이 됩니다.

6. 남은 2명을 태웁니다. 최소 시간은 8로 유지됩니다.

7. 엘리베이터가 올라가서 1층에 멈춥니다. 1명이 내립니다. 최소 시간은 9가 됩니다.

8. 엘리베이터가 올라가서 2층에 멈춥니다. 1명이 내립니다. 최소 시간은 10이 됩니다.

9. 이 단계에서 엘리베이터는 비어 있습니다. 지상층으로 내려가야 합니다. 2개 층을 내려가기 때문에 최소 시간은 12가 됩니다.

지금까지 살펴본 과정에 따라 최소 시간의 합은 12입니다. 이 시나리오를 바탕으로 다음과 같이 알고리즘을 구체화할 수 있습니다.

1. 주어진 배열을 목적 층의 순서에 따라 내림차순 정렬합니다.

2. k명씩 묶어 그룹을 만듭니다. 각 그룹에 필요한 시간은 2 * floors[group]입니다.

예제 데이터를 정렬하면 floor = {4, 4, 2, 2, 1}이 됩니다. 2개의 그룹을 만듭니다. 한 그룹에는 3명(4, 4, 2)이 있고 다른 그룹에는 2명(2, 1)이 있습니다. 최소 시간의 합은 (2 * floors[0]) + (2 * floors[3]) = (2 * 4) + (2 * 2) = 8 + 4 = 12입니다.

알고리즘을 코드로 구현하면 다음과 같습니다.

코드 15-17 15/ScheduleOneElevator/src/main/java/coding/challenge/Elevators.java

```java
public static int time(int k, int floors[]) {
    if (floors == null || floors.length == 0 || k <= 0) {
        return -1;
    }

    int aux;
    for (int i = 0; i < floors.length - 1; i++) {
        for (int j = i + 1; j < floors.length; j++) {
            if (floors[i] < floors[j]) {
                aux = floors[i];
                floors[i] = floors[j];
                floors[j] = aux;
            }
        }
    }
```

```
    // 각 그룹을 순회하면서 그룹에 필요한 시간을 누적합니다.
    int time = 0;
    for (int i = 0; i < floors.length; i += k) {
        time += (2 * floors[i]);
    }

    return time;
}
```

코드에서 선택한 정렬 알고리즘보다 더 효율적인 정렬 알고리즘을 선택한 후 직접 구현하는 것도 권합니다.

다중 엘리베이터 스케줄링

이번에는 엘리베이터 스케줄링의 응용인 다중 엘리베이터 스케줄링과 관련한 내용을 살펴봅니다. 임의의 층수와 여러 대의 엘리베이터가 있으면 어떻게 스케줄링할 수 있을까요? 기술 인터뷰라면 아마 2대 이상의 엘리베이터를 스케줄링하라는 문제를 내지는 않을 것입니다. 하지만 엘리베이터 대수가 많아지면 어떻게 풀이법을 설계할 것인지 질문할 수는 있습니다.

다중 엘리베이터를 스케줄링하는 문제와 알고리즘은 유명하고도 어렵습니다. 이 문제를 푸는 최상의 알고리즘은 없습니다. 즉, 실제 엘리베이터 스케줄링에 적용할 수 있는 알고리즘을 만들기란 정말 어려운 일이고 전문성이 필요한 일입니다. 엘리베이터 알고리즘을 공부하고 싶다면 위키백과의 해당 항목[1]을 참고하세요.

다중 엘리베이터 알고리즘을 설계하는 방법을 고민하기 전에는 고려할 모든 가정과 제약 조건의 목록을 만들어야 합니다. 사용 가능한 모든 풀이법/알고리즘에는 층수, 엘리베이터 수, 각 엘리베이터의 수용력, 평균 사람 수, 혼잡한 시간, 엘리베이터의 속도, 승하차 횟수 등을 포함하는 여러 제약 조건의 목록이 있습니다. 주로 다음과 같은 세 가지 풀이법이 있습니다.

- **구역**: 층을 구역으로 나누어 각 엘리베이터를 구역별로 할당합니다.

- **가장 가까운 엘리베이터**: 가장 가까운 엘리베이터에 각 사람을 배정합니다. 엘리베이터의 위치, 호출 방향, 엘리베이터의 현재 방향을 기준으로 엘리베이터를 배정합니다.

---

1 https://en.wikipedia.org/wiki/Elevator_algorithm

- **수용력을 고려한 가장 가까운 엘리베이터:** 가장 가까운 엘리베이터와 유사하지만 각 엘리베이터의 하중을 고려합니다.

구역

예를 들어 총 8개 층이 있는 건물에 엘리베이터 3대가 있다고 가정하겠습니다. 이때 엘리베이터를 다음과 같은 구역으로 나눌 수 있습니다.

- 엘리베이터 1은 1, 2, 3층에서 운행합니다.
- 엘리베이터 2는 1, 4, 5층에서 운행합니다.
- 엘리베이터 3은 1, 6, 7, 8층에서 운행합니다.

1층이 가장 이용량이 많으므로 모든 엘리베이터는 1층에서 운행합니다.

가장 가까운 엘리베이터

각 엘리베이터에 점수를 할당합니다. 이 점수는 새로운 사람이 엘리베이터를 이용하고자 할 때 각 엘리베이터의 적합성 점수(FS)를 나타냅니다.

- 호출 방향과 같은 방향으로 엘리베이터가 호출한 층을 지나가면 $FS = (N + 2) - d$
- 호출 방향과 반대 방향으로 엘리베이터가 호출한 층을 지나가면 $FS = (N + 1) - d$
- 엘리베이터가 호출한 층을 지나가지 않으면 $FS = 1$

여기서 'N = 전체 층의 개수 – 1', 'd = 엘리베이터와 호출한 층 사이의 거리'를 의미합니다.

수용력을 고려한 가장 가까운 엘리베이터

가장 가까운 엘리베이터의 상황과 정확히 동일한 상황을 가정하면서 엘리베이터의 초과 수용 인원까지 고려해 엘리베이터의 적합성 점수를 나타냅니다.

- 호출 방향과 같은 방향으로 엘리베이터가 호출한 층을 지나가면 $FS = (N + 2) - d + C$
- 호출 방향과 반대 방향으로 엘리베이터가 호출한 층을 지나가면 $FS = (N + 1) - d + C$
- 엘리베이터가 호출한 층을 지나가지 않으면 $FS = 1 + C$

여기서 'N = 전체 층의 개수 – 1', 'd = 엘리베이터와 호출한 층 사이의 거리', 'C = 초과 수용 인원'을 의미합니다.

엘리베이터를 스케줄링하는 다양한 구현 코드를 검색하고 공부하면서 여러분에게 가장 적합하다고 생각하는 방법을 여러분의 것으로 만들어보세요. 다음 웹 페이지를 참고하세요.

- https://github.com/topics/elevator-simulation
- https://austingwalters.com/everyday-algorithms-elevator-allocation

이것으로 15장의 모든 코딩 테스트를 살펴보았습니다. 이제 이 장에서 살펴본 내용을 훑어보면서 마무리하겠습니다.

15.3 마치며

15장에서는 가장 유명한 수학 및 퍼즐 유형의 문제를 다루었습니다. 많은 기업이 이러한 문제를 내지 않지만, 구글 및 아마존과 같은 주요 기업은 이러한 유형의 문제를 냅니다.

수학 및 퍼즐 유형의 문제를 연습하면 두뇌 운동에 좋습니다. 이러한 유형의 문제는 수학 지식 외에도 추론과 직관을 기반으로 분석적 사고를 키워주므로 모든 프로그래머에게 큰 도움이 됩니다.

16장에서는 기술 인터뷰나 코딩 테스트에서 뜨거운 감자로 불리는 동시성(멀티스레딩) 주제를 다루겠습니다.

동시성과 함수형
프로그래밍

기업은 동시성concurrency과 함수형 프로그래밍과 같은 주제에 매우 민감합니다. 4부에서는 동시성과 함수형 프로그래밍 주제에서 가장 인기 있는 기술 인터뷰 주제를 다룹니다. 4부에 포함된 4개 장은 지금까지 여러분이 읽어온 다른 장과 접근법이 다릅니다. 코드 작성보다는 주제별 특성을 간략하게 설명하고 기술 인터뷰에 나올만한 질문과 그 답변을 자세히 살펴볼 것입니다.

Part 4 동시성과 함수형 프로그래밍

- 16장: 동시성
- 17장: 함수형 프로그래밍
- 18장: 단위 테스트
- 19장: 시스템 확장성

Chapter

16

동시성

단일 스레드 자바 애플리케이션을 개발하기란 거의 불가능합니다. 대부분의 프로젝트는 멀티 스레드 환경에서 실행됩니다. 따라서 여러분이 자바 개발자가 된다면 언젠가 멀티스레드 문제를 해결해야 합니다. 다시 말해, 언젠가는 전용 API를 사용하거나 직접 자바 스레드를 조작하는 코드를 만져야 합니다.

16장에서는 자바를 기반으로 진행되는 일반적인 기술 인터뷰에서 가장 많이 나오는 자바 동시성(멀티스레딩multithreading) 문제를 다룹니다. 지금까지 그래왔듯이 자바 동시성의 주요 특징을 간단하게 소개하며 시작하겠습니다. 이 장에서 다루는 주제는 다음과 같습니다.

- 자바 동시성(멀티스레딩)의 개요
- 기술 인터뷰 질문과 모범 답변

먼저 이 장의 주제인 자바 동시성에 관한 기본 지식을 설명하겠습니다. 다음 개요를 읽으면서 '동시성이란 무엇인가?', '자바 스레드란 무엇인가?', '멀티스레딩이란 무엇인가?'와 같은 동시성에 관한 몇 가지 기본적인 질문에 어떻게 답변할지 생각해보세요.

16.1 자바 동시성(멀티스레딩)의 개요

컴퓨터는 여러 프로그램이나 애플리케이션을 동시에 실행할 수 있습니다. 예를 들어 음악 재생 프로그램에서 음악을 들으면서 동시에 인터넷을 탐색할 수 있습니다. **프로세스란 프로그램** 또는 애플리케이션의 실행 인스턴스입니다. 예를 들어 컴퓨터에서 넷빈즈NetBeans 아이콘을 두 번 클릭하면 넷빈즈 프로그램을 실행하는 프로세스를 시작합니다.

스레드란 프로세스의 실행 가능한 가장 작은 작업 단위를 나타내는 가벼운 하위 프로세스입니다. 자바 스레드는 오버헤드가 상대적으로 낮고 다른 스레드와 공통 메모리 공간을 공유합니다.

프로세스는 하나의 메인 스레드와 여러 개의 스레드로 구성될 수 있습니다.

[Column] **프로세스와 스레드의 차이점**

프로세스와 스레드의 가장 큰 차이점은 공통 메모리 공간의 공유 여부입니다. 스레드는 공통 메모리 공간을 공유하지만 프로세스는 공유하지 않습니다. 스레드는 메모리를 공유하는 만큼 오버헤드가 많이 줄어듭니다.

동시성concurrency은 하나의 애플리케이션에서 여러 작업을 관리하는 능력을 의미합니다. 프로그램이나 애플리케이션은 한 번에 하나의 작업을 처리(**순차 처리**sequential processing)하거나 동시에 여러 작업을 처리(**병행 처리**concurrent processing)할 수 있습니다.

동시성을 **병렬성**parallelism과 혼동하지 마세요. 병렬성은 애플리케이션이 서로 다른 개별 작업을 동시에 처리하는 능력입니다. 애플리케이션은 각 작업을 동시 처리하거나 병렬 처리할 수 있는 하위 작업으로 작업을 분할하여 처리할 수 있습니다.

tip 동시성은 많은 일을 한 번에 관리하는 것을 의미하고, 병렬성은 많은 일을 동시에 실행하는 것을 의미합니다.

동시성은 **멀티스레딩**으로 구현할 수 있습니다. 멀티스레딩은 프로그램이나 애플리케이션이 한 번에 2개 이상의 작업을 처리하고 해당 작업을 동기화할 수 있는 기술을 말합니다. 즉, 멀티스레딩을 사용하면 가상으로 동시에 2개 이상의 작업을 실행하여 CPU를 최대한 활용할 수 있습니다.

여기서 '가상으로'라는 표현을 사용한 이유가 무엇일까요? 작업이 동시에 실행되는 것처럼 보이므로 '가상으로 동시에 실행된다'라고 표현한 것입니다. 이는 본질적으로는 동시에 실행되는 것이 아니란 뜻입니다. **CPU 문맥 교환**context switching 또는 운영체제의 **시분할**time slicing 기법을 활용하여 (가상으로) 동시에 실행되는 것처럼 할 수 있습니다. 즉, CPU 시간은 실행 중인 모든 작업에서 공유되며 각 작업을 일정 시간 동안 실행하도록 스케줄링합니다. 따라서 멀티스레딩은 다수의 작업을 CPU에서 나누어 처리하는 **멀티태스킹**multitasking의 핵심입니다.

tip 단일 코어 CPU 환경에서 동시성은 구현할 수 있지만, 병렬성은 구현할 수 없습니다.

스레드로 멀티태스킹을 구현할 수 있습니다. 여러 작업이 동시에 실행되는 것처럼 보이지만, 사실 어느 한 시점을 짚어서 보면 CPU는 하나의 스레드만 실행합니다. CPU는 스레드 사이를 굉장히 빠르게 전환하며 제어하므로, 마치 여러 개의 작업이 병렬로 실행(또는 진행)되는 것처럼 보이며 실제로 여러 작업이 거의 동시에 실행됩니다.

그런데 하드웨어 기술이 발전하면서 이제는 다중 코어 시스템과 컴퓨터 사용이 일반화되었습니다. 따라서 애플리케이션이 이러한 구조를 활용하고 각 스레드를 전용 CPU에서 실행할 수 있습니다.

다음은 4개의 스레드(T1, T2, T3, T4)를 나타낸 그림입니다. 그림을 보면서 동시성과 병렬성의 차이점을 확인해보세요.

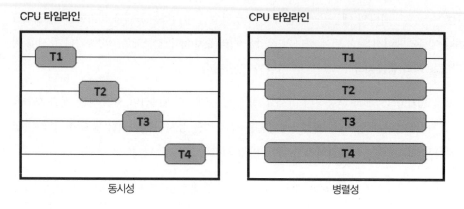

그림 16-1 동시성 vs. 병렬성

여러분이 개발하는 애플리케이션은 동시성과 병렬성의 관점에서 다음 중 하나로 분류될 수 있습니다.

- **동시성이 있지만 병렬성이 없는 애플리케이션**

  한 번에 2개 이상의 작업을 실행하지만 동시에 2개의 작업을 실행하지 않습니다.

- **병렬성이 있지만 동시성이 없는 애플리케이션**

  다중 코어 CPU에서 어떤 작업의 여러 하위 작업을 동시에 실행합니다.

- **병렬성과 동시성이 모두 없는 애플리케이션**

  모든 작업을 한 번에 하나씩 순차 실행합니다.

- **병렬성과 동시성이 모두 있는 애플리케이션**

  다중 코어 CPU에서 동시에 여러 작업을 실행합니다.

같은 작업을 실행하기 위해 할당된 일련의 작업 스레드를 **스레드 풀**^{thread pool}이라고 합니다. 작업을 완료한 작업 스레드는 풀로 반환됩니다. 일반적으로 스레드 풀은 작업 큐로 구현되며, 스레드 풀에 포함된 스레드의 크기에 맞게 크기를 조정합니다. 스레드 풀의 크기는 보통 최적의 성능을 내기 위해 CPU 코어 수와 같습니다.

멀티스레드 환경에서 동기화는 **록**^{lock}으로 구현됩니다. 록은 멀티스레드 환경에서 리소스에 대한 접근을 조정하고 제한할 때 사용합니다.

여러 스레드가 오류나 예측할 수 없는 동작 또는 결과를 일으키지 않고 동일한 리소스에 접근할 수 있다면 **안전한 스레드 환경**이라고 말할 수 있습니다. **스레드 안전**^{thread safety}은 다양한 동기화 기술(예를 들어 자바의 synchronized 예약어)로 구축할 수 있습니다.

16.2 기술 인터뷰

지금부터 가장 유명한 동시성 관련 기술 인터뷰 질문과 모범 답변 20가지를 살펴보겠습니다.

자바 동시성은 모든 자바 개발자가 자세히 다루어야 하는 광범위하고 복잡한 주제입니다. 기본적인 자바 동시성 지식이 있으면 일반적인 자바 기술 인터뷰는 충분히 통과할 수 있지만, 특정 인터뷰는 좀처럼 통과하기 어렵습니다.

예를 들어 여러분이 동시성 API를 구현하는 개발직에 지원한다면 인터뷰가 동시성을 중심으로 진행될 가능성이 높으므로 이 주제를 자세히 알아보고 고급 개념을 공부해야 합니다.

16.2.1 기술 인터뷰 1: 스레드 생명 주기 상태

문제: 몇 개의 문장으로 자바 스레드의 상태를 열거하고 설명하세요.

풀이법: 자바 스레드의 상태는 `Thread.State` 열거형으로 나타낼 수 있습니다. 다음은 자바 스레드의 상태 종류를 나타낸 그림입니다.

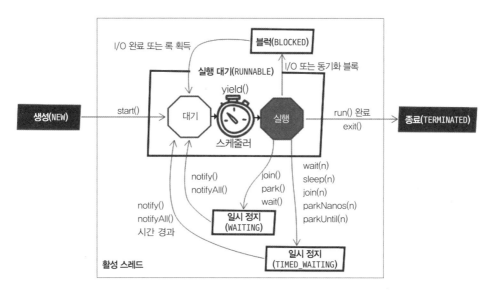

그림 16-2 자바 스레드 상태

자바 스레드의 다양한 생명 주기 상태는 다음과 같습니다.

생성 상태

생성(NEW)되었지만 시작되지 않은 스레드입니다. 각 스레드에 start 메서드가 호출되기 전까지의 상태입니다.

코드 16-1 16/ThreadLifecycleState/src/main/java/coding/challenge/NewThread.java

```java
public class NewThread {
    public void newThread() {
        // t1 스레드 생성
        Thread t1 = new Thread(() -> { });
        System.out.println("New thread t1: " + t1.getState());

        // t2 스레드 생성
        Runnable runnable1 = () -> { };
        Thread t2 = new Thread(runnable1);
        System.out.println("New thread t2: " + t2.getState());

        // t3 스레드 생성
        Thread t3 = new Thread(new Runnable() {
            @Override
            public void run() { }
        });
        System.out.println("New thread t3: " + t3.getState());

        // t4 스레드 생성
        Thread t4 = new Thread(new Thread() {
            @Override
            public void run() { }
        });
        System.out.println("New thread t4: " + t4.getState() + "\n");
    }
}
```

실행 대기 상태

각 스레드에 start 메서드를 호출하면 스레드가 생성 상태에서 실행 대기(RUNNABLE) 상태로 전환됩니다. 실행 대기 상태에서의 스레드는 실행 중이거나 실행할 준비가 된 상태입니다.

JVM^Java Virtual Machine, 자바 가상 머신 스레드 스케줄러가 실행에 필요한 리소스와 시간을 할당하기를 기다리는 스레드는 실행할 준비가 되었지만, 아직 실행되지는 않습니다. CPU를 사용할 수 있게 되면 스레드 스케줄러가 스레드를 실행합니다.

코드 16-2 16/ThreadLifecycleState/src/main/java/coding/challenge/RunnableThread.java

```java
public class RunnableThread {
    public void runnableThread() {
        Thread t1 = new Thread(() -> { });
        t1.start();
        System.out.println("RunnableThread t1: " + t1.getState());

        Runnable runnable1 = () -> { };
        Thread t2 = new Thread(runnable1);
        t2.start();
        System.out.println("RunnableThread t2: " + t2.getState());

        Thread t3 = new Thread(new Runnable() {
            @Override
            public void run() { }
        });
        t3.start();
        System.out.println("RunnableThread t3: " + t3.getState());

        Thread t4 = new Thread(new Thread() {
            @Override
            public void run() { }
        });
        t4.start();
        System.out.println("RunnableThread t4: " + t4.getState() + "\n");
    }
}
```

블록 상태

동기화 블록이나 I/O 작업을 하는 스레드가 블록(BLOCKED) 상태에 들어갈 수 있습니다. 예를 들어 스레드 t1이 다른 스레드 t2에서 이미 접근 중인 동기화된 코드 블록(예: '동기화'로 표시된 코드 블록)에 들어가려고 하면, t1은 필요한 록을 얻기 전까지 블록 상태에 머무릅니다.

```java
public class BlockedThread {
    public void blockedThread() {
        Thread t1 = new Thread(new SyncBlockCode());
        Thread t2 = new Thread(new SyncBlockCode());

        t1.start();

        try {
            Thread.sleep(2000);
        } catch (InterruptedException ex) {
            Thread.currentThread().interrupt();
            // 로그 관련 코드 삽입
        }

        t2.start();

        try {
            Thread.sleep(2000);
        } catch (InterruptedException ex) {
            Thread.currentThread().interrupt();
            // 로그 관련 코드 삽입
        }

        System.out.println("Blocked thread t1: "
          + t1.getState() + "(" + t1.getName() + ")");
        System.out.println("Blocked thread t2: "
          + t2.getState() + "(" + t2.getName() + ")");

        System.exit(0);
    }

    private static class SyncBlockCode implements Runnable {
        @Override
        public void run() {
            System.out.println("Thread "
              + Thread.currentThread().getName() + " is in run() method");
            syncMethod();
        }
```

```
    public static synchronized void syncMethod() {
        System.out.println("Thread "
          + Thread.currentThread().getName() + " is in syncMethod() method");
        while (true) {
            // t1은 여기에 영원히 유지되므로 t2의 접근은 차단됩니다.
        }
    }
  }
}
```

일시 정지 상태(WATTING)

스레드 t1에 명시적인 시간 초과 기준을 설정하지 않고 다른 스레드 t2가 작업을 완료하기를
기다릴 때(WAITING)의 상태입니다.

코드 16-4 16/ThreadLifecycleState/src/main/java/coding/challenge/WaitingThread.java

```java
public class WaitingThread {
    private static final Thread t1 = new CodeT1();

    public void waitingThread() {
        t1.start();
    }

    private static class CodeT1 extends Thread {
        @Override
        public void run() {
            Thread t2 = new Thread(new CodeT2());
            t2.start();

            try {
                t2.join();
            } catch (InterruptedException ex) {
                Thread.currentThread().interrupt();
                // 로그 관련 코드 삽입
            }
        }
    }
```

```java
    private static class CodeT2 implements Runnable {
        @Override
        public void run() {
            try {
                Thread.sleep(2000);
            } catch (InterruptedException ex) {
                Thread.currentThread().interrupt();
                // 로그 관련 코드 삽입
            }

            System.out.println("WaitingThread t1: " + t1.getState() + " \n");
        }
    }
}
```

일시 정지 상태(TIMED_WATTING)

스레드 t1이 다른 스레드 t2가 작업을 완료할 때까지 명시적인 시간(일반적으로 밀리초 또는
초 단위로 지정)을 기다릴 때(TIMED_WAITING)의 상태입니다.

코드 16–5 16/ThreadLifecycleState/src/main/java/coding/challenge/TimedWaitingThread.java

```java
public class TimedWaitingThread {
    public void timedWaitingThread() {
        Thread t = new Thread(() -> {
            try {
                Thread.sleep(2000);
            } catch (InterruptedException ex) {
                Thread.currentThread().interrupt();
                // 로그 관련 코드 삽입
            }
        });
        t.start();

        try {
            Thread.sleep(500);
        } catch (InterruptedException ex) {
            Thread.currentThread().interrupt();
            // 로그 관련 코드 삽입
```

```
        }

        System.out.println("TimedWaitingThread t: " + t.getState() + "\n");
    }
}
```

종료 상태

비정상적으로 중단되거나 성공적으로 작업을 완료(TERMINATED)한 자바 스레드 상태입니다.

코드 16-6 16/ThreadLifecycleState/src/main/java/coding/challenge/TerminatedThread.java

```
public class TerminatedThread {
    public void terminatedThread() {
        Thread t = new Thread(() -> { });
        t.start();

        try {
            Thread.sleep(1000);
        } catch (InterruptedException ex) {
            Thread.currentThread().interrupt();
            // 로그 관련 코드 삽입
        }

        System.out.println("TerminatedThread t: " + t.getState() + "\n");
    }
}
```

면접관은 자바 스레드의 상태 종류를 설명하는 문제 이외에도 상태 각각의 예제를 코딩해보라는 문제를 낼 수 있습니다. 이러한 문제에 대비하고 싶다면 이 책에서 제공하는 예제 코드 중 '16/ThreadLifecycleState'의 모든 부분을 꼭 분석해보기 바랍니다. 해당 예제는 매우 직관적인 방식으로 구성했으며 주석에서 각 시나리오와 상태를 설명합니다.

16.2.2 기술 인터뷰 2: 교착 상태

문제: 교착 상태[deadlock]가 무엇인지 설명한다면 당신을 채용하겠습니다!

풀이법: '문제'에서 제시한 문장을 이용해 교착 상태를 비유하자면 다음과 같습니다.

"저를 채용하시면 교착 상태가 무엇인지 설명하겠습니다."

바로 앞 문장과 '문제'에서 제시한 문장을 살펴보면 어느 한 쪽이 양보해야 다음으로 나아갈 수 있습니다. 누군가 양보하지 않으면 다음 상황이 벌어지지 않죠. 이러한 상황이 바로 교착 상태입니다.

교착 상태는 다음과 같이 설명할 수도 있습니다. 스레드 T1이 록 P를 획득한 상태이고 록 Q를 획득하려고 시도한다고 생각해봅시다. 동시에 스레드 T2는 록 Q를 획득한 상태이고 록 P를 획득하려고 시도한다고도 생각해봅시다. 이러한 종류의 교착 상태를 **순환 대기**[circular wait] 또는 **죽음의 포옹**[deadly embrace]이라고 합니다.

자바는 데이터베이스와 다르게 교착 상태를 감지하거나 해결하는 방법을 제공하지 않습니다. 따라서 교착 상태가 애플리케이션에 매우 치명적인 영향을 줄 수 있습니다.

교착 상태는 애플리케이션을 부분적으로 또는 완전히 블록시킬 수 있습니다. 따라서 상당한 성능 저하, 예기치 않은 동작이나 결과 등이 발생합니다. 일반적으로 교착 상태는 디버깅하거나 발견하기 어려우며 애플리케이션을 다시 시작할 수밖에 없게 만듭니다.

경쟁 교착 상태를 방지하는 가장 좋은 방법은 중첩 록이나 불필요한 록을 사용하지 않는 것입니다. 중첩 록을 사용하면 교착 상태가 발생하기 쉽습니다.

교착 상태를 설명하는 가장 대표적인 예시로 **식사하는 철학자들 문제**[dining philosophers problem][1]가 있습니다. 인터넷 검색이나 다양한 자료에서 이 문제가 무엇인지 설명합니다. 깃허브[2] 등에서 예제 코드도 살펴볼 수 있으니 참고하세요.

이 책에서 제공하는 예제 코드 중 간단하게 구현한 교착 상태 코드는 다음과 같습니다.

---

1 옮긴이: https://ko.wikipedia.org/wiki/식사하는_철학자들_문제
2 옮긴이: https://github.com/topics/dining-philosophers-problem

```java
static class FirstThread implements Runnable {
    @Override
    public void run() {
        synchronized (Double.class) {
            System.out.println("Double.class locked by "
                + Thread.currentThread().getName());
            synchronized (Float.class) {
                System.out.println("Float.class locked by "
                    + Thread.currentThread().getName());
            }
        }
    }
}


static class SecondThread implements Runnable {
    @Override
    public void run() {
        synchronized (Float.class) {
            System.out.println("Float.class locked by "
                + Thread.currentThread().getName());
            synchronized (Double.class) {
                System.out.println("Double.class locked by "
                    + Thread.currentThread().getName());
            }
        }
    }
}


public static void main(String[] args) {
    new Thread(new FirstThread(), "First-thread").start();
    new Thread(new SecondThread(), "Second-thread").start();
}
```

16.2.3 기술 인터뷰 3: 경쟁 상태

문제: 경쟁 상태^{race condition}가 무엇인지 설명하세요.

풀이법: 여러 스레드에서 실행(즉, 동시에 실행)할 수 있고, 공유 데이터와 같은 공유 리소스를 사용하는 코드 부분 또는 블록을 **임계 구역**^{critical section}이라고 합니다.

경쟁 상태는 스레드가 임계 구역을 스레드 동기화 없이 통과할 때 발생합니다. 스레드는 공유 리소스를 읽거나 쓰기 위해 임계 구역을 두고 경쟁합니다. 스레드가 경쟁을 완료하는 순서에 따라 애플리케이션의 출력 결과가 바뀝니다. 애플리케이션을 두 번 실행하면 서로 다른 출력 결과를 제공할 수 있는 것입니다. 즉, 애플리케이션에서 일관되지 않은 동작이 발생합니다.

경쟁 상태를 방지하는 가장 좋은 방법은 록, 동기화 블록, `atomic` 변수와 `volatile` 변수, 동기화, 메시지 전달^{message passing}을 사용하여 임계 구역을 적절하게 동기화하는 것입니다.

16.2.4 기술 인터뷰 4: 재진입 가능한 록

문제: 재진입 가능한 록^{reentrant locking}의 개념을 설명하세요.

풀이법: 재진입 가능한 록은 보통 프로세스가 교착 상태에 빠지지 않고 여러 번 록을 획득할 수 있음을 의미합니다. 반면 재진입 불가능한 록은 프로세스가 이미 획득한 록을 한 번 더 획득하려고 하면 블록됨을 의미하며, 이 상태가 바로 교착 상태입니다. 재진입 가능한 록은 다른 스레드에서도 록을 획득하거나 같은 스레드에서 재귀적으로 록을 획득할 수 있습니다.

재진입 가능한 록은 록을 깨뜨릴 수 있는 업데이트 코드가 없을 때 사용할 수 있습니다. 코드에 업데이트할 수 있는 공유 상태가 있으면, 코드가 실행되는 동안 록을 다시 획득할 경우 업데이트 코드가 한 번 더 실행되면서 공유 상태가 손상됩니다.

자바에서 재진입 가능한 록은 `ReentrantLock` 클래스로 구현하며, 다음 순서로 작동합니다.

- 먼저 스레드가 처음으로 록에 들어갈 때 보류 횟수가 1로 설정됩니다.
- 록을 해제하기 전에 스레드는 다시 록에 진입할 수 있으며 재진입할 때마다 보류 횟수를 1씩 증가시킵니다.
- 록 해제를 요청할 때마다 보류 횟수는 1씩 감소하며 보류 횟수가 0이 되면 잠긴 리소스를 엽니다.

16.2.5 기술 인터뷰 5: Executor와 ExecutorService

문제: Executor와 ExecutorService 인터페이스가 무엇인가요?

풀이법: java.util.concurrent 패키지에는 작업 실행 전용 인터페이스가 많습니다. 그중 가장 간단한 인터페이스가 Executor입니다. 이 인터페이스는 execute(Runnable command)라는 단일 메서드를 제공합니다.

ExecutorService는 다양한 추가 메서드를 제공하는 더 복잡하면서 포괄적인 인터페이스로 Executor를 확장한 인터페이스라고 볼 수 있습니다. 자바는 ExecutorService 인터페이스를 완전히 구현한 ThreadPoolExecutor라는 이름의 클래스를 제공합니다.

다음 코드는 Executor와 ThreadPoolExecutor를 사용하는 간단한 예입니다.

코드 16-8 16/ExecutorAndExecutorService/src/main/java/coding/challenge/SimpleExecutor.java

```java
public class SimpleExecutor implements Executor {
    @Override
    public void execute(Runnable r) {
        (new Thread(r)).start();
    }
}
```

코드 16-9 16/ExecutorAndExecutorService/src/main/java/coding/challenge/SimpleThreadPoolExecutor.java

```java
public class SimpleThreadPoolExecutor implements Runnable {
    private final int taskId;

    public SimpleThreadPoolExecutor(int taskId) {
        this.taskId = taskId;
    }

    @Override
    public void run() {
        try {
            Thread.sleep(2000);
        } catch (InterruptedException ex) {
            Thread.currentThread().interrupt();
            // 로그 관련 코드 삽입
        }
```

```
        System.out.println("Executing task " + taskId + " via "
            + Thread.currentThread().getName());
    }

    public int getTaskId() {
        return taskId;
    }
}
```

16.2.6 기술 인터뷰 6: Runnable과 Callable

문제: Callable 인터페이스와 Runnable 인터페이스의 차이점은 무엇인가요?

풀이법: Runnable 인터페이스는 run이라는 단일 메서드를 제공하는 함수형 인터페이스입니다. run 메서드는 매개변수가 없으며 void를 반환합니다. 또한 확인된 예외를 던질 수 없고 RuntimeException만 던질 수 있습니다. 이러한 조건 때문에 Runnable은 스레드의 실행 결과를 신경 쓰지 않는 시나리오에 적합합니다.

run 메서드의 시그니처는 다음과 같습니다.

```
void run()
```

반면에 Callable 인터페이스는 call이라는 단일 메서드를 제공하는 함수형 인터페이스입니다. call 메서드는 제네릭 값을 반환하며 확인된 예외를 던질 수 있습니다. 일반적으로 Callable은 ExecutorService 인스턴스에서 사용하며, 비동기 작업을 시작한 다음 반환된 Future 인스턴스를 호출하여 값을 얻어내는 시나리오에서 유용합니다. Future 인터페이스는 Callable 객체에서 생성된 결과를 얻고 그 상태를 관리하는 메서드를 정의합니다.

call 메서드의 시그니처는 다음과 같습니다.

```
V call() throws Exception
```

이 두 인터페이스는 모두 별도의 스레드에서 동시에 실행되는 작업을 나타냅니다.

다음 코드는 Runnable과 Callable을 사용하는 간단한 예입니다.

```java
// Runnable 인터페이스의 사용 예
public void runnableExample() {
    Thread t = new Thread(() -> {
        System.out.println("Entered Runnable");

        // 일부 연산 수행
        try {
            Thread.sleep(2000);
        } catch (InterruptedException ex) {
            Thread.currentThread().interrupt();
            logger.severe(() -> "Exception: " + ex);
        }

        System.out.println("Hello from Runnable");
    });
    t.start();
}


// Callable 인터페이스의 사용 예
public void callableExample() throws InterruptedException, ExecutionException {
    ExecutorService executorService = Executors.newSingleThreadExecutor();

    Callable<String> callable = () -> {
        System.out.println("Entered Callable");

        Thread.sleep(2000);   // 일부 연산 수행

        return "Hello from Callable";
    };

    System.out.println("Submitting Callable");
    Future<String> future = executorService.submit(callable);

    // 다음 행은 바로 실행됩니다.
    System.out.println("Do something else while callable is getting executed");

    System.out.println("Retrieve the result of the future");
```

```
        // future.get은 결과를 사용할 수 있을 때까지 차단합니다.
        String result = future.get();
        System.out.println(result);

        executorService.shutdown();
}
```

16.2.7 기술 인터뷰 7: 기아 상태

문제: 스레드의 **기아 상태**starvation가 무엇인지 설명하세요.

풀이법: CPU 시간이나 공유 리소스에 전혀 접근하지 않는(또는 매우 드물게 접근하는) 스레드를 '기아 상태에 있다'고 합니다. 공유 리소스에 정기적으로 접근할 수 없으므로 이 스레드는 작업을 진행할 수 없습니다. 이것은 다른 스레드(일명 탐욕 스레드)가 이 스레드보다 먼저 리소스에 접근하여 리소스를 장시간 사용할 수 없게 만들면서 발생합니다.

스레드의 기아 상태를 방지하는 가장 좋은 방법은 자바의 **ReentrantLock** 클래스와 같은 **공정한**fair 록을 사용하는 것입니다. 공정한 록은 가장 오래 대기한 스레드에 접근 권한을 부여합니다. 기아 상태를 방지하면서 동시에 여러 스레드를 실행하려면 자바의 **Semaphore** 클래스를 사용하면 됩니다. 공정한 **Semaphore**는 선입선출을 사용하여 경쟁 중인 접근 권한을 보증합니다.

16.2.8 기술 인터뷰 8: 라이브 록

문제: 스레드의 **라이브 록**livelock이 무엇인지 설명하세요.

풀이법: 두 스레드가 서로 다른 스레드에 응답하는 작업을 계속 수행할 때 라이브 록이 발생합니다. 스레드는 자신이 해야 할 작업을 전혀 진행하지 못합니다. 이때 스레드는 블록된 것이 아닙니다. 두 스레드 모두 서로 응답하느라 너무 바빠서 해야 할 일을 하지 못하는 것입니다.

라이브 록의 예를 들어보겠습니다. 복도에서 두 사람이 서로 지나가려고 하는 상황을 상상해 보세요. 마크는 올리버를 통과시키기 위해 오른쪽으로 이동하고, 올리버는 마크가 통과시키기 위해 왼쪽으로 이동합니다. 결국 둘 다 지금 서로를 막고 있습니다. 마크는 자신이 올리버를 막는 것을 보고 다시 왼쪽으로 움직이고, 올리버는 자신이 마크를 막는 것을 보고 다시 오른쪽으로 움직입니다. 그들은 서로 엇갈리지 않고 계속 서로를 막게 됩니다.

ReentrantLock 클래스는 어떤 스레드가 가장 오래 기다렸는지 확인하고 록을 할당해 라이브 록을 방지할 수 있습니다. 스레드가 록을 가져올 수 없을 때는 이전에 수집한 록을 해제하고 나중에 다시 록 가져오기를 시도합니다.

16.2.9 기술 인터뷰 9: start와 run 메서드

문제: 자바 스레드에서 start 메서드와 run 메서드의 주요 차이점을 설명하세요.

풀이법: start와 run 메서드의 주요 차이점은 새 스레드의 생성 여부입니다. start 메서드는 새 스레드를 생성하지만 run 메서드는 생성하지 않습니다. start 메서드는 새 스레드를 생성하고 해당 스레드의 run 메서드 내부에 작성된 코드 블록을 호출합니다. run 메서드는 새 스레드를 생성하지 않고 동일한 스레드(즉, 호출한 스레드)에서 해당 코드를 실행합니다.

또 다른 점은 스레드 객체에서 start 메서드를 두 번 호출하면 IllegalStateException이 발생하지만, run 메서드는 두 번 호출해도 예외가 발생하지 않는다는 점입니다. 일반적으로 초보자는 이러한 차이점을 무시하고 start 메서드가 결국 run 메서드를 호출하므로 start 메서드를 호출할 이유가 없다고 생각하여 run 메서드를 직접 호출합니다.

16.2.10 기술 인터뷰 10: Thread와 Runnable

문제: 스레드를 구현하려면 Thread 클래스를 확장해야 할까요? 아니면 Runnable 인터페이스를 구현해야 할까요?

풀이법: 문제에서 알 수 있듯이 자바 스레드는 java.lang.Thread 클래스를 확장하거나 java.lang.Runnable을 구현하여 만들 수 있습니다. 주로 Runnable을 구현하는 방법을 선호합니다.

대부분의 경우 스레드를 구현하는 목적은 Thread 클래스의 동작을 덮어쓰는 것이 아니라 실행할 코드를 지정하는 것입니다. 스레드에서 실행할 코드를 지정하는 것이 목적의 전부라면 Runnable을 구현하면 됩니다. 실제로는 Callable 또는 FutureTask를 사용하면 더 좋습니다.

이 외에도 Runnable을 구현하면 추가로 다른 클래스를 확장할 수도 있습니다. 자바는 다중 상속을 지원하지 않으므로 Thread를 확장하면 다른 클래스를 상속받을 수 없습니다.

마지막으로 Runnable을 구현하면 작업의 정의를 작업의 실행과 분리할 수 있습니다.

16.2.11 기술 인터뷰 11: CountDownLatch와 CyclicBarrier

문제: CountDownLatch와 CyclicBarrier 클래스의 주요 차이점을 설명하세요.

풀이법: CountDownLatch 클래스와 CyclicBarrier 클래스는 Exchanger, Semaphore, Phaser와 더불어 자바의 다섯 가지 동기화 기법에 포함됩니다.

CountDownLatch와 CyclicBarrier 클래스의 주요 차이점은 클래스의 인스턴스 생성 시 인수로 전달한 숫자가 0에 도달(스레드 실행 완료가 인수로 전달한 숫자만큼 발생한 상황)했을 때 인스턴스를 재사용할 수 있는지 여부입니다. 인수로 전달한 숫자가 0에 도달했을 때 CountDownLatch 인스턴스는 재사용할 수 없는 반면에 CyclicBarrier 인스턴스는 재사용할 수 있습니다. CyclicBarrier 인스턴스는 초기화하고 재사용할 수 있으므로 순환성이 있습니다. CyclicBarrier 인스턴스를 재사용하려면 대기 중인 모든 스레드가 해제된 후 reset 메서드를 호출하면 됩니다. 대기 중인 스레드가 존재하면 BrokenBarrierException이 발생합니다.

16.2.12 기술 인터뷰 12: wait와 sleep

문제: wait 메서드와 sleep 메서드의 주요 차이점을 설명하세요.

풀이법: wait 메서드와 sleep 메서드의 주요 차이점은 동기화 환경이 필요한가를 확인하는 것입니다. wait 메서드는 동기화 환경(예를 들어 동기화 메서드)에서 호출되어야 하지만, sleep 메서드는 동기화 환경이 필요하지 않습니다. 동기화되지 않는 환경에서 wait 메서드를 호출하면 IllegalMonitorStateException이 발생합니다.

또한, wait 메서드는 Object 클래스에서 작동하고 sleep 메서드는 현재 스레드에서 작동한다는 점을 언급해야 합니다. 기본적으로 wait는 java.lang.Object에 정의된 static이 아닌 메서드이고 sleep은 java.lang.Thread에 정의된 static 메서드입니다.

게다가 wait 메서드는 록을 해제하지만 sleep 메서드는 록을 해제하지 않는다는 차이점도 있습니다. sleep 메서드는 특정 시간 동안만 현재 스레드를 일시 중지합니다. 두 메서드 모두 InterruptedException을 발생시키고 중단될 수 있습니다.

마지막으로 wait 메서드는 록을 해제할 시기를 결정하는 반복문에서 호출해야 합니다. 반면에 sleep 메서드는 반복문 안에서 호출하지 않는 것이 좋습니다.

16.2.13 기술 인터뷰 13: ConcurrentHashMap과 Hashtable

문제: ConcurrentHashMap이 Hashtable보다 처리 속도가 빠른 이유는 무엇인가요?

풀이법: ConcurrentHashMap 클래스는 특별한 내부 설계가 있다는 이유로 Hashtable 클래스보다 빠릅니다. ConcurrentHashMap 클래스는 내부적으로 맵을 세그먼트(또는 버킷)로 나누고 업데이트 작업 중에 특정 세그먼트만 잠급니다. 반면에 Hashtable 클래스는 업데이트 작업 중에 전체 맵을 잠급니다. 즉, Hashtable 클래스는 전체 데이터에 대해 하나의 록을 사용하는 반면에 ConcurrentHashMap 클래스는 서로 다른 세그먼트(버킷)에 대해 여러 개의 록을 사용합니다.

또한 ConcurrentHashMap 클래스에서 get 메서드를 사용하여 데이터를 읽을 때는 록이 없지만 모든 Hashtable 연산은 synchronized로 구현되어 있습니다.

16.2.14 기술 인터뷰 14: ThreadLocal

문제: ThreadLocal 클래스는 무엇인가요?

풀이법: 자바 스레드는 동일한 메모리를 공유하지만, 때로는 스레드별로 전용 메모리가 필요한 경우도 있습니다. 자바는 각 스레드의 값을 별도로 저장하고 검색하는 ThreadLocal 클래스를 제공합니다. 하나의 ThreadLocal 인스턴스는 여러 스레드의 값을 저장하고 검색할 수 있습니다. 동일한 ThreadLocal 인스턴스에 스레드 A가 값 x를 저장하고 스레드 B가 값 y를 저장하면 나중에 스레드 A는 값 x를 검색하고 스레드 B는 값 y를 검색합니다. 보통 다음과 같은 두 가지 시나리오에서 자바의 ThreadLocal 클래스를 사용합니다.

1. 스레드별 인스턴스 제공(스레드 안전 및 메모리 효율성 보장)
2. 스레드별 문맥 제공

16.2.15 기술 인터뷰 15: submit과 execute

문제: ExecutorService 인터페이스 submit 메서드(ExecutorService#submit)와 Executor 인터페이스 execute 메서드(Executor#execute)의 차이점을 설명하세요.

풀이법: 두 가지 메서드 모두 Runnable 작업의 실행을 요청할 때 사용됩니다. 하지만 약간의 차이가 있습니다. 주요 차이점은 메서드의 시그니처를 관찰하면 알 수 있습니다. submit 메서드

는 결과(작업을 나타내는 Future 객체)를 반환하고 execute 메서드는 void를 반환합니다. 빈환된 Future 객체는 실행 중인 스레드를 프로그래밍 방식으로 조기에 취소할 때 사용할 수 있습니다.

또한 Future 인터페이스의 get 메서드를 사용하면 작업이 완료될 때까지 기다릴 수 있습니다. Callable을 요청하면 Future 인터페이스의 get 메서드는 Callable 인터페이스의 call 메서드를 호출한 결과를 반환합니다.

16.2.16 기술 인터뷰 16: interrupted와 isInterrupted

문제: interrupted 메서드와 isInterrupted 메서드의 주요 차이점을 설명하세요.

풀이법: interrupted 메서드와 isInterrupted 메서드의 가장 큰 차이점은 interrupted 메서드는 인터럽트 상태를 초기화하지만 isInterrupted 메서드는 그렇지 않다는 점입니다.

자바 멀티스레딩 인터럽트 기술은 **인터럽트 상태**interrupt status로 알려져 있는 내부 플래그를 사용합니다. Thread.interrupt 메서드는 현재 스레드를 중단하고 이 플래그를 true로 설정합니다. 현재 스레드가 중단된 경우 Thread.interrupted는 true를 반환하고 스레드의 인터럽트된 상태를 초기화합니다. 즉, 상태를 false로 설정합니다.

isInterrupted 메서드는 static이 아니기 때문에 인터럽트 상태 플래그를 변경하지 않습니다. InterruptedException이 발생하고 예외를 처리한 후 Thread.currentThread.interrupt를 호출하여 인터럽트를 초기화하는 것을 잊지 마세요. 이렇게 하면 코드를 호출한 대상은 스레드의 중단을 인식할 수 있습니다.

16.2.17 기술 인터뷰 17: 스레드 중단

문제: 스레드를 어떻게 중지하거나 취소할 수 있나요?

풀이법: 자바는 스레드를 차단하는 선제적인 방법을 제공하지 않습니다. 따라서 작업을 취소하려면 일반적으로 플래그 조건 기반의 반복문을 사용합니다. 작업은 이 플래그를 주기적으로 확인할 책임이 있으며 플래그가 설정된 점을 발견하면 가능한 한 빨리 작업을 중지해야 합니다. 이 플래그는 일반적으로 volatile 변수(경량 동기화 메커니즘이라고도 합니다)로 선언합니다.

volatile 플래그이므로 스레드에 캐시되지 않으며 이 플래그에 대한 연산은 메모리에 재정렬 되지 않습니다. 따라서 스레드는 이전 값을 볼 수 없습니다. volatile 필드를 읽는 모든 스레드는 가장 최근에 작성된 값을 보게 됩니다. 이 특징은 취소 작업과 관련된 실행 중인 모든 스레드에 취소 작업을 전달하기 위해 반드시 필요합니다.

다음은 volatile 플래그와 스레드의 관계를 나타낸 그림입니다.

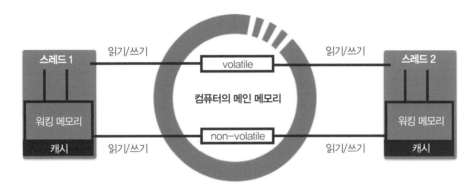

그림 16-3 volatile 플래그 읽고 쓰기

volatile 변수는 읽기-수정-쓰기 시나리오에 적합하지 않습니다. 이러한 시나리오의 경우 Atomic 클래스 타입 변수(예를 들어 AtomicBoolean, AtomicInteger, AtomicReference 클래스) 를 사용해야 합니다.

다음 코드는 스레드 취소의 예입니다.

코드 16-11 16/CancelThread/src/main/java/coding/challenge/RandomList.java

```java
public class RandomList implements Runnable {
    private volatile boolean cancelled;

    private final List<Integer> randoms = new CopyOnWriteArrayList<>();
    private final Random rnd = new Random();

    @Override
    public void run() {
        while (!cancelled) {
            randoms.add(rnd.nextInt(100));
        }
    }
}
```

```
    public void cancel() {
        cancelled = true;
    }

    public List<Integer> getRandoms() {
        return randoms;
    }
}
```

16.2.18 기술 인터뷰 18: 스레드 사이의 데이터 공유

문제: 두 스레드가 데이터를 공유하는 방법은 무엇인가요?

풀이법: 2개(또는 그 이상)의 스레드는 스레드 안전을 보장하는 공유 객체나 자료구조를 기반으로 데이터를 공유할 수 있습니다. 자바는 BlockingQueue 인터페이스, LinkedBlockingQueue 클래스와 ConcurrentLinkedDeque 클래스 같은 스레드 안정성을 보장하는 내장 자료구조 집합을 제공합니다.

스레드 사이에서 데이터를 공유할 때는 이러한 자료구조를 사용하면 스레드 안전이나 스레드 내부 통신을 신경 쓸 필요가 없으므로 매우 편리합니다.

16.2.19 기술 인터뷰 19: ReadWriteLock

문제: 자바에서 ReadWriteLock 인터페이스가 무엇인지 설명하세요.

풀이법: ReadWriteLock 인터페이스의 주요 목표는 동시 환경에서 읽기 및 쓰기 작업의 효율성과 스레드 안전을 유지하는 것입니다. ReadWriteLock은 **록 스트라이핑**lock striping 개념을 활용하여 이 목표를 달성합니다. 즉, ReadWriteLock은 읽기 및 쓰기에서 별도의 록을 사용합니다.

더 정확하게 말하면 ReadWriteLock 인터페이스는 한 쌍의 록을 사용합니다. 하나는 읽기 작업용이고 다른 하나는 쓰기 작업용입니다. 쓰기 스레드가 없는 한 여러 개의 읽기 스레드는 읽기 록을 동시에 획득(비관적 록 공유)할 수 있습니다. 한 번에 하나의 쓰기 스레드(배타적/비관적 록)만 쓰기 작업을 수행할 수 있습니다. 따라서 ReadWriteLock은 애플리케이션의 성능을 크게 높일 수 있습니다.

ReadWriteLock 외에도 자바는 ReentrantReadWriteLock 및 StampedLock 클래스를 제공합니다. ReentrantReadWriteLock 클래스는 ReadWriteLock에 재진입 가능한 록 개념(기술 인터뷰 4 참조)을 추가한 클래스입니다. 반면에 StampedLock 클래스는 ReentrantReadWriteLock보다 성능이 우수하고 낙관적 읽기$^{optimistic\ read}$를 지원합니다. 그러나 재진입은 허용하지 않아서 교착 상태에 빠지기 쉽습니다.

16.2.20 기술 인터뷰 20: 생산자-소비자

문제: 생산자-소비자 문제$^{producer-consumer\ problem}$를 구현하세요.

tip 이 문제는 자바 멀티스레딩 인터뷰에서 가장 자주 나오는 문제입니다!

풀이법: 생산자-소비자 문제는 다음 그림과 같이 나타낼 수 있는 디자인 패턴입니다.

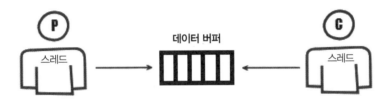

그림 16-4 생산자-소비자 디자인 패턴

가장 일반적으로 생산자 스레드와 소비자 스레드는 큐(생산자는 데이터를 큐에 넣고 소비자는 데이터를 큐에서 뺍니다)와 비즈니스에 특화된 정책을 기반으로 통신합니다. 이 큐를 데이터 버퍼$^{data\ buffer}$라고 합니다. 물론 프로세스를 어떻게 설계하느냐에 따라 다른 자료구조도 데이터 버퍼의 역할을 할 수 있습니다. 이제 다음 시나리오(정책)를 가정해보겠습니다.

- 데이터 버퍼가 비어 있으면 생산자는 하나의 제품을 생성해 데이터 버퍼에 추가합니다.
- 데이터 버퍼가 비어 있지 않으면 소비자는 데이터 버퍼에서 하나의 제품을 소비하여 데이터 버퍼에서 제거합니다.
- 데이터 버퍼가 비어 있지 않으면 생산자는 기다립니다.
- 데이터 버퍼가 비어 있으면 소비자는 기다립니다.

다음과 같은 두 가지 일반적인 방법으로 이 시나리오를 해결하겠습니다. 먼저 wait 및 notify 메서드 기반으로 풀어보겠습니다.

wait와 notify를 사용한 문제 풀이법

일부 면접관은 wait와 notify 메서드를 사용하여 생산자-소비자 애플리케이션을 구현하는 문제를 냅니다. 즉, BlockingQueue 인터페이스와 같이 내장된 스레드 안전을 보장하는 큐를 사용할 수 없습니다. 예를 들어 데이터 버퍼, 즉 큐(queue)가 LinkedList 클래스와 같은 스레드 안전이 보장되지 않은 자료구조로 표현된다고 하겠습니다. 생산자와 소비자가 스레드 안전이 보장되는 방식으로 공유 LinkedList에 접근할 수 있도록 synchronized 키워드를 사용합니다.

생산자

큐가 비어 있지 않으면 생산자는 소비자의 실행이 완료할 때까지 기다립니다. 따라서 생산자는 다음과 같이 wait 메서드를 사용합니다.

코드 16-12 16/ProducerConsumerWaitNotify/src/main/java/coding/challenge/ProducerConsumer.java

```
synchronized (queue) {
    // 큐가 비어 있지 않으면 소비자의 실행이 완료될 때까지 기다립니다.
    while (!queue.isEmpty()) {
        logger.info("Queue is not empty ...");

        try {
            queue.wait();
        } catch (InterruptedException ex) {
            Thread.currentThread().interrupt();
            logger.severe(() -> "Exception: " + ex);
            break;
        }
    }
}
```

반면에 큐가 비어 있으면 생산자는 다음과 같이 하나의 제품을 대기열에 추가하고 notify 메서드로 소비자 스레드에 제품을 추가했음을 알립니다.

코드 16-13 16/ProducerConsumerWaitNotify/src/main/java/coding/challenge/ProducerConsumer.java

```
// (큐에 추가하여 제품을) 생성하고 소비자 스레드에 알립니다.
synchronized (queue) {
    try {
        String product = "product-" + rnd.nextInt(1000);
```

```
        // 생산 시간을 임의로 설정합니다.
        Thread.sleep(rnd.nextInt(MAX_PROD_TIME_MS));

        queue.add(product);
        logger.info(() -> "Produced: " + product);
        queue.notify();
    } catch (InterruptedException ex) {
        Thread.currentThread().interrupt();
        logger.severe(() -> "Exception: " + ex);
        break;
    }
}
```

큐에 제품을 추가한 후 소비자는 제품을 소비할 준비를 해야 합니다.

소비자

큐가 비어 있으면 소비자는 생산자의 실행이 완료될 때까지 기다립니다. 따라서 소비자는 다음과 같이 wait 메서드를 사용합니다.

코드 16–14 16/ProducerConsumerWaitNotify/src/main/java/coding/challenge/ProducerConsumer.java

```
synchronized (queue) {
    // 큐가 비어 있으면 생산자의 실행이 완료될 때까지 기다립니다.
    while (queue.isEmpty()) {
        logger.info("Queue is empty ...");

        try {
            queue.wait();
        } catch (InterruptedException ex) {
            Thread.currentThread().interrupt();
            logger.severe(() -> "Exception: " + ex);
            break;
        }
    }
}
```

반면에 큐가 비어 있지 않으면 소비자는 제품 하나를 큐에서 추출하여 다음과 같이 notify 메서드로 생산자 스레드에 제품을 사용했음을 알립니다.

```
// 큐가 비어 있지 않으면 소비자는 제품 하나를 큐에서
// 제거(소비)한 후 생산자 스레드에게 제품을 사용했음을 알립니다.
synchronized (queue) {
    try {
        String product = queue.remove(0);

        if (product != null) {
            // 소비 시간을 임의로 설정합니다.
            Thread.sleep(rnd.nextInt(MAX_CONS_TIME_MS));

            logger.info(() -> "Consumed: " + product);
            queue.notify();
        }
    }
}
```

내장 블로킹 큐를 사용한 문제 풀이법

자바 내장 **블로킹 큐**blocking queue를 사용할 수 있다면 BlockingQueue 또는 TransferQueue 인터페이스를 선택하여 구현할 수 있습니다. 둘 다 스레드 안전이 보장됩니다. 다음에 소개하는 코드는 TransferQueue, 더 정확하게는 LinkedTransferQueue 클래스를 사용합니다.

생산자

생산자는 hasWaitingConsumer 메서드로 데이터 버퍼를 사용할 수 있을 때까지 소비자를 기다립니다. 큐에 제품을 추가한 후 소비자는 제품을 소비할 준비를 해야 합니다.

```
while (queue.hasWaitingConsumer()) {
    String product = "product-" + rnd.nextInt(1000);

    Thread.sleep(rnd.nextInt(MAX_PROD_TIME_MS));   // 생산 시간을 임의로 설정합니다.

    queue.add(product);
    logger.info(() -> "Produced: " + product);
}
```

소비자

소비자는 시간 초과가 설정된 poll 메서드를 사용하여 제품을 추출합니다.

코드 16-17 16/ProducerConsumerQueue/src/main/java/coding/challenge/ProducerConsumer.java

```java
// MAX_PROD_TIME_MS * 2: 생산자에게 충분한 시간을 줍니다.
String product = queue.poll(MAX_PROD_TIME_MS * 2, TimeUnit.MILLISECONDS);

if (product != null) {
    // 소비 시간을 임의로 설정합니다.
    Thread.sleep(rnd.nextInt(MAX_CONS_TIME_MS));

    logger.info(() -> "Consumed: " + product);
}
```

16.3 마치며

16장에서는 자바 멀티스레딩 인터뷰에서 가장 많이 나오는 질문을 다루었습니다. 다양한 주제를 살펴보았지만, 자바 동시성은 방대한 주제인 만큼 자세히 공부해야 합니다. 브라이언 괴츠[Brian Goetz] 외 5인이 함께 쓴 『자바 병렬 프로그래밍』(에이콘출판사, 2008)을 강력하게 추천합니다. 저자 개인적으로는 모든 자바 개발자가 반드시 읽어야 할 책이라고 생각합니다.

17장에서는 인기 있는 주제인 자바 함수형 프로그래밍을 다루겠습니다.

함수형 프로그래밍

자바는 하스켈[Haskell]과 같은 순수한 함수형 프로그래밍 언어가 아니지만, 버전 8부터 함수형 프로그래밍을 지원하기 시작했습니다. 자바의 함수형 프로그래밍 지원이 성공하면서 함수형 코드를 많은 개발자와 회사가 선호하게 되었습니다.

함수형 프로그래밍으로 작성한 코드는 이해하기 쉽고, 유지보수 및 테스트도 쉽다는 장점이 있습니다. 그러나 함수형으로 자바 코드를 작성하려면 람다, 스트림[stream] API, Optional, 함수형 인터페이스 등 깊이 있는 함수형 프로그래밍 지식이 필요합니다. 이러한 모든 함수형 프로그래밍 주제는 기술 인터뷰에 나올 수 있습니다.

17장에서는 자바 기술 인터뷰를 통과하려면 반드시 알아야 하는 몇 가지 유명한 질문을 다룹니다. 구체적인 주제는 다음과 같습니다.

- 자바 함수형 프로그래밍의 개요
- 기술 인터뷰 질문과 모범 답변

자, 이제 시작하겠습니다!

17.1 자바 함수형 프로그래밍의 개요

먼저 함수형 프로그래밍의 주요 개념을 설명하면서 중요한 부분을 강조하고 정리할 것입니다. 또한 기술 인터뷰에서 나올 수 있는 기본적인 질문에 대답할 수 있도록 포괄적인 지식을 제공합니다.

17.1.1 함수형 프로그래밍의 핵심 개념

함수형 프로그래밍의 핵심 개념은 다음과 같습니다.

- 일급 객체 함수[first-class objects function]
- 순수 함수[pure function]
- 고차 함수[higher-order function]

각 개념을 간략하게 살펴보겠습니다.

일급 객체 함수

함수가 일급 객체라는 것은 함수의 인스턴스를 생성하여 해당 함수의 인스턴스를 참조하는 변수를 할당할 수 있음을 의미합니다. String, List 또는 기타 객체를 참조하는 방법과 동일하게 함수를 다룰 수 있습니다. 또한 함수는 다른 함수에 매개변수로 전달할 수 있습니다. 그러나 자바의 메서드는 일급 객체가 아닙니다. 메서드를 함수처럼 사용하는 최선의 방법은 자바의 람다식을 사용하는 것입니다.

순수 함수

순수 함수는 실행할 때 부수 효과side effect가 일어나지 않고 동일한 매개변수가 주어졌을 때 항상 같은 값을 반환하는 함수입니다. 예를 들어 다음 자바 메서드는 순수 함수입니다.

```java
public class Calculator {
    public int sum(int x, int y) {
        return x + y;
    }
}
```

메서드가 멤버 변수를 사용하거나 멤버 변수의 상태를 변경한다면 순수 함수가 아닙니다.

고차 함수

고차 함수는 하나 이상의 함수를 매개변수로 갖거나 다른 함수를 결과로 반환하는 함수입니다. 자바는 람다식으로 고차 함수를 구현합니다. 즉, 자바에서의 고차 함수는 하나 이상의 람다식을 인수로 받아오거나 다른 람다식을 반환하는 메서드입니다.

예를 들어 Comparator를 매개변수로 사용하는 Collections.sort 메서드는 고차 함수입니다.

```java
Collections.sort(list, (String x, String y) -> {
    return x.compareTo(y);
});
```

Collections.sort의 첫 번째 매개변수는 List이고 두 번째 매개변수는 람다식입니다. 이 람다식 매개변수는 Collections.sort를 고차 함수로 만듭니다.

순수 함수형 프로그래밍 규칙

이제 순수 함수형 프로그래밍 규칙을 간단히 살펴보겠습니다. 순수 함수형 프로그래밍에는 다음과 같이 따라야 할 일련의 규칙이 있습니다.

- 상태 없음^{no state}
- 부수 효과 없음^{no side effects}
- 불변 변수^{immutable variables}
- 반복보다 재귀 선호

상태 없음

상태가 없다는 것은 함수형 프로그래밍이 상태를 없앤다는 의미가 아닙니다. 일반적으로 상태가 없다는 것은 함수에 외부 상태가 없음을 의미합니다. 즉, 함수는 내부적으로 임시 상태를 저장하는 지역 변수를 가지고 작동할 수 있지만, 자신이 속한 클래스나 객체의 멤버 변수를 참조할 수는 없습니다.

부수 효과 없음

부수 효과가 없다는 것은 함수가 함수 범위 바깥의 외부 상태를 변경할 수 없음을 의미합니다. 함수 외부 상태의 종류는 다음과 같습니다.

- 해당 함수를 포함하는 클래스나 객체의 멤버 변수
- 함수에 매개변수로 전달되는 멤버 변수
- 또는 외부 시스템의 상태(예를 들어 데이터베이스 또는 파일)

불변 변수

함수형 프로그래밍은 불변 변수의 사용을 장려합니다. 불변 변수를 사용하면 훨씬 쉽고 직관적인 방식으로 부수 효과를 방지할 수 있습니다.

반복보다 재귀 선호

재귀는 함수 호출을 반복하면서 반복문처럼 동작하므로 함수형 코드라고 할 수 있습니다. 즉, 다음처럼 팩토리얼 계산의 반복문 구현은 함수형 프로그래밍에서 추구하는 바가 아닙니다.

```java
static long factorial1(long n) {
    long result = 1;

    for (; n > 0; n--) {
        result *= n;
    }

    return result;
}
```

함수형 프로그래밍은 다음과 같은 재귀 접근법을 권장합니다.

```java
static long factorial2(long n) {
    return n == 1 ? 1 : n * factorial2(n - 1);
}
```

이때 모든 함수 호출이 재귀 스택의 프레임으로 저장되면서 성능 저하가 발생합니다. 이때는 **꼬리 재귀**tail recursion를 사용해 성능 저하를 개선해야 합니다. 재귀 호출이 많은 상황에서는 꼬리 재귀를 사용하는 것이 좋습니다.

꼬리 재귀 함수는 재귀 호출을 마지막에 수행하기 때문에 컴파일러가 함수 호출을 재귀 스택의 프레임으로 저장할 필요가 없습니다. 대부분의 컴파일러는 꼬리 재귀를 최적화하여 성능 저하를 방지합니다.

```java
static long factorialTail(long n) {
    return factorial3(1, n);
}

static long factorial3(long acc, long v) {
    return v == 1 ? acc : factorial3(acc * v, v - 1);
}
```

또는 함수형에 맞게 구현된 자바 스트림 API로 반복을 구현할 수 있습니다.

코드 17-4 17/Factorial/src/main/java/coding/challenge/Factorial.java

```java
static long factorial4(long n) {
    return LongStream.rangeClosed(1, n).reduce(1, (n1, n2) -> n1 * n2);
}
```

17.2 기술 인터뷰

지금부터 함수형 프로그래밍과 관련해 기술 인터뷰에 자주 나오는 21가지 질문과 모범 답변을 살펴보겠습니다. 시작해볼까요?

17.2.1 기술 인터뷰 1: 람다식 구성

문제: 람다식 구성을 설명하세요. 또한 람다식의 특징은 무엇인가요?

풀이법: 람다식은 세 가지 주요 요소로 구성됩니다. 다음 그림을 살펴보겠습니다.

그림 17-1 람다식 구성

람다식의 구성 요소는 다음과 같습니다.

- 화살표 왼쪽에는 람다 실행문에서 사용하는 람다의 매개변수가 있습니다. [그림 17-1]에서 람다 매개변수는 FilenameFilter.accept(File folder, String fileName) 메서드의 매개변수입니다.

- 화살표 오른쪽에는 람다 실행문이 있습니다. [그림 17-1]에서 람다 실행문은 파일(fileName)이 속한 폴더(folder)를 읽을 수 있는지 여부와, 이 파일 이름의 접미사가 .pdf 문자열인지 확인합니다.

- 매개변수 목록과 람다 실행문 사이에 있는 화살표는 구분 기호 역할을 합니다.

다음으로 람다식의 특징을 이야기하겠습니다. [그림 17-1]의 람다식을 익명 클래스로 작성하면 다음과 같습니다.

```
FilenameFilter filter = new FilenameFilter() {
    @Override
    public boolean accept(File folder, String fileName) {
        return folder.canRead() && fileName.endsWith(".pdf");
    }
};
```

이제 익명 클래스와 람다식을 비교하면 람다식이 메서드에 매개변수로 전달하거나 변수로 저장할 수 있는 간결한 익명 함수임을 알 수 있습니다.

다음은 람다식의 특징을 나타내는 단어 4개를 표시한 그림입니다.

그림 17-2 람다식 특징

일반적으로 람다는 동작 파라미터화behavior parameterization 디자인 패턴을 따르며(동작이 함수의 매개변수로 전달되며) 함수형 인터페이스 환경에서만 사용할 수 있습니다.

17.2.2 기술 인터뷰 2: 함수형 인터페이스

문제: 자바에서 함수형 인터페이스란 무엇인가요?

풀이법: 하나의 추상 메서드만 포함하는 인터페이스입니다. 즉, 함수형 인터페이스에는 구현되지 않은 메서드가 하나만 포함되어야 합니다. 따라서 함수형 인터페이스는 함수를 인터페이스로 래핑하고 단일 추상 메서드로 함수를 표현합니다.

함수형 인터페이스에는 추상 메서드 외에 default 또는 static 메서드도 포함할 수 있습니다. 일반적으로 함수형 인터페이스는 @FunctionalInterface 애너테이션annotation으로 표시합니다. 이 애너테이션은 함수형 인터페이스를 정의할 때 사용하는 특별한 유형의 주석입니다.

다음은 함수형 인터페이스의 예입니다.

```
@FunctionalInterface
public interface Callable<V> {
    V call() throws Exception;
}
```

보통 인터페이스에 구현되지 않은 메서드(추상 메서드)가 더 많으면 함수형 인터페이스가 아닙니다. 함수형 인터페이스가 아닌 인터페이스는 자바 람다 표현식으로 구현할 수 없습니다.

17.2.3 기술 인터뷰 3: 컬렉션과 스트림

문제: 컬렉션과 스트림의 주요 차이점은 무엇인가요?

풀이법: 컬렉션과 스트림은 다양한 차이점이 있습니다. 몇 가지 살펴보면 다음과 같습니다.

- **개념적 차이**

  컬렉션과 스트림은 서로 다른 개념을 나타냅니다. 컬렉션은 데이터(예를 들어 List, Set 및 Map)를 저장하는 목적을 가진 반면, 스트림은 해당 데이터에 연산(예를 들어 필터링, 매핑^{mapping} 및 매칭^{matching})을 적용하는 목적을 가집니다. 즉, 스트림은 컬렉션에 저장된 데이터가 나타내는 뷰^{view}/소스^{source}에 복잡한 연산을 적용합니다. 또한 스트림에서 수행한 수정/변경 사항은 원본 컬렉션에 반영되지 않습니다.

- **데이터 수정**

  컬렉션에서는 요소를 추가/삭제할 수 있지만 스트림에서는 할 수 없습니다. 실제로 스트림은 뷰/소스를 사용해 연산 수행 결과를 반환하지만 원본 뷰/소스를 수정하지 않습니다.

- **반복**

  스트림이 뷰/소스를 사용할 때 해당 뷰/소스의 반복을 내부적으로 자동 수행합니다. 뷰/소스에 적용해야 하는 특정 연산에 따라 반복을 수행합니다. 반면에 컬렉션은 외부에서 반복을 수행해야 합니다.

- **순회**

  컬렉션은 여러 번 순회할 수 있지만 스트림은 한 번만 순회할 수 있습니다. 따라서 기본적으로 자바 스트림은 재사용할 수 없습니다. 스트림을 두 번 순회하려고 하면 이미 수행 완료되었거나 닫힌 스트림을 읽으려고 한다는 오류가 발생합니다.

- **생성**

    컬렉션은 즉시 생성되어 모든 요소가 처음부터 존재합니다. 반면에 스트림은 느리게 생성됩니다. 스트림의 중간 연산 결과는 종료 연산이 호출될 때까지 적용되지 않습니다.

17.2.4 기술 인터뷰 4: map 함수

문제: map 함수의 기능과 사용 목적이 무엇인가요?

풀이법: map 함수는 매핑^mapping이라는 중간 연산자이며 스트림 API를 통해 사용할 수 있습니다. 단순히 주어진 함수를 적용하여 객체의 타입을 다른 타입으로 변환할 때 사용합니다.

map 함수는 주어진 Stream 인터페이스를 순회하면서 각 요소에 주어진 함수를 적용하여 새로운 타입으로 변환하고 그 결과를 새로운 Stream에 누적합니다. 주어진 Stream 인터페이스는 수정되지 않습니다. 예를 들어 다음과 같이 Stream 인터페이스의 map 함수를 사용하여 List<String>을 List<Integer>로 변환할 수 있습니다.

코드 17-5 17/MapAndFlatMapExample/src/main/java/coding/challenge/Main.java

```
List<String> strList = Arrays.asList("1", "2", "3");

List<Integer> intList = strList.stream()
  .map(Integer::parseInt)
  .collect(Collectors.toList());
```

더 많은 예제를 연습하면서 도전해보세요. 예를 들어 배열을 다른 배열로 변환하는 map 함수를 구현해보세요.

17.2.5 기술 인터뷰 5: flatMap 함수

문제: flatMap 함수의 기능과 사용 목적이 무엇인가요?

풀이법: flatMap 함수는 map을 확장한 함수로 주어진 객체를 다른 타입의 객체로 변환합니다. 스트림 API를 통해 사용할 수 있으며, 플래트닝^flattening[1]이라는 작업을 처리하는 중간 연산자이

---

1 옮긴이: 중첩 구조를 단일 컬렉션으로 만드는 것을 뜻합니다.

기도 합니다. 예를 들어 List<List<Object>>가 주어질 때 다음과 같이 Stream 인터페이스의
flatMap 함수를 사용하여 List<String>로 변환할 수 있습니다.

코드 17-6 17/MapAndFlatMapExample/src/main/java/coding/challenge/Main.java

```
List<List<Object>> objList = Arrays.asList(
  Arrays.asList("This", "is", "a", "flapMap", "example"));

List<Object> flatList = objList.stream()
  .flatMap(List::stream)
  .collect(Collectors.toList());
```

다음 기술 인터뷰는 이 문제와 관련이 깊은 질문입니다.

17.2.6 기술 인터뷰 6: map과 flatMap 함수의 차이점

문제: map 함수와 flatMap 함수의 차이점은 무엇인가요?

풀이법: 두 함수 모두 주어진 함수를 적용하여 주어진 타입의 객체를 다른 타입의 객체로 변환
하는 중간 연산자입니다. 또한 flatMap 함수는 주어진 객체를 평탄화flatten할 수 있습니다. 즉,
flatMap 함수는 Stream 객체도 평탄화할 수 있습니다.

이것이 왜 중요할까요? map 함수는 Stream 인터페이스에서 요소 시퀀스를 래핑하는 방법을 알
고 있습니다. 즉, map 함수는 Stream<String[]>, Stream<List<String>>, Stream<Set<String>>,
심지어 Stream<Stream<R>>과 같은 스트림을 생성할 수 있습니다. 그러나 이러한 종류의 스트
림은 sum, distinct, filter와 같은 스트림 연산을 성공적으로(예상대로) 조작할 수 없다는 문
제가 있습니다.

예를 들어 다음 List 객체를 살펴보겠습니다.

코드 17-7 17/MapDifferenceFlatMap/src/main/java/coding/challenge/Main.java

```
List<List<String>> melonLists = Arrays.asList(
  Arrays.asList("Gac", "Cantaloupe"),
  Arrays.asList("Hemi", "Gac", "Apollo"),
  Arrays.asList("Gac", "Hemi", "Cantaloupe"));
```

앞 리스트에서는 멜론의 고유한 이름을 얻으려고 합니다. 배열을 스트림으로 래핑할 때는 `Arrays.stream`을 사용할 수 있으며 컬렉션은 `Collection.stream`을 사용할 수 있습니다. 따라서 다음과 같이 첫 번째 시도를 할 수 있습니다.

코드 17-8 17/MapDiffrenceFlatMap/src/main/java/coding/challenge/Main.java

```java
List<String> distinctNames1 = melonLists.stream()
  .map(Collection::stream)   // Stream<Stream<String>> 반환
  .collect(Collectors.toList());
```

하지만 `map(Collection::stream)`이 `Stream<Stream<String>>`을 반환하므로 이 코드는 에러가 발생합니다. 이때 `flatMap(Collection::stream)`을 사용하면 문제를 해결할 수 있습니다.

코드 17-9 17/MapDiffrenceFlatMap/src/main/java/coding/challenge/Main.java

```java
List<String> distinctNames2 = melonLists.stream()
  .flatMap(Collection::stream)   // Stream<String> 반환
  .distinct()
  .collect(Collectors.toList());
```

출력 결과는 다음과 같습니다.

```
Distinct names 2: [Gac, Cantaloupe, Hemi, Apollo]
```

이러한 함수형 프로그래밍 메서드를 처음 접했거나 이해하기 어려운 분이라면 『모던 인 액션 자바』(한빛미디어, 2019) 등의 여러 가지 자료를 참고하기 바랍니다.

17.2.7 기술 인터뷰 7: filter 함수

문제: filter 함수의 기능과 사용 목적이 무엇인가요?

풀이법: filter 함수는 특정 조건을 만족하는 Stream의 요소를 '필터링'할 때 사용하는 중간 연산자입니다. 스트림 API를 통해 사용할 수 있습니다. `java.util.function.Predicate` 인터페이스의 함수로 조건을 지정합니다. 이 인터페이스의 함수는 Object 매개변수를 받아서 boolean 값을 반환합니다.

다음과 같은 정수 List가 있다고 가정하겠습니다. 이 리스트를 스트리밍하면서 0이 아닌 요소만 추출합니다.

코드 17-10 17/FilterExample/src/main/java/coding/challenge/Main.java

```java
List<Integer> ints = Arrays.asList(1, 2, -4, 0, 2, 0, -1, 14, 0, -1);

List<Integer> result = ints.stream()
  .filter(i -> i != 0)
  .collect(Collectors.toList());
```

결과 리스트는 다음과 같습니다.

```
Interger filter list: [1, 2, -4, 2, -1, 14, -1]
```

자바 스트림 API는 몇 가지 일반적인 연산을 바로 사용할 수 있는 중간 연산으로 제공합니다. 예를 들어 filter 함수를 사용하면서 다음 연산은 Predicate로 정의할 필요가 없습니다.

- distinct: 스트림에서 중복 요소를 제거합니다.

- skip(n): 처음 n개 요소를 버립니다.

- limit(s): 길이가 s보다 길지 않도록 스트림을 자릅니다.

- sorted: 자연스러운 순서대로 스트림을 정렬합니다.

- sorted(Comparator<? super T> comparator): 주어진 Comparater에 따라 스트림을 정렬합니다.

이러한 모든 기능은 스트림 API에 내장되어 있습니다.

17.2.8 기술 인터뷰 8: 중간 연산과 종료 연산

문제: 중간 연산과 종료 연산의 주요 차이점은 무엇인가요?

풀이법: 중간 연산은 다른 Stream 객체를 반환하는 반면에 종료 연산은 Stream 이외의 결과(예를 들어 컬렉션 또는 스칼라 값)를 반환합니다. 즉, 중간 연산을 사용하면 파이프라인에서 여러 연산자를 연결 또는 호출할 수 있습니다.

중간 연산은 종료 연산이 호출되기 전까지 실행되지 않습니다. 이것을 '중간 연산이 지연된다'고 표현합니다. 어떤 주어진 처리의 결과가 실제로 필요한 순간에 실행됩니다. 종료 연산은 Stream 순회를 작동시키고 파이프라인이 실행됩니다.

중간 연산에는 map, flatMap, filter, limit, skip이 있습니다. 종료 연산에는 sum, min, max, count, collect가 있습니다.

17.2.9 기술 인터뷰 9: peek 함수

문제: peek 함수의 기능과 사용 목적은 무엇인가요?

풀이법: peek 함수는 조회^{peeking}라는 중간 연산자이며 스트림 API를 통해 사용할 수 있습니다. 이 함수를 써서 Stream 파이프라인을 엿볼 수 있습니다. peek 함수는 현재 요소에 특정한 비간섭 작업을 실행하고, 해당 요소를 파이프라인의 다음 연산으로 전달해야 합니다. 일반적으로 비간섭 작업은 콘솔에 의미 있는 메시지를 인쇄하는 것을 의미합니다. 즉, peek 함수는 스트림 및 람다식의 처리 과정에서 발생하는 문제를 디버깅할 때 활용하기 좋습니다.

예를 들어 다음과 같은 주소 목록이 있다고 가정하겠습니다.

코드 17–11 17/PeekExample/src/main/java/coding/challenge/Main.java

```
addresses.stream()
  .peek(p -> System.out.println("\tstream(): " + p))
  .filter(s -> s.startsWith("s"))
  .peek(p -> System.out.println("\tfilter(): " + p))
  .map(String::toUpperCase)
  .peek(p -> System.out.println("\tmap(): " + p))
  .sorted()
  .peek(p -> System.out.println("\tsorted(): " + p))
  .collect(Collectors.toList());
```

peek 함수를 사용하여 상태를 변경(스트림의 데이터 소스를 수정)할 수 있지만, peek 함수 자체는 데이터를 조회하는 용도로 사용해야 하며 데이터를 건드리면 안 됩니다.

병렬 스트림 파이프라인의 경우 peek 함수를 사용하여 상태를 변경하면 심각한 문제가 발생할 수 있습니다. 다른 연산이 요소를 사용하는 시간과 스레드에 구애받지 않고 동시에 상태 변경

작업을 호출할 수 있기 때문입니다. 따라서 연산이 공유 상태를 수정하는 경우 필요한 동기화를 반드시 제공해야 합니다.

상태를 변경하는 용도로 peek 함수를 사용하려고 한다면 먼저 신중하게 고민하세요. 이러한 사용법은 개발자들 사이에서 논쟁의 여지가 있으며 좋지 않은 사례나 안티패턴 코드로 분류될 수 있습니다.

17.2.10 기술 인터뷰 10: 지연 스트림

문제: 스트림 지연이란 어떤 의미인가요?

풀이법: 스트림이 종료 연산을 만날 때만 실행되는 중간 연산의 파이프라인을 정의한다는 의미입니다. 이 질문은 이 장의 '기술 인터뷰 8'과 관련이 있습니다.

17.2.11 기술 인터뷰 11: 함수형 인터페이스와 일반 인터페이스

문제: 함수형 인터페이스와 일반 인터페이스의 주요 차이점은 무엇인가요?

풀이법: 일반 인터페이스에는 추상 메서드가 여러 개 포함될 수 있지만, 함수형 인터페이스에는 추상 메서드가 하나만 포함될 수 있다는 점입니다. 더 깊게 이해하려면 이 장의 '기술 인터뷰 2'를 읽어보세요.

17.2.12 기술 인터뷰 12: Supplier와 Consumer 인터페이스

문제: Supplier 인터페이스와 Consumer 인터페이스의 주요 차이점은 무엇인가요?

풀이법: Supplier와 Consumer 모두 자바 내장 함수형 인터페이스입니다. Supplier는 팩토리 메서드 또는 new 키워드의 역할을 합니다. 즉, Supplier는 인수 없이 T 타입의 객체를 반환하는 get이라는 메서드를 정의합니다. 따라서 Supplier는 어떤 값을 제공할 때 유용합니다.

반면에 Consumer는 void accept(T t)라는 메서드를 정의합니다. 이 메서드는 단일 인수를 받고 void를 반환합니다. Consumer 인터페이스는 주어진 값을 사용하여 해당 값에 어떤 연산을 적용합니다. 다른 함수형 인터페이스와 달리 Consumer는 부수 효과를 일으킬 수 있습니다. 예를 들어 Consumer는 setter 메서드로 사용될 수 있습니다.

17.2.13 기술 인터뷰 13: Predicate 인터페이스

문제: Predicate 인터페이스가 무엇인가요?

풀이법: 시그니처가 boolean test(T object)인 추상 메서드를 포함하는 내장 함수형 인터페이스입니다.

```
@FunctionalInterface
public interface Predicate<T> {
    boolean test(T t);

    // default와 static 메서드 생략
}
```

test 메서드는 조건을 확인하여 해당 조건이 충족되면 true를 반환하고 그렇지 않으면 false를 반환합니다. Predicate 인터페이스는 일반적으로 스트림에서 원하지 않는 요소를 필터링하는 Stream<T> filter(Predicate<? super T> predicate) 메서드와 함께 사용합니다.

17.2.14 기술 인터뷰 14: findFirst와 findAny 메서드

문제: findFirst와 findAny 메서드의 주요 차이점은 무엇인가요?

풀이법: findFirst 메서드는 스트림에서 첫 번째 요소를 반환하고 시퀀스에서 첫 번째 요소를 얻을 때 특히 유용합니다. 스트림에 순서가 정의되어 있는 한 스트림에서 첫 번째 요소를 반환하며, 정의된 순서가 없으면 모든 요소를 반환합니다.

반면에 findAny 메서드는 스트림에서 순서와 상관없이 하나의 요소를 반환합니다. 즉, 스트림에서 임의의(비결정적) 요소를 반환합니다. 이 메서드는 정해진 순서를 무시하며, 비병렬 작업에서는 첫 번째 요소를 반환할 가능성이 높지만 보장되지는 않습니다. 성능을 최대화하기 위해 병렬 작업에서는 결과를 안정적으로 결정할 수 없습니다.

스트림의 소스와 중간 연산에 따라 스트림에는 정의된 순서가 있을 수도 있고 없을 수도 있습니다.

17.2.15 기술 인터뷰 15: 배열을 스트림으로 변환

문제: 객체 배열을 스트림으로 변환하는 방법은 무엇인가요?

풀이법: 최소한 다음과 같은 세 가지 방법이 있습니다. 첫 번째 방법은 Arrays 클래스의 stream 메서드입니다.

코드 17-12 17/ArrayConvertStream/src/main/java/coding/challenge/ArrayConvertStream.java

```java
public static <T> Stream<T> toStream1(T[] arr) {
    if (arr == null) {
        throw new IllegalArgumentException("Inputs cannot be null");
    }

    return Arrays.stream(arr);
}
```

두 번째 방법은 Stream 인터페이스의 of 메서드를 이용하는 것입니다.

코드 17-13 17/ArrayConvertStream/src/main/java/coding/challenge/ArrayConvertStream.java

```java
public static <T> Stream<T> toStream2(T[] arr) {
    // 예외 처리 코드 생략
    return Stream.of(arr);
}
```

마지막으로 List 인터페이스의 stream 메서드로도 배열을 스트림으로 변환할 수 있습니다.

코드 17-14 17/ArrayConvertStream/src/main/java/coding/challenge/ArrayConvertStream.java

```java
public static <T> Stream<T> toStream3(T[] arr) {
    // 예외 처리 코드 생략
    return Arrays.asList(arr).stream();
}
```

(int 등) 기본 자료형 배열을 스트림으로 변환할 때는 최소한 다음과 같은 두 가지 방법을 사용할 수 있습니다. 먼저 Arrays 클래스의 stream 메서드를 이용해 스트림으로 변환할 수 있습니다.

```java
public static IntStream toStream4(int[] arr) {
    // 예외 처리 코드 생략
    return Arrays.stream(arr);
}
```

IntStream 인터페이스의 of 메서드로도 변환할 수 있습니다.

```java
public static IntStream toStream5(int[] arr) {
    // 예외 처리 코드 생략
    return IntStream.of(arr);
}
```

참고로 long 타입의 경우 LongStream 인터페이스를 사용할 수 있고, double 타입의 경우 DoubleStream 인터페이스를 사용할 수 있습니다.

17.2.16 기술 인터뷰 16: 병렬 스트림

문제: 병렬 스트림이란 무엇인가요?

풀이법: 여러 스레드를 사용하여 병렬 실행할 수 있는 스트림입니다. 예를 들어 특정 값보다 작은 정수를 찾으려고 1,000만 개의 정수 스트림을 필터링한다고 가정하겠습니다. 이때 단일 스레드를 사용하여 스트림을 순차적으로 순회하는 대신 병렬 스트림을 사용할 수 있습니다. 여러 스레드가 스트림의 서로 다른 부분에서 주어진 정수를 동시에 검색한 다음 결과를 결합합니다.

17.2.17 기술 인터뷰 17: 메서드 참조

문제: 메서드 참조란 무엇인가요?

풀이법: 간단히 말해서 람다식의 줄인 표현입니다. 메서드 참조는 메서드를 호출하는 방법에 대한 설명이 아닌 이름으로 메서드를 호출할 때 사용하는 기술입니다. 가독성이 가장 큰 이점입니다.

메서드 참조는 구분 기호 '::' 앞에 대상 참조를 작성하고 메서드 이름을 뒤에 작성합니다. 다음 예를 살펴보세요.

- **static 메서드 참조:** `Class::staticMethod`

  예를 들어 `Math::max`는 `Math.max(x, y)`와 같습니다.

- **생성자 메서드 참조:** `Class::new`

  예를 들어 `AtomicInteger::new`는 `new AtomicInteger(x)`와 같습니다.

- **인스턴스의 인스턴스 메서드 참조:** `object::instanceMethod`

  예를 들어 `System.out::println`은 `System.out.println(foo)`와 같습니다.

- **클래스 타입의 인스턴스 메서드 참조:** `Class::instanceMethod`

  예를 들어 `String::length`는 `str.length`와 같습니다.

17.2.18 기술 인터뷰 18: default 메서드

문제: default 메서드란 무엇인가요?

풀이법: 주로 인터페이스를 지원하는 목적으로 자바 8에서 추가했습니다. 이 메서드 덕분에 추상 메서드만 포함한다는 틀 개념을 넘어 인터페이스가 발전할 수 있게 되었습니다.

default 메서드는 라이브러리를 작성하고 호환되는 방식으로 API를 발전시키려는 사람들에게 매우 유용합니다. 이 메서드를 사용하면 기존 구현 내용을 방해하지 않으면서 인터페이스의 기능을 더 좋게 만들 수 있기 때문입니다.

default 메서드는 인터페이스에서 직접 구현되며 default 키워드로 인식됩니다. 예를 들어 다음 인터페이스는 area라는 추상 메서드와 perimeter라는 default 메서드를 정의합니다.

코드 17-17 17/DefaultMethod/src/main/java/coding/challenge/Polygon.java

```java
public interface Polygon {
    public double area();

    default double perimeter(double... segments) {
        return Arrays.stream(segments)
          .sum();
    }
}
```

Polygon은 단일 추상 메서드를 갖기 때문에 함수형 인터페이스라고도 할 수 있습니다. 따라서 @FunctionalInterface 애너테이션을 달 수 있습니다.

17.2.19 기술 인터뷰 19: Iterator와 Spliterator 인터페이스

문제: Iterator와 Spliterator 인터페이스의 주요 차이점은 무엇인가요?

풀이법: 기본적으로 Iterator 인터페이스는 컬렉션^{Collection} API용으로 제작되었고, Spliterator 인터페이스는 스트림 API용으로 제작되었다는 차이가 있습니다.

'Spliterator'라는 이름을 분석해보면 영어로 'Splittable Iterator'라고 표현할 수 있으며 이는 '분할 가능한 Iterator'라는 뜻입니다. 따라서 Spliterator 인터페이스는 주어진 소스를 분할할 수 있고 반복할 수도 있습니다.

병렬 처리에는 분할이 필요합니다. 즉, Iterator 인터페이스는 Collection 인터페이스의 요소를 순차 반복할 수 있는 반면에 Spliterator 인터페이스는 Stream 인터페이스의 요소를 병렬 또는 순차적인 순서로 반복할 수 있습니다.

Iterator 인터페이스는 크기가 없기 때문에 hasNext/next 메서드를 사용해야만 컬렉션의 요소를 순회할 수 있습니다. 반면에 Spliterator 인터페이스는 estimateSize 메서드로 근사화하거나 getExactSizeIfKnown 메서드로 정확한 컬렉션의 크기를 제공할 수 있습니다.

Spliterator 인터페이스는 (CONCURRENT, DISTINCT 또는 IMMUTABLE 등) 여러 플래그를 사용하여 내부적으로 불필요한 연산을 비활성화할 수 있습니다. Iterator 인터페이스에는 이러한 플래그가 없습니다.

마지막으로, Iterator로 Spliterator를 생성할 수 있습니다.

```
Spliterators.spliteratorUnknownSize(your_Iterator, your_Properties);
```

Iterator와 Spliterator의 자세한 설명은 『모던 인 액션 자바』(한빛미디어, 2019) 등의 여러 가지 자료를 참고하기 바랍니다.

17.2.20 기술 인터뷰 20: Optional

문제: Optional 클래스란 무엇인가요?

풀이법: 하스켈Haskell과 스칼라Scala에서 영감을 받아 자바 8에서 NullPointerException을 완화/회피하는 목적으로 Optional 클래스를 도입하였습니다. 자바 아키텍트인 브라이언 괴츠Brian Goetz는 Optional을 다음과 같이 정의합니다.

> Optional은 null을 사용하면 오류가 발생할 가능성이 압도적으로 높으며, 결과가 없는 경우를 나타낼 명확한 방법이 필요한 라이브러리 메서드 반환 타입에 제한된 메커니즘을 제공하려는 것입니다.

간단히 말해서 Optional은 값을 포함하거나 비어 있는 단일 값의 컨테이너로 생각할 수 있습니다. 예를 들어 빈 Optional은 다음과 같습니다.

```
Optional<User> userOptional = Optional.empty();
```

비지 않은 Optional은 다음과 같습니다.

```
User user = new User();
Optional<User> userOptional = Optional.of(user);
```

필자의 다른 저서인 『Java Coding Problems』(Packt, 2019)에서 제공하는 깃허브의 12장 코드[2]는 Optional을 사용하는 모범 사례를 모은 것입니다. 모든 자바 개발자가 반드시 알아야 하는 내용이니 한 번 살펴보세요.

17.2.21 기술 인터뷰 21: String::valueOf

문제: String::valueOf는 무엇인가요?

풀이법: String::valueOf는 String 클래스의 valueOf static 메서드에 대한 참조입니다. 자세한 내용이 궁금하다면 '기술 인터뷰 17'을 읽어보세요.

---

2 https://bit.ly/39VB3no

17.3 마치며

17장에서는 자바의 인기 있는 몇몇 함수형 프로그래밍 주제를 다루었습니다. 함수형 프로그래밍은 매우 광범위한 주제로 이 책 이외에도 많은 관련 책이 있습니다. 이 책에서는 특히 자바 8의 주요 기능을 기준으로 전형적인 자바 인터뷰를 통과하려면 알아야 하는 함수형 프로그래밍 관련 질문을 살펴보았습니다.

18장에서는 단위 테스트를 살펴보겠습니다.

Chapter

18

단위 테스트

개발자나 소프트웨어 엔지니어라면 테스트 관련 기술도 알아야 합니다. 예를 들어 개발사는 (제이유닛[JUnit] 또는 테스트NG[TestNG] 등을 사용해) 단위 테스트를 작성할 책임이 있습니다. 훌륭한 개발팀이면 단위 테스트를 포함하지 않는 풀 리퀘스트[pull request]는 아마 받지 않을 것입니다.

18장에서는 개발자 또는 소프트웨어 엔지니어와 같은 직군에 지원할 때 마주할 수 있는 단위 테스트 관련 기술 인터뷰 문제를 설명합니다. 다만 (수동 혹은 자동) 테스트 직군에 지원하고자 한다면, 이 장의 내용은 테스트에 대한 어느 한 관점에 불과합니다. 테스트 직군에 특화한 질문을 다루지는 않는다는 점을 참고해주세요. 이 장의 주제는 다음과 같습니다.

- 단위 테스트의 개요
- 기술 인터뷰 질문과 모범 답변

그럼 시작하겠습니다!

18.1 단위 테스트 개요

애플리케이션 테스트 과정에는 여러 테스트 계층이 포함됩니다. 그중 하나가 단위 테스트 계층입니다. 애플리케이션은 주로 단위[unit]라는 작은 기능 부분으로 구성됩니다. 예를 들어 일반적인 자바 메서드를 단위로 간주할 수 있습니다. 특정한 입력, 조건, 제약 안에서 이러한 단위의 기능과 정확성을 테스트하는 것을 단위 테스트라고 합니다.

단위 테스트는 소스 코드와 테스트 계획을 기반으로 개발자가 작성합니다. 이상적으로 모든 개발자는 코드를 테스트/검증하는 단위 테스트를 작성할 수 있어야 합니다. 단위 테스트는 의미가 있어야 하며 정해진 코드 실행률을 만족해야 합니다.

단위 테스트가 실패하면 개발자는 문제를 수정하고 단위 테스트를 다시 실행할 책임이 있습니다. 다음은 단위 테스트의 흐름을 나타낸 그림입니다.

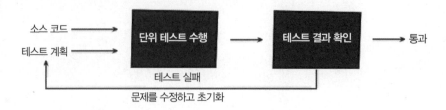

그림 18-1 단위 테스트 흐름

단위 테스트에서는 테스트 케이스^{test case}를 사용합니다. 단위 테스트 케이스는 입력 데이터와 특정 기능을 테스트하는 기대 출력의 쌍으로 구성됩니다. 단위 테스트를 시험하는 인터뷰에서 기능 테스트 및 통합 테스트와 관련한 질문이 나올 수도 있으니 놀라지 마세요. 이러한 질문에도 답변할 수 있도록 준비하면 좋습니다.

기능 테스트^{functional testing}는 주어진 입력 및 기대 출력(동작)과 비교해야 하는 생성된 출력(동작)을 기반으로 기능 요구사항을 테스트합니다. 각 기능 테스트는 기능 스펙을 바탕으로 해당 기능의 요구사항을 구현한 구성 요소(또는 구성 요소의 그룹)의 정확성을 확인합니다.

그림 18-2 기능 테스트

통합 테스트^{integration testing}의 목표는 소프트웨어 구성 요소를 반복해 통합하면서 규모를 키워가는 동안 결함을 찾는 것입니다. 즉, 단위 테스트를 거친 모듈을 통합(그룹화 또는 집계)하고 통합 계획에 따라 테스트합니다.

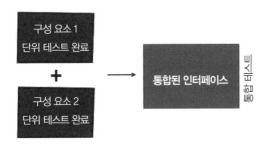

그림 18-3 통합 테스트

단위 및 통합 테스트의 주요 차이점을 물어보는 질문은 인터뷰에 자주 나옵니다. 이 질문을 대비하려면 다음 표를 참고하세요.

표 18-1 단위 테스트와 통합 테스트

단위 테스트	통합 테스트
일반적으로 개발자에게 유용합니다.	QA, 데브옵스^{DevOps}와 고객센터에 유용합니다.
결과는 자바 코드에만 영향을 받습니다.	결과는 외부 시스템에 영향을 받을 수 있습니다.
작성하기 꽤 쉽습니다	구축하기 까다롭습니다.

단위 테스트	통합 테스트
각 단위를 독립적으로 테스트합니다.	하나 이상의 구성 요소를 테스트합니다.
모킹mocking(기술 인터뷰 8 참고)으로 의존성을 배제할 수 있습니다.	모킹 사용을 권장하지 않습니다.
구현한 코드만 테스트합니다	구성 요소의 구현을 테스트하고, 구성 요소 간의 상호 연결 동작을 테스트합니다.
제이유닛/테스트NG를 사용합니다.	아퀼리언Arquillian과 Db유닛DbUnit과 같은 도구로 실제 환경에서 테스트합니다.
회귀 문제로 테스트가 실패합니다.	환경 변화로 테스트가 실패할 수 있습니다.
테스트 실행 시간이 길지 않습니다.	테스트 실행 시간이 꽤 깁니다(예를 들어 1시간).

좋은 테스터는 입력에 어떤 종류의 가정이나 제약도 걸지 않고 테스트의 주제에 집중하여 테스트할 수 있어야 합니다. 이것은 단위 테스트에도 적용됩니다.

18.2 기술 인터뷰

단위 테스트의 개요를 살펴보았으니 이제 몇 가지 기술 인터뷰를 살펴보겠습니다. 인터뷰에 매우 자주 나오는 단위 테스트 관련 기술 인터뷰 15가지를 살펴보겠습니다.

18.2.1 기술 인터뷰 1: AAA

문제: 단위 테스트에서 AAA는 무엇을 의미하나요?

풀이법: AAA는 Arrange(준비), Act(실행), Assert(단언)의 약자로 클린 코드와 가독성을 유지하는 방향으로 테스트를 구조화하는 접근법을 의미합니다. 오늘날 AAA는 업계 전반에 걸쳐 거의 표준이 된 테스트 패턴입니다. 다음 코드를 살펴보세요.

코드 18-1 18/junit5/ArrangeActAssert/src/test/java/coding/challenge/test/AAATest.java

```
@Test
public void givenStreamWhenSumThenEquals6() {
    // Arrange(준비)
    Stream<Integer> theStream = Stream.of(1, 2, 3);
```

```
    // Act(실행)
    int sum = theStream.mapToInt(i -> i).sum();

    // Assert(단언)
    assertEquals(6, sum);
}
```

Arrange(준비) 영역에서는 테스트를 준비하거나 설정합니다. 예를 들어 앞의 코드에서는 요소가 '1, 2, 3'인 정수 스트림을 준비합니다. Act(실행) 영역에서는 테스트 결과를 얻는 데 필요한 작업을 수행합니다. 예를 들어 앞의 코드에서는 스트림의 요소를 합하고 결과를 정수 변수에 저장합니다. Assert(단언) 영역에서는 단위 테스트의 결과가 기대 결과와 일치하는지 확인합니다. 이때 단언문^{assertion}을 사용하여 결과를 비교합니다. 예를 들어 앞의 코드에서는 요소의 합이 6인지 확인합니다.

18.2.2 기술 인터뷰 2: FIRST

문제: 단위 테스트에서 FIRST는 무엇을 의미하나요?

풀이법: 좋은 테스터는 FIRST를 사용하여 단위 테스트에서 발생하는 많은 함정을 피합니다. FIRST는 Fast(빠른), Isolated(고립된), Repeatable(반복 가능한), Self-validating(자가 검증 가능한), Timely(적시의)의 약자입니다. 각 단어의 의미를 살펴보겠습니다.

Fast

빠르게 실행되는 단위 테스트를 작성하는 것이 좋습니다. '빠르다'는 개념은 얼마나 많은 단위 테스트를 가지는지, 얼마나 자주 실행하는지, 얼마나 오래 실행되는지에 따라 달라지는 임의의 개념입니다. 예를 들어 각 단위 테스트의 평균 완료 시간이 200ms이고 5,000개의 단위 테스트를 실행하는 경우 17분 동안 기다려야 합니다. 일반적으로 단위 테스트는 외부 리소스(예를 들어 데이터베이스 및 파일)에 접근하기 때문에 느립니다.

Isolated

이상적으로는 언제든지 어떤 순서로든 모든 테스트를 실행할 수 있어야 합니다. 단위 테스트를 독립적으로 작성하고 작은 코드 단위로 테스트할 때 이상적으로 실행될 수 있습니다. 좋은 단위 테스트는 다른 단위 테스트에 의존성이 없어야 하지만, 항상 이 조건을 만족하기란 사실 어렵습니다. 그렇지만 테스트가 실패할 때 연속적인 의존성이 테스트에 좋지 않은 영향을 주는 만큼, 최대한 좋은 단위 테스트의 조건을 만족하도록 노력하고 디버깅해야 합니다.

Repeatable

단위 테스트는 반복할 수 있어야 합니다. 즉, 단위 테스트의 단언문을 실행할 때마다 동일한 결과를 생성해야 합니다. 다시 말해서 단위 테스트의 단언문에 다양한 결과를 집어넣으면 안 됩니다.

Self-validating

단위 테스트는 자체적으로 검증되어야 합니다. 즉, 테스트 결과를 수동으로 확인해서는 안 됩니다. 수동으로 결과를 확인하면 시간이 오래 걸리고 단언문이 제 역할을 하지 않는다는 것을 드러냅니다. 기대한 대로 작동하도록 단언문을 작성하세요.

Timely

단위 테스트 작성을 미루지 않는 것이 중요합니다. 미루면 미룰수록 더 많은 결함이 생길 것입니다. 단위 테스트를 작성하지 않고 주요 기능 구현에만 몰두하다 보면 마지막에야 단위 테스트를 작성할 시간이 없다는 것을 알게 될 것입니다.

쓰레기통 비우기를 계속 미루면 어떻게 될지 상상해보세요. 미루면 미룰수록 감당하기 어려워지고 건강에도 좋지 않습니다. 냄새는 또 얼마나 지독할까요? 단위 테스트도 마찬가지입니다. 적시에 단위 테스트를 작성하세요. 좋은 습관이 될 것입니다!

18.2.3 기술 인터뷰 3: 테스트 픽스처

문제: 테스트 픽스처test fixtures란 무엇인가요?

풀이법: 텍스트 픽스처란 해당 테스트 외부의 모든 테스트 데이터를 의미하며, 애플리케이션을 고정 상태로 설정할 때 사용합니다. 애플리케이션에 고정 상태를 사용하면 일정하면서도 알려진 환경에서 테스트를 실행할 수 있습니다.

18.2.4 기술 인터뷰 4: 예외 테스트

문제: 제이유닛에서 예외를 테스트하는 일반적인 방법은 무엇인가요?

풀이법: 제이유닛 4에서는 보통 @Test의 expected 요소인 try/catch 문과 ExpectedException 규칙으로 예외를 테스트합니다.

try/catch 문은 제이유닛 3.x에서 널리 사용되며 다음과 같이 사용할 수 있습니다.

코드 18-2 18/junit4/JUnit4TestingExceptions/src/test/java/coding/challenge/test/ExceptionTest.java

```java
@Test
public void givenStreamWhenGetThenException1() {
    Stream<Integer> theStream = Stream.of();

    try {
        theStream.findAny().get();
        fail("Expected a java.util.NoSuchElementException to be thrown");
    } catch (NoSuchElementException ex) {
        assertThat(ex.getMessage(), is("No value present"));
    }
}
```

fail 메서드는 AssertionError를 발생시키므로 AssertionError를 테스트할 때는 사용할 수 없습니다.

제이유닛 4부터 @Test 애너테이션의 expected 요소를 사용할 수 있습니다. 이 요솟값은 기대하는 예외의 타입(Throwable의 하위 클래스)입니다. expected 요소를 사용하여 작성한 다음 예제를 살펴보세요.

코드 18-3 18/junit4/JUnit4TestingExceptions/src/test/java/coding/challenge/test/ExceptionTest.java

```java
@Test(expected = NoSuchElementException.class)
public void givenStreamWhenGetThenException2() {
    Stream<Integer> theStream = Stream.of();
    theStream.findAny().get();
}
```

앞 방법은 예외 메시지의 값을 테스트하지 않을 때 사용하기 좋습니다. 또한 임의의 코드 행에서 NoSuchElementException이 발생하면 테스트를 통과한다는 점에 유의하세요. 특정 코드 행에서 이 예외가 발생하리라 예상하고 코드를 작성하더라도, 실제로는 다른 코드에서 이 예외가 발생할 수도 있습니다.

또 다른 방법은 ExpectedException 규칙을 사용하는 것입니다. 이 방법으로 예외 메시지의 값을 테스트할 수 있습니다. 코드를 살펴보겠습니다.

코드 18-4 18/junit4/JUnit4TestingExceptions/src/test/java/coding/challenge/test/ExceptionTest.java

```java
@Rule
public ExpectedException thrown = ExpectedException.none();

// 중간 생략

@Test
public void givenStreamWhenGetThenException3() throws NoSuchElementException {
    Stream<Integer> theStream = Stream.of();

    thrown.expect(NoSuchElementException.class);
    thrown.expectMessage("No value present");

    theStream.findAny().get();
}
```

단, 앞 방법은 제이유닛 4.13 이후부터는 지원하지 않습니다.

제이유닛 5부터는 예외를 테스트하는 방법이 두 가지입니다. 두 방법 모두 assertThrows 메서드를 사용합니다. 이 메서드를 사용하면 (람다식 또는 메서드 참조로 전달된) 주어진 함수 호출이 기대한 타입의 예외를 던지는지 테스트할 수 있습니다. 다음 코드로 살펴보세요.

코드 18-5 18/junit5/JUnit5TestingExceptions/src/test/java/coding/challenge/test/ExceptionTest.java

```java
@Test
public void givenStreamWhenGetThenException() {
    assertThrows(NoSuchElementException.class, () -> {
        Stream<Integer> theStream = Stream.of();
        theStream.findAny().get();
    });
}
```

앞 예제에서는 예외 타입의 유효성만 검사합니다. 그러나 예외가 발생했으므로 발생한 예외의 상세 내용을 확인할 수 있습니다. 예를 들어 다음처럼 예외 메시지의 값을 테스트할 수 있습니다.

코드 18-6 18/junit5/JUnit5TestingExceptions/src/test/java/coding/challenge/test/ExceptionTest.java

```java
@Test
public void givenStreamWhenGetThenException2() {
    Throwable ex = assertThrows(NoSuchElementException.class, () -> {
        Stream<Integer> theStream = Stream.of();
        theStream.findAny().get();
    });

    assertEquals(ex.getMessage(), "No value present");
}
```

ex 객체를 사용하여 Throwable에서 필요한 모든 것을 테스트할 수 있습니다. 예외의 세부 정보를 테스트할 필요가 없을 때는 반환값을 무시하고 assertThrows 메서드만 사용하세요.

18.2.5 기술 인터뷰 5: 개발자 또는 테스터

문제: 개발자와 테스터 중 누가 제이유닛을 사용해야 할까요?

풀이법: 제이유닛은 보통 개발자가 자바로 단위 테스트를 작성할 때 사용합니다. 단위 테스트 작성은 애플리케이션 코드를 테스트하는 코딩 과정입니다. 제이유닛은 엄밀히 말하면 테스트 과정이 아니라 코딩 과정에 포함됩니다. 그러나 테스터도 얼마든지 단위 테스트를 작성하는 목적으로 제이유닛을 배우고 사용할 수 있습니다.

18.2.6 기술 인터뷰 6: 제이유닛 확장 기능

문제: 알고 있거나 사용하고 있는 유용한 제이유닛 확장 기능이 있나요?

풀이법: 가장 널리 쓰이는 제이유닛 확장 기능은 웹 애플리케이션을 테스트하는 자바 기반 테스트 프레임워크인 제이웹유닛(WebUnit), XML을 테스트하는 단일 제이유닛 확장 클래스인 XML유닛(XMLUnit), 서버 측 자바 코드를 테스트하는 간단한 테스트 프레임워크인 캐터스(cactus)와 모킹 프레임워크인 목오브젝트(MockObject)입니다. 각각을 조금씩 언급하는 것이 좋습니다.

18.2.7 기술 인터뷰 7: @Before* 및 @After* 애너테이션

문제: @Before*/@After* 애너테이션에 관해 아는 내용이나 사용한 경험이 있나요?

풀이법: 제이유닛 4에는 @Before, @BeforeClass, @After, @AfterClass 애너테이션이 있습니다.

@Before 애너테이션은 각 테스트 전에 실행할 메서드에 사용합니다. 이 애너테이션은 테스트를 실행하기 전에 일련의 코드를 실행할 때 유용합니다. 예를 들어 테스트 전에 몇 가지 초기화를 수행해야 할 수 있습니다. 반대로 각 테스트 후에 실행해야 하는 메서드가 있다면 @After 애너테이션을 사용합니다.

모든 테스트 전에 한 번만 실행해야 하는 메서드에는 @BeforeClass 애너테이션을 사용합니다. 이때 해당 메서드는 static 메서드여야 합니다. 이 애너테이션은 데이터베이스 연결 등 전역적이고 값비싼 설정에 유용합니다.

모든 테스트가 완료된 후 실행해야 하는 메서드가 있는 경우에는 @AfterClass 애너테이션을 사용합니다.

코드 18-7 18/junit4/JUnit4BeforeAfterAnnotations/src/test/java/coding/challenge/test/BeforeAfterTest.java

```java
@RunWith(JUnit4.class)
public class BeforeAfterTest {
    private static final Logger log
      = Logger.getLogger(BeforeAfterTest.class.getName());

    @BeforeClass
    public static void setup() {
        log.info(
          "Run only once before running all tests (allocate global resources)");
    }

    @AfterClass
    public static void tearDown() {
        log.info("Run only once after running all tests (release global resources)");
    }

    @Before
    public void init() {
        log.info("Run before each test (init test)");
    }
```

```
    @After
    public void done() {
        log.info("Run after each test (cleanup after test)");
    }

    @Test
    public void test1() {
        log.info("Execute test1() ...");
    }

    @Test
    public void test2() {
        log.info("Execute test2() ...");
    }

    @Test
    public void test3() {
        log.info("Execute test3() ...");
    }
}
```

한편 제이유닛 5부터 @Before와 @BeforeClass는 명칭의 모호함에 따른 혼란스러움을 해소하고자 애너테이션의 이름을 더욱 알기 쉽도록 변경했습니다. 그에 따라 @Before는 @BeforeEach로, @BeforeClass는 @BeforeAll로 바뀌었습니다.

다음 코드를 살펴보기 바랍니다.

코드 18-8 18/junit5/JUnit5BeforeAfterAnnotations/src/test/java/coding/challenge/test/BeforeAfterTest.java

```
@RunWith(JUnitPlatform.class)
public class BeforeAfterTest {
    private static final Logger log
        = Logger.getLogger(BeforeAfterTest.class.getName());

    @BeforeAll
    public static void setup() {
        log.info(
            "Run only once before running all tests (allocate global resources)");
    }
```

```
@AfterAll
public static void tearDown() {
    log.info("Run only once after running all tests (release global resources)");
}

@BeforeEach
public void init() {
    log.info("Run before each test (init test)");
}

@AfterEach
public void done() {
    log.info("Run after each test (cleanup after test)");
}

@Test
public void test1() {
    log.info("Execute test1() ...");
}

@Test
public void test2() {
    log.info("Execute test2() ...");
}

@Test
public void test3() {
    log.info("Execute test3() ...");
}
}
```

18.2.8 기술 인터뷰 8: 모킹과 스텁

문제: 모킹과 스텁stubbing이 무엇인가요?

풀이법: 모킹은 실제 객체를 모의/모방하는 객체를 만들 때 사용하는 기술입니다. 이러한 객체는 미리 프로그래밍(또는 사전 설정, 사전 구성)할 수 있으며 호출되었는지 여부를 확인할 수 있습니다. 가장 널리 쓰이는 모킹 프레임워크에는 모키토Mockito와 이지목EasyMock이 있습니다.

스텁은 호출되었는지 여부를 확인할 수 없다는 점을 제외하면 모킹과 동일한 기능을 제공합니다. 특정 입력이 들어오면 특정 출력을 내보내도록 미리 구성할 수 있습니다.

18.2.9 기술 인터뷰 9: 테스트 스위트

문제: 테스트 스위트^{test suite}란 무엇인가요?

풀이법: 여러 테스트 클래스와 패키지에 나뉜 테스트를 함께 실행되도록 묶어주는 개념입니다. 제이유닛 4에서는 org.junit.runners.Suite라는 러너(클래스)와 @SuiteClasses(...) 애너테이션으로 테스트 스위트를 정의할 수 있습니다. 예를 들어 다음에 소개하는 코드는 세 가지 다른 테스트(TestConnect.class, TestHeartbeat.class, TestDisconnect.class)를 묶는 테스트 스위트입니다.

코드 18-9 18/junit4/JUnit4TestSuite/src/test/java/coding/challenge/test/TestSuite.java

```
@RunWith(Suite.class)
@Suite.SuiteClasses({
    TestConnect.class,
    TestHeartbeat.class,
    TestDisconnect.class
})

public class TestSuite {
    // 이 클래스는 빈 클래스입니다.
}
```

한편 제이유닛 5에서는 @SelectPackages와 @SelectClasses 애너테이션으로 테스트 스위트를 정의할 수 있습니다. @SelectPackages 애너테이션은 서로 다른 패키지의 테스트를 묶을 때 유용합니다. 다음 예제와 같이 패키지 이름을 지정하기만 하면 됩니다.

코드 18-10 18/junit5/JUnit5TestSuite/src/test/java/coding/challenge/login/test/TestLoginSuite.java

```
@RunWith(JUnitPlatform.class)
@SuiteDisplayName("TEST LOGIN AND CONNECTION")
@SelectPackages({
    "coding.challenge.connection.test",
    "coding.challenge.login.test"
})
```

```
public class TestLoginSuite {
    // 이 클래스는 빈 클래스입니다.
}
```

@SelectClasses 애너테이션은 클래스 이름으로 테스트를 묶을 때 유용합니다.

코드 18-11 18/junit5/JUnit5TestSuite/src/test/java/coding/challenge/connection/test/
TestConnectionSuite.java

```
@RunWith(JUnitPlatform.class)
@SuiteDisplayName("TEST CONNECTION")
@SelectClasses({
    TestConnect.class,
    TestHeartbeat.class,
    TestDisconnect.class
})

public class TestConnectionSuite {
    // 이 클래스는 빈 클래스입니다.
}
```

또한 다음 애너테이션으로 테스트 패키지, 클래스, 메서드를 필터링할 수 있습니다.

- **패키지 필터링**: @IncludePackages, @ExcludePackages

- **테스트 클래스 필터링**: @IncludeClassNamePatterns, @ExcludeClassNamePatterns

- **테스트 메서드 필터링**: @IncludeTags, @ExcludeTags

18.2.10 기술 인터뷰 10: 테스트 메서드 무시

문제: 테스트를 무시하는 방법은 무엇인가요?

풀이법: 제이유닛 4에서는 @Ignore 애너테이션으로 테스트 메서드를 지정하여 테스트 메서드를 무시할 수 있습니다. 제이유닛 5에서는 @Disable 애너테이션으로 같은 작업을 수행할 수 있습니다.

미리 몇 가지 테스트를 작성한 상태에서 특정 테스트를 실행하지 않고 현재 테스트를 실행할 때 테스트 메서드를 무시하는 기능이 유용합니다.

18.2.11 기술 인터뷰 11: 가정문

문제: 가정문^{assumption}이란 무엇인가요?

풀이법: 가정문은 지정된 조건을 만족하면 테스트를 실행합니다. 일반적으로 테스트가 제대로 실행되는 데 필요하지만, 통제할 수 없거나 테스트 대상과 직접 관련이 없는 외부 조건을 처리할 때도 가정문을 사용합니다.

제이유닛 4에서 가정문은 org.junit.Assume 패키지에 속한 static 메서드입니다. 가정문 중에 assumeThat, assumeTrue, assumeFalse 메서드가 있습니다. 다음 코드는 assumeThat 메서드를 사용한 예제입니다.

코드 18-12 18/junit4/JUnit4Assumptions/src/test/java/coding/challenge/test/AssumptionsTest.java

```java
@Test
public void givenFolderWhenGetAbsolutePathThenSuccess() {
    assumeThat(File.separatorChar, is('/'));
    assertThat(new File(".").getAbsolutePath(),
      is("D:/GitHub/dybooksIT/java-coding-interview/18/junit4 "));
}
```

assumeThat 메서드가 주어진 조건을 충족하지 않으면 테스트를 건너뜁니다.

제이유닛 5에서 가정문은 org.junit.jupiter.api.Assumptions 패키지에 속한 static 메서드입니다. 가정문 중에 assumeThat, assumeTrue, assumeFalse 메서드가 있습니다. 다음 코드는 assumeThat 메서드를 사용한 예제입니다.

코드 18-13 18/junit5/JUnit5Assumptions/src/test/java/coding/challenge/test/AssumptionsTest.java

```java
@Test
public void givenFolderWhenGetAbsolutePathThenSuccess() {
    assumingThat(File.separatorChar == '/',
        () -> {
            assertThat(new File(".").getAbsolutePath(),
                is("D:/GitHub/dybooksIT/java-coding-interview/18/junit5"));
        });

    // 일반 테스트와 마찬가지로 항상 이 어셔션(assertion)을 실행합니다.
    assertTrue(true);
}
```

테스트 메서드(assumeThat)는 조건이 충족되는 경우에만 조건의 유효성에 관계없이 람다 이후의 모든 코드가 실행됩니다.

18.2.12 기술 인터뷰 12: @Rule

문제: @Rule이 무엇인가요?

풀이법: 제이유닛은 소위 규칙^{rule}으로 높은 수준의 유연성을 제공합니다. 규칙을 사용하면 객체(코드)를 생성 및 분리하고 여러 테스트 클래스에서 이 코드를 재사용할 수 있습니다. 주로 재사용 가능한 규칙으로 테스트를 개선합니다. 제이유닛은 내장 규칙과 사용자 지정 규칙을 작성할 때 사용할 수 있는 API를 제공합니다.

18.2.13 기술 인터뷰 13: 테스트 메서드의 반환형

문제: 제이유닛 테스트 메서드에서 void가 아닌 다른 값을 반환할 수 있나요?

풀이법: 네! 테스트 메서드의 반환형을 void가 아닌 다른 타입으로 변경할 수는 있습니다. 하지만 제이유닛은 메서드의 반환형이 void가 아니면 테스트 메서드로 인식하지 않으므로 테스트 실행 중에 무시됩니다.

18.2.14 기술 인터뷰 14: 동적 테스트

문제: 제이유닛에서 동적 테스트(런타임에 생성된 테스트)를 작성할 수 있나요?

풀이법: 제이유닛 5 이전까지의 모든 테스트는 정적이었습니다. 즉, @Test 애너테이션이 달린 모든 테스트는 컴파일 시간에 완전히 정의된 정적 테스트였습니다. 제이유닛 5에서는 런타임에 생성되는 동적 테스트를 도입했습니다.

@TestFactory 애너테이션을 사용한 팩토리 메서드에서 동적 테스트를 생성합니다. 이러한 메서드는 DynamicTest 인스턴스의 Iterable, Collection, Stream을 반환할 수 있습니다. 팩토리 메서드는 @Test 애너테이션이 없으며 private이나 static이 아닙니다.

또한 동적 테스트는 생명 주기 콜백을 활용할 수 없습니다. 예를 들어 @BeforeEach 애너테이션이나 @AfterEach 애너테이션을 무시합니다. 간단한 예를 살펴보겠습니다.

```
16  @TestFactory
17  Stream<DynamicTest> dynamicTestsExample() {
18      List<Integer> items = Arrays.asList(1, 2, 3, 4, 5);
19
20      List<DynamicTest> dynamicTests = new ArrayList<>();
21
22      for (int item : items) {
23          DynamicTest dynamicTest = dynamicTest(
24            "pow(" + item + ", 2):", () -> {
25                assertEquals(item * item, Math.pow(item, 2));
26          });
27
28          dynamicTests.add(dynamicTest);
29      }
30
31      return dynamicTests.stream();
32  }
```

이제 주요 코드 행을 살펴보겠습니다.

- **16행**: @TestFactory 애너테이션을 사용하여 제이유닛 5에 해당 메서드가 동적 테스트를 위한 팩토리 메서드임을 알립니다.

- **17행**: 팩토리 메서드는 Stream<DynamicTest>를 반환합니다.

- **18행**: 테스트의 입력은 정수 리스트입니다. 정수별로 동적 테스트를 생성합니다.

- **20행**: List<DynamicTest>를 정의합니다. 이 리스트에 생성된 각 테스트를 추가합니다.

- **22~26행**: 정수별로 테스트를 생성합니다. 각 테스트에는 필수 가정문이 포함된 람다식과 이름이 있습니다.

- **28행**: 생성된 테스트를 적절한 리스트에 추가합니다.

- **31행**: 테스트 스트림을 반환합니다.

이 테스트 팩토리를 실행하면 5개의 테스트가 생성됩니다.

18.2.15 기술 인터뷰 15: 중첩 테스트

문제: 제이유닛 5에서 중첩 테스트를 작성할 수 있나요?

풀이법: 네! 작성할 수 있습니다. 제이유닛 5는 @Nested 애너테이션으로 중첩 테스트를 지원하며 실제로 중첩된 테스트 클래스 계층을 생성할 수 있습니다. 이 계층 구조에는 설정^{setup}, 해제^{teardown}, 테스트와 관련된 메서드를 포함할 수 있습니다. 이때 다음과 같은 몇 가지 규칙을 준수해야 합니다.

- 중첩 테스트 클래스는 @Nested 애너테이션으로 명시합니다.
- 중첩 테스트 클래스는 static이 아닌 내부 클래스입니다.
- 중첩 테스트 클래스에는 @BeforeEach 메서드, @AfterEach 메서드, 테스트 관련 메서드를 포함할 수 있습니다.
- static 멤버는 내부 클래스에서 사용할 수 없습니다. 즉, @BeforeAll와 @AfterAll 메서드는 중첩 테스트에서 사용할 수 없습니다.
- 클래스 계층 구조의 깊이는 제한이 없습니다.

다음은 중첩 테스트의 예제 코드입니다.

코드 18-15 18/junit5/NestedTests/src/test/java/coding/challenge/test/NestedTest.java

```java
@RunWith(JUnitPlatform.class)
public class NestedTest {
    private static final Logger log = Logger.getLogger(NestedTest.class.getName());

    // 중간 생략

    @DisplayName("Test 1 - not nested")
    @Test
    void test1() {
        log.info("Execute test1() ...");
    }

    @Nested
    @DisplayName("Running tests nested in class A")
    class A {
        @BeforeEach
```

```
        void beforeEach() {
            System.out.println("Before each test method of the A class");
        }


        @AfterEach
        void afterEach() {
            System.out.println("After each test method of the A class");
        }

        @Test
        @DisplayName("Test2 - nested in class A")
        void test2() {
            log.info("Execute test2() ...");
        }

        // class B 부분 생략
    }
}
```

18.3 마치며

18장에서는 제이유닛 4 및 제이유닛 5에서의 단위 테스트를 다루는 몇 가지 인기 있는 기술 인터뷰 주제를 살펴보았습니다. 단위 테스트 주제는 가볍게 여기기 쉽지만 중요하게 생각하는 것이 좋습니다. 자바 개발자 또는 소프트웨어 엔지니어 직군을 뽑는 인터뷰에서는 보통 마지막에 테스트와 관련된 몇 가지 질문을 하는 경우가 많으며, 이때 단위 테스트 및 제이유닛과 관련해 질문할 확률이 높습니다.

19장에서는 확장성을 설명하고 확장성에 관한 인터뷰 질문을 살펴보겠습니다.

Chapter

19

시스템 확장성

확장성은 웹 애플리케이션이 성공하는 데 필요한 가장 중요한 요구사항입니다. 애플리케이션의 확장성은 전체 시스템 아키텍처에 따라 다르므로, 프로젝트를 구축할 때부터 확장성을 염두에 두는 것이 가장 좋습니다. 여러분의 비즈니스가 성공하면 그만큼 트래픽 부하가 커져서 확장성이 뛰어난 애플리케이션이 필요한 때가 올 것입니다. 그때 '확장성을 염두에 두고 프로젝트를 구축하길 잘했다'라는 생각이 들 것입니다.

웹 기술과 비즈니스가 성장하면서 확장 가능한 애플리케이션을 설계하고 구축하는 작업도 더 중요해지고 있습니다. 19장에서는 웹 애플리케이션 소프트웨어 아키텍트, 자바 아키텍트, 소프트웨어 엔지니어 초중급 경력자가 기술 인터뷰에서 받을 수 있는 모든 확장성 관련 질문을 다룹니다. 단, 여러분이 소프트웨어 아키텍처 및 디자인과 관련 없는 직군에 지원하고자 한다면, 기술 인터뷰에서 확장성 질문은 나오지 않을 것입니다.

19장에서 다루는 주제는 다음과 같습니다. 그럼 시작하겠습니다!

- 확장성의 개요
- 기술 인터뷰 질문과 모범 답변

19.1 확장성의 개요

면접관이 할 만한 질문 중 가장 예측하기 쉬우면서도 중요한 질문은 '확장성이란 무엇인가요?' 입니다. 확장성은 리소스(보통 하드웨어)를 추가할 때 증가하는 작업량에 대처하는 프로세스(시스템, 네트워크, 애플리케이션)의 능력을 의미합니다. 여기서 작업량이란 트래픽, 스토리지 용량, 최대 트랜잭션 수와 같이 시스템을 한계에 이르게 하는 모든 요소를 의미합니다.

확장성은 시스템의 성능 향상과 사용되는 자원 증가 사이의 비율로 표현할 수 있습니다. 또한 주 노드의 구조에 영향을 미치거나 수정하지 않으면서 리소스를 추가할 수 있는 능력을 의미합니다. 더 많은 리소스를 추가해도 성능이 조금밖에 개선되지 않거나, 더 나쁜 경우 리소스를 늘려도 성능에 영향을 주지 않으면 이른바 확장성 저하 문제에 직면합니다.

그렇다면 '확장성 고려'라는 목표를 어떻게 달성할 수 있을까요? 확장성이 무엇인지 물어보는 인터뷰라면 이 질문도 나오기 마련입니다. 일반적이고 포괄적이면서 시간이 오래 걸리지 않는 답변을 하는 것이 가장 좋습니다. 답변에서 다루어야 할 주요 사항은 다음과 같습니다.

- **12 팩터 활용하기**

  12 팩터[factor] 앱(https://12factor.net/ko/)에서 소개하는 방법론은 프로그래밍 언어와 무관하며 유연하고 확장 가능한 애플리케이션을 제공할 때 매우 유용합니다.

- **현명하게 영속 계층 구현하기**

  애플리케이션에 적합한 데이터베이스를 선택하고 가장 최적화된 스키마를 개발하는 것부터 영속 계층[persistence layer]을 확장하는 기술(예를 들어 클러스터링, 복제[replication], 샤딩[sharding] 등)을 완벽히 숙지하는 것까지, 모두 주의 깊게 살펴봐야 할 확장성의 핵심입니다.

- **쿼리 과소평가하지 않기**

  데이터베이스 쿼리는 짧은 트랜잭션을 확보하는 핵심 요소입니다. 확장성을 높이려면 연결 풀을 이용하고 쿼리를 잘 최적화해야 합니다. 예를 들어 노드 사이의 조인[join]은 성능을 빠르게 저하시킬 수 있으니 주의하세요.

- **호스팅 및 도구 선택하기**

  코드뿐만 아니라 인프라도 확장성에 중요한 영향을 줍니다! 많은 클라우드 서비스(AWS 등)는 자동 확장 및 전용 도구인 도커[docker], 쿠버네티스[kubernetes] 등을 제공합니다.

- **부하분산과 역방향 프록시 고려하기**

  언젠가는 단일 서버에서 다중 서버 아키텍처로 전환해야 합니다. (AWS 등) 클라우드 인프라에 애플리케이션을 구축하면 다중 서버 아키텍처 환경을 몇 가지 설정으로 쉽게 제공할 수 있습니다. 대부분의 클라우드 서비스 벤더는 부하분산[load balancing]과 역방향 프록시[reverse proxying]를 즉시 사용할 수 있는 기능으로 제공합니다. 이러한 기능을 제공하지 않는 인프라에서는 단일 서버에서 다중 서버로 변환하는 방법을 고민해야 합니다.

- **캐싱**

  애플리케이션을 확장하면서 새로운 캐싱 전략, 토폴로지[topology] 및 도구를 고민하세요.

- **백엔드에게 자유를**

  백엔드에서 프런트엔드로 최대한 많은 계산을 넘기세요. 이렇게 하면 백엔드의 어깨에서 무거운 짐을 좀 덜어줄 수 있습니다.

- **테스트 및 모니터링**

  코드를 테스트하고 모니터링하면 문제를 가능한 한 빨리 발견할 수 있습니다.

이 외에도 논의할 점은 많지만, 이 정도면 면접관이 충분히 만족하고 다음 단계 면접을 진행할 것입니다.

19.2 기술 인터뷰

이 절에서는 초중급 경력자가 확장성 인터뷰에서 반드시 알아야 하는 15가지 기술 인터뷰 질문과 모범 답변을 살펴보겠습니다.

19.2.1 기술 인터뷰 1: 확장 유형

문제: 스케일 업^{scaling up}과 스케일 아웃^{scaling out}이란 무엇인가요?

풀이법: 스케일 업(또는 수직적 확장)은 기존 시스템에 더 많은 리소스를 추가하여 처리 속도를 높이고 작업량을 늘리는 방법입니다. 리소스별로 더 많은 스토리지, 더 빠른 메모리, 더 많은 네트워크, 더 많은 스레드, 더 많은 연결, 더 강력한 호스트, 더 많은 캐싱 등을 추가합니다.

새 리소스가 추가되면 애플리케이션은 서비스 수준 협약^{Service Level Agreement, SLA}[1]을 준수할 수 있어야 합니다. 오늘날 클라우드 서비스는 매우 빠르고 효율적으로 스케일 업을 지원할 수 있습니다. AWS, 애저^{Azure}, 오라클^{Oracle}, 헤로쿠^{Heroku}, 구글 클라우드^{Google Cloud} 등과 같은 클라우드 서비스는 단 몇 분 만에 임곗값을 변경하여 더 많은 리소스를 자동으로 할당할 수 있습니다. 트래픽이 감소하면 AWS는 추가 리소스를 비활성화할 수 있습니다. 이렇게 하면 사용한 만큼만 비용을 지불할 수 있습니다.

스케일 아웃(또는 수평적 확장)은 일반적으로 분산 아키텍처와 관련이 있습니다. 스케일 아웃에는 다음과 같은 두 가지 기본 형태가 있습니다.

- 사전 패키지된 인프라/노드 블록(예를 들어 하이퍼 컨버지드^{hyper-converged})에 더 많은 인프라 용량을 추가합니다.
- 고객의 정보를 수집할 수 있는 독립적인 분산 서비스를 사용합니다.

일반적으로 스케일 아웃은 현재 사용하는 것과 같거나 호환되는 서버 또는 CPU를 추가하여 수행합니다. 스케일 아웃으로 서비스 공급자는 고객에게 확장에 따른 추가 요금을 청구하는 방식으로 인프라와 서비스를 쉽게 제공할 수 있습니다. 스케일 아웃은 무언가 추가하거나 다시 빌드할 필요가 없기 때문에 확장이 매우 빠르게 수행됩니다. 다만 확장 속도는 서버가 통신할 수 있는 속도에 의해 제한됩니다.

---

[1] 옮긴이: 서비스 수준 협약(SLA)이란 공급자와 소비자가 합의한 서비스 수준(측정 지표와 목표 등)을 의미합니다.

AWS와 같은 클라우드 서비스는 단 몇 분 만에 임곗값을 변경하여 더 많은 인프라를 자동으로 할당할 수 있습니다. 트래픽이 적을 때 AWS는 이러한 추가 인프라를 비활성화할 수 있습니다. 이렇게 하면 사용한 만큼만 비용을 지불할 수 있습니다.

일반적으로 스케일 업은 스케일 아웃보다 더 성능이 좋습니다.

19.2.2 기술 인터뷰 2: 고가용성

문제: 고가용성^{high availability}이란 무엇인가요?

풀이법: 고가용성 및 짧은 지연시간^{low latency}은 수많은 비즈니스에서 가장 중요한 필수 요인입니다. 고가용성은 보통 특정 연도의 가동 시간 비율로 표시하며, 사용자가 중단 없이 애플리케이션을 사용할 수 있을 때(연간 시간의 99.9%를 달성했을 때) '가용성이 높다'고 합니다. 보통 클러스터링으로 가용성을 높일 수 있습니다.

19.2.3 기술 인터뷰 3: 짧은 지연시간

문제: 짧은 지연시간이란 무엇인가요?

풀이법: 짧은 지연시간은 최소한의 지연 또는 대기 시간으로 매우 많은 양의 데이터를 처리하고 관리하도록 최적화된 컴퓨터 네트워크를 나타내는 용어입니다. 이러한 네트워크는 거의 실시간 데이터 처리가 가능하도록 설계 및 구축됩니다.

19.2.4 기술 인터뷰 4: 클러스터링

문제: 클러스터란 무엇이며, 클러스터링이 필요한 이유는 무엇인가요?

풀이법: 클러스터는 애플리케이션을 개별 실행할 수 있는 시스템 그룹입니다. 애플리케이션 서버 클러스터, 데이터베이스 서버 클러스터와 같이 사용할 수 있습니다. 클러스터가 있으면 클러스터 머신 중 하나에 문제가 생겨도 서비스를 사용할 수 없을 가능성이 크게 줍니다. 즉, 클러스터링의 주 목적은 가용성 100%, 서비스 중단 시간 0(고가용성)의 달성입니다. 물론 모든 클러스터 시스템이 동시에 문제가 생길 가능성도 있지만, 시스템이 서로 다른 곳에 있거나 자체 리소스로 지원되면 모든 클러스터 시스템이 동시에 문제가 생기는 상황을 막을 수 있습니다.

19.2.5 기술 인터뷰 5: 지연시간, 대역폭, 처리량

문제: 지연시간, 대역폭, 처리량이란 무엇인가요?

풀이법: 인터뷰 중에 이러한 개념을 설명하는 가장 좋은 방법은 다음 그림과 같이 튜브에 비유하는 것입니다.

그림 19-1 지연시간, 대역폭과 처리량

지연시간은 튜브를 통과하는 데 걸리는 시간을 나타냅니다. 튜브의 길이를 직접적으로 나타내는 값은 아니지만, 튜브 길이를 이용한 함수로 측정합니다. 대역폭은 튜브의 너비이며 처리량은 튜브에 흐르는 물의 양입니다.

19.2.6 기술 인터뷰 6: 부하분산

문제: 부하분산이란 무엇인가요?

풀이법: 부하분산은 여러 시스템 또는 클러스터에 처리량을 분산할 때 사용하는 기술입니다. 부하분산에 사용하는 알고리즘은 라운드 로빈round robin, 고정 세션sticky session(또는 세션 선호도 session affinity) 및 IP 주소 선호도가 있습니다. 가장 일반적이고 간단한 알고리즘은 라운드 로빈으로, 작업 부하를 순환 순서로 나누어 사용 가능한 모든 시스템이 동일한 수의 요청을 받고 그중 어느 것도 오버로드되거나 언더로드되지 않도록 합니다.

예를 들어 다음에 소개하는 그림은 일반적인 마스터-슬레이브master-slave 아키텍처에서 부하분산 장치load balancer(LB)의 위치를 나타낸 것입니다.

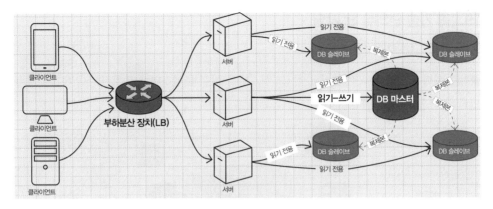

그림 19-2 마스터-슬레이브 아키텍처의 부하분산 장치

부하분산은 작업을 시스템에 분산하여 최대 처리량과 응답 시간을 달성하고자 노력합니다.

19.2.7 기술 인터뷰 7: 고정 세션

문제: 고정 세션(또는 세션 선호도)이란 무엇인가요?

풀이법: 부하분산 장치에서 사용하는 개념입니다. 사용자 정보는 일반적으로 세션에 저장되며 세션은 클러스터의 모든 머신에 복제됩니다. 그러나 특정 사용자 세션을 요청받은 머신과 같은 머신에서 사용자 세션을 제공하면 세션 복제('기술 인터뷰 11' 참고)를 막을 수 있습니다.

특정 사용자 세션을 요청받은 머신과 동일한 머신에서 사용자 세션을 제공하려면 세션을 시스템과 연결해야 합니다. 세션이 생성될 때 시스템과 연결할 수 있습니다. 이 세션에 대한 모든 수신 요청은 항상 연결된 시스템으로 리다이렉트^{redirect}됩니다. 사용자 데이터는 해당 컴퓨터에만 있습니다.

자바에서 고정 세션은 보통 jsessionid 쿠키로 구현합니다. 첫 번째 요청에서 쿠키가 클라이언트로 전송됩니다. 이후 클라이언트의 요청에는 쿠키가 포함됩니다. 이러한 방식으로 쿠키는 세션을 식별합니다.

고정 세션 접근법의 가장 큰 단점은 시스템에 문제가 발생하면 사용자 정보가 손실되고 해당 세션을 복구할 수 없다는 것입니다. 클라이언트의 웹 브라우저가 쿠키를 지원하지 않거나 쿠키가 비활성화된 경우, 쿠키로 고정 세션을 구현할 수 없습니다.

19.2.8 기술 인터뷰 8: 샤딩

문제: 샤딩이란 무엇인가요?

풀이법: 샤딩은 단일 논리적 데이터베이스 시스템을 머신 클러스터에 분배하는 아키텍처 기술입니다. 다음 그림을 살펴보세요.

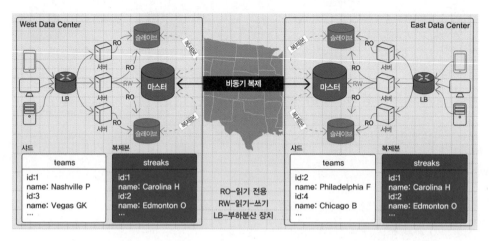

그림 19-3 샤딩

[그림 19-3]에서 볼 수 있듯이 샤딩은 데이터베이스 스키마의 수평적 분할을 의미합니다. 즉, 데이터베이스 테이블을 열로 나누지 않고 행으로 나누어 저장합니다. 예를 들어 [그림 19-3]에서 서쪽 데이터 센터^{West Data Center}는 아이스하키팀 테이블의 홀수 행(id: 1, id: 3, ...)을, 동쪽 데이터 센터^{East Data Center}는 아이스하키팀 테이블의 짝수 행(id: 2, id: 4, ...)을 저장합니다. 참고로 테이블을 열로 분할하는 것을 '정규화' 및 '수직적 분할'이라고 합니다.

테이블을 분할한 각 파티션을 **샤드**^{shard}라고 합니다. [그림 19-3]에서 볼 수 있듯이 각 샤드는 물리적 위치가 다르거나 별도의 데이터베이스 서버에 독립적으로 위치할 수 있습니다.

샤딩의 목표는 데이터베이스 시스템의 확장성을 높이는 것입니다. 각 샤드의 행 수가 적으면 인덱스 크기가 줄어들고 조회/검색 작업의 성능이 향상합니다.

샤딩의 단점은 다음과 같습니다.

- 애플리케이션이 데이터의 위치를 알아야 합니다.
- 시스템에서 노드를 추가/삭제하려면 시스템을 재조정해야 합니다.
- 노드 사이의 조인 쿼리는 성능 저하를 일으킵니다.

19.2.9 기술 인터뷰 9: 비공유 아키텍처

문제: 비공유 아키텍처^{shared-nothing architecture}란 무엇인가요?

풀이법: 비공유 아키텍처(또는 SN)는 각 노드가 독립적이고 자율성을 가지는 분산 컴퓨팅 기술입니다. 또한 시스템 전체에 걸쳐 노드 사이의 경합 지점이 전혀 없습니다.

비공유 아키텍처의 주요 특징은 다음과 같습니다.

- 노드는 독립적으로 작동합니다.
- 노드 사이에 리소스(메모리, 파일 등)를 공유하지 않습니다.
- 노드에 장애가 발생하면 해당 사용자에게만 영향을 주고 다른 노드는 계속 작동합니다.

비공유 아키텍처는 선형적이고, 이론적으로 무한한 확장성을 가지므로 인기가 많습니다. 구글은 비공유 아키텍처를 활용하는 대표적인 회사입니다.

19.2.10 기술 인터뷰 10: 장애 극복 기능

문제: 장애 극복 기능^{failover}이란 무엇인가요?

풀이법: 장애 극복 기능은 시스템 중 하나에 장애가 발생했을 때 클러스터에 있는 다른 시스템으로 전환하여 고가용성을 달성할 때 사용하는 기술입니다. 장애 극복 기능은 보통 부하분산 장치에서 하트비트^{heartbeat} 확인 메커니즘으로 자동 적용됩니다. 부하분산 장치에서 머신이 응답하는지 확인하여 머신의 가용성을 확인합니다. 머신의 하트비트에 문제가 발생하면(즉, 머신이 응답하지 않으면) 부하분산 장치는 해당 머신으로 요청을 보내지 않고 클러스터에 있는 다른 머신으로 요청을 리다이렉트합니다.

19.2.11 기술 인터뷰 11: 세션 복제

문제: 세션 복제란 무엇인가요?

풀이법: 세션 복제는 일반적으로 세션 장애 극복 기능을 목표로 하는 애플리케이션 서버 클러스터에서 발생하며, 사용자가 현재 세션을 변경할 때마다 적용됩니다. 사용자 세션은 주로 클러스터에 있는 다른 시스템으로 자동 복제됩니다. 이렇게 하면 시스템에 장애가 발생할 때 부하분산 장치가 수신한 요청을 클러스터에 있는 다른 시스템으로 보냅니다. 클러스터의 모든

머신에는 사용자 세션의 복사본이 있으므로, 부하분산 장치는 이러한 머신 중 하나를 선택할 수 있습니다.

세션 복제는 세션 장애 극복 기능을 제공하지만, 메모리 및 네트워크 대역폭 측면에서 추가 비용이 발생할 수 있습니다.

19.2.12 기술 인터뷰 12: CAP 정리

문제: CAP 정리[CAP theorem]란 무엇인가요?

풀이법: 에릭 브루어[Eric Brewer]가 제시한 CAP 정리는 분산 컴퓨팅에 특화한 개념입니다. 이 정리에 따르면 분산 컴퓨터 시스템은 다음 세 가지 기능 중 두 가지만 동시에 제공할 수 있습니다. 즉, 다음 세 가지 기능을 모두 만족하는 분산 컴퓨터 시스템이 존재하지 않습니다.

- **일관성**[consistency]: 모든 노드가 동시에 업데이트될 수 있습니다.
- **가용성**[availability]: 모든 요청이 성공 또는 실패 응답을 받습니다.
- **분할내성**[partition tolerance]: 시스템 일부에 오류가 발생해도 시스템이 계속 동작합니다.

다음은 CAP 정리를 나타낸 그림입니다. 구글, 페이스북 및 아마존과 같은 회사는 CAP 정리를 사용하여 애플리케이션 아키텍처를 결정합니다.

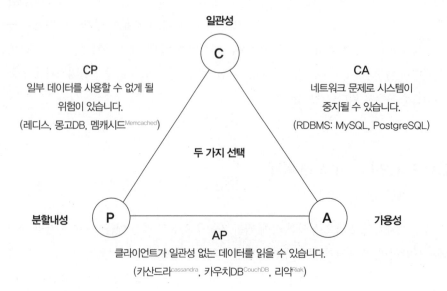

그림 19-4 CAP 정리

19.2.13 기술 인터뷰 13: 소셜 네트워크

문제: 페이스북과 같은 소셜 네트워크의 데이터 구조를 어떻게 설계하시겠습니까? 두 사람 사이의 최단 경로를 표시하는 알고리즘을 설명하세요. 예를 들어 톰 → 앨리스 → 메리 → 캘리와 같은 경로를 표시하세요.

풀이법: 소셜 네트워크는 보통 '그래프'로 설계합니다. 설계한 결과는 매우 큰 그래프로 표현됩니다. 다음은 구글 이미지에서 소셜 네트워크 그래프social network graph를 검색한 결과의 일부를 나타낸 그림입니다.

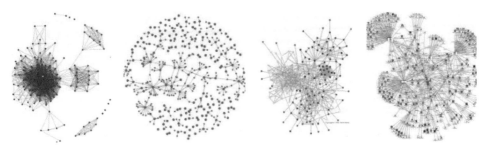

그림 19-5 소셜 네트워크 그래프

앞 그림에서 두 사람 사이의 경로를 찾는 것은 소셜 네트워크 그래프에서 두 사람 사이의 경로를 찾는 것과 같습니다. 즉, 이 문제는 거대한 그래프에서 두 노드 사이의 경로를 효율적으로 찾는 방법을 구하는 문제입니다.

한 사람에서부터 시작하여 그래프를 탐색하여 다른 사람을 찾을 수 있습니다. 그래프 순회 방법에는 너비 우선 탐색(BFS) 또는 깊이 우선 탐색(DFS)이 있습니다. 이 알고리즘을 자세히 알고 싶다면 13장을 확인해보세요.

깊이 우선 탐색은 매우 비효율적입니다. 깊이 우선 탐색은 두 사람이 나란히 위치한 상황에서도 수백만 개의 노드(사람)를 순회할 가능성이 있습니다. 따라서 너비 우선 탐색을 사용해야 합니다. 더 정확하게 말하자면 '양방향 너비 우선 탐색'을 사용하는 것이 좋습니다. 서로 반대 방향에서 오다가 어느 순간 교차하는 2개의 기차처럼, 사람 A(출발지)에서 출발하는 하나의 너비 우선 탐색과 사람 B(목적지)에서 출발하는 또 다른 너비 우선 탐색을 사용합니다. 두 탐색이 서로 만날 때가 A와 B 사이의 경로를 찾은 것입니다.

단방향 너비 우선 탐색을 사용하지 않는 이유는 무엇일까요? A에서 B를 찾아갈 때는 $p + p \times p$명의 사람을 가로지르기 때문입니다. 단방향 너비 우선 탐색은 주로 A의 친구 p명을 순회한 다음 각 친구의 친구 p명을 순회합니다. 이것은 길이가 q인 경로에 대해 단방향 너비 우선 탐색의 시간 복잡도가 $O(p^q)$라는 의미입니다.

반면에 양방향 너비 우선 탐색은 A의 친구 p명과 B의 친구 p명을 각각 순회하여 $2p$개의 노드를 순회합니다. 이는 길이가 q인 경로에 대해 양방향 너비 우선 탐색의 시간 복잡도가 $O(p^{q/2} + p^{q/2}) = O(p^{q/2})$임을 의미합니다. $O(p^{q/2})$가 $O(p^q)$보다 확실히 낮습니다. 예를 들어 1인당 100명의 친구가 있는 경로가 있다고 가정하겠습니다. 단방향 너비 우선 탐색은 1억(100^4) 개의 노드를 순회합니다. 양방향 너비 우선 탐색은 20,000개 노드(2×100^2)만 순회합니다.

A와 B를 연결하는 효율적인 방법 외에도 생각해야 할 문제가 많습니다. 데이터양이 너무 많아서 단일 시스템에 저장할 수 없는 상황일 때 사람의 수가 매우 많다면 어떻게 해야 할까요? 이때는 그래프(클러스터 등)를 여러 머신에 저장해야 합니다. 사용자 목록을 ID 목록으로 나타내면 샤딩으로 각 시스템에 일정한 범위의 ID를 나누어 저장할 수 있습니다. 이렇게 하는 경우 사람과 사람 사이의 경로를 찾아갈 때 순회하는 사람의 ID가 있는 머신을 먼저 찾아가야 합니다.

시스템 사이에서 무작위 점프를 많이 하는 경우 성능이 떨어집니다. 이러한 성능 저하를 완화하려면 국가, 도시, 주 등을 고려하여 시스템 사이에 사용자를 분배할 수 있습니다. 같은 국가의 사용자끼리 친구가 될 가능성이 높기 때문입니다.

면접관이 캐싱 사용과 관련된 질문을 할 수도 있습니다. 결과가 없는 검색을 중지하는 시점이 언제인지 또는 시스템이 실패할 경우 수행할 작업 등을 질문할 수 있습니다.

19.3 확장성에 관한 통찰력을 얻는 10가지 문제

19장의 분량 자체는 상대적으로 짧지만, 여기서 다루는 주제인 '확장성'은 사실 책 한 권을 쓸 수 있을 만큼 방대한 주제입니다. 즉, 앞에서 소개한 것과 같은 문제를 해결하기란 분명 쉽지 않습니다. 이러한 문제를 해결할 때 파생되는 다양한 질문과 문제가 있으므로 가능한 한 여러 가지 문제를 많이 찾고 명확하게 답변할 수 있도록 연습해야 합니다.

그래서 확장성에 대한 통찰력을 얻고 소프트웨어 엔지니어에 한 발 더 다가설 수 있는 도전 과제 10가지를 소개합니다. 정확한 답변이 있는 것은 아니니 지금까지 이 책에서 소개한 내용을 토대로 여러분이 직접 정리해보기 바랍니다.

19.3.1 URL 단축 서비스 설계

bitly, TinyURL, goo.gl과 같은 URL 단축 서비스를 설계할 때 해결해야 할 점에 관한 질문은 다음과 같습니다.

- 주어진 각 URL에 대해 고유 식별자(ID)를 어떻게 할당해야 할까요?
- 초당 수천 개 URL이 있을 때 대규모로 고유 식별자(ID)를 어떻게 생성해야 할까요?
- 리다이렉트를 어떻게 처리해야 할까요?
- 사용자 정의 단축 URL은 어떻게 처리해야 할까요?
- 만료된 URL을 어떻게 처리(삭제)해야 할까요?
- 통계(예를 들어 클릭 통계)를 어떻게 추적해야 할까요?

19.3.2 글로벌 동영상 스트리밍 서비스 설계

넷플릭스Netflix, 트위치Twitch, 유튜브YouTube와 같은 글로벌 동영상 스트리밍 서비스를 설계할 때 해결해야 할 점에 관한 질문은 다음과 같습니다.

- 많은 수의 동시 사용자를 수용(사용자가 데이터를 보고 공유)할 수 있도록 데이터를 저장하고 배포하는 방법은 무엇일까요?
- 사용자 통계(총 조회 수, 투표수 등)를 어떻게 추적해야 할까요?
- 사용자가 비디오에 댓글을 (가급적 실시간으로) 추가할 수 있는 방법은 무엇일까요?

19.3.3 글로벌 채팅 서비스 설계

왓츠앱WhatsApp, 페이스북 메신저와 같은 글로벌 채팅 서비스를 설계할 때 해결해야 할 점에 관한 질문은 다음과 같습니다.

- 사용자 사이의 일대일 대화나 회의, 그룹 채팅이나 회의를 어떻게 설계해야 할까요?
- 오프라인 사용자(인터넷에 연결되지 않은 사용자)를 어떻게 처리해야 할까요?
- 푸시 알림은 언제 보내야 할까요?
- 종단 간 암호화를 어떻게 지원해야 할까요?

19.3.4 게시판 서비스 및 소셜 네트워크 설계

레딧Reddit, 해커 뉴스HackerNews, 쿼라Quora, 보트Voat와 같은 게시판 서비스 및 소셜 네트워크를 설계할 때 해결해야 할 점에 관한 질문은 다음과 같습니다.

- 각 답변의 통계(총 조회 수, 투표 수 등)를 어떻게 추적해야 할까요?

- 사용자가 다른 사용자나 주제를 팔로우하도록 허용하는 방법은 무엇일까요?

- 사용자의 주요 질문으로 구성된 (뉴스피드 생성과 유사한) 타임라인을 어떻게 설계해야 할까요?

19.3.5 글로벌 파일 저장 및 공유 서비스 설계

구글 드라이브Google Drive, 구글 포토Google Photos, 드롭박스Dropbox와 같은 글로벌 파일 저장 및 공유 서비스를 설계할 때 해결해야 할 점에 관한 질문은 다음과 같습니다.

- 파일/사진 업로드, 검색, 보기, 공유와 같은 사용자 기능을 어떻게 설계할까요?

- 파일 공유 권한을 어떻게 추적할까요?

- 사용자 그룹이 동일한 문서를 편집하도록 허용하는 방법은 무엇일까요?

19.3.6 초대형 소셜 미디어 서비스 설계

트위터, 페이스북, 인스타그램과 같은 초대형 소셜 미디어 서비스를 설계할 때 해결해야 할 점에 관한 질문은 다음과 같습니다.

- 게시물/트윗을 어떻게 효율적으로 저장하고 검색할 수 있을까요?

- 뉴스피드 생성을 어떻게 구현해야 할까요?

- 소셜 그래프('기술 인터뷰 13' 참고)를 어떻게 처리해야 할까요?

19.3.7 차량 공유 서비스 설계

리프트Lyft, 우버Uber, 라이드오스틴RideAustin과 같은 차량 공유 서비스를 설계할 때 해결해야 할 점에 관한 질문은 다음과 같습니다.

- 주변 차량과 승차 요청을 어떻게 연결할 수 있나요?

- 지속해서 움직이는 운전자와 승객을 나타내는 수백만 개의 위치(지리 좌표)를 어떻게 저장해야 할까요?

- 운전자/승객의 위치를 어떻게 업데이트할까요? 매초 업데이트해야 할까요?

19.3.8 검색 엔진 관련 서비스 설계

검색어 자동 완성, 웹 크롤러와 같은 검색 엔진 관련 서비스를 설계할 때 해결해야 할 점에 관한 질문은 다음과 같습니다.

- 데이터를 새로고침 하는 방법은 무엇일까요?

- 이전 검색어를 어떻게 저장해야 할까요?

- 이미 입력된 문자열과 가장 잘 일치하는 항목을 어떻게 찾을 수 있나요?

- 사용자가 너무 빨리 입력할 때 어떻게 처리해야 할까요?

- 새 페이지(웹페이지)를 어떻게 찾을 수 있을까요?

- 동적으로 변경되는 웹페이지에 우선순위를 어떻게 할당해야 할까요?

- 크롤러가 특정 도메인에 갇히지 않도록 보장하는 방법은 무엇일까요?

19.3.9 API 비율 제한기 설계

깃허브, 파이어베이스Firebase와 같은 서비스에서 API 비율 제한기rate limiter를 설계할 때 해결해야 할 점에 관한 질문은 다음과 같습니다.

- 정해진 시간당 요청 수를 제한하는 방법은 무엇일까요? 예를 들어 초당 요청 수를 30개로 제한하는 방법은 무엇일까요?

- 서버 클러스터에서 비율 제한기가 작동하도록 구현하는 방법은 무엇일까요?

- (소프트 및 하드) 스로틀링throttling을 처리하는 방법은 무엇일까요?

19.3.10 주변 검색 서비스 설계

옐프^{Yelp}와 같은 주변 장소 또는 친구 검색 서비스를 설계할 때 해결해야 할 점에 관한 질문은 다음과 같습니다.

- 주변 친구 또는 장소를 어떻게 검색할 수 있나요?

- 장소의 순위를 매기는 방법은 무엇일까요?

- 인구 밀도에 따라 위치 데이터를 어떻게 저장해야 할까요?

19.3.11 정리

지금까지 소개한 10가지 질문에 대답하기란 쉽지 않으며, 상당한 경험이 필요합니다. 여러분이 만약 초중급 프로그래머라면 확장성을 다루는 이번 19장을 읽고 난 뒤에 앞으로 쌓고 싶은 경력이 이러한 방향과 맞는지 결정할 수 있어야 합니다. 대규모 분산 시스템의 설계는 소프트웨어 엔지니어링 인터뷰에서 매우 까다로운 영역이라는 점을 명심하세요.

19.4 마치며

이 책의 마지막 장이 끝났습니다. 19장에서는 확장성이라는 주제에 맞는 많은 문제를 살펴보았습니다.

여기까지 이 책을 읽은 것을 축하합니다! 이제 마무리를 짓겠습니다. 이 책에서 소개한 내용 이외에도 기술 인터뷰나 코딩 테스트에 나올만한 문제를 직접 찾아보고 해결하는 일을 최대한 많이 연습하세요.

또한 여러분 자신의 판단에 확신을 갖고 절대 포기하지 마세요! 여러분이 꿈꾸는 자바 관련 직군에 합격하기를 응원하며, 이 책이 여러분의 취업이나 이직에 조금이나마 기여할 수 있기를 진심으로 바랍니다.